近・現代真宗教学史研究序説

真宗大谷派における改革運動の軌跡

水島見一著

法藏館

近・現代真宗教学史研究序説

―真宗大谷派における改革運動の軌跡―

目次

凡例

○引用文中で筆者が補記した部分は〔　　〕で示した。
○引用文について、読み易さを考慮して改行、句読点を適宜補った。また、明らかな誤植については改めた。
○漢字については、原則として通行の字体に改めた。
○引用文献の出版年については、参考文献において表記した。
○雑誌の頁数は、頁数の多い『仏座』『真人』『真宗』には表記した。また無頁については、順送りの頁数を付した。
○人権の視点から見ると問題と感じられる表現があるが、資料的意味を鑑み、原文のまま翻刻した。

近・現代真宗教学史研究序説

――真宗大谷派における改革運動の軌跡――

序説

二一世紀に入って一〇年、科学に象徴される近代欧米文明が臨界点に近づき始めた感がある。それ故、二一世紀こそは、仏教の叡智が求められなければならない世紀であることが、ひしひしと胸に迫ってくる。だが、その仏教が今、低迷しているのである。仏教の叡智は、本来的に全人類のものである。にもかかわらず、今日の仏教の果たしている社会的役割は、残念ながら極めて小さいと言わざるを得ないのが現実である。我々は何としても、仏教の本来性を回復しなければならない、そのように思うのである。

ところで約五〇年前、真宗大谷派は同朋会運動を発足させている。それは一教団の革新運動であったにもかかわらず、その志願は教団の枠を超えて、全人類にと向けられたものであった。当時の宗務総長訓覇信雄の、次の演説に注目したい。

中世の神の奴隷であった人間が、そのきずなから解放され、独立して、新らしい自由な人間性を回復したのが近代だといわれておるにもかかわらず、その独立したはずの個人は、実は本当の人間ではなかったのであります。実は人間の自我意識によってとらえられたものでありまして、意識の深層にねざす我執の上に立った個人、これが、近代的人間であります。そしてこの近代が限界にきたということは、かかる有我的人間の行詰りの暴露にほかならんのであります。しかもこの行詰まりを打開する道はもはや西欧には見い出すことができないのであります。(1)

ここで訓覇は、「近代的人間」を「本当の人間ではなかった」と訴えている。「近代的人間」とは、たとえば、西欧の中世封建的束縛から解放された、「自由」、「平等」、「博愛」に基づく民主主義を主張し追随する現代の人間、つまり我々のことであろうが、その我々を訓覇は、自我意識に囚われた、「真の人間」ではないと言い切るのである。そして、

真の人間の発見は、東洋の仏教をまたねば成就しないのであります。(中略)近代の西欧の精神は、個人の自覚に立つ民主主義の確立とはいいながら、その個人の自覚は、遂に自我意識のエゴイズムをこえることができず、主体的自覚による真の民主主義の確立は、未だ果されておらないのであります。(2)

と、現代に生きる我々が仏教によって自我意識を超えた「真の人間」として誕生しない限り、「真の民主主義」は確立されないとし、さらに、

近代ヨーロッパが果たし得なかった真の人間の自覚を明かにし、現代の人類の課題にこたえるべき使命を荷うておる仏教の、その使命を果たすべき『場』が仏教の教団であります。(3)

と、自我を超える道を全人類に提示する仏教の社会的使命に、大きな期待を寄せたのである。すでに半世紀まえに訓覇が、欧米文明の病根と根元的課題を言い当てていたことに注目すべきであろう。世界は、人間のエゴイズムによって汚染され続けているのである。エゴイズムの超克、筆者の問題関心は、この課題の解明とその実践の一点にあると言ってよい。

『現代と仏教』の編者である末木文美士は、その「あとがき」で、次のように仏教の役割を述べている。

本書は、今日の日本と世界の状況の中で、仏教がどのような意味を持ち、何をなしうるのかを問うものである。それは、仏教が問いかけられている問題であると同時に、仏教のほうから時代へ向けて問いかけていく問題でもある。(4)

末木は訓覇と同様に、現代における仏教の可能性を我々に問いかけ、さらに、今注目され出した社会参加型仏教（Engaged Budduism）が、世界の仏教界の取り組むべき大きな課題となっている事実に触れつつ、

もちろん海外で問題になっているから、その概念をそのまま日本に輸入して何ができるというわけでない。一方では地道な実践の積み重ねが必要であるとともに、他方ではそれを閉じた領域の問題としてでなく、開かれた場で議論していくことが不可欠である。(5)

と指摘している。末木は、後者の立場から『現代と仏教』を編集したとしているが、本書では前者の「地道な実践の積み重ねが必要である」との立場から、特に、明治から現代にかけての時代社会の課題に応答するため、「地道な実践を積み重ね」てきた真宗大谷派の革新運動とその軌跡を明らかにする営為を通して、行き詰まる現代の隘路を切り開き、未来へとつながる仏教の叡智とその可能性を見出したいと思うのである。

顧みれば、明治期に仏教の可能性を求め、それを実践した代表的仏教者の一人に清沢満之がいた。周知の如く清沢は、従来からの真宗の伝統教学にはとらわれず、東西の哲学・宗教思想を学び、当時ほとんど顧みられていなかった『歎異抄』、『阿含経』、『エピクテタス氏教訓書』を身読することで、自己実存の要求を確立すべく求道し、そこに開けてきた思想を精神主義として世に問うた。それは、これまでの、如来による摂取不捨なる救済を念ずるという信仰から、自己に如来の本願を実験、自覚するという信仰へ、という歴史的意義を有するもので、清沢は、親鸞と同じく主体的で自覚的な信を近代社会に公開したのである。そしてそれは、清沢の精神主義を継承する門弟の曽我量深、暁烏敏、高光大船、金子大榮、さらには続く次世代の、安田理深、松原祐善、訓覇信雄らによって、今日にまで伝えられているのである。本書では、そのような清沢を嚆矢とする信念の究明、すなわち近代教学に一貫する信を尋ねることを通して、前述した課題の究明を志すものである。

さらに、親鸞が、真実信心の浄土の功徳の行証、つまり眷属功徳に基づく「僧伽」の現成を説くように、清沢満之によって明らかにされた主体的で自覚的な信は、必ず「信仰共同体」の形成を志向するものであり、そのようにして形成されたのが「浩々洞」、「興法学園」、「真人社」、「同朋会」であった。本書は、その「僧伽」の歴史的考察でもある。

ところで、曾我量深が頌寿記念講演「我如来を信ずるが故に如来在ます也」において、二〇歳代半ばの頃に、恩師清沢から、「われわれ人類の信心というもの、その要望にこたえて如来があらわれてくだされたものであるのか」という問いを投げかけられたことを回顧している。清沢は曾我に、これまでの「如来が存在するが故に我は如来を信ずる」という、今日でも一般的な信仰概念を打破し、「我が信ずる故に如来が存在する」との信念の確立を投げかけたのである。そして、曾我は、その課題を自らの全生涯を擲って問い続け、「我如来を信ずるが故に如来在ます也」と表明したのである。すなわち、清沢を嚆矢とする近代教学は、「如来が存在する」信の成立基盤である「我が信ずる」の実験を基礎とするものであり、曾我はそのような実存的に確立された信を「人類の信心」と訴えたのであった。また、金子大榮は、「我が信ずる」の実験を了解して、大谷大学の学風を「自己中心」「現在安住」と述懐している。まことに、近代教学の伝統は、「我が信ずる」の一句に、源を発すると言っても過言ではない。

かくして本書では、特に、信成立の基盤としての「我が信ずる」に、換言すれば「自己中心」「現在安住」を根底に、一貫した考察を進めるものである。

本論の概要は、次の通りである。

第一章　清沢満之の掲げた精神主義を基盤とする教団革新運動の考察が中心となる。すなわち、白川党の教団改革運動の、民主的な制度改革から精神的改革への変遷を尋ねることで、それが清沢の「大谷派なる宗教的信念」の展開としての運動、つまり、大谷派教団を「僧伽」にまで高めんとする切実な志願の運動であったことを、本章では確認する。

第二章　清沢満之の薫陶を受けて、精神主義を受容した人物、主に革新運動に大きな影響を与えた曾我量深、暁烏敏、高光大船の宗教的信念確立の悪戦苦闘を確認する。彼らの求道的営為は、親鸞思想を伝統的束縛から解放し、民衆に返す営みでもあった。特に、曾我の徹底した「機の自覚」の仏道は、清沢の命題に応答する「我が信ずる」という信仰基盤の解明であり、また、仏道を実存思想にまで高めるものであったため、曾我の考察には多くの紙幅を割くことになる。

第三章　本章では、当時若き学徒であった安田理深、松原祐善、北原繁麿、山崎俊英が、大谷大学を追放された曾我、金子を中心とする学仏道場「興法学園」を拠点として求道したが、その純粋で真摯な信念を尋ねる。彼らは、満州事変から日中戦争へと続く時代業と対峙する中で宗教的覚醒を求めたため、必然的に本書は「宗教心と戦争」を考察することになる。そして、それとあわせて、「異安心」として大谷大学を追われた金子大榮の、身命を擲って明らかにした近代真宗学も尋ねることになる。

第四章　敗戦後の真宗大谷派教団についての考察である。興法学園の精神は、戦後には真人社に継承されたが、ここでは、その真人社と並行する真宗大谷派教団の歩みを確認することになる。また、敗戦後の国民の悲嘆を担おうとする金子大榮の仏道を中心に、「真宗と戦争」の関係についても論述する。

第五章　敗戦後の社会において精神主義を継承した真人社の考察である。清沢門下の第二世代とも言うべき、訓覇信雄、松原祐善、仲野良俊らが、戦後復興を願って創始したのが真人社であり、その真人社は、敗戦後の時代社会と真正面から向き合い、真宗の真実義を明かし、真の仏道を世に公開した。したがって本章では、「真人社」を支えた清沢第二世代の悪戦苦闘の求道の考察が中心となるが、同時に、「真宗の社会性」をも考察することになる。

第六章　これまで浩々洞、興法学園、真人社と、主に教団外にて伝承されてきた精神主義は、真宗再興を念ずる『宗門白書』において、教団革新の基本理念として明確に位置づけられた。そして訓覇は、その『宗門白書』を基盤に教団再興の運動である同朋会運動を発足させたのである。以来、同朋会運動は大谷派教団の信仰運動の基幹となったが、本章ではその同朋会運動の開始期を考察する。

第七章　訓覇によって始められた同朋会運動は、その後さまざまな業縁の中での展開を強いられたが、ここではそれを概観する。そして、それに併せてこれまでの考察を総括することで同朋会運動の今後に向けての提言を行い、それをもって結びとする。

なお、本書には、今後に向けてのいつかの研究課題がある。

本書は基本的に、先学の生き様を通して、「我が信ずる」の仏道、つまり、具体的な人物における「聞思」の具体相を尋ねるものであったため、たとえば、曾我の「地上の救主」の背景となる因位の願心に対する教義学的考察や、また、本書で取り扱うことのできなかった多くの先学、たとえば佐々木月樵や多田鼎、また藤原鉄乗らの仏道の考察は、これからの興味ある課題である。

さらに、特に戦後の教団史、とりわけ同朋会運動までの歩みを、主に資料によって解明したため、本書では、同朋会運動に実際に生きた人を通しての〝生きた現実〟にまで考察が充分に及ばなかったことである。私は現在、若き学徒と共に、同朋会運動に対する聞書調査研究を行っているが、その研究成果を踏まえての〝生きた現実〟を視座とする同朋会運動の本質と展望の考察も、今後の研究課題である。

註

（１）「第七十回定期宗議会　同朋会の形成促進」『真宗』一九六二（昭和三七）年七月、一四頁
（２）「第七十回定期宗議会　同朋会の形成促進」『真宗』一九六二（昭和三七）年七月、一四頁
（３）「第七十回定期宗議会　同朋会の形成促進」『真宗』一九六二（昭和三七）年七月、一四頁
（４）『現代と仏教』二九六頁、佼成社出版
（５）『現代と仏教』二九六頁、佼成社出版
（６）「我如来を信ずるが故に如来在ます也」『曾我量深選集』一二巻、一四五～一四六頁、彌生書房

第一章　革新運動の源泉とその精神──清沢満之の精神主義──

第一節　真宗再興の志願

一八九六（明治二九）年一〇月、清沢は今川覚神、稲葉昌丸、井上豊忠、清川円誠、月見覚了と共に白川村に蟄居して『教界時言』を発刊、大谷派の教学刷新を世に訴えた。いわゆる白川党の教団改革運動の勃発である。『教界時言』第一号に発表された「教界時言発刊の趣旨」の次の言葉に、改革運動の趣旨を求めよう。

大谷派が当に為すべきの本務を為し、以てかの世界的統一的文化の暢発を助け、以て国家の盛運を翼賛せしめんと欲するに外ならず、教界時言発行の本旨亦茲に在り(1)

清沢の主張する大谷派の為すべき「本務」とは、「大谷派なる宗教的精神」の確立のこと（「大谷派宗務革新の方針如何」『教界時言』（一八九七〈明治三〇〉年六月）であるが、その「本務」をもって大谷派教団を「世界的統一的文化」を暢発し得る教団にまで高めようとする志願は、壮大であった。すなわち、何としても大谷派教団を、

拠て以て自己の安心を求め、拠て以て同胞の安心を求め、拠て以て世界人類の安心を求めんと期する所の源泉(2)

と言うに適わしい場への改革が必要であるとして、教団改革に踏み切らせたのである。

そして、その教団改革運動が着実に成果を見せ始めた一八九七（明治三〇）年六月、「革新の前途」において、次のように述べている。

旧当路者の多数は退きぬ、議制局の職制は改まりぬ、而して門徒会議の組織を見る亦将に近きに在らんとす、人は言ふ大谷派革新の事業は是に至りて殆ど既に大成せりと、噫果して然るか、乞ふ少しく之を撿せん、（中略）一派の弊根は深く精神の上に在り、精神一たび弊を生じて、其施為する所道に違ふものに非ざるは莫し、事に万不同ありと雖ども其由る所は則ち一なり、（中略）苟も此弊根を刈除して、其教学的精神を喚起するに非ざるよりは、一派の否運は到底挽回す可らず、而してかの当路者の交迭と制度機関の改良との如きは、此に達するの階梯たるに過ぎざるなり、（中略）蓋し当路者の交迭せられ制度機関の改良せられたることは、之を破壊的時期より構成的時期に進みたるものとして観るときは、慥に革新の一段落と為すを妨げずと雖ども、之を形式的改正より精神的改正に向ひたるものとして観るときは、纔に革新の道途に上りたるものに過ぎざるなり(3)

清沢は、教団改革運動が、「当路者」である渥美契縁の交迭（一八九六〈明治二九〉年一二月）と、「制度機関の改良」、つまり議制局の民主的改革や門徒会議の提唱等を成し遂げたことによって、「破壊的時期より構成的時期」に進んだことに一応の意義を認めているものの、「噫果して然るか」との懸念を告白している。「形式的改正」を踏まえ、さらに「精神的改正」へと展開するところに、改革運動の目的を見定めていたからである。未だ「革新の道途に上りたるものに過ぎ」ずと言わざるを得ない大谷派教団の、「大谷派なる宗教的精神」喪失の現状は深刻であったのである。

教団改革運動が行詰りを見せつつあった翌一八九八（明治三一）年二月、清沢は「教界回転の枢軸」を発表し、次のように訴えている。

本山は本山の大職を棄てゝ、妄に世俗の権勢を徼め、門末は門末の本務を忘れて恣に不義の福利を貪り、（中略）

而して其弊根の存する所は、即ち自行の荒廃し一心の安立せざるに在り(4)

本末の体たらくの原因が、教団の「大職」や門末の「本務」の忘却、また僧侶の「自行の荒廃」と「一心の安立」の欠如、すなわち、「大谷派なる宗教的精神」の衰退にあることを明らかにしている。

顧みれば、清沢は、「僧風の刷新」を念じて断行した、自らの身に仏道を体解するための制欲生活である、「ミニマム・ポッシブル」という熾烈な求道的実験の勢いの中で、教団改革運動に踏み切ったが、ひとえに「僧風の刷新」を思念する清沢にとって、教団改革運動とは、「大谷派なる宗教的精神」を自己において確立するのための、求道的実験以外の何ものでもなかった。清沢は心底「真宗再興」を念じていたのである。

後に清沢は、その経過を回顧して、当時の心境を次のように記している。

回想す。明治廿七八年の養痾に、人生に関する思想を一変し略ぼ自力の迷情を翻転し得たりと雖ども、人事の興廃は、尚ほ心頭を動かして止まず。乃ち廿八九年に於ける我宗門時事は終に廿九卅年に及べる教界運動を惹起せしめたり。

而して卅年末より、卅一年始に亘りて、四阿含等を読誦し卅一年四月、教界時言の廃刊と共に此運動を一結し、

廿七年四月、結核診断。

養痾、法を得たるは沢柳、稲葉、今川、井上等諸氏の恩賜なり。

在播州舞子療養は廿七年六月より、廿八年七月に至る。

廿八年一月、沢柳氏辞職。

同夏有志建議。

廿九年十一月教界時言発刊。

阿含の読誦は、教界時言を廃刊する前にあり。

自坊に投じて休養の機会を得るに至りては大に反観自省の幸を得たりと雖ども、修養の不足は尚ほ人情の煩累に対して平然たる能はざるものあり。

　卅一年秋冬の交、エピクテタス氏教訓書を披展するに及びて、頗る得る所あるを覚え卅二年、東上の勧誘に応じて已来は、更に断へざる機会に接して、修養の道途に進就するを得たるを感ず。

　而して今や仏陀は、更に大なる難事を示して、益ゝ佳境に進入せしめたまふが如し。豈感謝せざるを得むや。

　明治卅五年五月末日

卅一年四月、教界時言廃刊。

卅一年五月已降、断然家族を挙げて、大浜町西方寺に投ず。

卅一年九月東上、沢柳氏に寄宿し、同氏蔵書中より、エピクテタス氏教訓書を借来す。

卅二年五月、某殿、及近角氏等、東上勧誘。

卅三年に入り、月見、多田、暁烏、佐々木の四氏東上。[5]

「ミニマム・ポッシブル」の実験生活によって、「人生に関する思想を一変し略ぼ自力の迷情を翻転し得たり」との宗教的精神の確立の感触を得たが、教団の教育顧問であり、また自らの親友でもあった沢柳政太郎の突然の解雇という「人事の興廃」に遭遇するや、清沢はたちまち、「尚ほ心頭を動かして止まず」という憤怒に押され、「廿九卅年に及べる教界運動」、つまり教団改革運動に踏み切らざるを得なかったのである。しかし、改革運動の行き詰まりと同時に、これまでの『歎異抄』の読誦に加えて、一八九八（明治三一）年始めからは『阿含経』を味読、さらに「断然家族を挙げて、大浜町西方寺に投」じたことによる「人情の煩累」に、「平然たる能はざる」者として「修養の不足」に苦悩する中での『エピクテタス氏教訓書』の読誦によって、宗教的心境に「頗る得る所あるを覚え」た、と回想している。

このように、『歎異抄』、『阿含経』、『エピクテタス氏教訓書』、すなわち「予の三部経」との値遇において、「修養の前途に進就するを得たるを感ず」と告白した清沢は、やがて近代教学の思想的指標と言うべき精神主義を世に公開し、そして「真宗再興」を念じたのである。『精神界』創刊号（一九〇一〈明治三四〉年一月）に発表された「精神主義」の冒頭を見てみよう。

吾人の世に在るや、必ず一の完全なる立脚地なかるへからす。若し之なくして、世に処し、事を為さむとするは、恰も浮雲の上に立ちて技芸を演せむとするもの、如く、其転覆を免る、能はさること言を待たさるなり。然らは、吾人は如何にして処世の完全なる立脚地を獲得すへきや、蓋し絶対無限者によるの外ある能はさるべし。(6)

精神主義とは、絶対無限者によって自己に体解される「処世の完全なる立脚地」の自身への体解である。したがって、教団改革運動が、「絶対無限者による」ことを忘却した、単なる人間の目論見に立脚した運動であれば、それがたとえ真面目な運動であったとしても、転覆を免れ得ない。事実その転覆を、教団改革運動の破壊的時期より構成的時期に達した段階で、石川舜台や門末の変節等で実際に味わった清沢は、「吾人は如何にして処世の完全なる立脚地を獲得すべきや」と強く思念せざるを得なかった。(7)

のちに清沢は、「天職及聖職」（『精神界』一九〇二〈明治三五〉年八月）の中で、自己のこれまでの求道を顧みて、次のように告白している。

世の中の事は、一つ叶へば二つやぶれ、一方が成就すれば他方が破壊し、思はぬ障碍が出て、是迄計画したことがガラリとはづれ、善と知りつつも行ふことも出来ず、悪とみとめながら抑へることが出来ぬと云ふ様な場合もありて、若しも天職とか責任とか義務とかを一本鎗にして進で行くならば、熱湯の中に入りて苦くて〱たまらぬ様な具合でないかと思ふ(8)

我々が人生の第一義と見なしている「天職」、「責任」、「義務」のいずれもが、「世の中の事」である限り転覆は免れ得ず、したがってその転覆を免れるためには、

唯だ人生の第一の動かぬ根底となり基礎となるものを他に得なければなるまいと思ふ(9)

と述べている。そしてその確固たる「基礎」とは、

他力の信仰である、他力の信仰によれば、自己の天職と云ふものを見ない、自己の義務と云ふものを見ない凡て自己と云ふものを見ない、若し自己をみるときは罪悪である、我共のなさなければならぬと云ふのは外にあるではない、唯だ仏陀が命じ玉ふことをなすのである、仏陀が導く所に従ひ行くのである(10)

と「他力の信仰」、つまり「仏陀が命じ玉ふことをなす」ところにあることを訴えている。

縁にふれ事にあたり、仏陀を思ふて歓喜あり、感謝あるは、他力信仰を得た人の生涯である、之を彼の自己の天職と云ひ責任と云ひて懊悩悲痛する人に比すれは、如何に遥けき相違のあることぞ、私は自己の義務と考てする行為を、天職と云ふならば、他力信仰の導によれる行為を聖職と云はんと思ひます(11)

と、「他力の信仰」を得た人の生涯は、「天職」を超えて、如来を背景にした、あるいは「仏陀の勅命」、また「他力信念の導」きによるものであり、それを「聖職」と呼ぶとしている。

思うに、当初清沢は、教団改革運動を「天職」によって始めたのでなかったか。しかし、それがやがて頓挫せざ

るを得ず、ここに「聖職」への大転換に迫られた、と考える。「聖職」とは、如来より回施された生き方である。したがって、教団改革運動は、教団の課題克服に対する「責任」、「義務」といった「天職」の意識を突き抜けて、すでに如来によって呼びかけられる「聖職」の営みであったのである。すなわち「真宗再興」あるいは「教学刷新」とは、清沢にとっては、「如来回向の教団」の形成、つまり「仏陀の勅命」による「僧伽」帰依の実践であり、それは同時に、自らを宗教的精神の確立へと向かわしめる営みであった。ここに、あの『当用日記』の『而して今や仏陀は、更に大なる難事を示して、益々佳境に進入せしめたまふが如し。豈感謝せざるを得むや」との、仏道讃嘆の背景があるように思われる。(12)

教団とは、すでに、それぞれの時代の業縁に晒され、時には転覆を強いられながらも、その根底においては、間違いなく「如来回向」として実存する「僧伽」である。それ故に教団改革運動を断行する清沢には、「僧伽」に帰依し聞思することが唯一の仏道であった。聞思とは、「如来回向の教団」を信知し、帰命する営みである。したがって、それは「聖職」の営みである。要するに、清沢にとって教団改革運動とは、「如来の大命」の実践であった。清沢は、教団改革運動が、本来的に「僧伽」帰依の運動であったことを、改革運動の行き詰まる中で「予の三部経」に沈潜し、確信したに違いない。

それは、後に清沢が教団改革運動について、河野法雲に語っている次の言葉からも推察される。

実は是だけの事をすれば、其の後には実に何もかも立派に思ふことが出来ると思つてやつたのだけれども、然し一つ見おとしがあつた。それは少部分の者が如何に急いでもあがいても駄目だ。よし帝国大学や真宗大学を出た人が多少ありても、此の一派—天下七千ケ寺の末寺—のものが、以前の通りであつたら、折角の改革も何の役にもたゝぬ。初に此のことがわかつて居らなんだ。それでこれからは一切改革のことを放棄して、信念の確立に尽力しやうと思ふ。[13]

この「一切改革のことを放棄して、信念の確立に尽力しやうと思ふ」という表白に、清沢の強い「僧伽」帰依の志願が込められているように思われる。「天下七千カ寺の末寺」の旧態依然とした姿勢を、「僧伽」帰依にまで高めなければならない。ここに「教界回転の枢軸」（『教界時言』一八九八（明治三一）年二月）の結びに、

先づ僧侶教育の上より始むるを以て、最捷径とすべきが如し[14]

と、「教育」が教団改革の「最捷径」であることを訴える所以がある。すなわち、清沢にとって真宗大学とは、「大谷派なる宗教的精神」のための教育、つまり、「僧伽」に帰依する主体確立の教育を目的とするものであった。

清沢の教団に寄せる思いを端的に示す出来事を紹介しておきたい。一九〇〇（明治三三）年、清沢が門弟の多田鼎と西瓜を食べつつ語り合う中で、話題が教団に及んだ。多田の「宗門の革新、竟に望むべからず。予は念を宗門に絶てり」との述懐に、清沢は即座に「鄙劣薄情」と叱責し、

宗門腐らば腐るほど、我等は其の中に居て努めざるべからざるに非ずや。宗門亡びなば、末徒それと共に亡ぶ、何の不可なる処かあると。[15]

と戒めたという。ここに清沢の「僧伽」帰依の姿が、よく示されているのではなかろうか。

ところで、一九〇二（明治三五）年という年は、清沢自身、

自分は子供を破壊せしめ、妻を破壊せしめ、学校を破壊せしめ、追つゝけ自分を破壊するであらう。[16]

と、近角常観に語っているように、惨憺たる年であった。すなわち、肺結核は確実に清沢の肉体を蝕んでおり、また同年六月には長男信一を、一〇月には妻ヤスを相次いで亡くしている。さらに、清沢の教育方針が学生には容易に理解されず、ついに二〇〇名近い学生が一部教授を巻き込んで十か条の要求を清沢に提出した。ここに清沢は責

任を取って大学を辞し、自坊西方寺に帰ったのである。まさに清沢にとっての明治三五年とは、家庭においても大学においても、一切が「破壊」したとの言葉を発するしかなかった年であったのである。東京を去る時、清沢は、

今年は皆んな砕けた年であつた。学校はくだける、妻子は砕ける今度は私が砕けるのであらう。(17)

と述べた通り、その半年後に没することになる。

清沢は一九〇二（明治三五）年一一月に東京を離れた。そして翌年二月には教団の耆宿会議のために上洛、そして新門と会い、その後大谷祖廟に参詣している。その時の清沢の思いを、近角常観は次のように伝えている。

先生が真宗大学の学監を辞してから後、京都に赴かれ、先生の後身とも申すべき稲葉先生と私〔近角常観〕と三人で、越中の或る人の請に任せて写真をとつたことがあるが、其の時先生は、今日大谷の御廟に参詣し、又御門跡様にも御目にかゝつて来ました。もう私の仕事はこれで終へましたと静々と語られ、大浜へ帰られました。(18)

清沢の生涯を見れば、信仰熱心な両親の元で育った清沢は、まず一六歳にして育英教校で学び、近代人としての素養を身につけた。二〇歳にて（東京）帝国大学予備門に入学、翌年には帝国大学文学部哲学科にて哲学を修めるも、まもなく学者の道を擲って、自らの内心の要求に従うべく京都府尋常中学校校長に就任した。二六歳であった。だが、二年後には校長を辞し「ミニマム・ポッシブル」の制欲生活に入り、三二歳にして結核に罹った。三四歳の時には教団改革運動を断行するも、三六歳からは宗教的信念の確立に邁進した。そして、この求道生活と並行して、三八歳には浩々洞を創設し『精神界』を発行、また三九歳には真宗大学の開校を成し遂げたが、その直後には、前述の「皆んな砕けた年」を迎えたのである。満四〇歳直前にて死去した清沢の生涯は、一切が「如来の大命」に服従し、ただ一筋にその道を生き切ることにあったと言えよう。稲葉昌丸の次の言葉が思い合わされる。

なぜ先生が大谷派の様なちいさな舞台に心をかけられたか。之は問題である。けれども先生が始終一派の上に心をかけられたことは事実である。私は思つて居る。先生のなされた舞台は狭いと云ふかも知れぬが、先生のなされ方は非常に大きかつた。自分は、これは吾々後輩の常に学ぶべきことだと信じて居る。先生のなされ方が常に大きかつた。云ひかへれば、先生は始終至誠を以てことをなされた。精神主義から云へば、常に如来を後にひかへて事をなされた。何事にも自分と云ふ私心を交へられなかつた。それ故に其のなされ方が大きい。[19]

また、生涯を清沢に聞思し傾倒した松原祐善は、次のように述べている。

他力信心の確立、宗教的信念の確立、そのことひとつのためにこの宗門というものが我々に与えられてあるのです。お寺がここに建っておるということは、そのことの他にないのです。[20]

清沢や松原、あるいは我々にとっても、宗門とは聞法のために世に存在しているものであり、その宗門において宗教的精神が育まれるのである。すなわち、宗門とは「如来の大命」に触れる「場」なのである。「僧伽」としての教団の存在意義を、ここに窺うことができる。

ところで、同朋会運動のスローガンは「人類に捧げる教団[21]」であった。では、一体何を人類に捧げるのであろうか。もし、戦後の日本社会がそうであったように、「自由」や「平等」、あるいは「平和」を捧げるのであれば、それは、先述した「天職」の営みでしかない。だが、教団とは、本来的に「如来の大命」に聞思する「僧伽」である。そうである限り、教団は人類に「僧伽」を捧げることになろう。すなわち、同朋会運動とは、人類に「僧伽」を捧げる運動なのである。したがって、「僧伽」に生きる親鸞は我々に、「如来の大命」に「聞思して遅慮することなかれ[22]」と催促するのである。社会と接点を有する教団は、「僧伽」にまで高められなければならず、また「天職」は「聖職」にまで純化されなければならないのである。「聞思」は、そのための営みなのであった。

後に清沢の薫陶を受けた高光大船は、宗門について、

本山があつて仏教があるのでありません。寺院があつて仏教があるのでありません。即ち寺院や本山は信仰の基因であるのでなく。信仰が縁あつて発見されての結果として本山も出来寺院も意義が出来るのであります。(23)

と述べている。高光のいう本山や寺院とは、「僧伽」のことであろう。したがって、教団はまず聞思実践の場であり、同時に、そのための教法を今日まで伝承しているのである。

また、生涯高光に聴聞した桑原多瑛によって、高光の教団に対する次のような思いも伝えられている。

或る法座での御話しです。「私は教団の中に生まれ育てられての今日なのであるので、本山教団が如何に腐敗堕落だといっても決してそれを改良してやろうの刷新してやろうのというおこがましいことは思わない。唯私に於ての本山教団は礼拝、感謝の的である他の何物でもない」という意味の御言葉が心底深く焼きつけられているのです。それは人生への全面的讃仰礼拝であり、全面肯定という、明快な開眼を生き生きと開示下さったものと思うのです。(24)

教団改革や教学刷新という「天職」を超えて、教団によって「仏法そのもののいのちに触れる」ことのできた高光の「聞思」に徹底する生き様を、ここに見ることができる。高光の生涯は、「僧伽」帰依で貫かれており、したがって「聖職」そのものであった。すなわち、清沢や高光、また我々にとっても「本山教団は礼拝、感謝の的である他の何物でもない」のである。

註

（1）「教界時言発行の趣旨」『清沢満之全集』七巻、五頁、岩波書店

(2)「教界時言発行の趣旨」『清沢満之全集』七巻、四頁、岩波書店
(3)「革新の前途」『清沢満之全集』七巻、七六頁、岩波書店
(4)「教界回転の枢軸」『清沢満之全集』七巻、一四五頁、岩波書店
(5)「当用日記」『清沢満之全集』八巻、四四一～四四二頁、岩波書店
(6)「精神主義」『清沢満之全集』六巻、三頁、岩波書店
(7)具体的には、石川舜台が、議制局の実質的な無力化をはかった「宗制寺法補足」を議制局で読み上げたことや、教団改革運動を遂行するために組織された大谷派革新全国同盟会が、「議会条例」が制定されるや即座に解散したことを指している。
(8)「天職及聖職」『清沢満之全集』六巻、一一八頁、岩波書店
(9)「天職及聖職」『清沢満之全集』六巻、一一九頁、岩波書店
(10)「天職及聖職」『清沢満之全集』六巻、一一九頁、岩波書店
(11)「天職及聖職」『清沢満之全集』六巻、一二〇頁、岩波書店
(12)吉田久一は、このような清沢の転換について、富国強兵を掲げて膨張的に近代化を推進する時代社会の動向に対する「近代的内面化」との意義を見出し、次のように述べている。
〔日本の資本主義が、倫理より国策が優先したことについて〕付言しておきたいのは、倫理を欠いた早熟な日本資本主義の「競争主義」に対して、近代的内面化した宗教が、「反近代主義」の立場をとったことがある。例えば内村鑑三や清沢満之である。(「序章『近代仏教の歴史』について」『近現代仏教の歴史』一一頁、筑摩書房)
(13)「追憶・資料　同盟会解散」『清沢満之全集』五巻、六二二頁、法藏館
(14)「教界回転の枢軸」『清沢満之全集』七巻、一四九頁、岩波書店
(15)「追憶・資料　浩々洞」『清沢満之全集』八巻、二二八頁、法藏館
(16)「追憶・資料　浜風」『清沢満之全集』八巻、五六四頁、法藏館
(17)「追憶・資料　浜風」『清沢満之全集』八巻、五六五頁、法藏館
(18)「追憶・資料　浜風」『清沢満之全集』八巻、五六五頁、法藏館
(19)「追憶・資料　浜風」『清沢満之全集』八巻、五六三頁、法藏館

(20)「宗教的信念の確立」『松原祐善講義集』一巻、九三頁、文栄堂
(21)『真宗』一九六二（昭和三七）年一二月、二頁
(22)『教行信証』「総序」「真宗聖典、一五〇頁、真宗大谷派宗務所出版部
(23)「大宗教の絶対性」『直道』一九三二（昭和七）年一〇月
(24)「現前一念の生活者（桑原多瑛）」「月報二」『高光大船著作集』五巻、彌生書房

第二節　精神主義の萌芽

一八九八（明治三一）年五月、教団改革運動を一結して大浜西方寺に身を投じた清沢は、「卅一年秋冬の交」に『エピクテタス氏教訓書』と出遇うことで「頗る得る所あるを覚え」と告白し、また「修養の道途に進就するを得たるを感ず」と述懐したが、ここでは『臘扇記』を中心に、その経緯を確認しておきたい。

清沢は、一八九八（明治三一）年八月一五日から、表紙の右上に「黙忍堂」と記した『臘扇記』を綴っている。すなわち『臘扇記』は、清沢の内面を深く沈思黙考した求道告白の記録と言うことができる。

九月に東上した清沢は、沢柳の蔵書から『エピクテタス氏教訓書』を借来して味読、そしてその記録を、一〇月一二日付の『臘扇記』に、次の一〇項目にまとめている。

〇如意ナルモノト不如意ナルモノアリ　如意ナルモノハ意見動作及欣厭ナリ　不如意ナルモノハ身体財産名誉及官爵ナリ　己ノ所作ニ属スルモノト否ラサルモノトナリ　如意ナルモノニ対シテハ吾人ハ自由ナリ制限及妨害ヲ受クルコトナキナリ　不如意ナルモノニ対シテハ吾人ハ微弱ナリ奴隷ナリ他ノ掌中ニアルナリ　此区分ヲ誤想スルトキハ吾人ハ妨害ニ遭ヒ悲歎号泣ニ陥リ神人ヲ怨謗スルニ至ルナリ　如意ノ区分ヲ守ルモノハ抑圧セ

ラル丶コトナク妨害ヲ受クルコトナク人ヲ謗ラス天ヲ怨ミス人ニ傷ケラレス人ヲ傷ケズ天下ニ怨敵ナキナリ
○疾病死亡貧困ハ不如意ナルモノナリ　之ヲ避ント欲スルトキハ苦悶ヲ免ル丶能ハジ
土器ハ破損スルコトアルモノナリ妻子ハ別離スルコトアルモノナリ
○我職務ヲ怠慢スレハ我口ヲ糊スル能ハサルベシト思フハ修養ヲ妨害スルノ大魔ナリ
○奴隷心ニシテ美食センヨリハ餓死シテ脱苦スルニ如カジ
○無智ト云ハレ無神経ト云ハル丶ヲ甘ズルニアラズハ修養ヲ遂グル能ハサルナリ
○自由ナラント欲セハ去ル物ヲ逐フベカラス来ルモノヲ拒ムベカラス（他ニ属スルモノヲ欣厭スベカラズ）
○天与ノ分ヲ守リテ我能ヲ尽スベシ
分ヲ守ルモノハ徴兆ヲ恐レス（常ニ福利ヲ得ルノ道ヲ知レハナリ）
○必勝ノ分（如意ノ範囲）ヲ守ルモノハ争フコトナシ
○誹謗ヲ為シ打擲ヲ加フルモノノ我ヲ侮辱スルニアラサルナリ　之等ニ対スル我意見ガ我ヲ侮辱スルモノナリ
哲学者タラント欲スルモノハ人ノ嘲罵凌辱ヲ覚悟セザル可カラズ
○人ヲ楽マシメントシテ意ヲ動スモノハ修養ノ精神ヲ失却シタルモノナリ(1)

清沢はエピクテタスによって、「如意」と「不如意」の区分を明らかにすることができた。そして、自らの「如意」の範囲を「必勝ノ分」と見極め、「嘲罵凌辱」を覚悟し、また「悲歎号泣ニ陥リ神人ヲ怨謗スル」ことなく、毅然と仏道に立ち上がることを力説する。清沢は、自己の「如意」なる範囲内における積極的な求道、つまり「求道主体」の躍動を、エピクテタスによって明確に確信できたのである。すなわち、清沢は、近代になっても相変らず如来の大慈悲に涙するというような情緒的な仏道ではなく、明確な主体をもっての求道を実践したのであり、したがって、稲葉昌丸に、次のようにエピクテタスとの出遇いを述べている。

But the tyrant will chain—what? the leg. He will take away—what? the neck. What then will he not chain and not take away? the will. This is why the ancients taught the maxim, Know thyself.（虐主は何をか鎖がんとする、脚のみ。渠何をか奪はんとする、首のみ。渠の鎖ぐを得ず奪ふを得ざるものは何ぞ。意念是なり。是れ即ち古聖人の「自己を知れ」の格言を訓ふる所以なり。）（中略）

激励的ノ語面頗ル圭角アルカ如シト雖トモ我等カ胸底ノ固疾ヲ療治センニハ其效能決シテ尠カラサルモノト存候　死生命アリ富貴天ニアリ是レエ氏哲学ノ要領ニ有之様被思候　此ハ大兄ヘ対スル東京ミヤゲノ積リニ有之候(2)

如何なる業縁に苛まれても、我々には意念（The will）の自由は付与されており、その「意念の自由」において積極的に「自己を知れ」との格言を実践した清沢は、「死生命アリ富貴天ニアリ」との心境を思念するのである。そして、このような「求道主体」による聞思によって、ついに清沢は、一〇月二四日、次のような境涯に躍り出ることができた。

二十四日（月）　九、十日

晴　如何ニ推考ヲ費スト雖トモ如何科学哲学ニ尋求スト雖トモ死後（展転生死ノ後）ノ究極ハ到底不可思議ノ関門ニ閉サヽルモノナリ

啻ニ死後ノ究極然ルノミニアラス　生前ノ究極モ亦絶対的不可思議ノ雲霧ヲ望見スベキノミ　是レ吾人カ進退共ニ絶対不可思議ノ妙用ニ托セサルヘカラサル所以

只生前死後然ルノミナランヤ　現前ノ事物ニ就テモ其　ダス　ワス Das Was デス　ワルム Des Warum ニ至リ

テハ亦只不可思議ト云フヘキノミ

此ノ如ク四顧茫々ノ中間ニ於テ吾人ニ亦一円ノ自由境アリ　自己意念ノ範囲乃チ是ナリ（γνωθι σαυτον）Know Thyself is the Motto of Human Existence?　自己トハ何ソヤ　是レ人世ノ根本的問題ナリ

自己トハ他ナシ　絶対無限ノ妙用ニ乗托シテ任運ニ法爾ニ此境遇ニ落在セルモノ即チ是ナリ

只夫レ絶対無限ニ乗托ス　故ニ死生ノ事亦憂フルニ足ラス　死生尚且ツ憂フルニ足ラス　如何ニ況ンヤ此ヨリ而下ナル事件ニ於テオヤ　追放可ナリ　獄牢甘ンズベシ　誹謗擯斥許多ノ凌辱豈ニ意ニ介スベキモノアランヤ否之ヲ憂フルト雖トモ之ヲ意ニ介スト雖トモ吾人ハ之ヲ如何トモスル能ハサルナリ　我人ハ寧ロ只管絶対無限ノ吾人ニ賦与セルモノヲ楽マンカナ

絶対吾人ニ賦与スルニ善悪ノ観念ヲ以テシ避悪就善ノ意志ヲ以テス　所謂悪ナルモノモ亦絶対ノセシムル所ナラン然レトモ吾人ノ自覚ハ避悪就善ノ天意ヲ感ス　是レ道徳ノ源泉ナリ　吾人ハ喜ンテ此事ニ従ハン[3]

文中の「自己トハ他ナシ」から「賦与セルモノヲ楽マンカナ」までは、後に多田鼎によって「絶対他力の大道」としてまとめられたが、ここでは、その「絶対他力の大道」に収められた文章の、その前後の箇所に着目したい。教団改革運動を一結して西方寺に帰った清沢は、『当用日記』にあるように、結核や人情の煩累という「不如意ナルモノ」と対峙し、それらの「不如意」が自己の人生に与えられている意味を推考した。しかし、「四顧茫々ノ中間」中に自己を見出すしかなかったのである。そのような絶望の只中にあって、清沢を支えたのは『エピクテタス氏教訓書』であった。清沢はエピクテタスによって「求道主体」を自己に見出し、「自己意念ノ範囲」の「一円ノ自由境」において、「Know Thyself is the Motto of human Existence?　自己トハ何ソヤ　是レ人世ノ根本的問題ナリ」と尋求したのである。「自己トハ何ソヤ」とは、人類の不変の命題であろう。清沢はそれを自覚的に実験したのである。

実に「四顧茫々ノ中間」とは我々の人生の現実相である。清沢はその現実を、徹底的に「自己意念」をもって尋求した。このような「求道主体」による実験は、知性によって主体的に生きようとする「近代人」の志向に当て嵌まるものではなかったか。清沢は、自己を「四顧茫々ノ中間」の実存者として、つまり〝絶対無救済〟者であるとして見定めたが、その清沢の自覚的営為こそ、「機の深信」による「信仰主体」確立へのプロセスであったと言い得よう。

このように清沢は、「求道主体」から「信仰主体」へと展開する仏道を歩むのであるが、その仏道は『歎異抄』の中核をなす「二種深信」、とりわけ「機の深信」の実験であった。まさに清沢によって、『歎異抄』が、理性をもって自らの生き様を問う近代人の思想的営為の書となり得たのである。

ところで「求道主体」の問う「自己トハ何ソヤ」の「自己」とは、一体どのような「自己」であろうか。思うにそれは、決して哲学的形而上学的な対象化された「自己」ではないと思われる。そのような観念的な自己ではなく、この娑婆において、結核や人情の煩累というような具体的な宿業に、苦悩し絶望する「自己」そのものであろう。仏道は、宿業に苦悩する自己に有効でなければ無意味である。実存的な苦悩人を救済する仏道こそ、親鸞の開顕した仏道であり、また清沢が身をもって明らかにした「求道主体」から「信仰主体」へという仏道であった。

繰り返すが、身動き一つ取れないのが我々の現実相である。そういう絶望的な自己実存を、親鸞は「そくばくの業をもちける身」と言い当てた。そしてそのような親鸞なればこそ、直後に「本願のかたじけなさ」[4]と告白したのである。すなわち、「四顧茫々ノ中間」に存在する自分自身に値遇した清沢は、親鸞が念仏の伝統に照破され踊躍歓喜したように、「自己トハ他ナシ　絶対無限の妙用ニ乗托シテ任運ニ法爾ニ此境遇ニ落在セルモノ即チ是ナリ」

と歓喜したのである。

まことに清沢は、「ミニマム・ポッシブル」の制欲生活において『歎異抄』と出遇った。(5) また、教団改革運動の挫折において『阿含経』を読誦、さらに『エピクテタス氏教訓書』を身読した。そこで絶対に無救済であるという「自己の分限」を主体的に証知し、その「自己の分限」の自覚において、「絶対無限ノ妙用ニ乗托」する「自己」を発見したのである。すなわち、「自己の分限」の自覚において明らかにできた「絶対他力の大道」とは、宿業の大地を踏みしめて歩む大道であり、親鸞と同様の、「かたじけなさよ」との懺悔を内実とする、如来讃仰であったのである。

そのような仏道を、曾我量深は『歎異抄聴記』で次のように述べている。

二種深信を、仏の本願の念仏の歴史の中に自分を見出して、今までは断片的のものであつたが今や機の深信、宿業の自覚、こゝに私は未だ嘗て知らなかつた仏の本願に証明されて、こゝに自分がある。自分を証明するものは仏である。仏教学真宗学は人間が仏を証明する学でなく、人間が仏に証明される学である。(6)

曾我の「機の深信、宿業の自覚」によって「仏の本願」に証明された自己実存の自覚、つまり「仏教学真宗学は人間が仏を証明する学でなく、人間が仏に証明される学」との知見は、清沢の謦咳に触れた曾我ならではのものであろう。

仏道とは、自我からの解放の営みである。自我から解放されれば、その自己は「絶対無限の吾人に賦与せるものを楽しまんかな」との豊かな世界を生きる主体となる。また、その豊かな生活を送る主体は、『臘扇記』の「絶対他力の大道」の直後に展開される、「吾人の自覚は避悪就善の天意を感す　是れ道徳の源泉なり」という生活者となる。「絶対他力の大道」は「避悪就善の天意」を明らかにし、それによって同朋同行間の生活が成立する。

清沢は、そのような「避悪就善の天意を感す」る生活について、翌明治三二年の「他力信仰の発得」において、次のように述べている。

吾人は彼の光明の指導に依信するの安泰を得つゝあり　吾人は吾人のみならす一切衆生か吾人と同く彼の光明の摂取中にあることを信するなり、故に吾人は一切衆生と共に彼の光明中の同朋なることを信するなり、吾人は同朋間の同情を大要義と信するなり、同情は吾人に争闘を許さゝるなり、同情は吾人に我慢を許さゝるなり(7)

文中の「吾人は彼の光明の指導に依信するの安泰を得つゝあり」との「吾人」とは、「絶対無限ノ妙用ニ乗托」する「自己」であろう。その自己において「避悪就善の天意を感ずる」のであり、そこに「光明摂取中の同朋」の生活が開かれてくるのである。したがって、「如来乗托」に生きんとする清沢に、浩々洞創設の「天意」の生起することは当然であった。宗教的信念は、自らを受容する具体的「場」を要求する。そしてその「場」において、はじめて時代社会の課題に応答できるものとなる。故に、我々の最大の人生の課題は、先ずもって他力信念の確立の一事に尽きるのである。

「他力信仰の発得」を発表した年（一八九九《明治三二》年）の六月、新門大谷光演（彰如）に請われて侍講となり東上した清沢は、次のような『御進講覚書』をまとめている。

吾人一般修養の主眼

政治、法律、一切世間の制度は皆な宗教の為なり。

宗教内の異類派別は皆な真宗の為の方便なり。

真宗の宗門組織一切の施設は皆な私一人の為なり。

パンの為、職責の為、人道の為、国家の為、富国強兵の為に、功名栄華の為に宗教あるにはあらざるなり。人心の至奥より出づる至盛の要求の為に宗教あるなり。宗教を求むべし、宗教は求むる所なし。
夫れ此の如きが故に、修養は自覚自得を本とす。他人の之を代覚代得すべきにあらず(8)。

宗教は、生産活動の手段でないことはもちろん、職責や人道的な目的のため、ひいては国家社会のためのものでもなく、ひとえに「人心の至奥より出づる至盛の要求」に応えるものと説いている。まことに清沢の四〇年の生涯は、宗教的信念の確立に対する「至盛の要求」によって貫かれていたと言うことができる。

顧みれば、清沢は中学校長に就任する際、学者の道を放棄したが、その決意を次のように人見忠次郎に告白していた。

身は俗家に生れ、縁ありて真宗の寺門に入り、本山の教育を受けて今日に至りたるもの、この点に於いて、余は篤く本山の恩を思ひ、之が報恩の道を尽さゞるべからず(9)

熱心な真宗の門徒であった母親のひたむきな日々の求道生活を目の当たりにして育ち、また大谷派教団の設置した育英教校で学んだ清沢にとって、教団に対する「報恩の道」を尽くそうとする思念、換言すれば「僧伽」帰依の心は、「至盛の要求」そのものであった。また当時、大谷派教団の実力者であった渥美契縁の懇請、つまり「その頃渥美さんは清沢先生を信頼して、どうしても清沢先生でなけにやならんといふので、たのみこまれた(10)」との無理を押しての校長就任の依頼に応諾したことについて、暁烏敏は、

大体先生はあまり自分で何もやられん人で人に頼まれて動いた人です。如来の大命といふのも無理はない(11)。

と言っているが、そのように清沢は、生涯、「如来の大命」に導かれつつの「至盛の要求」を、自己内に感得し続けたと言えよう。清沢は、「如来の大命」に感応し報ぜんとする生活者であったのである。

清沢は校長就任の前年、すなわち、二五歳の時、論文「宗教心を論ず」を発表しているが、その冒頭で「妙理を

感知するの心状にして、又一の安立を希望するもの也」と宗教心を定義し、さらに、

宗教心の要性は、帰敬信憑の情にありと雖ども、此情たるや、他の諸感情と同じく、発達進化の感情にして、決して、常恒不変のものにあらず。故に、人心未開の時にありては、宗教心も亦甚だ漠然たる感情たり、人の精神漸く進化啓発するに至りて、宗教心も亦甚だ顕著明瞭なるに至りたるなり。而して、宗教心開発の程度に応して、古来幾多の種類の宗教の現出したるものにして、今日彼此相反対し相敵視するが如き宗教も深く其真状を推究すれば、同じく人類固有の宗教心より出たるものなることを知るべし[12]。

と論じている。そのように自ら論ずる「人心未開」で「漠然」とした宗教心、すなわち「至盛の要求」が、若き清沢自身の中にうごめいていたのであり、それが清沢を仏道に立たしめたのである。

そのような清沢について、親友である稲葉昌丸は、

なぜ先生が大谷派の様なちいさな舞台に心をかけられたか。之は問題である[13]。

との疑問を投げかけ、そして、「先生は始終至誠を以てことをなされた。精神主義から云へば、常に如来を後にひかへて事をなされた。何事にも自分と云ふ私心を交へられなかつた。それ故に其のなされ方が大きい[14]」と述べたことはすでに引いたが、そのように、「如来の大命」に呼応して生き抜いたところに、清沢の生き様の「大きかった」所以があった。

すなわち清沢は、

私は只此如来を信ずるのみにて、常に平安に住することが出来る。如来の能力は無限である。如来の能力は無上である。如来の能力は一切の場合に遍満してある[15]。

と、どこまでも如来を念じて生きることを言い放つのである。

繰り返すが、「真宗の僧風は次第に衰頽せり」という教団の危機を脱するために、清沢は「ミニマム・ポッシブル」という、あたかも仏陀の苦行を思わせるような実験生活へと身を投じたが、そういう営みは、仏陀も出山したように、また親鸞も比叡山から降りたように、いわば他力宗である真宗においては、一見否定されるべきものかも知れない。しかし、松原祐善は、

清沢先生が、なぜ他力の真宗を味わいながら、こういう苦行をされるのかということです。あまりに極端ではないかという批判があるかもしれませんけれども、これは清沢先生においては止むに止まれない至盛の要求があったのです。(16)

と述べている。清沢の苦行は、清沢にとって「止むに止まれない至盛の要求」の発露であり、したがってそれは、釈尊の苦行や、親鸞の比叡山からの下山と同様の、衆生に仏法が開かれるための必然的な歩みであった。

実に「至盛の要求」は、我々の心身に絶えず生きてはたらいているものであり、決して観念ではないはずである。そうではなく、苦悩の我々に対する「如来の大命」からの、直なる呼び声でなかろうか。

註

(1)『臘扇記　第一号』『清沢満之全集』八巻、三五六～三五七頁、岩波書店

(2)「十月十二日　稲葉昌丸宛」『清沢満之全集』九巻、一七七頁、岩波書店。(文中の（　）は『清沢満之全集』八巻、二四頁、法藏館)

(3)『臘扇記　第一号』『清沢満之全集』八巻、三六二～三六三頁、岩波書店

(4)『歎異抄』真宗聖典、六四〇頁、真宗大谷派宗務所出版部

(5) 清沢の仏道と『歎異抄』との相関性について、寺川俊昭は次のように述べている。

清沢先生は『歎異抄』のどの言葉に感銘を覚え、いわゆる感応道交をもったのかと考えてみると、やはり「自

己とは何ぞや」という、この問題に関わります。『歎異抄』で「自己とは」と問うその問いかけに対して、最も意味深く、かつ積極的に応答している親鸞聖人の言葉を思うと、それは何といっても「後序」に伝えられている、聖人のつねのおおせであることは、言うまでもありません。（『往生浄土の自覚道』法藏館、二六四頁）もちろん、「聖人のつねのおおせ」とは、「弥陀の五劫思惟の願をよくよく案ずれば、ひとえに親鸞一人がためなりけり。されば、そくばくの業をもちける身にてありけるを、たすけんとおぼしめしたちける本願のかたじけなさよ」（『歎異抄』真宗聖典、六四〇頁、真宗大谷派宗務所出版部）のことである。寺川が、親鸞と清沢に通底する仏道を、「二種深信」、殊に「自身」の信知であるとしていることに着目したい。

(6)「二種深信」『歎異抄聴記』『曾我量深選集』六巻、三八八頁、彌生書房
(7)「他力信仰の発得」『清沢満之全集』六巻、二一二頁、岩波書店
(8)「御進講覚書」『清沢満之全集』七巻、一八八～一八九頁、岩波書店
(9)「追憶・資料　京都中学」『清沢満之全集』三巻、六〇九頁、法藏館
(10)「追憶・資料　京都中学」『清沢満之全集』三巻、六〇四頁、法藏館
(11)「追憶・資料　京都中学」『清沢満之全集』三巻、六〇五頁、法藏館
(12)「宗教心を論ず」『清沢満之全集』一巻、一五八頁、岩波書店
(13)「追憶・資料　浜風」『清沢満之全集』八巻、五六三頁、法藏館
(14)「追憶・資料　浜風」『清沢満之全集』八巻、五六三頁、法藏館
(15)「我信念」『清沢満之全集』六巻、一六四頁、岩波書店
(16)「宗教的信念の確立」『松原祐善講義集』一巻、六九頁、文栄堂

第三節　革新運動の精神

一九〇〇（明治三三）年一〇月、東上した清沢は、暁烏敏、佐々木月樵、多田鼎らと共に私塾「浩々洞」を開い

た。詳細については次章に譲るが、常盤大定が、

> 先生を中心とする洞の生活は、恰も古代の僧伽を目前に見るが如くに感ぜられた。仏教の僧団にはいふべからざる美はしい長処を含むのであるが、其うるはしさを現代に実現したのが洞の生活であつたと思ふ。[1]

と語るように、浩々洞は「僧伽」そのものであり、精神主義はその「僧伽」から、世に提唱されたのである。

翌（明治三四）年一〇月、近代欧米文明の集中する東京に真宗大学が移転開校され、そこで、初代学長である清沢は、「真宗大学開校の辞」を発表した。

> 本学は他の学校とは異りまして宗教学校なること殊に仏教の中に於て浄土真宗の学場であります　即ち我々が信奉する本願他力の宗義に基きまして我々に於て最大事件なる自己の信念の確立の上に其信仰を他に伝へる即ち自信教人信の誠を尽すべき人物を養成するのが本学の特質であります[2]

実学中心の社会にあって、また並居る官僚等の来賓を前にして、「自信教人信の誠を尽くす」人材の育成こそが真宗大学の教育理念であり、社会的使命である、と宣言するのである。後に加藤智学が、

> 先生〔清沢満之〕が声をあげて叫ばれたことは、宗門内に幾多の道心ある青年を作りあげることであつた。これだけで大なる成功である。宗門の行政は先生の思ふ通りにならなかつたが、大谷派は確かに立派なものになつた。[3]

と語るように、教団改革運動に挫折した清沢は、「これからは一切改革のことを放棄して信念の確立に尽力しやうと思ふ」と述べて、自ら求道に専心すると同時に、その宗教的信念の確立に資する教団学事の刷新を念じて、真宗大学を設立したのである。すなわち、「道心ある青年を作りあげる」ところに、時代社会を生きる清沢の至奥の志願があった。

視点を変えれば、「自信教人信」の「自信」を信念の確立、「教人信」を教育教化とすれば、「自信」と「教人信」は一体として了解されるべきであるから、「自信」は決して「自信」だけで終わらず、むしろ「自信」を起点に「教人信」の世界が開かれる、と見ることができる。「自信」において、教育教化の基盤が成立するのである。つまり清沢が身命を擲って獲得した宗教的精神（自信）に、自ずと教育教化（教人信）の実践、すなわち真宗大学創立への意欲が漲っていたのである。

清沢門下には多くの若き学徒、暁烏敏、曾我量深、佐々木月樵、多田鼎、金子大榮、高光大船、藤原鉄乗ら、いわば「自信教人信の誠を尽す」人物が育ったが、それはひとえに清沢の「自信」から発揮される「教人信」のはたらき、つまり清沢の宗教的精神を基盤とする生き様から発揮される必然的な教化力・教育力によるものであった、と言ってよい。そして銘記すべきことは、そのような「自信」は、おのずと「教人信」の「場」を求めるということである。たとえば、親鸞の仏道が、東国での同朋教団の形成を促し、また、清沢の宗教的精神が浩々洞や真宗大学の創設を見た通りである。親鸞や清沢が聞法の「場」を求めるということは、宗教的精神の必然的な要求であり、また「僧伽」のはたらきそのものであった。

孫弟子にあたる松原祐善は、後に大谷派教団の使命を「僧伽」に託して、次のように論じている。

教団の大きな事業は、教法の宣布ということでありましょう。教団の機能といえば、教化の実践であります。その姿勢は聞法という求道の姿勢にあって、自信教人信であります。儀式の執行ということも大切でありましょうけれども、それも聞法というところで考えられなくてはならんのでございます。ともかく、世とともに歩みながら、そこに世俗の社会というものは、無明のなかにあるのですから、その世俗の社会との厳しい対決をもちながら、世を包む世の帰依処として、つねに南無される僧伽でなくてはならんと念ぜられるのであります。（中略）東本願寺が同朋会運動をやっておるのではない。同朋会運動のなかに教団における同朋僧伽のいのちが覚醒されていくという、言いかえれば同朋会運動というのは、同朋僧伽のいのちを覚醒する、よびさますところの信仰運動である。そして、それはどこまでも信仰運動として徹底されていかなくてはならんと思います。（中略）信仰運動と申しますと、一人一人の個の内面的な自覚にそれを訴えていくということで、いわばまったく地味な運動だと思います。外面的に、はでな集団的な組織運動ではない。（中略）一人の救済は一人にとどまるのでなしに、そこに信心による一人の覚醒というものはですね、おのずから御同朋御同行という僧伽として新しくよみがえってくる。だから一人の救済は必ず一人にとどまらないで、念仏の信仰共同体というものを生んでくるわけです。[4]

「同朋僧伽のいのちを覚醒する」ことを基本にして、信仰運動が徹底されるのであり、その徹底は、「おのずから御同朋御同行という僧伽として新しくよみがえってくる」。したがって、教団が人類の帰依処である「僧伽」であるためには、一人ひとりが「自信」に立たなければならない。「自信」に立てば、それは「必ず一人にとどまらないで」法輪となって隅々まで行き届き、「僧伽」を形成する。つまり、清沢の宗教的精神は、「真宗大学」や「浩々洞」の形成を促して、精神主義を世に公開し、さらに、浩々洞から発せられるその精神主義が「同朋僧伽のいのち」となって、「興法学園」から「真人社」、「同朋会」へと継承、展開していくのである。実に「自信教人信」こそ、「大谷派なる宗教的精神」による「僧伽」形成の基軸であった。

註

（1）「追憶・資料　浩々洞」『清沢満之全集』八巻、二九七頁、法藏館

（2）「真宗大学開校の辞」『清沢満之全集』七巻、三六四頁、岩波書店
（3）「追憶・資料　浩々洞」『清沢満之全集』八巻、二三七頁、法藏館
（4）「念仏僧伽論」『松原祐善講義集』二巻、二四八～二五〇頁、文栄堂

第二章　革新運動の地方的展開の諸相

第一節　浩々洞と精神主義

第一項　浩々洞

一　清沢満之の東上

一八九八（明治三一）年一二月一日と二日の両日、新門大谷光演は「御親教」のため、参務である石川舜台を伴って三河別院を訪問した。当時の清沢満之は、『当用日記』にあるように、教団改革運動に区切りをつけて、五月に家族をともない西方寺に戻っていたが、その清沢を待っていたのは、「誹謗擯斥許多の陵辱」をかみ締めざるを得ない「人情の煩累」であった。新門が清沢を呼び出したのはちょうどその頃であったが、あいにく清沢は喀血のため面晤を見合わさざるを得ず、そこで新門は法主大谷光榮（現如）からの伝言を、清沢に代わって参詣した養父に託したのである。その伝言とは、次の通りである。

三河に行けば満之にも会ふことなるべければ、其の節は、先般本山を思ふ精神より為したる行動に対し、処分に及びたるは、一時止むを得ざる都合なりしも、其の後、其の意底等充分了解したるも、今日迄は、何となく経過し終れり。然るに、目下内外の形勢頗る大切なる折柄、永く此の儘に打棄て置くべきにあらざるゆゑ、近々には教師堂班等、一切旧に復すべければ、其の義を通じ置き度。其の上は、決して本山に対して悪感情を挟まず、一層奮励尽力をたのみ度との御依頼なり、云々。尚ほ小生も、教学上尽し度く思へども、何分短才ゆゑ、是非十分の賛助を希望するなり、云々。此等の義を、序に他の五名へも宣布通じ呉れ度く云々。其の他、各自に付て、誰は何処に居る抔御尋ね。又稲、今両人抔、山外にあるは遺憾ゆゑ、都合次第山内の学事に尽力を望む、云々。(1)

文中の「先般本山を思ふ精神より為したる行動」とは教団改革運動を指している。法主は、「〔教団改革運動の〕其意底等充分了解したる」と述べて、処分について清沢への心配りを見せ、さらに「目下内外の形勢頗る大切なる折柄」、「決して本山に対して悪感情を挟まず、一層奮励尽力をたのみ度」と述べて、清沢に教団への変わらぬ尽力を依頼したのである。特に「山内の学事」、つまり教学に対して、稲葉や今川らと共に協力して欲しい旨、強く要望しているが、法主からすれば、教団改革に身を投じた清沢の思いを充分に斟酌した上での懇請であった。法主が清沢と同一の視点から、教学刷新に基づく真宗再興を期待していたことに頷けよう。そのような法主の懇請に、清沢は次のように応諾している。

　慇懃なる御挨拶にて、只々感激の外無之、何分面と向ひ、直ちに御答を要する場合にて有之、深重の尊慮に対し、敬承の儀は、台下より京都大門様へ可然御仰上願ひまつる旨申上置候間(2)

法主の、清沢に対する厚き期待と信頼は、清沢自身の「真宗再興」の志願に適うものであり、したがって清沢は、その後の一九〇一（明治三四）年に真宗大学を東京に移転開校することになるが、ここにその由縁を窺い得る。

そして、翌年二月二〇日には、今度は新門自ら、次のような書簡を清沢に送り、東上を要請している。清沢と新門とは、清沢が一八九一（明治二四）年に京都岡崎の御学館における補導主任を担当して以来の親しい関係にあった。

　〆手方今内地雑居ゑ目前ニ差迫候ニ而ハ追々外教蔓延之兆候を呈居候　然れハ当地之若き青年之信徒を糾合致候事尤も肝要之事と愚考致候　就而ハ御坊〔清沢〕ゑ東上を煩し内ハ以而後進学士之模範とし外ハ以而青年信徒之養生ニ尽力致度且又ハ小僧布教之補翼を依頼致度病中之事故誠ニ恐縮ニ候へ共時勢之御坊を辺隅ニ埋るを不容は如何ともする能ず小僧ハ切ニ御依頼致候間何卒承諾被致度候(3)

清沢の病気を気遣いしながらも、同年七月一七日から実施される、外国人居留地の廃止にともなう「内地雑居」の許可によって、キリスト教の教線が拡張されることに危機感を懐く新門は、それに対応するため、衷心から、青年学徒への指導や自分への補導を清沢に要請したのである。

さらに六月九日には、次のような丁重な手紙が、清沢に届けられた。

　時下兎角不順ニ候其後病状如何ニ候哉深ク懸念罷在候　〆手過日ハ遠方之処態々出京致候事満足之至ニ有之其節も申入置候通方今都下之道徳日々非なる有様実に慨嘆之至ニ不堪候　就而ハ何なる方面にとも是れか回復を不計不可事ニ存候　而シテ最必要なるハ中学以上より始メル事ニ可有之と存候　就而ハ病中誠ニ御苦労ニ存候共東京ニ滞在之れが布教ニ従事被致度希望不堪候　自坊之都合も可有候共何卒小僧か切望を満足被致度右依頼旁々及呈翰候　取急き乱筆御推読可被下(4)

これを受けて清沢は、六月一一日、次のような胸中を、新門に伝えている。

　深重なる御尊慮に対し奉り唯だ只だ感奮激切の至りに不堪候。重大なる御垂命に就きては、駑愚の固より万当る能はざる所に候へ共、只だ御恩旨の恭きに感泣するの余り、敢て奉承趨命之事に決着罷在候。（中略）実に至大の幸栄に奉存候。然るに顧みて一身を観察致候得者、実に在病垂死の駑愚、如何に鞭策を加へ候とも到底一事を為し得る見込は無之、単に御高明を冒瀆するのみならんと只管恐懼に堪へざる所に候也(5)

自分としては命を投げ出す決意はあるが、しかし、病身なるが故に、もし任務遂行に差し障りが出れば、かえって新門に対する冒瀆となる、との危惧を伝えつつも、翌日の月見覚了宛の書簡では、

小生にては最早違背の精神を発する能はざる心情に立至り、敢て従命の儀奉答仕置候。（中略）就いては明後十四日発東上仕り候積りに御座候間、此の義御了知置被下度願上候(6)。

と東上の並々ならぬ決意を告げているのである。かくして六月一四日、清沢は本郷森川町に居を構えることになった。

このように新門への補導を行うことになった清沢であるが、加えて、石川からの教団学事の任に当たるようにとの委託に対しても、

小生一個に付いても単純に申述候へば、只だ大学生に対する一片の心と、真宗大学と云ふものを思ふ一片の心は、今日の如き場合には、一ツ前後左右を顧みず、盲目的に引受けても見度存候へ共、今は当方へ少しく身を置き候事ゆゑ、之をはづしては又当地の同志に対し虚言を構へ候様に相成り候事ゆゑ、暫く当方へ放ち置かるゝことを希望致居候(7)。

と即断を避けつつも、強い意欲を示している。教団学事の任とは、清沢を勧学次長、月見覚了を勧学録事、草間（関根）仁応を布教録事とし、さらに清沢を大学学監、月見、草間を大学主幹に命ずるというものであったが、これについて『教学報知』は、「旧白川党と本山の協定なる」という記事をもって、次のように報じている。

先般東本願寺にては旧白川党諸氏を入山せしめんとして清沢氏始め其他二三の諸氏に夫れ〳〵職役を任命せし

が、俗務を顧みざる諸氏は之れに応ぜず事は遂に沙汰止みとなりしが、爾来本山より種々交渉するところあり、旧白川党諸氏は客月末上京し同志相寄りて決議するところあり結局清沢満之氏は同志の総代となり、去九日東上し在京中の石川舜台和田圓什の両師に面談して種々談するところありて結局本山は清沢氏一派の要求条件を容るゝことゝなり同派学制に関する全体即ち大中学を清沢氏等に一任することに決したりと云ふ、今清沢氏が要求せし条件の重なるものと云ふを聞くに、一、真宗大学を東京に移すこと、二、毎年一ヶ年間の大学の経費として二万五千円を支出すること、尚ほ当初三ヶ年間の経費を銀行に別預けとして此金は本山内に他は如何な様なることあるも其変動には一切関係なきことゝす、三、教育上の方針、学課の編制等教育に関する全体を一任して更に容喙せざる事等の条件なりと。(8)

このように教団の要請に清沢が応えたことにより、大谷派教団と白川党の和解が正式に成立し、ここに教団改革運動は終結した。そして、清沢は、①真宗大学の東京移転、②毎年二万五千円の大学経費の支給、③学課の編制等教育の一任、を条件に真宗大学東京移転開校に取り組むことになったのである。

二　「僧伽」誕生

清沢は、一八九九（明治三二）年六月一四日、本郷森川町に居を構えた。翌年九月には、真宗大学を卒業して「外交官になって世界平和の願いを実現する、雑誌を発行して現代日本の精神的建替をする」(9)ためにと東上した二三歳の暁烏敏は、佐々木月樵と多田鼎と共に清沢の膝下に集ったのである。ここに「浩々洞」が誕生した。そして翌年一月一五日には『精神界』が創刊されたのである。

暁烏は清沢について、次のように述べている。

日本の思想界に於きまして先生の地位は、東西文化を一丸として日本の哲学を組織せられたことであります。（中略）先生の仏教界における功労は、明治時代にも福田行誡上人の如き、七里恒順和上の如き、或は南条文雄先生、原坦山師・峨山師・滴水師など相当に感化力を持っておいでになったが、これらの方々はただ伝統の仏教の範囲に活躍してをられました。ところが我が清沢先生は、西洋哲学を学び、西洋の宗教をも咀嚼し、それに従来の仏教・儒教といふ伝統を皆自分の心に納めて、それを自分の実際の生活の上に体験していかれたのであります。この点では明治の思想界における唯一の人なんであります。明治の宗教界の唯一の光であります。(10)

また、曾我は次のように述べている。

大体清沢先生の出られる迄は他力の信念などは誰も問題にしてをらなかつた。そこで若し清沢先生が出られなかつたならわが親鸞などという方が今日のように日本の思想界の最高峰であるというようなことゝはならなかつたのである。偏えに清沢先生が身命を捧げて戦ひとられたのである。先生自身は仰言らぬが思想的にそれを見れば正しく生涯を捧げて戦ひとられたのである。これは日本の仏教の歴史に長く残ることである。恐らく日本の仏教史の法然親鸞以後の最も大きい事実として私は信ずるものである。(11)

清沢は、伝統仏教を近代人の理解に合わせるような、単に仏教の近代化を行ったのではなかった。暁烏も曾我も、共に清沢の偉業を、近代人を救済する思想にまで仏教を高めたところに見出している。つまり、清沢は、他力の信念を「正しく生涯を捧げて戦ひとられた」と言われるように、「自分の実際の生活の上に体験」することで、仏教の生命力を回復したのである。換言すれば、単なる「親鸞の研究」を放棄し、近代人に生きる道を指し示す思想として親鸞を蘇らせたところに、清沢出現の歴史的意義を認めることができよう。ここに清沢の、真宗伝統の地である京都を離れて、世界文明の集中する首都東京への真宗大学移転を希望する意図を読み取ることができる。

当時の日本は、明治維新に始まる拙速に過ぎるとも見える欧米文明移入による近代国家形成への歩みに疑義が持たれる一方で、日清戦争の勝利を機に、明治二〇年代後半から三〇年代にかけて、一気に、国家挙げて帝国主義へと向かいつつある時期であった。そのような状況下にあって、地方の前近代的な地縁・血縁的結合から急速に離れ出た人々は、次第に深まる虚無感を懐き、個人として自立した生き方を模索せざるを得なかった。その象徴的な人物に、たとえば、一八九四（明治二七）年に二五歳で自ら命を絶った、「内部生命論」の著者北村透谷や、人生を不可解として一九〇三（明治三六）年に華厳の滝に身を投じた藤村操らを挙げることができる。またその後一九一四（大正三）年に「私の個人主義」を学習院で講演した夏目漱石も、同様に個人に苦悩し個人としての生き方を模索した代表的な近代人と言える。その夏目漱石の声を聞こう。

或人は今の日本は何うしても国家主義でなければ立ち行かないやうに云ひ振らし又さう考へてゐます。しかも個人主義なるものを蹂躙しなければ国家が亡びるやうな事を唱道するものも少なくはありません。けれどもそんな馬鹿気た筈は決してありやうがないのです。事実私共は国家主義でもあり、世界主義でもあり、同時に又個人主義でもあるのであります。

個人の幸福の基礎となるべき個人主義は個人の自由が其内容になつてゐるには相違ありませんが、各人の享有する其自由といふものは国家の安危に従つて、寒暖計のやうに上つたり下つたりするのです。是は理論といふよりも寧ろ事実から出る理論と云つた方が好いかも知れません、つまり自然の状態がさうなつて来るのです。国家が危くなれば個人の自由が狭められ、国家が泰平の時には個人の自由が膨脹して来る、それが当然の話です。いやしくも人格のある以上、それを踏み違へて、国家の亡びるか亡びないかといふ場合に、疳違《かんちが》ひをして只無暗に個性の発展ばかり目懸けてゐる人はない筈です。私のいふ個人主義のうちには、火事が済んでもまだ火事頭巾が必要だと云ふて、用もないのに窮屈がる人に対する忠告も含まれてゐると考へて下さい[12]。

個人は国家主義によって翻弄されるべきものではないとの夏目漱石の主張は、まさに個人としての生の充実を模索する当時の人々にとっては示唆的であったし、また、「火事が済んでもまだ火事頭巾が必要だ」との当時の強制的色彩の強い国家主義政策に対する批判眼も、人々に新鮮に映ったに違いない。そのように、ちょうど近代社会における明確な個人の確立の模索が時代思潮の要請となった時期に、清沢は浩々洞を形成し、精神主義を発表したのである。

さて、浩々洞を見てみよう。暁烏や佐々木と共に「浩々洞の三羽烏」の一人多田鼎は、

九月十八日、予、東京に来り、本郷森川町一番地二百四十一号の家に入る。浩々洞の元の家、今の求道学舎なり。月見、百目木の二氏、佐々木、暁烏の二兄あり。其の他の諸兄弟あり。帰省中の先生は、十月一日の午前十時頃来りたまふ。それより三十五年六月一日、東片町に移るまで二年の間、この家は、我等の此の世に於ける浄土なりき。花吹雪乱れ入る仏堂に於いて、積翠流るゝ階上にありて、さては木犀の香緩やかに動く樹心窟の中、又は山茶花のさき満つる庭の辺にありて、番茶を喫しつゝ、先生の講話うけたまはりし其の折の清興、今も忘るゝ能はず[13]。

と自らの内に溢れる生命力の実感を告白し、さらに、清沢の日常生活を見て、「何となく広々として賑やかでありました」、あるいは「何人も先生のまへに行くことを厭はぬ。厭はぬのみか好む」と語り、次のように述べている。

色々の人が先生のまへに集まる。固より先生は、はでな交際を好まず、又病のため余り外には出られぬ故、来客の数も別に多かつたといふのではあるまいと思ひますが、而もその種類は極めて雑多でありました。而して

是等の人が皆な和らぎくつろいで、各々いくらかづゝの喜を得て帰つたのであります。是は何故であらうか。本づく所は、全く先生の信念のためであつて、先生が絶対他力の信念に安住せられてあつた〻めであると思ひます。(14)

清沢の宗教的信念の醸し出す、多くの人をして安住せしめる教化力こそ、浩々洞の特徴であった。

また暁烏は、

この頃、私はトルストイを愛読してゐた。一つは英語の力をつけるためと思うて、トルストイの英訳本を丸善へ行つてぼち〳〵買つて来た。十一月の中頃であつたか、先生は喀血して十日ばかり寝てをられた。その間にあの大部な『戦争と平和』をすつかり読まれた。英訳本では四百ページほどのが四冊あるのを、病床にゐながら読まれたのには驚いた。先生は非常に愉快がつて面白い処を私達に読んで聞かせられた。先生があまり詳しく話されたので、もう私は読む気がなくなり、今までも英訳本を読まずにをる。多田君は、ユーゴーの『レ・ミゼラブル』の英訳本を買うて来て読んで面白いというたら、先生は、これもすぐによんでしまはれた。ジアン・バルジヤンが壁を伝うて逃げて出る一段などは、先生が得意に話された。私達三人は一室にをりながら、別々の書物を読んでをるので、三人共同で何か一つを読まうといひ出して、エマーソンの『論文集』を読むことにした。毎日三四ページづゝ読むことにしてゐた。あまり愉快なので先生に話すと、先生は自分も共に読まうといはれるので、先生の本も買うて来て四人で輪読をすることになつた。あの折のことを今思ひ出しても涙の出るやうな嬉しい気がする。先生は、毎日エピクテタスの『語録』を英訳本で読んでをられた。そして、処々を私共に読み聞かされた。(15)

と、清沢を中心とした生活を活き活きと語っている。浩々洞は、個人としての生の充実を求める彼らにとって、生涯「忘るゝ」ことのできない知的で温かな空気に満ちた空間であったのである。

さらに加藤智学は、次のように述べている。

何でも、清沢先生も議論が好きな方だし、言論の強いお方ですから、学生時代には岡田良平とか沢柳政太郎とか、やたらに議論しとったものらしい。大概清沢先生が勝ったらしい。私の友人の三原君と云ふのが、これも加賀の人だが、ある時、浩々洞に行って見た。そしたら清沢先生と多田鼎師が盛んに議論してる最中でした。それから見てると、どっちも強い、どっちも負けん。（中略）それで私は浩々洞は遠慮なく喰い付いた方が良いと思って、佐々木先生や暁烏先生を相手にしてヤタラに議論した。何しろその時分浩々洞が巣鴨に移ってからだから、家が歯の抜けた様にポロポロ建ってゐた。浩々洞に訪ねて来る人が、一丁程向うまで来ると、暁烏と加藤が喧嘩してる声が聞えると云ったもんです。[16]

自由な議論とは、まさしく近代に生きる個人としての生命力の発露であろう。浩々洞には、そのようなエネルギーが漲っていたのである。

清沢はソクラテスを敬愛していた。したがって、自由な議論にも、清沢には次のような配慮がはたらいていた。

精細切実なる教育は問答法に限ると云ふも不可なかるべし。而して、無一物の態度は正に此法の精神を貫徹するの妙致にあらずや。師と弟子とが同等の資格にあるにあらずば、必らず注入的の傾向に陥り、師の余智を以て弟子の脳中に強いて注入するの弊を免かれざるを覚ゆ。是れ弟子の方に於て言語文句を盲誦暗記するの止む能はざらしむる原因たるが如し。盲誦暗記の苦痛の結果、所謂死学問、活字引を養成するは決して善良の教育法にあらざるなり。無一物の師、無邪気の弟子、問難往復以て事理を討究する、是れ開発的教育に至当の方法たらずや。かくの如くして達し得られたる智識こそ、真個に活動的の学殖たるを得ん。[17]

このような「死学問」に陥ることなく、「活字引」を養成せず、「無一物の師、無邪気の弟子」による「開発的教育」こそ、浩々洞の教化の真髄であった。それは仏教を「盲誦暗記」の対象として教育することではなく、むしろ真の信仰主体にまで育む営みでもあった。実に浩々洞は、精神主義による信仰主体確立の教育、つまり近代社会に生きんとする真主体確立の教育を特長とする「僧伽」であったのである。

第二項　精神主義

一　明治思想界におけるその歴史的意義

沢柳政太郎の清沢満之に対する見解を聞こう。

明治の文明史上に於て埋没すべからざる偉人として中村敬宇、福沢諭吉、新島襄を挙ぐることは何人も異存のない所である。予は此等の人と匹敵すべき偉人として清沢満之を挙げたいとおもふ。（中略）清沢氏は此の三者を兼ぬるものにして、而かも深遠なる学問上の基礎を有するに至つては三子者の及ばない所であるとおもふ。清沢氏は学問の士であると同時に実行の人であつた。言論の人よりも感化の人であつた。[18]

欧化政策のもとで富国強兵・殖産興業が進展する明治社会は、福沢諭吉に代表される実学至上の風潮が支配的であった。清沢は、そのような時代状況にあって、宗教的信念の確立に身を投じた「実行の人」であったし、また、宗教的信念に生きる「感化の人」であった。その清沢の明らかにした思想を精神主義と称するのであり、清沢はその精神主義を元にして、「自己の信念の確立の上に其信仰を他に伝へる即ち自信教人信の誠を尽すべき人物」[19]の育成を訴える「真宗大学開校の辞」を、実学を国策として推奨する来賓、たとえば菊池大麓文部大臣、岡田良平総務長官、山川健次郎帝大総長、井上哲次郎文科大学長らを前に開陳したが、そのような、あたかも国家の近代化に逆行するかのような非実学的な清沢の言葉は、近代国家体制を担う人物を育成するために積極的な当時の教育界において、異質なものであったと思われる。しかし、沢柳が清沢をして近代を代表する「偉人」と見定めたことは、積極主義の文化栄える真只中において「消極主義」の教育を主張する清沢の教育観の普遍性と確かさを示すものとも言えよう。南条文雄は次のように回想している。

> 巣鴨真宗大学は開校以来、清沢君の献身的努力に依つて、次第にその基礎を固くし、僅か三ヵ年足らずの間に、清沢君の精神が全校の学生に脈々として伝へらるゝに至つた。精神界は都鄙を問はず各地の青年に対して人生問題に就ての指針となつてゐた。清沢君はたしかに、宗教的天才であつた。高潔にして、熱情に富み、言々人の肺腑に逼る所がその独得の面目である。[20]

清沢の教育力の大さを知り得よう。

ところで清沢自身、明治期の仏教界を以下のように概観している。

明治維新時の混乱の後に宗教が世間の話題となった。佐田介石らによる須弥天文の説と天地創造の説であったが、次第に天文説や創造説で仏教やキリスト教の価値を定める風潮は消え去り、次いで井上円了の『仏教活論』（一八八七（明治二〇）年）、中西牛郎の『組織仏教論』一八九〇（明治二三）年などがあらわれ、村上専精の『日本仏教一貫論』一八九〇（明治二三）年による「霊魂不滅だの、一神実在だの、諸法実相だの、と云ふ様なる所謂哲学上の問題によりて、宗教の価値を定め様とする風潮」が起ったのである。しかし、それもやがて勢いが減少し、今は「宗教は理論ではない実際である」として社会倫理的に利益のない宗教は無用で有害である、つまり、宗教は現世において積極性や倫理性を追究しなければならぬ、という要請が生じてきているが、清沢は、それが「宗教に対する誤謬の終極でありましよう」と言い切り、次のように述べている。

其故は如何となれば、宗教は社会上の利益や倫理上の行為の外に、一種の別天地を有するものなることを解するに至れば、既に宗教の門戸を開きて、一歩を其内に容るゝものであるから、最早宗教を門外より批評するの必要を見ざることであります、此が正しく精神主義の立脚地であります、故に精神主義は、門外を標準とせずして、門内に標準を置き、客観的構成に着眼せずして、主観的心地を主要とするものにして、時には或は内観主義を以て之を標し、或は主観主義を以て之を標することであります、[21]

このように清沢は、明晰な同時代の宗教を巡る論戦を、「別天地」なる精神主義をもって総括しており、さらに多田に対して、

明治十四五年から十二三年間は、日本の思想界は哲学中心であつた。今は一転して倫理中心になつている。しかしこれも又遠からずして一変するだろうが、その時に宗教は興るだろう。[22]

と、当時の哲学、倫理中心の社会思潮が、「遠からずして一変するだろう」と予見さえしている。

すなわち、明治維新以来日本の仏教界は、西欧の合理主義の批判に堪え得る思想性を確立するための近代化を急いでおり、その代表的碩学として、政府の神道中心主義政策と対決した島地黙雷や、『仏教活論』を著した井上円了、また帝国大学の最初の講師となった原坦山らがいた。清沢の『宗教哲学骸骨』（一八九二《明治二五》年）も、「哲学的問題の解釈によりて、宗教の価値を上下せんとすること」を課題とする、当時を代表する論考であった。

また、一八九〇（明治二三）年、「教育勅語」が発布された。そしてその翌年には「教育勅語」への対応において、内村鑑三が教育勅語奉読式で天皇親筆に最敬礼しなかったことによる「不敬事件」が勃発した。この「不敬事件」に対して、井上哲次郎は、『教育と宗教の衝突』を発表することで、「教育勅語」を擁護して国家道徳の必要性

を訴え、また本願寺派の『勅語衍義』を著した赤松連城や、『勅語奉躰記』を著した東陽円月はもとより、大谷派の南条文雄、村上専精、井上円了らの見解も、国家主義を擁護するものであった。以来、真宗教団は概ね天皇制に沿うようにと法主体制を確立し、次第に中央集権的な教団を形成していった。

さらには、日清戦争、日露戦争での勝利は、日本の思想界にも大きな変化をもたらした。当時は個人としての生き方が模索されていたことについては先述したが、そのような動きが社会批判の活力も生み出したことに注目しなければならない。たとえば、一八九二（明治二五）年に黒岩涙香は『万朝報』を創刊してさまざまな社会悪を追及し、一九〇三（明治三六）年に刊行された『平民新聞』も、幸徳秋水や堺利彦を擁して非戦論を展開した。

同様の動きを仏教界に見れば、一九〇〇（明治三三）年に、境野黄洋が「仏教清徒同志会」を設立して『新仏教』を発刊、そして「宗教は理論ではない、実際である」という立場に立って、「宗教は積極的でなければならぬ、現世的でなければならぬ、倫理的でなければならぬ、活動的でなければならぬ」として「社会上の利益」を世に問うている。また、同誌上において「我徒は、仏教の健全なる信仰を根本義とす」という見解を提示し、「我徒は、健全なる信仰、智識、及道義を振作普及して、社会の根本的改善を力む」[23]とあるように、「社会の根本的改善」を求めることによる仏教復活を訴えたのである。境野は次のように述べている。

最初は仏教といふことを言つても、人に嫌はれ、何となく気がきかなく見えたので、仏教を研究せんとするものも、仏教信者などゝいふことは押し匿して、そつと仏書を懐にしてあるいて読んだ時代があつたのである。それから少し進んで仏教信者と表向きに言ふ様になつても、可成信心信仰などゝいふことは避けて、唯世間的に働けとか、社会的に活動せよとかの一天張りの時代があつたのである。[24]

当時の仏教者の置かれていた位置と仏教界に注がれる視線が理解できよう。仏教者であることを隠し、信仰ということを避けなければならない時代状況において、境野は、社会活動を掲げることで仏教の威信を回復しようと仏教清徒同志会を創設したのである。

また境野と同時代に活躍した仏教者に、一八八四（明治一七）年に創設された立正安国会（一九一四（大正三））年から国柱会）を結成して、社会に向けて国家主義的な仏教を唱えた日蓮主義の田中智学や、個人主義に苦悩しニーチェに惹かれ、また後に日蓮主義者となり、『太陽』に「日本主義」（一八九七（明治三〇）年）を発表した高山樗牛を挙げなければならない。境野も、そして田中も高山も、共に人生の意義に煩悶する個人に呼応する、新しい仏教思想を発表した。

その他、一八九四（明治二七）年に「経緯会」を設立した古川勇が、雑誌『仏教』に「懐疑時代に入れり」（一八九四（明治二七）年）を発表し、今までの教祖無謬説にたつ伝統的な仏教理解を脱すべきことを主張したことにも留意すべきであろう。伝統的仏教や学問的研究的仏教を脱し、「社会上の利益」の追求が、明治中期の仏教界の取り組まざるを得なかった課題であった。そして、銘記すべきは、清沢が当時の思想界をやがて「一変するだらう」と見抜き精神主義を唱えたのも、まさにこのような時代状況においてであった。

だが、実際、清沢の言うように、「宗教は社会上の利益や倫理上の行為の外に、一種の別天地を有するものなることを解するに至」ることは、当時の思想界においては極めて困難であった。たとえば、清沢と共に白川党の教団改革運動に参加した村上専精にしても、「清沢君が忽ちに其の意を一変して精神主義、すなわちアキラメ主義となつて先きに派内の与論に訴へて攻撃せし、本山の非政を後に馬耳東風の如く措て之を問はぬ[25]」と批判する通りである。村上は、『仏教統一論』を著して宗派的な仏教を超える必要性を訴え、大乗非仏説を主張した仏教学者であったが、清沢の主張する、内観主義に基づく宗教的境涯を象徴する「別天地」は、彼の仏教という概念の枠外のもの

であったようである。そのことは、たとえば楠秀丸が、

僧侶と云へば法を説くものにして、求めるものでないかの如く思はれた。如何にして安心を研究すべきか、如何にして信仰を説明すべきかに苦しんだ話は、嫌になる程聞いたが、自分が真面目に信念を求めるに苦しんだ話を聞いたことはない。(26)

と語るように、宗教的信念の確立のために身を投じて求道することは、「安心を研究」し「信仰を説明」することにひた走る当時の仏教界においては、容易に理解されるところではなかった。

まことに、精神主義が「社会上の利益や倫理上の行為の外に、一種の別天地を有するもの」であり、また「主観主義」、「内観主義」、そして「アキラメ主義」を表明したことは、当時の仏教界の容易に受け容れられるものではなく、したがって、清沢は「此の辺が宗教に対する誤謬の終極でありませう」と叫ばざるを得なかったのである。多くの仏教者の姿勢が、仏教の近代化を自己の「外」なる社会に向って積極的である時に、清沢だけは、自己の「内」において、それも自らが仏教に生きることで幸福感を味わう如く、宗教的信念の確立を訴えたのである。つまり、仏教をして、近代人の精神的要求に応答し得るにまで高め得たのが清沢であった。ここに、先に引用した彼の「一変するだらう」という予見の根拠と、「別天地」の正体があった。

西洋哲学を学び、それに従来の仏教の伝統をも踏まえて、さらに自己の生活に仏道を実験することで、旧来からの情緒的信仰と学問的仏教を自己救済の思想にまで深化させた清沢は、単に仏教の言葉の表現を変えるというような近代化を行わなかった。そうではなく、むしろ近代人の実存的要求に即応する仏教思想を確立したのである。清沢は、自らが仏道に生きることで仏教の宗教的生命を回復した、と言っても過言ではない。

また金子大榮は、先輩佐々木月樵との対話において、清沢について次のように述べている。

当時金子大榮は真宗大学を終えて、清沢満之の書物を「聖典のように」読み、また福田行誡の『全集』や嵯峨天竜寺の峨山和尚の『逸話』などを愛読していた。そこで、先輩の佐々木月樵に明治を代表する高僧について尋ねると、佐々木は、「清沢満之こそ明治を代表する高僧である。何故なら、明治の仏教学は様々な変遷を経て、今や姉崎正治や村上専精による『原始釈尊に帰って、仏教を統一する』、つまり『釈尊に帰れ』に到達したが、しかし仏教の真実義は『自分の人生というものを明かにする他に仏教はない』のであり、清沢はそれを身を以て明らかにした」との考えを示した(27)。

そして、金子はその見解をさらに進めて、清沢出現の歴史的意義を、仏教を「自覚の問題」とし、そして「自己の問題」にまで高めたことにあり、それによって仏教の歴史観の方向が変わったとして、次のように述べている。

自己というものを問題としたときに、本当に愚かなものである。人間の愚かさというものが、これが自己を問題にしたときにはじめてでてくるのではないであろうか(28)。

金子は、清沢を嚆矢とする近代教学が、単なる時代への適応で終わるものではなく、どこまでも自己に宗教的信念の確立を要求するものであり、換言すれば「自己とは何ぞや」との問いや、また「如何にして生死を解脱」できるのかとの「死活問題」、あるいは人間実存の本質に応えるものである、と見ているのである。

ところで清沢が、自身の宗教的信念の発露としての精神主義を発表したのは一九〇一（明治三四）年であったが、その前年には真宗大学の建築掛に任命されており、さらに『無尽燈』に、のちに自らの教育指針として『心霊の修養』の前半に収められることになる「内心の決定」「心念の強弱」「心念の聯結」「善悪」「罪悪」などの論文を発表している。その「内心の決定」の中で、

自己を省察すとは、自己行動の実際如何を省察するにあらざるか、若し然れば、是れ全く内観のことなる

べし、[29]

と訴えている。すなわち、「自己とは何ぞや」とは、清沢の精神主義の根本をなす命題であり、我々に宗教的信念の確立を迫るものであったが、それは同時に、「自己行動の実際如何」、つまり現実社会における自己の行動のあり方をも問うものであった。清沢は、「自己とは何ぞや」との命題に応答するものとして、真宗大学の開設を決断したのである。

思えば、我々が実社会において生活する場合、たえず「自己行動の実際」が問い糺されなければならず、したがって、清沢の「自己とは何ぞや」とは、自己内面における信念の確立と同時に、我々の実際に世に生きることを視野におさめるものでなければならないと思われる。そしてそれは、清沢が『臘扇記』において明らかにした「避悪就善の天意を感」ずる生き方に相通ずるものであろう。我々は宗教的信念を確立することで内面的に充足し、そこにおいていよいよ意欲的に社会の課題をになって立ち上がることができるのである[30]。

実に清沢は、近代人の精神的要求に対応する生命力溢れる、そして現実社会に有効な仏道を提示したと言えよう。

二　精神主義の本質

はじめに『精神界』第一巻第一号（一九〇一《明治三四》年一月）の巻頭論文「精神主義」の劈頭に注目しよう。

吾人の世に在るや、必ず一の完全なる立脚地なかるへからす。若し之なくして、世に処し、事を為さむとするは、恰も浮雲の上に立ちて技芸を演ぜむとするもの、の如く、其転覆を免る、能はさること言を待たさるなり。然らは、吾人は如何にして処世の完全なる立脚地を獲得すべきや、蓋し絶対無限者によるの外ある能はさるべし。此の如き無限者の吾人精神内にあるか、精神外にあるかは、吾人之を一偏に断言するの要を見す。何となれは彼の絶対無限者は、之を求むる人の之に接する所にあり、内とも限るべからず、外とも限るへからされはなり。吾人は只此の如き無限者に接せされば、処世に於ける完全なる立脚地ある能はさることを云ふのみ。而して此の如き立脚地を得たる精神の発達する条路、之を名けて精神主義と云ふ。(31)

精神主義とは、我々の処世における完全なる立脚地を確立するための「条路」であり、それは絶対無限者に帰する営みである、と述べている。すなわち、精神主義とは、求道的営為そのものなのである。したがって、

精神主義は、吾人の世に処するの実行主義にして、其第一義は、充分なる満足の精神内に求め得べきことを信するにあり、而して其発動する所は、外物他人に追従して苦悩せざるにあり。交際協和して人生の幸果を増進するにあり、完全なる自由と絶対的服従とを双運して以て此間に於ける一切の苦患を払掃するに在り。(32)

と、精神主義をして「実行主義」と位置づけ、具体的に「人生の幸果を増進する」と述べている。また、「先づ須らく内観すべし」(『精神界』一九〇一〈明治三四〉年九月)では、

吾人は常に外観主義を排して、内観主義を立つるの事に勉めざるへからさるなり。而して内観主義を立つるの要は、畢竟自家の本位本分を覚知するに外ならず。故に此自覚を開悟せすして、外観の事に従ふは、是れ自家を知らすして、原野に彷徨するものたるなり。称して迷界の凡愚と云ふ、亦宜ならすや。吾人は此迷愚を転して彼自覚を開悟せさるへからさるなり。(33)

と、精神主義がどこまでも「内観主義」、つまり「自覚」に立脚するものとしている。

さらに、「精神主義と三世」(『精神界』一九〇二〈明治三五〉年二月)では、

精神主義は過去の事に対するアキラメ主義なり。精神主義は現在の事に対する安住主義なり。精神主義は未来

の事に対する奮励主義なり。（中略）精神主義が過去の事に対するアキラメ主義なりとすべきは、蓋し其吾人をして放心と傷悩とを脱却せしむるを云ふなり。（中略）吾人が精神主義の指導によりて、実地に満足と安住とを得ば、吾人は自然に、彼小児の如く、活溌々地の行動に勇進し得べきなり。自由の活動とは則ち是なり。精神主義は、未来の事に対しては、実に奮励の主義たるなり。(34)

として、精神主義が過去に対する「アキラメ主義」、現在における「安住主義」、さらに現在に安住すれば、必ず未来への活発な「奮励主義」となる、と訴えている。その「アキラメ主義」に対する「消極的」との村上の批判については先述したが、そのような批判に対する清沢の見解について、安藤州一は、次のように述べている。

先生曰く、京都の真宗大学を以て、東京巣鴨に移転せしに就き、欣喜押ゆる能はざるの一事あり。積極主義の沸騰点に達せる東京市中に在て、消極主義を唱導すること是なり。（中略）余問て曰く、積極主義が何が故に非にして、消極主義が何が故に是なるや。先生曰く、東京市中に行はれ居る積極主義は、金銭のために進むのなり、名誉のために奮闘するものなり、衣食のために妄動するものなり。是を名けて積極主義といふ、積極は則ち積極なり、唯名利の前に積極的たるのみ。余はかゝる積極は毫も尊としと思はざるなり、此弊を救ふの方法は、唯一の消極主義あるのみ。それ消極主義の極、名誉金銭の念悉く挫折し、凡夫我欲の中堅破れ去らば、余す所、唯如来指導の下に活動するの一事あるのみ。（中略）人間此に至て、真の大活動、真の積極主義に到達するを得可し。若し消極主義をして、単に消極に留めしめば則ち不可ならん。余が所謂る消極は、凡夫の我情的活動を離れて、如来の霊的活動に合一する過程なりと。余曰く、先生の説や大に好し。されど、世人は先生の主義を評して、あきらめ主義、退歩主義、隠遁主義、消極主義なりと言ひ、往々誹訾を極む。門下先生の主義を誤まるものあり。先生何ぞ一度び口を開きて、衆人の前に之を開陳せざる。先生曰く、自己の主義は、唯是を実行すべきものにして、衆人の前に揚言すべきものに非ず。[35]

「積極主義の沸騰点に達せる東京」に、自らの内に宗教的信念を確立し、自信教人信の誠を尽くすべき「別天地」として真宗大学を創設するところに、清沢の志願があった。すなわち、「積極主義」が人間のエゴを本質とするのに対して、ひたすら人間の内に「如来の霊的活動に合一」することによる精神的充足を求めるところに、「消極主義」の本質があるのであり、したがって、「消極主義」との批判に対して清沢は、ただ「実行すべきもの」であり、「衆人の前に揚言すべきものに非ず」と応答するのである。

今一つ、精神主義の特徴を示すものとして、「自己を弁護せざる人」としての清沢の姿を挙げておこう。暁烏が清沢の「精神主義と他力」の主旨をより明白にするために、『精神界』（一九〇一〈明治三四〉年一一月）に「精神主義と性情」や「昌平なる生活」を発表したが、その中の、たとえば「吾人の精神主義は酒（盲語、偸盗、邪淫、殺生）を好む者に酒（盲語、偸盗、邪淫、殺生）を止めよと言ふにあらず」という一節について、『新仏教』の境野黄洋や『六条学報』の花田衆甫らは、道徳を無視する危険思想との厳しい非難を浴びせ、さらに、『太陽』の主管で美的生活主義者高山樗牛も加わって、議論が大いに高揚したため、精神主義は大いに世の注目を浴びることになった。もちろん非難の矛先は、直接的には筆を執った暁烏に向けられるべきものであろう。しかし、清沢は、その一切を自分のものとして受け容れ、『精神界』に「倫理以上の安慰」（一九〇二〈明治三五〉年九月）や「倫理已上の根拠」（一九〇三〈明治三六〉年一月）を発表することで精神主義の本質を明かして暁烏を弁護し、社会的な義務責任よりも「如来の大命」による生活を主張したのである。[36]

このような、「如来の大命」に立つ清沢の姿勢は、一九〇二（明治三五）年二月二四日の上野精養軒にて開かれた仏教徒懇談会の席上での、精神主義の非難に応答する清沢を目の当たりにした曾我の、次の述懐からも窺い得る。

想へば今を去る八年の前の二月、上野精養軒に於て京浜仏徒の会があつた。当時先生の主義に関して論難甚だ盛であつた。先生則ち一場の食卓演説をなされた。要は「我々が精神主義を唱へて、諸方の高教誡に感謝の至に堪へぬことであるけれども、我々は何等をも主張するのでなく、唯自己の罪悪と無能とを懺悔して、如来の御前にひれふすばかりである、要は慚愧の表白に外ならぬ」との御語であつた。その森厳なる御面容髣髴として忘るゝことが出来ぬ。先生の如き論理的なる頭脳を以てせば如何なる巧妙の弁護も出来たであらう、一言の弁護すらなされぬ所、此正に深く自ら慚愧に堪へざると共に大いに恃む所あるが為である。我は已に如来に依りて弁護せられ終りたではない乎。此れ恐くは先生の確信である。私は先生に付て第一に想ひ出すは彼の一事である。私は則ち「自己を弁護せざる人」として先生を忘るゝことが出来ぬのである。(37)

ここに「自己を弁護せざる人」としての清沢満之の生き様があった。曾我は、そのような清沢の、「自己を弁護せざる」根拠について、

深き罪悪の自覚に依りて、全く弁護の権能なしと信じ、又深き如来大願力の信念に依り、随て四海同胞の確信に依りて、全く弁護の必要なしと思惟し給ひたのでありませう乎。則ち如来の大智慧に対すれば我々は到底自己の罪悪を弁護する能力なきものなるを思はねばならず、又如来の大慈悲に対すれば我々のしかく大なる罪を有しつゝ、微力を以てして、平穏なる生活をなし得ることは、一に如来の大悲に依れる無限の能力に依るのである。(38)

と述べている。清沢は「如来の大智慧」、「如来の大慈悲」中の自己を確かめつつ、「四海同胞の確信」に立つが故に自己弁護を必要とせず、そして、

誠に先生の一生は矛盾の一生であり、疑問の一生であり、大に弁護を要する一生である。先生は疑問の人であり、未解決の人である。(39)

と言うように、「如来の大命」をもって大衆の前に立ち、そして一切弁護することなく実行した清沢は、ひたすら仏道の「実行の人」であった。

ところで先に述べたように、精神主義とは、「完全なる自由と絶対的服従とを双運して、以て此の間に於ける一切の苦患を払掃するに在」ることを求める「精神の発達する条路」、つまり求道の実践に拠って立つものであり、したがって精神主義が単なる学問的営為を超えていることは言うまでもない。そのことについて、清沢白身次のように述べている。

始めは兎に角宗教を学問的に綜合して見やうなどの考の起るもので、自分の『骸骨』なども確に其産物の一例であるが、実は此時の考は未だ充分熟して居らぬもので、『骸骨』も人の注意を惹かぬで幸であつたが、誠に危険の時であると申されました。(40)

若き清沢の、つまり哲学を志す学徒であった時期の学問的著述である『宗教哲学骸骨』が、精神主義からすれば、未熟で危険なものであったとの述懐である。「充分の満足を精神内に求め得べき」悪戦苦闘の求道に、精神主義の思想的根拠があった。ここにあらためて、沢柳政太郎の「学問の士であると同時に、実行の人であつた。言論の人よりも感化の人であつた」との清沢に対する人間像を思い起こされてくる。

ところで、正岡子規は、精神主義について、次のように述べている。

雑誌精神界は仏教の雑誌なり。始めに髑髏を画きてその上に精神界の三字を書す。その様何とやら物質的に開剖的に心理を研究する意かと思われて仏教らしき感起らず。髑髏の画のやや精細なるにも因るならん。(41)

病床に臥した正岡子規は、『精神界』の表紙に描かれてある、死を象徴する「髑髏」の上に書かれた「精神界」という表題の文字に、生死を超えた精神世界を感じ取っていたのであろう。

また、『教学報知』には「大谷派文運の勃興」と題して、

東京の『新仏教』及び『仏教』亦た多くの同派青年諸氏の主管により成り、今や更に『精神界』の東京より『家庭』の西京より出るあり、皆是れ当代青年有識の士か手に於て発作せられたるもの、進みたる思想を以て活ける信仰を呼び霊形二面の改新を迫るもの（中略）今日仏教界の文壇は大谷派に依て専領せられたりと云ふも誣妄にあらず、而て皆是れ旧仏教の腐敗に憤れるもの一面革新呼号の声ならぬはなし(42)

という記事が掲載されている。清沢の精神主義の社会的影響力の大きさを、あらためて知ることができよう。

一九〇三（明治三六）年六月、清沢は四〇歳で示寂した。安田理深は、清沢の歴史的意義について、次のように述べている。

仏教は人類に何をささげたかといえば、内観の道ということが出来る。これが唯一の人類への贈物である。これ以外に仏教はないということが出来る。それ以外に何等の教学もないのである。内観の教学あるのみ。仏教が哲学体系を有たず、また神学を有たぬのは、仏教の貧困を意味するものではなくして、むしろそれを必要とせぬところに思想的な誇りを有ち得るのである。仏教が純粋宗教であるのは、スコラスティックな神学の体系を必要とせぬが故である。内観とは自覚的方法である。(43)

煩瑣な教学を持たず「内観の教学」のみで成り立つところに、仏教の「思想的な誇り」と「純粋宗教」である所以がある、と安田は訴えている。実に清沢は、「内観主義」をもって生命力ある仏教を回復し、近代社会に宗教的生命を回復したのである。精神主義とは、近代人が自己の信念を「生涯を捧げて戦いと」るという、自覚的な仏道

の開顕であり、また明治を生きる近代人の感応できる純粋な仏教思想であったのである。

註

（1）「書簡」『清沢満之全集』九巻、一八〇頁、岩波書店
（2）「書簡」『清沢満之全集』九巻、一八〇頁、岩波書店
（3）『清沢満之先生』二四七～二四八頁、法藏館
（4）『清沢満之先生』二四九頁、法藏館
（5）「書簡」『清沢満之全集』九巻、一八五～一八六頁、岩波書店
（6）「書簡」『清沢満之全集』九巻、一八六頁、岩波書店
（7）「書簡」『清沢満之全集』九巻、一九二頁、岩波書店
（8）『清沢満之先生』二五一頁、法藏館
（9）『暁烏敏伝』九三頁、大和書房
（10）『暁烏敏伝』（『御臨末教訓講話』）、九七～九八頁、大和書房
（11）「絶対他力道」『清沢満之先生五十回忌記念講話集』五一頁、大谷出版社
（12）『漱石全集』一一巻、四五九～四六〇頁、岩波書店
（13）「追憶・資料　浩々洞」『清沢満之全集』八巻、二三一～二三二頁、法藏館
（14）「追憶・資料　浩々洞」『清沢満之全集』八巻、二四二頁、法藏館
（15）「追憶・資料　浩々洞」『清沢満之全集』八巻、二六〇～二六一頁、法藏館
（16）「道心の訓育」『清沢満之先生五十回忌記念講演抄』『他力の大道』、六〇～六一頁、小松教区同朋の会連絡協議会編
（17）「ソクラテスに就きて」『清沢満之全集』七巻、二六七頁、岩波書店
（18）『沢柳政太郎全集』五巻、二三頁、国土社
（19）「真宗大学開校の辞」『清沢満之全集』七巻、三六四頁、岩波書店
（20）『懐旧録』三三二～三三三頁、大雄閣

(21)「精神主義(明治三十四年講話)」『清沢満之全集』六巻、二九七頁、岩波書店
(22)『清沢満之先生』二九四頁、法藏館
(23)以上『新仏教』一九〇〇(明治三三)年一月
(24)「新仏教十年史」『新仏教』一九一〇(明治四三)年七月
(25)『六十一年一名赤裸裸』、三四一頁、大空社
(26)「追憶・資料　浜風」『清沢満之全集』八巻、五九一頁、法藏館
(27)「清沢満之先生を偲びて」『金子大榮著作集』七巻、四六五〜四六六頁、春秋社(取意)
(28)「清沢満之先生を偲びて」『金子大榮著作集』七巻、四六五頁、春秋社
(29)「内心の決定」『心霊の修養』『清沢満之全集』七巻、二一〇頁、岩波書店
(30)清沢満之は『臘扇記』の「十月二十六日」に次のように述べている。

サテ此ノ如ク他力ヲ信セハ修善ハ任運ニ成就サレ得ベシト放任スベキカト云フニ決シテ然ラス　吾人ハ他力ヲ信セバ益ヾ修善ヲ勤メサル可カラス(是レ信者ノ胸中ニ湧起スル自然ノ意念タルベシ)而シテ修善ヲ勤メントセハ又従来ノ自力的妄念ノ紛起スルヲ感知セン　是レ却テ愈ヾ他力ヲ信楽スルノ刺戟ナルベシ　此ノ如ク信仰ト修善ト交互ニ刺戟策励シテ以テ吾人ヲ開発セシムルモノ是レ則チ絶対無限ナル妙用ノ然ラシムル所豈ニ讃歎ニ堪ユベケンヤ(念々称名常懺悔ト云フコトアリ　是レ信者カ修善ノ事ニ従フテ当テ常ニ自力ノ妄念ニ撹乱セラレ其度毎ニ自力無功ノ懺悔ト共ニ他力ノ恩徳ヲ感謝スルノ称名即チ讃歎ノ発作ナルモノヲ指説スルナリ)自信教人信ニ至ル第一要件ナリ(悟後修行ノ風光ナリ)以上信仰ト修善ノ関係ヲ略説ス(『臘扇記　第一号』『清沢満之全集』八巻、三六六〜三六七頁、岩波書店)

ここでいう「修善」とは、積極的に社会の課題を担わんとする意欲であろう。
(31)「精神主義」『清沢満之全集』六巻、三頁、岩波書店
(32)「精神主義」『清沢満之全集』六巻、五頁、岩波書店
(33)「先づ須らく内観すべし」『清沢満之全集』六巻、六一〜六二頁、岩波書店
(34)「精神主義と三世」『清沢満之全集』六巻、九一〜九三頁、岩波書店
(35)『信仰座談』『清沢満之全集』九巻、三八九〜三九〇頁、岩波書店
(36)『暁烏敏全集』八巻、四七五〜四七八頁、涼風学舎

(37)「自己を弁護せざる人」『曾我量深選集』二巻、二二八頁、彌生書房
(38)「自己を弁護せざる人」『曾我量深選集』二巻、二二七～二二八頁、彌生書房
(39)「自己を弁護せざる人」『曾我量深選集』二巻、二二七頁、彌生書房
(40) 浩々洞編『清沢満之全集』三巻、二六八頁、有光社
(41)「墨汁一滴」『日本の文学』一五巻、一五頁、中央公論社
(42)『教学報知』一九〇一（明治三四）年一月二七日
(43)「序」『清沢満之論』、三頁、文栄堂

第二節　伝習的真宗から近代真宗へ——曾我量深

第一項　清沢満之没後の浩々洞

一　その後の精神主義

清沢没後、門弟たちは精神主義を具現化すべく意欲的に活動した。「浩々洞の三羽烏」の一人暁烏敏は、『精神界』の編集と同時に、積極的に自らも「歎異鈔を読む」を連載して多くの読者を得、また『宗教清話』などの著作を出版しているが、この時期の暁烏の求道については後述する。また多田鼎は、千葉教院を拠点に布教活動を実践しながら浩々洞との交流を深め、精神主義を世に広めていた。また佐々木月樵は仏典研究に勤しみつつ「親鸞聖人伝」を連載、さらに『実験の宗教』を著すことで、精神主義の真髄を明らかにした。そして、清沢が亡くなる三か月前に入洞した曾我量深は、『日蓮論』などの堅実な研究成果を発表している。『精神界』は世の注目を引き、発行

部数は増加の一途を辿っていた(1)。

一九〇九(明治四二)年、清沢の命日である六月六日をはさんでの三日間の日程で、清沢満之七回忌法要が厳修された。会場は、初日が真宗大学、二日目は午前が九段仏教倶楽部、午後が東京帝国大学法学部の教室、最終日は浅草本願寺であった。特に浅草本願寺では前法主現如が導師を勤めるなど盛大であった。三日間の法要の責任者は、それぞれ佐々木、暁烏、多田鼎が分担した。さらに、京都の他、大阪、神戸、盛岡など全国二〇数か所でも七回忌法要は営まれたが、それだけ精神主義は日本全体に広まっていたと見てよい。

ここで少しく、清沢の七回忌を機に精神主義の地方的展開の中でも加賀地方における様相を、福島和人の論述の中に確認しておきたい。すなわち、福島は、

地方の真宗末寺の長男として生まれ、村の同行との共通の宗教感情や生活意識の中に育った事実は消えなかった(2)。

と、暁烏の北陸における「田舎の一住職としての地味な布教」の実態に触れ、そして、近在の僧侶と交わり、法座に出かけ、同行と語るといった、北陸の田舎におけるごくありふれた僧侶の生活であり、そこには東京浩々洞における華かさはない。真宗的伝統に包まれた加賀の一郷の村落共同生活者の姿である。かくして、徐々にその活動は近在の門信徒に浸透していった。三十八年には自坊に日曜学校を開設し、村の子供の宗教々育に当り、一方、婦人会、青年会とも連りをもつようになっている。そして三十九年には自坊に「臘扇会」を結成し、毎月六日の清沢の命日には師の遺教を聴聞することとなっている。これは、丁度この年に全国各地に臘扇会の結成をみているが、その一端であったことはいうまでもない(3)。

と、清沢の明らかにした仏道が、田舎の門徒衆に確実に浸透しつつあることを明らかにしている。暁烏によって、

精神主義が群萌の宗教として大地に根を降ろしつつあったのである。

さらに福島は、

〔明治〕四十年には金沢に崇信学舎が設立され、これが文字通り加賀における近代的真宗信仰昂揚の拠点となる。これは、四高、金沢医専等各学校生徒による釈尊降誕会に招かれた近角常観が、「学生諸氏の奮励に感じ、信仰的中心を作らんがために」創立を慫慂したのが直接のきっかけとなり、彼の命名により、結成されたものであった。崇信学舎は、「金沢全市の寺院や信徒の無形の支援」を背景に、四高や医専の教授〔当時西田幾多郎もその一人である〕の支援を受け、更には暁烏敏をはじめ、中央から多田鼎、佐々木月樵、山辺習学、柏原祐義らの清沢門下生が来訪し、又、当地方の新信仰者、藤原鉄乗、武佐祐円、梅原厳矢、高光大船、高本松太郎等数多く出入りを持っていた。そして、この学舎は「北日本仏教の中心点」とも『無尽燈』が報じているように、学生を中心とする当地方での求道センターとなっていたのである。(4)

と、崇信学舎を拠点に、精神主義が知識人層にも展開する様相を述べている。すなわち、福島は、「加賀における近代的真宗信仰の受容層」として、

具体的な活動が始まる三十六年から四十二年の間に限ると、その主なるものは暁烏や梅原らの自坊をとりまく近在の門信徒と、崇信学舎を中心とする学生、青年僧等の知識人達であった。前者は伝統的な真宗安心界の住人達であり、後者は東京において精神主義が対象としていた都市的中間層と同様、個我の目醒めの上に人生を問う近代の人間達であった。(5)

と論じている。精神主義は、伝習的安心に親しむ群萌と、近代知性の洗礼を受けたインテリの両者に展開していたのである。このように、清沢七回忌やそれに続く親鸞聖人六百五十回御遠忌を機に、精神主義は近代的知性人のみ

ならず伝統的階層にも普及していたのである。

だが、忘れてならないことは、このような精神主義の全国的な普及の反面、未だ伝習的安心に立つ門信徒も数多く、したがって、精神主義に基づく信仰的昂揚は、やがて「異安心」問題を醸し出した、ということである。そして、その対立は、たとえば曾我、金子「異安心」問題や戦後の「開申」事件などに象徴されるように、近・現代真宗史上にさまざまな事態を呈していたが、それらは単なる教義的な対立を超えた、むしろ革新的な近代教学と保守的な伝統教学との思想的対立(6)であったと言えよう。

ところで、暁烏は当時を顧みて、次のように述べている。

先生が世を去られまして後は、大分加はつて来た友人達と共に、先生の名を、先生の徳を、先生の教へを世に伝へることに努力しました。日本の精神界の改造の為、仏教の改革の為に大気焔をあげました。さうして五六年もする内に日本中に響くやうになり清沢宗なるものが出来るらしい勢力となりました。臘扇会は日本全国に設けられ、先生の絶筆『我が信念』は全国いづこにも読まるゝやうになりました(7)。

清沢が没したという事実は、精神主義の展開による信仰的隆盛をもたらしたと同時に、浩々洞の門弟一人ひとりの仏者としての真偽を厳しく問いかけていたことにも留意しなければならない。すなわち、門弟のそれぞれが真の独立者として、精神主義の自証を確かめるべき時期が到来したのである。「人は法を求めるに止まって、法に生きることを忘れている(8)」とは高光大船の言葉であるが、そのように、清沢没後の門弟にとって、自分自身が精神主義に生きているかどうかは、清沢から与えられた極めて重い課題であった。門弟が精神主義に生きなければ、清沢出現の歴史的意義が雲散霧消してしまう。すなわち、七回忌法要の盛行と同時に、門弟は各々において仏道の巌頭に立たしめられたのである。

さて、暁烏は、七回忌法要の直前に、「罪悪も如来の恩寵なり」なる一文を『精神界』に発表した。その一節を見てみよう。

私は世の中の一切の出来事は、順逆共に如来が私に降したまふ恩寵と喜ばして頂いて居る。私は讃めらるる時に如来の恩寵を感ずると共に、謗られる時にも如来の恩寵を喜ぶのであります。（中略）私の為して来た罪悪の総べてが恩寵の方便であつたと味はゝずとするも味はゝぬわけにはまゐらぬのであります。[9]

罪悪など一切を「如来の恩寵」として喜ぶという「恩寵主義[10]」とは、後に暁烏自ら、

自分は罪深い者であるが、この罪の深い私をこのまゝで抱き取つて下さるゝといふ都合のよい仏陀の恩寵[11]

と慚愧せざるを得ない信仰を意味していた。

まことに恩寵主義とは、自分自身を自分の「都合のよい」妄念中の救済の世界に陥らせるものである。それは、清沢が生涯を擲って回復した活き活きとした信念を、腐敗させるものでもあろう。その恩寵主義を、暁烏は清沢七回忌を機に、「罪悪も如来の恩寵なり」と、赤裸々に告白したのである。

だが、妄念を体とする恩寵主義は、時機が来れば間違いなく破綻する陶酔境でしかなかった。果たして、明治天皇の崩御（一九一二《明治四五》年）と愛妻の死（一九一三《大正二》年）が発端となり、暁烏の恩寵主義はあえなく破綻する。暁烏は、絶体絶命のどん底に転落し、その苦悶を「かくして私は凋落して行く乎」として書き留めるしかなかった。詳細は後述することにして、ここではその概略を述べておく。

暁烏は自らの凋落する様を、次のように告白している。

「自分はこれだけの男であつたかな」

「こんなぐあひで、自分は果てるのかな」

こんな思ひが湧いてくると、たゝ悲しうなつて、曾我君の言ふ通り男泣きに泣かざるを得ないのである。[12]

このように痛傷の心境を告白し、そして、「更生の前後」では次のように述べている。

私が先生の御在世の間から、特にその後になつてだん〳〵と感激的に仏陀を崇拝し、現在の境遇より慈悲の存在を説明しようとした私の仏陀は、妻の死と共に、いやがおうでも私の心から消えねばならぬやうになりました。自分は罪深い者であるが、この罪の深い私をこのまゝで抱き取つて下さる、といふ都合のよい仏陀の恩寵は私から消えたのでありました。仏陀若しさる大慈の力あらば、どうして私から最愛の妻を奪うたか、いや妻が死なねばならぬ運命だつたらなぜその運命をどうかしてくれることをしなかつたのか。(中略)かくて主観の上の仏も客観の仏も私には何もないのであつて、今日までは只古人の言語や自分の思想や感情であるやうに思うたり感じたりしてゐたに過ぎなかつたことがわかつてまゐりました。[13]

このように、「灰色の人生位でない、闇黒の人生が私の生涯である」[14]と叫ばずにはおれない苦しみの深淵に喘ぐ暁烏は、ついに一九一四(大正三)年一〇月一七日、「来洞の知友には、敏は安田の土に葬られたとお伝へください」[15]と言い残し、さらに、「私は人生の敗北者、敗残者として彼土を憧憬し、実生活は浮草のやうになつてゐるより外はありませぬ。」[16]とのやる瀬無き心のやり場を求めて、慈母千代野の待つ明達寺に戻ったのである。ここに暁烏は凋落し、浩々洞は瀕死の状態に陥ったのである。

しかして、一九一三(大正二)年七月、若き洞人である藤原鉄乗、木場了本、隈部慈明らの要望で、東京羽田の松谷農園で、浩々洞の再建を念ずべく講習会が開かれ[17]、特に多田と若き洞人の間で恩寵主義を巡る激論が闘わされた。しかし、新旧の信仰の対立の溝は埋まらず、そこで再び、翌年八月、多田の要請で、佐々木月樵、沢柳政太郎、月見覚了、関根仁応らの先輩も参加する中で、浩々洞洞人大会が開かれたが、多田と若者との対立はますます深刻化し、ついに多田は、「我は此の如く動転せり」と「願はくば我が昨非を語らしめよ」との総括を『精神界』に発表して浩々洞を去ったのである。多田の恩寵主義も、ここに破綻した。

多田は、「願はくば我が昨非を語らしめよ」の中で、次のように告白している。

明治四十年前後から、私の精神界を動かして来たのは、恩寵の思想でありました。此思想は、私の数多の朋友を動かしました。私も亦数年の間歩調を共にすることができました。私共は斯やうに思ひました。「人生の第一事実なる此自己の生存といふことを省みれば、此処に一つも自己の力といふ者はない。身体髪膚、之を父母から享けてをる。（中略）自己の全分が、一に恩寵である。自己即ち慈恩の結晶である。是が即ち往生の意義ではないか。」（中略）

今になつて気づきました。私の論証の終局はいつも同じでありました。即ちいつも「是が他力でなければならぬ、」「是が御慈悲に相違ない、」「是が即ち如来である、」「是が招喚である、」「是が本願である、光明である、」「是だから自分は今大悲の中にをるのである、是だから安心してよいのである」といふ処に終はりました。けれども是が皆頓て、未だ真に御慈悲に会はぬ心の姿であります。(18)

浩々洞がこのように恩寵主義で揺れ動いている中、「浩々洞三羽烏」の一人佐々木は、淡々と一乗教の研究に没頭し、一九一二（大正元）年一二月に京都移転後の真宗大学の教授として赴任した。その佐々木を、安藤は、

佐々木はそんなに苦悶する姿は見えぬ、煩悩即菩提の一乗教を学んでも、道徳生活は極めて常識的で、暁烏の大胆無く、多田の深刻なく、私はたゞ善悪を分けて行きたいといふ程度であつた。(19)

と述べているが、佐々木は本質的に学問の人であった。三者三様の業縁が、彼らをそれぞれの仏道に歩ませていた。

北安田に帰った暁烏は、浩々洞の代表だけは一九一五（大正四）年まで続けたが、実際の運営は、「先輩を葬る」[20]と言い放った藤原鉄乗、木場了本らが担当した。浩々洞の崩壊と同時に、『精神界』の廃刊も、佐々木が「廃刊の辞」を執筆するなど、準備されていたが、一九一五（大正四）年四月、月見覚了、関根仁応の切なる願いによって、『精神界』の存続と浩々洞の運営は、当時越後で仏典研究に勤しんでいた金子大榮に任されることになった。金子は、その決意を次のように明かしている。

従来、浩々洞代表者暁烏敏兄及び精神界編輯主任多田鼎兄は此度一身上の都合に依り、其の地位を去られ、小生代りて之れを担任すること、相成り候、願くは諸兄姉が霊護と策励の下に真実の意味に於て益々誌面の発展せんことを念じ候

但し同人として両兄共浩々洞及精神界に対し、執筆其の他に力を効さるゝことは変り御座なく候

金子大榮白[21]

ところが、一九一六（大正五）年九月、金子が真宗大谷大学教授就任のため、浩々洞は再び危機に直面した。そこで、東洋大学教授に赴任するため越後から東上した曾我が金子の後を担うことで、ひとまず洞の崩壊を免れた。だが、現実の業縁は動かし難い。曾我の尽力にもかかわらず、翌年には浩々洞の名は消えざるを得なかった。また『精神界』も、一九一九（大正八）年二月には廃刊に追い込まれ、ここに精神主義は、次への再生を待つことになった。

ところで、一九〇二（明治三五）年前後の曾我は、清沢の精神主義に批判の刃を向けつつ聞思生活を送っていた。そして暁烏の「罪悪も如来の恩寵なり」（一九〇九〈明治四二〉年五月）に対して、『暴風駛雨』の題目のもとに発表された「痛傷すべき我生活」（一九一〇〈明治四三〉年八月）において、次のような疑問を投げかけた。

私共が自己の信念を告白する時、自己の至深の罪悪を信じ、同時に如来の至大の願力を信ずると云ふ。されど我等の此告白は果して一点の偽りなき告白であらう乎、此を想ふ時誠に戦慄せざるを得ぬことである。（中略）我等は果して真実に自己の罪悪を信じ、至心に如来の本願力に乗托することが出来ぬであらふ乎。(22)

曾我には、徹底的に自己を内観し、自己の中に巣くう虚偽を許さない厳しさがあった。そして、「自己を知らざるものは真に如来を知るものに非ず」（『暴風駛雨』一九一二（明治四五）年五月）においては、自らの苦悩を通して、如来の大慈悲を語るもの多し、而も如来を無限の智慧と知るもの甚だ少し。（中略）信仰は単なる感情ではない、単なる感謝ではない、単なる熱涙ではない。信心は智慧である。「如来の智慧海は深広にして涯底なし」普く十方衆生の現実相を観照し給ふは広にして涯なき所であり、各々の現実相を明利に洞察して一点の秘密を許さゞる所は深にして底なき所である。されば如来の智慧海に入るとは深く自己の現実相を知ることである。かくて自己の現実の罪業を知る所の機の深信は是れ如来智慧海の実験である。我等は到底如来の智慧海の広無涯を経験することが出来ぬ。而もその深無底を比較的に能く真味することが出来る。我等は如来の我を知り給ふ如く深広に自己を知ることが出来ぬが、而もその深広無涯底の仏智の少分を実験して、仏智の深広非所測を仰ぐと共に自己罪業海の深広無涯底を信ずるのである。(23)

と恩寵主義を批判するのである。信仰は一時の感情の高まりではない。熱涙あふれる恩寵的感情の奥底に潜む醜い自我の正体が、仏智をもって照らし出されるところに、仏道の本義がある。どこまでも、「我等は果して真実に自己の罪悪を信じ、至心に如来の本願力に乗托することが出来ぬ」存在であり、「我等は到底如来の智慧海の広無涯を経験することが出来」ないのである。そのような厳しい機の深信において、曾我は、恩寵主義と一線を画すべく、自己の罪悪を「如来の智慧海の実験」と了解する仏道を深めつつ、友人暁烏の恩寵主義を案じていたのである。次のように述べている。

常に大悲の遍照の光胎に、安らけくあらんと欲するは、我等の恐るべき妄念である。何故に赤裸々たる原始の自己に還らないのであるか。而して如来の原始的の大願心に触れないのであるか。われ等はただ恩寵裡に感謝の名目の下に、姑息の生活をすることは出来ない。われにして真に恩寵の真意義に到想したならば、われは直ちに恩寵の光胎を去らねばならぬ筈である。(24)

「大悲の遍照の光胎に、安らけくあらんと欲する」恩寵の妄念を打ち破り、「原始の自己」に還り、「光胎」から去らなければ、「生死の稠林に還る」(25)こと、つまり、「穢土の願生行者」(26)にはなり得ないのである。妥協を許さない自己省察によって求道する曾我の強靭な求道精神を、ここに明白に見ることができる。

なお、このように『精神界』が変革に迫られ、また曾我や暁烏が仏道に苦悩している時、倉田百三は数篇の文章を『精神界』に寄せている。当時倉田は病床にあり、『精神界』に強く惹かれていたのである。その倉田の文章によって、当時の知識人から見た『精神界』の存在意義を確認しておきたい。長文を厭わず引用する。

私は精神界とは未だ結縁浅き者であるが、此の雑誌に対してはかなり純粋な愛と、そして情熱とを感じてゐる。私の知れる限りに於ては、精神界は日本宗教雑誌の内にて、最も純粋な、殻を脱せる、真摯な感じのする雑誌である。私は心から此の雑誌の深き成長を祈つてゐる。日本には少なくとも一つは是非か様な宗教雑誌が要ると私は前から思つてゐた。それで精神界がその勤めを果してくれることを望んでゐる。そのやうな眼で此雑誌を見てゐる時に、何となく、精神界は今一つの転機の如き時期に際してゐるのではないかと思はれる。旧同人と新同人（此の言葉は適切でないかも知れない。）との間にある推移が行はれる時機に際してゐるのではないか。若しそうであるとすれば、それは自然な過程と思ふ。そしてその推移は祈りの心を持つて正しく、自然に行はるべきものと思ふ。私は茲でもまた「見送る心」に伴ふ念仏のこゝろを憶ふ。原稿が集り難いといふのは今その過渡期に伴ふ一時的現象ではあるまいか。今は同人の最も忍耐すべき時ではないかと思ふ。私は曾我氏の十月号の編輯便りを見てそう思つた。私は此の雑誌はいつまでも続くことを祈る。一寸心細い感がするが、私は却つて其処に将来の発達を期待してゐる。私の希望では同人が今心を一にして、雑誌の成長を図り、若し必要ならばある改革を施して、一時期を劃すべきではないかと思ふ。（中略）私の意見を露骨に云へば、精神界といふ名は好きでない。それは彼の虚偽の思想を良民に説く、忌むべき『精神修養』や『精神講話』を連想せしめるから。私は真を求むる人たちに此の雑誌の伝り難きかなり大きな障碍がそこにありはせぬかと思ふ。私は思ひ切つて此の際「信心」とでも改題し、それを機会にして、同人が勇気と抱負とを新しくし、別るゝものとは念仏の心で別れてしまつて、理想的な宗教雑誌をつくりあげるやうに努力されたら如何と思ふ。かゝる雑誌が日本に一つは是非要るのだから。思想の世界、殊に信心の世界に「閥」や「党」はあり得べきことではない。私が云ふのは極めて自由な、純粋な、深い雑誌の事である。真実な体験に根を持つてさへゐれば仏教でも基督教でもマホメット教でも、天理教でもいゝだらう。（雑誌に載せるには。）初めから真宗に限るのは不自然と思ふ。（自然にそうなるのはいゝ）これは無論同人の意も同じであらう。しかしかう云つても私はあの「六合雑誌」の如き浅薄な、社会的な雑誌を望むのでは決してない。只垣を設けずに、真宗が最も真実である故に、自ら真宗信者が集るやうにしたい。そうすればきつと、今に真実な、信心を求むる人々が何処から同人に加はるだらうと思ふ。（中略）純粋な宗教雑誌が日本に欲しい。今はそれが見当らない。私はそれを精神界の今の同人に期待してゐる。精神界の同人に、信心の心持の滲み出た生活的な文章をもつと求めたい。それが一番ごまかしの利かないものだから。併し経典に（哲学書をも含めて。）拠つた観念的な文章も、もつと欲しい。私は恥しいほど経典を知らない。これから精読したいと思つてゐる。しかし私は無論信心の誕生地を経典には求めない。その生長の場をも。（後略）[27]

能化の立場に立たず、近代人としての「一番ごまかしの利かない」「信心の心持の滲み出た生活的な文章」には、「真宗が最も真実である故に、自ら真宗信者が集る」のではないか。また雑誌名を『信心』として明確な信心に根を張っている「信心の心持の滲み出た生活的な文章」を公開すれば、それは自然に「信仰共同体」、つまり「僧伽」を形成する。このように訴える倉田に感化を与えたのが、次のような曾我の「編輯雑記」であったと思われる。

毎月々々今度こそと思ふのであるが、どうも快く筆が運ばない。同人諸兄は四方に散在して、各自の務に忙殺せられて筆を執る意志の動く余地も無いのであらう。自分は所謂記者に適せない。また記者と云ふものは大嫌ひである。自分は唯終日独りで思惟したいと願ふ。自分は今後特に同人諸兄を苦しめたくない。今後は毎月原稿の催促を止める考である。随て雑誌も頁数を減少するの止を得ぬことにもなるであらふ。今後此雑誌をいつまでやつて行けるか、しかし自分等に叫び度いことのある限り何とか奮発してやつて行きたいと願ふ。[28]

『精神界』に骨を砕く曾我の姿が髣髴とする。『精神界』はこの時、「旧」から「新」への過渡期であった。そして「信」を中核とすることで『精神界』を存続することを、倉田は病床で心から願っていたのである。

だが、倉田の願いもむなしく浩々洞はまもなく瓦解し、『精神界』も廃刊せざるを得なくなる。それ故、倉田が『精神界』に求めた、「信心の心持の滲み出た生活的な文章」の掲載された雑誌、つまり宗教の垣根を超えた純粋に信を語り合う生活に立脚した宗教雑誌に、『精神界』は再生できなかったが、しかしそのような「信心」告白の雑誌は、やがてそれぞれの清沢門下によって実現することになる。すなわち、大正前期では、「加賀の三羽烏」の合作である『旅人』や『汎濫』、また、大正後半から昭和初期にかけては「加賀の三羽烏」の個人誌、暁烏の『薬王樹』、高光の『直道』、藤原の『太原』、さらには、曾我の『見真』、金子の『仏座』がそれである。そして、曾我は、「加賀の三羽烏」の「信心の心持の滲み出た生活的な文章」に激励されるべく、次のように述べている。

暁烏君を念ずる時、君が忍び難い事を忍んで自分如きものの前途を深く案じ、「兄が越後から東京に出られたので私は何だか気がかりが一つなくなつたやうです」と祝福して呉れられる君の胸中を深く察せねばならぬと思ふ。「加賀の『旅人』は、よそほひをかへて出ます、私も何か書きたいと思うて居ます」。私は切に加賀の三君の新しい門出を祝します。「私達も更に野に分け更に山を超える時が来ました、『旅人』は更に『汎濫』と変りても、私には私の全生活を筆とる他、何の意味もないのです」と云ひ最後に「どうかま直に行つて下さい、どうか人物になつて下さい」との高光君の御忠告に対しては悲痛の感激を以て受けました。(29)

曾我や暁烏、また高光や藤原らは、独立者として誕生するため、苦悩を抱えて、それぞれの仏道を歩んでいたのである。

二　精神主義の課題

精神主義の課題について、末木文美士は次のように論じている。

実際清沢は、「宇宙間一切の出来事に関しては、私は一も責任を持たない、皆如来の導き玉ふ所である」（「倫理以上の安慰」一二一頁）と、我々の側には一切責任がないと主張する。それればかりでない。弟子の暁烏敏は、「私共の宗教は他力主義とでも云はうか、又無責任主義とでも云はれましやう」（「如来の大命」『精神界』二巻一〇号）と、「無責任主義」という言葉さえ積極的に用いている。しかしこのような無責任主義では、世俗の問題に対して、それこそ責任をもって対処できないではないか。何か問題が起こったとき、それは私の責任ではなく、如来の責任だといって済ますことができるだろうか。清沢のラディカルな道徳否定は、ここにきて大きなアポリアに突き当たらざるを得ないのである。(30)

末木は精神主義の課題を、社会倫理の欠如という一点に見定めているように思われる。さらに末木は、同様の指摘を、暁烏の「服従論」(『精神界』一九〇二〈明治三五〉年四月)に対しても指摘している。その暁烏の「服従論」を見てみよう。

先度も或処で田中正造氏と遇うて、だん〳〵鉱毒問題の事を聞いて大に同情を表する点もあつたが、氏が五ヶ年かゝりて鉱毒地の人民に権理思想を吹きこむに尽力したと云ふたのを聞いた時には、いらぬ御世話をやいたものだと思ふた。私が鉱毒地の人民に云ひたいと思ふて居たことは彼等に権理思想を捨てよと云ふ事であつた、男らしき服従をせよと云ふ事であつた。然るに田中氏のみならず多くの人が人民の為めにするとか云ふて、人民に不安を与ふる処の根元たる権理思想を人民に吹きこむとは、大に心得ぬことである。私が考ふるには、人民が苦むか苦まないかは、其源因は足尾の銅山にあるのではなくて、自分自分の心の中にあることである。(31)

暁烏の、鉱毒に苦しむ人々の人権を否定するかのような、苦しむ苦しまないはその人の「心の中」の問題である、との発言の根拠が、精神主義にあることは明らかであろう。精神主義とは、娑婆世界に生きる有限なる自己が絶対無限に乗托することであり、したがって暁烏は、鉱毒に苦しむ人々が絶対無限に服従するところに倫理の根本のあることを、次のように言うのである。

要するに私の宗教は弱き自分に打ちかつところの宇宙の大法に向つて、大胆に、真摯に、男らしく服従することによつて成立して居る。而して私の倫理の根本は、この如来の命令に従ひ、導きに服するの心を以て人に対し、動物に対し、物に対して男らしき服従を実行することに基いて居る。されは私の宗教は明に奴隷的である、私の道徳も従ひて奴隷的である。(32)

積極的に絶対無限、つまり如来の命令に服従するところに社会倫理の根本を見定める暁烏にとって、田中正造の権利思想の主張は、鉱毒に苦しむ人々の「救済」を妨げるものとしてしか映らなかった。だが、このような暁烏の姿勢にこそ、末木の世俗のことに対する無責任との指摘の根拠があったし、さらに言えば、このような姿勢が、果たして「宇宙の大法」、すなわち、如来に「服従」する、ことなのか、という疑念を懐かざるを得ないのである。ところで、宗教とはそもそも何であろうか。我々はさまざまな業縁に苦悩する存在であるが、そのような存在である我々は、社会倫理によって救済されるであろうか。清沢は、「喀血したる肺病人に与ふるの書」の中で次のように述べている。

病人にても余り徒然にては却て種々のことに心念を労する様になり易く、特に喀血状態の時は神経も一層過敏に有之候へば、其際は心念の方向を誤らぬ様注意致候事が、最も必要と存候。(33)

そして、次の三か条を挙げている。

第一条　人生の義務責任に就て安心すべき事

第二条　医薬飲食看護等の事に安心すべき事

第三条　最後の救済に就て安心すべき事(34)

さらに「第三条　最後の救済に就て安心すべき事」について、

此問題は人生の根本問題であるから、此問題に就ての思念が明白であれは、其が生活作用の総ての方面に大なる気力を与へて心身を快豁ならしむるに反して、若し此問題に就ての思念が曖昧であれは生活作用を総ての方

面に於て鈍渋ならしむる次第であるが病気の時特に咯血状態抔の時は此影響は頗る大なるものである[35]

と述べ、「最後の安心」については、

我を救済するに就ての完全なる能力者が即ち阿弥陀仏である、我が我自ら救済することが出来ないと云ふことが明になれば阿弥陀仏の救済を信ずることにならなければ到底最後の安心の確定は出来ぬ　其出来ると出来ぬとは各人の自修自得によることであるから、茲に喋々することは出来ぬが[36]、

として、我を超えた「阿弥陀仏」によるべきことを明かしている。

すなわち、業縁に苦悩する者に「最後の安心」を与えるものが宗教である。それは、「人生の義務責任に就て安心すべき事」とあるように、娑婆世界を超えて「阿弥陀仏」に帰命する、つまり苦悩人の如来に服従するところに救済が開かれるのである。

では、宗教に生きる清沢は、どのような社会倫理を訴えているであろうか。「精神主義」の次の文を見てみよう。

精神主義は自家の精神内に充足を求むるものなり、故に外物を追ひ他人に従ひて、為に煩悶憂苦することなし。而して其或は外物を追ひ他人に従ふ形状あるも、決して自家の不足なるが為に追従するものたるべからず。精神主義を取るものにして、自ら不足を感ずることあらんか、其充足は之を絶対無限者に求むべくして、之を相対有限の人と物とに求むべからざるなり[37]。

「自家の精神内に充足」するところに、つまり、「如来服従」の事実に精神主義の本質があるとし、続けて、

精神主義は決して利己一偏を目的とするものにあらず、亦他人を蔑視するものにあらず。只自家の立脚をだも確めずして、先づ他人の立脚を確めんとするの不当なるを信し、自家の立脚だに確乎たらしむるを得は、以て之を人に移し得へきことを信し、勤めて自家の確立を先要とするが精神主義の取る所の順序なり[38]。

と、我々が如来に「服従」することで完全な「自家の立脚地」を確立することが先要であり、それが土台となって「利己一偏」を脱し、そこに「他人の立脚」の確かめ、すなわち、「社会倫理」のはたらくことを述べている。つまり、精神主義で訴える「如来服従」とは、自他共生の世界への覚知であろう。

したがって、精神主義は「自他の幸楽を増進」[39]するものとして、

協共和合によりて、社会国家の福祉を発達せしめんことは、寧ろ精神主義の奨励する所なり。[40]

と、精神主義が「社会国家の福祉」の発達に積極的であることを述べている。精神主義は、決して社会倫理を後退させるものではないのである。

同じく、精神主義の社会倫理を『精神界』に発表された「万物一体」に窺えば、「万物一体の真理」は「吾人がこれを覚知せざる間も、常に吾人の上に活動しつゝあるなり」[41]と言い、そして、

而して今や天地万物が皆我財産たり、一切生物が皆な我子たり、吾人は万物を保重し、生物を愛重せざらんとするも能はざるべし。吾人にして実に万物を保重せんか、吾人は決して之を傷害せざるべし。吾人にして誠に生物を愛重せんか、吾人は決して之を悩苦せしめざるべし。公共の道徳此に於てか生し、救済の教法此に於てか起る。[42]

と、「万物一体の真理」の活動の事実によって「公共の道徳」や「救済の教法」が起こることを明らかにしている。そして、

吾人は到底天地万有を我有として之を保有し、一切生物を我子として之を愛重するの精神を確立する能はざるを感ず。然れども、亦其間に於て、道徳の必要を聞けば之に首肯し、救済の福音を聞けば之に感謝することあり。則ち知る吾人の胸裡決して道徳宗教の本性なきにあらざることを。既に此本性あり、吾人は之を培養し之

を保育し、以て爛漫たる美華を開かしめずんば止む能はざるなり。故に見るべし、吾人が道徳宗教の訓誡を聞き、而して之を遵奉する能はざる場合には、吾人は吾人の胸裡に一種不可思議なる苦痛煩悶を感覚することを。所謂良心の苦痛、罪悪の感覚なるもの即ち是なり。(43)

あるいは、

阿弥陀仏の一心の正念より出つる徳音に促されて、吾人に一心正念の発動するもの、是れ即ち宗教の真髄なり、道徳の源泉なり。(44)

と、「万物一体の真理」の覚知によって、我々には当然「道徳宗教の本性」の活動が促されるのであり、また我々が「道徳宗教の本性」に背けば、「良心の苦痛」や「罪悪の感覚」が生起するとして、宗教的信念に「道徳の源泉」の具することを主張している。

すなわち、精神主義を唱える清沢に、社会倫理を体系化するまでには至らずとも、社会倫理への思念のあったことは明白である。(45)まことに、阿弥陀仏に帰命することで、「万物一体」の世界を自証できるし、また如来に「服従」するところに、「一切生物を我子として之を愛重するの精神」が明確になるのである。

精神主義は、如来帰命に基づく自己救済の真髄であり、現生正定聚に立つ「独尊子」(46)である自己の誕生の宣言であると同時に、社会倫理の意念を生み出すところの道徳の源泉なのである。

では、清沢を師と仰ぐ暁烏は、何故、鉱毒に苦しむ人々の人権を阻害するかのような言葉を発したのであろうか。暁烏の絶対無限への「服従」の心境を、清沢に照らして確認しよう。

清沢は、「宗教的信念の必須条件」において、

真面目に宗教的天地に入らうと思う人ならば、釈尊がその伝記もて教へ給ひし如く、親も捨てねばなりませ

ぬ、妻子も捨てねばなりませぬ、財産も捨てねばなりませぬ、国家も捨てねばなりませぬ、進んでは自分其者も捨てねばなりませぬ。語を換えて云へば、宗教的天地に入らうと思ふ人は、形而下の孝行心も、愛国心も捨てねばならぬ。其他仁義も、道徳も、科学も、哲学も一切眼にかけぬやうになり、茲に始めて、宗教的信念の広大なる天地が開かる丶のである。(47)

と、道徳を含めて娑婆世界の一切への依頼心の克服を訴えている。そして、

心で家や、職業や、妻子や、朋友や、国家や、学問や、知識やを頼みにしないやうになつて、一心専念に如来に帰命するところにあるのです。(48)

と、その依頼心の克服によって、「如来に帰命する」ことが可能となるとしている。このような心境を、暁烏は「服従論」において、「如来の命令に従ひ、導きに服するの心」、つまり如来への服従心と言い表しており、したがって、暁烏は清沢と同一の立場に立って、如来に服従することで宗教的信念を確立し、自他共生の世界、換言すれば、浄土を思念して生きる主体確立を訴えていた、と言い得よう。

ここで一考すべきことがある。それは宗教的信念と社会倫理の関係についてである。つまり、宗教的信念を確立した主体であってもその主体が娑婆に存在する限り、社会倫理の実践について娑婆の業縁を担わなければならないのではないか、ということである。確かに清沢は、「道徳宗教の本性なきにあらざる」というように、社会倫理を人間の本性に見定めており、したがって、その本性より発揮される社会倫理の実践は、人それぞれの業縁的課題を担うべく、「万物一体」の真理に立って果たさなければならないように思われる。すなわち、清沢と暁烏は、基本的に如来に服従する、という信の一点において共通するものの、「万物一体」の真理に立った社会倫理の実行においては、少なくとも暁烏は、浄土を思念しつつ娑婆世界に生きるものとして、その倫理性においては無責任であっ

たとの誇りを免れ得ないのでなかろうか。

一九〇四（明治三七）年に日露戦争が勃発する中で、与謝野晶子は「君死にたまふことなかれ」という弟を思う純朴な愛慕を『明星』に発表することで、つまり身に迫り来る業縁に苦悩する中で、反戦を主張した。一方『精神界』は、日露戦争に対して、次のような「超戦争観」を発表している。

戦争は好ましきものなりや否やとは殆んど問題とするの価値なき也。何となれは、苟も人情を解する者ならは戦争を好ましき者也と云ふ者のあることなけれは也。戦争の悲惨なること、戦争の残酷なること、戦争の没人情的なることは敢て我等か今更繰り返さずと雖、世人の一般に了知する所也。(49)

「反戦」という意識は、世人と同様であると訴える一方、精神主義を掲げて、戦争について次のような論理を展開する。

近時トルストイ氏戦争の悲惨を慨し、戦争の罪悪を論して非戦論を称道するや、我等は是を以て一茶話に過ぎずとせり、平凡の論なりとせり。然るに世人は此の平凡の論を物珍らしさうに云為し、或は是を難する者あり。我等は是を難する者の頭脳の殆んと人情を没し、常識を離れたるなきやを疑ふと共に、是を珍重する者の頭脳の浅薄なるを疑はすんばあらず。(50)

このように『精神界』は主戦論や非戦論にほとんど重きを置かず、また、

世の人情の中心を衝けは何れの人も平和を好み、戦争を嫌ふ者也とする者也、総ての人の心中深き所にトルストイの非戦論を肯定するの情を有せさる可らすとする者也。古往今来、何れの国民も皆平和を楽む者なりき、されど古往今来戦争は是等国民の間に繰り返されつ、ある也。（中略）世界は矛盾の世界也、人類は矛盾の動物也。勝者も矛盾也、敗者も矛盾也、主戦論者も矛盾也、非戦論者も矛盾也。矛盾の世の矛盾の人類、云ふも

矛盾也、為すも矛盾也。口実は何れにもつくもの也、理屈はいかやうにも付けらる、もの也。[51]

と人生そのものを相対視している。だが「主戦論」も「非戦論」もいずれも娑婆の出来事であり、「理屈はいかやうにも付けらる丶もの」という所論自体が「いかようにも付けらる丶」理屈そのものとなることを思う時、与謝野に比べて、どう見ても「無責任」でないか、とも思われる。

ここで再び、清沢の「万物一体」について見てみよう。道徳の実行について、次のように述べている。

蓋し吾人の道に達し徳に進む能はざるは、只自己の云為能力のみを以て道徳を造作せんとするによる。所謂虚偽虚飾偽善偽徳の氾濫するは、畢竟此が為なり。蓋し道徳を以て一己の私行となし、其成績によりて以て己が威福の資に供せんとするによるものなり。[52]

『精神界』の指摘のように、娑婆での道徳実践の恣意性虚偽性は否定できないように思われる。だが、確かに、娑婆世界における「古往今来、何れの国民も皆平和を楽む者なりき、されど古往今来戦争は是等国民の間に繰り返されつ丶ある也」という眼差しには、与謝野のような深刻な苦悩は感じられない。しかれども、『精神界』の眼差しそのものを、否定することにならないと思われる。つまり清沢は、「自己の云為能力のみを以て道徳を造作せん」という立場を離れて「万物一体」の真理に立たない限り、道徳実践の「虚偽虚飾偽善偽徳」を克服することの不可なることを訴えるのであり、したがって『精神界』は、相対有限なる我と娑婆の「虚偽虚飾偽善偽徳」の透徹することで、「万物一体」に立つ道徳実践を主張しているのである、「万物一体」は人類の倫理道徳の基盤としての自覚他の実践を内にはらむ所論であったのである。しかして、清沢没後、日露戦争を迎える事態の中で、倫理道徳について、「超戦争観」では次のように述べている。

我等は我か日本国か如何に国家存亡の戦争たりと雖も、戦争以上に超然たる所のあらんを欲する也、[53]

このように、「戦争以上の超然たる所」としての人類の基盤、つまり「万物一体」の自覚を訴えるのであるが、しかし、それがやがて、

軍人は身命を顧みずして、戦争に順ふべきは勿論也。されど之と同時に戦場に曝す肉体の生命以上に永遠の霊性に到達するを忘る可らず、[54]

と、戦争そのものに対する痛焼の感じられない発言となり、さらに、

砲声に霊界の音楽を聞き、剣影に霊界の光明を見、同胞の死に安住の啓示を察し、兄弟の負傷に不滅の不可思議力を拝するを得る也。かくて戦争亦戦争以上の霊相を示すを得べき也。[55]

とまで、言い放つに至ってしまうのである。

精神主義とは、宗教的信念の確立による信仰主体の目覚めの主張であった。また、相対有限の我々が、「万物一体」なる「完全なる立脚地」に立ち得た宣言であり、同時に相対有限の娑婆世界における社会倫理の基盤でもあった。そして、我々がそのような宗教的信念を獲得するためには、たとえば『精神界』での「口実は何れにもつくもの也、理屈はいかやうにも付けらるゝもの也」との現実に対する透徹した眼差しや、さらには暁烏の言う「私共の宗教は他力主義とでも云はうか、又無責任主義とでも云はれましやう[56]」との宗教的知見の背後にある、相対有限の自己の洞察、つまり機の自覚が何よりも不可欠となる。相対有限の現実と相対有限の自己の自覚において、初めて絶対無限、つまり「万物一体」への門戸、すなわち浄土を思念する仏道が開かれるからである。ここに、信仰主体の自覚を訴える、精神主義の真髄があるように思われる。

だが、『精神界』に発表された「超戦争観」は、たとえ社会倫理よりもその基盤である「万物一体」の宗教的信念の主張に力点が置かれるものであったとしても、たとえば「砲声に霊界の音楽を聞」く等の発言は、やはり社会

倫理の基盤である「一切主物が皆な我子たり」と主張する「万物一体」の視座から見れば、ましてや浄土を念ずる立場からすれば、あまりにも無責任であり、批判されて然るべきものであろう。

では、一体清沢の社会倫理観は如何なるものであったのか。

一九五二（昭和二七）年に厳修された清沢満之五十回忌の記念講演「如来について」の中で、曾我は、清沢の「宗教的道徳（俗諦）と普通道徳との交渉」執筆の経緯について、次のように述べている。

清沢先生は先程から考えておりますが大無量寿経の下巻の本願成就文から始り三毒段五悪段と続くあの下巻に眼を開いていたに違いない。今の真宗の学問は折角清沢先生が身を以て頂かせられた下巻を忘れている。先生が臨終が近づいてから普通道徳と俗諦門の交渉が述べられているがあれは突然出て来たのではない。「エピクテタスの教訓」を読まれ、一方阿含経を読まれ、下巻を繰り返し綿密に読まれて後のことである。(57)

清沢は、本願成就文に始まる『無量寿経』「下巻」を読むことで、「現生不退」と相対有限の現実世界との関係性の解明、つまり宗教的信念と社会倫理の関係を考究しており、それが没する直前に「宗教的道徳（俗諦）と普通道徳との交渉」として結実されたとしている。

清沢の絶筆は、亡くなる六日前に書かれた「我信念」であったが、その一か月前に「宗教的道徳（俗諦）と普通道徳との交渉」が執筆されており、その二つの論文の関係について、自ら次のように述べている。

原稿ハ三十日ノ夜出シテ置キマシタカラ御入手ニナリタコトト存ジマス　別ニ感ズベキ点モナヒトハ思ヒマシタガ自分ノ実感ノ極致ヲ申シタノデアリマス　前号ノ俗諦義ニ対シテ真諦義ヲ述ベタ積リデアリマス　然ルニ彼ノ俗諦義ニ就テハ多少学究的根拠モ押ヘタ積リデアリマス　詳細ハ御面晤ノ節ニ譲リマスガ大体ハ通常三毒段ト申ス所ニアル「宜各勤精進努力自求之云々」ト「努力勤修善精進願度世云々」ノ二文ヲ眼目ト見マシタノ

デス（中略）尚コンナ事一二点研究シタイト思ヒマスカラ東方聖書ノ英文大経佐々木君ガ御アキデアレバ拝借シタクアリマスカラ宜敷御願下サレテ御都合出来レバ御入来ノ節御貸附ヲ願ヒマス(58)

これは、清沢の没する五日前の六月一日に綴った「我信念」の原稿を、『精神界』の編集者である暁烏に送った時に添えた文章である。『無量寿経』の「悲化段」を研究するために、佐々木月樵より「英文大経」を借りたい旨を、暁烏に依頼していることが分かる。

『無量寿経』の「悲化段」には、「俗諦義」、つまり社会倫理が説かれていることから、清沢は「真諦義」である宗教的精神の確立と同時に、「俗諦義」の社会倫理の重要性を考えていたことは容易に推測できる。

その「宗教的道徳（俗諦）と普通道徳との交渉」の中で、清沢は先ず、

倫理であれ、宗教であれ、凡そ世の中に教といはるゝものは皆吾人の心に存する善悪の思念を基本とするものでありて、其善を進め、悪を制し、以て此心の安泰を得せしめんとするを目的とするものである。(59)

と、「善を進め、悪を制」することで「心の安泰」を得るとし、その人々の生活が、

人々が自分自身に善悪のことを真面目に実行せんとするときは、其が中々思ふ通り充分には出来ないと云ふことが知らるゝ様になる。つとむればつとむる程、いよ〳〵実行の困難が明になる。(60)

と、道徳が議論研究ではなく実行されるべきものであり、そして、

倫理道徳に就て真面目に実行を求むるときは、其結果は終に倫理道徳の思ふ通りに行ひ得らるゝものでないことを感知する様になるのが、実に宗教に入る為の必須条件である。(61)

と、実行の不可能に突き当たることが「宗教に入る為の必須条件」であるとしている。すなわち、

俗諦の教は其実行の出来難きが為に愈無限大悲に対する感謝の念を深からしむるが目的である。(62)

と、倫理道徳の「実行の出来難き」ことを感知することで「無限大悲」に感謝する道が開かれると述べている。ここに機法二種深信の実際が語られていると言えよう。倫理道徳の実践が、信心獲得への必須条件と位置づけるところに、清沢の社会倫理観があった。

既述したように、清沢は、「宗教的道徳（俗諦）と普通道徳との交渉」を発表したその直後に、「我信念」を発表したが、その「我信念」で、自らの信世界を次のように主張する。

私は只此如来を信ずるのみにて、常に平安に住することが出来る。如来の能力は無限である。如来の能力は無上である。如来の能力は一切の場合に遍満してある。如来の能力は十方に亘りて、自由自在無障無碍に活動したまふ、私は此如来の威神力に寄托して、大安楽と大平穏とを得ることである。[63]

そして、その具体的な生活のあり方については、すでに『有限無限録』で、たとえば、

真正ノ公共心ハ我ヲ以テ全ク公共ノ内ニ投入シ去リ公共以外ニ我ヲ別認セサルモノナリ[64]

あるいは、

公共心ハ修養ヲ要ス　其修養ノ最上方法ハ絶対無限者ノ性能ヲ観スルニアリ　絶対無限ノ観想心裡ニ瀰満スルニ従ヒ公共心ノ実用漸ク隆盛ナルヲ得ベシ[65]

と、公共心の修養が「絶対無限者ノ性能ヲ観スル」ところにあると述べている。

清沢は、俗諦義である「宗教的道徳（俗諦）と普通道徳との交渉」発表直後に、真諦義である「我信念」を著すことで、如来を信ずることによる「万物一体」の自覚的世界を明らかにして、俗諦の現実生活の基盤となることを主張した。だが、『無量寿経』「悲化段」の究明が亡くなる直前ということもあってか、体系的な社会倫理の構築にまで至らなかったと思われるのである。

以上縷々考察してきた清沢の「社会倫理」観について要約すれば、清沢は、『精神界』に「万物一体」を発表することで、精神主義の「社会倫理」の基礎を明確にしたと言える。すなわち、我々は、「至奥より発する至深」の「道徳宗教の本性」を有しており、その「本性」が「一己の私行」を脱して「一切生物を我が子としてこれを愛重する」という「真正の道徳」に至るのである。つまり、宗教的信念の確立によって、我の執着が根っこから断ち切られ、そこで始めて真の「公共心」、つまり「社会倫理」の「本性」が活動するのであり、その「本性」こそが、如来を信ずる「我信念」であったのである。[66]

今少し「公共心」発揮の実際を現実生活上に確認すれば、たとえ我々が、宗教的信念の確立によって「公共心」の基盤をなす「完全な立脚地」に立ったとしても、我々の相対有限なる存在であることは免れ得ない。すなわち、宗教的信念の確立によって我々に施与されるのは、「万物一体」の真理、一味平等の立脚地であるが、しかし、そこに住する我々の生活は、どこまでも相対有限であり、たとえば戦争に協力するという罪悪を犯す可能性をも常に孕んでいるのでないか、ということである。

けだし、その相対有限の生活者である我々だからこそ、「万物一体」の真理を念ずることができる。絶えず罪悪を内包する相対有限の自己に対する慚愧と、それによる宗教的信念の確立、つまり相対有限の自己の自覚と一味平等の立脚地の自証によって、「我を以て公共の内に投入し去り」、相対有限の娑婆世界を「如来の大悲心」を戴いて生きることが許されるのである。言うまでもなく、このような絶対無限と相対有限の関係は、先に引用した、清沢自身らの実験・実行を通しての論文「宗教的道徳（俗諦）と普通道徳との交渉」で論じたところである。

親鸞は、『唯信鈔文意』において、自らの「常行大悲」の生活を、

りょうし・あき人、さまざまのものは、みな、いし・かわら・つぶてのごとくなるわれらなり。如来の御ちか

いを、ふたごころなく信楽すれば、摂取のひかりのなかにおさめとられまいらせて、かならず大涅槃のさとりをひらかしめたまうは、すなわち、りょうし・あき人などは、いし・かわら・つぶてなんどを、よくこがねとなさしめんがごとしとたとえたまえるなり。(67)

と具体的に述べているが、ここで我々が見届けなければならないことは、親鸞が「りょうし・あき人」と同一の世界を〃生きた〃という事実である。そして、その「りょうし・あき人」と共なる生活は、「ふたごころなく信楽すれば」とあるように、「信楽」において成立するのである。『教行信証』「信巻」に説かれる「信楽釈」を見てみよう。

利他回向の至心をもって、信楽の体とするなり。しかるに無始より已来、一切群生海、無明海に流転し、諸有輪に沈迷し、衆苦輪に繋縛せられて、清浄の信楽なし。法爾として真実の信楽なし。ここをもって無上功徳、値遇しがたく、最勝の浄信、獲得しがたし。一切凡小、一切時の中に、貪愛の心常によく善心を汚し、瞋憎の心常によく法財を焼く。急作急修して頭燃を灸うがごとくすれども、すべて「雑毒・雑修の善」と名づく。また「虚仮・諂偽の行」と名づく。「真実の業」と名づけざるなり。この虚仮・雑毒の善をもって、無量光明土に生まれんと欲する、これ必ず不可なり。何をもってのゆえに、正しく如来、菩薩の行を行じたまいし時、三業の所修、乃至一念・一刹那も疑蓋雑わることなきに由ってなり。この心はすなわち如来の大悲心なるがゆえに、必ず報土の正定の因と成る。如来、苦悩の群生海を悲憐して、無碍広大の浄信をもって諸有海に回施したまえり。これを「利他真実の信心」と名づく。(68)

利他回向の至心を体とする「信楽」は、「りょうし・あき人」と同一の世界に生きる親鸞の内面にある。たとえば「りょうし・あき人」と一線を画そうとする、傲慢でかつ悲歎述懐せざるを得ぬ「一切凡小」なる相対有限の自己の自覚を内実とする信心であり、その自覚において受領される「如来の大悲心」であった。すなわち、「信楽」とは、我に「貪愛の心常によく善心を汚し、瞋憎の心常によく法財を焼く」という機の深信を迫る「否定論理」を有するものであり、その「否定論理」の自覚である「信楽」において、我は大悲無倦なる「公共心」(社会倫理)[69]をもって生きることができる。しかして、現実世界を倫理的に生きんとする我に許されるのは、ただ「機の自覚」であり、「否定論理」を通した「信楽」の受領であろう。「信楽」こそが「万物一体」の世界を成り立たしめるのであった。

思うに、親鸞の九〇年の生涯を貫く一齣一齣は、そういう「信楽」をもって、一味平等、「万物一体」の世界を実際に生き抜かんとする連続無窮の一齣一齣であり、それは「機の自覚」による「如来讃仰」の生活である、と言い得まいか。

ところで、ここまで論じてきて思うことは、たとえ我々が宗教的信念の確立によって社会倫理の基盤である「万物一体」を確認したとしても、あるいは大悲心を実践する意欲として「信楽」が我が身に明確になったとしても、さらには「我信念」の境地に立ったとしても、それを娑婆において、たとえば親鸞が「りょうし・あき人」と同一の世界を生きたような同朋社会に生きるには、そのための「社会倫理」の形成が必要となってくるのではないか、ということである。すなわち、宗教的信念の確立者には、現実社会の課題に対する歴史的連続性と社会的広がりへの視点をもって、教団についての歴史的考察や社会構造の認識、また社会参加の理論と実践の構築が要請されているように思われてならないのである。

第二項　曾我量深における三願転入

一　仏智疑惑からの救済

清沢満之の死は、残された門弟一人一人に真の独立者たることを問うたが、ここからは門弟の一人曾我量深について、それを確認したい。

時代は少し戻る。一九〇九（明治四二）年、清沢の七回忌法要が厳修された。前述したように、当時暁烏や多田は恩寵主義に埋没しており、一方曾我は、次のような懺悔の中にあった。

先生御在世の時他の門弟の人々が、師と起居を共にし、師の精神生活を讃仰しつゝあつた時、われは、嗚呼われは果して何処に何事をなしつゝある乎。嗚呼われは想へば八年の昔、巣鴨の天地に在りて、筆なる剣を以て先生並に現在の同人を害せんと企てつゝあつたのであります。嗚呼われは釈尊に対する提婆提多也、親鸞聖人に対する山伏弁円であつたのであります(70)。

文中の「筆なる剣」とは、一九〇二（明治三五）年前後の精神主義批判の論文を指すが、その「筆なる剣」について、曾我は次のように回想する。

〔清沢先生は『精神界』〕創刊号に「精神主義」という文章をお書きになったのでございますが、わたしどもがそれを読みまするというと、別に〝他力〟というような言葉はどこにもなかった。それから何号も重ねておりまするけれども、〝他力〟というような言葉は一向出て来ないのであります。だからして、先生の信念が〝絶対他力の大道〟であるというようなことは解らなかったのでありまして、わたくしはよく解らなかったので、それで、清沢先生は自力でもない他力でもないというような、そういう自力・他力のほかにもう一つ別の立場というものが起こっていらっしゃるのであろうか、とこう思って、愚かなる短い文章を書いて『無尽燈』にそういうことを掲げた。そうするというと、清沢先生は、「わたしの信念は、〝他力〟の信念である」――ということを、それに対して教えてくだされました。先生の信念というものは、過去のことなど忘れてしもうて、過去のことなどにくよくよとしておらないでそうしてただ希望を将来に掲げると、そうすればおのずから現在に安住することが出来ると――そういうのが清沢先生の信念というものであろうかと、そんなようなことをいろいろ空想しておったのでありますが、それに対して清沢先生は懇なる御指導をくだされましたようなわけでございます。（中略）それでありますからして、清沢先生は、〝信念〟というものと〝如来〟というものは一つのものであって、二つ別々にあるものではない。(71)

曾我のこれまで懐いていた他力に対する既成概念が、清沢によって打破されたのである。以来曾我は、次第に清沢に心を寄せていったが、そのような清沢との出遇いについて、曾我は「我に影向したまへる先師」（『精神界』一九〇八〔明治四一〕年六月）の中で、次のように述べている。

若し清沢先生がなかりせば、今や他力真宗全く教育ある人士の一顧をすら得ないやうになりたかも知れぬと思ふ。絶対他力の大道に付て我々が今確固なる信念を有するは一に先生の鴻恩である。我等が兎に角真面目に信仰問題に心掛くるやうになりたは一に先生の御恩である。我等が此物質万能の世の中、積極主義に狂奔する世の中に、兎に角精神主義消極主義の天地に満足せんと求むることは、偏に先師の御教訓である。（中略）今や私は先生の主観主義に転ぜねばならぬ。親鸞聖人は明瞭に他力信心を主張し、能信所信の一体を教へて下された。然るに人往々信心の他力を説き乍ら、他力てふ事を以て信心を離れたる客観的力とし、如来を客観的実在とせんとし、浄土をも同じく超主観的の天地とせんとしたものであるから、先生は是等一切の境を悉く信上の事実、主観上の事実として、能信と所信とは渾然たる一体とし、信仰とは何を信ずる乎、如来を信ずるのである、如来とは云何なるものである乎、我が信ずる如来である。則ち我は我信ずる如来を信じ、如来は我が如来を信ずる如来である。されば能信の信念を離れて全く所信の如来なく、又所信の如来を離れて全く能信の信念はないのである。(72)

ここに述べられている曾我の清沢に対する「鴻恩」をまとめれば、

① 自ら絶対他力に対する確固たる信念を持つことができるようになったこと。

② 他力真宗が教育ある近代人の注目を受けるようになったこと。つまり、近代人が信仰問題に関心をもつようになったこと。

③ 積極主義、客観主義の時代風潮において、精神主義による消極主義、主観主義を提示したこと。

④ 能信所信の不離一体を明らかにすることで、これまでの自己から遊離した如来や浄土観を、自己の信上の事実、主観上の事実としたこと。

となろう。清沢の実験主義による求道が、既成の信仰概念を打破し、同時に「他力真宗」を近代人の主観の事実、つまり主体的自覚としての提示であったことに注目すべきである。

清沢満之七回忌から二年後の一九一一（明治四四）年四月、親鸞聖人六百五十回御遠忌が厳修された。そして、たとえば暁烏の『歎異鈔講話』によって恩寵主義が世に公開されたことも相俟って、信仰熱が全国的に高揚した。だがその一方で、そのような信仰熱の高揚に背を向けるようにして、一〇月、曾我は、真宗大学が京都に移転開校されたことを受けて越後に帰郷し、以後五年間の沈潜生活に突入した。そして、真宗教学における信仰主体、換言すれば信心獲得すべき自己の立場を明確にしたのである。すなわち、曾我のこの約五年間の思索の生活は、真宗教学を伝統的解釈から解放し、そして、時機相応に生きてはたらく信仰主体の確立をもって、近代社会に蘇らせる意味を持っていたのである。曾我は、越後帰郷時の心境を次のように綴っている。

清沢先生、月見覚了師関根仁応兄等の尽誠によりて十年前に東京に移転せられたる真宗大学は、本山の都合にて突然廃校になりたること、残念に存候。教職員は総て辞し、生徒等は京都に新設せられたる大谷大学に移り候。突然の廃校にも拘らず、南条先生や月見師等の骨折りにて、うるはしき結果を見ることうれしく存候。大谷大学に望む所は、衷心より詐る所なき、自覚的信心を獲得する道場となりて、決して決して伝習的、職業的布教使の養成所とならざらんことに有之候(73)。

曾我は、清沢の創設した真宗大学を継承する真宗大谷大学が、清沢の掲げる「自信教人信の誠を尽すべき人物を養成する」学場、つまり「自覚的信心を獲得する道場」となることを、衷心より願っていたのである。

越後時代の曾我は、自らを親鸞と同様に法然の三百八十余人の弟子の一人と見做し、いくつかの論文を発表している。それらの論文において、曾我は、『観無量寿経』に説かれる「仏心大悲」に基づく、単なる感情的で讃仰だけの信仰を脱して、『無量寿経』の中核である「法蔵菩薩」の自覚自証に立脚する信仰へと深化し、自らが親鸞と同一の信念を戴く者となるべく求道するのである。そして、そのエポックメーキングが、一九一三(大正二)年七月に発表された「地上の救主」であり、その「地上の救主」として法蔵菩薩を了解する歴程を、曾我は一九二四(大正一三)年六月に出版された『曾我量深論集』二巻(「地上の救主」)の劈頭に収められている「序」で、次のように述べている。

顧みれば本巻(「地上の救主」)に収むる所は明治の末葉から大正の初期にわたり、特に明治の末年はわが祖師親鸞の六百五十回の遠忌に正当し、かつわが母校真宗大学は此年を以て京都に移され、先師清沢の遺業なる浩々洞の瓦解の遠因をなした。さればその前半は真宗大学の教壇に立つの余暇に、同人と議論談笑しつつ、その折々の感想を録し、その後半は郷里北越の草庵にあつて四方の師友を憶念し、そのやるせなき感慨を洩したのである。その内容について云へば私は初め『観経』を一貫せる「仏心大悲」の教説を讃仰し、それが上に開顕せられたる第十九の願、臨終来迎の本願を憧憬して止まなかつた。しかしながら私はこの『観経』の隠彰の実義なる弥陀大悲の本願を徹底して、遂に因位法蔵菩薩の自証に進まずに居られなかつた。巻中の「地上の救主」の一篇は正しくこの自証を讃仰したものである。

もとよりその自証は微光であつて、到底独我論なる自性唯心の境を出で得なかつたに違ひない。しかしながら世は滔々として、神話宗教として法蔵菩薩を冷笑せし間にあつて、独りそれの上に地上の救主の意義を見出したこと、而して爾来わが真宗教界に於て漸く法蔵の名を聞くに到つたことはこよなき喜びである。是れ則ちこの一篇の題を拡めて一巻の総題とせし所以である。(74)

清沢との値遇を得て、「讃仰」から「自証」へ、また「神話宗教」から「地上の救主」への深化、すなわち、信を我が身に実験する曾我の求道的営為は、これまでの「愚夫愚婦」として見下げられていた真宗に対する視線や、さらには近代の知性をもって真宗を〝近代化〟しようとする宗教観をも打破するものであった。すなわち、このように近代人の実存に直に響く仏道を明らかにしたところに、曾我の宗教的信念の真骨頂を見ることができるのである。まさにこれこそ、絶望との悪戦苦闘において開かれる親鸞から清沢へ、そして清沢から曾我へと継承される仏道の真髄であった。

そこで先ず、曾我の求道にとって極めて重要な年と思われる、親鸞聖人六百五十回御遠忌厳修の一九一一（明治四四）年に執筆された論文によって、当時の曾我の求道の足跡を尋ねてみようと思う。その代表的な論文を挙げれば、一月には「大闇黒の仏心を見よ」(『精神界』)、三月には親鸞や法然を人間煩悩仏と見定め、その煩悩仏によって、三千年の昔の大聖の正覚が公開されたことを論じた「煩悩仏の建設者」(『精神界』)、四月には三国七高僧によって伝承された絶対他力の教えが、時機純熟し、親鸞の『教行信証』において開顕したことを論じた「過去の教界に対する親鸞聖人の態度」(『無尽燈』)、また五月には「信行両座」(『親鸞聖人御伝鈔講話』)等があるが、ここではそれらの中の「大闇黒の仏心を見よ」と「信行両座」の二論文によることとする。

先ず、「大闇黒の仏心を見よ」(『精神界』一九一一〈明治四四〉年一月)によって、曾我の親鸞観を確認したいと思う。次のように述べている。

法然聖人は三百八十余の門人に囲繞せられ、生身の如来の如く渇仰せられつつ、深き孤独の生活をなし給ひたのである。則ち師弟の間に非常の懸隔を有し全く天地を異にして居つた。此れ畢竟門下の人々が徒に師の外的放光に驚きて、生身の大勢至よ末代の舎利弗よと讃仰して、その心中の深き闇黒に触れざりしが為である。而して唯独り此秘密に触れたは親鸞聖人であつた。(中略)親鸞の御胸には師法然も我身と同一なる千歳の闇室を有し、深く内愚外賢の矛盾に苦しみつゝあるを知り、茲に師弟忽ち肝胆相照して、同一の闇室と、同一の光明と、同一の歓喜とを実験するを得給ひた。(75)

まことに、自らの「心中の深き闇黒に触れ」ない限り、無量光明土は開かれない。すなわち、曇鸞の「千歳闇室」、道綽の「暴風駛雨」とは、親鸞と法然が共に棲む秘密の闇室であったが、今自分の棲み家も、法然や親鸞と同一の闇室である。このように、曾我は自己の心の奥深くの闇黒において念仏の伝統に立ち、そして、無量光明土に放たれてある自身を実感する。まことに自らの内なる闇室における浄土の実験、これこそ浄土真宗の真実義ではないか。

ここに曾我は、浄土教を高らかに宣言した法然の『選択集』の「教相章」を「浄土宗の独立を主張」、「二行章」を「念仏と諸善を廃立して専修念仏を主唱」、そして「本願章」を「念仏為本の淵源を如来の本願に求めた」ものと順々に位置付け、これら三章を「光明的表面」、あるいは「上段の客殿」に譬え、続く「三心章」を、我々の「内房」の「秘密的闇黒面」に譬えて、次のように述べている。

人には秘密あり、台所なければ身命を保つに足らず、内房なければ労を慰むるに足らず、人は終日正坐すべからず、家族なかるべからず、小児は泣く所がなければならぬ。妻は欠をする所なければならぬ、是れが則ち内房の必要なる所以にして、『選択集』三心章は正しく法然聖人の霊の内房に外ならぬ。我は本願章に於て正坐の法然聖人を見、三心章に於て横臥、裸体、飲食、談笑等の法然聖人を見る。本願章に於て堂々たる聖者なりし彼は三心章に於ては亦碌々たる凡人に過ぎぬ。(76)

如来は凡夫の棲み易い闇室に出現する。あたかも子どもの泣いて帰る母の懐の如き場所こそ、また妻の欠伸をして寛ぐことのできる場所こそ、如来と共なる「横臥、裸体、飲食、談笑等」の許された闇室である。したがって、

我等胸中の闇黒は則ち我等が如来大悲の胸中の闇室に居るを証するのである。我等は自己闇黒の苦痛を見る時、深く如来胸中の御辛労を恐察せよ。是如来の現在の大悲の御辛労に同心するが他力の信心である。(77)

と述べるのである。如来大悲は、闇黒の生活者である正直な我と同心し、我が生活の闇黒であることを照らし出す。すなわち、我が闇黒は如来の辛労の場である。曾我はこのように、自らの闇室裡に「他力の信心」を確信するのである。

この曾我の徹底した闇室へと向かう求道は、清沢から伝承された「実験主義」によるものであろう。それは同年四月に『親鸞聖人御伝鈔講話』に寄せられた「信行両座」において明確である。

「信行両座」とは『御伝鈔』にある親鸞の行実[78]である。親鸞三三歳の時、法然の門弟三百八十余人に対して「信不退」「行不退」のいずれの座に着くかという判決を問うと、多くの門弟が法然の顔色を窺う中、ただ聖覚、信空、法力（熊谷入道直実）、そして親鸞だけが迷わず「信不退」を表明し、そして最後に法然が、「念仏為本」を「行不退」として当然の如く了解していた弟子たちの思惑に反して「信心為本」である「信不退」の座についたというのがその内容である。これを受けて曾我は、

若し今より七百十七年の昔に於て、幸に法然聖人の御門下となることを得て、信行両座分判の座に連つたとしたならば、如何なる態度を取りしかを深く推考せよ。果して聖覚、信空、法力、親鸞の四師と共に、信不退の座に着いたと信ずることを得るか。或は残されたる数百人の門徒と共に、「屈敬の気をあらはし、鬱悔のいろをふくみたる」一人であらうか[79]。

と、自分自身が「屈敬の気をあらはし、鬱悔のいろをふくみたる」一人であることを推考し、続けて、

私共は高祖聖人と同一信心であると思ふて居る。しかし七百年の昔は、確に聖人の敵であつたことは瞭々たる浄玻瓈鏡の上の事実である。されば今日の信順の想ひは、七百年前の疑謗の声の反射である。私は此一段を披く時は、親しく七百年前の自我の相と行動を見るのである。私は自力の迷心の拘はて金剛の真信に昏かりし、数百人の門徒の末席に自己を発見したのであります[80]。

と徹底して自己を凝視し、自己を仏智疑惑の「門弟の末席」に発見するのである。そして、

「讃仰の生活」はこれ私の理想である。「疑謗の生活」はこれ私の現実であります。私共は七百年前の親鸞聖人に対しては、多大の讃仰の言辞を捧げる。若し今日親鸞聖人再誕なされたならば、讃仰の言辞は忽ち疑謗の絶叫と変ずるに違ない。されば私の讃歎は誠に疑謗の変形に過ぎぬ[81]。

と、親鸞を讃える自己の本性が疑謗であることを正直に表白し、さらに親鸞の『選択本願念仏集』受領の意義について、次のように述べている。

親鸞聖人は御歳三十三の春、法然聖人より『選択本願念仏集』の御相伝を受けさせられた。而して此信行両座の事件は、同年の秋と伝へられ、又次段の信心一異の諍論は、三十四歳の御歳と伝へられてをる。則ちこの二大事件は、聖人が『選択集』に対する御創見を示すものである。『選択集』御相伝の事実が、親鸞聖人の心霊に如何なる影響を与へたかを示す。則ちこの二大事件は、聖人の『選択集』相伝感想の表白である。而してこの二大事件によりて発表せる「信心為本」「他力回向の真信」の聖人の信念が、偶々三十五歳の北越御流罪の外縁によりて、浄土真宗御建立となつたのである。而して最も痛快に劈頭「南無阿弥陀仏往生之業念仏為本」と喝破せる『選択集』が、何故に聖人に「信心為本」てふことを教へたか。これは親鸞聖人の深き主観上の実験によることといふまでもない。就中その御結婚の事件及びこれに附随して人の父となり給へる事柄は、特に痛切に人間の無能力を反省せしめ茲に念仏為本と宣言せる『選択集』の上に、深く信心為本と、及びその信心は凡夫各自の心に非ず、全く如来回向の真信なることを感じ給ひたのである。嗚呼、人世の重大事件なる結婚が、我親鸞聖人をして、法然門下の群賢より孤立せしめ、遂に信心為本の絶対他力教を建立せしむること、なつた。念仏為本の浄土宗は、これ出家の浄土教であり、信心為本の浄土真宗はこれまさに在家の浄土教である。法然聖人において猶出家の宗教たりし浄土教は、親鸞聖人にきたりて始めて在家の手に帰した。(82)

親鸞は、『選択集』において「念仏為本」とされる「如来回向の真信」を、「深き主観上の実験」により「信心為本」として読み取り受領した。そして、その親鸞の「信心為本」の背景に結婚という事実のあったことに着目した曾我は、浄土教が「在家の手」に帰したことを明かしている。すなわち曾我は、法然の未だ出家仏教の相を維持する『選択集』を、「人の父」となる結婚という「主観上の実験」による出家生活における無能力感を通して、十方衆生に公開したのが『教行信証』であるとして、

この両聖典の相異は、出家と在家との生活の相異である。而て十方衆生を総じて招喚あらせらるゝところの如来の御本願は、出家在家を選ばざると共に、まさしく在家の人を招喚あらせらるゝ御本願であるが故に、親鸞聖人の信心為本の御教にいたりて始めて如来本願の大理想なる十方衆生救済の大道は完全に実現せられ、十劫正覚の大音は茲に始めて十方衆生の胸に徹底し給ひたと云はねばならぬ。これ則ち我親鸞聖人の信心為本の大精神である。随て法然聖人が正面に念仏為本の旗を掲げつゝ、しかもその衷心信不退の御座につかせられたる所以であります。[83]

と述べている。「念仏為本」として明かされる本願が、親鸞の結婚という実験による出家者としての挫折感によって、「信心為本」として「十方衆生救済の大道」に開かれたのであり、したがって親鸞は、『教行信証』を製作することで、群萌を招喚すべき本願を開顕するのである。

実に法然は、『選択集』によって「念仏為本」を主張するが、自己の「秘密」においては、間違いなく「信不退」に立っていた。しかし、難行道を尊ぶ平安貴族仏教によって寓宗に貶められていた本願の宗教を本宗にまで高め民衆を救済するには、易行道である「念仏為本」をもって難行道と対峙せしめる必要があった。ここに「行不退」を宣言する法然の歴史的使命を認めなければならない。

曾我は、徹底して三百八十余人の弟子の一人に自己を見定め、そして拭い難き自力の信の正体を次のように明かしている。

全体念仏為本、行不退、念仏正定業と信ずるが則ち法然聖人の信ではないか、即ち他力の念仏を行じて疑はざ

ることの外に何処に信があるか、行を離れたる信は漠然として実行なき空想ではないか、誰か無信の念仏を真の念仏としやうぞ。唯一向一心の念仏には自然に信は具するではないか。是れ恐くは三百余人の門侶の人々の心中であつたであらう。[84]

また、

聖道浄土、大乗小乗、仏道、人道皆共通である、而して他力教には特に信の大切なることはいふまでもない、唯問題は如何に、何を信ずべきやといふことが大切である、信は行に附随し、行によりて正邪を判すべきではないか、これ三百余人の心中の疑問であらう。[85]

と、どこまでも「行不退」に付随するものとしての信、つまり行に対する意識の拭い難きを明かし、そして「念仏為本」に惑う三百八十余人の弟子の内面に巣食う微細な自力心を、次のように述べている。

信心為本は已知の事実である。今浄土門に来れる我々は、云何の行の上に信を立つべきかが最要の問題にして、これを簡明に解答するものは念仏為本ではないか。既に然らば行不退は明瞭なる事実ではないか。解答は已に汝の疑問に先つて恩師聖人の念仏為本の教によりて顕はれ終りぬ。[86]

さらに曾我は、そのような、念仏の行に惑わされ、如来回向の信に見向きもしない多くの法然門下の有様を、「一犬虚を吠えて万犬実を伝ふとは、信行両座の光景ではないか[87]」と譬え、そして、虚を吠える「一犬」に惑う「万犬」に自己存在を見定め、次のように述べている。

法然聖人の門下諸師が、徒に師の高き人格と行儀とに捉はれて信行不退の根本問題に触れず、遂に生涯念仏為本の信念について徹底し得ざりしにも拘はらず、依然として自ら不満足なる念仏為本を離るゝ能はざりしは、全く信心をもつて徹頭徹尾自力の心とした為である。[88]

法然の絶大な人格に幻惑されて、如来回向の信ならぬ自力の信をもって求道する微細な自力執心を、曾我は虚に惑う「万犬」の自己に発見している。如来回向を口にしつつも、「念仏為本」に対する「信」という形をとる執心、つまり、他力の信をどこまでも自力行によって果たそうとする迷妄は、自己の信仰上の最大の危機であろう。すなわち「第二十願」の危機ではないか。「化身土巻」のいわゆる「三願転入」の文を見てみよう。

ここをもって、愚禿釈の鸞、論主の解義を仰ぎ、宗師の勧化に依って、久しく万行・諸善の仮門を出でて、永く双樹林下の往生を離る、善本・徳本の真門に回入して、ひとえに難思往生の心を発しき。しかるにいま特に方便の真門を出でて、選択の願海に転入せり、速やかに難思往生の心を離れて、難思議往生を遂げんと欲う。果遂の誓い、良に由あるかな。(89)

その直前の「自力念仏の失」中の、

本願の嘉号をもって己が善根とする(90)

という仏智疑惑こそ「万犬」の危機である。まことに悲歎述懐すべき自己存在の危機である。親鸞はその危機意識の正直な告白者であった。

今、曾我は、越後で仏智疑惑に沈んでいる。とまれ、吉水で同室の門下が師法然と同一の行の念仏を称えることに満足している間に、仏智疑惑の親鸞は、自らの「信」の不明に泣きつつ求道しているではないか。そういう親鸞に自己を重ね合わせた曾我は、次のように自らを問うのである。

嗚呼衷心の孤独、而も是を根本的に解決せんと勉むる真実の求道者なきは古今同一である。弱き親鸞聖人は此孤独には堪へられなかつたのである。御同朋主義の真宗の建立は、已に此信行両座の時に胚胎してをることを見る。自力教が偏に瞑想を重んずるに対して、我真宗が特に談合を貴び、聞の一字を重んずるは此所以で

ある。(91)

仏智疑惑者は孤独である。そのような弱き曾我は、同じく孤独に苦悩する弱き親鸞に自分自身を見出し、そして弱きが故の求道を「談合」に求めている。仏智疑惑で孤独なる自己は「談合」によって露わになるに違いない。したがって、「談合」においてのみ、自己の微細な疑心を「聞」できるのである。「談合」に集う人々は御同朋である。すなわち、親鸞も曾我も、「談合」によって孤独者に明かされる如来回向を体とする「僧伽」に立っていたのである。

それに対して、万人各別の念仏者の心は、行によって同一となる。これが「念仏為本」の正体である。ここに吉水教団の実態があった。そして同一の行なる念仏をもって貴族仏教にまで同一の念仏を求めたため、それを嫌う延暦寺や興福寺によって吉水教団が弾圧されたのは当然であろう。吉水教団は、行の念仏を誇る〝強き〟人々の集まりであったのである。その中にあって、ひたすら弱き孤独の親鸞は、十方衆生に開かれてある「如来より賜りたる信心」の実験を求めて「聞」に邁進した。「聞」こそ法然と同一の仏道であり、「信心為本」を掲げる「同朋僧伽」の求道実践の相である。このように親鸞に聞思しつつ曾我は、弱き孤独の自己と向き合いつつ、「談合」において聞思し、「信心為本」に「一人」において生きんとしたのである。

ところで、既述したように、この論文が発表された一九一一（明治四四）年は、曾我の、真宗大学が東京から京都に移転したことによる越後帰郷の年であった。そのためか、『曾我量深選集』には、この『信行両座』一九一一（明治四四）年四月）から一九一二（明治四五）年五月の「他力は胸より湧く」（『精神界』）までの間の論文は収められていない。また『精神界』には、一九一一（明治四四）年六月の「暴風駛雨八八『第十八願の三重観』」を最後に、翌年の二月の「暴風駛雨八九『比叡大学の卒業者と退学者』」までは見当たらない。したがって、その間の曾我の様子を知るためには、金子大榮宛の書簡によるしかないように思われる。たとえば一九一二（明治四五）年一月三日付の書簡に、曾我は金子に次のように告白している。

拝啓　今回の学制案の事　大略横田兄より御聞と思ふ　昨日は遂に暴悪なる移西案（九月実行）は可決と相成り申候　此にて母校は死し申候　此に付き私共も永く御暇を賜はることと相成候[92]

「母校は死し申候」とは曾我の率直な思いであろう。そして、一月一六日には、次のように書き送っている。

自己を顧みれば　一も大兄を激励するの資格はない　過る一箇年自分は何をした乎　自分は昨年四月以来一文を草したこともない　誠に哀れ果なき体たらくではない乎　特に田舎の人となつて以来自分は全く死人である（中略）郷里の人となつて以来孤独の感愈深い　時に堪へられぬと思ふこともある　悶々の情を懐いて独り死の門に向ふのである乎[93]

曾我は、このような絶望的な心を抱えつつ、やがて『精神界』（一九一二《明治四五》年二月号）に「暴風駛雨八九『比叡大学の卒業者と退学者』[94]」を掲載することで、再び筆を執った。そして、「暴風駛雨九二『比叡及び吉水に於ける祖聖の問題』」で、再び微細な自力心を告白するのである。仏道は、微細な自力執心の観察から始まるのではなかろうか。

すなわち、自行の否定によって比叡山から降りた親鸞は、雑行雑修は忽ち捨てることができたが、しかし、信仰の本質は行でなく信であるから、自分自身の奥底にある、

細微なる自力疑心、則ち自我の妄執は至深至細である。此至深の自力執心は我等の現実生活の根本主義であつて、所謂根本無明と云ふべきものである。一切罪悪の至深の基礎は此である。祖聖は吉水に来り、初めて、心の自力の事実に到着せられたのである。今にして自力疑心の甚深に驚かせられたのである。[95]

という「至深至細」な自力疑心を正見しなければならない。すなわち、細微で至深な「自力疑心」、「自力執心」の究明こそ、吉水時代の親鸞の根本問題であった。「自力執心」は「自我に執するが故にかゝる苦しき生に着して死を念ぜず、一に現生に執着して永生の浄土を願はぬ」という「根本無明」であり、「最後の自力無効」の姿であろう(96)。このように親鸞の心中に尋ね入り、そして、次のように述べている。

此至深至細の自力無効の自覚は則ち直に一転して他力本願に向はしむるのである。「弥陀の五劫思惟の願をよく〳〵案ずれば」とは此処である。此至深至細の自力無効に達して、始て「親鸞一人が為なりけり」としみじみと味ひ給ひたるではない乎(97)。

曾我は、親鸞の「至深至細の自力無効の自覚」においてのみ他力本願に向き合い、弥陀の五劫思惟を「一人」の信として受領できることを「遂げんと欲う」のである。そしてそれが、次のような、如来本願の領受の告白へと転じていく。

我等は唯捨て難き自力を如来本願の御前に投げ出すばかりである。此浅間敷き胸中をそのまゝに如来の願船に乗托するのである。此に至りて明となつた。自力執心は捨んとして捨つる能はず。此に絶対的自力無効に達した時、自分は捨てずして自然に捨つたのである。則ち自力を捨つるとは迚も捨てられぬと自覚するが捨たつたのである(98)。

「絶対的自力無効」、ここに曾我は、弱き自己を、つまり「捨て難き自力を」、「如来本願の御前に投げ出す」ばかりである。これこそ「果遂の誓」の実験であろう。それは自力を「捨てられぬと自覚するが捨たつた」という「願力自然」の自覚である(99)。

このように再び筆を執った曾我は、「至深至細」の自力心の自覚をもって、如来本願を明らかにした。すなわち、一点の曇りもない透徹した、如来本願に乗托した自己告白を、翌月の『精神界』に「食雪鬼、米搗男、新兵」(『精神界』一九一二(明治四五)年三月号)として発表する。

自分は昨年十月四日にいよ〳〵郷里北越の一野僧となり終りた。我郷土は雪の名所である。自分は時々全く往来杜絶せる原野の中央に、唯一人蒙々たる大吹雪と戦ひつゝ進む所の自己を発見する時、悲絶の感に打たるゝ。自分を顧みれば全身多く雪に包まれ、雪を吸ひ、雪を吹く所の一箇の怪物である。此時我は宗教家たるを忘れ、学生たることを忘れ、国家社会を忘るゝ。而して遂に人間たることも忘るゝ。自分は此時唯一箇の野獣に過ぎぬ。此時は如来も忘れる、祖聖も、師友も忘れる。嗚呼自分は従来口には愚痴と云ひ、悪人と云ふと雖ども、心には慥に堂々たる宗教者、一箇深玄の思想家を以て、密に自負しつゝをるものである。口には一肉塊と卑謙しつゝ、心には如来に依りて活きつゝあると自任しつゝあるものである。然るに今大吹雪の中に発見せられたる自己は唯一箇驚くべき物力に過ぎぬ。自分は年三十八歳、始めて、自ら白雪を呼吸する食雪鬼なるに驚いた。嗚呼此食雪鬼、此れ七百年の昔、藤原の貴公子聖光院門跡、吉水の上足たりし我祖の深き実験であつた。浅間敷哉也食雪鬼、我等は久遠の食雪鬼である。崇き哉也食雪鬼の自覚、此自覚は浄土真宗を生んだ。此自覚に入らしめん為に如来の本願修行がある。自分は今にして如来の願行の少分を実験させて貰うた。我は今や現実なる自覚無作の大法林に在るではない乎。(100)

「食雪鬼」とは、三八歳の曾我自身の自覚の相であろう。つまり「至深至細」なる自我妄執を振りかざす「食雪鬼」である孤独なる自己の自覚に立って、曾我は、「十方衆生」と呼びかける如来の実験を感得する。どこまでも浅間しき、如何とも取り繕うことも許されない「食雪鬼」たる自分自身の自覚とは、如来の本願の実験であったのである。

我々は今、「崇き哉也食雪鬼の自覚、此自覚は浄土真宗を生んだ」との曾我の表明に注目すべきではなかろうか。

二　果遂の誓のはたらき

次に、そのような曾我の、「食雪鬼」たる自己の求道の歴程を、一九一二（明治四五）年五月に発表された「他力は胸より湧く」に明かされている救済の「場所」に関する論考と、一九一三（大正二）年一月に発表された「三願より発足して十重の一体に到着す」に論じられている「三願転入」に着目して、確認しておきたい。

初めに、「他力は胸より湧く」に、次のように述べている。

他力は唯我々の主観の自覚にのみ存するのである。如来の自力は我が胸中に回向せられて初めて他力の名を得たのである。我々は客観の他力に救はる丶のではない、主観上の他力救済の念に救はる丶のである。（中略）我等の実験する所は唯現在救済の信念ばかりである。此信念が則ち唯一の救済である、唯一の他力である。他力は外より来らずして胸より湧く。他力と云ひ、救済と云ふは畢竟他力救済てふ信念の大事実が自ら表明せる霊的文字に過ぎぬのである(101)。

曾我は、救済を「主観上の他力救済の念に救はる丶」実感、つまり救済が我が「胸より湧」き出るもの、すなわち救済とは、救われざる「食雪鬼」の自己における、如来の我を救済せんとする「大事業」の実験であることを訴えている。そして、

真宗教界の無力、腐敗は畢竟祖聖の真精神の埋没の為である。静に我胸中に問へ、平生業成、現生不退、信心為本、他力回向の祖聖の叫びは云何の意義である乎と。此等の叫は唯「如来は我胸にあり」との一語に尽くるではない乎。煩悶も罪悪も救済も救済主も信念も我胸を離れて何の意義ありや。「如来に往け」とは法然上人

の教である。「我に返れ」とは我祖聖の叫である。憧憬願楽の浄土宗は茲に信楽感謝の浄土真宗となつた。[102]と、親鸞の「食雪鬼」の実験を喪失した我が、換言すれば、〃「至深至細」な自我執心〃という救済の「場所」を見失った仏道が、すなわち、永遠に救済されざる自己の正体を忘却した仏道が、真宗教界を無力にしていることを主張しているのである。まことに、「食雪鬼」なる自己実存を「静に我胸中に問」わなければならないのである。「如来は我胸にあり」とは、「食雪鬼」の「主観上の実験」であり、ここに約一年後に曾我の感得する「如来は我なり」との法蔵菩薩降誕の実験の原形を窺うことができる。

そのような「主観上の実験」に立脚する救済観を、「三願より発足して十重の一体に到着す」に確認すれば、曾我はその冒頭に、他力救済の大道は如来の誓願によるものであり、その如来の誓願の中でも、「我々の心中に最も深き印象を与ふるものは第十八、十九、二十の三願であ」り、その三願が「直に『十方衆生』と呼び、我々衆生と直接に交渉[103]」するものとして「三願転入」に注目している。曾我は、「食雪鬼」である「我」の救済を「三願転入」の実験に確かめるのである。

すなわち、曾我は「三願転入」について、先ず「第十八願」を、如来が「無上命令」を発して「我等に絶対の服従を命」ずるものであり、したがって、我等には、信・行の何一つとして自由の与えられていないことを、次のように述べている。

第十八願に於ては我等人間は如来に対して全く無力であり、随て久遠の我々の自性たる定散の自力我執は全くの妄想に過ぎぬ。絶対の他力を標示して、絶対の信順を我々に宣示し給ふ所の第十八願は、最もよく如来の大智慧光明を表現するものである。[104]

このように曾我は、「第十八願」を、「食雪鬼」たる「我」に、「絶対の信順」を迫る「如来の大智慧光明」であ

ることを実存的に了解している。そして「第十九願」については、

十九願は如来の本願である、我等人間の久遠の本願である。「発菩提心、修諸功徳、至心発願、欲生我国」と、我等は一面に如来を呼び乍ら、自己の願行の力に執しつゝある。此の矛盾が現実の人生である。自力に充実を得ず、さりとて如来の御力にも充実を得ざるが現在の人生である。[105]

と、自力の矛盾する「現実の人生」の相を第十九願に見定め、さらに、

第十八願に於て慈父の如く絶対服従を命ぜし如来は、今や十九願に来りて悲母の如く彼の方より我々に絶対の服従をし給ひた。（中略）十九願は如来が人生の全体を肯定し給ふ御声である。何たる勿体なき痛切なる御誓願であらう。如来は十九願に於て、全く罪悪生死の凡人に同化し、父たる権威を捨てゝ、哀れなる悲母と現じ給ひた。[106]

と、第十九願の摂取不捨の深意を明らかにしている。すなわち、第十八願において、「我」に「絶対服従」を命ずる如来は、「人生の全体を肯定」する第十九願をもって、自力に惑う「我」に同化して摂め取るとしている。つまり、第十八願は、我に対する如来勅命の願であるのに対して、第十九願は、「我一人の為めの深痛の御本願は正に第十九願が顕彰する」[107]とあるように、罪悪生死の「我」をして仏道に立たしめんとする「深痛」の願であり、また如来勅命を明らかにするために第十八願の「威厳」を捨てた顕彰隠密の願であると述べているのである。そして、

人生否定の十八願と人生肯定の十九願と、絶対他力の十八願と絶対自力の十九願と、（中略）一は専ら法の如来真実相を顕はし、一は専ら我の人間の真実相を顕はす。反対互顕の妙旨を感ぜずに居られぬのである。[108]

と、第十九願と第十八願の明確な分限を説いている。ただし、第十九願で示される人間の真実相は、必ず第十八願との「互顕の妙旨」のあることを忘れてはならないのである。

そして「第二十願」については、

十八願は法の絶対を認めて機の差別を否定し、十九願は機の絶対を認めて平等の法を隠した。今や機法の真相を融和して、茲に相対他力の妙味を顕示し給ふが二十願の趣旨である。[109]

と、第二十願が、第十八・第十九願の関係を「融和」することで「相対他力の妙味」を明かすものとし、その「相対他力の妙味」について、次のように述べている。

十八願に於ては如来は人生海を超越し、十九願に於ては人生海底に沈没し、今二十願に来り、始めて人生海の表面に大行の船として堅実に浮び給ひた。吾人は二十願に依り、初めて人生海底より救はれて、浮べる身となつた。現生の救済とは人生海を超離するのではなく、人生海に浮べる名号船上の人となるの謂である。十八願は人生の飛行機であり、十九願は潜航艇であり、二十願は人生海面に浮びつゝ不離不即の態度を持する通常の船艦に比し得やう。二十願を一言すれば「如来と共に」てふことに帰する。「一心専念弥陀名号、行住坐臥不問時節久近、念々不捨者、是名正定之業、順彼仏願故、」名号を称念する時には常に如来と共に生活するのである。如来光明中の生活は此れ二十願の体現である。而して自然に相対他力の現実に立て、絶対他力の風光に浴せしめ給ふは此果遂の誓の面目である。[110]

まことに、「食雪鬼」なる「我」には、第二十願によって初めてそのまま、「絶対他力」の「如来光明中の生活」が施与される。「食雪鬼」の自覚こそ、相対他力の妙味、「果遂の誓」のはたらく生活である。

その「果遂の誓」の正体については、

祖聖の心霊界は客観的には唯聖道自力時代と浄土他力時代との二大時期に分ち得べきばかりである。則ち純自力の十九願の境より一躍純他力なる十八願に超え給ひたと決定せねばならぬ。所謂廿願の実験時代は客観的には祖聖にはないのである。されば三願転入の骨なる廿願の実験なるものは全く宗祖の深き主観の実験である。果遂の願、自力念仏、是は全く宗祖の深き御己証の表示である[111]。

と、第二十願が我の「深き主観の実験」であるとしている。第十九願は救われざる我の実生活であり、第十八願はその我の救済されたる如来光明に照らされたる実生活であるのに対して、第二十願「果遂の誓」は、第十九願と第十八願の実生活に底流する如来大命の、その大命の「我」に実験することを許す願である。そうであるならば、第十九願の実生活は、すべて第二十願の仏智疑惑に集約されるのではなかろうか。そしてそこにおいて、「如来と共」なる自己を発見し得るように思われる。救済とは、「果遂の誓」の「主観上の事実」である。「他力は胸より湧く」のである。

続けて聞こう。

三願転入を考ふる前に、三願円融の仏心に到らねばならぬ。徒に雑行雑修を事とするものは是れ十九の願意に触れたものではない。徒に念仏の功能を喋々するものは第廿の願意に当触したものではない。雑行雑修の自力の諸行を捨た時、初めて十九願に接触したのである。又真に自力念仏の浅間敷き自己の現在に悲痛し、「永久に離れ難き自己の自性」を観ずる時、忽然として廿願を実験し得たのである[112]。

このように第十九願、第二十願の真義を述べている。つまり、越後に帰った曽我を襲ったのは、深き自力の絶望であった。それは、「至深至細」な執心を振り回わす「食雪鬼」の「我」であり、「徒に雑行雑修を事」とし、「徒に念仏の功能を喋々」する「永久に離れ難き自己の自性」を把持して捨てない「我」であり、そして、そのような真に絶望なる「我」においてこそ、願力自然、たちまち「如来と共に」ある光明海中の生活が開示されるのである。実に、第十九願の絶望を実感する「食雪鬼」であればこそ、そこにおいて、第二十願「果遂の誓」、すなわち仏智の実験を我が主観上に実感することができる。ここに、次の親鸞の告白が思い合わされる。

果遂の誓い、良に由あるかな。ここに久しく願海に入りて、深く仏恩を知れり。至徳を報謝せんがために、真宗の簡要を摭うて、恒常に不可思議の徳海を称念す。いよいよこれを喜愛し、特にこれを頂戴するなり。(113)

繰り返すが、「永久に離れ難き自己の自性」の証知こそ、第二十願「果遂の誓」の実験であり、その実験の告白が、「久しく願海に入りて、深く仏恩を知れり」であった。そして、「久しく」と言わざるを得ない、長き流転を顧みての感激の言葉の背景には、「三願転入の自督」直前の「悲歎述懐」と「自力念仏の失」があったことは、銘記すべきであろう(114)。この実験の極まるところこそ、すなわち親鸞の「恩徳讃」に結実した如来の勅命を身一杯に受けた讃仰であろう。相対有限であるからこそ、如来のはたらきをひしひしと「我胸」一杯に実感し、「我胸」の奥底から如来を讃嘆するのである。三願転入の自督を結ぶにあたっての「特にこれを頂戴するなり」との親鸞の告白にこそ、注目すべきでなかろうか。言うまでもなく、「頂戴」するのは「果遂の誓」なる本願力を、である。

ところで、曾我の信獲得の実験は、次項で論ずる「地上の救主」に象徴されるのであるが、本項を結ぶに当たって、「三願転入」の知見を、「地上の救主」発表後の一九一八(大正七)年一月に発表された「法蔵菩薩影現の歴程としての三願」によって確認しておきたい。

先ず、

第十九の願の衆生は何等人間性なき自利的律法的なる聖者である。殆ど全く自己の現実を観ぜず、自己の肉体を内感せず、徒に自己の空霊に酔ひ、定散の行に執着せるものである。全く現実人生の問題に当面せないところの聖者が云何にして真実の往生人であらうや。彼等は全く現実の衆生ではない。されば法蔵菩薩は「たとひ大衆と臨終の時に其人の前に現ぜん」と誓はれた。これ等の聖者は臨終の時に僅に生の事実に触れしめんとの願が第十九の臨終現前の願の意である(115)。

と、どこまでも自己の現実人生を遊離した理想主義者の救済に、第十九願の本質を見定めている。現実に生活する我らの殆どは理想主義者である。その理想主義者をして、具体的に人生の実相に触れしめんとするのが、十九願のはたらきなのである。すなわち、第十九願とは自力を誇って現実を生きる理想主義者に対する、具体的な仏道を指標する願であろう。

そして、続けて、

第二十の願の衆生は幾分利他大悲の本願を知り得たけれども、その所信の本願は猶抽象的理想であつて、現実的表現がない。是故にその称名の声は依然として人間が理想の如来に向ふて、自己の祈願をさゝげ、私の救願を表現せんとするに過ぎない。彼には猶法蔵菩薩の根本主観の影現がない。随て如来招喚の勅命としての名号を聞くことが出来ない。この表現の名号を聞く時に於て現実的なる衆生が誕生するのである。故に第二十の願は不果遂者の誓である。少くとも臨終までに大悲の本願を果遂して、衆生をして現実世界に誕生せしめ、現実人生に開眼せしめんと云ふが第二十の願である(116)。

と、衆生をして、「僅に生の事実に触れしめん」という第十九願に対して、第二十願は、利他大悲の本願を知りつつも未だ理想主義を脱しえない衆生の実相を明かす、としている。まことに、如来招喚の勅命を抽象的理想的に処すために、如来の真意を聞き得ないのが第十九願の内実である。如来の影現のないのが第二十願の衆生である。しかし、その衆生の上に大悲本願は果遂されるが故に、理想の仏道が具体化するのであり、それによって、衆生は「現実世界に誕生」し「現実人生に開眼」する根本主体となるのである。第二十願「果遂の誓」は、第十八願に裏付けられた如来の実践であり、その救済の事実を曾我は、

十八願に依つて、法蔵菩薩は、この現実世界の奥に影現し給ひた
と言うのである。すなわち、

果遂の願の底に已に若不生者の大誓願が隠れ彰れて居ることは疑はれぬ。人間の生涯の間に一度と云ふ一度は
と云ふ果遂の誓願は已に現在にかすかに内に影現して居る所の法蔵菩薩を認めねばならぬ[118]

と、曽我は、第二十願の「果遂の誓」に「法蔵菩薩を認める」ところに人生の意義を認めている。まことに「三願転入」は、「法蔵菩薩影現の歴程」であり、「我等人間救済の歴史」であり、また「自覚の歴程[119]」である。そして、その「自覚の歴程」が、

罪悪の自覚は全責任を負ふて起つことである。此が則ち法蔵菩薩の発願の内的動機である。罪の自覚なき者が云何にして慈悲や同情や愛やを感ずることが出来やう。一切衆生の罪を自己一人の罪と内観する時、この時法蔵菩薩は超世の大願を感得せられた。げに機の深信罪悪の自覚こそはわれ等の法蔵眼、現実的大主観の覚醒である。この時初めて微に如来の大願力を、現実的肉体を通して、体験するのである。[120]

と、「機の深信罪悪の自覚」が法蔵菩薩の覚醒であることを述べている。文中に見られる「罪」とは、「食雪鬼」なる自己と見なし得る。されば、「食雪鬼」の自覚とは法蔵菩薩の真主観の覚醒であろう。しかして、「食雪鬼」こそが法蔵菩薩降誕の「場所」であったのである。

以上見てきたように、「地上の救主」の発表によって、曽我の求道の歴程である「三願転入」に対する考察が、明確に自己救済の真主観である法蔵菩薩の歩みとして自覚化されていることが明らかになった。「地上の救主」は、自己を救済する真主観の発見の論考であり、また、信仰主体として法蔵菩薩が課題的に論ぜられた曽我の救済実験の告白であったのである。

まことに、曽我の「三願転入」の考察とは、『観無量寿経』から『無量寿経』へという求道的歴程であり、それは、理想主義的仏道から現実的仏道への展開であった。曽我は仏道を、「法蔵菩薩の誕生」、また「如来は我なり」という信仰主体の実験として、要するに「地上の救主」の開顕へと、現実的に結実させていくのである。

第三項　法蔵菩薩降誕

一　『地上の救主』

時代を戻して、再び曽我の金子への書簡を見てみよう。曽我は一九一二（明治四五）年三月七日付で、次のような心境を吐露している。

自分は漸く久遠の田舎者なるを知るを得た　誠に人生は業報である　而して業報の根源である　何人も此人生の大海に来りては執着を免るゝことが出来ぬ　而も自己の執着力の強きに醒むる時現実の悲哀茲に起る　而して解脱を求む　而して解脱の無効を観ず　此時に起る悶が大悲の勅命に候也[121]

一八七五（明治八）年三月二〇日、新潟県西蒲原郡味方村に生まれた曽我は、一八九五（明治二八）年には真宗大学寮本科に入学、清沢満之が主導する教団改革運動に賛同して「宣言書」に署名する等、清沢の謦咳に触れた。一八九八（明治三一）年からは論文を逐次発表、「頑迷なる信仰論」等を著すことで清沢の精神主義を批判したが、一九〇三（明治三六）年三月、清沢の没する三か月前に浩々洞に入洞、以来清沢に傾倒した。さらに翌年からは、『精神界』に「日蓮論」を連載する等、次第に頭角を現し、九月には真宗大学教授に就任しその後の曽我の求道の土台となる「唯識」を講義した。

そして、一九一一（明治四四）年一〇月、真宗大学の京都移転を機に大学を辞して郷里越後に帰り、第二十願の仏智疑惑のどん底に苦悩したことは、前項で述べた通りである。まことに、曾我の越後での五年間は、苦悩との悪戦苦闘における三願転入の実験をもって、親鸞の開顕した宗教的生命を自分自身に覚醒した時代であったのである。

故郷はよく、温かな母の懐に譬えられるが、そのように、越後に籠った苦悩の曾我は、越後という母なる大地に懐かれ、自らの業縁をはたすべく群萠の一人として日々聖教と向き合いつつ思索を深めていた。曾我は、承元の法難により越後に配流された親鸞とその越後の大地に、深い親愛を捧げた。親鸞が、その大地において、初めて田舎の人々、すなわち寺川俊昭の言う「背負い切れぬほどの人生の重荷を背負って生きている」[122]群萠に出遇ったからである。そういう越後での親鸞の姿を、寺川は次のように描写している。

妻子と共に。吹雪く鉛色の空と一つになって、荒れ狂う日本海の荒波。この北越の大地に生きて、親鸞はいくたび思うたことであろうか。人がこの世を生きるとは、と。暗い雪の下でじっと耐えながら、しかも耐え切れぬほど重いものを全身に感じながら、人がこの世を生きるとは、いったいどういうことなのか、と。[123]

このような、「背負い切れぬほどの人生の重荷を背負って」、黙々とひとすじに、「具縛の凡愚、屠沽の下類」[124]と称される「群萠」と出遇った親鸞は、自らが吉水にて法然から学んだ「ただ念仏」の教学が、群萠を前にして空虚な響きしか持ち得ないという、いわば信の破綻とも言うべき痛切な現実に遭遇したに違いない。それは、「傷嗟すべし、悲歎すべし」と罪悪深重の自己、あるいは「本願の嘉号をもって己が善根とする」虚偽なる自己に対する悲歎となり、また到底「報土に入ることなきなり」という絶望のどん底で喘ぐ苦悶となって、親鸞を襲ったのである。

曾我は、そのような親鸞と等身大の自己を、「食雪鬼、米搗男、新兵」[125]と告白したが、そのように曾我は、越後の大地で、「野獣」であり「物力」にすぎず、また悪にすら徹し切れない虚偽なる自分自身に、自己救済の信を明かすしか道はなかった。

曾我の苦悶は痛切であった。「二十年来脳の病に苦められ、心意常に散乱妄動し」[126]、また「浮世の下らぬ問題に迷悶し」[127]て、「千歳の闇室」に蟄居せざるを得ない業報に苦悩する曾我にとって、幼いころから親しんでいる法蔵菩薩の「抜諸生死　勤苦之本」と誓い「四十八願」を建立した「御身労」こそ、自己に直にはたらきかけてくるものでなければならなかった。すなわち、曾我にとって虚偽なる自身とは、法蔵菩薩の御身労を実験する「場所」でなければならず、したがってそれは、『無量寿経』に説かれる本願成就を現に感得する「場所」でもあった。また、法蔵菩薩が虚偽なる自己を救済する確かな「場所」でもあった。

その救済の「場所」を清沢の「我信念」に尋ねると、

我には何にも分らない、となつた処で、一切の事を挙げて、悉く之を如来に信頼する[128]

あるいは、

身動き一寸することを得ぬ私。此私をして、虚心平気に、此世界に生死することを得せしむる能力の根本本体が、即ち私の信ずる如来である。[129]

そして、

終に「不可能」の嘆に帰するより外なきことである。私は此の「不可能」に衝き当りて、非常なる苦みを致しました。（中略）然るに、私は宗教によりて、此苦みを脱し、今に自殺の必要を感じませぬ。[130]

との告白の中に窺えよう。すなわち、「我には何も分からない」、あるいは「身動き一寸することを得ぬ私」、また

「終に『不可能』の嘆に帰するより外なき」という告白に、救済の「場所」の具体相を見るのである。さらに、その救済の「場所」を親鸞の、たとえば『歎異抄』第一章の言葉をもって言えば、

弥陀の誓願不思議にたすけられまいらせて、往生をばとぐるなりと信じて念仏もうさんとおもいたつこころのおこるとき、すなわち摂取不捨の利益にあずけしめたまうなり。弥陀の本願には老少善悪のひとをえらばれず。ただ信心を要とすとしるべし。そのゆえは、罪悪深重煩悩熾盛の衆生をたすけんがための願にてまします(131)。

となろう。「罪悪深重煩悩熾盛」を、救済の「場所」と見定めるのである(132)。そして、そのような厳しい救済の「場所」に立つ曾我には、曖昧な仏道は許されていなかった。仏道とは、どこまでも求道者の「主観上の実験」、つまり心底の大事実でなければならないからである。

曾我の仏道の根底には唯識が底流しているが、その唯識の学びの必要性を、曾我は「我等が久遠の宗教」(『精神界』一九一二〈明治四五〉年七月)の中で、香樹院徳龍の『唯識三十頌』を修める意義をもって、次のように論じている。

徳龍師の言の如く我等が他宗の学問や哲学を修むるは徒に此等の智識を運用して宗学を荘厳にせんが為でなく、此に依りて深く自己の現実を観顕し、自力無効を反照せんが為である。宗学の意義此に在る。而も自己の無能と云ふことは甚だ明なる事実らしくあつて、而も真に自己の無能を自覚すると云ふことは実に至難の事業である。此れ他力信仰の至易なるが如くして実に至難なる所以である(133)。

宗学が自力無効の反照するところに意義を有すること、またそれが極めて至難な事業であることを言い、そして、

『唯識三十頌』はその不可思議力に依存しつゝ、此に極力反抗する所の現実の自我妄執の告白懺悔である。罪業の云何に深く我執我見の云何に強き乎を最も明瞭に示す者は三千年の仏教史上の産物として『唯識三十頌』に及ぶものはない(134)。

として、『唯識三十頌』が「自我妄執の告白懺悔」の書であり、「我執我見の云何に強き」ことを明瞭にする、と述べている。「真に自己の無能を自覚する」こと、つまり衆生が自らの自力限界の実験において、初めて願生道に立つことが許されるのであり、そこに至って、次のように言うのである。

自力の執心を捨つるの能力が我々になく、自力修行の無効を知りつつ、依然として自力妄執を捨つるの自由なき所に初めて徹底的自力無効観が成立する。真に捨てられざる自力に触れ、初めて捨てぬその儘に如来に行くのである(135)。

「真に捨てられざる自力に触れ」るという求道的営為の極限において、如来回向の真実信心を証知することができる。つまり、自力の限界においてのみ、苦悩する衆生に本願は成就するのであり、それは、蓮如が厳しく「機法一体の道理(136)」を主張する所以である。まさに絶対に無救済の機と、その無救済の機を絶対に救おうとする法との、絶対矛盾しつつ一体であることによって、苦悩の機はそのままに、間違いなく救済されるのである。したがって、我は先ずもって、自分自身が絶対に無救済であることの自覚、すなわち救済の「場所」に立つことが急務である。曾我は、無救済の自己こそ法蔵菩薩降誕の「場所」であったという事実を、「如来は我なり」と宣言したのであり、その実験を「地上の救主」として、一九一三（大正二）年七月に『精神界』に発表したのである。

「地上の救主」の冒頭を見てみよう。

私は昨年七月上旬、高田の金子君の所に於て、「如来は我なり」の一句を感得し、次で八月下旬、加賀の暁烏

> 君の所に於て「如来我となりて我を救ひ給ふ」の一句を回向していただいた。遂に十月頃「如来我となることは法蔵菩薩降誕のことなり」と云ふことに気付かせてもらひました[137]。

曾我は、法蔵菩薩が無救済に苦悩する自己を救済する主体として自己に誕生する宣言、つまり「如来は我なり」との告白によって、これまで神話の領域にあった法蔵菩薩を、その「憧憬」、「理想」の神話的虚空から、群萌の宿業の大地へと降誕せしめたのである。それは法蔵菩薩を、単なる情緒的「讃仰」の対象から、自己救済の「自証」の本体へと掘り下げ、また「理想的救主」から「地上の救主」へと具現化する営みであった。つまり、現に苦悩する自己を救済する当体が法蔵菩薩であり、その法蔵菩薩を主体的、実存的に実験する営みが、親鸞の仏道を近代人の頷き得る思想にまで高めたのである。曾我は、法蔵菩薩を近代人の冷笑の域から解放し、近代人の実感できる具体的な思想として蘇らせたのであり、この思想的営みによって、法蔵菩薩は、自己の信仰主体として、救済の「場所」にましますことが示されたのである。かくして曾我は、「如来は我なり」、「如来我となりて我を救ひ給ふ」、「如来我となることは法蔵菩薩降誕のことなり」と宣言したのである。曾我が清沢の仏道を「如来が人間精神の究竟の実験[138]」と言い表した背景を、ここに見ることができる。

二　救済の「場所」と法蔵菩薩―如来智慧海の実験

次に、曾我の「地上の救主」の告白から、我々の救済の実相を尋ねてみたい。

> 久遠の尽十方無碍光如来は我々の憧憬の対象、即ち我々の理想たるに止まり、単なる此を以て我々の救世主とすることが出来ぬ。かゝる信仰は自力聖道の自性唯心の悟りに沈むものである。救済は現実の問題である。現実の人生の主体なる自我の大問題である。我々は自我の空影なる理想に依りて救はるゝことは出来ない[139]。

救済とは、清沢が「この念によりて救済されつゝあり[140]」と表明するような、自己の「現実の問題」であり、絶望する「自我の大問題」である。曾我は、そのような救済の具体相を船にたとえて、

現前刻下の要求は空中の光明ではなくして、現実人生海上の弘願の船である。久遠実成の法身如来は現実の自我の救済主ではない。現実界の救主は亦必ず現実世界に出現し給ふ人間仏であらねばならぬ[141]。

と述べている。法蔵菩薩が「空中の光明」の法身のままでは、それは苦悩の自己にとっては、あまりにも縁なきものでないか。したがって法蔵菩薩は、無碍光如来の権威を懐いて、「人生死園示応化」の如く、どこまでも苦悩の我が心中に応答する「人間仏」でなければならないとし、そこから曾我は、

法蔵菩薩は決して一の史上の人として出現し給ひたのではない。彼は直接に我々人間の心想中に誕生し給ひたのである。十方衆生の御呼声は高き浄光の世界より来たのではなく、又一定の人格より、客観的に叫ばれたのではない。彼の御声は各人の苦悩の闇黒の胸裡より起つた。法蔵菩薩の本願を生死大海の船筏と云ふは、御呼声が我が胸底我が脚下より起りしことを示すものである[142]。

と、「闇黒の胸裡」に応化する法蔵菩薩の実験を明らかにしている。実に法蔵菩薩は、苦悩の我の「心想中に誕生」する。したがって救済とは、法蔵菩薩による明証的事実であり、同時に現実の闇黒の我の自覚的事実であろう。その明証性主観性を、先に引いた曾我の言葉によって確かめれば、「機の深信は是れ如来智慧海の実験である[143]」になろう。まことに救済とは、苦悩の自己の闇黒を、「如来の智慧海の実験」と受領することであった。それは、仏智による自己の闇黒の証知であり、したがって、闇黒を闇黒と証知することは、仏智による我が主観における明証的実験である。つまり、闇黒なる我における深広無涯底の仏智の実験が救済であり、実際的に言えば、我に無救済という闇黒を知らしめる機の深信こそ、如来の実験に他ならないのである。

すなわち、曾我にとって法蔵菩薩とは、「現実の自己を救ひ給」う、自己の胸裡に現行する「除疑獲証真理」であり、闇黒の自己を救済するはたらきそのものである。また、無救済の自己を足元から照破するはたらきである。それを譬えれば、闇黒の自己が、法蔵菩薩の曳航する「生死大海の船筏」によって、「現実の大海の船上に在」らしめられる発見である。ここに曾我が、真宗をして闇黒の「我が脚下」より起こる「地の宗教」(144)であり、また、生死の大海にある「船の宗教」(145)と語る所以がある。まことに法蔵菩薩の明証的事実の実験が救済であり、単なる「感情」「感謝」「熱涙」ではないのである。

三　信心獲得

今少し曾我の、法蔵菩薩降誕の明証的実験の声を聞こう。

如来の本願力とは何ぞや。現実に自己を救ひ給ふ能力である。徒に美しき画餅ではいかぬ。大悲観音の力は畢竟画餅である。何等の現実の基礎を有せぬ。美しき比喩の外何物もない。法蔵菩薩の本願は全く此と異なりて居る。彼は一面には人間仏としてそのまゝ久遠実成の阿弥陀如来にして、又同時に他の一面にはそのまゝ救を求むる所の自我の真主観であらせらるる。私は此理りをば「如来は則ち我也」と表白し、又「如来我となる」と感じたのである。(146)

救済とは、現に絶望に沈む自己に現行する法蔵菩薩の実験である。すなわち法蔵菩薩とは、「救を求むる所の自我の真主観」となって、自己の苦悩を実験する主体である。このような法蔵菩薩の我への現行を、曾我は「如来は則ち我也」と告白した。さらに曾我は、「法蔵菩薩とは何ぞや」との問いを重ね、そして端的に、如来を念ずる所の帰命の信念の主体がそれである。(147)

と、帰命する我が法蔵菩薩であることを明らかにし、さらに、

信心こそは我々の純主観の真生命である。是ばかりは客観の如来の方に成就することは出来ない。(148)

と、救済する法蔵菩薩と無救済の苦悩の自己との分限を明確にすることで、救済という事実を、法蔵菩薩の降誕する自己における「信心」として見出したのである。「信心」は、自己を救済する法蔵菩薩の実験であり、したがって、救済を求める自己の火急的課題は、「信心」を実験し得る「純主観」の発見でなければならない。ここに、曽我は、

独り此願を自己の胸底に実験し、直に法蔵菩薩の本願を自己の主観に発見し、此を断じて「至心信楽の本願」と名け給ひたのである。(149)

と、法蔵菩薩の因願を我々の主観において実験すべきことを言い、親鸞が「信巻」に「三信即一の義」、つまり「三一問答」を論ずる意味を明らかにしているのである。すなわち、親鸞は「信楽釈」において、「大悲心」である法蔵菩薩の心は「報土の正定の因」であり、それが「至心信楽」として我が主観に回施されるのであって、主観はそれを「聞思」(実験)するのである。ここに本願成就文「聞其名号信心歓喜」の真実義がある。我が主観をもって救済の内実として、聞信一念を実験するのである。(150)

四　救済の「場所」

このような救済の実際を、長谷正當の視点で確認しておきたい。

長谷は、西田幾多郎の「対象論理の立場に於ては、宗教的事実を論ずることはできない」(151)、あるいは「場所的論理によってのみ、宗教的世界と云ふものが考へられる」(152)という視点に立って、曽我の法蔵菩薩の実験を次のように

論じている。

本願とは人間の本心であるが、人間が自己自身によって見いだすことができず、如来によらなければ発見され、確認されることのなかった人間の本心である(153)。

本願は人間の本性を、つまり闇の自己を救済の「場所」としており、したがって、闇の自己は如来によって発見されると論じ、さらに如来の本願については、
至心信楽の真心とは、人間精神の最内奥に出現し、そこに映った本願であり、その根源において如来に連なっている。人間は信楽によって如来の心に触れるのである(154)。

と、我々は「至心信楽」をもって法蔵菩薩に触れることができるとしている。そして長谷は、次の曾我の言葉を引いている。

法蔵比丘が客観的実在としての意義を問ふをやめよ。過去の法蔵比丘や、客観の法蔵比丘は我々の信念の対象としては、宛も未来の浄土往生や西方浄土の如来の如く余りに疎遠であらせらるゝ。我々は現在の法蔵比丘、自我心中の法蔵比丘、自己と不離一体なる法蔵比丘を観ぜよ。至心信楽の御喚声を深く自己の胸裡に求めよ。至心信楽の御喚声は天より来る声でもなく、西方浄土より来る声でもない。此声は大覚者の声でなく、人間以上の声でない。罪悪と苦悩とより全く超離せる人の声でない。此声は地より湧出せる声である。人間の胸底より誕生せる声である。罪業の泥中より生ぜる求救の声である。自己の久遠の名利を自覚し、久遠劫の反抗心を自覚し、遠劫の愛欲を自覚せるもの、心より生ぜる叫びである。此切なる我が信楽は、知らずや法蔵比丘誕生の主観的証拠である。此法蔵比丘の信楽を実験するもの、やがて若不生者不取正覚の大願をも了知するを得ん(155)。

長谷は、曾我の救済を、「罪業の泥中より生ぜる求救の声」が闇の自己の信楽となって法蔵菩薩誕生を実験する、と論じている。闇の自己をもって救済の「場所」とし、そこに法蔵菩薩は信楽を施与する。自己はその信楽を、信心として実験する。そのような救済の道理を長谷は明示するのである。まさに救済とは、「速やかに寂静無為の楽に入ることは、必ず信心をもって能入とす[156]」という道理である。法蔵菩薩は闇の我々を救済するために、我々に真実信心を施与する本体であったのである。ここにおいて曾我の、

如来直に行者帰命の信念の真主となり給ふ[157]

と、自らの救済の事実の告白を了解することができるのである。

五　自己救済の真主観

さらに曾我は、次のように我々の救主である法蔵菩薩の実験を明かしている。

久遠の父なる如来は遠劫より現在に罪悪生死の人生海に迷悶しつゝある私を救はん為めに御身を現実の娑婆海に投じ、直に私の真実究竟の主観となりて、私をして久遠以来無明長夜の夢を破り下された。彼は表面に私を汝と呼ぶと共に、隠彰には私をば直に我と観じ下されたのである。汝の問題は直に我が問題である。則ち汝をして罪業に拘へられしめたは我が責任である、則ち汝の罪業は直に我が罪業である。かくて彼は直に十方衆生の主観の秘密に接触せられた。汝は単なる汝に非ずして乃ち我なりと、玆に至心信楽の心を感発し給ひた[158]。

そして、我の救済の内実、つまり「汝の罪業は直に我が罪業である」との「至心信楽」の一念について、次のように述べている。

法蔵菩薩の至心信楽を感発し給へる一念は永劫を包容せる絶対の一念である。又私共の感発せしめらる丶信の

初一念と云ふも永劫を含蓄せる絶対の一念である。（中略）されば祖聖は天親論主の『浄土論偈』の「我一心」を以て広大無碍の一心と讃ぜられた。[159]

法蔵菩薩は「至心信楽」の一念において、苦悩の我にはたらく「真主観」となる。すなわち、苦悩海において我を救済する主体となって、我の苦悩を担うのである。つまり、法蔵菩薩は、我が胸底に「永劫を包容せる絶対の一念」を成就し、天親はそれを「我一心」として受け止めている。

実に、曽我は「至心信楽」において、法蔵菩薩を「如来は我なり」と受領し、「如来直に行者帰命の信念の真主となり給ふ」と述べて、法蔵菩薩を自己の「真主観」として実験し証知したのである。信楽をして我の「純（真）主観の真生命」[160]であると決することは、「如来は我なり」との実験、証知の故である。つまり、如来絶対の一念の信が我が一念の信となる。曽我は、因願成就の一念において天親菩薩の「我一心」を見ているのである。まことに法蔵菩薩は、我が信仰主体であったのである。

しかして、法蔵菩薩は、決して「客観の所信位」[161]に置かれるべきではない。我の観念を突き破り、我の苦悩に密着して我に直に具体的にはたらくものである。その意味から、法蔵菩薩は我に、具体的な求道の「実験」を求めてやまない。それは、親鸞が「直」なる語、たとえば「最勝の直道」（「総序」）や「本願一実の直道」（「信巻」）なる言葉をもって、多く仏道を表現していることから頷けよう。「直」とは、衆生と如来の「直」結、あるいは、衆生の如来「直」入を意味する語句である。まさに、法蔵菩薩の我に施与する仏道とは、「愚鈍往き易き捷径」（「総序」）であったのである。

したがって、曽我は、このような法蔵菩薩の実験を通して、法蔵菩薩が「現前の信の一念の自覚を離れ」てはないものと断じ、次のように述べている。

菩薩は先づ我々の久遠現実の凡心を実験して、茲に直に至心信楽の仏心を産出し、此一心帰命の主心の中より若不生者の久遠の如来心を創作し給ひた。[162]

法蔵菩薩は、「久遠現実の凡心」に自らの立脚地を見出し、その凡心において「信の一念」を成就する主体となる。法蔵菩薩はどこまでも、「常没の凡愚・流転の群生、無上妙果の成じがたきにあらず、真実の信楽実に獲ること難し」[163]という「場所」を離れない。法蔵菩薩を「至心信楽の心」として、つまり我々を救済する主体として受領するところに、我々は自己実存の本来性を実感できる。これこそが「信心歓喜」の主体なのである。

六　自覚の教としての浄土教

以上のような法蔵菩薩の了解は、曾我の生涯を一貫するものであった。ここではそのことを、一九四二（昭和一七）年七月の安居での『歎異抄聴記』における法蔵菩薩と機の深信の関係性、また一九四八（昭和二三）年の安居での『大無量寿経聴記』における法蔵菩薩の了解、一九六二（昭和三七）年一〇月の米寿記念講演の「法蔵菩薩」に明らかにされる法蔵菩薩観によって、確認しておく。

はじめに『歎異抄聴記』に、次のように述べている。

私は機の深信に就いて、三十年以上も前の話であるが、私は機の深信といふのは法蔵菩薩のつまり一つの自覚である。その時分は敢て深い体験をもつてゐた訳ではなく、半分は自分の一つの論理で推して、機の深信は法蔵菩薩の自覚とこのやうに自分は考へてゐたのである。機の深信のところに法蔵菩薩の眼を開く。[164]

これまでの論考から明らかなように、法蔵菩薩の自覚は機の深信によることを明かしている。越後での「地上の救主」の思索が、六〇歳の曾我の脳裏に蘇っているのである。

また、『大無量寿経聴記』には、

かくの如くして四十八願がわれ〳〵に感得されゝば、即ちこれはわれらの四十八願であります。しかも四十八願を起されたのは法蔵菩薩である、その四十八願がどこで成就するかといへば、われ〳〵衆生のところに成就する。四十八願を仏様が起された、さうしてその仏の本願が衆生をして信心を生ぜしめる、衆生の信心を起さしめるところに、そこに仏の本願が成満したといふことができるであらうと思ひます。かういふところに一つの本願の歴史がある、行信の歴史がある、さういふ意義をもつてをるといふやうに了解ができるのでありま す。だからしてわれ〳〵は、如来のいはゆる仏智見を信の一念のところに、信心の智慧をいたゞくことができるのである、仏様の仏智の全体をわれ〳〵は自己否定の形を以ていたゞいてゆくことができるのであります。これは法相唯識などで云ひますと、例へば阿頼耶識は、末那識の自己否定のところに阿頼耶識がある。我執の末那識が自己否定する、この末那識が自己否定するところに阿頼耶識が感得できる。仏様もさういふやうなことであつて、われら衆生が自己を否定する、この自己を否定するといふことが、仏様の顕現する道でありませう。仏の顕現する唯一の道がそこにある。つまり云つてみれば、法蔵菩薩といふのは、これは阿頼耶識といふやうなものでせう[165]。

と、法蔵菩薩が衆生の信の一念として成就し、念仏本願の歴史が衆生の自覚となることを明らかにしている。衆生の信心は自己否定を体とする。したがって、我は自己否定によって仏智を戴くことができる。我執、つまり末那識の自己否定によって法蔵菩薩、つまり阿頼耶識が顕現するのである。ここに、「法蔵菩薩は阿頼耶識なり」との曾我の知見の根拠を窺うことができよう。

さらに米寿記念講演の「法蔵菩薩」では、

法蔵菩薩ということにつきましては、明治時代なんかには、そういうことには触れないのが安全だというようなことになっていた。ただ阿弥陀如来さまと言い、仏さまのお慈悲と言うだけであって、本願というような言葉でも、明治時代には大体年の若い方々は使わなかったんですよ。それから、お念仏なんていう言葉は、もちろんこれは鬼門である。そういうようにまあ、考えられておった。宗学の専門の学問の時だけに法蔵菩薩という言葉が使われるけれども、たとえば清沢満之先生とか門弟の方々などは、一般に、法蔵菩薩ということについては大体考えもしないし、まあ、そういうことは言わないことだと、そういうことになっておった。そういう時に、私だけが、法蔵菩薩ということを言っておった。これは、どうしてそういうことを言うたかといいますと、私は前から『成唯識論』を愛読しておったわけでございます(166)。

と、「地上の救主」に至る求道の歴程を振り返っている。曾我の「地上の救主」に見られるような法蔵菩薩の探求は、曾我の『無量寿経』と『成唯識論』との求道的な了解に基づくものであったのである。そのことは、曾我自身、「如来表現の範疇としての三心観」の中で、

私は愚直であるからして、それを云はないと承知が出来ない。之が愚直である証拠であります。自分は愚直であるものだからして、其の法蔵菩薩といふものゝ正態を、どうしても自分の意識に求めて行かないと満足出来ない。段々求め求めて私は遂に『唯識論』の中にある所の阿頼耶識といふものに於て法蔵菩薩を求め得たと同時に、又『唯識論』の阿頼耶識といふものは何であるか、かういふ工合に考へて、私は『大無量寿経』の法蔵菩薩に於て之を求めた。だからして『唯識論』ばかり読んで居つては阿頼耶識が何であるか解らぬ。又『大無量寿経』ばかり読んで居つても法蔵菩薩が何であるか解らない。『大無量寿経』に説いてある所の法蔵菩薩を『唯識論』の阿頼耶識の中に求め得ることによつて、私は『唯識論』の阿頼耶識といふものが即ち法蔵菩

薩であるといふことを明らかにしたのである。之は循環証明法でありますが、又已むを得ざる循環論証であらうと思ふ。[167]

と、法蔵菩薩を自己に実験しようとすれば、自ずと『唯識論』の阿頼耶識にそれを求めざるを得ず、同時に阿頼耶識の本体を『無量寿経』の法蔵菩薩に尋ねずにはおれない、という「循環証明法」によって自らの求道を明らかにできたと述べている。

そして、その曾我の教えを受けた安田理深は、曾我の『成唯識論』によって『無量寿経』の本願の教説を照らすという実験が、神話的な法蔵菩薩を「自己の存在に直接なる真理として自覚的に見るということ」[168]を意味し、それが法蔵菩薩の実存的了解をもたらしたのであり、ここに、曾我の信仰主体としての法蔵菩薩誕生という「非神話化」というアプローチ、つまり経典を自己の実存的課題において了解するという学問のあり方が確立された、と論じている。

このような曾我の法蔵菩薩の了解は、従来の真宗理解に大きな波紋を投げかけるものであった。つまり曾我は、浄土教を救済教から自己実存の自覚教にまで深化させたのである。ここに真宗の根本義が明確になったと言える。それを安田は、

念仏の仏教を、単なる救済の途でなくして自覚の途として見なおしてくる、それが親鸞の教学である、という主張には革命的な意義があるといわねばならぬであろう。[169]

と述べている。念仏を自覚の思想として展開していくことで、近代人に真宗了解の道を開くのである。その意味から、「地上の救主」に法蔵菩薩降誕として明かされる信仰主体の宣言は、近代仏教思想史上の特筆すべき出来事であったと言えよう。

ところで、このような曾我の「法蔵菩薩」理解[170]に対して、平川彰が「如来蔵としての法蔵菩薩[171]」において、「阿頼耶識（蔵識）」と「法蔵」が言語的に一致しないこと、また教理史的に『無量寿経』が如来蔵思想の流れを汲むものであって唯識の流れでないことなどを挙げて、曾我を学問的に批判したが、その批判に対して、田辺元は次のように応えている。

曾我先生の解説に依つて教へらるる最も重要なる点は、時代の順序からも信仰の教化的影響からも浄土真宗の名が示す如く、親鸞の真宗教説は、単に法然の浄土教の一分派に過ぎないかの如き誤解が一般の常識となつて居るのを、徹底的に打破せられたことである。法然に始まる浄土教の伝統が一般に往生中心であるのに対し、親鸞の真宗は一に信仰中心である。彼が称名を説くに対し、此が信心のみを説いて称名を説かなかつたゆゑんである。従つて前者に於ける如く死後霊魂が十万億土の彼方に飛んで浄土に往生するといふやうなことは、後者にとつては全く問題とはならない。ただ信の自証に基づき即得必定の現生正定を確立するのみである。これは現代のクリスト教神学に於て問題となつて居る宗教の非神話化の主張に合し、宗教信仰の自覚的解釈といふ新しき宗教哲学的方法を実際に示すものといつてよいと思ふ[172]。

当時、時代的課題に答えるために『聖書』の「非神話化」が叫ばれていた。キリスト教では、『聖書』の中から神話の部分を取り除くことで、教義の合理化を試みていたのである。それに対して、ブルトマンは、神話の実存的解釈[173]、つまり客観的に神を論ずるのではなく、「私にとっての神」という解釈を通して非神話化を乗りこえようとしたのであった。田辺はそれを「宗教信仰の自覚的解釈」と称しているのである。

そして松原祐善は、そのような「宗教信仰の自覚的解釈」が、曾我による法蔵菩薩の内観、すなわち法蔵菩薩の「自覚的解釈」であるとして、次のように述べている。

「如来我となりて我を救いたもう、如来我となるとは法蔵菩薩降誕のことなり」という師の若き日の感得は、地上の現実の救主としての法蔵菩薩との出逢いであった。このことは今日の真宗学として是非とも果たさねばならない、非神話化の事業に他ならない。それによって『大無量寿経』は、いきいきと現代人を救済する経典となるのである(174)。

このような「非神話化」の営みは、『大無量寿経』を迷信から解放するものであった。すなわち、権威的な伝統教学に「自覚的解釈」を導入することで、形骸化停滞化し、またいたずらに〝ありがたき〟だけの信心に、宗教的生命力を回復したのである。そのような曾我の、自己に本願の行信を「実験」するという思想的営為は、清沢の宗教的信念の確立や、親鸞の、とりわけ越後への流罪によって鍛えられた「三願転入」という知見に通底するものであろう。その意味から、「地上の救主」には真宗教学が凝縮されていると言えよう。

曾我は、歴史的必然の中で瓦解していく浩々洞を担いつつ「地上の救主」を獅子吼し、「法蔵菩薩」の自己への誕生を宣言したが、それは、清沢の確立した宗教的信念が、曾我による『無量寿経』の「自覚的解釈」によって、法蔵菩薩を神話の世界から現実の十方衆生の大地に開放せしめたのである。そして、このような曾我の「法蔵菩薩」の実験的開顕は、浩々洞に変わる新たな器を、今まさに生み出そうとしていたのである。

第四項　親鸞を偲びて

一　現実の大地

「千歳の闇室」において苦悩する曾我が、法蔵菩薩を「地上の救主」として我が身に実験することは、それは

『無量寿経』を真実の教と仰ぐ親鸞と同一地平に立つことを意味していた。すなわちそれは、北越の大地において、親鸞が味わった「三願転入」の、特に「果遂の誓い、良に由あるかな」という第二十願の了解に通底する仏道実験であった。鈴木大拙が親鸞の越後時代について、

> 大地の生活は真実の生活である、信仰の生活である、偽りを入れない生活である、念仏そのものの生活である。それ故に、親鸞聖人は、法然上人の許で得たる念仏の信心を、流謫の身となった機会において、大地生活の実地にこれを試さんとしたものに相違ない。（中略）越後における彼の生活は必ず実際に大地に即したものであつた。（中略）彼は実に人間的一般の生活そのものの上に「如来の御恩」をどれほど感じ能ふものかを実際の大地の生活において試験したのである。[175]

と述べているように、越後時代の親鸞の信仰体験とされる三願転入、とりわけ第二十願の了解こそ、鈴木の言う「大地の生活」、つまり「偽りを入れない生活」、また「人間的一般の生活そのものの上に如来の御恩」を感じ取る生活であった。そして、曾我は今、親鸞と同等の宿業の大地に立ち、そして親鸞と共に「田舎僧」として、自己の業縁存在性を静かに噛みしめているのである。

したがって、ここでは、「地上の救主」発表以降に著わされた曾我の「大地の生活」をよく表すいくつかの論文を選んで、曾我の信の展開を考察したいと思う。

思うに曾我の法蔵菩薩降誕の実験は、曾我を間違いなく仏道に立たせたと同時に、曾我に不断の真なる求道生活を可能にしたことに留意しなければならない。我々はともすれば、「地上の救主」発表以後の論文が、ひたすら闇の晴れた〃明るい〃境地の告白のように思いがちであるが、真の仏道とは、闇黒の中から日々救済されつつある実験の連続であろうと思われるからである。どこまでも闇黒の生活者である我々の仏道とは、その闇黒の日々を法蔵

菩薩によって、絶えず照破され続けなければならず、また日々刻々更生されなければならない救済なのである。それ故「地上の救主」発表以降の曾我は、いよいよ意欲的な求道者となったのである。そのような曾我の求道実践を、本項では、一つは「現実の大地」という視点に立って、今一つは「還相回向論」の視点から論文を数点選択して尋ねたい。

二 「田舎寺の研究生活」

「地上の救主」後の論文の中で、最初に、一九一三（大正二）年一一月に発表された「田舎寺の研究生活」（『仏教通信講義』）に注目したい。その冒頭に次のように述べている。

げにわが祖聖は田舎僧の第一人者にておはします。人々は比叡山上二十年の自力修行を以て、祖聖の唯一の御修養時代の如く思ひ、吉水満五ヵ年の御生活を信念愛楽の自行時代となし、越後御配流以後の五十五年間を以て伝道化他の時期とするやうであるが、此は惟ふに皮相の見であらう(176)。

曾我は、さまざまな学説を超え、親鸞の懐に直に飛び込み、仏道を求めている。それは、自己と同様の越後の大地に立った「田舎僧」親鸞に、真実の自己を尋ねる営みであった。続けて、次のように述べている。

惟ふに三百八十余人の御方々はその抜群の方々までも皆此入室と云ふ所に歩を止めて仕舞ふたのであつた。彼等は此時から第二義なる所謂伝道に腐心して居つた。吉水の法難と云ふのも主として御弟子方が第二義生活に専注した為めである。法然上人に於て、正しく自己に向けるべき廃立の念仏も御弟子方には対他的となつた。「浄土宗興行に依りて聖道門廃退す」と慨する南北の憤りは無理ならぬことである。誠に現在内観の基礎なき念仏は死せる念仏である。吉水門下諸師が早や新時代の大導師の名に酔ひつゝ、ありし時に、我祖聖独り他力念仏の声の裡に甚だ強き久遠の自我妄執に驚き給ひたのである。[177]

法然の三百八十余人の門弟の一人に自己を発見した曾我は、弟子たちが、師法然の「廃立」した念仏を、「第二義」的な「伝道」の手段として対他的に用いたことについて、それを「内観の基礎なき念仏は死せる念仏である」と指弾する。曾我は、法然を「新時代の大導師」として崇め、法然の名声に酔う多くの門弟の中でひたすら内観道を歩み、至深至細の「甚だ強き久遠の自我妄執」の自己に驚いた親鸞と対面する。仏道は、どこまでも自己を問うものである。曾我は、悲しむべき「甚だ強き久遠の自我妄執」に驚く親鸞に向き合うことで、自己の正体を法然に惑う三百八十余人の一人に発見したのであった。どこから見ても、自分は親鸞と違って、師を貶める弟子でしかない。これが曾我の偽らざる自身への知見であった。

まことに「甚だ強き久遠の自我妄執」の自己に驚いた親鸞と違って、自分はそのような驚きすらも起こりえない浅ましき人間である。徹底して、救い難き自己である。だが、顧みれば、そのような闇の自己こそ、法蔵菩薩降誕の「場所」そのものではなかったか。つまり、親鸞が、「信巻」「真仏弟子釈」において「金剛心の行人」を宣言しつつ、その根底に愛欲に沈み名利に惑う悲歎述懐を告白したように、法蔵菩薩の誕生する「場所」としての信仰主体には、必ず悲歎すべき闇の自己への証知が不可欠でないか。ここに、曾我が自らの仏道を、「苦悩の闇黒の胸裡より起つた」と告白する所以がある。すなわち、機の自覚こそが求道の土台であろう。したがって、次のように述べている。

げに機の深信罪悪の自覚こそはわれ等の法蔵眼、現実的大主観の覚醒である。（中略）我々にして衆生の肉体を内感せずして、云何にして如来の大誓願力を感得しやう。[178]

曾我は、自己を内観する「機の深信」が「法蔵眼」覚醒の営みであり、それによって、煩悩具足の肉体に如来の

大誓願を感得する、としている。その仏道を、曾我は親鸞に引き当てて、

念々に久遠劫から流転生死せる、旧人生の最後の一念に立つて居られた。同時に尽未来際を包む所の新人生の初一念に立つて居られたのである。即ち我祖聖は常に如来と初対面をなし、常に信の初一念に居り、常に白道の第一歩を踏み、常に第一声の念仏を唱へ、常に新なる本願の勅命に接して御出になつた。我祖聖に在りては生涯旧人生と絶縁遊ばされなかつたのである。而して旧人生の最後の念が同時に新人生の第一歩である、随て旧人生の最後に立ち給へる祖聖は同時に他力願海の最新の一兵卒であると自観せられたのであらう。(179)

と、親鸞の「久遠劫から流転生死せる、旧人生の最後の一念」に立つことで、「新人生」の初一念に生きる姿を仰いでいる。「旧人生の最後の一念」において、すなわち、流転生死の現下の自我の死の一念において、「他力の願海」に立つのである。このように曾我は、旧人生の大地の生活を離れては、新生活なる大地の仏道は成り立たないことを、自らに実験するのであった。曾我が晩年に獅子吼する、「信に死し願に生きん」に通底する知見であろう。

今しばらく曾我の告白を聞こう。

比叡山上に於て「自己行力」「行の自力」の弱小に泣いた祖聖は今や反対に「自己心力」「執心の自力」の云何に強烈なるやに驚き泣き給ひた。則ち今更に自己の信念の貧弱にあきれ給ひた。彼は茲に赤裸々の人、霊界の破産者となつて新しく如来の勅命に聞き給ひた。而して祖聖の御生活の至大の激変は北越御配流である。(180)

「『自己行力』『行の自力』の弱小に泣」き、「『自己心力』『執心の自力』の云何に強烈なるやに驚き泣」いているのは、親鸞その人であり、同時に曾我自身でなかったろうか。そしてそれは、常に我々自身でなければならないのではなかろうか。「自己の信念の貧弱にあきれ」たのも親鸞であり、曾我であり、そして我々でなければならないのである。そのような「霊界の破産者」だけが、即時に「新しく如来の勅命に聞き」入ることが許されるのであ

る。ここに曾我は、次のように、親鸞の赤裸々な「信念の貧弱」に重ね合わせて、自己の実相を露にする。

主上臣下や南北の僧徒を怨む声はないか、罪なくして罪人の名を得たるの想はないか、恩師や同門の方々の取りし方針に対して恨む所はないか、我は果して光明の生活をしつゝあるか、云何なれば我は配流の人なりしか、汝に愛欲名利の心はないか、汝に師教を感謝する心はあるか、妄念は種々に起り給ひたであらう。彼は自己の信生活に就て根本的疑問を提起し給ひたであらう。北越配流には根本的に今まで夢の如く描き給へる一切の空念は一時に破壊せられた。(181)

越後流罪になったことに対する親鸞の「恨み」を、曾我はこのように推考している。すなわち、「恨み」によって、吉水時代の信仰が「一切の空念」であったことを実験する親鸞は、ここに「旧人生の最後の一念」に立つのである。そして、その大地において、「新人生の第一歩」に生きるのであった。「新人生の第一歩」とは、旧人生の大地であるが、しかしその「貧弱」な大地は、如来によって、「至徳の風静かに衆禍の波転ず」(182)る「無量光明土」であったのである。そのように親鸞の仏道を尋ねた曾我は、故郷の大地に立つことで、東京での「一切の空念」を打破され、同時にその「空念」において、「新人生の第一歩」に立つ自己を発見できたのである。そして、次のように述べている。

量深は敢て恐れ多くも祖聖を勧請し来りて自己を弁護せんと欲するものではない。しかしながら我々田舎僧は少しは祖聖満九十年の御生涯を顧みて、自ら奮起せねばならぬと思ふ。(中略)古来久しく在家の凡俗、特に女人は仏教の門より捨てられて居た。此れ我祖聖の新しく在家生活の先達として女人往生の途を開き給ひた所以である。又王城に離れたる田舎の人々は全く救済の門戸を開かれて居らなかつた。此れ特に祖聖が親しく田舎僧となつて田園の宗教を建立し給ひし所以である。(183)

「新人生の第一歩」に立った自己とは、「田舎僧」のことであろう。曾我は、自らが「田舎僧」の一人として「田園の宗教」に徹することで、「新人生の第一歩」に立ち上がることを誓うのである。「田園の宗教」とは、「在家の凡俗、特に女人」を包む大乗の仏道であろう。すなわち曾我は、越後において大乗の大地に立ったのである。ここに曾我は奮起する。

思うに曾我のこのような求道の背景に、師である清沢が影現しつつあったのではなかろうか。親鸞が越後流罪によって、「智慧光のちからより」(184)還来する法然と値遇したように、清沢にまみえることができたのではなかろうか。そして、親鸞も曾我もその師との出遇いにおいて、自己の根底に、弥陀より伝統する本願の大地に立つ自己を覚知したに違いない。

ここで再び、「我に影向したまへる先師」によって、曾我の清沢に寄せる思いを見ておこう。

> 如来を客観的実在とせんとし、浄土をも同じく超主観的の天地とせんとしたものであるから、先生は是等一切の境を悉く信上の事実、主観上の事実として、能信と所信とは渾然たる一体とし、信仰とは何を信ずる乎、如来を信ずるのである、如来とは云何なるものである乎、我が信ずる如来である。則ち我は我信ずる如来を信じ、如来は我が如来を信ずる如来である。(185)

曾我は常に清沢を念じ、そして清沢から、このような「如来」と「我」との関係についての命題を感じ取っていた。

一九六五（昭和四〇）年に満九〇歳を迎えた曾我は、「我如来を信ずるが故に如来在ます也」と題する頌寿記念講演の冒頭で次のように述べている。曾我の息吹を聞きたいと思う。

> これは、一日でも忘れることのできない、わが清沢満之先生。この（大谷大学講堂）正面に向かって左の、第

一番目のところに、ご肖像が掲げてあります清沢満之先生。この清沢満之先生は、明治三十四年の十月十三日……このいまの、わたくしどもの大谷大学が、ずっと歩いてきた、その過ぎ去った昔のことでありますが、そのときは、真宗大学であります。つまり、われらの真宗大谷派の寺院に生まれた人が教師になる、そのために、学問修養するところの根本道場（中略）として建てられたものであります。それが今日では、一般に開放されているのでございますけれども、しかし、その精神は変わらない。宗門の中に閉じこもっておるのでなしに、さらに世界的に開放しても、一貫している仏教の精神、とくに親鸞聖人のご精神というものは、昔から今日まで、ずっと変わらない。それが今日でも、ずっと流れている。そういう学園の歩みのなかで、明治三十四年の十月十三日にこの大学が東京へ移転した。それから明治の終わり、明治四十四年の七月まで東京にありました。この学園を一身に引き受けて東京へ移し、そうして、みんなの人に推されて真宗大学の学長の地位につかれた、その方が清沢満之先生。その清沢先生が、いま、わたくしが題目として掲げたことを、お話のなかで問題として、われわれ学生に与えられた。これは、従来、如来ましますがゆえにわれわれは信じなければならず、また、信ずることができると、こういうようにほとんど決まっておるものだ。こういうように考えておった。しかるに、清沢先生は、いったい、そういうものであるか。あるいは、われわれ人類の願い、すなわち、われわれ人類の信心というもの、その要望にこたえて如来があらわれてくだされたものであるのか。どういうものであるか。こういうように、一つの問題として、われわれに教えられたことであります。（中略）まず如来がましますからわれわれが信ずることができるのか、信ずるのか。われわれの方に、われわれの人生における根本的な要望というものがあって、それにこたえて如来があらわれてくだされたのであるか。如来が先であるか、われわれが先であるか。如来の本願が、如来の本願の救済が先であるか、われわれ機の、われわれの信心の要望が先であるか。そういうことを、われわれは一つ考えていこう。こういう問題を与えられた[186]。

曾我は、「如来ましますがゆえ」の信を、『教行信証』「教巻」「行巻」の前二巻を「伝承」の巻とし、それを「唯可信斯高僧説」との親鸞の仏道姿勢に集約して、そこに見定めている。ところが親鸞も清沢も、そして曾我自身も、さらには一切の衆生も、そのような「伝承」を信じられるような素直な人間ではないとし、したがって親鸞は「信巻」以下四巻を製作したとしている。特に「信巻」の「総標」にある「無上妙果の成じがたきにあらず、真実の信楽実に獲ること難し[187]」に着目することで、本願の眼目が、まことに「真実の信楽実に獲ること難」き自己にあることを訴えるのである。そして、

仏さまがある、如来ましますがゆえに信ずるというだけでなしに、さらに深く自分を掘り下げてみるというと、つまり、信があるがゆえに如来まします。信のないところには如来ましまさない。信のあるところに如来まします[188]。

と述べている。すなわち、親鸞は、法然の教えを自己に実験する時、「如来ましますがゆえ」の信には収まりきらず、したがって必然的に「我信ず」との「信」を解明せざるを得ず、「信あるがゆえに如来まします」として信の己証としての如来を明らかにしたのである。ここに『教行信証』「信巻」以降を「己証」の巻とする曾我の視点の背景があった。このような主体的信、つまり「信ずるは力なり」との現実に有効な信は、ひとえに清沢ましますがゆえに、であり、ここに曾我の求道の原点があった。

ともかく、曾我は清沢の「如来が先であるか、われわれが先であるか」との命題に応答することで主体的信を明確にし、そこにおいて、大谷大学の使命が、「宗門の中に閉じこもっておるのでなしに、さらに世界的に開放しても、一貫している仏教の精神」を明らかにするところにあったことを訴えている。まことに、如来に直結する主体

的信を明確にすることとは、「われわれ人類の願い、すなわち、われわれ人類の信心というもの、その要望にこたえて如来があらわれてくだされた」というべき事実であり、それは視点を変えれば、世界や人類に通底する一味平等の大地に立つ主観に直にはたらきかける如来の、我が主体的信となって我に誕生することなのである。ここに我の〝信ずる〟という真実義、つまり清沢の「我信念」の真髄があった。すなわち、清沢によって明かされた主体的信は、「万物一体」の世界を成り立たしめるものであり、それを親鸞に照らせば、浄土の因として有限なる我にはたらく「如来の大悲心」である。

「我信念」の直筆原稿に、「我は此の如く如来を信ず」とあるが、そのように、清沢にとって如来とは、必ず我の主体的信となって我を救済する当体である。その救済の第一声が「地上の救主」での「如来は我なり」であった。そして、そのような「我」に応答する仏道だけが、「世界的に開放」されるのであり、群萌たる人類の至奥の要請に応え得るのである。

三　「出山の釈尊を念じて」

一九一三（大正二）年一〇月、九州に講演に出かけた曾我は、その時の体験を「出山の釈尊を念じて」に告白している。講演先で胃腸を病んで病床に臥していた寂寥の夜半、部屋に掛けられていた釈尊の「出山」像を描いた絵画を眺めていると、その釈尊が自分の方に歩み寄る姿に驚いた、という実験であった。その心境を次のように述べている。

静に我が方に歩み寄り給ふ釈尊を拝まるゝのであつた。爾来我は時に釈尊を思ひ奉る毎に、我を逐ひつゝわが後より来り給ふを感ずる。（中略）我は久しき間、ひたすら教主釈尊を逐ひ奉りつゝあつた。我は聖者の後を逐ふた。我は専ら釈尊と親鸞聖人との行き給ひし道を尋ねた。我は如来本願の大道を忘れて、偏に聖賢の後を尋ねた。誠や我は徒に出家入山の釈尊を逐ふて、出山の釈尊を知らなかつた。釈尊は已に山に出で丶、聚落に来り、又霊山法華の会座を没して王宮に降臨ましましたではない乎。惟ふに釈尊入山の後を逐ふは小乗仏教であり、釈尊出山の大精神より出立するが大乗教である(189)。

これまでの曾我にとって釈尊とは、常に尊崇すべき対象であった。そして、どこまでも追い求めなければならない偉人であった。曾我にとって釈尊とは、理想的人格であったのである。

ところが今、苦行を終えて出山する釈尊が、何と私と向き合っているではないか。さらに、常に我を仏道に歩ませるべく、我と同座し我を激励してやまぬ教主でないか。このような驚くべき実験に、曾我ははじめて理想的仏道観を脱して、「如来本願の大道」を歩んで我にまで来たる釈尊と対面するのである。ここに曾我は、現行する仏道観に立ち得たのである。

まことに、理想の釈尊を追求するのは小乗仏教であろう。それは「憧憬的」な求道であると言ってよい。そのような理想と憧憬の対象の釈尊は、業縁に苦悩する凡愚にとっては憧れであったとしても、それはこの我とは何の現実的交渉も持ち得ないのではなかろうか。理想・憧憬の釈尊は、すでに二千年以上も前に隠れており、その教法も龍宮に入ってしまっている。すなわち、親鸞の、

釈迦如来かくれましまして　二千余年になりたまう
正像の二時はおわりにき　如来の遺弟悲泣せよ
末法五濁の有情の　行証かなわぬときなれば
釈迦の遺法ことごとく　龍宮にいりたまいにき(190)

とは末法の世の悲歎である。

ところが、今自分と対面するのは、「如来所以興出世　唯説弥陀本願海　五濁悪時群生海　応信如来如実言(191)」の「大精神」を、凡愚に向けて今現在説法する釈尊であった。まさに、末法の世は、「釈迦の遺教」のかくれる濁世であるが、その世において、何と「弥陀の悲願ひろまりて　念仏往生さかりなり」(『正像末和讃』)である。したがって天親は、その釈尊の説法に即応して、「世尊我一心　帰命尽十方　無碍光如来　願生安楽国(192)」と表白する。このように了解した曾我は、さらに次のように続けている。

　世尊を呼んだ彼は、直に世尊を背にして尽十方無碍光の如来に向ふた。彼は世尊の背にならずして先に立つて彼を顧みず一心に直進した。一心帰命の文字を観る時、如来の救済の門に入りた先登第一の人は天親論主であるやうに思はれた。(193)

天親は先ず、「世尊よ」と教主釈尊を呼ぶや、「直ちに」世尊を背にして、「我一心」と如来を仰ぐのである。天親にとって釈尊とは、凡愚の我をして「直ちに」如来に向かわしめる発遣者であった。天親は釈尊から発遣され、即時に無碍光如来に「帰命」して、「願生道」に立つのである。この「我一心」なる至深至細な求道心を天親に尋ねた曾我は、さらに次のように述べている。

　此天親論主の先きに立つて進んで居らるゝ人がある。それは親鸞聖人である。誠に親鸞聖人は教主世尊は勿論の事、御自分の先輩たる七高僧を出し抜きて西方を直進せられた則ち天親論主が先づ世尊を呼んで感謝の意を表せられた如く、「親鸞におきてはたゞ念仏して弥陀にたすけられまいらすべしと、よきひとのおおせをかうむりて信ずる外に別の子細なきなり」と、法然上人の親教の恩を謝すると共に、直に如来の本願を全領して、「弥陀の五劫思惟の願をよく〳〵案ずれば、ひとへに親鸞一人がためなりけり」と、大胆に抜けがけの高名をせられた(194)。

曾我は、親鸞が法然の「よきひとのおおせ」によって、天親に導かれて念仏の伝統の先頭にたって西進し、法然を背にして弥陀の本願に対面できた謝念を「親鸞一人」と述べたとしている。それと同様に曾我も、親鸞、法然、そして天親、また釈尊の先頭に立つ清沢を背後にして、西方、つまり弥陀の本願へと進むのである。

このような弥陀へと西進しようとする曾我は、ここに『観経疏』に説かれる「二河譬」の「仁者ただ決定してこの道を尋ねて行け、必ず死の難なけん。もし住まらばすなわち死せん(195)」と激励する釈尊と、弥陀如来の「汝一心に正念にして直ちに来れ(196)」の呼び声に聞き入る行者に同感し、次のように言及する。

弥陀如来は決して我が背後より来れと喚び給はぬ。如来は必ず死を決して進む者の前に現はれ給ふ。我々の進むべき究竟の道が如来の大道である。如来の宗教は人生の逃避ではない。人生の逃避者は釈尊や親鸞やの方に行かんとする人達である。されど聞け、釈尊は「行け」と命じ給ふ。若し夫れ釈尊にして「我に来れ」と命じたとすれば、それは教主善知識でなくて悪魔である。我は決して此に随ふてはならぬ(197)。

釈迦・弥陀二尊の役割が明確に示されている。そして、「我今回らばまた死せん、住まらばまた死せん、去かばまた死せん(198)」という絶体絶命の「三定死」こそ我々の現実であるが、その生死流転の現実の只中に見出される「究竟の道」である「白道」を前に立ち尽くす行者に対して、弥陀如来は必ず「来れ」と招喚し、釈尊は「行け」と発遣する。釈尊は決して、立ち尽くす我を懐き取ろうとしない。「三定死」なる現実は、行者にとっては絶望である。これこそ仏道を歩む者の直面する厳粛なる事実である。そして、明確に知るべきは、この事実こそ、如来招喚の叫びを聞く「場所」であったということである。もし「我に来たれ」という釈尊であれば、そのような釈尊は「悪魔」である、とまで言い切っている。「三定死」の現実に立つ我は、釈尊のただ「行け」との厳粛な叱責にも似た掛け声に後押しされ、始めて「我一心」と如来の招喚に頷き、そして「尽十方無碍光如来」に帰命するのである。かくして曾我は、次のように結んでいる。

「来れ」と呼び給へる入山の釈尊は已に三千年の昔入滅し給ひた。「行け」と遣はし給ふ所の出山の釈尊は現に我が背後に立ち給ふ。我は唯一心に尽十方無碍光如来に帰命すべきである。(199)

仏道とは、釈尊を理想界に安置して崇め、その後を追うのではない。それでは仏道は永劫に我々と懸け離れたままであろう。また、釈尊の懐に懐かれることを当てにする「疑城胎宮」の住人である。温もりのある懐への憧憬は、我々を堕落せしめる悪魔の仕業であろう。温もりを願う行者は、仏道の落伍者であり人生の逃避者でしかないのである。

そのような仏道の行者である曾我にとって、清沢とは、三千年前に入滅した釈尊の象徴でなければならず、したがって曾我は、釈尊の「行け」との発遣を、いつまでもぬくぬくと胎宮に包まれんと欲する我を叱咤激励する清沢の音声として聞き取ったのでなかろうか。我々の求道上の危機は、面授せし善知識の「善調御」をもって乗りこえることが可能となるのではないか。

なお、曾我が「出山の釈尊を念じて」を発表したのが、一九一三（大正二）年であったが、当時の暁烏は、恩寵主義の破綻に苦悩していた。曾我も暁烏も、清沢亡き後真宗大学が崩壊し、浩々洞も瓦解する中、師教の恩厚を仰ぎ、「真主観」として独立すべく急いでいたのである。

すなわち、釈尊に発遣され、呼び覚まされ、そしてその呼び覚まされた「我」において、法蔵菩薩の招喚を実験する。ここに「如来は我なり」との「真主観」が確立される。「十方衆生」に呼びかける法蔵菩薩を体とするその「真主観」こそ、全人類を救済できる大乗仏教の象徴であった。

四　「永久の往生人」

たとえば、過去に得た仏道上での感得は、現在の私においては、仏道の如何なる糧となり得るであろうか。一旦感得すれば、それは光明世界に永劫に住する人となり得るのであろうか。換言すれば、曾我にとって、かつての「如来は我なり」との感得は、曾我のその後の仏道にどのような意味をもたらして行くのであろうか。その課題を中心に、一九一五（大正四）年に発表された「永久の往生人」を尋ねてみたいと思う。曾我が「如来は我なり」との感得を発表したのが一九一三（大正二）年七月の「地上の救主」であったが、その二年後の一九一五（大正四）年に発表された「永久の往生人」の冒頭に、次のように述べている。

> 金子兄　青葉の節に入り、例によりて時々頭痛になやまされる。妄念妄想は響の如く、電の如く往来して自分の心頭は全く統一を失うて居る。過般も御通知したやうに、自分は原稿紙を投げ捨てたのであります。しかし来月は特に先師の第十三回の忌辰に就いての記念号を刊行するとの報知を得ては、一度思ひ捨てた原稿紙を取らずに居られなくなりました。君の知らるゝ如く、私は二十余年来の脳の病に苦められ、幾度か絶望の淵に陥らんとしたことでありませう。自分は多々の師友からどれだけの教を受けたか知れない、しかし今日心に想ひ出すものは一つもありません。自分が最も愛誦したと称して居る所の、『教行信証』や先師の遺文に就てさへ、何の憶持して居るものがないではないか。自分はかつて『観経』の中に「仏心者大慈悲是」の文字を発見し、『大経』の中に「如来智慧海」の一句を拝誦して、始めて如来と釈尊と自己とに遭たこともあつた。けれども是も昔の夢となつた。又かつては「如来は我なり」の一句を得て現実界の救主法蔵菩薩の御姿に遭ふの喜を感じたこともあつたが此も過去の夢となつた。[200]

二年前の「地上の救主」での苦悩を再び告白しなければならない曾我の、求道上の艱難に注目しなければならないと思う。二〇年来の「脳の病」のみならず、「頭痛」や「妄念妄想」も相変わらずであるし、「如来は我なり」の感得も「過去の夢」と化してしまった、とまで語っている。連続する苦悩に即応する無窮なる求道的「信のダイナミズム」に、仏道の厳粛さを見ることができよう。過去の体験に執すれば、たとえそれが喜びの感得であったとしても、やがて我執と変質して我を束縛するのでなかろうか。時々刻々の聞思だけが、我々に与えられているように思われる。

したがって曾我は、

君よ、先師の『〔清沢満之〕全集』は今わが机の上に開かれてある。昨日来此『全集』をあちらこちらをしきりに読み回りても、遂に生ける先師に遭ふことが出来ない[201]。

と法友に胸中の悲痛を訴え、また、

『全集』を読む。何の威厳もない。自分は八万の法門に救はれない悪人である。脳の悪い自分は法門を理解する力もない。十三年以前の文章は道綽禅師の語勢を拝借すれば「先師を去る遥遠なるに由るが故に」と云ふ悲みがある。而して又あの堂々たる論議に対しては「理深く解微なり」との痛歎を禁じ得ない。転じて先師の肖像画をながめる。森厳にして何の飾のない原始人に接します[202]。

と述べている。救われざる自分を抱えつつ『全集』を開き、また肖像画と向き合い、そして、「原始人」清沢の発遺を仰ぐ曾我が、ここにいる。

しかして、その曾我に、面授の清沢の叫び声が脳裏に蘇り、また目の当たりにした「原始人」としての清沢の姿が、活き活きと想起されてきた。すなわち、

げにこれは原始人の叫びである。真の無人空曠の原野を無始の時より唯一人進み行く霊界の旅人の告白であ

る。彼は無辺の往生人に向うて叫んである。彼は是叫びに依りて永久の現実の人である。彼こそは唯一の往生人である。(203)

と二河白道を往く行人に、「原始人」である清沢を発見した曾我にとって、「我信念」は「原始人」清沢の求道実験として結晶したのである。したがって、曾我には、次のような原始人である清沢の生き様が髣髴と蘇っている。

先師の絶筆『我信念』の一文は恐くは十三年の昔の今日頃、つかれはてた病体を激励して、執筆せられたものである。(204)

死と対峙しつつ最後の一息まで求道する清沢に知遇した曾我ならではの、清沢の迫真の求道実験の姿を求めて追体験しつつ思念している。曾我は、「我信念」に全身これに賭して聞思することで、清沢の「原始人」としての叫びを聞き、「永久の現実の人」として、次のように清沢の胸襟に自己を投入するのである。

「その無能の私をして私たらしむる能力の根本々体」と云ふを一層具体的に表明して、「此私をして虚心平気に此世界に生死するを得しむる能力の根本々体」と云ふ所に、師は現在の物質世界の上に理想的なる純精神界を認めて居られるは明である。「此世界に虚心平気に生死することを得る」と云はれるのは師が常に霊と物との両世界に自由に出入しつゝあることを示すものである。則ち常に生死巌頭に立つて居らるゝことを示すものである。則ち常に光明より名号に、浄土より娑婆に、絶対界より相対界に、理想界から現実界に還来せらるゝことを示すものである。(205)

ここに「無能」の曾我は、「光明より名号に、浄土より娑婆に、絶対界より相対界に、理想界から現実界に還来」する清沢を仰いでいる。光明は、自己の内奥を深く照らす、時々刻々とはたらきつつあるはたらきであり、自己に「無能」の自覚を促してやまない。無能の自覚者の念仏は、絶対に空念ではないのである。

さらに、絶対他力の仏道を「我信念」の上に尋ね、次のように論じている。

唯「私は此如来を信ぜずしては、生きても居られず、死んで行くことも出来ぬ。私は此如来を信ぜずしては居られない。此如来は私が信ぜざるを得ざる所の如来である」てふ最後の一節に来りて、光景全く一変し、如来因位の大努力が茲に顕はれてある。「生きても居られず、死んで行くことも出来ぬ」とは何たる妄執妄念の強盛なる我であるよ。さうです、無有出離之縁とは此事でせうか。我等の迷は如来を求めて、而も此に遭はぬ為めである。是れ自我の小天地に立て籠る為めである。菩薩因位の願行は是が為めである。私は此短い一節の文字の中に、菩薩超世の大願と永劫の大行とを見、又自己の無有出離の罪悪深重を想ひます。私は此沈痛の文字を通して、如来の黒闇の念願力「必ず一度は信ぜしめん」との強盛の力を感じ、又先師の強き我執我見に接し、先師の臨終まで壮烈なる修養の姿を観るのである。師は生涯歩を止めない往生人であった。(206)

曾我は、「我信念」の一節「生きても居られず、死んで行くことも出来ぬ」という自己において、「私は此如来を信ぜずしては居られない。此如来は私が信ぜざるを得ざる所の如来である」と叫ぶ清沢に求道の極意を聞思し、その清沢の告白に自分自身を省み、「何たる妄執妄念の強盛なる我であるよ」との歎声を発している。「如来因位の願行」は、ひとえに「生きても居られず、死んで行くことも出来ぬ」という強盛な妄執妄念・我執我見に対して、「必ず一度は信ぜしめん」とはたらくのである。「如来因位の大努力」は自我強盛のただ中に顕われるのである。そのような実験を眼前に開示する清沢の仏道とは、「臨終まで壮烈なる修養」であり、そういう清沢こそ「生涯歩を止めない往生人」、つまり「永久の往生人」であった。

もし、曾我が過去の「如来は我なり」との感得に固執しておれば、それは「自我の小天地」の住人である。だが、如来の願行は、その「自我の小天地」を破するものであろう。ここに、先師の「臨終まで壮烈なる修養の姿を観る」ことができるし、同時に如来の「強盛の力」を身に感ずることもできる。まことに先師は、「生涯歩みを止めない往生人」であった。そして、「如来は我なり」との実験は、日々更新されるべき新鮮な生活告白であり、仏法は握れば腐る、という道理をここに見るのである。

五　「闇へ闇へ」

仏道は往々にして、「闇」を脱して「明」へと向かう歩みのように思われる。「闇」において「明」を追求するという仏道観は、我々の常識的見解であろう。では曾我の仏道観は、果たして如何なるものであろうか。曾我が、東洋大学教授として東上するその四か月前の一九一六（大正五）年九月に発表した論文「闇へ闇へ」に、それを尋ねたい。

曾我は、次のように述懐している。

誠に久遠劫より流転せし苦悩の旧里は捨てがたい。過去はわれを生みたる慈母のあたたかい懐である。[207]

あるいは、

過去は光の世界であり、未来は闇の世界である。[208]

苦悩する者にとって、未来は闇である。それに対して、過去は温もりある「苦悩の旧里」である。しかし、我々にはもはや、旧里に帰ることは許されていないのである。その現実に立ちつつ、

しかして徒に闇を厭ひ光を欣ふて居る私は過去の世界に執蔵せらるゝものである。[209]

と述べている。歩みを止めて「苦悩の旧里」を求めることは、温もりを求めての過去への執着でしかないことは、言うまでもなかろう。そして、

霊界の旅人は過去の光明界の化城を出で、、未来の闇黒の真土に進まねばならぬ。(210)

と、自己を闇の仏道へと駆り立てるのである。

曾我にとっての「過去の光明界」とは、かつて自らが感得した、「如来は我なり」の実感でなかったか。だが、我々の向かう先は闇である。決して、過去に感得し得た温かき世界に帰ることは許されない。その旧里を念ずれば、疑城胎宮の住人となる。しかして我々は、その疑城胎宮を出て、闇へと向かわなければならない。

その歩みについて、曾我は二河譬の知見をもって、次のように論じている。

全体「二河譬」を読むものは活ける旅人の心霊の進展と云ふことを深く味はゝねば、善導大師の創作の精神に触れ得ない。旅人の心霊は初より終りまで少しの休息なく進展して居る。而もそこに緩急浅深の度がある。私は此譬喩の文字の中心眼目を「既有此道必応可度」の八字に存することを信ずる。固定的なる旅人、賊獣と二河にはさまたれる観念的な旅人は茲に死んだ。茲に真の願往生心としての真実の絶対孤独の旅人は生れた。(211)

「二河譬」の眼目が「三定死」に直面する旅人の思念する、「すでにこの道あり。必ず度すべし」にある、と述べている。「化城」を求める「観念的な旅人」といえども、「群賊」と「二河」に挟まれてすでに「化城」に戻る道の断たれた現実において、つまり「三定死」の現実に立ち尽くす時において、「すでにこの道あり。必ず度すべし」との一念が発起する。すなわち、「すでにこの道あり。必ず度すべし」という「この念を作す時」、たちまち東岸の人の勧める声を聞くのである。ここに「観念的な旅人」は、連続して休息なく進展する具体的な「真の往生人」となったのである。曾我はこのように、自分自身を連続無窮の求道者たることを、つまり「真実の絶対孤独の旅人」である自己を、発見するのである。

かくして曾我は、求道の微細な内実を次のように述べている。

古来の学者は此を猶信前の自力の覚悟とするのであれども、能く文字を見よ。此文の次に直に「作此念時」（この念を作す時）とある。されば此自覚と東西二岸の遺喚の声とは同時である。自己の決意は信であり、東岸の声は教であり、西岸の声は行である。教行は信の内容である。信は主観の信に止まらずに直に客観の教行となる。信は教を体とし、教は行を体とす。信は遂に如来の行に帰する。信なる生命の歩みたる背後に教なるものが現はれ、その進む前路には如来回向の行が顕現するのである。まことに我等が、新に道を発見した自覚の一刹那に我等は東岸に在らずして現に白道の第一歩に在る。(212)

「既有此道必応可度」を「三定死」の旅人の信前の決意と見做す古来の学者の通説に対して、曾我は、その決意の直後の「作此念時」に注目して、さらには、思うに「作此念時」の直後の「東岸忽」にも注目して、旅人の「既有此道」という「信」が、東岸の「教」と西岸の「行」とによって同時に、また「忽ち」に、生起することを明かしているのではなかろうか。まことに「絶対孤独の旅人」は、東岸の釈尊の「教」と西岸の如来の「行」を内容とする「信」によって「白道」にすでに立てる旅人であった。すなわち、「既有此道必応可度」という「自覚の一刹那」において、教と行が成就した信を懐いて、旅人は「現に白道の第一歩」を踏み出すことができるのである。このように、自らに「二尊教」の意味を明らかにした曾我は、

信じてから行ずるのでない。信の一念は正に本願の大行に乗托して「念仏申さんとおもひ立つ意おこるとき」である。念仏申さんとして次に念仏申すのではない。申さんと欲ひ立つ意の起るが真の念仏である。(213)

と、救済のダイナミズムを言明する。求道は、釈尊の「教」と弥陀如来の「行」を内実とする、「念仏申さんとおもひ立つ意」の「信の一念」の、闇に住する我への成就である。その「信の一念」において仏道が可能となる。したがって、

私共は過去の世界に酔生夢死してはならぬ[214]。

と、過去の「明」を脱して現在の「闇」に立つことを獅子吼するのである。

このように、我が身に引き当てて「二河譬」を読み込んだ曾我は、さらに自らを仏道に奮い立たせんとして、

我等は固定せる仏身光明の母胎を出でゝ、いさましくも如来本願の白道を進んで如来の浄土を拡張せねばならぬ。かゝる人をこそ遍照の光明は摂取して捨てないのである。徒に光明の観念界に酔ふ人は真実の自我なければ光明は此を摂取せず、光明の観念界を背景としていさましくも現実生死海に念仏の利剣を振ふて進む人こそ、光は背より摂取し給ふ[215]。

と、「三定死」の現実を「現実生死海に念仏の利剣を振ふて進む」べきことを述べている。「仏身光明の母胎」とは「教」であろう。つまり「教」を固定化せず、また観念的に捏ねまわさず、「教」「行」を背景とする信をもって「白道」に立ち、闇を生きる。「教」に導かれ、「行」に安んじて、現実と向き合うのである。その闇へと向かう仏道の真実義を、次のように述べている。

「二河譬」は畢竟光明の観念世界から醒めて、生死現実の闇黒の世界に念仏の燈火を掲げることを示すものである。光から闇へ、闇へ闇へ、此が他力の大道である[216]。

「光から闇へ、闇へ闇へ」、すなわち、「教」に止まらずに「教」を懐いて現実の「闇」世界に立ち、そして現実の闇から未来の闇へ「念仏の燈火」を掲げて念じて歩むのである。つまり「生死現実の闇黒の世界」こそ仏道の〝現場〟である。つまり、「教」の観念化を脱することで真の苦悩人となる。ここに曾我の求道実験があった。思えば、過去より伝統されている経言に独自の訓点を付した親鸞も、常に「教」の観念化を脱しての、闇なる〝現場〟に生きる苦悩人ではなかったか。

思うに、曾我自身、「如来は我なり」とのかつての感得に固執すれば、それは温かき慈母の懐に止まる我執であろう。つまり、闇の現実から乖離した教に執する迷妄であろう。その「化城」を脱して、「現実生死海」に立ち上がる。ここに過去の「如来は我なり」の感得が、活き活きとした「教」となって、現実の曾我の行き先を照らし出すのである。それは、どこまでも「闇へ闇へ」と向かう「白道」である。

続けて曾我に聞こう。次のように親鸞の流罪の意味を尋ねている。

> 吉水教団破壊と共に、凡ての観念界の化城が破砕せられ了つた。罪名藤井善信の名を得て、藤原家の貴公子、聖道門の失敗者、専修念仏の行者の過去の人為的背景は悉く破れて、彼は北越五智国府の海岸に唯独り立つて、彼は今更の如くに「闇へ闇へ」との衷心の本願に接せられた。[217]

親鸞の吉水での五年間は、「順境で全く理想的」であったが、その理想生活が、越後流罪によって「観念界の化城」としての正体を現すことで、親鸞の理想的仏道は破砕された。だが、そこに逞しき群萌の仏道が開かれたのである。その親鸞と同様に、真宗大学という理想の「光」が、越後の闇によって破られた曾我に、そこから「闇へ闇へ」の仏道が開かれたのである。仏道とは、闇に立ち上がり闇に向かう道であろう。したがって、求道者には、観念に住する余地は許されず、ひたすら「闇へ闇へ」の躍動があるのである。ここに曾我は、次のような、「闇へ闇へ」と進行する法蔵菩薩を述懐する。

> 我々は「法蔵比丘」の出現して本願を起してからが困難で大切であると思ふて居る。けれども法蔵比丘の誕生からと云ふよりも、実は法蔵比丘の出現までが大変の事である。「本願まで」が最も大切である。徒に「本願から」に没頭するは考が浅いではないか。『大経』には「本願から」に付て精細説けども、「本願まで」の方は唯過去五十三仏の名を列ねたばかりで、何も云ふてない。此に深き秘密があるではないかと思ふ。五十三仏を

> くだくだしくならべたのは何を暗示するものであるか。宗学研究者は深く深くこの一段の意義を感じ出し度いこと、思ふ。而して法蔵比丘の「発願まで」微細甚深の大行に接せねばならぬことである。[218]

曾我は、このように『無量寿経』に説かれる過去五十三仏の「深き秘密」に迫ることを訴えているが、思うに、曾我の「秘密」なる「微細甚深の大行」に対する着目は、『歎異抄』に示されている親鸞の、「弥陀の五劫思惟の願をよくよく案ず[219]」ることでなかろうか。さらには、曾我が後に開顕する「親鸞の仏教史観」に通底する知見でなかろうか。

すなわち、「そくばくの業をもちける身」において、その自己の闇を照らす「本願のかたじけなさ」との告白は、過去五十三仏の法蔵菩薩を立ち上がらせる「微細甚深の大行」のはたらき、念仏の伝統への帰命であろう。さらに、曾我は次のように述べている。

> 親鸞聖人の「愚禿」の自覚は極難であつた。此自覚に入りて、正に法蔵比丘の誓願に現実に証入せられた。愚禿は本願の正機である。正機とは本願の最終の到達点である。如来が愛欲の大海の底に、その甚深の願心に引かれて来現し給ひ、空しく罪の名を逐ふて而も悲しまず、勇ましくも愚禿の名乗りを挙げたのであるか。[220]

法蔵菩薩発願までの「微細甚深の大行」の「秘密」とは、四十八願建立の土台とも言うべき「愚禿」の自覚であろう。その「愚禿」においてのみ、過去五十三仏の「微細甚深の大行」を証知できる。したがって、「愚禿」とは、法蔵菩薩降誕の「最終の到達点」たる「正機」である。そして本願成就の「場所」である。ここに曾我の厳粛な求道実験がある。「闇へ闇へ」とは、法蔵菩薩降誕の歴史に尋ね入るところの仏道であり、「愚禿」の自覚はその関門であった。

ここまで論じてきて思うことは、「地上の救主」発表後の曾我の仏道に関する、次の二点である。一つは、我々の想像する求道とは、「闇から明」への開けを想定しがちであるが、曾我は「闇へ闇へ」への逞しき仏道を実験していることである。二つ目は、その「闇へ闇へ」の仏道であるが故に、我々は如来の大行を懐いて「現実の大地」に立ち、念仏の伝統に帰命しつつ「連続無窮」なる現実に生きることができる、ということである。これこそ「法蔵魂」の躍動せる人生でなかろうか。すなわち、「法蔵魂」の連続無窮の実践こそ、「永久の往生人」の真髄であり、我々の仏道の実際でなければならない。

六　「祖聖を憶ひつゝ」—還相回向論

ここまで「地上の救主」以後の曾我の求道を「現実の大地」という視点で尋ねてきた。これからは「還相回向論」に着眼して、曾我の求道を明らかにしたい。曾我は「祖聖を憶ひつゝ」において次のように述べている。

つねに妄念妄想に心のかきみださるゝ自分は親鸞聖人の上にわが原始の姿を見ることに依りて心の底から救はれるのである。彼は何時でも自分が彼を念ずる時、何処よりか飄然と自分の前に現はれる。彼は往相回向の本願、還相回向の本願と云ふことを云ふて居るが、彼はその還相回向の本願の船に乗つて、自由自在に生死煩悩の海に溺れて居る所の自分の所に来る。而して自分は何時の間にか船上の客となり、而して何時の間にか主客転換して自らその船の主となりて、わが親鸞聖人をわが船の客人とするのである。[221]

曾我にとって親鸞とは、苦悩の大海に溺れる自分自身に還相回向する存在であり、したがって、親鸞が法然をして、

源空勢至と示現し　　あるいは弥陀と顕現す
上皇群臣尊敬し　　京夷庶民欽仰す[222]

また、

阿弥陀如来化してこそ　　本師源空としめしけれ
化縁すでにつきぬれば　　浄土にかえりたまいにき(223)

と受け取ったように、曾我は親鸞やそして清沢を間違いなく自己に還相回向する救主として領受するのである。すなわち、曾我の救済は還相回向の受領である。ここに、善知識を「必ず現実世界に出現し給ふ人間仏(224)」として見定める背景がある。

さらに曾我は、「而して何時の間にか主客転換して自らその船の主となりて、わが親鸞聖人をわが船の客人とする」に窺われる還相回向の了解に立って、『教行信証』講読の方法を次のように述べている。

今日の如き思想の権威の認めらるゝ時代には『教行信証』を宗学講僧の手から、広く十方衆生の手に返さなければならぬ。宗学者は十方衆生の声を静に聞かねばならぬ。自己も十方衆生の一人なるに気付かねばならぬ。『教行信証』と親鸞聖人とは広く十方衆生そのものである(225)。

『教行信証』を伝統的解釈から解放して、苦悩の近代人に生きた思想として返すべきことを訴え、さらに『教行信証』が親鸞の魂の叫びであり、近代人の実存的要求に応えることのできる思想であるとして、次のように、『教行信証』の順読と逆読を論じている。先ず「順読」について、

『教行信証』を順読して、最後の「化身土」即第六巻にいたれば、われ〳〵は光の極の浄土は忽ち闇黒の現実界とかはるを見る。前五巻の順読の上では理想の実現と云ふよりも、単に理想を逐ふて行くと云ふ外はないやうに見ゆる。現実の自己はあれどもなきが如き小なるもので、理想の真仏は広大無辺の唯一実在である。単なる往相回向の方面、即ち前五巻を教、行、信、証、真仏土と順読した所では、人生と云ふは信に入るまでの夢

幻のやうなもの、信は人生の最後の到達点、自己は単なる罪悪の一小塊、仏は全く自己以上の理想的存在で、

自己一人さへ救はるればそれでよいことになる。(226)

と言うように、「教→行→信→証→真仏土」の「順読」は、人生の到達点としての「信」を求めて仏になるという、ひたすら理想を追う読み方で、それは信仰上最も警戒すべきものである。何故なら、「順読」は、現実（化身土）から遊離する読み方であり、そのような理想の仏道は、苦悩の人生を「夢幻」と化するからである。それであれば、前五巻は、

理想を逐ふ人で、随て前五巻はうるはしい夢物語りで、随てそれは全く過去に死せし人(227)となってしまうからである。しかし、「闇へ闇へ」の実験者である曾我は、

親鸞聖人の信念は決してこんなものではない。(228)

と言い、

則ちその如来は親鸞の人格の全体であり、又親鸞は如来の全体でなければならぬ。私は遂に第六「化身土巻」を読み、それから、再び前五巻を真仏土、証、信、行、教と逆読することに依りて、初めて永久現実の人としての親鸞、現実の救主としてのその如来に接することを欣ぶものである。(229)

としている。「化身土巻」を土台に逆読することで、「永久現実の人としての親鸞」に接し得ることを主張するのである。往相とは、浄土を願う真面目な努力の歩みであり、その仏道は求道者にとって理想的である。同様に還相回向について、浄土に生れたものが娑婆に還来することとすれば、それは、少なくとも凡愚にとっては果たし得ない非現実的な仏道である。すなわち、浄土が理想に止まるものであれば、それは我々にとっては、あまりにも虚しい浄土でしかないように思われる。浄土は常に、凡愚の「場所」に即し、一体でなければならないのではなかろう

か。

実に苦悩の曾我にとって、仏道とは、凡愚なる自己と化土なる現実の上に成り立つ実践である。そのためには、曾我にとって親鸞や清沢は、現実生活に還相回向する「永久現実の人」であり、凡愚なる我を仏道に向かわしめる「現実の救主」でなければならない。ここに曾我の「実験」に基づく仏道への確信があった。還来穢国なる還相回向は、苦悩の曾我にとっては、あまりにも理想的である。したがって、次のように論じている。

今日私と交渉し、私が為めに活き居られる親鸞は決して往相の人ではなく、実に還相回向の人としての親鸞である。還相回向は外面的には往相回向の影で、往相こそ実物の如く思はるれども、まことは往相をして真に往相たらしむる真の生命は還相に在る。還相は往相の内的生命であり、往相は還相の生命発露の外相に外ならぬ。(230)

連続無窮の仏道実験者である曾我にとって、親鸞とは、還相回向する現実の人でなければならないのであり、その還相回向によって、浄土に生まれんという往相回向が満たされる。還相回向は往相回向の「内部生命」であるからである。したがって、我の現実的求道生活は、還相回向による「生命発露」そのものである。ここに往相に立つ曾我は、

われ〳〵は深く還相回向の仏本願を体験したいとおもふ。そして還相回向の現実の人格に接し度いと思ふ。常に小利小我に迷ふ自己は徒に夢を逐ふ夢の人である。（中略）私は自己の全身に入り満ちてわが全身を震ひ動かす現実の力に接し度い。私は「化身土巻」に於てはかりなくも還相回向の親鸞聖人に接し、而して彼をして永久に現在せしむる現実の力としての仏を見るのである。(231)

と、永久に還相回向する先師に接し、その先師に一貫する「内部生命」の我が身において実験すること、つまり仏

願力の証知を、衷心より念ずるのである。

すなわち曾我は、仏道の現実的基盤として「化身土巻」を重視し、そして親鸞の「化身土巻」開顕をして、仏道が凡愚と不離なるものであり、決して理想追求のものでなく現実に即応するものと見定め、そして、次のように親鸞の「化身土巻」開顕の意義を明らかにしている。

私は本典前五巻を読んで已に久遠本覚に還りたる正覚成就の満足の仏を想ふ、この仏は遥遠なる理想界に端座せる御方として、まことに難有い御方として憧憬する仏である。今「化身土巻」に来りて初めて因位修行の法蔵菩薩とその本願とを思ふ。「化身土巻」に於て初めて親鸞の伝道と云ふことが起りて来る。立教開宗の精神はこの「化身土巻」に於て初めて表明せられてある。（中略）この「化巻」に於て従来は単なる生死罪濁の一小凡夫たりし親鸞聖人は今や十方衆生全体の代表者として、又十方衆生の眼目として、十方衆生と共に進退せねばならぬ大使命を感得せられたことを示してある。(232)

また、

「化身土巻」は真実仏心を現実世界に産み出す道程を記したるもの、換言すれば如来の真実願心が云何なる過程を以て五濁悪世に顕現したかを示すもの、或は浄土正覚の如来が云何にして復た現実世界に来現して因位の本願を顕したまひしかを示さるものである。即ち法蔵菩薩の闇い願心と、永劫修行の有様を示すものである。(233)

と、「化身土巻」に来たりて始めて、因位修行の法蔵菩薩の面目躍如であることを、曾我は主張する。すなわち、親鸞の「化身土巻」が立教開宗の精神を表明する巻であるとする見解は、曾我の実験的知見であろう。法然をして「真宗興隆の大祖」と見做したのが「化身土巻」においてであることを思い起こすべきである。

さらに注視すべきは、「化身土巻」における苦悩の親鸞を、「十方衆生全体の代表者」とする曾我の知見である。

曾我は、一小凡夫の浄土に往生する仏道を、群萌の大地に根ざす大乗の仏道と見定めている。

曾我は、自らが東上したのが一九一六（大正五）年九月であり、その直後の『精神界』一〇月号に「告白」を発表して、浩々洞の解散を宣言しており、さらにそれを受けて、本山で厳修された報恩講に寄せる思いを、「祖聖を憶ひつゝ」（『精神界』一一月・一二月号）に発表している。すなわち、「祖聖を憶ひつゝ」は、清沢の精神主義を継承する曾我にとって、とりわけ五年間の越後時代を経たこれまでの自己の歩みを総括する論文のように思われる。次のように述べている。

「極難信の法」、この信念獲得極難は、わが祖聖の一生涯を貫通して、最も深く苦しまれた事件である。今や祖聖入滅六百五十四回の報恩講は盛大に京都の本廟に於いて厳修せられ、数百万の門葉は歓喜讃仰の歌に酔うて居る。われ今遥に盛なる勤行を念じつゝ、静に祖聖の切々なる「極難信」の叫びを聞くものである。『真なるもの甚だ以て難く、実なるもの甚だ以て希に、偽なるもの甚だ以て多く、虚なるもの甚だ以て滋し』との祖聖の七百年の昔の悲みは、今現に低く強く現代に向つて叫ばれて居るではないか。（中略）見よ、彼は「化巻」の最後の後序の文に、「もしこの書を見聞せんものは、信順を因となし、疑謗を縁となして、信楽を願力にあらはし、妙果を安養にあらはさん」と。すなはち彼は『教行信証』を制作して世界に遺す以上は、信順するものの甚だ稀にして疑謗するものゝ甚だ多からんことを覚悟せられて、生涯われを疑謗するものをも、その疑惑を縁として、遂に救の道に入れんとの無蓋大悲を発起せられてある。[234]

曾我は、あの盛大な歓喜讃仰の念仏に満ち満ちた報恩講の背後に、「極難信の法」を開顕する『教行信証』を製作した親鸞の真意に尋ね入り、そして「極難信」を叫ぶ親鸞に聞思し、現に崩壊しつつある浩々洞の再建と真宗教界の再興を念じている。そのためには、報恩講の、あの盛大な親鸞讃仰の背後に隠された、涅槃に通ずる「世間難信の捷径」を明らかにしなければならない、と曾我は訴えている。

事実、「化身土巻」の、

真なる者は、はなはだもって難く、実なる者は、はなはだもって希なり。偽なる者は、はなはだもって多く、虚なる者は、はなはだもって滋し。[235]

と叫ばざるを得ない現実が、あの報恩講の根底にあるはずである。その化土なる現実を基盤とするところに、仏道直参の道が開通する。ところが我々は、たちまち化土の現実を遊離して、頭で救済を思い描く理想主義的仏道に入ってしまう。ここに真宗教界退落の原因があると言える。曾我は化土において、理想的仏道を指弾する。当時の真宗教界の退落の原因は、理想主義にあったのである。

ここに明記すべきは、虚偽の現実を生きる我々の本質が、「凡愚」と「化土」であり、そしてその「凡愚」と「化土」が、法蔵菩薩誕生の「場所」であったということである。「凡愚」と「化土」の二つの視点を離れては、如何なる仏道も成り立ち得ないことを、曾我は教示するのである。「凡愚」と「化土」に立つところに「極難信の法」の所以がある。

思えば、「化身土巻」に説かれる「三願転入」の文の直前に、第二十願の機の、どこまでも根本無明に苦悩する親鸞の偽らざる告白があったことは既述したが、このような凡愚であることの悲歎において、親鸞は、「しかるにいま特に」と今における求道心の必然性を明かし、その必然性において法蔵菩薩の「果遂の誓」のはたらきを認めているのである。絶対に救われない「凡愚」の我に立つことで、その我は五濁悪世の「化土」に身を投げ出す法蔵菩薩の還相回向する相を感得するのである。したがって、我が身の「凡愚」なることを忘れて歓喜讃仰に酔うていては、救済には接し得ない。もっと言えば、悲歎述懐においてこそ、浄土真宗の仏道は開かれる。親鸞が「化身土巻」に「極難信」からの救済を解明する三願転入を開顕した思念はここにあろう。

今少し、曽我の言葉を聞こう。

如来が永遠に生死海に来りて修行せらるゝは此果遂の誓の相である。即ち此果遂の誓を通じて表顕する相である。十方衆生の苦悩は吾苦悩なり、十方衆生の罪業は我一人の罪業なり、十方衆生の我執は我一人の我執なり、まことに二十の願は一点の光のない十方衆生の闇の底に自己を発見せられたる如来の叫である。最早十方衆生の闇の底に永劫に埋れやう、茲に不果遂者の誓願がある。(236)

三願転入の真髄は「果遂の誓」にある。すなわち、第二十願の機である「一点の光のない」どこまでも「垢障の凡愚」であることを自覚した親鸞の「傷嗟すべし、悲歎すべし」との深い懺悔は、難思議往生を実現せんとする法蔵菩薩の、「十方衆生の闇の底に永劫に埋れやう」との「果遂の誓」のはたらきの受領表明である。したがって親鸞は、

ここに久しく願海に入りて、深く仏恩を知れり。至徳を報謝せんがために、真宗の簡要を摭うて、恒常に不可思議の徳海を称念す。(237)

との報恩感謝を表白するのである。

流罪の親鸞に自己の仏道を尋ねる苦悩の曽我は、親鸞と同様、「果遂の誓」に接し、自ら願生道に立つことを志願する。そして、次のように述べている。

われ〳〵は臨終現前の願心のやるせないことを少しでも思ふならば、我々は到底平然として臨終現前をあてにして雑行雑善にとゞまり得ることは出来ぬ筈である。われ〳〵は少くとも雑行雑修をやめて平生に於て如来の大行に接したいと願ふ。かゝるわれ〳〵の志願に対して如来に「不果遂者」の願が起る。「臨終現前の願」は

衆生の濁悪に対して極めて従容の態度を取るのであるが、今「不果遂者の願」に来りては仏は衆生に対して絶対的攻勢を取る、随て仏と衆生との間の戦闘は茲に最後の白兵戦となる。（中略）云何に邪智邪見の者と雖ども此を征伏して念仏の行を専修せしめ、一度は我本願を果遂せずんば止まぬとの大誓力である。もはや時を待つて居るのではない。彼の方より征伏の態度を取る。[238]

曾我は、清沢の宗教的信念の確立を、「偏えに清沢先生が身命を捧げて戦いとられたのである[239]」と言うが、ここに仏道の大切な視点が明示されているように思われる。「雑行雑修」を救済の手段とする永久に救われざる「第十九願」の求道者に対して、如来は臨終に現前して従容的になるが、「雑行雑修をやめて平生に於て如来の大行に接したい」と志願する求道者には、如来は「不果遂者の願」をもって絶対的攻勢をとり、邪智邪見を体とする仏智疑惑の我との間で根深き「白兵戦」を繰り広げ、そしてやがて如来の方から、「制伏の態度を取る」のである。すなわち、「制伏の態度を取る」如来の受容こそ、敗戦の現実を突き付けられても降伏できない我にとっては「極難信」であろう。実際、「制伏の態度」とは、如来のはたらきである。そのはたらきが、仏智疑惑の機にはたらき、そして機との間で、降伏の受容をめぐって悪戦苦闘が展開される。だが、最後は如来の方から我に、無条件の「制伏の態度」を迫るのである。具体的には、如来は我を「不果遂者の願」に服させるために、「機の深信」を迫っているのである。ここに清沢の信仰主体の実践、つまり「身命を捧げて戦いと」るという求道の実相があろう。身命を捧げての「機の深信」は、「果遂の誓」のはたらく敗北する我の開顕であったのである。

しかして曾我は、善導の二種深信、とりわけ「機の深信」を尊んで、次のように述べている。

機の深信こそは如来が親しく生死大海の底に自己を投げて、十方衆生の一切の罪を自己に負うて立つ全責任の自覚の表明である。正に如来が我となりたる姿である。茲に已に現実の如来、因位の如来の声があるではないか、茲に十方衆生の現実の救済の直接的証明があるではないか。法の深信の救は現実の救に対すれば理想的である。如来が親しく十方衆生の罪を負うて立つ苦悩の外に別に亦信楽がある筈がない。此の点に於て機の深信は信の本質である。是が真の他力である。(240)

曾我は、「機の深信」が、信獲得の本質であることを述べている。「機の深信」は、苦悩の衆生が救済される如来の「直接的証明」である。如来は衆生の苦悩を我が苦悩として荷い、衆生に信楽を施与するのである。したがって、信楽は救済の体である。ここにおいて、つまり獲信こそ、生死大海に惑う衆生の救済される要諦である。(241)

清沢は、自らの実験によって仏道を自己自身に明らかにした。そして曾我は、その清沢の実験主義をもって、仏道を伝習的な安心という胎宮から解放した。その解放宣言が「地上の救主」であったのである。そして今、曾我は、理想主義を拭い去り、地上の救主を受容する「場所」に立脚して浩々洞を解散する。すなわち清沢の精神主義は、曾我の思想的営為を経て「法蔵魂」となって、今まさに再生しつつあったのである。

七　「自己の還相回向と聖教」

「石を枕、雪を褥に」私は祖聖を想ふ時に、いつもこの文句を想ひ出さずに居られぬ。あの郷里の大吹雪の夜、私はあたゝかな母の懐に抱かれながら、夢幻のやうな、無邪気な心に印せられた語であつた。まことに雪はわが郷里北越の徴象であり、わが亡き母の徴象であり、特にわが祖聖の徴象である。私はこの雪を想ふ時、祖聖と、亡き母と、而して天真無我の自己とが、全くとろけ合ふて雪の郷土を荘厳するのである。(242)

曾我は越後の大地をこよなく愛した。それは、やるせなき自分自身の一切を受け止めてくれる亡き母を偲ばせる悠久の大地であった。その大地に懐かれて、次のように告白する。

自分は所謂宗門の学校に於て、久しい間宗学と云ふものを教へられた。自分は旧来の宗学に対して少なからざる反抗心を持つて居る。而も此宗学と云ふものに非常に深き愛執を有つて居るに驚くものである。而して自分は自分の宗学に依りて祖聖に対面しやうと思ふて居る。自分は宗学に依りて辛くもつくりあげた祖聖の偶像を愛執し、わが寂寥の心を忘れやうとして居るのである。(243)

親鸞を慕う曾我の半生は、宗学に対する苦悩が底流していた。時には反抗心をもって宗学と対峙し、リアリティある信仰を求めて、「原始人」である親鸞を強く求めたのである。何としても、親鸞の「原始人」であることを覆う宗学という〝覆い〟を取り除かねばならない。その強い思いを、次のように訴えている。

三願三経三機三往生、四法二回向の建立、真仮の分判それが我に何の意義があらふ。祖聖が果して実在の人であつたか何か、それが法然上人の高弟であつたか何か、それと日蓮との優劣は何か、そんなことは畢竟我の問題でないのである。私の前に立つて居られる祖聖は必しも『教行信証』と云ふ大著述の主でなければならぬのではなく、そんな一切を忘れて「雪を褥に石を枕に」して居られる人である。(244)

親鸞は、あくまでも「雪を褥に石を枕に」、自らと同じ越後の大地に立つ、赤裸々な「原始人」である。それは一切の宗学を放擲してでも出遇わなければならない、群萌の一人である。決して、三願三経三機三往生などを論ずる「教学者」ではないのである。すなわち、曾我は、

公卿の家を捨て、比叡の学匠にも失敗し、専修念仏の妙好人の看板さへ取られ、僧と云ふ名誉までもはがれ、危険思想の一人、国法の反逆者の一人として北越に謫配せられ、生来始めて現実に還来せる法蔵菩薩の御姿を拝せられた愚禿、此愚禿こそはわれの忘れ得ない祖聖の御姿である。まことに『教行信証』の製作だの、浄土真宗の建立だのと云ふは皆その後の事である。(245)

と、どこまでも「愚禿」なる親鸞を念じている。

失意の内に東京から帰郷した曾我は、承元の法難によって都落ちして越後の大地に立つ親鸞を「愚禿の父」[246]として、同時に直に自己にはたらく還相回向の人格として仰ぎ、次のように説くのである。

蓋し惟ふにわが久遠の父として、影の如く身にそふ所の祖聖は誠に我が還相の姿として、一如の世界からわれに回向せられたものであらふ。如来の還相回向の本願を体して我が前に表顕せられたのであらふ。釈尊も七高僧も、提婆も韋提希も、その外無数の人格の上にも、われの還相の姿を見得ないではないが、それ等は皆部分的である。現実の自己の全人格の往相の絶頂なる大涅槃の霊境から、親しく我の現実世界に反影還来する所の、真実の全的還相回向の人格は唯一人である。而してその人は愚禿の名を感得せる祖聖である。私は我に表現せる本願念仏の声の上に自己の願往生人の相、即ち往相の回向を観じ、真実の善知識なる祖聖の上に我の還相の回向を見る。[247]

このように曾我は、親鸞に還相回向の全姿を見出すのである。一如の世界から現実の我に「全的還相回向」する親鸞に促され、曾我は、己が「願往生人」としてある往相回向の道を、次のように述べている。

我が個性を救ふ所の仏はその本願業力を我の往相の前途に表現して、具体的なる名号を成就してわれの行の足となり、又我の還相の背後に影現して、われの師父となりて教の眼を回向し給ふ。無上涅槃の霊境は我の往相の行の究極の理想であるが、その涅槃の大用たる還相の利他教化は遠き未来の理想であらふと思ひきや、現に自己の背後の師父の発遣の声の上に、已に実現せられてある。われの伝道的要求は、我の教を受くる所に於て已に満足せられてある。[248]

曾我は、無上涅槃への往相が、如来の「名号を成就してわれの行の足」、また「師父となりて教の眼」によるものとしているが、この「行の足」や「教の眼」という表現に、曽我の生き生きとした求道実践の息遣いを感じ取ることができよう。

さて、よく「利他教化」を還相回向の用とされるが、曽我はそれを、「現に自己の背後の師父の発遣の声」と見定めている。すなわち、利他教化という「伝道的要求」は、無上涅槃道に立つ我においてはじめて可能となるのであり、少なくとも、仏者の娑婆における社会実践ではない、というところに曽我の知見があった。ここに曽我は、伝統的な「還相回向観」と決別し、凡愚の自覚を内容とする求道実践を支えるものとして、還相回向を了解する。利他教化は、すでに我をして涅槃道に立たしめる還相回向のはたらきであり、「行の足」「教の眼」であったのである。ここで、曇鸞の「他利利他の深義」を思い合わさなければならない。曇鸞は次のように述べている。

菩薩、衆生を観ずるに畢竟じて所有なし。無量の衆生を度すといえども、実に一衆生として滅度を得る者なし。衆生を度すと示すこと、遊戯するがごとし。本願力と言うは、大菩薩、法身の中において、常に三昧にましまして、種種の身、種種の神通、種種の説法を現ずることを示すこと、みな本願力より起これるをもってなり。譬えば阿修羅の琴の鼓する者なしといえども、音曲自然なるがごとし。これを教化地の第五の功徳相と名づくとのたまえり。(249)

「利他教化」とは、どこまでも如来の還相回向の相である。教化は「音曲自然」である。我々は阿修羅琴をならさんとするよりも、常に教を受ける存在でなければならないのである。何故なら本願力成就の実存が、それがそのまま教化の相となるからである。そこにあるのは、本願力のはたらきのみである。

寺川俊昭は、このような曽我の還相回向の了解をもって、次のように我々を喚起する。

この見解は親鸞の語る二種回向、ことに還相回向についての画期的な了解であるが、これを前にあげたほとんど通念になっている二種回向の了解と対照させて、いずれが親鸞の顕開しようとするところに近いか、我われはよくよく思念すべきである[250]。

そして『浄土三経往生文類』の「如来の二種の回向によりて、真実の信楽をうる人[251]」の言葉や『正像末和讃』の「往相還相の回向に　もうあわぬ身となりにせば　流転輪回もきわもなし　苦海の沈淪いかがせん」（真宗聖典五〇四頁）に着目して、

自身における仏道の成就である、大きな謝念をもって語るほかはないこの事実は、あげて如来の二種回向に値遇して賜わる恩徳であると、親鸞はいう。このような恩徳である如来二種の回向の中の還相回向について、これを主題的に推求する「証巻」は、これをまず「利他教化地の益」とする[252]。

と述べている。「利他教化地の益」とは、凡愚の我をして仏道へ直入せしめんとする菩薩の功徳である。すなわち、還相回向によって凡愚なる衆生の蒙る求道的利益である。どこまでも凡愚である親鸞にとっては、法然の存在こそ還相回向の相であり、曽我にとっては親鸞や清沢がそうである。還相回向とは、如来の応化身が愚禿の我に対してはたらく、そのはたらきそのものである。凡夫には、利他教化など許される余地はないのである。

寺川はそのような親鸞の心に感応して、次のように還相回向について論じている。

種々の身をもってはたらく如来の応化身とは、我らを教化して仏道に向けしめる師教に帰した時、今史のように深々と自証される如来の恩徳の具体相である。阿弥陀という名で表わされる如来は、これらの報身とし種々の応化身として具体的にその恩徳を現前しているのであると、親鸞は了解したのであった。そしてこの応化身を「回向」という観点に立ってとらえる時、それはまさしく本願力のはたらく形としての、還相回向の具体相にほかならないことが、改めて知られるのである。師教の厚恩は、実はそのまま如来の還相回向の恩徳で

ある。(253)

すなわち、我を教化して仏道に向かわしめる応化とは師教の厚恩であり、還相回向の恩徳であると言い切り、さらに、

衆生を願生浄土の一無碍道に立たしめる如来の往相回向は、応化身を示して真実教を開説し、流転の中に苦悩する衆生を教化して止まないという、このような具体相をもってはたらく如来の還相回向に依り、それを大地として成就するというべきである。いわば還相回向に包まれ、還相回向を大地として、往相回向は成立し展開するのだと、私は敢えて了解するのである。(254)

と言うのである。還相回向に包まれてこそ、衆生は往相回向に立って願生浄土の志願に生きることができるのである。(255)

第五項　浩々洞魂

一九一四（大正三）年八月、第一次世界大戦が勃発する。当時、浩々洞が大転換に迫られており、さらに、浩々洞を支えていた曉烏や曾我らは、共に信仰的危機に立たされた。そして曾我は、自らの強靭な思索によって新天地を開拓したことは、既述した通りである（曉烏敏の新天地開拓については次節に譲る）。「浩々洞魂」は、新局面を迎えつつあったのである。

親鸞聖人六百五十回御遠忌が厳修された一九一一（明治四四）年一〇月、越後に沈潜した曾我において、苦悩の自己をかかえて親鸞に聞思する間、最愛の実母タツが、一九一六（大正五）年八月に逝去した。そして、その悲し

みが癒えない翌月、業縁に促されつつ東洋大学教授としての東上を機縁に、浩々洞の運営を金子より受け継いだ。その決意を「告白」（『精神界』一九一六〔大正五〕年一〇月）に、次のように発表している。

清沢師が門下の人々を率ゐて浩々洞を創立せられてから、最早十五年を満ちやうとします。私は今静にわが洞の変化多い歴史を溯つて、創立当時を想ふに、創立者等の簡潔の主張と素朴の生活とを通して、切実にして淳一なる原始人の本願を聞くのでありました。ただ先師の偉大なる人格の光と、精錬せられたる宗教とは、その滅後次第に固定して、宛然成立宗教の形を見せんとするに至りたることは、臨終の際まで霊的奮闘を不断に続けられた先師の御本意でないことは勿論、またその高風を敬慕する私共同人の本真の志願ではないのであります。私共は各自に情実纏綿せる現在の自己を肯定し、これに満足すべきではありません。何卒常に無色透明の一如の源頭にかへり、この一如から新しく出現したいと願ひます。依て何時の間にか成立的教団となりかけて来た浩々洞の名を還元し、新たなる求道的団体、即ち純粋の精神的団体に改造し度いと思ひます。嘗て其名の深い嘆洞の美者であつた私共は、一転して同一の名の強い呪詛者となりました。而して種種苦しんだ極、一層是際奇麗に其の解散を思ふこともありました。けれども一度わが心に銘した浩々洞魂は永久に死せざるべく、随て云何して名に対する愛執を解脱することが出来ませう。私共は各自の本願に立ち還り、この際われ等の団体をその当初の大精神に復帰し、此大心海から現実の人生に出興したい願であります。（中略）親鸞聖人は「心を弘誓の仏地に樹て、情を難思の法海に流す」と云はれましたが、信心の根を深く弘誓の仏地の底にまで樹つる人にして、始めて法悦の情を無碍の難思の法海の中に流すことが出来るのであります。

内外の業因にひかれて、帝都に投げ出された私は、今更に自分の内心の空虚と混濁とに悲痛せざるを得ないのであります。苟も心霊の道を求むる私は今や専一に善財童子の如く真の善知識を求めねばなりませぬ。(256)

曾我は、「浩々洞魂」を、このように高らかに宣言した。曾我にとって、清沢の創立した浩々洞の頽落は、真宗大学の京都移転にもまして痛切であった。しかし、創立一五周年を迎えた浩々洞は、すでに「成立宗教」と化し「成立的教団」に堕していたのである。清沢によって叫ばれた「切実にして淳一なる原始人の本願」を喪失したのである。その浩々洞を、純真な「精神的団体」として再生させるためには、何としても「無色透明の一如の源頭」の精神に回帰し、「原始人の本願」を再生させなければならなかった。「原始人」とは法蔵菩薩であり、曾我にとっては、言うまでもなく清沢であろう。そして、再生の原動力である「浩々洞魂」とは、「無色透明の一如の源頭」であろう。このように訴えた曾我は、「内外の業因」によって東京に投げ出されたことを機に、より鮮烈に、「原始人」なる清沢とその精神である「浩々洞魂」の活性を願わざるを得なかったのである。ここに浩々洞の解散は決断された。

まことに転換期を担う曾我は、自らの心境を、「自分の内心の空虚と混濁とに悲痛せざるを得ないのであります」と告白するが、仏道とは、すでに法蔵菩薩を「地上の救主」と感得しつつも、日々襲い掛かる空虚に沈む心を満たすべく求道し続けねばならぬものであった。そして、止むことなき悪戦苦闘の心境を『精神界』に告白しつつ、最後の一息まで悲痛なる自己からの解放と同時に、「浩々洞魂」を念じざるを得なかったのである。曾我は、常に親鸞と清沢に、仏道の真義を厳しく問い続けたのである。

ここに再び仏道の真実義を、「祖聖を憶ひつゝ」に見てみよう。

真実の救済の問題は決して単なる一個人の問題でなく、十方衆生全体の救済の為めである。自己一人の生命が即ち十方衆生全体の生命たるを自覚する所に於て初めて人生の宗教てふものが成立する。而して此自覚がやがて現実的救済主その人の体験である。十方衆生の悩を負ふて立つ意、此意が直に自己を救ふ現実的救主の心である。此れ則ち果海の十方諸仏を負ふて立つ心である。法蔵菩薩の第十八の本願と云ふが即ち是である。十方衆生の悩に同感する心の外にその自我を救ふ理想的救主を求むる必要はないのである。[257]

救済は本来的に、個人を超えて十方衆生に開かれてある。十方衆生の救済が、大乗の本義である。親鸞はそれを、「第十八願」によって開顕した。思えば、「自己一人」の救済が「十方衆生」の救済として同感する時、初めて自己の救済も現実に有効となろう。曾我は、どこまでも、浄土の真宗を、自分自身の実存に即応して了解したが、それは同時に、永遠に救われざる凡愚の自覚を体とする、十方に響流する浄土の真宗の建立であった。

以上、縷々、「自覚時代」と称される越後時代の曾我の仏道に聞思してきたが、ここにあらためて思うことは、仏道の「極難信」と、その「極難」を凌ぐ我が内なる宗教的精神の躍動である。「極難」の因は、すべて我が胸中にある。その我が胸中にある「凡愚」を場所として、法蔵菩薩は我が宗教的精神として誕生する。ここで、本節の論考を終えるに当たって、当時の曾我の「極難」に遭遇する、救われざる魂の叫び声、つまり如来誕生の「場所」を、聞きたいと思う。

暁烏君を念ずる時、君が忍び難い事を忍んで自分如きもの前途を深く案じ、「兄が越後から東京に出られたので私は何だか気がかりが一つなくなつたやうです」と祝福して呉れられる君の胸中を深く察せねばならぬと思ふ。「加賀の『旅人』は、よそほひをかへて出ます、私も何か書きたいと思うて居ます」。私は切に加賀の三君の新しい門出を祝します。「私達も更に野に分け更に山を超える時が来ました、『旅人』は更に『汎濫』と変りても、私には私の全生活を筆とる他、何の意味もないのです」と云ひ最後に「どうかま直に行つて下さい、どうか人物になつて下さい」の高光君の御忠告に対しては悲痛の感激を以て受けました。[258]

「野に分け更に山を超える」ことのできたという、高光の宗教的精神こそ、法蔵菩薩の活動であろう。

曾我は「加賀の三羽烏」と親しく交流した。そして、曾我と同様に暁烏も「凋落」して加賀に帰郷しており、高光も離婚問題を機に自らの業生活と苦闘していた。このように、明治末葉から大正の初めにかけて、清沢門下のそれぞれが、「浩々洞魂」を胸奥深くに抱える現実的な求道的実践の中にあったのである。すなわち、「浩々洞魂」の共有、ここにこそ同朋僧伽の原動力を窺うことができよう。

一九一六（大正五）年、浩々洞は解散した。しかし、それは曾我にとって、決して信仰的行詰まりではなかった。解散を決意した曾我は、自らを「善財童子」たらんと宣言したが、そのように、浩々洞の解散の決断は、今後の本願のうねりを引き起こすための歴史的必然であったのである。「浩々洞魂」は、その後それぞれの人を得て、活動することになる。たとえば、曾我が「法蔵魂」として継承し、『大地』『見真』等に心境を発表し、妻ケイとの死別を経て一九二五（大正一四）年四月に大谷大学教授に就任したように、それぞれの時代において世に具体化された。すなわち、暁烏敏、高光大船、藤原鉄乗の「加賀の三羽烏」は、夏期講習会の発足や機関紙の発刊などの活動として具体化し、また第三章で論ずる、安田理深、北原繁麿、松原祐善、山崎俊英、そして訓覇信雄らの若き求道者による興法学園、さらには大戦後の、安田、松原、さらには仲野良俊や柘植闡英、高原覚正らによる真人社や同朋会運動も、「浩々洞魂」の具現化であった。

そのような「浩々洞魂」の継承者の中から、第三節では暁烏敏、第四節では高光大船の求道を考察したいと思う。

註

（1）『暁烏敏伝』一四四頁、大和書房

（2）「精神主義の地方的展開」『資料清沢満之〈論文篇〉』、三五三～三五四頁、同朋舎
（3）「精神主義の地方的展開」『資料清沢満之〈論文篇〉』、三五四～三五五頁、同朋舎
（4）「精神主義の地方的展開」『資料清沢満之〈論文篇〉』、三五五頁、同朋舎
（5）「精神主義の地方的展開」『資料清沢満之〈論文篇〉』、三五八頁、同朋舎
（6）「精神主義の地方的展開」『資料清沢満之〈論文篇〉』、三八二～三八三頁、同朋舎
福島は、加賀にあって高倉学寮で学び、異安心事件の排撃派の僧侶太田信成から、「あれは教義上の異安心ではないがで、思想上の異安心じゃったね」との証言を得たことを明かしている。
（7）「更生の前後」『暁烏敏全集』一二巻、七頁、涼風学舎
（8）『直道』一九三八（昭和一三）年六月
（9）「罪悪も如来の恩寵なり」『暁烏敏全集』二一巻、四九七～四九九頁、涼風学舎
（10）恩寵主義の歴史的背景について福島和人は次のように論じている。「古い信仰の桎梏を突き破って出た感激のあまり、如来の前に救済を予定し、罪業の自身を凝視する苦行を忘れ、如来に酔いその慈悲の裏に眠り込むという〝恩寵主義〟という求道上のゆきづまりをも伴っていたのである。」（『大地の仏者』一〇二頁、能登印刷出版部）
（11）「更生の前後」『暁烏敏全集』一二巻、三〇頁、涼風学舎
（12）「かくして私は凋落して行く乎」『暁烏敏全集』二二巻、一五頁、涼風学舎
（13）「更生の前後」『暁烏敏全集』一二巻、三〇頁、涼風学舎
（14）「かくして私は凋落して行く乎」『暁烏敏全集』二二巻、一九頁、涼風学舎
（15）「かくして私は凋落して行く乎」『暁烏敏全集』二二巻、七二頁、涼風学舎
（16）「かくして私は凋落して行く乎」『暁烏敏全集』二二巻、七七頁、涼風学舎
（17）「東京だより」『精神界』一九一三（大正二）年八月
（18）『精神界』一九一四（大正三）年一一月
（19）「浩々洞の懐旧」『資料清沢満之〈資料篇〉』二四四頁、同朋舎
（20）「洞人語」『精神界』一九一三（大正二）年一〇月
（21）「謹告」『精神界』一九一五（大正四）年五月
（22）「痛傷すべき我生活」『暴風駛雨』『曾我量深選集』四巻、二九六～二九七頁、彌生書房

(23)「自己を知らざるものは真に如来を知るものに非ず」『暴風駛雨』『曾我量深選集』四巻、三二八〜三三〇頁、彌生書房
(24)「光胎を出で、」『曾我量深選集』三巻、二一頁、彌生書房
(25)「光胎を出で、」『曾我量深選集』三巻、二二頁、彌生書房
(26)「光胎を出で、」『曾我量深選集』三巻、二四頁、彌生書房
(27)「『精神界』に対する私の希望」「編輯室より」『精神界』一九一七(大正六)年一一月
(28)「編輯雑記」『精神界』一九一七(大正六)年一〇月
(29)「山王台より」『曾我量深選集』四巻、三九八頁、彌生書房
(30)『明治思想家論』一三五頁、トランスビュー
(31)「服従論」『精神界』一九〇二(明治三五)年四月
(32)「服従論」『精神界』一九〇二(明治三五)年四月
(33)「喀血したる肺病人に与ふるの書」『清沢満之全集』六巻、一四〇頁、岩波書店
(34)「喀血したる肺病人に与ふるの書」『清沢満之全集』六巻、一四〇〜一四七頁、岩波書店
(35)「喀血したる肺病人に与ふるの書」『清沢満之全集』六巻、一四五頁、岩波書店
(36)「喀血したる肺病人に与ふるの書」『清沢満之全集』六巻、一四六〜一四七頁、岩波書店
(37)「精神主義」『清沢満之全集』六巻、三頁、岩波書店
(38)「精神主義」『清沢満之全集』六巻、四頁、岩波書店
(39)「精神主義」『清沢満之全集』六巻、四頁、岩波書店
(40)「精神主義」『清沢満之全集』六巻、四頁、岩波書店
(41)「万物一体」『清沢満之全集』六巻、一一頁、岩波書店
(42)「万物一体」『清沢満之全集』六巻、一二頁、岩波書店
(43)「万物一体」『清沢満之全集』六巻、一三頁、岩波書店
(44)「万物一体」『清沢満之全集』六巻、一三〜一四頁、岩波書店
(45)たとえば「宗教的道徳(俗諦)と普通道徳との交渉」(『清沢満之全集』六巻、岩波書店)がそれである。
(46)『臘扇記　第二号』『清沢満之全集』八巻、四〇三頁、岩波書店

(47)「宗教的信念の必須条件」『清沢満之全集』六巻、七七頁、岩波書店
(48)「宗教的信念の必須条件」『清沢満之全集』六巻、七七頁、岩波書店
(49)「超戦争観」『精神界』一九〇四（明治三七）年一一月
(50)「超戦争観」『精神界』一九〇四（明治三七）年一一月
(51)「超戦争観」『精神界』一九〇四（明治三七）年一一月
(52)「万物一体」『清沢満之全集』六巻、一三頁、岩波書店
(53)「超戦争観」『精神界』一九〇四（明治三七）年一一月
(54)「超戦争観」『精神界』一九〇四（明治三七）年一一月
(55)「超戦争観」『精神界』一九〇四（明治三七）年一一月
(56)「如来の大命」『精神界』一九〇二（明治三五）年一〇月
(57)「如来について」『清沢満之先生五十回忌記念講話』『真人』四五号、一九五二（昭和二七）年七月、三頁
(58)「六月一日　暁烏敏宛」『清沢満之全集』九巻、三〇五頁、岩波書店
(59)「宗教的道徳（俗諦）と普通道徳との交渉」『清沢満之全集』六巻、一四八頁、岩波書店
(60)「宗教的道徳（俗諦）と普通道徳との交渉」『清沢満之全集』六巻、一四九頁、岩波書店
(61)「宗教的道徳（俗諦）と普通道徳との交渉」『清沢満之全集』六巻、一五三頁、岩波書店
(62)「宗教的道徳（俗諦）と普通道徳との交渉」『清沢満之全集』六巻、一五三〜一五四頁、岩波書店
(63)「宗教的道徳（俗諦）と普通道徳との交渉」『清沢満之全集』六巻、一六四頁、岩波書店
(64)「有限無限録」『清沢満之全集』二巻、一三〇頁、岩波書店
(65)「有限無限録」『清沢満之全集』二巻、一三〇〜一三一頁、岩波書店
(66)「万物一体」『清沢満之全集』六巻、一二〜一三頁、岩波書店（取意）
(67)『唯信鈔文意』真宗聖典、五五三頁、真宗大谷派宗務所出版部
(68)『教行信証』「信巻」真宗聖典、二二七〜二二八頁、真宗大谷派宗務所出版部
(69)曾我は「如来表現の範疇としての三心観」で「信楽」を釈して、「往生を否定し否定して、最後に成仏の志願則ち願作仏心にまでもその自覚を推し進めて行かうといふ。此の論理が信楽の否定論理である」と述べている。（『曾我量深選集』五巻、二〇一頁、彌生書房）

(70)「自己を弁護せざる人」『曾我量深選集』二巻、二二五頁、彌生書房
(71)「如来は無限の能力なり」『中道』一九一一(昭和四四)年六月、一六〜一七頁、中道社
(72)「我に影向したまへる先師」『曾我量深選集』二巻、一六四〜一六六頁、彌生書房
(73)「東京だより」『精神界』一九一一(明治四四)年一〇月
(74)「後記」『曾我量深選集』二巻、四六〇〜四六一頁、彌生書房
(75)「大闇黒の仏心を見よ」『曾我量深選集』二巻、三〇九〜三一〇頁、彌生書房
(76)「大闇黒の仏心を見よ」『曾我量深選集』二巻、三一一〜三一二頁、彌生書房
(77)「大闇黒の仏心を見よ」『曾我量深選集』二巻、三一八頁、彌生書房
(78)『御伝鈔』真宗聖典、七二八〜七二九頁、真宗大谷派宗務所出版部
(79)「信行両座」『曾我量深選集』二巻、三四二〜三四三頁、彌生書房
(80)「信行両座」『曾我量深選集』二巻、三四三頁、彌生書房
(81)「信行両座」『曾我量深選集』二巻、三四三頁、彌生書房
(82)「信行両座」『曾我量深選集』二巻、三四五頁、彌生書房
(83)「信行両座」『曾我量深選集』二巻、三四六〜三四七頁、彌生書房
(84)「信行両座」『曾我量深選集』二巻、三五四頁、彌生書房
(85)「信行両座」『曾我量深選集』二巻、三五四頁、彌生書房
(86)「信行両座」『曾我量深選集』二巻、三五四頁、彌生書房
(87)「信行両座」『曾我量深選集』二巻、三五五頁、彌生書房
(88)「信行両座」『曾我量深選集』二巻、三五七頁、彌生書房
(89)『教行信証』「化身土巻」真宗聖典、三五六頁、真宗大谷派宗務所出版部
(90)『教行信証』「化身土巻」真宗聖典、三五六頁、真宗大谷派宗務所出版部
(91)「信行両座」『曾我量深選集』二巻、三五八頁、彌生書房
(92)『両眼人』一四頁、春秋社
(93)『両眼人』一六頁、春秋社
(94)「比叡大学の卒業者と退学者」(『暴風駛雨』『曾我量深選集』四巻、三一六〜三一七頁、彌生書房)に次のように

言う。当時の「比叡大学」には二人の退学者がおり、その一人が自主退学の法然、もうひとりが卒業を断念せざるを得なかった親鸞であった。法然はやがて私立の吉水大学を創り総長となるが官立の比叡大学から危険思想視され、大学は閉校になった。吉水大学の学生は三八〇余人であったが、親鸞一人が卒業論文『教行信証』を著し卒業できた、というものである。吉水大学では、官立大学の「落第者」親鸞だけが唯一の卒業生であった、と説く曽我の真意に注目しなければならないと思う。親鸞はインテリを放棄した「凡愚」の自覚において、真宗を宣揚したのである。

(95)「比叡及び吉水に於ける祖聖の問題」『暴風駛雨』『曽我量深選集』四巻、三二一～三二二頁、彌生書房

(96)以上「比叡及び吉水に於ける祖聖の問題」『暴風駛雨』『曽我量深選集』四巻、三二三頁、彌生書房

(97)「比叡及び吉水に於ける祖聖の問題」『暴風駛雨』『曽我量深選集』四巻、三二三頁、彌生書房

(98)「比叡及び吉水に於ける祖聖の問題」『暴風駛雨』『曽我量深選集』四巻、三二三～三二四頁、彌生書房

(99)この自覚の真実義を「三願転入」に尋ねたい。先ず『無量寿経』に説かれる「第二十・臨終現前の願」の願文を見てみよう。

　たとい我、仏を得んに、十方の衆生、我が名号を聞きて、念を我が国に係けて、もろもろの徳本を植えて、心を至し回向して我が国に生まれんと欲わんに、果遂せずんば、正覚を取らじ。（真宗聖典、一八頁、真宗大谷派宗務所出版部）

この願文中の「至心回向」の「心を至し回向して」との訓点と、「下巻」冒頭の本願成就文中の「至心回向」に対する「心を至し回向したまえり」との訓点、すなわち、

　あらゆる衆生、その名号を聞きて、信心歓喜せんこと、乃至一念せん。心を至し回向したまえり。かの国に生まれんと願ずれば、すなわち往生を得て不退転に住す。唯五逆と誹謗正法とを除く。（真宗聖典、四四頁、真宗大谷派宗務所出版部）

と訓ずる親鸞の仏道を推求すれば、親鸞は本願成就文の「心を至し回向したまえり」との訓点において「回向」の主体を如来に見定めることで、第二十願の「心を至し回向して」との訓点に見られる、どこまでも救われがたき自力迷妄性、つまり如来の「回向」を〝我がもの〟とする自力的自己が救済される相を明かしているように思われる。思うに、「心を至し回向して」との自力的自己の求道姿勢は、三願転入の「速やかに難思往生の心を離れて、難思議往生を遂げんと欲う」の「欲遂」との告白に極まるのではなかろうか。すなわち、「欲遂」に込められた自

力の限界の主観的事実を、親鸞は次のように悲歎述懐しているのではなかろうか。

悲しきかな、垢障の凡愚、無際より已来、助・正間雑し、定散心雑するがゆえに、出離その期なし。自ら流転輪廻を度るに、微塵劫を超過すれども、仏願力に帰しがたく、大信海に入りがたし。良に傷嗟すべし、深く悲歎すべし。（真宗聖典、三五六頁、真宗大谷派宗務所出版部）

まことに、我々は永劫に救われざる存在である。しかし、そのような「根本無明」の我々は、如来によってのみ救済される。かかる救済の事実を、親鸞は『浄土和讃』において、「定散自力の称名は　果遂のちかいに帰してこそ　おしえざれども自然に　真如の門に転入する」（真宗聖典、四八四頁、真宗大谷派宗務所出版部）と讃嘆するのである。『和讃』中の「自然」とは「若不生者の誓」、つまり「願力自然」であることは、明らかである。

同様の自覚内容を『教行信証』「信巻」の「三一問答」に尋ねれば、親鸞は本願成就文を「信楽釈」における「本願信心の願成就の文」と「欲生釈」における「本願の欲生心成就の文」とに分けることで、如来救済の真実義を解明している。すなわち、「本願信心の願成就の文」では、「雑毒・雑修の善」、「虚仮・諂偽の行」の実行者、つまり無量光明土に到底生れることは「不可なり」と承知せざるを得ない衆生が、「如来の大悲心」によって「利他真実の信心」の回施されることが述べられており、「本願の欲生心成就の文」においては、「回向したまえり」と訓点を付すことで、「回向」について「大小・凡聖・定散・自力の回向にあらず」、また「微塵界の有情、煩悩海に流転し、生死海に漂没して、真実の回向心なし、清浄の回向心なし」と述べて、信が衆生にとって「不回向」であることを証している。つまり、真宗という仏道が如来の「回向心を首として、大悲心を成就する」ものであることを明らかにしているのである。救われがたき自力的自己が「利他真実の信心」を体とする如来招喚の勅命によって救済されるのである。如来大悲の本願、つまり「若不生者の誓」が、苦悩の親鸞一人の上に成就したのである。それは、親鸞が「信楽釈」や「欲生釈」で開顕したような、「これ必ず不可なり」「真実の回向心なし、清浄の回向心なし」なる求道者の機の自覚であろう。このような親鸞の己証を、曾我は、

「弥陀の五劫思惟の願をよくよく案ずれば」とは此処である。至深至細の自力無効に達して、始て「親鸞一人が為なりけり」としみじみと味ひ給ひたるではない乎。（『曾我量深選集』四巻、三二三頁、彌生書房）

と述べるのである。それは「捨てずして自然に捨つ」境地である。「弥陀の五劫思惟の願をよくよく案ずれば」として自力無効に立つ曾我は、ここにしみじみと親鸞の「そくばくの業」を有する自己をして、弥陀の五劫思惟の願を「一人が為なりけり」と味わった、その心境と同等の如来大悲を実験したに違いない。

(100)「食雪鬼、米搗男、新兵」『精神界』一九一二（明治四五）年三月

(101)「他力は胸より湧く」『曾我量深選集』二巻、三六三頁、彌生書房

(102)「他力は胸より湧く」『曾我量深選集』二巻、三六四頁、彌生書房

(103)「三願より発足して十重の一体に到着す」『曾我量深選集』二巻、三七六頁、彌生書房

(104)「三願より発足して十重の一体に到着す」『曾我量深選集』二巻、三七七～三七八頁、彌生書房

(105)「三願より発足して十重の一体に到着す」『曾我量深選集』二巻、三七九頁、彌生書房

(106)「三願より発足して十重の一体に到着す」『曾我量深選集』二巻、三七九頁、彌生書房

(107)「三願より発足して十重の一体に到着す」『曾我量深選集』二巻、三七九頁、彌生書房

(108)「三願より発足して十重の一体に到着す」『曾我量深選集』二巻、三八〇頁、彌生書房

(109)「三願より発足して十重の一体に到着す」『曾我量深選集』二巻、三八〇頁、彌生書房

(110)「三願より発足して十重の一体に到着す」『曾我量深選集』二巻、三八〇～三八一頁、彌生書房

(111)「三願より発足して十重の一体に到着す」『曾我量深選集』二巻、三八二頁、彌生書房

(112)「三願より発足して十重の一体に到着す」『曾我量深選集』二巻、三八四頁、彌生書房

(113)『教行信証』「化身土巻」真宗聖典、三五六～三五七頁、真宗大谷派宗務所出版部

(114) 同様の視点は、たとえば、親鸞の「真仏弟子釈」に対する、山辺習学、赤沼智善の以下の見解に見ることができる。すなわち、「誠に知りぬ。悲しきかな」から始まる「悲歎述懐」について、

　これ即ち信の喜びである。自分というものの真相に気づく所が信心の智慧である。この智慧が煩悩の自我の立場を失わしめ、そして今まで坐つていた自我の地位に代つて占領している。故にこの全分の懺悔の心は、そのまま仏心である、歓喜心である、三忍を獲た心である。智慧は静かに自我の悪毒を照し、喜びはひたひたと乾いた胸を湿して一味の歓喜海中に溶けこむ味わいがある。これ実に仏凡一体の表現である。信心の具体的内容である、即ち真仏弟子の心懐である。（『教行信証講義』「信証の巻」、八六七頁、法藏館）とある。

(115)「法蔵菩薩影現の歴程としての三願」『曾我量深選集』三巻、三〇一頁、彌生書房

(116)「法蔵菩薩影現の歴程としての三願」『曾我量深選集』三巻、三〇一～三〇二頁、彌生書房

(117)「法蔵菩薩影現の歴程としての三願」『曾我量深選集』三巻、三〇二頁、彌生書房

(118)「法蔵菩薩影現の歴程としての三願」『曾我量深選集』三巻、三〇三頁、彌生書房

(119)「法蔵菩薩影現の歴程としての三願」『曾我量深選集』三巻、三〇二頁、彌生書房
(120)「法蔵菩薩影現の歴程としての三願」『曾我量深選集』三巻、三〇五頁、彌生書房
(121)『両眼人』一九頁、春秋社
(122)寺川俊昭『親鸞のこころ』四頁、有斐閣新書
(123)寺川俊昭『親鸞のこころ』二〜三頁、有斐閣新書
(124)『唯信鈔文意』真宗聖典、五五二頁、真宗大谷派宗務所出版部
(125)『精神界』一九一二(明治四五)年三月
(126)「地上の救主」『曾我量深選集』二巻、四〇八頁、彌生書房
(127)「地上の救主」『曾我量深選集』二巻、四〇八頁、彌生書房
(128)「我信念」『清沢満之全集』六巻、一六二頁、岩波書店
(129)「我信念」『清沢満之全集』六巻、一六二頁、岩波書店
(130)「我信念」『清沢満之全集』六巻、一六二〜一六四頁、岩波書店
(131)『歎異抄』真宗聖典、六二六頁、真宗大谷派宗務所出版部
(132)親鸞は「信巻」に、本願成就文の「聞其名号」を釈して、

『経』に「聞」と言うは、衆生、仏願の生起・本末を聞きて疑心あることなし。これを「聞」と曰うなり。「信心」と言うは、すなわち本願力回向の信心なり。(真宗聖典、二四〇頁、真宗大谷派宗務所出版部)

と述べているが、文中の「衆生」とは業報に苦悶する存在であり、虚偽なる自己であろう。また、自力分別の限界に沈む我でもあろう。その己が存在において、親鸞は初めて、五劫思惟の法蔵菩薩のご苦労を「信心」において受領できたのである。そのような救済の事実を『歎異抄』に見れば、

いずれの行もおよびがたき身なれば、とても地獄は一定すみかぞかし(真宗聖典、六二七頁、東本願寺出版部)

という自覚的自己の告白に続く「弥陀の本願まことにおわしまさば」という弥陀本願の伝統へ帰入する、その実験の表白に相応すると言えよう。同様の求道的営為を蓮如に尋ねれば、

思案の頂上と申すべきは、弥陀如来の五劫思惟の本願にすぎたることは、なし。此の御思案の道理に同心せば、仏になるべし。同心申すとて、別になし。機法一体の道理なりと云々(『蓮如上人御一代記聞書』真宗聖

典、九〇一頁、真宗大谷派宗務所出版部）
とある。思案分別の限界を自覚する衆生こそが、「救済の場所」に立ち得ることを明らかにしているのである。すなわち、曾我は、親鸞や蓮如と同様、越後の「迷悶」の大地を現生不退の大地として、つまり「救済の場所」として立ち上がったのである。

(133)「我等が久遠の宗教」『曾我量深選集』二巻、三六五～三六六頁、彌生書房
(134)「我等が久遠の宗教」『曾我量深選集』二巻、三六八頁、彌生書房
(135)「我等が久遠の宗教」『曾我量深選集』二巻、三六九頁、彌生書房
(136)『蓮如上人御一代記聞書』真宗聖典、九〇一頁、真宗大谷派宗務所出版部
(137)「地上の救主」『曾我量深選集』二巻、四〇八頁、彌生書房
(138)「法蔵比丘の降誕は如来の人間化也」『暴風駛雨』『曾我量深選集』四巻、三四一頁、彌生書房
(139)「地上の救主」『曾我量深選集』二巻、四一〇頁、彌生書房
(140)「他力の救済」『清沢満之全集』六巻、一五九頁、岩波書店
(141)「地上の救主」『曾我量深選集』二巻、四一〇～四一一頁、彌生書房
(142)「地上の救主」『曾我量深選集』二巻、四一一頁、彌生書房
(143)「自己を知らざるものは真に如来を知るものに非ず」『暴風駛雨』『曾我量深選集』四巻、三二八～三三〇頁、彌生書房
(144)「地上の救主」『曾我量深選集』二巻、四一二頁、彌生書房
(145)「地上の救主」『曾我量深選集』二巻、四一二頁、彌生書房
(146)「地上の救主」『曾我量深選集』二巻、四一三頁、彌生書房
(147)「地上の救主」『曾我量深選集』二巻、四一四頁、彌生書房
(148)「地上の救主」『曾我量深選集』二巻、四一五頁、彌生書房
(149)「地上の救主」『曾我量深選集』二巻、四一五頁、彌生書房
(150)『教行信証』「信巻」真宗聖典、二二八頁、真宗大谷派宗務所出版部
(151)『西田幾多郎全集』一一巻、三七四頁、岩波書店
(152)『西田幾多郎全集』一一巻、四一五～六頁、岩波書店

(153)「場所的論理と浄土教」『西田哲学会年報』二〇〇七(平成一九)年七月三一日
(154)「場所的論理と浄土教」『西田哲学会年報』二〇〇七(平成一九)年七月三一日
(155)「法蔵比丘の降誕は如来の人間化也」『暴風駛雨』『曾我量深選集』四巻、三四四頁、彌生書房
(156)『教行信証』「行巻」真宗聖典、二〇七頁、真宗大谷派宗務所出版部
(157)「地上の救主」『曾我量深選集』二巻、四一五頁、彌生書房
(158)「地上の救主」『曾我量深選集』二巻、四一七~四一八頁、彌生書房
(159)「地上の救主」『曾我量深選集』二巻、四一八頁、彌生書房
(160)「地上の救主」『曾我量深選集』二巻、四一五頁、彌生書房
(161)「地上の救主」『曾我量深選集』二巻、四一五頁、彌生書房
(162)「地上の救主」『曾我量深選集』二巻、四一九~四二〇頁、彌生書房
(163)『教行信証』「信巻」真宗聖典、二一一頁、真宗大谷派宗務所出版部
(164)「宿業の自覚と機の深信」『歎異抄聴記』『曾我量深選集』六巻、一五五~一五六頁、彌生書房
(165)『大無量寿経聴記』『曾我量深選集』七巻、二七八~二七九頁、彌生書房
(166)『法蔵菩薩』『曾我量深選集』一二巻、一〇六頁、彌生書房
(167)「如来表現の範疇としての三心観」『曾我量深選集』五巻、一五八頁、彌生書房
(168)「自覚の教学」『安田理深選集』一巻、五二五頁、文栄堂
(169)「自覚の教学」『安田理深選集』一巻、五二二~五二三頁、文栄堂
(170)『法蔵菩薩』『曾我量深選集』一二巻、一〇六頁、彌生書房
(171)「浄土教の思想と文化」『恵谷隆戒古希記念論文集』仏教大学
(172)「神を開くの頌(田辺元)」「月報1」『曾我量深選集』五巻、彌生書房
(173)聖書を史的批判的に研究した神学者ブルトマンは、戦後まもなく『新約聖書神学』(一九四八~一九五三)を著し、聖書の「非神話化」を掲げている。それはやがてキリスト教を超えて哲学・仏教にも大きな影響を与えたのである。藤吉慈海によって言えば、次のようになる。

ブルトマンのいう非神話化とは、神話を聖書の中から取り除くことではない。それは神話を解釈する上での一つの試みである。それはよく誤解されたように、新約聖書中の神話を取り除くことによって、そこに宣べられ

ている教を合理化し、現代人にキリスト教を受容しやすいようにする試みではない。それは神話をいわば実存の方向にひきよせて解釈しようとすることである。(『浄土教思想の研究』三五〇頁、平楽寺書店)

このように、ブルトマンの「非神話化」が個の実存的解釈による近代化を意味するものであれば、「自己とは何ぞや」を根本命題とする清沢の「近代教学」こそ、まさにそれに該当すると言わなければならない。そのような近代教学の非神話化の営みは、清沢の「精神主義」を継承した曾我量深によって具現化されたと言えよう。松原祐善によれば、曾我は、「如来我となりて我を救い給う」、そして「如来我となるとは法蔵菩薩降誕のことなり」という宗教的信念の覚醒によって、今まで神話的にしか受け取られなかった『大経』の法蔵菩薩を「非神話化」したと述べている(「法蔵菩薩論」『松原祐善講義集』二巻、一九五頁、文栄堂)。曾我は強靭な思索を通して、「絶対無限」(法蔵菩薩)と「私」(我)とが一体であるとの関係性において了解したのであり、換言すれば、曾我は、「法蔵菩薩」を「非神話化」することで、「近代教学」を自己実存において展開したのである。ブルトマンの「非神話化」がそうであったように、曾我の「非神話化」も思想的に極めて重要な意義を有するものであった。

(174)「法蔵菩薩論」『松原祐善講義集』二巻、一九五頁、文栄堂
(175)『日本的霊性』『鈴木大拙全集』八巻、八七～八八頁、岩波書店
(176)「田舎寺の研究生活」『曾我量深選集』三巻、五五～五六頁、彌生書房
(177)「田舎寺の研究生活」『曾我量深選集』三巻、五六～五七頁、彌生書房
(178)「法蔵菩薩影現の歴程としての三願」『曾我量深選集』三巻、三〇五頁、彌生書房
(179)「田舎寺の研究生活」『曾我量深選集』三巻、五七頁、彌生書房
(180)「田舎寺の研究生活」『曾我量深選集』三巻、五九頁、彌生書房
(181)「田舎寺の研究生活」『曾我量深選集』三巻、五九頁、彌生書房
(182)『教行信証』「行巻」真宗聖典、一九二頁、真宗大谷派宗務所出版部
(183)「田舎寺の研究生活」『曾我量深選集』三巻、六〇～六一頁、彌生書房
(184)『高僧和讃』に次のように詠われている。「智慧光のちからより　本師源空あらわれて　浄土真宗をひらきつつ　選択本願のべたまう」(真宗聖典、四九八頁、真宗大谷派宗務所出版部)
(185)「我に影向したまへる先師」『曾我量深選集』二巻、一六六頁、彌生書房
(186)「我如来を信ずるが故に如来在ます也」『曾我量深選集』一二巻、一四四～一四六頁、彌生書房

(187)『教行信証』「信巻」真宗聖典、二一一頁、真宗大谷派宗務所出版部
(188)「我如来を信ずるが故に如来在ます也」『曾我量深選集』一二巻、一八一頁、彌生書房
(189)「出山の釈尊を念じて」『曾我量深選集』三巻、五～六頁、彌生書房
(190)『正像末和讃』真宗聖典、五〇〇頁、真宗大谷派宗務所出版部
(191)『教行信証』「行巻」真宗聖典、二〇四頁、真宗大谷派宗務所出版部
(192)『浄土論』真宗聖典、一三五頁、真宗大谷派宗務所出版部
(193)「出山の釈尊を念じて」『曾我量深選集』三巻、六頁、彌生書房
(194)「出山の釈尊を念じて」『曾我量深選集』三巻、六頁、彌生書房
(195)『教行信証』「信巻」真宗聖典、二二〇頁、真宗大谷派宗務所出版部
(196)『教行信証』「信巻」真宗聖典、二二〇頁、真宗大谷派宗務所出版部
(197)「出山の釈尊を念じて」『曾我量深選集』三巻、一二頁、彌生書房
(198)『教行信証』「信巻」真宗聖典、二一九～二二〇頁、真宗大谷派宗務所出版部
(199)「出山の釈尊を念じて」『曾我量深選集』三巻、一二頁、彌生書房
(200)「永久の往生人」『曾我量深選集』三巻、八〇頁、彌生書房
(201)「永久の往生人」『曾我量深選集』三巻、八一頁、彌生書房
(202)「永久の往生人」『曾我量深選集』三巻、八二頁、彌生書房
(203)「永久の往生人」『曾我量深選集』三巻、八三頁、彌生書房
(204)「永久の往生人」『曾我量深選集』三巻、八四頁、彌生書房
(205)「永久の往生人」『曾我量深選集』三巻、八五～八六頁、彌生書房
(206)「永久の往生人」『曾我量深選集』三巻、八六頁、彌生書房
(207)「闇へ闇へ」『曾我量深選集』三巻、八七頁、彌生書房
(208)「闇へ闇へ」『曾我量深選集』三巻、八八頁、彌生書房
(209)「闇へ闇へ」『曾我量深選集』三巻、八八頁、彌生書房
(210)「闇へ闇へ」『曾我量深選集』三巻、八八頁、彌生書房
(211)「闇へ闇へ」『曾我量深選集』三巻、九〇頁、彌生書房

(212)「闇へ闇へ」『曾我量深選集』三巻、九〇頁、彌生書房
(213)「闇へ闇へ」『曾我量深選集』三巻、九〇頁、彌生書房
(214)「闇へ闇へ」『曾我量深選集』三巻、九二頁、彌生書房
(215)「闇へ闇へ」『曾我量深選集』三巻、九二頁、彌生書房
(216)「闇へ闇へ」『曾我量深選集』三巻、九二頁、彌生書房
(217)「闇へ闇へ」『曾我量深選集』三巻、九四頁、彌生書房
(218)「闇へ闇へ」『曾我量深選集』三巻、九四頁、彌生書房
(219)『歎異抄』真宗聖典、六四〇頁、真宗大谷派宗務所出版部
(220)「闇へ闇へ」『曾我量深選集』三巻、九四頁
(221)「祖聖を憶ひつゝ」『曾我量深選集』三巻、九五頁、彌生書房
(222)『高僧和讃』真宗聖典、四九八〜四九九頁、真宗大谷派宗務所出版部
(223)『高僧和讃』真宗聖典、四九九頁、真宗大谷派宗務所出版部
(224)「地上の救主」『曾我量深選集』二巻、四一一頁、彌生書房
(225)「祖聖を憶ひつゝ」『曾我量深選集』三巻、九六頁、彌生書房
(226)「祖聖を憶ひつゝ」『曾我量深選集』三巻、九九頁、彌生書房
(227)「祖聖を憶ひつゝ」『曾我量深選集』三巻、九九頁、彌生書房
(228)「祖聖を憶ひつゝ」『曾我量深選集』三巻、九九頁、彌生書房
(229)「祖聖を憶ひつゝ」『曾我量深選集』三巻、九九頁、彌生書房
(230)「祖聖を憶ひつゝ」『曾我量深選集』三巻、一〇〇頁、彌生書房
(231)「祖聖を憶ひつゝ」『曾我量深選集』三巻、一〇〇〜一〇一頁、彌生書房
(232)「祖聖を憶ひつゝ」『曾我量深選集』三巻、一〇一頁、彌生書房
(233)「祖聖を憶ひつゝ」『曾我量深選集』三巻、一〇六頁、彌生書房
(234)「祖聖を憶ひつゝ」『曾我量深選集』三巻、一〇七頁、彌生書房
(235)『教行信証』「化身土巻」真宗聖典、三二六頁、真宗大谷派宗務所出版部
(236)「祖聖を憶ひつゝ」『曾我量深選集』三巻、一一九頁、彌生書房

(237)『教行信証』「化身土巻」真宗聖典、三五六～三五七頁、真宗大谷派宗務所出版部
(238)「祖聖を憶ひつゝ」『曽我量深選集』三巻、一〇五頁、彌生書房
(239)『絶対他力道』《清沢満之先生五十回忌記念講話集》五一頁、大谷出版社
(240)「祖聖を憶ひつゝ」『曽我量深選集』三巻、一一九～一二〇頁、彌生書房
(241)延塚知道は、ここで述べた自覚の真義を「浄土の働き」、すなわち「大願業力」として、次のように論じている。
われわれの目覚めは、「自身は現に」と今のわれわれの身に開かれる自覚であるが、その開かれた自覚は、人類が始まる以前の過去から流転し続けてきた身であり、またこれから先、永遠の未来に渡って救われるはずのない身であるという目覚めである。「決定して深く自身は現に是れ罪悪生死の凡夫」＝「今」、「曠劫より已来、常に没し常に流転して」＝「已」、「出離の縁有ること無し」＝「当」、このように、已・今・当を貫いてある宿業の身を、転じる働きこそ浄土である。
そして、『論註』の「此の中の仏土不可思議に二種の力有り。一つには業力、謂く法蔵菩薩の出世の善根と、大願業力との所成なり。二つには正覚の阿弥陀法王善住持力に摂せられたり。此の不可思議は下の十七種の如し。一一の相、皆不可思議なり。文に至りて当に釈すべし」〔原文は漢文〕(『真宗聖教全書』一巻、三一七頁、大八木興文堂)を引いている。(以上『浄土論註』の思想究明―親鸞の視点から―』一四九～一五〇頁、文栄堂)
「機の深信」の自覚とは、已・今・当を貫いてある身の自覚であり、それは浄土の転じる働きである。曽我はそれを「如来が我となりたる姿」と述べ、衆生に信楽を施与する「救済の直接的証明」と言い表していると思われる。
(242)「自己の還相回向と聖教」『曽我量深選集』三巻、一五二頁、彌生書房
(243)「自己の還相回向と聖教」『曽我量深選集』三巻、一五三頁、彌生書房
(244)「自己の還相回向と聖教」『曽我量深選集』三巻、一五四頁、彌生書房
(245)「自己の還相回向と聖教」『曽我量深選集』三巻、一五四頁、彌生書房
(246)「自己の還相回向と聖教」『曽我量深選集』三巻、一五五頁、彌生書房
(247)「自己の還相回向と聖教」『曽我量深選集』三巻、一五五頁、彌生書房
(248)「自己の還相回向と聖教」『曽我量深選集』三巻、一五六頁、彌生書房
(249)『教行信証』「証巻」真宗聖典、二九七～二九八頁、真宗大谷派宗務所出版部
(250)『教行信証の思想』一五五頁、文栄堂

(251)『三経往生文類』真宗聖典、四七一頁、真宗大谷派宗務所出版部
(252)『教行信証の思想』一五六頁、文栄堂。文中「この事実」とは、「真実の信楽を獲て正定聚の身となり、大般涅槃道に立つこと」（『教行信証の思想』一五六頁、文栄堂）である。
(253)『教行信証の思想』一六一頁、文栄堂
(254)『教行信証の思想』一六七頁、文栄堂
(255) 延塚は以下のように述べている。
天親は願生浄土の仏道を菩薩道として表現しているために、廻向はあくまでも菩薩の行として説いている。それに対して曇鸞は、この廻向を二相に開き阿弥陀の本願を信じる願生者に賜る意義として説きつつ、同時に、廻向の還相は師の天親に譲るとも説く。曇鸞がこのように廻向を了解したのは、唯除されるような「一切外道凡夫人」が一体なぜ仏道に立つことができるのか、という関心で廻向を身読したからである。その曇鸞の姿勢が、廻向は願生者に賜る意義であると同時に、直接的には師の教化の中に感得する行と、了解することになったのではなかろうか。（延塚知道『浄土論註』の思想究明—親鸞の視点から—』二三三頁、文栄堂）
(256)「告白」『曾我量深選集』四巻、三九三〜三九四頁、彌生書房
(257)「祖聖を憶ひつゝ」『曾我量深選集』三巻、一〇七頁、彌生書房
(258)「山王台より」『曾我量深選集』四巻、三九八頁、彌生書房

第三節　実存的苦悩からの脱却—暁烏敏

第一項　若き日の暁烏敏

一八七七（明治一〇）年七月一二日、暁烏敏は、加賀北安田の明達寺に誕生した。一〇歳で父依念を亡くする赤貧の中、後年「十億の　人に十億の　母あらんも　わが母にまさる　母ありなんや」と詠った母千代野によって育

てられた。
一八八九（明治二二）年、一二歳の暁烏は、今川覚神が校長を勤める共立尋常中学校に入学した。一四歳で得度、一六歳で金沢大谷尋常中学校を退学して、九月に京都尋常中学校に編入学、そこで清沢満之との値遇を得た。
暁烏が生涯師と仰ぐ清沢満之は、一八八七（明治二〇）年に（東京）帝国大学を卒業し、大学院で宗教哲学を専攻するかたわら第一高等学校で仏国史、哲学館で哲学を教えるという、大谷派教団きってのエリートであった。その清沢に渥美契縁が白羽の矢を立てたのである。かくして清沢は東都を離れ、一八八八（明治二一）年に地方の一中学、京都府尋常中学校校長に就任することになった。その時の心境を、次のように述べている。

人は恩義を思はざるべからず。所謂四恩を説く人は多きも、其の有難味を解し、之に報ぜんことを思ふものは必ずしも多からず。（中略）余は篤く本山の恩に思ひ、之が報恩の道を尽さゞるべからずと。(1)

このように清沢は、「報恩の道」を選択したが、それは、あたかも王宮の華やかな生活を擲って出家した釈尊の如く、光栄あるインテリ、学者の道を放棄することで仏道に立たんという、一大決心であったと思われる。清沢は一八九〇（明治二三）年に、「僧風刷新」を念じて「ミニマム・ポッシブル」なる制欲生活を断行したが、そのような実験生活は、本山への「報恩の道」を念ずる清沢にとって、当然の行動であった。暁烏は、その清沢と値遇したのである。当時、清沢は「ミニマム・ポッシブル」の生活に入って三年目の三一歳であり、暁烏は一七歳であった。出遇いの衝撃を、暁烏は次のように述べている。

清沢先生はもう一歩進んで、この仏教は頭の上だけで解決しておくべきものではない、毎日の生活の上に味はゝなければならないのであるといふことを感ぜられ、明治二十六年、断然妻子を遠ざけ、火食を廃し、蕎麦粉を嘗め、一本歯の下駄をはき、毎朝親鸞聖人の御真影に拝礼をとげ、すべてこの日常生活の上に仏教の倫理を表現してゆくことに努力せられた。ちやうど、その年の秋九月、私は初めて先生に接したのであります。田舎からやつと出て来た十七歳の私は、この先生の張り切つた求道のお姿にふれて、国を出るときから自分の胸にわいてゐた仏教改革の願ひと、真に仏教を自分の上に味はゝなければならぬといふ願ひとが、先生の姿によつて、先生の教へによつて満足せしめられたのであります。それから始終先生の教へをうけ、先生のお徳を慕うて来たのです。(2)

当時の大谷尋常中学校の校長は沢柳政太郎であり、清沢満之は今川覚神や稲葉昌丸らと共に一教員として教鞭をとっていた。今少し暁烏の清沢との出遇いの模様を見てみよう。

京都なる大谷中学校の第一学期の始業日は明治二十六年九月十一日なりしと覚ゆ。朝来各学課の受持教師は順次に教場に来たりて、明日よりの教授の方法、下調べの箇処など指定せられぬ。就中、何課の先生なりしか今は記憶に存せざれど、其の先生が種々指導を与へつゝある時に、教場の入口に立てる人あり、身長低く、顔黒く、眼鏡かけたる僧形にして、木綿白衣に麻の黒衣と同じ黒袈裟を召したまへり。敏、今まで地方にありて、僧衣は絹又は絽にて作るものにして、麻衣の如きは伴僧か役僧の着するものとのみ思ひをりしことゝて、奇異に思ひ、指導を与へつゝある先生の方は向かで、この教場の入口に直立せる人を凝視し、思へらく、この人生徒にてはなかるべきも、先生なりとは見えず、さりとて先生にあらずばかゝる所へは来給ふ筈なし、いかがなる人にか。先生なりとせば、宗乗の師か、余乗の師かなど思ひをる内、前の先生は教場を出でられ、小身僧形の人は、口元引きしまれる威厳ある風采にて教壇に立ち給へり。此の時我尚ほ思へり、服装の割に威勢ある人也、この人『和讃』をや講ず、『八宗綱要』をや講ずると。然るにこの人は仏書を前に開かずして、洋本を卓におき給へり。明日よりスマイルス氏の『セルフ・ヘルプ』〔『自助論』〕を読むべしと宣ひし時は、一層奇異の念に打たれぬ。我これまで英語を読む人は洋服など着用せる人のみと思ひをりし事とて、かかる僧侶が英語が教へらるゝにやと疑ひぬ。下調べは毎日二頁以上して来たれよなど言ひ残して去り給ひし後、我あまりの不審さに、傍にありし学友に、あんな人が英語がよめるにやと尋ねしに、その学生は、以前より京都中学校にありし者なりければ、傲りがに言ひけらく、あの先生こそ文学士徳永満之先生にて、以前は校長の職に居られ、なか〳〵に有名なる方也、君知らずやと。(3)

また、清沢の生活については、

当時、妻子を遠ざけ、肉食を禁じて、自力修行に専注し、道義の修養に余念なき先師が、力行奮励の『自助論』を講ぜらるゝ事とて、その感化の偉大なる事驚くべきものありたり。先師の『自助論』の受持は明年一月頃までにて、以後先師は須磨に移り給ひし事とて、親しく薫陶に接する事能はずなりぬ。佐々木兄と我とが、教場に於て先師の授業を受けたるは前後にこの五ヶ月のみ。然るに二年三年哲学史及び宗教哲学の教授を受けたる人々よりも、先師を慕ひ、先師に愛せられたること、遠き世よりの因縁ならずんばあらざる也。(4)

と語っている。暁烏は「ミニマム・ポッシブル」の中、聖教ならぬサミュエル・スマイルズの『自助論』を講ずる僧服姿の清沢を、きわめて興味深く新鮮に見ていたことが分かる。その清沢は、一八九四(明治二七)年四月に結核に罹ったため、同年六月には須磨に移転し、療養生活に入ることになる。

ところで、一八九三(明治二六)年三月、京都府尋常中学校は京都府に返還されたため、新たに大谷尋常中学校として独立することになり、校長には沢柳政太郎が就任した。

さらに、翌(明治二七)年には大谷尋常中学校は真宗第一中学寮に改編され、寮長に南条文雄、第一部主幹には藤谷還由、第二部主幹には稲葉昌丸が就任、沢柳は中学寮長事務加談となって学校運営に加わった。沢柳は釈雲照に教えを請うたように戒律的な人物であり、したがって中学生に「教授学生共に麻衣墨袈裟の着用を共用する」等の厳しい内容を規定した「服装実施令」を発令した。しかし、それが厳しすぎるとして不満が噴出し、中学生による「服装一揆」が勃発した。

本山当局は、一揆に参加した二百三十余名の学生に退学を命じたが、それを機に、教学刷新による教団改革派と、渥美契縁の統括する本山保守派との対立が表面化することになった。そこで渥美は、学生退学の責任を、改革の象徴的存在である沢柳に負わせて退職に追い込み、併せて稲葉昌丸、今川覚神、清川円誠を半額以下の減俸処分とし、さらに一八九五（明治二八）年一月四日には、稲葉、今川に辞職を勧告した。渥美の一連の人事は、このように恣意的感情的なものであった(5)。ここに一八九六（明治二九）年一〇月、清沢の教団改革運動が断行されたのである。

話を暁烏に戻せば、暁烏は教団改革運動勃発の前月（九月）に真宗大学に入学するや、たちまち清沢に共感したため、退学に処せられた二百三十余名のひとりとなった。そのため、明達寺門徒からの送金が絶たれた。だが暁烏は、越前、加賀を中心に意欲的な遊説活動を行って清沢を後押しし、翌年には教界時言社を手伝う傍ら『無尽燈』の編集を担当した。

暁烏は多感であった。そのため次第に自己矛盾に沈み、折にふれて清沢の教えを請うた。ここに暁烏と『歎異抄』の出遇いがあった。また、雑誌『日本人』に俳句を投稿し、高浜虚子との文通も、その頃から始まった。

清沢の率いる白川党の改革運動は予想以上の展開を示し、運動が始まって三か月後の一八九七（明治三〇）年一月には大谷派事務革新全国同盟会が発足する勢いであった。

そのような状況下で、一八九六（明治二九）年一二月二九日、渥美が辞職した。そのため、翌年一月に大谷勝縁が新執事に就任、そして二月には、渥美と対立する革新派の石川舜台が上京して上席参務に就いた。石川は早速、『寺務所職制』の改定と併せて、三月一五日に発表された法主の「親言」に基づいて、清沢の主張するような議制局の改革や立憲制の確立などを打ち出すことで改革を推進し[6]、四月には退学処分となっていた暁烏ら学生の復学を決定した。このように、石川の登場によって改革運動は、このまま順調に展開するように思えた。

　ところが一一月、そのように清沢の意向に沿うべく改革を推進してきたはずの石川の定見のなさが暴露される。すなわち、反民主的内容の「宗制寺法補則」を、突如議場で朗読したのである。そのため、改革は大きく後退することになった。清沢の失望は大きかった。かくして翌一八九八（明治三一）年には「一切改革の事を放棄」することを決意した清沢は、これまでの『歎異抄』に加えて『阿含経』、『エピクテタス氏教訓書』の身読の中で、求道の日記『臘扇記』を綴ることになる。

　元来、石川の清沢への信頼は篤かった。また「本願寺には門外漢である人々も『教門の名将白川党の人達再び起て』と言った[7]」とあるように、世間の清沢への期待も高かったため、石川は再び、清沢をはじめ白川党の「名将」の起用による教団再生を画策した。ここに清沢の真宗大学学監の道が開かれることになる。

　一方暁烏は、そのような清沢に傾倒しつつ俳句をたしなみ、『ホトトギス』に「非無」の名で投句、次第に高浜虚子、内藤鳴雪、河東碧梧桐らの正岡子規一派との交際を深めていった。暁烏二一歳であった。

　一九〇〇（明治三三）年七月、暁烏は真宗大学を卒業する。友人には、学問研究にひたむきな佐々木月樵や多田鼎があった。だが活動的な暁烏は前途に悩み、終には学問の道とは別の「外交官」を志願することになった。次のように述べている。

軍備拡張に汲々たる世界を化して、兵戈無用の社会たらしめんとは慈父のわれに与へ給ひしの志望なり。われはこの目的を達するが為には、いかなる難も辞せず、いかなる境遇にも甘んずべきを期す。（中略）わが志す所は世界の平和なり、世界の図を悉く仏教の色彩にて染め尽さんと欲するにあり。(8)

暁烏はこのような志願を叶えるべく石川に相談した。暁烏の情熱に押された石川は暁烏を支援したため、暁烏の東京行きが決定した。二四歳であった。一方友人多田も釈尊研究のために東京留学を決めており、佐々木もその勢いにのって一乗教の研究のために東京留学を決意した。ここに、欧州視察中の近角常観宅に寓居を定めていた清沢の元に暁烏敏、佐々木月樵、多田鼎が集ったのである。すなわち、「浩々洞」の誕生である。

東京に留学した暁烏は、東京外国語大学露語科に入学、また高浜虚子らの他に、内村鑑三、伊藤左千夫らと親交を深めた。特に暁烏自身、「その頃お世話になつてゐた私の師匠清沢満之先生と、よほど似通ったところがあった。物堅く御両人とも肺結核を病んでをられたのであるが、病気の上の似通ひではなく、人格の上の似通ひであつた。物堅くて、何となく威厳があつて、しかも中心に暖いところがあつて、抱きか丶へられるといふ感じであつた。(9)」と綴る正岡子規の病床を見舞い、『無量寿経』を読み聞かせたこともあったという。多田や佐々木にはない「多方面的性格(10)」で、「広さ」と「大きさ」を兼ね備えていたのが暁烏であった。

一九〇一（明治三四）年一月、浩々洞から『精神界』が創刊された。出版については『ホトトギス』を発刊している高浜に相談、さらに高浜の紹介で中村不折が表紙絵を描くという立派な雑誌となった。暁烏の喜びの声を聞こう。

明治三十四年の天地は、多くの希望を以て茲に迎へられ申候。私共は此新天地にたちて、正大なる光明の指導のもとに、聊か力を現代の思想界の為めに尽したく存候。（中略）私共は決して私共の思想を以て、天下を指導せむと欲する者に非ず。唯私共精神の存する所を打ちあけて、天下の諸同志と共に語らむと欲する者に候。

（中略）私共は、現代の我青年学生の間に、精神的向上の趨勢有之候見て、竊かに歓喜に不堪候。(11)

このような熱き志願をもって、暁烏は前年の九月から書き暖めていた「誕生の辞」を、『精神界』創刊号に発表した。

『精神界』は、何故に世に出づるやと問ふ者あらば、我等は反て問はむと欲す。鶴は何故に空に鳴き、鶯は何故に園に歌ふやと。

『精神界』は、何故に世に出づるやと問ふ者あらば、我等は却て問はむと欲す。夏何故にさみだれ、冬何故にしぐるゝやと。東風やはらかなる春、花ほゝえみ、西風さびしき秋、紅葉燃ゆ。竹影は階を掃ひて塵動かず。月輪は沼を穿ちて水に痕なし。

『精神界』は、誇らむが為めに、罵らむが為めに、怒らむが為めに、懲さむが為めに、世に出づるにあらず。仏の慈悲を讃めむが為めに世に出づるなり。

『精神界』は、悲しまむが為めに、泣かむが為めに、争はむが為めに、叫ばんが為めに、世に出づるにあらず。仏の智慧をたゝえむが為めに世に出づるなり。

苦と悲との谷を去りて、安慰と歓喜との野に遊ばむと欲する者は、こゝに来れ。光明はとこしへに、こゝにましまさむ。(12)

暁烏はいよいよ『精神界』と共に、思想界に登場することになる。

第二項　倫理以上の安慰──「昌平なる生活」

一九〇一（明治三四）年一二月、暁烏は『精神界』に「精神主義と性情」を発表した。その主張を聞こう。

要するに吾人の精神主義は人を殺す者も、国を売る者も、物を盗む者も、徳高き賢者、識博き智者と共に安慰を得るの道なり。男女貴賤を論ぜず、智者愚者を議せず、善人悪人を別たず、一味平等の安慰を得て、花咲く春も、鳥鳴く夏も、葉の散る秋も、雪ふる冬も、慈悲あたゝかき如来の光明に満足と快楽とを感するは、これ吾人精神主義の大道なりとす(13)。

人を殺すことも国を売ることも盗みも、すなわち、あらゆる反社会的行動をも容認するところに精神主義の本質がある、とする暁烏の告白(14)は、たちまち社会の反響を呼んだ。つまり、罪悪深重でしかない我が身の、たとえば「人を殺す者」であっても、如来回向の安慰を感得することができるとの見解が、反社会的ではないか、との指摘である。暁烏の精神主義の実感は、世人からすれば倫理道徳を否定するかのように受け取られたのである。しかし暁烏は、ひたすら、「如来の光明の懐にありて、自己の心中に於ける如来回向の信仰に満足して昌平の生活を続くるは、これ吾人精神主義者の住する所の見地とす(15)」ることを、世に訴えかけた。暁烏は、従来の観念的な安心を超えて、自らの生活に如来回向を実験することに、大きな意義を見出していたからである。それは、如来回向の安心の「老小善悪の人をえらばれず、ただ信心を要とす」（『歎異抄』）る「倫理以上」の満ち足りた実験であり、したがって、満ち足りた暁烏にとって、次のような「昌平なる生活」の告白は必然であった。

汝、飯台に対ふ時、我之を食ふと思ふこと勿れ。而して如来之を食はしめ給ふなりと思へ。

汝、衣服を纏ふ時、我之を着ると思ふこと勿れ。而して如来之を着せしめ給ふなりと思へ。

汝、家屋に眠る時、我茲に眠ると思ふこと勿れ。而して如来茲に眠らしめ給ふなりと思へ。（中略）
汝、世に生るゝ時、我は生けりと思ふこと勿れ。而して如来の生かしめ給ふなりと思へ。
汝、死する時、我は死すと思ふこと勿れ。而して如来の死せしめ給ふなりと思へ。
かくて、汝は如来慈光のふところに、とわなる昌平の春を楽むを得べし。[16]

暁烏の「実験生活」は躍動していた。清沢はそのような暁烏に、次のような手紙を送って鼓舞した。

十二月号の本領は空前の妙趣、特に「昌平なる生活」[17]は非無〔暁烏〕大人独特の気焔、『精神界』の根本議を謳歌せるもの、最も歎服罷在候。（十二月十九日夜日付）

しかし、「精神主義と性情」や「昌平なる生活」を掲載する『精神界』は、社会から「危険思想」の雑誌として厳しく指弾されたのである。それでも清沢は、むしろ淡々と、自己の実験するところを、『精神界』に発表した。それが「迷悶者の安慰」[18]である。清沢の主張を見てみよう。

宗教は迷悶者に安慰を与ふるものなること、最早頗る明瞭なるが如し。[19]

あるいは、

宗教は迷悶せるものに安慰を与ふるものなり、迷悶なき人には宗教は無用なるものなり。[20]

また、

自家の迷悶を開覚せざるべからず、内観的省察の事に従はざるべからず。而して、有限を自知し迷悶を自覚して、徐に教家の言に聞け、雲霧を払掃して、満腔快活の天地に俯仰するの歓喜を得べきなり。[21]

清沢はこのように、「迷悶」という言葉に信仰の本質を集約させて、宗教の必要性を訴えたが、しかし、社会からは受け容れられなかった。たとえば境野黄洋は『新仏教』[22]の中で精神主義を「羸弱思想」と非難し、高山樗牛の

ニーチェ主義と共に「世界人類を毒する」と攻撃した。すなわち、境野は、

宗教は有機的に解釈すべきものにして、単に感情的に説明し、信受せらるべきものにあらず。宗教の感情的信受を主張するもの、流行するは、国民思想の羸弱に陥りしことを証するものにして、これやがて失望の嘆声なり。余は以上の理由により、近時のニイッチェ主義の流行を悲しみ、仏教界に於ける清沢満之氏一派の主張する精神主義を排す。(23)

と述べ、その排する理由については、

宗教は決して精神の変態を来し、病的傾向を生じたる時のみの慰安者にはあらずして、更に健全なる精神が、光明に充たされ、希望を仰ぎて活動せんとする時に当り、活ける指導者たるべきものなり。我徒の主張する宗教は病人宗教にあらずして、唯常人の宗教なり。(24)

と訴えている。境野にとって、清沢のいう「迷悶者」とは、ただの「病人」でしかなかった。だが、清沢はその「迷悶者」に、すべての人間の有する実存的要求の発動を見出していたのである。すなわち、「迷悶」とは、あらゆる人間が相対有限性であることの生活実感なのである。そして、そのような相対有限の自己を自覚することで、「苦悶」を乗りこえ、「満腔快活の天地に俯仰するの歓喜」をもって生きることができる、と清沢は訴えている。だが、このような清沢の人生観は、境野のみならず、それこそ「常人」の容易に理解するところではなかったのである。

顧みれば、親鸞の求めたところは、「こころもおよばれず。ことばもたえたり(25)」の世界、つまり人知をはるかに超えた真実世界であった。したがって、明治期の資本主義全盛期を支配し出した人知至上主義の社会にあって、清沢が精神主義を発表することで、世に人知を超えた「倫理以上」の真実世界を主張したことは、宗教の本来性回復

という観点からも、大いに注目すべきことのように思われる[26]。

ところで暁烏は、

私は、真宗大学の学生であつた頃、とても自分のやうな者は世の中に生きてをる甲斐のない者だと、自己の罪悪深重さを歎きました[27]。

と回顧している。清沢は、「迷悶なき人には宗教は無用なるもの」として、「迷悶」をして、宗教的信念確立の必要条件に見定めたが、そのように若き暁烏の向き合った「罪悪深重」なる「迷悶」が、その後の暁烏にどのような求道実験を求めたのであろうか。

第三項　『歎異抄』との出遇い

暁烏は、幼い時代からの死の恐怖に加えて、「青春時代の性感本能」や「本願寺の堕落、僧侶の堕落を憤慨していたものが自分に返って来、自己批判の問題[28]」という苦悩を抱えつつ、そしてすでに述べたように、清沢に導かれる中で、『歎異抄』と出遇ったのであるが、そのことについては、『暁烏敏伝』に次のように記されている。

本願寺改革運動をやっている最中の二十一、二歳代からこの憶いは縄と綯われていて、「心一足は天に昇らんとし、一足は地に下らんとす」るという身を裂かるる苦悶が起きた。この苦悶が、片っ端から親鸞の著書を読ませたのである。この数多の聖教の中に、形は片々とした一篇の鈔書に読み至った。それが『歎異鈔』である。この『歎異鈔』の中の第三節「善人なほもて往生をとぐ、いはんや悪人をや」という処を読んでびっくりして飛び上がった。それから段々と第一節の「弥陀の誓願不思議にたすけられまゐらせて、往生をばとぐるなりと信じて、念仏まをさんとおもひたつ心の発るとき、すなはち摂取不捨の利益にあづけしめたまふなり。弥陀の本願には、老少善悪の人をえらばれず、ただ信心を要とすと知るべし」、第九節の「仏かねてしろしめして、煩悩具足の凡夫とおほせられたることなれば、他力の悲願はかくのごときのわれらがためなりけりと知られて、いよいよたのもしくおぼゆるなり」ということが沁みてきた。悪人の助かる道がここにあったのだ――。誠に光明に遭遇したのである。(29)

暁烏が『歎異抄』に、「びっくりして飛び上が」り、「悪人の助かる道がここにあったのだ――。誠に光明に遭遇したのである」との記述に、若き日の暁烏の鮮烈な求道精神を窺い得る。続けて暁烏の告白を聞こう。

二十歳頃までは日本の人心の腐敗を歎き、真宗の御法義の乱れてをることを歎いて、自分の一生にはこの日本の乱れてをる人心を正し、乱れてをる宗門の状態を改めようといふやうな大きな願ひを持つてをりました。(30)

清沢と共に歩んだ教団改革運動が、暁烏の求道の原点であったと思われる。そして、清沢が改革運動を自己内において一結させることで、宗教的信念の確立という一大転機を迎えたが、暁烏も清沢を追うかのように、求道生活に入ることになる。そのきっかけが、『歎異抄』との出遇いであったのである。次のように述べている。

二十一才頃（明治三一年頃、すなわち教団改革運動一結の年）から、今まで外側にながめて人ごとと思うてゐた間違つたこと、悪いこと、穢れたこと、さういふものが自分のうちに見えるやうになりました。外のものを悪いと思ひ、穢れたと思うて、それを自分がよいものに、きれいなものに改めてゆかうと力みたつてをつた私は、自分の穢れたこと、悪いことを知るやうになり、世の中に生きてをる甲斐がないやうに深い歎きを感じました。そしてこの苦しい自分を助けて下さる法に値ひたいと思ひまして、真宗の聖教にまなこをさらし、『真宗仮名聖教』を片端から読んでまゐりました。そしてふと私の眼にとまつたのがこの『歎異鈔』であります。(31)

そして、

私のやうな罪・穢れに泣いてをるものの助かる道があるといふことがわかつたのであります。どこへも進んでいけない私に、この道一つが開かれてをるといふことが見出だされたときに、生き返つたのであります。そして京都東山の親鸞聖人の御廟に参詣して、泣きながらこの『歎異鈔』をよんだのであります。自分の罪は、よろこびながらも止まない。自分の穢れは、よろこびながらも洗はれない。その歎きをもちながら常にこのお聖教にひたつてまゐつたのであります。涙の中から見出だされたこの道についての喜びを多田、佐々木の二人の友に語ります。私ほど罪の自覚を持たない二人も、私の罪の自覚と私の喜びとをよく了解してくれました。共に語り合うて清沢先生をおたづねして、先生から、鉄を鍛へるやうに、強い槌を当てて鍛へていたゞいたのであります。その先生の鍛へによつて益々この『歎異鈔』のみ教へが私の力となつて下さつたのであります。この聖教によつて救はれた私は、親鸞聖人といへば、この聖教に現はれてをる聖人であるといふことがはつきりいたしました(32)。

悪人の自己に泣く暁烏は、『歎異抄』に没頭しつつ、また佐々木と多田二人の友に温かく見守られる中、育まれていった。そして、清沢による鉄槌によって鍛えられ、「救はれた」のである。その清沢について、暁烏は次のように述べている。

私も『歎異鈔』といふ書物によつて自分の道を見出だしてもらつたのでありますけれども、もしも私の前に生きた清沢先生といふ善知識がなかつたならば、この『歎異鈔』の御教へは、単に私の身勝手な罪悪の弁護に、自分の手先の用にしか立たなかつたかもしれんのであります。ところが幸にこのお聖教を自分が発見し、このお聖教によつて見出だされる光は、清沢先生の人格の上に伝統されましたので、真に聖人の思召しと一つのお味はひを得さしてもらつたのであります。さういふことを思ひますと、私は『歎異鈔』の序文をよむにつけましても、先生におあひした喜びを感ずるのであります。[33]
暁烏は『歎異抄』によって、清沢にまで伝統される宗教的精神に触れ得た、としている。清沢あればこそ、『歎異抄』は暁烏の「安心の書」となり得たのである。

今少し暁烏の告白を聞こう。

私はその〔『歎異抄』の〕筆者が誰であつてもよい。それが如信上人であらうが、それが唯円房であらうが、この『歎異鈔』が現実の親鸞聖人である。若し親鸞聖人といふ実際の人が『歎異鈔』といふ教へを教へられない方ならば、私の宗旨の開祖でもない。私の宗旨の開祖は『歎異鈔』の上に躍動しておいでになる聖人である、といふほどにはつきりいたしました。だから私は、私の宗教の唯一の宝典はこの『歎異鈔』だと考へてをりました。考へたといふより、現に私が日々救はれつゝあるみ教へであつたのであります。[34]

『歎異抄』を自らの苦悩に引き当てて実存的に読み取った暁烏は、その感銘を一九〇三（明治三六）年一月から『精神界』に「歎異鈔を読む」として連載した。そして一九一一（明治四四）年、つまり親鸞聖人六百五十回御遠忌直前には、その八年間の信念の蓄積をまとめて『歎異鈔講話』として発刊した。

当時（明治末年から大正へかけて）の『歎異抄』をめぐる動きは、次のようなものであった。

その頃から〔『歎異鈔講話』出版の頃〕私共と殆ど同じ年輩、或は若い真宗の東西の学者達が、争うてこの聖教の講釈をするやうになりました。それから十年ほどにこの『歎異鈔』の講義の本が何十種も出版せられたやうであります。そしてどこの法座にゆきましても、この『歎異鈔』のお心が語られてをるといふやうになつてまゐりました。（中略）仏教にあまり縁のない人でも、この親鸞聖人のみ教へを慕ふやうになつたのは、全く

『歎異鈔』のみ教への伝播であつたのであります。かくて私の胸の闇を照らし破つて下さつたこの聖教は、明治の末期に全日本に強い響きを与へて下さつたのであります。（中略）文学方面でも『出家とその弟子』を倉田百三が書きました。又、石丸悟平が『人間親鸞』を書きました。――二書とも、聖人の本当の信心は伝へてゐませんが――その他いろ〳〵親鸞聖人のことが真宗の教派以外の派によつて書かれたのは、全くこの『歎異鈔』の教へによつたものであります。ですから明治時代から大正・昭和にかけて、親鸞聖人の活動はこの『歎異鈔』である、といふことを申してよいのであります。(35)

清沢や近角常観(36)によって再発見された『歎異抄』は、世に地道に浸透しつつあったが、『歎異鈔講話』出版の頃からは、いよいよ『歎異抄』の研究が盛んになったとしている。御遠忌による信仰熱の高揚と共に、『歎異抄』の広まりには目覚しいものがあった。

その間の経緯を、藤秀璻は一九三三（昭和八）年に出版された『歎異鈔講讃』で、次のように述べている。

「歎異鈔の発見」といふやうな言ひ方は、人々にかなり迂遠な感じをあたへるかも知れない。今更発見でもあるまい、と思はれさうである。それほど、この聖典は世界的に有名なものになつてゐる。しかし、かういふ今日の情態から、二十数年のむかしを思ふと、ほとんど隔世の感がある。その頃わが国にいろいろ新しい信仰運動がおこり、多くの新進の宗教家達によつて、この『歎異鈔』がくらやみの道をてらす松明のやうに高くかゝげられてゐた。さうして、さまようてゐる人々の心の雲をやぶる光として、当時の熱心な求道者の胸の中へ大きな影をさしてゐた。一方にはまた、『歎異鈔』の中に現はれてゐる放胆な表現におどろき、人倫道徳に反する過激な説のやうに非難されたこともある。かういふ非難は『歎異鈔』といふものをよく見ないあやまちではあるが、当時の学界にかなり本気に論難せられてゐたことを思ふと、この聖教か種々の方面に大きい波紋を描いたことが、ほゞ察することが出来ると思はれる。[37]

文中の「新進の宗教家達」の一人に、暁烏がいたように思われる。

繰り返すが、暁烏が『精神界』に「歎異鈔を読む」を連載したのが一九〇三（明治三六）年一月であり、その年の六月に清沢は没している。思えば、暁烏は、およそ一年前の『精神界』（一九〇一（明治三四）年一二月）に「精神主義と性情」や「昌平なる生活」を発表したため、世間からさまざまな批判を浴びせられたが、一人清沢は「空前の妙趣」と暁烏を励ました。そのような清沢の導きについて、暁烏は、『精神界』（一九〇三（明治三六）年二月）に掲載された「歎異鈔を読む」に、謝念を心を込めて、次のように述べている。

私共が先年から宗教の信仰をありのまゝに表白し来たつたところ、或る人よりは危険なる思想なりと云はれ、或る人よりは国家社会の進歩を害する思想とも評されました。この批評は、十年前の私がこの『歎異鈔』に対して下した批評であつたのである。私は十年前に初めてこの『歎異鈔』を読んだ時に、かゝる聖教があるからして仏教が堕落するのである、かゝる思想は実に危険極まれりと思ひました。私と同じい過程を恩師清沢先生も経られたといふことである。[38]

そして、

私共が先年始めて精神主義の絶対他力信仰を天下に発表した当時非常に嘲弄してゐた朋友で、その後種々人生問題に苦しんだ結果今日では大いにこの絶対他力の信仰で安慰を得てをるのが二三に止まらない。[39]

と述べているのである。まことに、清沢満之あっての暁烏であったことが容易に頷けよう。

第四項 『歎異抄』の実験

一 恩寵主義

一九一一（明治四四）年、すなわち親鸞聖人六百五十回御遠忌直前に発刊された『歎異鈔講話』のその劈頭の「『歎異鈔』の世界的価値」の中で、暁烏は次のように述べている。

一 私を他力の信仰に導いた書物の一つが、この『歎異鈔』である。私をして弥陀の本願に帰せしめた書物の一つが、この『歎異鈔』である。又私をして親鸞聖人の渇仰者たらしめた書物の一つが、この『歎異鈔』である。

二 私が今日でも、悲しい事がある時、苦しい事のある時、心の鬱する事のある時には必ず、この書を取出だして読むのである。故に私には、この『歎異鈔』一部が、如来の御声ときこえるのである。

（中略）

五 私は思ふ、日本で書かれた書物の中で世界に示して大いに光明ある書物はこの『歎異鈔』である。故にこの『歎異鈔』は真宗信徒のみの私すべき聖典ではない。日本国民のみの私すべき聖典ではない。私は遠からざる年の内にこの『歎異鈔』が世界全国の民に安慰と指導とを与ふるであらうと云ふことは信じて疑はない。

六 これくらゐ貴重なる聖典であるにも拘らず、今までの日本の国民はこの珍宝を有することさへも知らなかつたのである。今私がこゝに喋々とこの書の功徳を述ぶると、読者の或る人は奇異に感ずるであらう。何となれば読者の或る人は未だこの『歎異鈔』と云ふ聖典が日本にあると云ふことさへ知らない人があるかも知れぬ。又或る人は知つてはをれど今日までさほど結構な聖典であると思うてをらぬかも知れぬ。然し之は猫に小判である。（中略）実になさけないことである。故に私はこれからこの聖典を諸君と共に、味はうて行きたいと思ひます。[40]

暁烏の『歎異抄』への思いが、よく表わされていると思う。

さらに「本鈔の作者」では、次のように述べている。

二　（前略）私はこの『歎異鈔』は、たとひいかなる悪魔外道の作であらうが、かまはないのである。なぜなればこの『歎異鈔』を書いた人は私を救うた人であるからである、私を導いた人であるからである。故に私にとつてはこの『歎異鈔』の作者は往生の大善知識である、光明の伝道者である。[41]

暁烏は『歎異抄』の著者を、深励に従って如信上人との見解に立っているが、実際、苦悩の暁烏にとっては、作者が如信か唯円かとの関心を超えて、「善知識」でなければならなかった。[42] したがって、

三　『歎異鈔』に書いてある事が、たとひ歴史上の親鸞聖人の意見でないにしたところが、そんなことはどうでもよい。もし歴史上の親鸞聖人が、『歎異鈔』のやうな意見を持たなかつた人であるとすれば、私はそんな親鸞聖人には御縁がないのである。（中略）私の崇拝する親鸞聖人は是非、この『歎異鈔』の通りの意見を有したる人でなければならぬ。私の渇仰する親鸞聖人はこの『歎異鈔』の人格化したる人でなければならぬ。故に私の宗教の開祖としての親鸞聖人は、確かにこの『歎異鈔』と同じ意見を有した人であるに違ひない。[43]

と述べている通りである。暁烏にとっては、自己の「苦悶」に応答する「『歎異抄』の人格化したる人」、つまり自己の救主こそが親鸞であり、また何よりも清沢満之でもあったのである。「本鈔の大意」に、次のように清沢を回顧している。

二　（前略）〔清沢〕先生が明治二十年の頃大学を出られた当時、この聖教を読み、或る時本山より東京に来た

某老僧に対して、真宗の聖教の中に『歎異鈔』のやうなのがあるから困ると言はれたさうである。この先生は今日では大の『歎異鈔』の愛読者であるのである。(44)

「宗教の信仰をありのまゝに表白し来た」とは、たとえば「昌平なる生活」や「精神主義と性情」に見られる告白であろう。暁烏は、それらに対する批判について、

三（前略）私は常に思ふのである、私共の云ふ事が世の人より非倫理的なり、非国家的なり、危険なり、駄目なりと批評せらるればせらるゝ程、私共の信ずる所の確かなことを思ふのである。私はこんな評を世人から下された時には必ず私に『歎異鈔』を解せられなかつた時の事を思ふのである。而して又今日私共を種々批評し嘲弄する人でも、一年二年又は数年の後には、私共の信仰と同じいところに来るにちがひないと思へば末たのもしい事である。今日いくら私共を罵り『歎異鈔』の精神を嫌ふ人でも、真面目に人生問題を思考し、着実に宗教の修養に心がけたならば、必ず一度は『歎異鈔』に来たらねばならぬ事は火をみるより明らかな事である。(45)

と述べている。『歎異抄』は、さらに言えば真宗教学は、正しく出世間のものであり、したがって世間における「非倫理的」などとの批評は、本来的には当てはまらないはずである。つまり、世間における有限性に真面目に苦悶すれば、自ずと出世間道を明かす『歎異抄』に帰依せざるを得なくなる。このように、暁烏は『歎異抄』の求道的意味を述べているが、ここに清沢の「我信念」の次の一文が思い起こされる。

人生の事に真面目でなかりし間は、措いて云はず、少しく真面目になり来りてからは、どうも人生の意義に就て研究せずには居られないことになり、其研究が終に人生の意義は不可解であると云ふ所に到達して、茲に如来を信ずると云ふことを惹起したのであります。(46)

すでに述べたように、仏道とは、「苦悶」なき人々には無用の長物であろう。したがって、『歎異抄』は、「真面目」に求道する人々に対してのみ、宗教的生命を施与する書であった。続けて、暁烏に聞こう。

四　『歎異鈔』は真面目に自己省察をし、厳格に自己を判断し、自己の罪悪に泣く人でなければ解せられないのである。『歎異鈔』は自心を地獄の底に沈ませる程の深き洞見がなければ、味は、れないのである。故に『歎異鈔』は死の問題に驚いた人、事に失敗して失意の境にある人、倫理的罪悪に苦しむ人でなければ味はふ事ができぬのである。これと同じく私共の精神主義もさうである。故に私は精神主義を誹る人がいくらあらうが、これ等の人々は未だ人生の経験の足りない人々であるから、やがて種々の経験をつむに至らば、自然に私共と同じ信仰に来たるに相違いないと信じて疑はないのである。(47)

人生に苦悶することにおいて精神主義を必要とするのであり、その精神主義の背後に『歎異抄』がある。したがって精神主義とは、苦悩の人々に『歎異抄』の微細な他力信心を伝えるものである、としている。清沢や暁烏の悪戦苦闘の求道実践によって明らかになった絶対他力の信念は、『歎異抄』に説かれている救済そのものであったのである。その他力救済について、暁烏はさらに次のように述べている。

世の人が善いと云ふことも、そらごとたはごとである。悪いと云ふこともそらごとたはごと、善根もそらごとたはごと、悪業もそらごとたはごと、法律もそらごとたはごと、道徳もそらごとたはごと、国家もそらごとたはごと、家庭もそらごとたはごと、他人もそらごとたはごと、自分もそらごとたはごと、世の総べて、自己の全体、何処をさがして見てもそらごとならざるはなくたはごとならざるはなく、偽りならざるはなく、一つとして誠はない、一つとしてあてにすべきところはない。この間にあつて唯一つあてになるものは如来の御慈悲である。(48)

世の一切を、このように「そらごとたはごと」と言い切って憚らない暁烏は、さらに、次のように述べている。

そのあてにならぬもののあてになり、力となつて下さる、阿弥陀如来は、唯一つの誠である。この真実の御力を信じ御光に照らされていつたならば、ぬすむ者でも、殺す者でも、火つけする者でも、酒を呑む者でも、姦淫する者でも、徳者でも、仁者でも、悪人でも、愚人でも、悉く仏の真実にたよつて大安心が出来ると云ふことを丁寧に教示したのがこの『歎異鈔』である。（中略）来たれ、我等の友よ。我等と共にこの非科学的宗教に沐浴しようではないか。(49)

暁烏は徹底した「倫理以上」の世界を、何の躊躇もなく、このように主張する。

そこで、暁烏による『歎異抄』の具体的な領解を見よう。

まず、『歎異抄』第一章について、一九〇三（明治三六）年の『歎異鈔講話』の了解と、一九二九（昭和四）年から一九三四（昭和九）年の『新講歎異鈔』における了解とを対比しておきたい。

『歎異鈔講話』に次のように説かれている。
一　弥陀とは阿弥陀仏の略称にして、三世に亘り十方界に満ちて私共の為に心を砕き身を労してをらる、慈悲の如来の御名である。即ち弥陀とは私共の真実の親である、師である。而してこの如来にはどうかして一切の衆生を助けたい、一切の衆生の精神に安慰を得させたいと云ふ願望がある。私共の弥陀はこの願望を以つて現に活きて働きつ、あるのである。この願望は広大にして私共の凡智で窺ひ知る事ができないからして不思議と云うたのである。そこで、この弥陀と云ふには三世十方に遍満したる光明の如来と云ふ意味があり、その光明は何の為の光明かと云ふに、この光明は私一人に迷雲を晴らさしむる為であると知れば、この大なる光明は私を救ひ上げると云ふ大願望となる。而してその願望は分析的知識や凡小の計度分別を以つて知る事ができぬ、全く他力の啓示を信ずるより外はないと云ふので、不思議の三字を加へたものである。[50]

暁烏は、我々衆生を救わんとする弥陀の「願望」を讃え、その「願望」による救いが人知を超えた「不思議」のはたらきと論じている。このような弥陀の誓願が我々を救う不思議を、「信ずるより外はない」という一六歳の暁烏の領解は、多分に感情的でなかったか。これこそ恩寵主義的信仰に他ならなかったのである。

したがって、

弥陀の実在は理論や学問で証せらる、ものでもなければ人から習ひ覚えるものでもない。これは私共各自の心霊的の実験によるの外はない。(中略)仏の慈悲は日々夜々に私共をとりまいてをらる、。(中略)故に私共は、信仰の眼を開いて与へたいと心を砕かせらる、如来の御慈悲をば柔順に御受けするより外はありません。(中略)かくて私には仏は活きて働いて下さるのである。諸君にして若し心中の苦悶を脱し、この障碍多き世に処して大勇猛を得て生死の境に安住したいと思ひ給はば、どうぞ私と共にこの如来の実在を信じて下さい。助けらる、と信じて下さい。さうすれば助かるにまちがひありません。[51]

と訴えることだけが、当時の暁烏の主張できる唯一の仏道であった。一心に如来の「摂取不捨」の慈悲を、「心霊的の実験」として「柔順に御受け」し、「助けらる、と信じて下さい」と必死で訴える暁烏は、自ら「如来の寵児」[52]と言い切るように、如来のはたらきに自らを傾倒させることで、自己を宗教的感激の域にまで高揚させていたことが窺われる。しかし、そういう感激は長続きしない。そのように、暁烏はやがて、この「恩寵主義」から「凋落」する。そして、その「凋落」のどん底から「更生」することになる。

二　情緒的信仰から自覚的信仰へ

次に、五二歳の暁烏、つまり「更生」後に著された『新講歎異鈔』を見てみよう。

誓願はそのまま本願であります。この本願の上に弥陀があります。弥陀は阿弥陀仏、くはしく云うたら南無阿弥陀仏。何といふ仏の本願かといふに阿弥陀仏といふ仏の本願である。実は阿弥陀仏は果上のお名前であつて、本願は因位の心であります。本願が成就して南無阿弥陀仏とならせられたのであります。それで本願を建立される時代には阿弥陀仏とは申さんのであります。その頃は法蔵菩薩と申し上げたのであります。法蔵菩薩が世自在王仏の御教へに照らされて、四十八願を建立された。そしてその願ひを成就するために、「たとひ身は諸の苦毒の中に止るも、我行は精進にして忍んで終に悔いじ」といふ意気込みで修業せられました。そして願ひの如く浄土を荘厳し、願ひの如く阿弥陀仏といふ正覚をお取りになつたのであります。第十七願に願はれましたやうに、十方の諸仏から南無阿弥陀仏とほめられる身の阿弥陀如来になられたのであります。(53)

ここでは、暁烏が『無量寿経』に導かれて『歎異抄』を了解していることが分かる。さらに暁烏は弥陀の誓願の背景にある因位法蔵菩薩の修行に注目し、弥陀の誓願による救済を、次のように丁寧に譬えている。

或る田舎に行つたとき、停車場から大きな道がついてをるので車に乗つて行つたらその道は新道で途中で切れてをりました。これは願ひがあるけれど、まだその願ひが成就してをらんのです。（中略）四十八願はあつても、四十八願が成就して阿弥陀仏とならせられてないならば、我々はその道を行つても、涅槃に至られるやら至られんやらわからぬ、といふ不安がある。ところが、その道が涅槃の都まできちつと開きつくされてをるといふことを弥陀がおつしやる。本願は昔に既に成就してをる本願であります。助けたいの願ひが、助けられるといふ力に満ちてをる願ひである。だから「弥陀の誓願」とかうおつしやらにやならんのであります。「弥陀の」とおつしやつて、果上のお名前をここにお添へになつたのは、たゞ願ひばかりがあつて、成就のないやうなさういふ願ひでないぞ。願ひがあつて、その願ひの成就してをる願ひである。確かな願ひだぞ。向ふまでちやんと建設されてをる大道であるぞ、といふことを現はして「弥陀の誓願」と、かうおつしやつてあるのでありますⁿ(54)。

弥陀の誓願による救済の、実に分かりやすい説法である。かつての救済は「摂取不捨」に対する感激的ものであったが、ここでは、因位法蔵菩薩による救済の道理が、分かりやすく述べられている。すなわち、「弥陀の誓願」とは、「助けられるといふ力に満ちてをる」誓願のことで、この誓願あればこそ、一切の衆生は救済される、と言うのである。

そして、このような自覚的救済までの歴程を、暁烏は次のように振り返っている。暁烏の仏道を辿るためにも、長文であるが厭わず引用したい。

若い時私は弥陀の不思議に助けられるといふのも、弥陀の誓願の不思議に助けられるといふのも同じやうな心持に味は、れたのであります。ところが今日として味はひますと、果上の阿弥陀様の不思議にたすけられるといふだけでは、まだ腹がふくれんのです。親鸞聖人が、南無阿弥陀仏の不思議に助けられると仰せられないで、「弥陀の誓願不思議にたすけられる」と仰せになつた、そこに貴いお味はひがあるのであります。誓願であります。因位の願ひであります。このことは私は『大無量寿経』の教へをいたゞきまして、法蔵菩薩の因位のお相をしみじみ自分の願ひの道に拝ましていたゞきました。殊に世自在王仏が法蔵菩薩に教へられたお言葉の「譬へば大海を一人升量せんに、劫数を経歴せば、尚底を窮はめて其の妙宝を得べきが如し。人、至心精進に道を求めて止まずんば、会ず当に剋果すべし、何の願か得ざらん」と仰せられたこと、又世自在王仏の御教へ「汝自当知」は私の心を震動させたのであります。くはしく言へば「世尊、我無上正覚の心を発せり、願はくは仏、我がために広く経法を宣べたまへ、我当に修行して仏国の清浄荘厳無量の妙土を摂取すべし。我をして世において速に正覚を成じ、諸の生死勤苦の本を抜かしめたまへ」かう法蔵菩薩が世自在王仏にお願ひになつた。簡単に云へば、私が浄土を建設するについて、十方の諸仏菩薩の選ばれた道を聞かして下さい、それを聞いて私は浄土を建立したり、浄土を荘厳したりしたいと思ひます、かうおたづねになつた。その時師匠世自在王仏は「修行するところの荘厳仏土、汝自ら当に知るべし」浄土を建立するには、お前が自分でたしかに知るところがなければならぬ、と仰せられたのであります。この世自在王仏の御教へを静かに味はふことによつて、単なる向ふの方に現はれてをるお慈悲ではなくて、お慈悲が自分の心のうちから湧き出て下さるのである。丁度外側から火事の火がうつつてくると思うてをるのに、その火事の火はいつの間にやら自分の家の屋根の下にうつつて、そこから火の手が上つてくるやうに、仏の果上の摂取不捨のお助けがくる前に、因位の本願の火先が私の心の中から助かりたいといふ願ひとして生まれ出て下さるのである。この因位の本願のお味はひにふれて、はじめて一念発起の信心、自督の信心のお味はひがはつきりとしてくるのであります(55)。

暁烏の陥った恩寵主義とは、「弥陀の不思議」による救済であった。それは、救う如来と救われる自己との、相対的救済である。しかし、暁烏は、「弥陀」ならぬ「誓願」に注目する。そして、『無量寿経』に説かれる「汝自当知」の経言を身読して、自己における「弥陀の誓願」の自覚の督促と了解する。つまり、「弥陀の誓願」を、「浄土を建立するには、お前が自分でたしかに知るところがなければならぬ」と受け取ったのである。因位法蔵菩薩の勤苦を救われざる自己の根底に実験せよ、あるいは、浄土建立の志願を相対有限の自己内に了解せよ、あるいは、自己内に浄土建立の誓願を明確にせよ、もっと言えば、有限存在である人間では達成不可能な実践、すなわち「大海を一人升量せん」とする法蔵菩薩の志願を、自己の宗教心において実践せよ、との了解であった。

まことに仏道とは、「摂取不捨」を期待することではない。そうではなく、因位の誓願を自己実存に発見することであり、そして因位の誓願に生きることである。それこそ「自督の信心」の自覚であり、「一念発起の信心」であった。

三　自督の信心

次の言葉を聞こう。

今日まで我々は、仏様に助けられるといふことは、果上の摂取不捨のお力で抱いてもらふといふことのみになれて、真のお助けにふれんでぬかよろこびをしてをつたやうな傾きがあります(56)。

と「ぬかよろこび」の信心を振り返り、そして、「ぬかよろこび」を脱するには、

むろん阿弥陀如来のお手柄に助けられるに違ひないが、そのお手柄に助けられる所以は……それは因位の願に眼覚めなければならない。我々は、立派な証りを開いた方を慕ひ、自らもさうした境界になりたいと思ふならば、その方のその出だちを学ばねばならんのです。たゞ結果にとびついてゆくべきでない。出だちを学ぶといふことが大事であります(57)。

と、南無阿弥陀仏の「出だち」を知ること、つまり、我々の実存において「因位の本願」を自覚することを訴えている。すなわち、それは、

そこで親鸞聖人は成就した六字を聞くといふことの本当の意味を味はうて、仏願の生起を聞け、六字のお手柄にふれることは、六字の出来あがつたもとを聞くことだ、と云はれるのであります。ふみ出しが大事であり

ます[58]。

と、南無阿弥陀仏のいわれ、つまり法蔵菩薩の建立した本願の機における実験の必要性を述べている。すなわち、法体にのみにはしつて、能機の信心に欠けることがないやうにといふ御念が入つてをるのであります。所謂自督の信心です[59]。

と、「弥陀の誓願」を機において明確に自覚すべきことを「自督の信心」として訴えるのである。

さらに、

我々が信心を得るといふのはどうなるのだといふに、阿弥陀如来の願ひを聞いて、我が胸に同じ願ひが発つてきた、それを信心といふのです[60]。

と、「自督の信心[61]」が機法一体を体とすることを述べている。すなわち、「自督の信心」とは、この私が「法体のみにはしつて、能機の信心の欠けることのな」く「自ら勧め励まし、自ら卒い正して」如来本願のはたらきを受領することであり、そのような信心を、暁烏は「我が胸に同じ願ひが発つてきた」と言うのである。

今少し、暁烏の信心に対する知見に聞こう。

たすけたまへといふのは仏に向ふ願ひの心持であります。むろんこの願ひは凡夫の方から発る願ひでなくて、如来が願はしめたまふ心なるが故に、願ふ心がそのまま如来の願ひに順ふ心であります。仏の願ひが耳に聞えて、その願ひに順はれた思ひが、たすけたまへといふ願ひとなつて現はれてくるのであります、これが誓願であります[62]。

信心とは、我の「たすけたまへ」が如来の誓願であるとの証知、つまり「至心信楽欲生我国」として十八願に込められている法蔵菩薩の願心が、「今発願」となって我に現われることの受領であるとしている。これこそ、「弥陀

の誓願不思議にたすけられまいらせて、往生をばとぐるなりと信じて」との自督の実験であろう。したがって、

如来の願ひが我が願ひとして胸に現はれてきた、これが回向の相であります。信心を得るとはそれなんであります。我々は仏になりたいといふ願ひが発る。これは大したことであります。(63)

と言うように、信心とは「願作仏心」の一心であり、それは同時に「度衆生心」を内実とする如来回向の自覚であったのである。

近代教学は、「実験主義」に立脚する。清沢が我が身に仏道を実験することで、近代人の実存的要求に応答する教学が確立されたからである。そして、その「実験主義」を継承したのが曾我であり暁烏であった。すなわち、彼らは共に、清沢に導かれて恩寵的感激的信仰を超え、自己実存における仏道の自証に悪戦苦闘したのであり、その結果、曾我は、法蔵菩薩降誕の「場所」を自己内に見定めて「法蔵魂」を明らかにし、暁烏は「汝自当知」の経言によって、法蔵菩薩因位の願心を自己に見出すことができたのである。これこそ「自督の信心」の内実であった。

実に曾我も暁烏も、情緒的な「摂取不捨」の救済の道理として弥陀の誓願を我が身に証知した。ここに願作仏心は成り立つのである。法蔵菩薩降誕の事実を我が身に実験した曾我も、「汝自当知」によって「自督の信心」を「能機の信」として自覚した暁烏も、共に弥陀の誓願を体とする「一念発起の信心」に立ち上がったのである。近代教学とは、『観無量寿経』から『無量寿経』へ、を基軸とする。それはまた、弛まぬ機の自覚を基盤とする営みであった。

なお、機の自覚に立脚する近代教学を理解するために、江戸宗学を代表する講師である香月院深励の『歎異鈔講林記』にある「弥陀の誓願不思議に」を見ておこう。まず誓願不思議について、『歎異鈔講林記』に次のように説かれている。

弥陀ノ誓願不思議トハ。下ノ第十一章ニ至テ誓願不思議名号不思議ハコトバハチガヘドモ一ツナリト云フコトヲ明ス一章アリ。弥陀ノ因位ノ誓願ヨリイヘバ誓願不思議ナリ。果上ノ名号ヨリ云ヘバ名号不思議ナリ。然レバ因位ヨリ云フト果上ヨリ云フトノ違ヒニシテ体ニ二ツアル事ナシ。此義至下応知。トキニ誓願不思議ノ名目ノ拠ハ原ト論註上大義門功徳成就ノ下ノ文云。仏以本願不可思議神力摂令生彼乃至五不思議中仏法最不可思議。此ノ論註ヲ拠ニシテ和讃ニモイツヽノ不思議ヲトクナカニ仏法不思議ニシクゾナキ等トイヘリ。コレ正シク七祖ノ釈ニヨリテ弥陀ノ誓願不思議ノ出処ナリ。コレヲ経ニヨリテタヾストキハ。コノ誓願不思議ヲ大経ニハ仏智不思議ト説キタマヘリ(64)。

このように、誓願不思議と名号不思議との体は一つであることを論じ、また、

コノ一章ノ勧信ノ御教化ノ全体ノ拠ハ大経ノ成就ノ文ナリ。ソレヨリ観経ノ念仏衆生摂取不捨ノ文ニ移リテノ御教化ナリ。先ヅ初ニ弥陀ノ誓願不思議ニタスケラレマイラセテ往生ヲバトグルナリト信ジテトアルマデハ成就ノ文ノ聞其名号信心歓喜ノ意ナリ。故ニ弥陀ノ誓願トアルハ四十八願ヲ全ウジタル第十八ノ誓願ノ事ナリ。成就ノ文ノ聞其名号トアル聞ノ字ヲ信巻末ニ釈シテ云。「言聞者衆生聞仏願生起本末無有疑心是曰聞也。」シカレバ名号ノ義ヲ聞クハ即チ十八ノイハレヲ聞クコトナリ。第十八願ノイハレハイカヾ聞クゾト云フニ。弥陀因位ノ誓願ノ不思議力ニヨリテ助カル間敷キ凡夫ヲ助ケタマフゾト聞開クコトナリ。(中略)マイラセテト云フ詞ヲ加ヘタルハ和語ノ文章ニシテ辞ヲ優ニスルタメナリ。タトヘバ信ジテト云フ筈ヲ信ジマイラセテト云フガゴトシ(65)。

と述べている。暁烏の『歎異鈔講話』が香月院深励の「講録」をよく読んだものであることは、自ら語るところであるが、しかし一読して分るように、「講録」が術語の由来根拠の解明に中心軸を置いているのに対し、暁烏は、

自分自身に仏道を自証することに力点を置いていることは明白であろう。江戸宗学が訓詁的であったのに対して、近代教学は、有限なる自己に躍動する仏道実験であったのである。

第五項　恩寵主義と凋落、そして更生

一　暁烏敏の歩み

さて、恩寵主義の暁烏に戻ろう。

ここで、『精神界』時代の暁烏の歩みを確認しておきたい。

一九〇三（明治三六）年（二六歳）…『精神界』に「歎異鈔を読む」連載開始。
（清沢満之の示寂）
一九〇六（明治三九）年（二九歳）…恩寵主義の信仰生活に入る。
一九〇九（明治四二）年（三二歳）…『精神界』に「罪悪も如来の恩寵なり」発表。
（清沢満之七回忌法要）
一九一〇（明治四三）年（三三歳）…明達寺第一回夏期講習会開催。
（金石本龍寺で「異安心」問題勃発）
一九一一（明治四四）年（三四歳）…『歎異鈔講話』刊行。
（真宗大学、京都に移転開校）
（親鸞聖人六百五十回御遠忌厳修）

一九一二（明治四五）年（三五歳）…（明治天皇没）
一九一二（大正元）年（三五歳）…（佐々木月樵、真宗大谷大学教授に赴任）
一九一三（大正二）年（三六歳）…妻房子没。
『精神界』に「かくして私は凋落して行く乎」を発表。
恩寵主義破綻し凋落、帰郷する。
（曾我量深『精神界』に「地上の救主」発表）
一九一四（大正三）年（三七歳）…『精神界』に「胎内くゞりを出でて」を発表。
更生（蘇生）する。
一九一五（大正四）年（三八歳）…浩々洞を永久に去る。
（金子大榮、浩々洞に入る）
一九一六（大正五）年（三九歳）…『汎濫』同人となる。
（曾我、東上し浩々洞に入り『精神界』編集を担当。また浩々洞解散）
一九一七（大正六）年（四〇歳）…高光大船、藤原鉄乗と共に『汎濫』創刊。
『汎濫』に更生の宣言「獅子吼」を発表。
一九一八（大正七）年（四一歳）…『無量寿経』を読む。『更生の前後』刊。
一九一九（大正八）年（四二歳）…（『精神界』廃刊）

暁烏は「歎異鈔と私」（『新講歎異鈔』）の中で、自らの求道の歩みを、次のように述べている。

明治の末年四十三四年頃から、私には精神的の一大革命が起りまして、この『歎異鈔』のみ教へだけではとても承知が出来んやうな悩みを得ました。その中からはからず『無量寿経』を発見いたしまして、阿弥陀如来の御精神によつて、自分のゆく道を明らかに知らしてもらつてまゐつたのであります。そして私はこの時に本当に『歎異鈔』の第一節の「弥陀の誓願不思議にたすけられまゐらせて、往生をばとぐるなり」と信ずるその心が具体的に我がものにさしていたゞいたのであります。ですからそれまでは、私の『歎異鈔』は頭の中にあつた『歎異鈔』であつた。それが『無量寿経』にふれてはじめて胸の『歎異鈔』になつた、といふやうな感がいたします。『無量寿経』を一生懸命に研究してまゐりまして、稍〻その教へが了解出来るやうになりまして、再び『歎異鈔』を読み返す気持を得て、そしてこの『歎異鈔』を味はひますと、若い時代に味はうたよりも又一歩進んだ意味において聖人のお相にふれさしていたゞけるのであります(66)。

また、同じく「上篇・第二節講話」でも、

明治四十五年即ち大正元年から二年にかけて、私の精神上に一大変動が起りました。今まで始終読んでをつた『歎異鈔』が、どうもあまり自分の胸に響かぬやうになりました。さうして、自分の心が今までのやうな甘い世界に陶酔してをられなくなつた。ずゐぶん悶え悶えして、すべての自分の周囲が破壊され、自分自身も破壊されることを感ずる、その刹那にも、自暴自棄に陥らうとしながらどうしても陥ることができなかつた。今思ひますと、十七年ばかり、二十の歳から三十七の歳まで養はれて来た『歎異鈔』、その形の上の文句の味はひはすつかり脱落したんぢやが、その中心の精神――どんな難局に立つても、どんな自己破滅の場合に立つても、この大切な自分は生きてゆかなくてはならぬ、また生かして来い、といふ声が残つたのであります。そこで、やつと自分を把持し得たのであります。さあ、今まで築いた世界は壊れた、今から新しく一歩づつ出るんだと思うて、静かに歩み出しました時、計らずも『無量寿経』によつて阿弥陀仏の精神にふれたのであります。『歎異鈔』によつて永い間甘いお慈悲の権化として眺めてをつた阿弥陀如来が、こんどは自分の生活の源泉として、自分の踏み出す足の力として自分の上に味は丶れるやうになりました。それから、今日まで『無量寿経』を繰り返し味はうて、それによつて自分のお育てを受けて来てをるのであります。[67]

と述べている。そのように、明治末から大正初期にかけて、暁烏は、自ら言うように、「精神上に一大変動」を体験している。すなわち、親鸞聖人六百五十回御遠忌前後の信仰熱の高揚や浩々洞の崩壊という、自己を取り巻く環境と呼応すべく、「恩寵主義」から「凋落」へ、そして「更生」へ、という動きや、機の自覚に立つことによる、伝習的安心から脱し得ない人々からの「異安心」との指弾が、暁烏を襲ったのである。視点を変えれば、それは『歎異抄』を、『観無量寿経』に基づく「摂取不捨」の了解から、『無量寿経』に導かれての「汝自当知」に促されての自覚的了解へという変革でもあった。以下、その変革の歴程を、確かめていきたい。

二　異安心

当時の加賀の信仰風土について、『暁烏敏伝』に、次のようにまとめられている。

世に加賀門徒という言葉がある。ことほど加賀は法義の盛んな土地である。だがこの時代の教界の有様は、僧も俗も現実の自己の心情や生活には蓋をして、聖典の文句の末をひねくり、信仰を一つの遊戯と化し、実生活に生きたものではなかった。坊主は幾度も袈裟衣を替えて高座に現れ、むつかしい法語を使い、節をかけた節説教をした。それを聞く同行達は等級のある肩衣を掛け、回を重ねて聞き込み、又よく覚え込んだ。それによって信心の尻取談義などをした。この同行中には法義者と言われる者が居て、人の安心叩きをして歩き、それが一つの勢力をもっていた。うかつに語れば僧侶も異安心者としてこれらに弾劾され葬られたのである。こ

の時代迄は、教界に、民衆に、異安心者という名は由々しかった。(68)

当時、清沢の薫陶を受けた暁烏は、『歎異抄』によって体解した如来の「お慈悲」の恩寵的実験生活を、「法義者」の奮う加賀門徒の前で、赤裸々に告白した。しかし、それが伝習的安心を尊ぶ加賀の信仰風土には受け入れられず、暁烏は、高光大船や藤原鉄乗ら新進気鋭の僧侶とともに、「異安心」としての弾劾を受けたのである。その様子を『暁烏敏伝』に見てみよう。当時の法莚の激しい雰囲気を味わうためにも、長文を引いておく。

明治四十二年十一月二十七日は明達寺報恩講の日である。金沢広済寺住職武佐祐円は、金沢の親類達と一緒に、乳呑子を背負った妻女を伴って詣って来た。「妻がどうもあまり慶ばれぬので連れてまいりました。どうか聞かしてやって下さい」と入るなり頭を下げた。この日は四高生も医専生も詣っていた。代る代る壇に立って話をして、武佐祐円に話をする番がまわって来た。今日は聴聞に来たのだから話をするのはいやぢゃと言っていたが遂に壇に立たされた。異安心問題は武佐祐円に始まるのだから、この夜の話の概略を書く。

「わしは先度三ツ屋という所へ門徒の報恩講廻りに行った。そこで、御信心は口先ばかりではいけない。本当に心に味あわねばならぬ、どの聖教にはこうある、『和讃』にはこう、『御文』にはこうと文句の詮議をしておるのが信心ぢゃない。わしは『和讃』にこうの、『御文』にこうのという細かいことは知らぬが、ただ御本願が有難い、仏様のお慈悲が有難い、と話したら、この座中に一人の法義者が居って、坊様がそんな事を言うてよいか、あんたがいよいよその料見なら一筆書いて下さい、と言うから、どう書くのぢゃと言うと、わしは『御文』も『和讃』もいらぬ、ただ本願がありがたいばかりぢゃと書けと言った。よしよしとその通り書いてやった。名を書いて印を捺せというからうんうんと印を捺してやった。又一人の婆さんが、わしの前へ出て了解を述べた。『私は善知識の教の下で帰命の一念発得なられまして、往生一定、御助治定の落ちつきから御恩の称名を喜んでおります』と覚え込んだ型通りの領解をやった。この婆さんはおしゃべりで、日頃の生活は仏法を喜ぶ生活のとても出来ている人ではなかった、それでわしは『婆さん、そんなことは、赤子のねごとじゃがいの』と言うたら、已知の法義者が聴き咎めて、御正意の安心を赤子の寝言ぢゃと仰言るのはわからん、これも一筆書いて下さいと迫るから又うんうんと書いてやった。この法義者はこの捺印した証拠をもって本山に上申してお調べを願はんならんと言っておったが、真実わしは、どこへ出て、誰から問われても『御文』も『御和讃』もいらぬ。わしは学問がないからお聖教の文句もわからん、こんな奴を助けてやろうと誓うて下さった本願がありがたいばかりぢゃ。口先きばかりで御正意の安心を述べておっても、本当に信心が戴けておらなんだら何もならん。」

と武佐祐円は壇に上がってこういう話をした。この信心の啓けた何ものにも怖れぬ率直な告白に一同涙に咽んだ。敏は「胸がささるる思いがした」と語っている。が、この三ツ屋における武佐祐円の信の告白が、法義者から異安心者として取上げられた第一矢である。同じ年の十二月十一日、法主彰如（句仏）が金沢別院に錫着した。親鸞聖人六百五十回御遠忌準備信心引立の為である。金沢別院では駐錫事務所を開き、議制会を開き、僧俗共に大騒ぎをした。法主御迎えについて、敏達は率先して大いに働いた。この夜敏は、次の部屋で足袋をはき替え、つかつかと一人で法主を訪問した。一別以来くさぐさの話が出た。句仏は、今日の僧侶の無信仰を語り、敏は、今日の教界を語った。又、武佐祐円の「御文」も「和讃」も何もいらぬ、ただ本願が有難いばかりぢゃという彼の率直な愚禿の信と、これを言質にとった法義者の事も語った。句仏は、たまには劇薬もよいかな、と言った。(69)

この顚末については、前節第一項の福島の論文「精神主義の地方的展開」に詳しいが、当初の武佐に対する「異安心」との責めを一身に担った暁烏は、本山による「調理」を真摯に受け止め、誠実に教義の了解をもって応答している。暁烏ら清沢門下の安心告白が、伝習的安心に親しむ加賀の大地を大いに揺らしたため、「異安心」騒動を引き起こしたが、それは次第に、彼らに大転換を迫ったのである。『中外日報』の記事を見ておこう。

聞く所に依れば今回端なくも石川県の青年教家の間に安心問題起り周囲の教界に多少の波瀾を起しつゝありと、事は精神主義の唱道と高倉相承の諸説と其の態度及び解釈を異にするより発し其の声を大にしたるもの、如し、こは近時の一発作に過ぎず、去れど此種の問題今や各地に起らんとしつゝあり。（中略）大体に於いて精神界一派の主張及態度を是認し之に同情を払ひ居れるより察して想像に難からず。（中略）物議の依つて起る所以は信仰の形式を過重すると其の実感を過重するとに依れり、而して大体より察して老年者は前者に傾き青年者は後者に赴き、高倉一派の学者は動もすれば実感の如何を措いて問はず先輩の軌轍を騖して新進教家に臨み圧迫を加へんとし青年派亦之に服せず飽く迄実感を標榜して立ち其の生命を明にせんとするの結果時々激越の言辞に出づるもの無きにあらず、斯くて両々相降らず幾多の暗闘を招致(70)

「異安心」問題が、「精神主義」と「高倉相承の諸説」の対立として捉えられ、さらにその対立の本質が、信仰の「形式を過重する」と「実感を過重する」との違いとして報ぜられていることから、社会の大勢は、暁烏に傾いていたことが分かる。「精神界一派」、つまり清沢門下は、前近代的形式的な地方の真宗教界をも変革しつつあったのである。

「精神界一派」には勢いがあった。たとえば、一九一〇（明治四三）年に、暁烏は北安田の自坊明達寺を拠点に「第一回夏期講習会」を開催し、それに倣って、高光大船、藤原鉄乗もそれぞれ夏期講習会を始めたため、精神主義は広く世に公開されることになった。そして全国から多くの苦悩人が、加賀の三羽烏の夏期講習会に参加したのである。

「加賀の三羽烏」の講習会は、「生活実験」に基づく、議論あり座談ありの、活力溢れる聞法道場であった。真夏の八月の一か月をかけて、それぞれ一週間の日程で開かれる講習会に、全国から苦悩人が集い、三箇所を巡回し聴聞した。それを曾我は、「加賀の名所巡り」と称したが、その「名所巡り」が、精神主義を日本全国の群萌の大地に根付かせたのである。ここに「加賀の三羽烏」出現の歴史的意義を見ることができる。

三　凋　落

一九一二（明治四五）年、明治天皇が没した。暁烏は直ちに、「何を犠牲にしても」毎日五時前に起き梵鐘を撞く等の八か条を掲げて、四十九日間の喪に服した。そして服喪結願後に本山の「先帝の奉弔法会」に参加するため上京したが、暁烏をして「人間の積りはあてにならぬ」と言わしめたように、今度は妻房子が結核に倒れたのである。暁烏はその原因を、自ら提唱した厳しい服喪であったとして慚愧し、「私一人の思ひつきで、母を弱らせ、妻を肺病にまでしたかと思ふと真に申訳がない気がする」[71]と告白するしかなかった。また、乃木将軍の殉死に接する中、「何となく身がぞつとした。さうして自分の不実がありくと見えたやうな気がした」[72]と述べているが、そのように暁烏は、次第に罪悪深重の自己に遭遇した。そして、そのような自己を懐きつつ、必死に妻を看病したのである。暁烏は、その看病の模様を、次のように記している。

病人が、その病気が快方に向かひかけたと喜んでをるやさきに、引きかえしてわるくなつた時落胆のあまり、「私は、こんなにして、だんく死に近づいてゆくのです」というたから、自分はすかさず、「さうにちがひないぞ、熱がさがつたとよろこぶ一日も死に近づく一日である。熱があがつたと悲しむ一日も死に近づく一日である。お前も一日々々死に近づいてゆく、私も一日々々死に近づいて行くのだ」といひました。[73]

暁烏は、死と向き合う妻を前にして、これまで聴聞した一切を駆使して、必死に説法するしかなかった。さらに、

木越重政君がもう死ぬといふので、東京からわざわざ叔父さんが参られた。重態なのを見て叔父さんが、「重政や、今度はどうもお前はなほらぬやうぢやから、覚悟をきめるがよいぞ」と申さるゝと、重政君はほゝゑみながら、「叔父さん、叔父さんは死ぬ覚悟など出来ますか、私は覚悟などできる位なら阿弥陀様をたのみませぬ」といふたといふことを高光君から聞いた。[74]

と、法友の明確な安心に耳を傾けつつ、

大正元年の下半季ほど身心を煩労したことは、自分にとつては二十年来ないことである。本も読めず、文もかけず、たゞ毎日給仕のやうな仕事をした。此の下半季をふりかへつて見ると愉快な感がある。この快感も二十年来に味はうたことのない快感である。それは外ではない、この下半季ほど信味を深めて頂いた覚えがないからである。[75]

と告白するのである。暁烏は、自らに降りかかる業縁によって、必死に信味を深めようとしているのである。そのような暁烏を、『暁烏敏伝』には、

敏は、自分の本分である執筆も、読書も、講演も出来ない。総べての進歩が自分の上に止まってしまう。友人はどんどん進んで行く。又、世間的な仕事もやっている。自分はこうしてやがて田舎の土に埋もれる、丁度秋の木の葉が落ちて土に化してゆく様に、自分の生命は刻一刻闇に葬り去られる。[76]

と記されている。暁烏は、闇に葬り去られるのではないかという悲痛な心を懐く中、一九一二（大正二）年二月、

ついに妻房子の死を迎えざるを得なかった。享年二七歳であった。死にゆく妻を目前にして、いよいよ取り繕うことのできなくなった恩寵的信の破綻を懐いて、その悲痛な思いを、暁烏は、「かくして私は凋落して行く乎」という一文に認めて、『精神界』（一九一三〔大正二〕年二月号）に発表した。


「自分はこれだけの男であつたかな」

「こんなぐあひで、自分は果てるのかな」

こんな思ひが湧いてくると、たゞ悲しうなつて、曾我君の言ふ通り男泣きに泣かざるを得ないのである。どんな悲しさであるか、何故に悲しいのであるか、などと問ふだけが野暮である。何かなしに、

「こんなぐあひで、自分は果てるのかな」

と思ふと、たゞ涙がほろりとこぼれさうになるのである。

こんな思ひを文学者にいはしたら、人生の凋落を感ずるの気分とでもいふのであらう。

「葬られてしまふ」「このまゝで田舎の土となつてしまふ」といふことは、はしやぐ心を、底の底へ引きさげて行くやうな気がするのである。（中略）

灰色の人生位でない、闇黒の人生が私の生涯である。はねても、とんでも、この私は生まれかはるにあらずんば、この楽しみのない望のない生涯より外に何にもない。（中略）

自分の道は闇い、自分の運命は恐しいが、その闇にほんのりと明かりを与へるのが、諸友からの恵みである。念仏によりてえせしめられたる諸方の道友の恩寵は、この恐しい業を持つてをる妄見の奴を摂取して下さるゝのである。かやうにかあいがつて頂くと身は重患に罹つてゐながら、ふんわりとした羽根布団の上にねかされ、軽き羽毛につゝまれてをるやうに思はるゝのである。之を思ふと自分は、このまゝにすうと死んで行つて

も遺憾がないやうに思ふ[77]。

このような赤裸々な告白が、後に『凋落』として一冊にまとめられ、一九一三（大正二）年七月に刊行され、多くの求道者の灯炬となった。

かくして暁烏は、一九一三（大正二）年一〇月、「来洞の知友には、敏は安田の土に葬られたとお伝へ下さい[78]」との記述と共に浩々洞を去り、慈母千代野の待つ明達寺に戻った。恩寵主義は破綻し、暁烏も凋落した。なお、この暁烏「凋落」の年に、浩々洞から『清沢満之全集』全三巻が出版されている。暁烏はその編集者の一人であったが、それをも投げて母なる北陸加賀の大地に帰り、「更生」の時機の熟す日を待ち望んでいた。

このような暁烏の「凋落」、すなわち求道上の転換を促す苦悶は、曾我にも共通するものであった。「かくして私は凋落して行く乎」の冒頭に、暁烏は曾我からの書簡一節を載せている。

降りては消え、消えては降りたりし雪は両三日来漸く積ること二尺余、かくて当分「食雪鬼」となるのである乎。名もなき寒村の土塊と、やがてなると思へば。男泣きに泣けずには居られない。帰命無量寿如来の叫もこんなこと丶味はれる。

我々は相対的なる小なる現在を離れて絶対的なる無限の大現在を味はば久遠より尽未来際にかけて、未生已前より死後までかけての大自我を如来の御光の裡に発見する外には、空しく名も知れぬ片土の土となるのである。死んでも死に切れない想は地獄に入るであらふ。地獄の鬼も此の恐ろしき我を見ては逃げること丶思はれる[79]。

一九一三（大正二）年といえば、曾我は自らの求道上の転機ともいうべき「地上の救主」を発表した年であったが、曾我はその「地上の救主」発表の背景である、「食雪鬼」と見做さざるを得ない絶望的自己を、このように暁

烏に告白しているのである。(80)

曾我は、はじめから暁烏の恩寵主義に批判的であった。しかし、一九一一(明治四四)年一〇月、真宗大学の京都移転を機に郷里越後に帰り沈潜生活を送った曾我は、暁烏と同質の苦悩に喘ぐ日々を送らざるを得なかった。清沢門下の双璧とも言うべき暁烏と曾我は、ほぼ同時期に同様の仏道を歩んでいたのである。

思うに、絶望的自己との出遇いは、求道する者にとっては、必ず一度は通過しなければならない〝関門〟ではなかろうか。苦悩は常に我が身に生起する。そして、その苦悩は友との交流でより深化されるに違いない。交流する中で、あらためて自己の我執の深さに驚き、そして友の求道の悪戦苦闘に聞き入り、如来願力を実験する。ここに「談合」を尊ぶ御同朋御同行の集う「聞法僧伽」が思い起こされる。暁烏も曾我も、そういう道を歩んでいた。

話を戻そう。暁烏は、自己を苦しめてやまぬ絶望的自己を、正直に「蘇生の悩み」として書き綴り公開した。それが、暁烏の真剣な求道的営みであった。その正直な営みを聞こう。

一　私の胸の底の底まで見ぬいてゐて下さる、仏様。申さないでも、あなたは御存じですが、どうぞ私の愚痴を聞いて下さい。

私は恐ろしい罪人であります。私は世の中の総べての人にその罪をかくしてゐますが、あなたはよく御存じでゐらせられます。私は常に、この罪を人が知つたら世の中から殺されて了ふであらうと思うて、恐ろしくて泣くのであります。さうして私はどうしてあんな罪を犯したのであらうと思ふと、自分で残念で残念でなりませぬ。白い紙に墨がにじんだのは、紙をなくするまでどうすることもできぬやうに、私の犯した罪は、私の身心にしみついてどうすることもできませぬ。で私は一層死んで了はうかと思ひますが、死ぬこともできませぬ、生きてゐても恐ろしうあります。

私のすべてを知つて下さる仏様。私はこの罪を世に告白して潔よく罰を受ける勇気もありませぬ。只あなたのお計らひにお任せ申します(81)。

自分で自分を持て余さざるを得ないほど、苦しいことはないのである。

このような赤裸々に救われざる自己を告白した「蘇生の悩み」に、更生のリアルな記録である「胎内くゞりを出でて」を所収する「誕生の喜び」と、「清沢先生へ」と副題する「緒言」とを合わせて一冊にまとめたのが、一九二〇（大正九）年に出版された『更生の前後(82)』であった。その「序」を見てみよう。

情慾の猛火に、着けたる衣服も肉もすべて――宗教、道徳、地位、人格、覚悟、名誉等――を焼き尽され、地獄の真闇の藪の中に捨てられたる灰から、新しい生命の芽がふいて、新しい美しい世界が顕現して来ました。三十七歳にして死んだ私が呱々の声をあげかけた四ケ年間の叫びであり、今日の私の通つて来た苦しい足跡が本書であります。

本書を公にするには羞恥の思ひが頻りに湧いてゐますが、公にせねば尚ほ一層苦しいなやみがあるので、多少迷惑する人のあることも承知をしながら本書を公にして、先進後進の鞭撻を受けたいと念じてゐるのであります(83)。

求道とは、闇から抜け出ることではないのである。そうではなく、闇なる自己をそのまま闇と知ることである。闇を闇と知る時、そこには必ず光明が放たれる。したがって、今暁烏の「新しい生命の芽がふいて、新しい美しい世界が顕現」すると叫ぶのであるが、その更生の前には、必ず「地獄の真闇の藪の中に捨てられた」という絶望的自己があったのであり、それが「蘇生の悩み」であり、「凋落」であった。暁烏は、ここに改めて「凋落」を回顧する。

私が先生の御在世の間から、特にその後になつてだん〳〵と感激的に仏陀を崇拝し、現在の境遇より慈悲の存在を説明しようとした私の仏陀は、妻の死と共に、いやがおうでも私の心から消えねばならぬやうになりました。自分は罪深い者であるが、この罪の深い私をこのまゝで抱き取つて下さるゝといふ都合のよい仏陀の恩寵は私から消えたのでありました。仏陀若しさる大慈の力あらば、どうして私から最愛の妻を奪うたか、いや妻が死なねばならぬ運命だつたらなぜその運命をどうかしてくれることをしなかつたのか。（中略）かくて主観の上の仏も客観の仏も私には何もないのであつて、今日までは只古人の言語や自分の思想や感情であるやうに思うたり感じたりしてゐたに過ぎなかつたことがわかつてまゐりました。(84)

このように、自分自身の仏道がただの「思い」や「感じ」でしかなかったことを告白し、さらにどこまでも転落するしかなかった自己を、

廃れんとしてをる仏教は己れによりて興るべしといふやうな憍慢心にみちてゐた私は、この破壊によりて、仏教も滅びん、世の光も消えん。すべてが葬られたやうに思ひました。祈るべきあてもなく、すがるべき所もなくなつてしまひました。(85)

と振り返っている。「新しい生命の芽」の息吹きを実感することで、はじめて、自己実存の本質が見えてきたのである。ここに「更生」の内実があった。「更生」とは、ぬかよろこびではないのである。

暁烏は正直に苦悩した。正直に苦悩するとは、清沢から伝統される近代教学の求道姿勢であろう。たとえば清沢は、「我信念」において、「何が善だやら悪だやら、何が真理だやら非真理だやら、何が幸福だやら不幸だやら、一つも分るものでない」(86)と、絶対に救済されざる苦悩を告白し、さらに、そのような偽らざる苦悩において、「我には何にも分からない、となつた処で、一切を事を挙げて、悉く之を如来に信頼する、と云ふことになつたのが、私

の信念の大要点であります(87)」と述べている。清沢も暁烏も、共に正直に苦悩し、その果てに、「悉く如来に信頼する」との実感を施与されることになったのである。

我々が道を求めるということは、絶対無限の境涯に安住できるかどうかが問題なのではなく、むしろ如何にして相対有限の身に安住できるか、であろう。ここに、「一切を事を挙げて、悉く之を如来に信頼する」という光明生活が開かれる。これこそ真宗の真骨頂ではなかろうか。

四　更　生

一九一三（大正二）年一〇月、「安田の地に葬られた」との言葉を残して北安田に帰った暁烏は、佐々木月樵や高光大船、また藤原鉄乗、京極逸蔵からの報告や、激励の書簡に励まされながら、次第に癒されていった。同年の『精神界』一一月号の「移され行く生活の気分」で、次のように自己を見つめている。

私は悪人であると云ひ、野獣であると思うてゐながら、悪人あつかひや、野獣あつかひにせらるゝことを厭ふ者であります。故に悪人でありながら、善人らしい面をしてゐたい、野獣でありながら人間らしいふりをして行きたいと思ふ心があります。この心から誤魔化しと、詭しとが出て来るのであります。（中略）全身生きてをる殼なしの生活を望んでゐた私は、人生に敗北して、止むを得ず、今や、死んだ殼の中に生きた身体をかくして、全身の活躍を、来世に期する生活に退ひこめられてしまうやうであります。殼と念仏であります。殼は今の私の生命の住する所なのであります(88)。

暁烏のこのような自己凝視は、「食雪鬼」なる自己に苦悩した曾我や、また金子や高光ら清沢門下に共通する求道実践であった。暁烏は絶望的自己を抱えて、次のような書簡を浩々洞に送っている。

先日は細々のお文有難う拝見しました。実生活が何のかのといふが、私は人生の敗残者、敗戦者として彼土を憧憬し、実生活は浮き草のやうになつてゐるより外ありませぬ。やはり古の聖者にかぶれて念仏の声に安泰を貪る外はありませぬ。人生のまじめな研究をする力さへない奴であると気付いてはなさけない、なさけないまゝ只念仏の声にねむるのです。私は母の膝下にねむつてゐます。東京の方は万事よろしく願ひます。洞のことなど意見もあるが、お帰国の節お話申します――（中略）私は昨年来動揺しかけた心がやゝ落つきかけてをるやうに思ひます。自己のふがひない事、現世に於ける活躍は望みがない事をやゝ深く感じさして頂きました――(89)

そして翌年には、

去年の暮には、瀕死の妻の看護をしつゝ心落つかない私は、本年の二月妻を先だて、其後狂乱のやうな気分になつてゐましたが、秋に入りて叔父を葬り、心一層闇く相成り、茲に、生活状態に改革をなし、母に侍して田舎寺の住持をすることに決心いたして已来いつしか心も落付きて来るやうであります。新旧の書を読まうと存じましたが、田舎寺にをると、非常に多忙にて読むひまも少く、考ふるひまも少く、従ひて淋しい物思ひに沈むことも少く、ただ大根に肥え、芋に肥えてをるのであります。かやうにして一両年もすぎたらちとのんびりした人格ができるだらうと楽んでゐます。（中略）私は新らしい生活を築きあげやうともあせらないで、のんきに念仏と母の慈愛に一日づゝ活きて行きたいと思ふてゐます。(90)

という雪解け間近の温かい文章を浩々洞に寄せている。闇黒の自己を抱えつつ暁烏は、瀕死の状態にある浩々洞に対しては、案じつつも沈黙を守るのである。暁烏には、静かに機の熟することを待つことしか、許されていなかった。

かくして時機純熟、『精神界』（一九一四（大正三）年二月号）に暁烏は「胎内くゞりを出でて」を発表することになった。それは、闇黒なる自己の中に間違いのない光明を発見できた喜びの叫びであったのである。その声を聞こう。

一昨年の秋から昨年の秋にかけて、私は胎内くゞり（善光寺の本堂の内陣の下の暗いところをくゞるを胎内くゞりといふ）をしてゐたやうに思はれます。死んだ妻は確かに私を暗い暗い胎内くゞりに引入れてくれました。手をとつて胎内くゞりに引入れた妻は、暫くすると私一人残して、自分だけさつさと先に出て行つた。昔から胎内くゞりの暗がりに行くと、平素悪い奴は牛になつたり、馬になつたり、犬になつたり、猫になると聞いてゐますが、私は確かに牛ともつかず、馬ともつかず、犬でもなく、猫でもない野獣の姿になつてしまひました。胸は人間らしく、頭は仏のやうで、胴から下が全く尾があり、毛があつて、まるで獣であります。これまでも、こんな姿をおぼろげに見ることがあつたが、昨年ほど明瞭に、自分の厭な恐しい姿を見せつけられたことはなかつたのであります。その時、あまりの恐しさと、いやらしさに眼がくらみ、今まで念じてゐた仏の姿が全く見えなくなり、ほんたうに身心の闇に泣き叫んでをる時に、念仏が出ました。かちやりと鍵が手にさはりました。この鍵はのほんたうの心の闇になりました。私は妻を呼びましたが答へてくれませんでした。この鍵は仏のみ座にのぼる道にある鍵であります。仏のみ座に行く唯一の鍵は、この真の闇の中にあることを味はひました。

むやみやたらに手さぐりに進んで行くうちに、叔父が一足先に出ますといふ声が聞えた。それでは先から叔父もゐたのだつたかなと思うた。やがて私も胎内くゞりを出て、明るい本堂の縁にたつやうになりました。はて自分は、恐しい獣になつた筈ぢやがなと思うてつく〴〵見ると、いつのまにやら、やつぱり人間並になつてをる。然し、先の闇に見えた恐しい姿が、今は自分以外に出でて、人間になつてをる自分を追ひかけて来るやうに思はれてならない。私はこの恐しさに、堪へかねて、仏像の前に額づきました。さうして懺悔の涙に眼をはらしました。その涙に曇つてをる眼前に、苦しかつたらう、悲しかつたろう、かはいさうにというてなつかしげに私を見ておいでる仏のお顔が拝める。その仏の横に、妻も見える。叔父も見える、二人共に仏の前にすわつてをるのであります。

私はこゝに再生しました。蘇生しました。さうしてよく思うてみると、暗い胎内くゞりもやはり仏のみ座の下であつたのだなと、うれしく思はるゝやうでもあります[91]。

第六項　『無量寿経』へ

この暁烏の「胎内くゞり」に綴られている更生の告白は、たとえば親鸞の「三願転入・果遂の誓」の直後に明かされている、二十願超克において親鸞に湧出した報謝の告白、つまり、

ここに久しく願海に入りて、深く仏恩を知れり。至徳を報謝せんがために、真宗の簡要を摭うて、恒常に不可思議の徳海を称念す。いよいよこれを喜愛し、特にこれを頂戴するなり[92]。

との如来讃仰の叫びと同一のように思われる。

それはまた、曾我の実験、つまり「食雪鬼」としての自己発見が、「浄土真宗を生んだ[93]」との叫びや、また法蔵菩薩の降誕を我が身に実験した「地上の救主[94]」に通底するものでなかろうか。そして、何といっても清沢の一八九八（明治三一）年一〇月二四日の『臘扇記』における「四顧茫々」中の絶体絶命の告白中に見出し得た「絶対無限

に乗托」する自己の発見そのものではなかろうか。黒闇に彷徨う自己の発見とその自己に成就する弥陀誓願の実験なくしては、如来への帰命を真髄とする真宗はありえないのである。

更生した暁烏は、浩々洞を永久に去ることを決意し、一九一六（大正五）年に高光、藤原の主宰する『汎濫』の同人となることで再出発した。そして、一九一八（大正七）年、再婚の総子の看病中に『無量寿経』を読み始めたのである。暁烏の信は、次第に熟していった。

仏道はさまざまな業縁によって、日々に新たなることに迫られる。そうでなければ、法はたちまち停滞し、我執にまみれることになる。そのように浩々洞は、一九一六（大正五）年一一月、東洋大学教授として東上した曾我の言う「無色透明の一如の源頭」に帰るために、意欲的に解散されることになった。また『精神界』も、固定化した「成立宗教」を脱し、「臨終の際まで霊的奮闘を不断に続けられた先師の御本意」を再生するために、「私共は各自の本願に立還り、この際われ等の団体をその当初の大精神に復帰し、此大心海から現実の人生に出興したい(95)」と願い、ここに廃刊となったのである。一九一九（大正八）年のことであった。

ところで、暁烏を凋落から更生せしめたのは、『無量寿経』であったが、その『無量寿経』との出遇いについて、次のように述べている。

私は十二歳の時初めてこの『大無量寿経』の素読を教へられ、十八歳で講義を聴きました。それから後は幾度となくこれを引き出して殆ど数限りなく読んだといつてよいのですが、十年前までは、この経典の上に「汝自当知」といふ偉大な言葉のあることに気がつかなかつた。「汝自当知」といふことは知つていたが、それがこれほど偉大な言葉であることに気づかなかつたのであります。これは、私がこの経典の中で驚いたことの一つであります。「汝自ら当さに知るべし。」世自在王仏は、実に偉い言葉を、法蔵比丘に対して与へられたのであります。私はこれに就いて、私の恩師清沢先生のことを深く思ひ出されるのであります。[96]

これは一九三四（昭和九）年に出版された『仏説無量寿経講話』に収録されている、一九二六（大正一五）年に行われた講演録「阿弥陀仏とその師との問答」の一節である。暁烏にとって『無量寿経』講義は、世自在王仏に清沢を重ね合わせる営みであった。

暁烏は、これまで述べたように、『無量寿経』の「汝自当知」に格別の思いを寄せていたが、それは、暁烏が一七歳で京都の真宗中学寮に入学した時に、清沢からソクラテスの「汝自身を知れ」について教示されたことに由るものであった。すなわち、暁烏は当初、多くの学生と同様に、「真宗に学問や天台・華厳などの学問をなし、お経の講釈を覚えんがため[97]」に中学寮に入学したが、そのときの心境を次のように語っている。

私は清沢先生から先づ「汝自身を知れ」といふ教訓を与へられたのであります。その時分の多くの人達は皆仏教といふものはどんなものかを研究してゐたのでした。然るに私はその中にあつてひとり「自己とは何ぞや」といふ問題を解決するために進んだのであります。これがために、私は二十幾年前から異端者扱ひにされ、異安心者として目されたのであります。殊に二十五六年前には烈しい攻撃の的になつてゐました。（中略）私は二十歳の頃から『歎異鈔』によつて自分を知らしめられ、泣いては読み、読んでは泣いて来たのでありますが、三十七歳のときに受けた生活上の打撃によつて、それまで読んで来た『歎異鈔』がこれまでほどにしつくり自分の心に浸まぬやうになつて来ました。[98]

暁烏は、凋落という仏道の停滞を超えて『無量寿経』に出遇い、そして「汝自当知」の経言をもって、法蔵菩薩因位の願心を自分自身に自覚せよ、と了解した。かつては『歎異抄』を感激的に味読していた暁烏であったが、それが「生活上の打撃」を機に「汝自当知」に導かれて法蔵菩薩の志願に出遇ったのである。ここに暁烏は、仏道を自覚道として受領した。そして、徹底して弥陀の誓願に生きんとした。暁烏は、法蔵菩薩降誕を実験する曽我と、同一地平に立ち上がったのである。これこそ、近代教学の明かした仏道であったのである。

なお、暁烏はその後、真宗と神道や皇道の一体を説き、また阿弥陀仏と天照大神との一体に立脚する神仏習合観を主張し、戦争を後押ししたことは周知のことである。また『無量寿経』の了解も、「汝自当知」から「皆当往生」へと展開するのであるが、それについては、章をあらためて考察する。

註

(1)「追憶・資料　京都中学」『清沢満之全集』三巻、六〇九頁、法藏館
(2)『新講歎異鈔』『暁烏敏全集』六巻、四五七～四五八頁、涼風学舎
(3)「清沢先生との邂逅」「京都大谷尋常中学編入」『暁烏敏全集』二一巻、三六～三七頁、涼風学舎
(4)「清沢先生との邂逅」「京都大谷尋常中学編入」『暁烏敏全集』二一巻、三八頁、涼風学舎
(5)「恣意的感情的」については、西村見暁著『清沢満之先生』法藏館一六三～一六四頁に詳しい。
(6) 石川参務の演説は次の通りである。

此は報告にも未だ顕はれぬことで、何れも御承知はあるまいが、即、議制局の賛衆を六十名と致し、其中三十名は一般末寺より特選にて御取りになり、残三十名は組長の互選による。此は法主台下の御英断と且つ各方の請願とによりて成りしことで、先づ御当山に於ては此れ迄比類のなきことが成立たと申すもの……。此迄は憲制を定めなんだ故いかなんだが、今年十一月の議制局からは、正しく憲制に基く故、定めて善くなることと思ふ。（西村見暁『清沢満之先生』一八一頁、法藏館）

(7)『暁烏敏伝』八五頁、大和書房
(8)「浩々洞の生まるゝまで」『暁烏敏全集』二一巻、二〇〇頁、涼風学舎
(9)「根岸庵の思出」『ホトトギス』第五四巻第四号、一〇頁、ほととぎす社
(10)『暁烏敏伝』一〇一頁、大和書房

(11)「報道」『精神界』創刊号、一九〇一（明治三四）年一月
(12)「誕生の辞」『精神界』創刊号、一九〇一（明治三四）年一月
(13)「精神主義と性情」『精神界』一九〇一（明治三四）年一二月
(14) 暁烏は「精神主義と性情」の中で、蓮如上人の『御文』、

まず、当流の安心のおもむきは、あながちに、わがこころのわろきをも、また、妄念妄執のこころのおこるをも、とどめよというにもあらず。ただあきないをもし、奉公をもせよ、猟、すなどりをもせよ、かかるあさましき罪業にのみ、朝夕まどいぬるわれらごときのいたずらものを、たすけんとちかいまします弥陀如来の本願にてましますぞとふかく信じて、一心にふたごころなく、弥陀一仏の悲願にすがりて、たすけましませとおもうこころの一念の信まことなれば、かならず如来の御たすけにあずかるものなり。（真宗聖典、七六二頁、真宗大谷派宗務所出版部）

をもって自己の信念を開陳している。
(15)「精神主義と性情」『精神界』一九〇一（明治三四）年一二月
(16)「昌平なる生活」『精神界』一九〇一（明治三四）年一二月
(17)「明治三四年一二月一九日夜日付」『暁烏敏伝』一一〇頁、大和書房
(18)『精神界』一九〇二（明治三五）年一月
(19)「迷悶者の安慰」『清沢満之全集』六巻、八四頁、岩波書店
(20)「迷悶者の安慰」『清沢満之全集』六巻、八五頁、岩波書店
(21)「迷悶者の安慰」『清沢満之全集』六巻、八六頁、岩波書店
(22)「羸弱思想の流行」『新仏教』一九〇二（明治三五）年二月
(23)「羸弱思想の流行」『新仏教』一九〇二（明治三五）年二月
(24)「羸弱思想の流行」『新仏教』一九〇二（明治三五）年二月
(25)『唯信鈔文意』真宗聖典、五五四頁、真宗大谷派宗務所
(26) ここで近代教学の「社会倫理」について、つまり清沢満之及びその門下が社会問題をどのように見ていたか、をまとめておきたい。

まず清沢は、「真宗の俗諦の目的はいかなるものであるか。その実行の出来難いことを感知せしむるのが目的で

ある」（「宗教的道徳（俗諦）と普通道徳との交渉」）と言うように、信仰の社会問題に優先すべきことを述べている。清沢は、当時の日本が産業革命によって軍事的・経済的発展期にある中で、特に知識人を中心に主体性喪失に苦悩する現実に対して、「倫理以上」として宗教の必要性を訴えたのであり、それは同時に、日本が軍国主義に呑みこまれていくことに対する警鐘であったように思われる。以下、そのような清沢や門下の「社会倫理」に関する視点を三つにまとめ、課題を整理しておく。

① 先ず、清沢の「社会倫理」に対する意識の有無について。清沢は最晩年、「宗教的道徳（俗諦）と普遍道徳の交渉」において、「俗諦義については、多少学究的根拠を押へたつもりであります。詳細は御面晤の節に譲りますが、大体は、通常三毒段と申す所にある『宜各精進努力自求之云々』と、『努力勤修善精進願度世云々』の二文を眼目と見ましたのであります。（中略）尚ほこんな事一二点研究したいと思ひますから、東方聖書の英文大経、佐々木君が御あきであれば拝借したくありますから、宜敷御願下されて、御都合出来れば御入来の節御貸附を願ひます」（『清沢満之全集』八巻、一六九～一七〇頁、法藏館）と述べている。文中の「俗諦義」とは社会のことであることから、清沢には「社会倫理」を体系化しようとする思念のあったことは、否定され得ないと思われる。

② では、清沢の思想を敷衍した暁烏は、どのような「社会倫理」意識を持っていたのであろうか。たとえば、日露戦争について暁烏は次のように述べている。「如来よ、爾は我等が太平に慣れて徒らに火宅の世に着して霊界を去らんとするを誡めんとて世に戦争あらしめ給へり。我等この指導によりて大なる霊覚を得たること感謝に堪へず。」（「戦争が与ふる教訓」『暁烏敏全集』二一巻、三五一頁、涼風学舎）しかし、暁烏は強度の近視のため、兵役を免れており、したがって暁烏の日露戦争に対する見解には、実際の戦争に対する悲惨体験を欠いていた、との指摘は免れ得ない。また暁烏は、日露戦争で出征していく人たちに向かっての、「私は諸君に望む、たゞ死を決して行つて下さい、涙多い私が涙を飲んで諸君に願ひます、どうか死の覚悟をして行つて下さい、生還を期して下さいますな」（「出征軍人に与ふる書」『精神界』（一九〇四⦅明治三七⦆年四月一〇日）との発言、また、足尾鉱毒事件で人々の窮状を政府に直訴した田中正造に対する、「〔田中正造〕氏が五ケ年かゝりて鉱毒地の人民に権理思想を吹きこむ尽力したと云ふたのを聞いた時には、いらぬ御世話をやいたものだと思ふた。私が鉱毒地の人民に云ひたいと思ふて居たとは彼等に権理思想を捨てよと云ふことであつた。男らしき服従をせよと云ふ事であつた。然るに田中氏のみならず多くの人が人民の為めにするとか云ふて、人民に不安を与ふる処の根元たる権理思想を人民に吹きこむことは、大いに心得ぬことである。私が考ふるには、人民が苦しむか苦しまないかは、其源因は足尾の鉱山に

あるのでなくして、自分自身の心の中にあることである」(「服従論」『精神界』一九〇二《明治三五》年四月)との訴えには、どのようにみても、「社会倫理」の意識を認めることは難しい。清沢も暁烏も、共に「清沢門下」ではあるが、しかし「清沢門下」を一括りにして「社会倫理」意識の欠如を指摘するには、些か注意を要するように思われる。

③ 今ひとつ留意すべきことは、清沢の精神主義を世に公開した背景には、清沢自身、結核という「迷悶」があったということである。また、暁烏にも幼い頃からの死の怖れや性欲の罪悪等の多感な業縁があったため、彼らにとって宗教とは、「迷悶」からの脱却であった。すなわち、仮に彼らの主張に「社会倫理」が欠落していたとしても、それがそのまま、彼らの宗教的本来性までをも否定することにはならないように思われる。

(27) 「歎異鈔と私」『新講歎異抄』『暁烏敏全集』六巻、三七五頁、凉風学舎
(28) 『暁烏敏伝』一二七頁、大和書房
(29) 『暁烏敏伝』一二七頁、大和書房
(30) 「歎異鈔と私」『新講歎異鈔』『暁烏敏全集』六巻、三七五頁、凉風学舎
(31) 「歎異鈔と私」『新講歎異鈔』『暁烏敏全集』六巻、三七五頁、凉風学舎
(32) 「歎異鈔と私」『新講歎異鈔』『暁烏敏全集』六巻、三七五～三七六頁、凉風学舎
(33) 「序文講話」『新講歎異鈔』『暁烏敏全集』六巻、三九〇頁、凉風学舎
(34) 「歎異鈔と私」『新講歎異鈔』『暁烏敏全集』六巻、三七六頁、凉風学舎
(35) 「歎異鈔と私」『新講歎異鈔』『暁烏敏全集』六巻、三七八～三七九頁、凉風学舎
(36) 一九〇一(明治三四)年東京・本郷に求道学舎を開設し、雑誌『求道』を刊行。
(37) 『歎異鈔講讃』四～五頁、百華苑
(38) 『歎異鈔講話』『暁烏敏全集』六巻、一一頁、凉風学舎
(39) 『歎異鈔講話』『暁烏敏全集』六巻、一二頁、凉風学舎
(40) 『歎異鈔講話』『暁烏敏全集』六巻、七～九頁、凉風学舎
(41) 『歎異鈔講話』『暁烏敏全集』六巻、九頁、凉風学舎
(42) 深励の見解を示しておく。

先輩光遠院恵空ノ撰バレシ聖教目録ニハ歎異鈔ハ如信上人ノ作文ナリト定メオカレタリ。(中略)今私ニハ先

輩恵空已来ノ軌轍ヲ守リテ。此鈔ハ如信上人ノ御作ト推シ定ムルナリ。（「歎異鈔講林記巻上」『真宗大系』二三巻、三八三頁、国書刊行会）
(43)『歎異鈔講話』『暁烏敏全集』六巻、九〜一〇頁、涼風学舎
(44)『歎異鈔講話』『暁烏敏全集』六巻、一一頁、涼風学舎
(45)『歎異鈔講話』『暁烏敏全集』六巻、一一〜一二頁、涼風学舎
(46)「我信念」『清沢満之全集』六巻、一六一頁、岩波書店
(47)『歎異鈔講話』『暁烏敏全集』六巻、一二頁、涼風学舎
(48)『歎異鈔講話』『暁烏敏全集』六巻、一五頁、涼風学舎
(49)『歎異鈔講話』『暁烏敏全集』六巻、一五頁、涼風学舎
(50)『歎異鈔講話』『暁烏敏全集』六巻、二一頁、涼風学舎
(51)『歎異鈔講話』『暁烏敏全集』六巻、二三〜二四頁、涼風学舎
(52)『歎異鈔講話』『暁烏敏全集』六巻、二五頁、涼風学舎
(53)『新講歎異鈔』『暁烏敏全集』六巻、三九六頁、涼風学舎
(54)『新講歎異鈔』『暁烏敏全集』六巻、三九七頁、涼風学舎
(55)『新講歎異鈔』『暁烏敏全集』六巻、三九九頁、涼風学舎
(56)『新講歎異鈔』『暁烏敏全集』六巻、四〇〇頁、涼風学舎
(57)『新講歎異鈔』『暁烏敏全集』六巻、四〇〇頁、涼風学舎
(58)『新講歎異鈔』『暁烏敏全集』六巻、四〇一頁、涼風学舎
(59)『新講歎異鈔』『暁烏敏全集』六巻、四〇一頁、涼風学舎
(60)『新講歎異鈔』『暁烏敏全集』六巻、四〇二頁、涼風学舎
(61)「自督の信心」の「自督」について、「行巻」に次のようにある。「『我一心』は、天親菩薩の自督の詞なり。言うこころは、無碍光如来を念じて安楽に生まれんと願ず。心心相続して他想間雑なし」（真宗聖典、一六八頁、真宗大谷派宗務所出版部）すなわち「自督の信心」とは、天親菩薩が「我一心」というように、自己で了解した信心のことである。
(62)『新講歎異鈔』『暁烏敏全集』六巻、四〇二頁、涼風学舎

(63)『新講歎異鈔』『暁烏敏全集』六巻、四〇三頁、涼風学舎
(64)『真宗大系』二三巻、三九六頁、国書刊行会
(65)『真宗大系』二三巻、三九七頁、国書刊行会
(66)『新講歎異鈔』『暁烏敏全集』六巻、三七八頁、涼風学舎
(67)『新講歎異鈔』『暁烏敏全集』六巻、四三八頁、涼風学舎
(68)『暁烏敏伝』一五六頁、大和書房
(69)『暁烏敏伝』一五六～一五八頁、大和書房
(70)「形式と実感の衝突」『中外日報』一九一〇（明治四三）年二月七日
(71)「行」「凋落」『暁烏敏全集』二二巻、六頁、涼風学舎
(72)「溜息の中より」「凋落」『暁烏敏全集』二二巻、一〇～一一頁、涼風学舎
(73)「溜息の中より」「凋落」『暁烏敏全集』二二巻、一二頁、涼風学舎
(74)「溜息の中より」「凋落」『暁烏敏全集』二二巻、一三頁、涼風学舎
(75)「溜息の中より」「凋落」『暁烏敏全集』二二巻、一四頁、涼風学舎
(76)『暁烏敏伝』一七七頁、大和書房
(77)「かくして私は凋落して行く乎」「凋落」『暁烏敏全集』二二巻、二二頁、涼風学舎
(78)「北安田の土に」「妻なきあと」『暁烏敏全集』二二巻、七二頁、涼風学舎
(79)『精神界』一九一三（大正二）年二月
(80)曾我は前年の『精神界』（一九一二《明治四五》年三月）に、「食雪鬼・米搗男・新兵」なる文章を発表している。
(81)「蘇生のなやみ」『更生の前後』『暁烏敏全集』一二巻、四〇頁～四一頁、涼風学舎
(82)『更生の前後』、『独立者の宣言』、そして『前進する者』の三冊を合わせて「更生三部作」と言い、多くの苦悩に沈む人々を救済した。
(83)「序」「更生の前後」『暁烏敏全集』一二巻、三頁、涼風学舎
(84)「清沢先生へ」『更生の前後』『暁烏敏全集』一二巻、三〇頁、涼風学舎
(85)「清沢先生へ」『更生の前後』『暁烏敏全集』一二巻、三〇頁、涼風学舎

(86)「我信念」『清沢満之全集』六巻、一六二頁、岩波書店
(87)「我信念」『清沢満之全集』六巻、一六二頁、岩波書店
(88)「移され行く生活の気分」『精神界』一九一三（大正二）年一一月
(89)「洞人語」『精神界』一九一三（大正二）年一一月
(90)「各地より」『精神界』一九一四（大正三）年一月
(91)「胎内くゞりを出でて」「妻なきあと」『曉烏敏全集』二二巻、八一頁、涼風学舎
(92)『教行信証』「化身土巻」真宗聖典、三五六〜三五七頁、真宗大谷派宗務所出版部
(93)「食雪鬼・米搗男・新兵」『精神界』一九一二（明治四五）年三月
(94)『精神界』一九一三（大正二）年七月
(95)「告白」『精神界』一九一六（大正五）年一一月参照。
(96)『仏説無量寿経講話』『曉烏敏全集』一巻、三〇九頁、涼風学舎
(97)『仏説無量寿経講話』『曉烏敏全集』一巻、三〇九頁、涼風学舎
(98)『仏説無量寿経講話』『曉烏敏全集』一巻、三一〇頁、涼風学舎

第四節　民衆と共なる仏道の確立―高光大船

第一項　清沢満之との邂逅

高光大船には、多くの至言がある。たとえば、「説明は説迷なり」や「鉄砲は人を撃つが仏法は自分を撃つ」等である。また、「私は救われる手本ではなく見本である」という言葉もある。そのような高光の言葉には、我々の内奥に潜む自我を、我々の眼前に曝け出す迫力がある。自己をして、絶対に救われない〝自己〟と対峙せしめる力

を持つのである。まことにその対峙は、衆生を仏として誕生せしめる関門である。そのように、高光の言葉には、衆生教化の大いなる力が漲っていると思うのである。

高光の教化を受けた人の安心は、骨太であった。その人々を列挙すれば、安田理深、訓覇信雄、松原祐善、坂木恵定、坂東環城、仲野良俊、高原覚正、柘植闡英、長川一雄ら、錚々たる顔ぶれである。しかし、高光の教化の目当ては、自坊専称寺に集う、文字通り「具縛の凡愚、屠沽の下類」(1)と言われる群萌であった。専称寺は、自らの宿業に生きざるを得ないその群萌の一人ひとりが、真の独立者として巣立つ「僧伽」であったのである。それ故、高光は生涯、どこまでも自坊とその在所、門徒衆を愛し続けた。凡愚なる我の救済、つまりどこまでも群萌の一人としての救済に、訓覇や松原の〝骨太〟なる所以があった。

高光には、教化意識は皆無であった。一途に「如来回向の信」を自らの生活において実験し、群萌に公開することに勤しんだ。それは、罪深き宿業を背負った自身の告白であり、同時に教主世尊より「わが親友」(2)と認められた、如来信順の実験でもあった。その実験生活が、高光の類まれなる教化力を発揮したのである。すなわち、高光の教化は、「ともの同朋にもねんごろのこころ」(3)に立脚する群萌性と、如来回向による「怖畏を超えた」生活そのものであった。

高光の人となりについては、拙著『近代真宗史論』(法藏館)に詳しいが、ここでは宿業に迫られつつ「僧伽」の一員として、また真仏弟子の一人として、「娑婆的懸念」の一切を放擲した高光の生活に、同朋会運動の中核である教化の真髄を尋ねたいと思う。

さて、石川県金沢市の郊外にある北間に、清沢満之の「精神主義」に深く傾倒した僧侶がいた。高光大船である。高光は、一八七九(明治一二)年、加賀前田家が鷹狩りのときに訪れたといわれる富豪高木家の四男として生まれた。そして幼くして同敷地内にあった専称寺に養子に入り、以来聞法求道の生涯を送った。

一八九六（明治二九）年、清沢の教団改革運動が勃発した。当時真宗第四中学寮（金沢）の二年に在籍していた高光は、教団改革運動に賛同して特に北陸方面を遊説中の暁烏と出遇った。暁烏はその時の様子を、次のように回想する。


高光君が私を知つたのは、明治二十九年の秋、私が加賀中学に行つて、大谷派の革新の叫びを語つた時、それを聞いて血を湧した、と度々語つてをられた。(4)


高光は、改革運動には参加しなかったが、この暁烏との値遇は、高光の人生に決定的な意義を与えるものであった。

一九〇一（明治三四）年一〇月、清沢を初代学長とする真宗大学が東京巣鴨に移転開校した。そして、それに合わせるかのように、高光も真宗大学に入学する。すなわち、「真宗大学開校の辞」で「自信教人信の誠を尽くすべき人物を養成する」と全身で獅子吼する清沢に面授したのである。この出遇いが、高光の仏道に決定的な意味を与えるものとなったのである。前述したが、清沢の純粋な求道精神に立脚した教育方針は学生に理解されず、ここに学生は十か条の要求書を提出したため、清沢は責任を取って大学を辞することになるが、高光は、清沢にその要求書を提出した学生の一人であった。

学生の十か条の要求書の中心は、「教員免許取得」など世間的に役立つ資格取得にあった。清沢の教育方針は潔癖であり、それを拒否した。何故なら、

それは以ての外のことである。（中略）純粋の宗教方面以外に進路を開くなどは、誤れるの甚だしきもの(5)であったからである。一心に真宗再興を念ずる清沢にとって、真宗大学はどこまでも「浄土真宗の学場」でなけれ

ばならなかった。

清沢の死後、高光は夫婦問題等の生活苦に苦しんだ。その苦悩を携えて同郷の暁烏を浩々洞に訪うた高光は、そこで初めて自らの内的要求に響く求道魂に接することができた。以来高光は清沢に傾倒することになり、また暁烏を兄の如く敬愛することとなる。

高光は清沢の逝去した翌月の『無尽燈』に、次のような「清沢満之悼句」を寄せている。

万巻の書　如何にせん　土用干(6)

たとえ「万巻の書」であっても、土用干するところにしか意義を見出し得ないと訴えるところに、現在安住を主張する清沢の仏道精神を継承する高光の立場があろう。書物を超えて自らの身に仏道を実験するという、精神主義の影響を受けた高光の仏道の立脚地を、ここに窺うことができる。

高光には、大戦後の真宗界に大きな一石を投じた「信に教学なし」という文章がある。その中で、

人生の初事たる無有出離之縁に逢はない連中ばかりが教学の陰にかくれて外道の眼を光らして居る(7)

と述べている。このような仏道への眼差しは、教学の基礎に宗教的信念の確立の不可欠であることを強く訴えるもので、曾我が「私の前に立つて居られる祖聖は必しも『教行信証』と云ふ大著述の主でなければならぬのではない(8)」という求道観に通ずるものであろう。生活実験によって、はじめて万巻の書物も、また緻密な教学も、我が宗教的信念の確立のために威力を発揮する。清沢に出遇った高光は、以降、自らの宗教的信念の確立のための生活に邁進することになる。

後に高光は、清沢の十七回御遠忌に寄せて、次のように述べている。

今から十七年以前ないし二十年以前のことであった。古い歴史の土をはね返して、壮烈な爆発が起こった時、

もっと底から七百年来の汚垢をはね飛ばしてより壮快な爆発が起こった。それは爆弾それ自身であった私たちをさえ驚かせずにおかなんだ強大な爆音であり威力があった。それは親鸞の再現であった。先生の出現は、かくして私たちの胸に光輝ある親鸞を宿さずにおかなんだのであった。(9)

高光の心は、「親鸞の再現」というべき清沢によって「爆発」させられたのである。したがって高光は、現に救済されつつある自己を叫びながら、豪放磊落に生きた。

なお高光は、真宗大学で清沢と面授したことはすでに述べたが、併せて曾我の講義を受けていたことを付言しておかなければならない。高光にとって曾我は、かけがえのない善知識であったのである。

第二項　高光大船の信仰

一　真に人生の苦悩人

松原祐善は『高光大船の世界』(法藏館全四巻)の「序文」に、高光について、次のように述べている。

師〔高光大船〕は存命中つねに、「私は如来救済のお手本にはなれないが、如来救済の見本にはなれる」と力強く仰せになっておられた。まさに師は類い稀な業人であられ、真の苦悩人であった。世に苦労人と呼ばれる者は多いが、しかし真に人生の苦悩人というのは稀有である。師は夙に如何にしてか人生の業苦、流転生死の苦悩を超ゆる道を求めずしてはおれなかった。偶々清沢満之先生の絶対他力の大道に、もう遇うことを得て、久遠の黒闇が晴れ、光明摂取の生活の中に解き放たれたのである。(10)

高光について、よく「正直に悩まれた人」であったと聞く。また、高光自身、「仏法は正直者でなければ解らない」と常に話していたとも聞く。一体、仏道における「正直」とは、どのような意味なのであろうか。高光は自らの聞法生活を振り返り、次のように述べている。

世の中の宗教人は、必ず奉仕生活とか感恩生活とかいうことを云々するに至るものであるが、私の求道生活は、求むれば求むるほどそれと反対に遠ざかるようである。自己の利益をすてて多勢のためにするとか、社会に感謝するとかいうことも、自己の決定してからであろうが、私にあっては、前にもいうごとく、自己を決定し確固たる信念の確立などは思いもよらぬ定業人なのである。日々の生活が予想を許さず予期を許さぬ私です。どんな決定も確信も業の流転に内から覆さるる悲しさをいかんともできないのが私です。[11]

「奉仕生活」や「感恩生活」というような生き方を、真面目に実行しようとすればするほど流転する、その悲しき人生に苦悩するしかない、とは高光の生活実験からの言葉であろう。高光はそういう自分自身を「定業人」と見定めている。「定業人」とは「どんな決定も確信も業の流転に内から覆さるる悲しさをいかんとも出来ない」存在のことで、そのような自己に「正直」に苦悩する高光は、全身挙げて回心懺悔するしかない生活者であった。高光は「無有出離之縁」を「無有出離之因」と読み換え、自力ではいかんともしがたい自らの内なる宿業を悲嘆するその即時に、如来を讃仰する「正直」な生活者であった。

今少し高光の「正直」な生き様を見よう。

五十年中一日として不平なきを得なかった私である以上、報謝の念がどこから出るすべがあろう。否、その信の決定がないのでなかろうか。報謝なきは信なきなりであらば、私はいまだ信なきなりであらねばならぬ。[12]

どこまでも迷妄界の只中にあり、感謝の一欠片もない自分であることを「正直」に告白し、さらに、誠に自身はこれ他因自果すべくもなく無因有果すべくもなきあれはてた一人であって、いわゆる信も、いわゆる報謝も、かなうべきもの一つもないのであってみれば、すでに念仏者の群に末席を汚す資格なきものであるべきであるのでした。(13)

と述懐する。自らを信も報謝もない、「あれはてた一人」と見定める高光は、自分の生き方を改良改善するには、正直に過ぎた「正直」であった。

「無有出離之因」の自己に心底苦悩する高光は、どこからみても「地獄一定」の生活者である。それは、「食雪鬼」なる曾我や「凋落」する暁烏、さらには「愚禿」なる親鸞と等身大の「定業人」である。そのような「定業人」に共通していることは、その「無有出離之因」という定業なる「場所」において、「弥陀の本願まこと」と仰ぎ、念仏本願の伝統に自分自身を発見した、ということである。

したがって高光には、

業苦の底なきを知り、不能の徹底味を知るのである。(14)

と、ただ底無しの機の自覚を訴える以外の仏道は許されておらず、したがって次のように親鸞に聞思するのである。

彼〔親鸞〕はまたその仏恩を報謝するの意義を明らかにして、「身を粉にしても報ずべし、骨を砕いても謝すべし」と絶叫しておられる。身を惜しまずに謝せとか、身をもって報謝せよとかいわずに、身を粉にし、骨を砕けと叫ばれたことが、私にこの上もなく嬉しい。人々は、「あなたはこうせねばいけません」と私に注意してくれるけれど、この祖聖は、「ただ一人何しても駄目だよ」と教えてくれるのであった。身に価値を置かず粉にせよ、骨を大事がらず砕きすてよと教えてくれます。(15)

そして、

定業人である私は、感心する価値もなければ、反感を持つ資格からも除かれてあってみれば、一番邪魔であり障礙であるものは自分であってみれば、その持て余す自分を、粉にし打ち砕くことによってのみ一切が鮮明にされるのでありました。[16]

生活の改良や改善の不可能な「定業人」である高光は、「身を粉にし、骨を砕」いてまで自己を擲つことで、「一切が鮮明」になることを明かしている。「卯毛羊毛のさき」まで自力無効のどん底に沈むところに、高光の求道があった。

高光の至言に、「私は救われる手本ではなく見本である」があったが、それは、自力無効のどん底の自己でも如来によって救われる見本になり得る、という仏道実験生活のことであるが、その定業生活を「正直」に白日のもとに晒すところに、高光の教化者としての真髄があった。曾我に、「われの伝道的要求は、我の教を受くる所に於て已に満足せられてある」[17]との言葉があるが、それは高光の教化姿勢と同一であろう。教化とは、自らの定業を抱えて生きるところにしか許されないのである。

したがって、高光は次のように教化の真髄を述べている。

仏教を人間に会得させせんと骨折りを尽くしてゐる人があります。委細な説明や細心な注意をして、どうかして分つて貰ひたいと念じてゐるのであります。然も私は、そんな人を見るとその人は、法の価値や仏の人格について分つて居らるゝのであらうかと思はるゝのであります。私の話に就いて、貴下のお話は説明が足りないので会得出来ませんといふ人がありますが、私はそれを聞く毎に、まあよかつたと思ふのであります。私の説明など会得して仏法を忘れて貰ふより、寧ろ解らぬなりで分つていたゞけば、どれだけ罪がなくて済んでよいか知れないのであります。なぜなら、仏法は自分が何を会得しても駄目であればこそ聞かれるのであり、何も会得する甲斐性なしてあればこそ聞ゆるのであります。しかも説明を要するやうな暇だるいものでもなく、理由を明らかにせねば不可解な人造的な不鮮明なものでもないのであります。私が私のありのまゝを言ひ行ひ交際する外に、何の為に何を説明する必要がありませう(18)。

人に会得させるために、仏法を分かりやすく説明するという思いは、高光の「説明は説迷である」との言葉によって、たちまち破壊されてしまう。煩悩具足の凡夫であり、「無有出離之因」である宿業の自己に落在する者にのみ、仏法が聞こえるのであり、そして、仏法の聞こえた生き様そのものが、衆生済度の見本となるのである。したがって、如来に救われる見本となる仏道、ここに人に分からせようとする小賢しい計らいを超えた教化が成り立つのであり、それこそ本願の大道なのである。

思えば善導の『観経疏散善義』「至誠心釈」における「外に賢善精進の相を現ぜんには、内に虚仮をいだくことを得ざれ」との論述に対して、「外に賢善精進の相を現ずる事を得ざれ、内に虚仮を懐いて」（『教行信証』「信巻」）と「正直」に訓み換えたのが親鸞であったが、その親鸞も、間違いなくありのままの「定業人」であったのである。

そして、そのような教化のあり方を清沢に尋ねれば、

所謂人倫道徳の教より出づる所の義務のみにても、之を実行することは決して容易のことでない。若し真面目に之を遂行せんとせば、終に「不可能」の嘆に帰するより外なきことである。私は此の「不可能」に衝き当りて、非常なる苦みを致しました。若し此の如き「不可能」のことの為に、どこ迄も苦まねばならぬならば、私はとつくに自殺を遂げたでありませう。然るに、私は宗教によりて、此苦みを脱し、今に自殺の必要を感じませぬ。即ち、私は無限大悲の如来を信ずることによりて、今日の安楽と平穏とを得て居ることであります(19)。

と、清沢は「人倫道徳」に努めようとする自己に「正直」であったため、終に「不可能の嘆」を洩らし、「非常なる苦み」をしたが、ついに「不可能」との嘆声において、そのまま安楽と平穏を生きることができた、と告白するのである。そのように、徹底して不可能な自分がそのまま如来に包まれるところに、高光の群萌に対する「見本」的教化活動があった[20]。まことに銘記すべきは、「定業人」の白日生活こそ、群萌教化の仏道であった、ということである。

二　怖畏を超えた人

松原は、先に引用した「序文」に続けて、

師の生活には、いわゆる五怖畏は見られなかった。常に無畏に住し不動に安んじておられた。『華厳経』に、菩薩初地に入るとき五怖畏を離るることが説かれている。その五怖畏とはすなわち、［1］不活の怖れ（パンの怖れ）［2］悪名の怖れ（誹謗擯斥の怖れ）［3］死の怖れ［4］堕悪道の怖れ（生活破綻の怖れ）［5］大衆威徳の怖れ（集団の組織力に対する怖れ）である。この五怖畏に対して、自己の主体性を見失うことがなかった。すなわち師の信生活に触れたものは、多くその無畏の施を賜ったものである。その暖き、善悪浄穢のへだてなき大地の慈愛に深く感銘せしめられたものである[21]。

と高光を称えている。五怖畏の一つ一つを見事に乗り越えた高光の生活を目の当たりにした松原ならではの言葉であった。以下、五怖畏なき高光の白日生活を尋ねたいと思う。

三　不活の怖れなき生活

高光の生活は、まさに「赤貧洗うが如し」と称されるような、常に衣食住の不安に追い立てられる生活であった。高光から生涯教えを聞き抜いた坂木恵定が、

高光先生の許には、殆どと言っていい位、世にときめく人や、所謂富有者の類は集まらなかった。金のない者か、肺病やみとか、家庭の破綻者とか、そんな人々が終始出入りしていた。(22)

と語っているが、そのように、高光の自坊を訪ねる人は、どの人も見事に貧乏な人たちばかりであった。そのため、高光の生活は、周囲から見れば、生活の成り立つこと自体が不思議であった。もう少し自分の生活が成り立つように心配すべきとは、周囲の高光への共通した心配事であったが、そのような周囲の懸念に対して次のように述べている。

私の兄など死ぬまで私に、某々さんのやうに金子儲けが出来ぬ意気地なしだとか、貧乏人ばかりよせ集めて、食われ損ばかりして、お金持など一人も来ぬではないかとか、仏教と人間の経済勘定を混同して私を叱り抜いたものであった。(23)

このような世間並みの「人間の経済勘定」を、つまり生活がやっていけるかどうかという不安を、既に乗りこえたところに、高光の仏道の本質があった。高光は、将来設計のためには余りにも宿業を嘗めつくした自力無効の生活者であったのである。「仏教の名において死んでもよい」とは高光の持言であったが、それは、清沢の「若し衣食あらば、之を受用すべし。尽くれは従容死に就くべきなり」(24)との生き様のように、一切を仏道に投げ出しても惜しみない生活であった。

曾我、金子の「異安心」問題反対運動に頓挫し、自坊の夏期講習会に飛び込んできた松原祐善は、高光にとっ

て、最も信頼すべき若き求道者であり、また大事な娘婿でもあった。最晩年に松原が、高光の長女との結婚式を回顧して、「先生は、私の結婚式の際、仏前結婚の見本を見せると言われて、門に一切のお祝いを遠慮する、という立て札を立てられた。また、酒をつぎに来た門徒に対して、仏前結婚という森厳な仏事を酒に酔うことで偽と化す、と言って無愛想に断るから、後が大変だった。門徒からの苦情や、当時私も貧乏であったので、それには参った」と微笑しつつ談話している。そのような森厳な仏事について、高光は次のように述べている。

今日もあの森厳な仏式結婚で一切を切り上げての上の噂さに依ると、それは余りに簡単すぎるといふやうな批評も湧き起つたことであるが、或はまた、それが今後の人々の簡易生活の手本なつてよいと賛意を表した批判もあつたのであるが、それはどちらにしても私達信仰生活者の生活意義を勘違へての批判であつて、恐らく常道人間達の知られざるが故の無理からぬ批評に過ぎないことと思ふのであります。春の納那の結婚の時にもあつたことであるが、人々は数々の儀礼と、様々の珍味と、夜を徹する酒筵を張らないと結婚でないと考へて居らるゝやうだが、そして三四十分の仏前での営みで済す私達のそれが簡単であつて、その三四十分の私達の永遠から尽未来への生命の交流する世界に少しも耳傾けてくれないのであります。[25]

結婚式における酒宴という世間のしきたりを超えた、高光の仏事の「見本」として誇るべき娘の結婚式は、「信仰生活者の生活意義」を発揮するものであり、「永遠から尽未来への生命の交流」そのものでなければならなかった。そして娘婿に向かっては、

何一つ取柄のない娘だけれど、貧乏に丈けは耐へ得ることでせう。[26]

と告げ、さらに、その貧乏に耐え得る意味について、

然しこれも取り誤つて下さるな、一切を忍ぶといふことは一切の災害に打ち勝つことでも、一切の危難に忍従

することでもないので、その一々に、その一々がもたらす人知れぬ法味を味ひ、そこに御身達の生活資料をとり得て生きることをいふのであります[27]。

と聞法信解の直道生活を訴えるのである。経済や名誉や地位などの世間的価値を超えて、自らの業縁の一切を仏事として頷くところに、高光の生活の実際があった。生活そのものが仏道の実験であり、仏法の表現であった。

したがって、〝貧乏〟を避け〝金持ち〟と成るための、毎日の衣食住の安定を計り、さらに将来の生活を計算するという生活について、高光は次のように述べている。

一体経済々々と云ふけれど、人生には一切が偶然であることを算へて置かない経済がどこにある。偶然を勘定に入れて見ると、偶然はそのまま人生の必然なことになる。即ち偶然が人生の一切であることを勘定に入れないで立算する経済には、当然失敗と過誤が来るのは必然の結果であるほど、この偶然は人生生活者にとりて必然になるのである。これが、仏教では逃れ難き業障であり、過去現在未来を通しての地上の生物の業苦として、如何に釈迦と雖も、これをどうすることも出来なんだとする処である[28]。

いくら生活設計を考えても、それはたとえば病や天災や人災などの業縁によって無に帰してしまうのが世間である。業道自然を忘却した生活者には、未だ人生の真実相の何たるかを知る由もない。一度人生の辛苦を嘗め尽くし仏道に立ってみれば、自己の生活において怖れとなる偶然ほど、実は必然はないのである。「打算は破算に終わる」ことは決して偶然ではなく、「定業人」の必然であり、仏道に立ち得た自覚であろう。すなわち、高光ほどの人生の失敗者、生活の破算者はいないのである。また人生の讃仰者もいないのである。

まことに、揺るがぬ破算者なればこそ、その破算生活を突き抜けて広大無辺の必然の世界に至ることができる。したがって生活の破算は、我々を真実一如の必然世界へと直入させてくれるものである。ここに高光は、私達は、縁が一切であつて、損も得も縁次第であり、その損も縁であり、その得も縁であつて、それが為めに悲しむことも必要でなく喜ぶことも必要でないのである。ひたすらその機縁毎に、三世を貫き、恒有実有の我他彼此を超えた自分の生活を知らされる楽しさに、上越す楽しさを知らないのである。[29]

と、有碍なればこその無碍なる生活を明かし、さらに、

唯一機縁に即して、教も縁なれば行も縁であり、信も縁であれば証も縁に他ない処に、生活の一切が了解出来、人間的苦悩の一切から放たれて、生も死も、災も、苦も、共に一如法界の恒有の相であり、そのまま三世を摂した一念であることを知ることが出来るので、至つて簡単に生活が出来るのである。[30]

と、因縁所生を体とする真実世界を述べている。「貧乏もただでは出来ない」とは高光の常の言葉であった。高光にとって貧乏生活とは、因縁所生なる真実一如恒有の相であり、自らをして無碍の一道を闊歩せしめる本願力のはたらきそのものであった。ここに宿業因縁の生活者としての自然法爾の世界がある。

今少し、高光の「赤貧洗うが如し」の生活の真実義を尋ねれば、父高光大船を心から敬愛した長男一也は、法話でよく「自分の靴は軍人さんのお古で、それも靴底がないので、他の人のと違って、歩くと人間の足裏の跡のする靴であった。足が痛いので、片足を路肩のセメントの上を歩くように道の端を歩いていた」と当時の赤貧生活を懐かしんで語り、また、四女は、「貧乏寺だったので、その日の御菜にも困っていた。しかし、父と一緒にお賽銭箱から小銭を鳥黐で取り、それを灯油で一枚一枚丁寧に拭いて新聞紙に並べて、『これで魚が買えるぞ』というような生活をしていた」と無邪気に、また楽しそうに貧乏生活を話すのである。このように、赤貧であっても赤貧そのままに解き放たれた自然法爾の明朗さが、高光の自坊専称寺に溢れていたのである。まことに専称寺は、経済を超えた念仏の「僧伽」であった。

私の寺では小さいお堂だけれど、冬は寒くないように火鉢をたくさん出しますし、夏はあつくないように風通しを心配してやっている他に利害や損得を考えたことがありません。しかしそれでも冬になれば、だれが持ってくるか知らぬが、炭の俵が堂庭につまれますし、薪や割木も時々は荷馬車で誰かが運んでくれます。信心は衣食も心配なしにさせてくれることを知っている私たちには、胡麻油も菜種油も心配なしにやって行けるのであるし、もしか生活が立って行けなくなって餓死したかとて、念仏に生きて死んで行ける身には一切心配なしであります。少なくとも寺院生活をする者であって、しかも現代の坊主であるなら、この生活が大事であると信じます。(31)

物質中心主義に窒息し、〝パン〟の問題に東奔西走する現代社会において、このような高光の〝パン〟から解き放たれた自由生活に、我々は一体、何を見出すことができるのであろうか。「信心は衣食も心配なしにさせてくれる」とは、見事な仏道生活ではなかろうか。その高光の生活を目の当たりにした松原は、常にエピクテタスの「地位・名誉・財産を愛する人は、人を愛せない」の言葉をもって自らの生き様を語り、「寺には金は邪魔になる」と言い放っていた。

経済的充足を追求し、物質的に豊かになった現代社会のその一方で、人間性の喪失が叫ばれて久しい。それは〝打算〟の代償に、人間性が〝破算〟したからでなかろうか。そういう我々の経済中心の生活を、仏法によって〝破算〟させてこそ、真実世界に生死できる。常に娑婆を〝破算〟して生活する高光の、不活の怖れなき「僧伽」の実相をここに見ることができる。

四　悪名の怖れ（誹謗擯斥の怖れ）なき生活

昭和十年ころのことであります。〔高光〕先生のご自坊〔専称寺〕を中心に村から町へとリバイバルの信仰熱が燃え上がり、大評判でした。村の善男善女は歓喜のあまり、手の舞い足の踏むところを知らないという状況でありました。そのなかにあって周囲から一段と先生に対する非難と誹謗の声が激しくなりました。その誹謗に対し黙々と頭を下げて、一言の弁護もなされず、ひたすら自らに法の一燈をかかげて、露悪をおそれることなく、そこにはいささかの私心もなかったのであります。(32)

松原の高光への評価である。松原は、自坊圓徳寺のある越前大野を、高光と同一の安心、つまり「異安心」ということで追われ、一時、高光の自坊に身を寄せていたことがあり、この松原の回顧は、そのときのものであろう。

当時、高光は五十歳代半ばであり、信仰生活の円熟期にあった。

さて、一九三四（昭和九）年は高光にとって多難な年であった。四月に、高光を実父の如く慕っていた一也の嫁ハナがこの世を去り、七月には初孫の一花が、母を追うようにして逝った。また手取川の氾濫による悲惨な被害にも接し、高光は改めて自然の威力を実感した。昭和九年とは、高光にとって、業道自然と自力無効が身にしみた年であったのである。このような現実に遭遇した高光は、しみじみと次のように述懐する。

私は私の一切の企事が封ぜられてあるほど、そしてそれを封じて置かなんだら限りない欲望の跡を追ものであることから、私の欲望は封じられ、私の企て事は禁止されながらも私の自由と私の限りなき恵みは私に用意されてあつたのでありました。(33)

自由の封印された宿業生活において、「自由」を味わい「限りなき恵み」を体解する、と言うのである。

そして、その昭和九年を終えるに当たって、高光の個人誌『直道』の「編輯小言」に、変り通しに変つたことの多い一年でありました。此の無常が其処迄私を大生命の遍布する大地へ迎へてくれたのも此の一年であります。我何をか言はんやであります。(34)

と語っている。「我何をか言はんや」とは、宿業生活者高光ならではの感慨であろう。そして、そのような高光の生活は、自ずと「僧伽」を成り立たしめるものであった。かくして、一九三五(昭和一〇)年、北間の在所を中心に、信仰熱が一気に高まったのである。これが松原のいう「信仰リバイバル」である。

リバイバルの発端は次の出来事にあった。

私を十年も二十年も信頼して居て、私の信じて居る念仏生活者にとても成り切ることの出来ぬ多くの人がある。彼等は、彼等の傍さを私に信頼することで胡麻化して居るのである。それが彼等自身を救ひ得ぬ最大誤謬である。されば彼の人達の迷はされる最大原因は私である。それを如何に言ふて上げても信じられぬ程彼等は私を信頼する処に久遠の迷道が彼等に続くので、そこにいつまで私に聞いても千古の沈黙を破る唯念仏する彼等自身が一切なる光に触れることが出来ないのである。之に反して、私の隣村に私を見る度に、自分は貴方を見ると憎くて憎くてたまらぬし、貴方の説教を聞くと嫌ひでく〳〵たまらぬと、私を見る度に私と逢ふ毎に言ふて居た一人の男があつた。然るに此の御正月になつて、其の村は一村を挙げて法悦のリバイバルで湧く様になつた原因は、最初に此の男の大きな回心であり、大きな自己解放であつた。私を信頼する人は私の影に自己をかばうて居り、私を嫌ひ憎む人は、私の光に自己を発見したことになつたのである。私は知つて居る、宗教を云々する者も、宗教を疑ふ者も、何れもが自己忘却者であることを。(35)

「彼等は、彼等の傍さを私に信頼することで胡麻化している」ということに、我々は深甚の注意を払わなければならないように思われる。我々は往々にして、自己の無明を師の威光によって誤魔化そうとするからである。「悪人正機」を説く真宗においては、無間に続く無明なる自己こそ救済の正機であろう。したがって、その無明を誤魔化しては永遠に救われない。むしろ無明に正直になるところに、救済の直道がある。しかして、無明を覆い隠す聞法ほど、自己を救済から遠ざけるものはないのである。

ともかく高光に対して、憎くて憎くて、嫌いで嫌いでたまらぬと、高光への嫌悪感を誤魔化すことのできない一人の男の腰を抜かすほどの回心が発端となって、信仰熱が一気に高まり、そして、地域一帯に次のような「異安心」騒動を引き起こすほどの影響力を発揮したのである。

最近も、自分の娘が嫁入り先の村でいわゆる異安心、それは私〔高光〕と同信な信心になったというので、実家の両親が大変心配して娘を呼びよせたことであった。娘は両親から叱られることはもちろんであるばかりでなく、村の坊さんや同行達に一晩法義沙汰を聞かされ法義攻めに合ったのである。しかるにこの嫁は、言うて聞かす人より、聞く本人がそれを非常に喜び法悦するので、聞かす人たちも気持ち悪くなってしばらくして帰ってしまったのである。翌朝この嫁の母は、涙を振って諌言をつづけ、「お前のためにこの母はご飯もろくろく食べないでこの間中から心配しているのだ」

と訴えるのであった。そのとき、この嫁は、

「お母さん、あんたが心配するのか」

「もちろん私が心配せんで何としょう」

「お母さん、あんたが心配するのか」

「もちろん私が心配せんで何としょう」

というふうにものの十遍ばかりも同じことを繰り返して問答している中に、嫁は、

「お母さん、昨晩からのご法話に我見我執は他力本願を聞くに一番の疑いであると聞いたが、あんたの私が私がと今言うているそれは、我執でないでしょうか。それに私は如来さまの本願で生活しているからお母さんのご信心のことも如来さまが始末して下さると思うて心配なしでいるのに、お母さんは私のことでそんなに気になるのはおそらくお母さんが本願力を知らないでいるのでないでしょうか」

という時、その母なる人は非常に驚いて今まで諌言していた娘の前に、今まで疑っていたことを謝罪して泣いたことであった。そのところへ嫁、女の妹でその村に嫁入りしている一人が来て、これも彼女に諌言しようとしたところが、母なる人がそれはお前や私の信仰がないからの心配であることを説明し、ここに親子三人が信を語り合うて、この妹も大変喜ぶようになったのである。その晩前夜の人たちが来て、この光景に大いに驚き、昨晩まで異安心じゃというていた高光までを、

「あの人たちは大家であるから間違いないけれど、あの人の弟子たちに変なことをいう人がいるから、私らが心配したのだ」

と、昨夜の自分らの仕打ちを訂正したということである。[36]

「信仰リバイバル」の信仰熱の高まりと、それによる「異安心」問題の実態は、このように激しいものであった。高光に聴聞しているというだけで、その人は「異安心」の法義攻めをうけたし、また時には、次のような、ありもせぬ噂も飛び交うこともあった。

私が人から金を取って、ある秘密の信仰を授けているというくだらない評判を立てている人がある。おそらく本気の沙汰でなかろうが、そんなことまで言うて他人を中傷せねば、自分の存在価値がないような生活をまだしているかと思うと、その人の日頃の聴聞を怪しまねばならぬようである。[37]

当時の仏道の激しさが伝わってこよう。事実とは、どのような誇りや噂をもはるかに超えている。したがって高光は、どのような逆境に立たされようとも、常に事実に導かれている。事実とは打てば響く世界であろう。無碍の一道とは、そのような逆境中の歩みでなかろうか。

当時、高光の自坊には、松原、坂木、訓覇らの大谷大学を卒業したばかりの若き学徒の他に、四高の学生や先生、それから結核患者や生活の破綻者、そして世間から見向きもされないような人々が寄宿していた。そのような一味平等の生活とは、まさに「群萌の僧伽」と言ってよいものであろう。その群萌の集う「僧伽」は、伝習的安心に親しんだ村人からすれば、自己の信仰を脅かす、まさに排撃すべき「異安心」の集団でしかなかったのである。だから村人は、たとえば法話する高光を高座から力ずくで引きずり降ろしたり、得度していない人を高座に上がらせ感話をさせたとして、講習会を御堂で行うことを禁止したりした。門徒も必死に、高光と向き合ったのである。村人にとって、従来の来世往生を説く説法は、ただただ有難いお説であったし、そのような説法を真宗であると信じ切っていたが、しかしそれは、自己の無明を覆い隠す仏法でしかなかった。高光の生活は、そのような生ぬるい胎宮を真っ向から破壊する勢いで、村人に襲いかかったのである。

高光は、どのような厳しい罵詈雑言があっても、反撃はもちろん、一言の弁解もしなかった。それほど業も深かったのである。そのように、一切を業道自然として受容する高光は、自らの業生活を、次のように蝋燭にたとえて告白する。

蝋燭が燈されますと、火口がだん〳〵溶け始めて、やがては蝋が垂れるやうになり、形がくづれ、遂には畳の上や敷物の上へ蝋がこぼれます。この蝋燭のみにくさは彼自身の燈の火で彼自身を人前に露出してゐるのです。然し彼は、人々が蝋が垂れたの、芯が延びたのとはやし立ててゐる間でも黙つて燈つてゐるのです。そして四方八方から勝手放題な批評をうけつゝ、彼は燃えて燃えてやがては燃え尽してしまふのです。蝋燭は彼自身を燃やす他に他意もなければ野心もなく、一心に自分を燈していく他ありません。たとへ彼の垂らした蝋が畳を汚すことがあらうと、敷物を汚すことがあらうと、彼自身にはそれに就いて私は燈つてゐますといふことより他に一言もいひやうがないのです。何といはれようと黙つて燈つて行く他に途はないのです。若しかして蝋燭が彼自身を忘れて他人のいふことに応答でも試みようとでもしようものなら、彼の燈は消えてしまふのです。信ずる者ばかりで疑う人が居らなかつたら、私のやうな者は本願を忘れ、自分の信心を忘却して果てるであらうといふ祖師のお言葉も思ひ出されて、寧ろ人が姦しく言うてくれることが蝋燭自身のともつてゐることを見てくれるのであるし、それが一心不乱の自分への注視であることがわかつて見れば、それも彼自身にとつて大きな慰安にもなり感謝にもなるのであります。(38)

一度灯された蝋燭が、やがて蝋が垂れて芯が伸びて醜くなっても、「一心に自分を燈していく他ありません」と叫ぶように、ただ燃え尽きるしかないのが宿業生活の実相であろう。高光は、この一連のリバイバルの出来事を通して、まざまざと自らの業の深さを見せつけられ、そして、世々生々と続く宿業生活をそのままに、周囲を責めることなく、自己弁護もせず、誹謗擯斥に促されて、あらためて自己の宿業に頷きつつ生きたのである。高光にとって宿業生活は「弥陀の本願まこと」の世界であり、自然法爾、如来讃仰の生活であった。そして自坊を「僧伽」にまで現成せしめる生活であった。「僧伽」は宿業生活に立脚して形成されるものである。

今一度、宿業生活者高光の叫びを聞こう。

私の宿業を思ふとき私はひれ伏して本願を憶念せしめられるのである。(39)

また、

一番恐しいことは自分の宿業を忘れることである。(40)

このような高光の生活は、清沢の、

自己とは他なし、絶対無限の妙用に乗託して、任運に、法爾に、此現前の境遇に落在せるもの即ち是なり。(41)

との宗教的覚醒に相通ずるものであろう。すなわち松原が、

私にはこの「落在」というのが、現前の環境、また心境をも含めて直面している宿業の現実そのままを、他力の賦与として自己たらしめられた自己であることに、もはや不満がない、絶対無限の賦与したもう己が分たる宿業を荷負し得て、自力の私心を拭い得たこと。そうした他力の信念により現在に安住し落在できた自己を、表明されてきたものとして受けとれるのであります。(42)

と語るように、自らの宿業をもって「他力の賦与として自己たらしめられた自己である」と領受し確信する生活者こそ、「落在」せる生活者であろう。そして、そのような宿業の大地に深く根を下ろすところに、はじめて「僧伽」が形成される。その「僧伽」の生活実感を、高光は次のように述べている。

人生は人間が理解し認識して行く所ではなく、理解せしめられ、認識せしめられる所である。(43)

どこまでも「理解せしめられ、認識せしめられる」ところに、「僧伽」の具体的な生活があるのである。そのような「僧伽」の生活について、清沢は前掲に続いて、さらに次のように述べている。

追放、可なり。獄牢、甘んずべし。誹謗擯斥、許多の凌辱、豈に意に介すべきものあらんや。我等は寧ろ只管、絶対無限の我等に賦与せるものを楽まんかな。(44)

「賦与せるものを楽まんかな」とは、「僧伽」生活の具体相であろう。

さらに曾我は、そのような生活を、「阿修羅琴の譬」をもって、次のように述べている。

阿修羅の琴の鼓することなくして音曲自然なるが如しとある。これはつまり阿修羅の琴の音が自然になるのは、阿修羅王の業力の自然である。業道自然ということである。(45)

宿業生活を生きることは、つまり業道自然の生活は、そのまま阿修羅の琴を奏でるかの如く、利他教化の生活となるのである。「誹謗擯斥、許多の凌辱」こそが、私をして広大無辺の平等共感の大地へ導いてくれるのである。

五　死の怖れなき生活

高光は、多くの臨終間際の人から、「最後の一言を聞かせてほしい」と招かれた。だが、必死に聞き入ろうとする死にいく人に向かって、決して、あたかも死ぬことの恐怖を和らげるような、また死を忘れさせるような、工夫した「珍しき法」を説かなかった。ただひたすらその人と対座し、その人に促されるままに、自らの宿業生活を語るだけであった。すなわち、そのような高光と死に行く人とが共にする空間は、死にいく人の宿業がそのままに、高光の宿業生活に共感し浄化されていく、厳粛な業道自然の満ちる聞法の空間であったに違いない。

さて、ここで「絶望の福音」を見てみよう。死にいく人の獲信の様子も分かるので、長文であるが厭わず引用しておきたい。

三十八歳の主人は癌を病んで、四五日しか生きられぬほどの重態でした。勿論本人から希望を訴へられるやうなやさしい病気でないのであります。私は独語のやうに話してみました。御主人貴下の二十八年の希望の絶望でなく、過去生々世々の希望の今は断末魔であり、絶望でありませう。然しそれは直に貴下の今永遠の希望への更生であり即得往生でありませう。それは今こゝに四五人の人が居られる中の誰も知ることの出来ぬ生命への更生でせう。と言うてゐると、そばから奥さんが口を出して、そんな難しいことより南無阿弥陀仏の話を聞かせて下さい、私も二三日前から南無阿弥陀仏より他に何もないと言うて聞かせてゐる所ですと言ふのであった。それで私は話頭を奥さんへ向けて、それでは奥さんは、その念仏を知つて居られますか、恐らく知らぬのでありませう。知つて居られるなら話は私のやうになさるでせうが、唯念仏ばかりだなどといふのは、奥さんが何処かで小耳にはさんだ南無阿弥陀仏の話でせう。再び私は主人に向つて御主人御聞きの通り、貴下の最愛の妻ですら、かくの通り自分も知らぬ仏法の話を持ち出して、貴下の絶望を胡魔化さうとしてゐるほど妻子の愛までが貴方には絶望なのです。唯そこに、その絶望こそ、貴方を無限に生死を超える生命と世界へ導くのです。奥さんはこんな話がむづかしいといはれるほど絶望の境に立つてゐないのです。恐らく奥さんは貴方の死んだ後のことまでも用意し覚悟してゐるでせう。唯貴方に恵まれてゐる今は絶望の福音ですというてゐると、病人は大きな声で「わかつたわかつた」というて涙を拭いあへぬのでした。絶望は人間的に絶望でありますが、どんな希望も幸福にすることを知らない、否未だ曽て幸福を祝福することを知らない人間にありては、人間的希望の絶望こそ、まことに人間を解放し自由にし、そこに自己とは他なし、絶対無限の妙用に任運自在ならしめる生命であるのであります。故清沢先生の言はれた、自己とは他なしとは、精しくは自己とは自他なしであり、自他なきが故に調和され、調和は平和であり、不滅であり、不亡であり、生死に左右せられざる自己であるのでした。絶望こそ福音です。絶望なき人に福音あることなしです(46)。

死に迫りつつある生活とは、生きることを前提とした人間的希望の断たれる絶望生活である。もとより、人間的希望には、絶望がすでに内包されている。高光はその絶望を、「無限に生死を超える生命と世界へ導く」はたらきと受け取るのである。まことに絶望は、我々のどん底の生活である。あにはからんや、宿業から解放せしめる力を感受する「場所」でもあろう。人間的希望への絶望とは、如来より賜った福音であったのである。まことに、我々は絶望に遇わない限り、真に宿業を脱することができないのである。

このような具体的な仏道をあらわした「絶望の福音」は、個人誌『直道』の「生活日抄」に収められているが、同年八月の『直道』の「法と学説は両立せず」に、その後日談が記されている。

その翌日妻女は私を尋ねて、主人からの伝言として、何か知らんが主人は法悦に満ちて居ることを告げ、自分に代つて御礼を言つてこいと言はれて来ましたと言ふのであつた。恐らく今頃は彼の肉体の呼吸は止まつて居るかも知れないが、彼は私と共に無限の法界に遊んで居ることである。勿論この場合彼が私の法悦を是認しようと否認しようとそれは問題でないのである。問題は、私の法界に印象されて居る彼といふ影への還相回向である。(47)

ここで私は、三八歳の男性と同様の「無限の法界に遊んで居る」、あるいは「私の法界に印象されて居る彼といふ影への還相回向」と実感する高光の心境に注目することで、再び教化の本質を尋ねたい。すなわち、果たして我々に、教化という営みが許されているのであろうか、ということである。

教化について尋ねる時、先ず親鸞の東国へ赴く途中の佐貫の地で衆生利益のための『三部経』千部読誦の発願を擲った事実を思い起こさなければならない。

げにげにしく『三部経』を千部読みて、衆生利益のためにとて、読みはじめてありしを、これは何事ぞ、自信教人信、難中転更難とて、身ずから信じ、人をおしえて信ぜしむる事、まことの仏恩を報いたてまつるものと信じながら、名号の他には、何事の不足にて、必ず経を読まんとするやと、思いかえして、読まざりしことの、さればなおも少し残るところのありけるや。人の執心、自力の心は、よくよく思慮あるべしと思いなして後は、経読むことは止りぬ。さて、臥して四日と申すあか月、今はさてあらんとは申す也(48)

『三部経』千部読誦の発願を止めた親鸞の「今はさてあらん」との呟きは、衆生利益の教化の発願が「名号の他には、何事の不足」もないことへの頷きであろう。それは、親鸞の「父母の孝養のためとて、一返にても念仏もうしたること、いまだそうらわず」(『歎異抄』)との述懐に通ずるものであり、さらに法然の「自行・化他、ただ念仏をことと為す(49)」に一貫するものでもあろう。したがって教化は、必ず「名号(念仏)」に依らなければならないことは言うまでもない。

そもそも仏道とは、名号によって我々に開示される大乗の仏道である。それを親鸞は『涅槃経』に説かれる「一切衆生をして一道に帰せしむと了知するなり。一道はいわく大乗なり(50)」をもって、「本願一実の大道」であることを明かしている。そして、親鸞は「証巻」にて、その「本願一実の大道」を、一切衆生を一道に帰せしむる還相回向の真実功徳に満ちた世界であり、本願のはたらきを自己に明らかにすることがそのまま教化の実践であったことを、深く確信している。その仏道に立ち得た頷きが「さてあらん」であった、と思われる。

まことに、高光にとって人に教言を垂れることは、絶対に必要のないことであった。先ずもって自らが「本願の大道」に立つことだけが、唯一の教化であったのである。したがって、高光には、自らに還相回向する一切の人に導かれて、自分自身が「本願の大道」に立つことが急務であったのである。親鸞は、その「本願一実の大道」に立った感銘を、

還相の利益は、利他の正意を顕すなり。ここをもって論主(天親)は広大無碍の一心を宣布して、あまねく雑染堪忍の群萠を開化す(51)。

と告白するのである。そして高光も、教化意識を超えた一味平等の自利利他の世界を、還相回向によって「我一心」として実験するところに、つまり、聞思に徹するところに、換言すれば、「雑染堪忍の群萠」の一人としての

自己に立つことで、教化の本質を見出したのである。

すなわち、何ひとつとして自由の許されていない宿業生活において救われてみせるところに、高光の『さてあらん』との仏道実験生活があるのであり、そして、そのような宿業の只中に開かれた生活から発揮される高光の教化力を、この「絶望の福音」に窺うことができるのである。

次は、若くして死に行く娘と高光との対話である。

若人の華やかさを前にして、十九の娘はこの世を去つた。私は彼女の死の二三日前に病床を訪れて、彼女に私の心境を告げたことである。澄ちゃんは死ぬのでない、澄ちゃんの生きて居ると思ふたこともはかなかつたやうに、澄ちゃんの死ぬということもはかない夢である。人生に十九年生きることも、七十年八十年生きることも、はかなき夢であるなら、それは一つである。千古不滅の永遠の世界には、釈迦も親鸞も、私も澄ちゃんも、不滅である。不死である。常住であると。そして私は彼女の葬式に御参りして、夢見る人達の前に、彼女の魂の永遠を拝むことが出来た。お棺を前にして、商売の話をしてゐる人にとりかこまれてゐるこの葬式は、夢と常住を私に荘厳して見せてくれた。澄子は永遠に放たれ、繋縛の人類は、彼女に感謝するにはあまりに孤独な心を持つてゐることが、そのまゝ私の摂取心光の光に照らされるありの儘なる天地であつた。もう私は何も言ふことなしに、お棺を拝むのであつた。(52)

このように死に臨む人と共に仏道を歩む高光に向かって、「あなたはよく臨終の人に法を語られるそうなが、あんな人たちにどんな風に話せばよいのでしょうか」と尋ねる近隣の僧侶に対して、

私は話を工夫して行ったことは一度もない。臨終の人のみでなく、どこへ話に行くにも前もって用意して行ったことは一度もない。私は話することを与えられるのである。私への反省が促さるるのである。臨終の人とい

えども私へ赤裸々に一切を告白してくれるのである。私はそれを讃仰し、聴聞し、内省し、自得せしめられて帰ればそれでよいのである。(53)

と答えるだけであった。どこまでも聞法に徹する高光の生活実験によって、死にいく人は救済される。ここにも、「本願一実の大道」に立つ高光の、教化者としての実際を見ることができる。

まことに教化は、手段や方法ではないのである。人知の到底及ばぬ絶望に喘ぐ人に向かって、人知の工夫をこらして説教しても、それは説教する人の単なる自己満足であり、ともすれば死する人への迷いの上塗りでしかなかろう。教化とは説く人にとっても聞く人にとっても、共に「本願の大道」の実験以外の何ものでもなかったのである。

前にも述べたが、高光にとって一九三四(昭和九)年は、厳粛な無常を知らしめられる事実との遭遇の年であったが、そのような悲痛の事実から、高光は次のような心境を告白する。

母親「一也の妻ハナ」に先立たれた孫は、人生を百日生きて死んで行った。彼のために昼夜兼行の努力を尽しただけに、彼の死は私たちにまことにむごたらしいものであった。しかし、それがいたいたしいだけに、彼の果たした使命をはっきりと私たちは印象することができたのである。彼の死顔はまことに美しく気高く、彼の父をして遺憾なく絵にすることを得しめるものであった。私は今、自分の枕頭にその絵をかかげている。それに目がふれるたびに、私の目頭が熱くなるほど名残惜しいものであると同時に、この小さき人の顔をした大如来の表現は、私への恵みの使者であったことに気付かしめられるのである。恵みに怠りがちな懶怠な私も、大悲無倦常照我の念力に自分を生かすことができるのである。私にとって人生の一切は至誠そのものである。凡夫直入の近道の外の何ものもないのである。四月以来繰り返された死別は、私を無限絶対の存在価値に押し上げてくれた(54)。

死する大事な孫を「小さき人の顔をした大如来」と仰ぎ、また「私への恵みの使者」であったと、悲しみのどん底から獅子吼する宿業の生活者高光の生き様がここにある。死別は別離ではないのである。死に別れることによって、より鮮明に孫と共なる一味の世界が高光に蘇ってくるのである。無常なる事実に遭遇することによって初めて証知できる、絶対無限の平等世界であり、「大悲無倦常照我」と実感できる世界であり、さらに「私にとって人生の一切は至誠そのものである」と断言できる「凡夫直入」の生活であった。

高光に次のような言葉がある。

世間の人達が其の動変無常を知らぬは、実は知らぬのでなく、知らぬやうにして居られるほどの其の無常に支配され左右されて居るのである(55)。

人生とは如来を信知するための仏道の実験の場である。それは我々の自覚への意欲をも覆い隠してしまう、無常の威力を実験する場でもある。僅かでも我は自覚したとの思いがあれば、如来は姿を消す。ここに如来信知の困難さと、同時に如来のはたらく厳粛さがある。

一九四九（昭和二四）年四月、高光は巡業先の山口県で倒れた。七〇歳であった。その時、急遽高光を見舞うた松原は、次のようにその時の様子を回顧する。

ところで、高光先生についての思い出は多いが、ぼくは生涯忘れることの出来ないお叱りをうけたことが二度ある。それは今思い出しても、全く頭の上らないことである。その一つは昭和二十四年の春四月、先生が山口県への旅で、突然中風で倒れられ、全身不随のまま長く危篤の病状のまま臥せられていたのであるが、その頃ぼくは四国の旅にあった。電報を受けて直ぐに山口に向ったのであるが、倒れられている山口の田舎では薬を手に入れることすら容易でなかった。やっと後になって広島のお知り合いの医者や、九州方面からも見えられるということで、漸く病状もよい方向に向ってきた。一縷の希望も持てたのでぼくは病室へ挨拶に出た。「もう大丈夫ですよ。」とつげたのである。そのときすかさず「どちらでも」と先生のかすれ声が響いたのである。全く落雷にうたれた如くぼくの身体はこわばってしまったのである。どちらでもといわれるのは死もよろしいというのである。こうした生死の巌頭に立ちながら、無常迅速の場に立たされて、しかもこうした大丈夫ですよという挨拶しか出てこない自分を深く恥じたのである。恩愛の海に沈んで、真実が聞こえず、真実が見えない悲しさである。お恥ずかしい愚かさである。虚仮不実のわが身であることである。(56)

私は、この文を読むたびに、「もう大丈夫ですよ」との呼びかけに「どちらでも」と応える高光の、無常そのままにして常住なる生活者としての姿に、また、生死を超えた見事な信の確かさに感銘を受けることであるが、同時に松原の、間髪を入れずに「落雷にうたれた如く」慚愧した研ぎ澄まされた聞思に驚くのである。

高光は、一九四八(昭和二三)年から一九五一(昭和二六)年にかけて、福井の至心会(助田茂蔵主宰)から刊行された月刊誌『光焔』に執筆していた。病床についてからも、側近の口述筆記によって、死ぬ直前まで続けられた。高光は、一九五一(昭和二六)年九月一五日に逝去したが、その四か月前に出版された『光焔』三〇号に、次のように、透徹した眼をもって、真実の仏道を述べている。

破闇満願は仏の救ひである。迷ひから救はれるのでなく、闇を破らされるのだ。迷ひは闇の一歩手前だ。迷ひは見ゆるものはあれど、闇に見ゆるものはない。それでこのことを三途の黒闇といふ。この世に他人をうらんだり、他人をあてにする間は何か見えるのだ。闇から闇の人生に目醒めると、迷ふにも迷はれない。迷ふに迷へないといふことは、手も足も出ぬことである。手も足も出ぬことは明るさである。これを皆当往生といふ。

誰を見ても迷ふに迷ふことが出来ぬという時、闇黒者だ。迷ふに迷ふことの出来ぬといふことは、手も足も出さないでもよいのである。これを破闇満願の徳といふ。病気で倒れた私にとつては、死ぬことは私の手も足も出ぬことだ。少くとも死に対しては手も足も出ぬ世界に私は臥してゐる。夜船に乗つて海を渡るやうな気楽さだ。(57)

死という「闇」に臥しながら、その「闇」の破せられた世界がここにある。すなわち、仏道の自覚とは、「闇から闇の人生」の覚醒であり、つまり「闇黒者」との自覚である。ここに闇が晴れたる真実の明るさがある。闇が晴れるとは、どこまでも闇の人生、また「闇黒者」なる自己の自覚なのである。「闇黒者」なればこそ、如来のはたらきをこの身に実験することができる。まことに、「日月闇を晴さんと欲せざれども闇おのずから晴る」(58)とは高光の至言であるが、それは闇夜における日月の輝きの発見であった。したがって、闇が晴れるとは、我が実験としては、徹底して「闇黒者」の自覚であり、同時に如来光明中の自己発見である。すなわち、自明の闇黒世界における、迷うに迷えない「闇黒者」なる自己の自覚である。

さらに、その「闇」なる生活について、

死ぬと云ふことは、誰しも嫌なことだ。何やら環境を残してゆく事や、環境の後の心配やらの事で死ぬのが嫌なのやら。然し事実は一人が死ぬといふことは、環境全体が変化するといふことだ。一向に心配のいらぬことやら。迷と闇とはものがちがふ。人間が迷ふ間は何か見えるのだ。善悪とか損得が見えるから迷ふのだ。善悪も損得も分けめなしに解らぬやうになると、世の中は闇黒そのものより外はない。仏教はその闇を晴らすのだ。迷を救ふのではない。闇を晴らすのだ。闇が晴れるといふは、善悪邪正にかかはらず、身を処するに不自由を感じない事を云ふ。不思議でも災害でも、その時その時に道が開けて行くのを自由といふ。(59)

と述べている。仏道とは、迷わぬ生活を保障するものではない。「世の中は闇黒そのものより外はない」と知ることである。ここに「闇」の晴れた無碍の一道がある。そこに「本願一実の大道」が開かれる。越後時代の曾我に「闇へ闇へ」という一文があったが、それは「本願一実の大道」の実験生活であろう。

高光の病床を見舞った人が、高光の静かに臥している姿を見て、あらためて「先生は何もおつしやらないけど、仏法をとつて下さる(60)」と実感したと語っている。それは、人知の手足の出ぬ「闇」に全身をまかせての、真の無碍人高光による、仏法によって身を守ろうとする小賢しさを否定される実験であろう。山口で病床に臥した時、「この高光は、永遠の高光ぢや(61)」と叫んだ高光とは、堂々たる「闇」なる生活者であった。

最後に高光の透徹した無常への眼差しを見ておきたい。

生と死の二つよりなき生命をよいのわるいのと云ふておかしき(62)

死と対峙する高光の、「闇から闇の人生」の覚醒の表白であろう。

高光の絶筆は、『真人』に寄せられた、生涯師として仰いだ曾我の喜寿記念に寄せた次の一文である。

人間の生活に突然起つたり偶然現はれたりすることは決して無いことである。どんな事件でも宿業の所感でないものは一つもない。突然とか偶然とか云ふ言葉があるが、そう云ふものはないのである。何事でも当然の事が一番賢明なことでそれ以上の工夫は無い。然るに人間は当然を当然に受けとらないで、何か一工夫凝らす所に人間の馬鹿さ加減がある。弥次、喜多は、風呂の底板をまくつて入つたら足が熱くて遂に人間の悲しさを発揮して下駄をはいて入つた。当り前にして入ればそんな事は無いので、当り前は人間の工夫より賢明である。当然は突然でも偶然でもない必然であるから一番かしこい。その当然を肯づかれないで一工夫凝らすところに人間の馬鹿さ加減がある。

右は曾我先生の喜寿を御祝ひする為に病床で筆をとつた私の心づくしである。[63]

まことに自然法爾の世界がここにある。

六　堕悪道の怖れ（生活破綻の怖れ）なき生活

堕悪道とは、たとえばそれは、喧嘩であり、離婚であり、死別であり、破産であろう。そのような生活破綻の堕悪道を、我々はいつも怖れを懐きながら生活している。

高光の生涯におけるもっとも大きな「堕悪道」（生活破綻）とは、何と言っても、一九一七（大正六）年八月に恋愛結婚した貴美との、三人の子を残しての離婚であろう。高光三八歳であった。この離婚は、高光を生涯にわたって苦悩におとしめ、同時に聞法を促し、如来を讃仰せしめたのである。

高光の離婚直前の一九一七（大正六）年三月号の『汎濫』に、「白日生活」と題して、妻との間の次のような赤裸々なやりとりが告白されている。

『オイ』と呼んで見ましたけれど、次の間に寝た彼女は返事がありませんでした、男が立てそつと覗いて見た時には、彼女の哲学も本然の睡眠には勝てないと見えて、すやくと睡つて仕舞つて居ました、男が元の坐に返つた時、フト彼女の常套語である、『それはあなたの我儘です』と云ふ言葉を思ひ出したのでした、[64]

高光はよく「我が儘」との誇りを受けたし、また内省もした。五五歳になった高光は、これまでの自分白身を顧みて、次のように述べている。

先づ青年時代に於ける私は理想的生活期とも名附けられようか。次に壮年時代の私の生活は内省生活期とでもいふてよいと思ふ。而して今日の私の生活は信仰的生活といふてよいと思ふ。[65]

そして、離婚を体験した壮年時代の内省とは、

一事一動ひたすら内省にのみこれを考慮するやうになり、ここに限りなき人間の内省を生活の標準として、他人や環境を見る必要なしといふ風な頑固な生活に閉ぢ籠つて、次から次へと限りなき反省の失敗を追ふてへとへとになつて来たものである。[66]

というように、自己中心的なものであった。そのため高光の内省は、妻にとっては、ただの「我儘」な態度としてしか映らなかった。それほど高光の生活は、内省という行為が及ばぬほど、苦悩は深かったのである。

一九三二（昭和七）年、高光は貴美の残した娘の結婚式を終えた日、自らの半生をしみじみと振り返り、次のように告白している。

幸福といふても人生は決して幸福なところではないことは申すまでもないことで、父など五四歳の今日迄、人間的な幸福は一つだつて拾ふたことはないのであります。それのみか御身達の御母さんが、御身達と父を捨てて去つて以来の父は、それに代へる何ものをも掴み得んで来たのであります。否それどころではなく、自分の仕打ちに就ては一切を棚へ上げて置いて、御身達の母さんばかりをこの父はどんなに恨んで来たことでせう。それは十数年たつた今日ででも、少なくとも月に二三度はあの人の夢を見て泣くことがあるほど、私は闇い一生を経て来て居ることをこゝに御身達に聞いてもらひます。（中略）一切が因縁して今日あるを得せしめられたことを御身達の母さんに感謝が出来るのであります。こゝに思ひあたつて見ると、父も御身達も、そして御身達の母さんも、現に私を補佐してくれる母達も誰れ一人無意義な生活をしてくれなかつたことになるほど生死を踏みしめて来たものであつたのでした。この意味に於て、私達の生死は蹴散して行くものでも逃げ廻つて歩くものでもないもので、深く固く踏みしめて往くべきものであることを一日も忘れないで生活して下さい。[67]

離婚によって自らの人生の一切を宿業因縁として受け取り、つまり仏道に離婚相手をもつつみ込んでしまうところに、業縁を「深く固く踏みしめて往く」高光の生活があった。

離婚は高光を宗教的にした。そして高光を永久に信仰へと導いた。別離した貴美の残した娘たちの結婚に際し、「一切が因縁して今日あるを得せしめられたことを御身達の母さんに感謝が出来るのであります」との言葉は、決して見栄でも綺麗事でもない、高光の求道者としての正直な告白であった。高光には、離婚に対する反省などの生活は許されておらず、ただひたすらの「信仰的生活」だけが与えられていた。

後年、「離別の打算補われて余りあり」と題して、次のようにその離婚の意義を綴っている。

回顧悉く恥辱であり慚愧ならざるはないが、又回顧は矜哀であり憐愍である。恋愛に始まり三人の子が生まれて、十年の夫婦生活であつたけど、お互いに未練もなく離別出来るほど、打算は破算に終つたのである。その後、恋愛と云はず、友情と云はず、相逢ふて別れ、又相逢ふて別れて、いつか老齢は私を墓穴のま近くまで運んで来た。汗顔穴もあらば入りたき恥辱ではあるが、この遺憾なき半生は、又私を疑ひもなく大悲憐愍の唯中に発見することも出来ることであつた。（中略）彼女は私を鼻紙のやうに捨て去つた。然し、それに異存を立てることの出来ぬ私は、彼女の仕打ちにも当にならぬ人生を見つけた。彼れ此れ当にならぬ人生は、彼女に私が恨まれる価値はあつたかも知れないが、私は彼女に恨む資格を見出すことも出来ぬ人生ともなつた。(68)

正直に自分の人生を振り返れば、人生における打算は必ず破算に終わる。そのような「当にならぬ人生」を正直に固く踏みしめてこそ、高光は、「大悲憐愍の唯中」に自己を発見できたし、親鸞と一味の世界に躍り出ることができた。そして、その世界で親鸞や蓮如にも巡り遇うたのである。

私は先づ、此処は何処だと驚いた。此処には、行く、取る、望む、当にする等々の、人間の日常する一切が、凡そ整備され完成され、あり余る満足に一人の人の不平もない天地であること、誠に昨日の私が今日何処へ如何して出たかは思はされる驚喜であり、法悦であつた。過去、未来、現在の三世の業障一時に消ゆると教へた蓮如上人は、私の肩を叩いて、オイ驚いたかとほほ笑み、その又肩越しに、やつて来たかと云はんばかりの顔して歓迎してくれるのは、親鸞その人であるではないか(69)。

高光の真実世界の告白である。そして、どのような人とでも手をとり肩を組み合うことのできる、一味平等の実験世界の表明であろう。したがって、

私を捨てた女までが手を挙げて私の為めに万歳を叫んでくれる天地であることが、白日の下に顕現したではないか(70)。

と、離婚して自分の元を去っていった前妻までをも讃嘆してやまない、広大無辺の大地を高光は実感して生きたのである。

高光は、決して器用に世渡りできる人ではなかった。ひたすら正直に、ひたすら自己をごまかさず、自身の深い宿業を包み隠さず白日の元に晒すところに、高光の生活があった。高光は地獄一定の実験生活において、弥陀の本願を讃嘆する生活者であったのである。

一九二八(昭和三)年、高光は、待望の個人誌『直道』を発刊することができた。その創刊号に次のように述べている。

此世には、何々の為めに書く雑誌や書くことの次に目的が控へて居る雑誌はあるけれど、書くことが直ぐ目的で、而もそれが為めにならうが、なるまいが、書かずに居れないで書くと云ふ雑誌が一つもないからと云ふて、私のやる此雑誌の存在を否定することも出来まいと思ひます。説明と談議と、ねばならぬとで生きられる

人は兎もあれ、唯一つで、そしてそれが一切である発菩提心でなくては生きられぬ人が一人ある位は、考へて見る可く、読で見る可く、確に一切人の義務であると私は思ふのです。私は其責任を果たす為めにでも、このばらまく雑誌、このありのまゝなる私の生活表現を書いて書いて、書きまくつて死にたいのです。(71)

我々が自らの不足や不満の生活を、考え方や見方などの方法を変えることで満たそうとする生活を、高光は「迷妄者」の生活であると指弾する。それは、まことしやかな「説明と談議と、ねばならぬ」の生活である。少なくとも真宗に生きんとする者は、そういうまことしやかな生活を乗りこえて、先ず以て現在の自分に安住し満足する生活者でなければならない。そのような生活実験を「書いて書いて、書きまくつて死」ぬところに、高光の真面目があった。高光の言う「ありのまま」の生活、あるいは「白日生活」とは、まさに「説明と談議と、ねばならぬ」を超えた生活のことであり、その生活における赤裸々な生活表現が、群萌の大地を耕し、群萌を真実世界に導くのである。親鸞は群萌の仏道を明らかにしたのであり、決してインテリの仏道に生きようとはしなかった。

高光には、いくつかの著書がある。その中でも、特に高光の生活の真骨頂をよくあらわすものが、一九四〇（昭和一五）年に出版された、『直道』に綴られた日記「白日生活」をまとめた『白日抄』であろう。『白日抄』を読んだ者は、高光の生活告白に打たれつつ求道に励んだのである。戦時中から戦後にかけての物資不足の状況下においても、人々は『白日抄』を鉄筆で書写し印刷して、有縁の者に配り、共に仏法を語り合ったという。高光の信仰告白を書写することがそのままに、その人の求道実験となったのである。

高光は、たびたび誤解され非難に晒された。だが誤解を怖れ自己弁護し世間と妥協するには、高光はあまりにも正直すぎた。白日生活とは、まさに「堕悪道の怖れ」なき生活でもあったのである。次のように述べている。

見て下さる通りに見て下さい。思ふて下さる通りに批評して下さい。私はどんな見方にも、どんな批評にも弁解がましいことを持たないのであります。たゞ喜んで首肯く許りであります。日月東天に上るのは闇を晴さうとする目的があるのでないことを教へられました。彼自身輝きそのものであるが故に闇はおのづから晴れるのであることを教へられました。(72)

これこそ、高光の至言「日月闇を晴さんと欲せざれども闇自ら晴る」なる生活の実相であろう。白日生活の告白者とは、真如一実の実験者であったのである。まことに、「闇」なる生活実験の告白とは、群萌の宿業の大地における生活実験の大獅子吼であり、ここに真実世界が開かれる。実に信順すべきは群萌の宿業の大地である。徹底して噛みしめるべきは、自分自身の「闇」である。

七　大衆威徳の怖れ（集団の組織力に対する怖れ）なき生活

伝統教学と精神主義の対立は、根深かった。その対立は「異安心」問題として、暁烏敏を始めとする清沢門下に襲いかかったが、特に高光の何一つ配慮のない生活は「異安心」攻撃にさらされ、寺族をも恐怖に陥らせた。しかし、高光は、次のように述べるだけであった。

最後に人間の生きる道は信心より他にないことを知らせて貰い、今は行住坐臥以信心で生活している。(73)

高光は、純粋に真実信心に生きた。したがって、高光の自坊専称寺は、高光自身の信生活の表現の場であり、同時に寺族にとっても信獲得の実験の場であった。専称寺には全国からさまざまな人が集った。そういう人々にとって高光の正直な生活は、自らの既成信仰を打破するには余りあるものであった。まさに専称寺は、聞法信解の道場であり、したがって、あたかも親鸞の東国時代に形成した「りょうし・あき人、さまざまのものは、みな、いし・かわら・つぶてのごとくなるわれら」(74)の集う「僧伽」の具現であった。

「僧伽」は当初、伝習に馴染む純朴な村人の了解を超えるものであった。そのため、彼らにとって高光は、自分自身の存在の根幹を揺り動かすものであった。さらに高光は、村人に何一つの妥協も駆け引きもなく交際したため、時には凄まじい対立もあった。そして、このような生活こそ、親鸞の、越後、東国での生活でなかったろうか。

一九三七（昭和一二）年の元旦のことである。以前から高光に不信感を抱いていた門徒総代が年頭の挨拶に訪れ、そして、「異安心者！　お前みたいな者ゴシムケ（死んでしまえ）」と怒鳴ったことがあった。真っ正直な生活者であった高光は気絶した。その時の心境を、次のように述べている。

飼主のない野良犬は、村童達の遊びくたぶれるまでは首縄されて、村から野良へ野良から村へと引き廻されるが、やがては小川へ投げ込まれて其の日の日課を果すやうに、私の一生も随分多端であつたやうである。今年も元旦の年賀客の一人が「お前のような人は早く死ね」と云ふのであつたが、私は終に一生をこの罵倒で追はれつづけて死ぬのではないかと思ふほど、人生の野良犬ぶりが思ひ出されるのである。然し奇妙なことには私はこの人のこの罵声を「土は是れ無量光明土」と聞いたことである。同じく野良犬でもその村を信じ切つて見れば、村童達の手の込んだ悪戯でも、親しみを感じこそすれ、不安を感ずる隙を有たぬが故に、翌日もまた尾を振つて彼等のするがままになるやうに、私も今は此等の罵声に土は是れ無量光明土といふ親しみこそ感じ、何の悪感も有つ必要もないことである。(75)

自らを野良犬に譬えての、そして同時に、自らが無量光明土の生活者としての、告白である。「村童」とは高光を責める門徒のことであろう。門徒の「手の込んだ悪戯でも、親しみを感じこそすれ、不安を感ずる隙」さえ持たない高光は、「翌日もまた尾を振って彼らのするがままになるやう」に身を任せたのである。高光は、徹底して自分の生活を無量光明土と同化して生きた。そして無量光明土にすべての住人を包んで愛した。そして、そこにおいては、如何なる非難も罵倒も、この自分をして「荘厳国土」に生かしめてくれる如来のはたらき以外の何ものでもなかったのである。すなわち、

曾て不在にして銭湯に行った留守へ泥棒が這入った。帰って見ると入り口の戸口が少々開いていたので、「どなたか御客様ですか」と声をかけて見ると、泥棒君私を押し倒すようにして出て来ました。私はとつさに気の毒なと思うて「何もなくて気の毒でしたね」と大声に呼びかけました。すると泥棒ふり向いて笑顔で私に会釈して行きました。恨まず怒らず、一つ心になれば、泥棒とも衝突しないですむといふことが知られて一日中嬉しかったことであった。昔から盗人を捕へて見れば我子なりと、捕へるまでの心と捕へた後の心と心に二つはないが、解脱道を往く心に盗人と我子はなく、不定道に迷ふ心には、捕へて苦しめて、巡査に突き出してやらねば止まぬ心ばかりである(76)。

高光は、たとえ泥棒とでも、手をつなぎ合うことができる世界を生きたのである。また「死ね」という人とでも肩を組んで生きたのである。次のように述べている。

御開山聖人御出世の御恩とはどんな御恩であるか。私は今その御恩を私に死ねと云ふた人から、他人まで死ねと云はねば自分に立つ瀬のない人もあるのに、お前は何時までも土は是れ無量光明土であり、お前は心を弘誓の仏地に樹てることが出来る者ぞよと教へられて、始めてそれを知らせて下さつた御開山聖人御出世の御恩と、その浅からざる御勧化の御恩とにひれ伏して喜ぶのである(77)。

我々のなしうる道の唯一は、すでに如来によって荘厳されたる弘誓の仏地への疑念の闇を晴らすことでなかろうか。自我の闇の正体が明かされ、誰とでも手をつなぎ合うことのできる群萌の大地、これこそ明朗かつ無畏の世界

に他ならない。

今しばらく、高光の無畏の生活を見てみよう。一九三九（昭和一四）年、大津の陸軍病院における講話中の出来事である。栗田潜龍は次のように語っている。

高光先生は着物きてハカマはいて、その時代は戦争中ということではけませんのやで。それを台上へあがりまして「経験は貴し」というテーマで講演された。「この間の軍縮で、兵隊の顔をみてハァーと横を向いてたもんや。それがおまえたちなんや。それはまあ手柄たてたかなんや知らんけれども、蜂みたいにケツの先に剣さげて……」というようなことを言われた。そうしたら、九州の少佐が「ブッた斬る」と言うんです。そうすると、「あんたたち戦場でなんぼでも人殺してるんだから、ワシを殺すのにわけもなかろう。この話がすんでからにしなさい」というようなことで話が終りました。わたしはどうなるか心配したんです。そうしたら「ブッた斬る」というた人が、応接間に入って「先生わかりました」と言うんです。(78)

正しく、仏道にいのちをかけた高光の真骨頂を示す出来事であろう。かつては、高光を「異安心」と非難排斥して高座から引きずり降ろそうとした人の着物の裾を掴んで離さなかったため、その非難した者が回心したということもあった。そのような高光の、言語を絶する神力洞達の世界を、ここに垣間見ることができる。そして、この神力によって、多くの人が、落雷に打たれる如く回心し、独立者として巣立っていったのである。世間に妥協することを一切必要とせず、自分を誤魔化さず、正直に全身を擲って生活する高光の、その存在の発揮する教化力はダイナミックであった。

終戦後、真人社が発足した。真人社については、福島和人が、

この恐ろしいまでにラジカルな信仰の熱気は、次代を担う青年僧達を引きつけ、鍛え上げていった。そして、

調査の為に来日したアメリカのバクネル大学宗教学のクック教授から、〝二〇世紀における宗教改革〟と評価された、東本願寺同朋会運動の教学・信仰のリーダーを輩出するに至っている。その拠点『真人社』には、屋台骨曾我量深や、安田理深の教学の更にその奥に、高光大船の盤石の如き信心が、ぎらりと光っていたといわれる。(79)

と述べている。教学を支えるかのように、高光のその「ぎらりと光っていた」「盤石の如き信心」について、柘闌英は次のように述べている。

〔京都の岡崎別院で本廟奉仕道場がひらかれた〕ある日、私は講師の接待役をおおせつかりました。そこへ来られたのが高光先生です。私はこの時、初めて先生に触れたのです。

座敷で接待しておりましたら、同行が二人来まして、そのうちの一人が、

「先生のお話を聞かせていただいて、おかげでだんだんと明るくしてもらいまして、喜んでおります」

と言ったのです。すると先生は、

「だんだん明るうなるということがあるか。明るけりゃあ明るいし、暗けりゃ暗い。曇鸞大師は、千歳の暗室に光りがつくといっぺんに明るくなる、といわれている。この言葉をどう受け取るか」

と応えられた。そこで、隣の同行、黙っておればいいものを、

「蓮如上人のお文に、信心の溝は再々さらえとあるが、どうさらえたらいいですか」

と尋ねたら、先生は、

「あんたのようにさらえる信心も持たな、さらえる道具も持たぬものが、さらえてみようがないやないか」

とおっしゃった。二人ともびっくりして、座敷を出ていってしまいました。これはなんという怖い先生であろ

うかと、私も逃げ出しました。

長川一雄さんにこの話しをしたら、

「それはあんた壊されまいというものを持っておるから怖いので、壊れたら、あんないい先生はない。あれが本物や。ああいう先生に聞かないかん」

と言ってくれました。(80)

実に明快な信心である。そして教化力である。このような「無畏の人」高光の信心と教化力が、今日の同朋会運動の礎をなしているのである。

第三項　仏者高光大船

高光に出遇った人は、その印象を「心の奥底まで見抜かれそうで怖かった」と言う。また「温かき人」であったとも言う。ここに、松原の「序文」の、次の言葉が思い合わされる。

この五怖畏に対して、自己の主体性を見失うことがなかった。すなわち師の信生活に触れたものは、多くその無畏の施を賜ったものである。その暖き、善悪浄穢のへだてなき大地の慈愛に深く感銘せしめられたものである。(81)

独立者高光の真面目であろう。

晩年の病臥にある高光大船を見舞うた小田原大三は、その時の感銘を次のように述べている。

高光先生は、五六本のせみしぐれの木立を背にした小部屋にしずかにふせつて居られました。何でも又病気が再発されたとかで、私達が御あいさつに伺つた時、目をつぶつたまゝ、だまつて手を出されたゞけでした。今我が家の燈の下で一週間の旅行を考えます時に、絶対無げんの妙用に乗たくしてと言われた清沢先生のお言葉が新しく胸を打つてまいります。人間の工作のいらない、此のまんま良かつた世界を又新しく知らさしていたゞきました。（中略）

せみのこえしきりにもる昼さがり友集い来る悪人の宿
五六本の木立の見ゆる北の部屋に高光先生もしずかにふせる
毎日を読経のこえに明けくれてたい有る事ぞたのしかりけり
病ひおしはる〴〵来たる松原師信ずる道におちこちわなし
はからいなく語れる事の楽しさよはからい持てる我等がゆえに(82)

高光は、仏道に身命を投げ出した自己の人生を、次のように回顧している。

私は世の為めにも人の為めにも生まれて来たのでなかつた。私の実在は永遠不滅の実証の為めばかりであつた。人生には数知れぬ傍観者が多くて、これらの言動に私もしばしば促され勝ちであった。今にそれを思ふと、能くも私は絶対の天地へ立つことが出来たものだと思ふほど私も何かと附和雷同して来たものであつた。どんな一つの道端の小石でも、常住不変を私に暗示しないものは一つもない処に人生は人間たちの立ちさわぐ人生でない人生なのである。(83)

「永遠不滅の実証」のためのみに生まれてきたとは、晩年の高光の揺るがぬ確信である。親鸞の明らかにした「出離生死」の大道を、高光は実に正直に、真正面から生き切ったのである。

思えば、清沢が精神主義を世に公開したのは、『臘扇記』に明らかなように、清沢自身の「永遠不滅の実証」のためであった。そして、その清沢の「永遠不滅の実証」は、その後教学的には曾我量深、金子大榮によって、また生活実験においては、暁烏敏、高光大船、藤原鉄乗の「加賀の三羽烏」によって継承された。特に高光の宿業生活から発せられる絶大な教化力は、松原祐善や安田理深らの教学者や、さらに同朋会運動の創始者訓覇信雄、また戦後の大谷派教団を支えた仲野良俊や柘植闡英らを育んだのである。そして、その彼らが、戦後社会に真人社を結成したのである。ここに清沢の精神主義は伝承展開をみせるのである。

高光の没後、遺稿集『光焔』が出版された。最後に、竹田淳照の書評を紹介しておこう。

敗戦後の空虚と混迷に向つても、この晩年の真実生活者〔高光大船〕は、一途に、仏法を即生活者のことばとして語つて、止むときがなかつた。（中略）戦後十年、世の中がすこしく落ちついたようには見えるが、人間の虚偽、焦燥、不安はその根をひろげるばかりである。人間の条件、打算を前提とする限り、問題の解決は永遠に暗転するほかはない。仏法は、人間の問題に人間の打算を超克して直接に迫るものである。だから、真の仏法は、いつでも仏法からのみ語り出される。そのことばだけが、人間の問題に解決を与える。(84)

高光大船の処女作『生死を超える道』の通り、生死を超える世界の発見こそ、我々一人一人に与えられた唯一の道に違いない。

註

（1）『唯信鈔文意』真宗聖典、五五二頁、真宗大谷派宗務所出版部
（2）『正像末和讃』真宗聖典、五〇五頁、真宗大谷派宗務所出版部
（3）『御消息集』真宗聖典、五六三頁、真宗大谷派宗務所出版部
（4）「なつかしき人」「宗務総長」『暁烏敏全集』二五巻、二六五頁、凉風学舎

(5)「追憶・資料　東片町時代」『清沢満之全集』八巻、四九三頁、法藏館
(6)『無尽燈』一九〇三（明治三六）年七月
(7)「信に教学なし」『真人』二号、八頁、一九四八（昭和二三）年六月、真人社
(8)「自己の還相回向と聖教」『曽我量深選集』三巻、一五四頁、彌生書房
(9)「「人」清沢満之先生」『高光大船の世界』一巻、七六頁、法藏館
(10)「序文」『高光大船の世界』一巻、一頁、法藏館
(11)「報恩生活の意義」『高光大船の世界』二巻、七九頁、法藏館
(12)「報恩生活の意義」『高光大船の世界』二巻、七七頁、法藏館
(13)「報恩生活の意義」『高光大船の世界』二巻、七八頁、法藏館
(14)「報恩生活の意義」『高光大船の世界』二巻、七八頁、法藏館
(15)「報恩生活の意義」『高光大船の世界』二巻、八〇頁、法藏館
(16)「報恩生活の意義」『高光大船の世界』二巻、八〇頁、法藏館
(17)「自己の還相回向と聖教」『曽我量深選集』三巻、一五六頁、彌生書房
(18)「仏法は説明でない」『白日抄』『高光大船著作集』五巻、八三～八四頁、彌生書房
(19)「我信念」『清沢満之全集』六巻、一六四頁、岩波書店
(20)この教化の相について、延塚知道は『論註』「利行満足章」の最後の、

菩薩は、入四種の門をして自利の行成就すと、知るべし。

「成就」は、謂く自利満足也。「応知」というは、謂く、自利に由る故に則ち能く利他す。是れ自利に能わずして能く利他するに非ずと知る応しと也。

菩薩は出第五門の回向利益他の行成就したまえりと知るべし。

「成就」は、謂く廻向の因を以て教化地の果を証す、若しは因若しは果、一事として利他に能わざること有ること無しとなり。「応知」というは、謂く、利他に由るが故に則ち能く自利す、是れ利他に能わずして能く自利には非ずと知るべしと也。〔原文は漢文〕（『真宗聖教全書』一巻、三四六頁、大八木興文堂）

の箇所を引いて、それぞれ、自利が全うされるからこそ、利他が成り立つのであり、また同時に、利他が全うされるからこそ自利が成り立つと述べて、天親の自利と利他が不二のもの、つまり自利利他とは如来の本願に帰した一

事実の二面性として曇鸞は了解していると論じている（延塚知道『浄土論註』の思想究明―親鸞の視点から―』二一九～二二〇頁、文栄堂、取意）。また、曾我量深は、同様の見解を、「阿修羅琴の譬」をもって「阿修羅の琴の鼓することなくして音曲自然なる如しとある。これはつまり阿修羅の琴の音が自然になるのは、阿修羅工の業力の自然である。業道自然ということである。」（「宗教」『曾我量深講義集』一四巻、一二三頁、彌生書房）と論じている。これらは、どこまでも教化される立場において聞思する高光の教化に対する教学的理解であろう。

(21)「序文」『高光大船の世界』一巻、二頁、法藏館
(22)『崇信』一九八四（昭和五九）年五月号
(23)「仏教と経済」『新時代の浄土教』『高光大船著作集』三巻、八四～八五頁、彌生書房
(24)「絶対他力の大道」『清沢満之全集』六巻、一一三頁、岩波書店
(25)「生死を超える者―娘達に与う―」『生死を超える道』『高光大船著作集』一巻、二〇四頁、彌生書房
(26)「生死を超える者―娘達に与う―」『生死を超える道』『高光大船著作集』一巻、二〇八頁、彌生書房
(27)「生死を超える者―娘達に与う―」『生死を超える道』『高光大船著作集』一巻、二〇八頁、彌生書房
(28)「仏教と経済」『新時代の浄土教』『高光大船著作集』三巻、八四頁、彌生書房
(29)「仏教と経済」『新時代の浄土教』『高光大船著作集』三巻、八八頁、彌生書房
(30)「仏教と経済」『新時代の浄土教』『高光大船著作集』三巻、八八頁、彌生書房
(31)「寺の生活」『高光大船の世界』三巻、九八頁、法藏館
(32)「高光大船師を称える」『汝自身を知れ』一五六頁、同朋舎出版
(33)「凡人の宗教」『直道』一九三四（昭和九）年六月
(34)「編輯小言」『直道』一九三四（昭和九）年一二月
(35)「唯」『生死を超える道』『高光大船著作集』一巻、四二頁、彌生書房
(36)「如来の信力に信じぬかれて」『高光大船の世界』三巻、一三三～一三五頁、法藏館
(37)「慚愧」『高光大船の世界』三巻、一四六頁、法藏館
(38)「燈をかゝげて」『白日抄』『高光大船著作集』五巻、一二七～一二八頁、彌生書房
(39)「願作仏心が度衆生心」『白日抄』『高光大船著作集』五巻、一二四頁、彌生書房
(40)「願作仏心が度衆生心」『白日抄』『高光大船著作集』五巻、一二四頁、彌生書房

(41)「絶対他力の大道」『清沢満之全集』六巻、一一〇頁、岩波書店
(42)「清沢満之先生に導かれて」『松原祐善講義集』一巻、一七頁、文栄堂
(43)「荘厳国土に生きる」『生死を超える道』『高光大船著作集』一巻、八五頁、彌生書房
(44)「絶対他力の大道」『清沢満之全集』六巻、一一〇頁、岩波書店
(45)「宗教」『曾我量深講義集』一四巻、一二三頁、彌生書房
(46)「絶望の福音」『白日抄』『高光大船著作集』五巻、一三九〜一四一頁、彌生書房
(47)「法と学説は両立せず」『生死を超える道』『高光大船著作集』一巻、一六〇頁、彌生書房
(48)『恵信尼消息』真宗聖典、六一九〜六二〇頁、真宗大谷派宗務所出版部
(49)『選択本願念仏集』『真宗聖教全書』一巻、九九三頁〔原文は漢文〕、大八木興文堂
(50)『教行信証』「行巻」真宗聖典、一九七頁、真宗大谷派宗務所出版部
(51)『教行信証』「証巻」真宗聖典、二九八頁、真宗大谷派宗務所出版部
(52)「住の宗教」『生死を超える道』『高光大船著作集』一巻、五五頁、彌生書房
(53)「自信教人信」『高光大船の世界』三巻、一七一頁、法藏館
(54)「死別」『高光大船の世界』三巻、一二七頁、法藏館
(55)「仏は肥え給ふ」『生死を超える道』『高光大船著作集』一巻、二八六頁、彌生書房
(56)「本願の仏地に樹ちて」『松原祐善講義集』四巻、二一七〜二一八頁、文栄堂
(57)『光焔』『高光大船著作集』五巻、二二六頁、彌生書房
(58)『直道』一九三二（昭和七）年四月号の論文タイトル
(59)『光焔』（高光大船先生追悼号）一九五二（昭和二七）年九月一五日
(60)「相應窟」『光焔』一九五一（昭和二六）年五月
(61)「永遠の高光ぢや」『光焔』（高光大船先生追悼号）一九五二（昭和二七）年九月一五日
(62)「俳句抄」『光焔』一九五〇（昭和二五）年九、一〇、一一、一二月合併号
(63)「曾我量深喜寿記念号」『真人』三五号、一九五一（昭和二六）年九月、四頁
(64)「白日生活」『汎濫』一九一七（大正六）年三月
(65)「有無相通」『帰命の生活』『高光大船著作集』二巻、二三四頁、彌生書房

(66)「有無相通」『帰命の生活』『高光大船著作集』一巻、二三五頁、彌生書房
(67)「生死を超える者」『生死を超える道』『高光大船著作集』一巻、二〇三～二〇四頁、彌生書房
(68)「離別の打算補われて余りあり」『新時代の浄土教』『高光大船著作集』三巻、九〇～九二頁、彌生書房
(69)「離別の打算補われて余りあり」『新時代の浄土教』『高光大船著作集』三巻、九〇～九二頁、彌生書房
(70)「離別の打算補われて余りあり」『新時代の浄土教』『高光大船著作集』三巻、九二頁、彌生書房
(71)『直道』創刊号、一九二八（昭和三）年一一月
(72)「日月闇を晴さんと欲せざれども闇自ら晴る」『生死を超える道』『高光大船著作集』一巻、一九三頁、彌生書房
(73)「寺の生活」『高光大船の世界』三巻、九八頁、法藏館
(74)『唯信鈔文意』真宗聖典、五五三頁、真宗大谷派宗務所出版部
(75)「国土は荘厳されてある」『高光大船著作集』二巻、五頁、彌生書房
(76)「解脱は生活である」『一燈』『高光大船著作集』三巻、二六六～二六七頁、彌生書房
(77)「国土は荘厳されてある」『高光大船著作集』二巻、七～八頁、彌生書房
(78)「人間性回復への道」七三頁、法藏館
(79)『大地の仏者』一二五頁、能登印刷出版部
(80)『訓覇信雄論集』二巻、二六二～二六三頁、法藏館
(81)「序文」『高光大船の世界』一巻、二頁、法藏館
(82)「真人往還」『真人』三五号、一九五一（昭和二六）年九月、一六頁
(83)「序文」『道限りなし』『高光大船著作集』四巻、二九七頁、彌生書房
(84)『真人』八三号、一九五五（昭和三〇）年九月、八頁

第三章　「十五年戦争」下における革新運動の展開―興法学園を中心として―

第一節　金子大榮の教学論

第一項　『大谷大学樹立の精神』

一九二八（昭和三）年から一九三〇（昭和五）年にわたって、金子大榮と曾我量深に対する「異安心」問題が大谷大学を揺るがし、両教授は辞職に追い込まれた。その結果、大谷大学から清沢満之を嚆矢とする近代教学の灯が消え、再び高倉伝統教学を継承する大学に戻った。

一九三〇（昭和五）年四月に大谷大学を辞した曾我は、次のように『中外日報』のインタビューに応えている。

すべてがこれで決つてしまひました。故佐々木学長が亡くなられて佐々木さんの理想の火が消えて金子さんも私も既に大学に存在を許されなくなつてしまつたのです。これから後任の問題でせうが、侍董寮の方からどなたか入られるでせう。学校が私の辞職を肯定する以上侍董寮よりの就任も肯定する筈であります。(1)

侍董寮(2)とは高倉学寮の牙城というべき機関であり、そこで金子、曾我の「異安心」調理が行われた。曾我は「佐々木さんの理想の火が消えて」と悲痛の胸のうちを明かしているが、その「理想の光」とは、第三代学長佐々木月樵が、一九二五（大正一四）年五月一日の入学宣誓式で顕揚した『大谷大学樹立の精神』のことであろう。

佐々木はその中で、次のように述べている。

そもく、国民の精神的要素は、いふまでもなく宗教と教育とである。然も教育は常に宗教を俟つて真実の人格を作り、宗教は教育によつてのみ常にその陥り易き所の迷信に陥ることを防ぐのである。宗教中、殊に我仏教の如きは、東洋文化の要素であり、また古来我国民の生活を支配したる宗教である。加之、東洋の教学中、今日世界に誇るべき所の無尽の学的要素を有するものは我仏教である。然らば、仏教は本来宗教である已上は、今後もまた宗教としては之を国民一般に寺院の殿堂から布教すべきことは勿論である。それと同時に之を今後また学校即ち教育の方から、正しく学として我国民に普及せしむべきものなることは、今更に言を要せぬこと丶思ふ。(3)

宗教と教育は相互に依存するもので、教育は宗教によって真実の人格を形成し、また宗教は教育によることで迷信に陥らなくて済む。さらに、本来的に宗教である仏教は、世界に誇るべき無尽の学的要素を有しているから、従来の寺院からだけの発信ではなく、教育によって学として「国民一般」に普及すべきである、と主張するのである。そして、

本学々部の仏教学に就ては、少くとも三つの目標を挙ぐることが出来る。第一は仏教を学界に解放したことである。第二は仏教を教育からして国民に普及することである。然しこれらの二大目標は人その人を得るにあらずば出来難いから、第三には、宗教的人格の陶治に留意することである。(4)

と、教育の方針として「宗教的人格の陶治」を示し、さらに、

若し仏教が唯僧侶の専有物でない已上は、恐らくは仏教学もまたその宗その宗の専有物であつてはならぬと思ふ。即ち仏教が万人の宗教である已上は、その仏教学も、また必ず万人の学たることをそれ自身要求して居

る。これやがて、本大学が、仏教を学界に解放し、直接に間接に之を世間に普及するべく勉むる所以である。そのうち、唯一つ宗教として残された所の仏教は、我真宗である。されど真宗はもと〳〵大乗仏教の極致であるが故に、そのまゝまた学として今後益々その研究を深め得るのである。これ即ち宗名を残しつゝ、然もまた学名を附するに至りし所以に外ならぬ。
今その真宗学と人文科の名は、大正七年初めて本学々科及びその課程に使用した所の新名目である。予は殊に此真宗学の名が、何日とはなしに数年ならずして早く世間一般に通用さるゝこと、なりしを悦ぶものである。今後、益々学としてその研究が深めらるゝと同時に、またそれが学内のみならず、宗教として世間一般の宗教的人格教養の源泉となり得ることを深く切望して止まぬものである。(5)

と述べている。「仏教が万人の宗教である已上は、その仏教学も、また必ず万人の学たることをそれ自身要求して居る」と表明する佐々木は、大谷大学が仏教学をもって「宗門の大学」から「世界の大学」へと飛躍することを訴え、そのためには、とりわけ、近代において唯一「宗教」として機能する「真宗」に、大きな期待を寄せたのである。

すなわち「真宗」を「学」として確立することで、「真宗」を「僧侶の専有物」から解放して社会に公開することを主張するのである。大谷大学の社会的使命が、「大乗仏教の極致」である真宗を「学」的に研鑽し、「世間一般の宗教的人格教養の源泉」たらんと主張するところに、「大学令」(一九一八《大正七》年)により、一九二二(大正一一)年五月に昇格した大学の学長としての佐々木の責任と自負を、窺うことができる。

加えて、学生に語りかけるが如く、次のように続けている。
本大学では、仏教はかゝる解放的意義に於て先づ以て研究せられて居るのである。そこでかくの如き「法」の解放は、やがてまた「人」の解放を要求するものである。この故に、本学は爾来僧俗共学を断行し、非僧非俗の真宗は、また教育上現制度によつて初めてその意義を確めたことである。その後卒業生に対して宗教界、また教育界にもそれ相当の社会的資格を得ることを致したのは、正しく本学第二の目的をば、諸子をして容易に達成するが為めに外ならぬのである。そは何れにもあれ、政府所定の大学総則には、人格の陶冶に留意すべしといひ、本学の真宗財団はまた「真宗の精神によつて」といふて居る。本大学は、三分科何れにも真宗学のみは之を必修として、学生の宗教的人格の陶冶に資すること、なつて居るのである。これ已上は、諸子の勉強と修養とに俟つの外はないのである。(6)

ここに卒業生に社会的資格を与え、真宗の精神による人格陶冶に当たることを、陳述している。

文中の「真宗財団」とは、一九二二(大正一一)年五月二〇日に文部省によって認可された「真宗教育財団」であるが、その「寄附行為」の第一条に、

本財団ハ真宗ノ精神ニヨリ教育ヲ施サンカ為ニ大谷派ノ設立ニ係ル高等教育中等教育乃専門教育ヲ行フ教育機関ノ経営維持ヲ以テ目的トス(7)

とある。佐々木は、「真宗ノ精神」によって積極的に大谷大学の解(開)放を表明したのである。また、「政府所定の大学総則」とは「大学令」のことであるが、その第一条に次のように定められている。

大学ハ国家ニ須要ナル学術ノ理論及応用ヲ教授シ、並其ノ蘊奥ヲ攻究スルヲ以テ目的トシ兼テ人格ノ陶冶及国家思想ノ涵養ニ留意スヘキモノトス(8)

国民に解(開)放された大谷大学となるためには、「真宗教育財団寄附行為」や「大学令」に沿って大学存立の意義を確立することは当然であった。特に、真宗の解(開)放のためには、如何にして「大学令」第一条に「真宗

の精神」を反映させるかが課題であった。大谷大学は、一九二四（大正一三）年に、学部卒業生に対する、「文部省告示第二一七号」による修身、日本史、東洋史の高等学校高等科教員無試験検定の指定や、「同三六一号」での修身、教育、国語、漢文、英語、独語の中等教員無試験検定の指定、また大学予科修了者に対する、英語の中等教員資格無試験検定の指定を受けたが[9]、佐々木は「社会的資格を得る」ことで、真宗を国民に解（開）放することを願ったのである。

すなわち、仏法の解（開）放は同時に「人」の解（開）放を要求する。「人」の解（開）放は、真宗の非僧非俗の理念に基づいた僧俗共学によって具現化される。したがって、大谷大学の三科の全てに真宗学を必須とすることで、「学生の宗教的人格の陶冶」を行い、それによって国民の精神的向上に資さなければならない。ここに、大谷大学が社会的資格を学生に付与する目的と意義があるのである。

このように佐々木は、大谷大学をして、真宗学を基盤として社会的資格を学生に付与することで、仏教を僧侶の占有から解放し、国民を「宗教的人格」にまで高めることを基軸にする、教育機関となることを願ったのである。近代教学を継承する佐々木は、「大学令」に拠って立つ大谷大学の社会的使命を、このように位置づけたのである。

かつて清沢が、「真宗大学は他の学校と異な」ると言い、「真宗大学の学生は、其の学校の性質上、純粋の宗教的方面にのみ向ふべきものである[10]」と学生の教員免許取得を許さなかったため学生と対立し、大学は混乱した。そこで清沢は、「私の精神主義が学生に良く届かんのだから[11]」として混乱の全責任を一身に担い、学監を辞職した、ということがあった。そして、それから二十余年を経て大谷大学の学長に就いた佐々木は、あたかも清沢の主張に反するかのように「教員免許付与」を決断したが、しかしそれは、大谷大学を「大学令」に則った大学とするためのものであったと思われる。つまり佐々木は、「教員免許付与」によって、清沢のいう「自信教人信の誠を尽くすべき人物の養成」という教育理念を、広く国民に普及することを願ったに違いないからである。

実に佐々木の大谷大学の将来のヴィジョンは、大学を宗門から解き放ち、そして「世界の大学」へと飛躍せしめんとするところにあった。蓋し、真宗を宗門から世界に向けて解放することは、清沢の志願でもあった。ここに、精神主義をもって真宗を宗門から「解放」しようとした清沢の信念を継承する、佐々木の宗教的信念の実践を見ることができる。[12]ところが今や、このような佐々木の「理想の火」が、大谷大学から消え失せようとしていたのである。先に引いた曾我の悲歎は、正にここに由縁するものであった。

ここで、少しく大谷大学の歩みを確認しておく。一九〇一(明治三四)年、清沢は真宗大学を創設して初代学長となり、二年後(一九〇三〈明治三六〉年)二月には、南条文雄が第二代学長に就任した。南条は、一八七九(明治一二)年、笠原研寿とともに英国に留学、マックス・ミュラーに師事して「Nanjo Catalogue」を世に問い、日本で第一号の文学博士となった碩学であった。また一八九五(明治二八)年七月には、清沢と共に白川党による教団改革の必要性を訴え、「寺務革新に関する建言書」[13]を本山に提出した一人でもあった。さらに真宗大学の教授時代には、清沢の元で、関連諸学との緊密な連繫に立つ近代的な仏教研究・教育機関の創設に力を注ぎ、また清沢亡き後の混乱する大学に身命を擲って、清沢の掲げた精神主義を貫いたのも南条であった。後年、曾我が、大谷大学は「清沢先生を父とし、南条先生を母とする」と語ったが、そのように南条は、大谷大学が未だ宗門の大学であった時代に、すでに世界への「解放的意義」を担う大学に向けての基盤を築きつつあったのである。第三代学長佐々木は、それを継承したのである。

創立時の真宗大学は、一九〇三(明治三六)年三月に公布された「専門学校令」による「専門学校」としての位置づけでしかなかった。当時の正式な大学と言えば、一八八六(明治一九)年に公布された「帝国大学令」に基づいて、東京（一八八六年）と京都（一八九七）に設置された帝国大学だけであった。

　しかし、大正時代に入るや、変動する社会情勢に対応する必要性に迫られた政府は、一九一八（大正七）年一二月に「大学令」を公布し、「国家ニ須要ナル」人材の育成を急いだ。政友会の原敬による、日本初の本格的政党内閣の樹立（一九一八年）に象徴される民主主義や、ロシア革命の影響によるマルクス主義思想の影響が懸念される時代を担う人材育成は、政府の火急的課題であった。ここに一九二〇（大正九）年、慶応、早稲田、明治、法政、中央、日本、国学院、同志社が、そして、一九二二（大正一一）年には、龍谷、専修、立教、立命館、関西等と並んで、大谷大学も「大学令」による文部省認可の「大学」に昇格し(14)、「学」をもって仏教精神を世に解（開）放する「大学」として、正式にスタートすることになったのである。

　佐々木が『大谷大学樹立の精神』の中で、「大学令」を「政府所定の大学総則」と称し、その中の「人格の陶冶に留意すべし」という言葉と、「真宗育英財団寄附行為」の「真宗ノ精神ニヨリ」という言葉に、大谷大学の「解放的意義」を求めたことは既に述べたが、「大学令」の第一条の「人格ノ陶冶及国家思想ノ涵養ニ留意スヘキモノトス」とある、その「国家思想ノ涵養」という文言を、佐々木が『大谷大学樹立の精神』に織り込まなかったことにも注目しなければならない。佐々木は、あくまで大谷大学を国家主義思想から独立した、純粋な真宗による「解放」的な大学として近代社会を歩むことを願ったと思われるからである。

　ここで、真宗大谷大学が「大学」に昇格するに際する大谷派教団内における議論を確認しておこう。教団では一九二〇（大正九）年三月、政府の発布した「大学令」の受用について「教学商議会」を開き、次のように「学校条例」の改正を議論している。

　時代の進運と共に従来真宗大谷大学が「宗門の須要に応ずる学科を教授し云々」とありしを「仏教及び人文に

須要なる学術を教授し並に其薀奥を攻究せしむるを以て目的とす」といふに改め其の内容を充実すべく学校条例改正の為め、臨時議制局開会に先ち三月二十五六両日御礼席に於て臨時同会第二部（学事）会開催あり[15]

一九一一（明治四四）年に制定された「学校条例」第二条に、「真宗大谷大学ハ宗門ノ須要ニ応スル学科ヲ教授シ及ビ其薀奥ヲ研究セシムルヲ以テ目的トス」[16]とあったが、その「宗門ノ須要ニ応スル」という視点を改めて「解放」的意義を明らかにするために、一九二〇（大正九）年三月に「教学商議会」の議論を経て、九月に「真宗大谷大学則」が改正された。そして、それによって、真宗大谷大学は研究科・本科・予科の三科構成となり、さらに同年一二月一五日に発表された「学校条例中改正」に「本学ハ仏教及ヒ人文ニ須要ナル学術ヲ教授シ並ニ其薀奥ヲ攻究セシメ真宗ノ精神ニヨリテ人格ヲ陶冶スルヲ以テ目的トス」[17]として、「仏教及ビ人文ニ須要ナル」大学として発足すべきことが提起されたが、そのような経過を経て、一九二二（大正一一）年五月に「真宗教育財団寄附行為」が定められ、三〇日に文部省の認可を得て「大学」に昇格したのである。ここに大谷大学は誕生した。

前述したように、一九二四（大正一三）年一月に大谷大学学長に就任した佐々木は、『大谷大学樹立の精神』を発表して、大谷大学の仏教を「学として之を学界に『解放』し之を国民一般に普及する」使命を謳ったが、実は、佐々木は、学長就任以前の一九二一（大正一〇）年三月に、かねてより交流のあった鈴木大拙を大谷大学教授に招聘していた。すなわち、大谷大学の「解放」は、すでに進んでいたのである。現在の大谷大学に存続する「東方仏教徒協会」（The Eastern Buddhist Society）は、鈴木着任と同時に発足したものであるが、それは佐々木の願う「大学解放」の象徴であろう。鈴木の佐々木に寄せる思いを聞こう。

大谷大学の方で、また何か大いにやらうといふ……その佐々木月樵といふあの人は偉い人でした、あれが早く死んだので困るが、あれが世話して、それから西田君などの世話で、大谷大学に来た。そして大谷大学でも、まあ破天荒な金を、わしにくれたわけですな。大学としちゃあ、まあ大大奮発だな。そして、あの雑誌を出したわけですな、『イースタン・ブディスト』といふのを出したと。それに毎号わしが何か書いた[18]。

佐々木は、西田幾多郎や朝永三十郎あるいは戸坂潤らの、いわゆる京都大学を拠点とする、後に「京都学派」[19]と称される研究者と密接に交流し、彼らを嘱託教授として招聘した。大谷大学の伝統的な学問は、南条文雄や笠原研寿を嚆矢とする原典研究であり、その学問風土は赤沼智善、寺本婉雅、泉芳璟らによって継承されたが、そこに鈴木大拙や西田幾多郎らの思想性豊かな研究者を迎えることで、大谷大学を「宗教的人格の陶冶に資する」近代的な文科大学として発足させたのである。まことに、原典研究を基盤にした思想性溢れる大谷大学を念じた佐々木の理想は壮大であった。大谷大学は活気に漲っていたのである。その様子を、大庭米治郎は次のように回想する。

その頃学内には、保守派と見なされた斎藤、河野の老大家、大学発展にアンビシャスな情熱を傾けた山辺、赤沼の中堅、真宗教学の奥義を究めた曾我、金子、泰西（ヨーロッパ）思想を摂取して精緻な学風を吹き込んだ木場、安富、少壮教授を統率する力のある稲葉（円成）、清新な学風で若い学生の情熱をかきたてた鈴木（弘）の諸教授があらわれた。それぞれ色合を異にして百花繚乱、まことに壮観である。こんな主義主張学風を異にする、多様な人たちを集めることができたこと、そして、それらの間にバランスを保たせることができたこと——もっともこれは、佐々木学長没後、やがて分裂の徴を見せ始めたが、——は実に驚嘆に値する[20]。

大谷大学は、佐々木によって、「世界における仏教研究の中心道場」[21]として、華々しい時代を迎えたのであった。ところで、このような「百花繚乱」の如き「壮観」な大谷大学の根底には、どのような学問観が底流していたのであろうか。

佐々木が『大谷大学樹立の精神』を発表したのが一九二五（大正一四）年であったが、それ以前の一九一六（大正五）年に大谷大学教授に就任した金子大榮は、大谷大学が文部省の認定する「大学」に昇格したことを記念に講演を行い、その講義録が一九二三（大正一二）年一月に『真宗学序説』として出版されていた[22]。その中で金子は次のように述べている。

一体、真宗という宗旨は念仏を称えてお浄土へ参る、ただそれだけである。それだけの宗旨に、果して学問などする必要があるのであるか。こういう疑問を文政に関係ある、或る人が起したそうである。それと同じ事柄が内輪のほうにも起ってきて、一体、真宗学というようなことが果して成立するであろうか。なるほど、今日までも学問をしておったのである。けれども、今日までの学問の意義と、今度、単科大学として、真宗学というようなことにして、やり出すときの意味とは、かなり違うようであるが、真宗学というものは果して成立するであろうか、こういう問題が内部にも出たのである[23]。

真宗が「愚夫愚婦の宗教」と見下げられていた状況において、大谷大学が「大学」として昇格することで、真宗を学問として確立することで真宗学とし、真宗の真実性を高めようとするところに、金子の思念があった。そして、

親鸞聖人の著述を学ぶのであるというと、徳川時代にやって来たように、真宗という宗派があって、その開祖としての聖人の教義を学ぶのであるという気持で、コツコツやっていくのである。ところが、そうでなく親鸞の学び方を学ぶのである。親鸞聖人が学というものをやってこられた、その学びようを学ぶのが、すなわち、真宗学である、こういうことになれば、自分は真宗学というものが、始めて公開せられると思う[24]。

と述べて、単に開祖である親鸞を尊んで教義を学ぶということを超えて、「親鸞の学び方を学ぶ」という学び方、つまり親鸞の求道したように自らも求道するという学び、すなわち、「『教行信証』が学の対象でなくして、『教行

信証』が学の対象としていたものが、本当の真宗学の対象でなければならぬのである[25]」という人類的志願に立っての、思想的実存的学び方を主張したのである。金子によって、真宗学が近代日本の学問と思想界に明確に位置付けられたと言っても過言ではないと思われる。

換言すれば、親鸞が自己実存を課題とした仏道、つまり求道的営為によって、真宗が学として「始めて公開せられる」とするところに金子の真宗学徒としての立場があった。そして、その金子の本源を尋ねれば、それは清沢の精神主義であり、さらに同時に、佐々木の『大谷大学樹立の精神』に込められた「理想」に相応するものでもあろう。金子の、万人への「公開」を基本にした学の提起は、金子自身、一九六六（昭和四一）年の『真宗学序説』再版にあたっても、「語ろうとしていることは、今日と大した変わりはないようである[26]」と当時を回顧しているように、金子の生涯を一貫するものであった。

さらに晩年、金子は次のように当時を回想している。

私は学風というようなものを考える。大谷大学に、まあこの年になっても話に行くと、話したい気持ちは、何かこう学風――学風を愛する。谷大の学風、あるいは大谷派の学風。この学風というのは、この学風こそ「自己中心」といい、あるいは「現在安住」といわれる、そういうふうなものであらねばならないのである[27]。

『真宗学序説』の初版は、『大谷大学樹立の精神』発表の二年前の一九二三（大正一二）年一月であったが、その金子の、求道的営為を基本とする真宗の学問観に対する評価を知り得るものとして、当時の『大谷大学学友会誌』に掲載された広告文がある。

本書は著者が特に大乗経典にこの未見の郷里が如何に現はれてゐるかを説述せられたもので、著者の自内証を通じて大乗経典に於ける「浄土の観念」を最も平易に述べ、至難とせられてゐるこの種の研究としては実にならびなきものであります。言々句々敬虔なる信念の発露ならざるはなく仏教徒たると基督教徒たるとを問はず如何なる方面の人々にも、その座右に一本をお薦めいたします。(28)

『真宗学序説』が、人間の「未見の郷里」とも言うべき「浄土」を、「観念」的に、つまり自覚的に、「自内証」において普遍的意義を有する、と紹介されている。「浄土の観念」がまもなく「異安心」との攻撃を受けることになるが、この広告文に見られるような「自内証を通じて大乗経典に於ける『浄土の観念』を最も平易に述べ」た、と世に示すところに、当時の大谷大学の、新鮮で健全な学問観を窺うことができる。

佐々木は精神主義を内深くに湛えた真宗学をもって、大谷大学を世間一般に、そして世界に発信する大学へと生まれ変わらせようとした。そして、その学は、必ず自己を通して仏道を実験するという学び方、つまり求道と目覚めを基本とする学であり、だからこそ金子は、大谷大学が「自己中心」、「現在安住」を学風とする大学であると陳述しているのである。そして、一九二五(大正一四)年に曾我を招聘することで、佐々木の「理想」は着実に歩を進めるかのように思われた。しかし、一九二六(大正一五)年三月、佐々木は突如逝去するのである。

その後大谷大学は、一九二八(昭和三)年から一九三〇(昭和五)年にかけて、「異安心」問題で大いに揺れ、そのために辞職を余儀なくされた曾我は、一九三〇(昭和五)年、本項の初めに引いた『中外日報』のインタビューで、大谷大学から「理想の火」が消えた、と叫んだのである。

晩年、曾我は当時を振り返って、次のように述べている。

大谷大学は、宗門大学ではない。超宗門大学である。こういうように佐々木学長は考えておられた、ということだけは間違いない。(中略)今まで長い間、閉鎖されておった宗門を開放していこう――。宗門自らを開放していく道を開くためには、まず大学を開放しなければならぬ。こういう方針で大谷大学を樹立した。こういうことを、佐々木学長は「本学樹立の精神」の中で述べておられる[29]。

解（開）放的な「宗門」とするために、先ず大谷大学を「超宗門大学」として解（開）放的にするという志願は、その後「異安心」問題を惹起するなど、紆余曲折を重ねることになる。

第二項　大谷大学における「異安心」問題

金子大榮は、一九二五（大正一四）年に『彼岸の世界』（大学講義録）と『浄土の観念』（日本仏教法話会）を出版、翌一九二六（大正一五）年には『如来及び浄土の観念』（真宗学研究所の公開講演会）を出版したが、それらのいずれの著作も、清沢を嚆矢とする近代教学を継承するものであった。ところが一九二八（昭和三）年、『浄土の観念』と『如来及び浄土の観念』が、俄かに大谷派教団を揺るがす「異安心」問題を引き起こしたのである。それは、金子の次のような講述に原因があるとされた。

今日の吾々は何と云ひましても実在に関する疑ひを有つて居ることは確である。さういふような世界があるのだといふけれどもあるといふことがどうして証明出来るか、あらねばならん、あり相だ、ある筈だといふことは決してあるといふ事では無いのであります。あるといふのはどういふ意味であるかとか、どういふ意味に於てあるか、といふようなことを研究すればやがて観念界に帰つてしまふ[30]。

また、

浄土の信仰といふものは今日では殆ど廃れてしまつて、私等の知つて居る相当の識者でありながら今日は極楽往生はいはないのがよいでは無いかといふ事を云つて居る者が多い。（中略）いづれにしても実在の浄土は信ずる事が出来ないのであります[31]。

このような金子の、浄土に対する「観念」という哲学用語の使用や、さらには「実在の浄土は信ずる事が出来ない」という表現が、従来の教相に反するという視点からの指弾であった。

安田は、当時の様子を次のように述べている。

京都の市中の、どこか忘れましたが小さな寺でしたが、金子先生の講演がありました。非常にささやかな会でしたけれども、私も出て聞きました。その時の題が『浄土の観念』でしてね、それがまあ異安心問題となったのです。金子先生としては問題的な本ですね。（中略）『浄土の観念』がなぜ異安心になったかといいますと、宗学の人々から起こった。あの村上専精という人までが『我観真宗』という本を出してですね、「東京帝国大学文学博士村上専精、大谷大学金子大榮に与えるの書」という題でね。（中略）つまりいってみれば、観念ということがわからなかったわけです。『浄土の観念』という題の本でしたけど、内容は「観念の浄土」。この観念という言葉が理解されなかった。観念という言葉を心理学概念として取り扱ったんです。（中略）表象ですね。けれどそうでなく、心理学概念じゃなく、哲学概念としての観念、イデー（Idee）でしょう。つまりイデア（idea）ですわ。つまり金子先生の『浄土の観念』は、そういうイデアの世界。そういうものが金子先生の浄土の考え方なんです。（中略）それが実在の浄土を否定した形になった、というようなことで異安心になったのだろうと思います。観念という言葉がわからなかったということですね[32]。

金子は「観念」という言葉に「自覚」という意味を込めて、念ずべき「イデー」、つまり理想界として広い意味で使ったと思われるが、その真意は正しくは受け取られず、浄土の否定と見做された。たとえば、村上専精は雑誌『歓喜』に、次のような批判文を寄せている。

今浄土真宗は既に浄土の二字を冠むる以上、言ふ迄もなく指方立相の形式に依り彼土得証の教相を以て組立て丶あるのだ、然るにこの事を考へずして、浄土を否定せんとするが如きは、自ら宗門をその根底よりして破壊せんとする大罪人である。(33)

「指方立相の形式」を重視する村上は、金子をこのように「大罪人」と非難したが、それは、金子の学的基盤である主体的実存的な視点、清沢で言えば「実験主義」の視点に対する非難であったと考えられる。(34)

さて、一九二六（大正一五）年一月、金子は自らの宗教的信念を公開するため、機関誌『仏座』を創刊した（一九三二（昭和七）年八月まで全八〇号）が、その『仏座』三二号（一九二八（昭和三）年七月）の「鹿ケ谷たより」に、次のように述べている。

私は如来と浄土に就ての常識的実在感を批判して素撲なる信仰を純化し、また常識的非実在感を内面牛活の反省なきものとして、教法に依る実在観を明かにしようと願ふてをるのであります。然るにその態度そのものが指方立相の教に反き自性唯心的であるといはる丶のであります。それは私の真宗学に就ての根本問題でありますから、前の二文で私の立場を明かにした後で、この「先輩の学解」を書き加へたのであります。(35)

その「先輩の学解」に明らかにされた金子の見解をまとめれば、まず「指方立相」(36)については、善導の意を、仏身を観ることに依りて仏心を観、西方浄土を観ずることに依りて無為涅槃界を想ふことを述ぶるにある。即ち指方立相の教意を明かにせんとするのである。無相離念が不可能である限り、指方立相は無相離念に勝る意味を有つてゐる。直ちに本質に参入するといふことが人間に許るされざるものであるかぎり、象徴的なものは本質已上の具体的価値あることは明らかである。併しそれ故に指方立相を以て、実体的存在と思想せねばならぬ理由は少しもない。却つて実体的存在と思想するときには、指方立相の教意は失はれて、噫慶の所謂、外道の学となるのみである。[37]

と論ずることで、「浄土得証の教相」の「形式」である「指方立相」の教意が、我をして「仏心」を証知せしめ、「無為涅槃界」への直道に立たしめるところにあることを強調する。

また「自性唯心」については、噫慶の、

仏教は自性唯心を本とす。（中略）一代仏教は唯だこの一心を悟らしめんが為なり。（中略）然るに自性唯心に沈むといへるは、行者の機の上に取扱ふ故に沈むなり。今いふ所は、仏智他力の心にして全く機に領せざるなり。心体即無碍光如来也。（中略）此『註』下の巻にも、真実の智慧とは即ち実相の智慧なりと釈す。然は真実とは実相なり、実相は即ち自性唯心なり。又是心即是仏とは、心の外に異仏を求めざるなりと釈し給へるもこの一心なり。これ全く機を離たる仏智の心なるが故なり。[38]

との言葉を引いて、「仏教は自性唯心を本とす」ることについて、「それを無視することが出来ぬものがあるのである」と「自性唯心」に同意を示し、それを「仏智他力の心」と解せずに「行者の機の上に取扱」うところに問題がある、としている。したがって、金子は「私は願心と唯心とを問題とせるのである」と言うように、自らの視点が噫慶と同様に、無碍光如来（願心）を自覚する「機」（唯心）の確立、つまり自性唯心の「心」を「仏の願心」と理解して、主体的信の確立すべきことを言うのであって、決して仏智を離れて唯心に沈む「機」ではないとしている。金子のいう「唯心」とは、「自督の信」を意味するものであったと思われる。

金子の浄土観は、「常識的実在観」に対して、「教法」に依って我が身（凡夫）に浄土を自証するところにあった。素朴な信仰心は、自証という営みを経ることで、宗教的生命を持つ。すなわち金子は、「観念」という言葉に、「教法」によって如来や浄土の「自覚」という求道実践を託したのである。つまり、金子の「観念」とは自覚自証そのものであり、清沢の「実験」主義による仏道に相応するものであり、如来や浄土の実在を知性的に否定する、いわゆる「常識的非実在観」を主張する近代人の理性的判断をも克服するものでもあった。「自覚」という点に、金子の学的スタンスを見ることができよう。

この『仏座』三一号の裏表紙に、「この一部を退職の記念として特にわが大谷大学にさゝぐ」と記されているが、金子は自覚に基づく真宗学の「学問論」を『仏座』に書き続けることで、伝習的安心と近代的知性の対立を止揚し、自覚的信を明らかにしようとしたのである。金子にとって『仏座』は、近代教学の実証の場であり、伝統教学との格闘の場であったのである。金子にとって「異安心」問題は、近代人の根源的要求に応答する信仰を確立するための、歴史的〝陣痛〟と言えよう。旧態依然とした強大な伝統的勢力に、金子は『仏座』をもって応戦したのである。

『仏座』三一号には、この「先輩の学解」の他に、

仏教を自覚の宗教と見ることに依り（一）教法を内観すること、（二）外なるものに解脱の道を求めざること、（三）人生を行学の内容とすることの三事を領解するのである。(39)

との「自覚の宗教」を発表しており、さらに大正末期から昭和初期にかけての金子の求道精神の結実である「真宗学の概念—教行信証を読みて（二八）」も巻頭論文として掲載されている。その冒頭を見てみよう。

こゝに教法といふは、特に「真実の教、浄土真宗」と言はるゝものに限定し、それを学ぶといふことが如何なる意味であるかを明かにしようとするのである。即ち真宗学といふものは、如何なるものであるべきかを究めんと思ふのである。惟ふに真宗学としての第一与件は、真宗の教法が尊重せらるゝことである。併しそれが真宗学である為には、学としての必然に順ふ自由が先想されねばならぬ。(40)

真宗学が、「学としての必然に順ふ自由」、言い換えれば、我々の至奥より出ずる内面的自由の学でなければならないとしている。だが、伝統的な真宗学は、

然るに一般には多く教法の尊重と研究の自由とが矛盾するもの丶やうに常識されてゐる。それ故に、この常識に誤がないならば、真宗学といふものは成立せぬものであらう。これに依りてわれらは、またこの常識の吟味をも試みねばならぬ。(41)

と、「教法の尊重」と「研究の自由」が矛盾するため真宗学が成立しないと説き、それに対して、真宗学とは、

教法全体を貫通する、その本質的精神を領受し、それに依りて教法の各部分を理解することである。(42)

として、「如来の本願」を根幹とする学が真宗学であることを明かしている。したがって「研究の自由」について、次のように述べている。

真宗学の自由は、実に真宗の教法そのものが与ふるのである。(43)

教法が与えてくれる自由、つまり、教法の研究によって学者が自我から解放される自由、すなわち学者が如来の本願によって真の自由の人となる学が真宗学である、と主張しているように思われる。「教法の尊重」と「研究の自由」とは矛盾するものではないのである。

このように、真宗学の「研究の自由」は、我々が教法を一貫する「如来の本願」を我が身に明らかにするものであり、その意味から真宗学は、「願生心」の学であるとし、

願生心なきものは、真宗の教法に縁がない。勿論、願生心の起ることは、真宗の教法を聴くことに依ることもあるのであるが、真宗の教法を聴くものは必ず願生心を起すと定まつてをらぬから、それだけ真宗の教法と願生心との因縁は内面的である。(中略)願生心の純粋真実なるものを求むれば、遂に如来の本願を仰がざるを

得ざるに至る。こゝに真実の教は大無量寿経であり、また斯経の宗致は如来の本願の外ないことが明かに領解せらるゝのである。(44)

と、真宗学は「願生心」の学であり、如来の本願を内容とする学であって、したがって、「如来の本願」を説き明かす『無量寿経』を真実の教とすべきことを強調し、そして、教法については、

内容的本質なる如来の本願こそ、真宗学の原理であつて、一切の教法は悉くこの本願を説くものとして理解さるべきである。その理解の道こそ純粋なる真宗学であつて、この道を逸せるものは、実に「学匠沙汰」と誡められ、「文沙汰してさか〳〵しきひと」(『末燈鈔』)ときらはれたるものである。(45)

と、「如来の本願」が「真宗学の原理」であり、したがって、その本願の「理解の道」、つまり求道と自覚の実践が真宗学であると述べている。すなわち、求道と自覚のない真宗学は、「学匠沙汰」の学、また「文沙汰してさかさかしきひと」の学として退けるのである。

このように金子は、真宗学を「願生心」の学と見定めたが、さらに、次のように述べている。

真宗学の正しき態度は行学である。その点よりいへば、念仏往生の心なきものは、如実に真宗の教法を領解することは出来ない。併し真宗学は如上のものとして理解することは何人に取りても可能のことである。この意味に於て真宗学を理解することを、われらは解学と名づける。解学するものは、必ずしも遂に行学するに至ると定まつては居らない。(46)

金子は「行学」としての真宗学、すなわち「願生心」、つまり求道と自覚の実践に立つ真宗学を主張するのである。(47)

金子は、「異安心」として糾弾される中、自らの教学観を発表した『仏座』三一号の「お知らせ」に、次のよう

な心境を記している。

この度、私の真宗学が、わが大谷派宗門の問題となりまして、その為め私は大谷大学の教職を退くこと丶なりました。顧みれば大正五年九月、就職して已来、十三年になります。誠に感慨無量であります。この十三年に於て、私の内生活に与へられたものは、恐らく田舎に居つたならば到底覚知することを得なかつたものであらうと思ひます。(48)

ところで、曾我や金子の学生に対する影響力は大きかった。多くの学生は曾我、金子を尊敬した。とりわけ、当時「仏教科二回生」であった訓覇信雄、松原祐善、北原繁麿、山崎俊英は、曾我、金子を善知識として衷心より信頼を寄せた。そのため、四月に金子の講義が休講措置になると、彼らは、四月二七日、金子の復職を求めて決起したのである。学長の稲葉はそれを受けて、金子を守るために本山と大学を奔走したが実らず、一方本山は、金子の「異安心」問題を機に、大学への回付金の大幅削減と会計調査の実施を表明した。(49) そのため、大谷大学の自治と学問の自由を守るべく稲葉は、六月四日、大学幹部の一一名の教授とともに本山に辞表を提出し、その日の午後には、学生に向かって金子事件のこれまでの経緯と訓示を行った。稲葉学長の説明を受けた学生は、六月一四日、「学長以下幹部の心中は察するに余りある」が「斯の如き解決を招きたるは正に大学の冒瀆であり金権への屈服」(50)であるとの声明を発して学生大会を開いた。だがその二日前、金子はすでに教団を混乱させた責任をとって、辞表を提出していたのである。学生は、そのような状況下で開かれた学生大会で、涙ながらの「大学幹部と学生との悲壮なる懇談会」(51)を持ち、翌日には次のような「決議文」を学長宛に提出した。

一、本学樹立の精神に基き学の自由擁護機関を速かに設立せらる丶様尽力致されたきこと。

一、金子大榮氏の科外講座を本学内に開かれたき事。

一、学長並びに商議員十氏は今回の辞表撤回の理由を学界に釈明致されたきこと。
一、学生代表を本学の施制に関する協議機関の一構成要素と致され度きこと。[52]

そして一六日、学生は以下の「声明書」を発表して運動の中止を宣言したのである。

曩に我等学生は本学樹立の精神に基く研学の自由確立を標榜し茲に数ヶ月、本学の真精神を蠶食する膿腫を癒さんため、自己を虚しくして戦ひ尽せり、蓋しその間、我が宗団に対する偏重の盲愛に禍せられてか、却つて全学生の歩調の一致を欠くに至りたるは遺憾なれども、我等は終始本学々徒としての態度を把持し、純理純情以つて当局にあたりしものなるを敢へて表明し得るものなり。

然れども、今や事態の已むを得ざるものありて、遂ひに膿を腐らす瘢痕をして、単に覚書一通を以て覆はんとするの結果を招きたるを悔ゆる共に、更らに、本学をして飽くまで真理と自由の殿堂たらしむべく一意努力せんとするものなることを斯に誓ひて、憂愁の間に金子教授擁護の運動を中止せんとす我等は最後に警告せん、我等が大学をして真に蘇生せしめんと欲せば経済的独立を得さしめよ！然らずんば大学の自殺あるのみ

右声明す

昭和三年六月一八日[53]

本山の圧力に苦悩する大学当局の混迷を、「事態の已むを得ざるもの」と了解し、ひとえに大学を「真理と自由の殿堂」として蘇生するために、「経済的独立を得さしめよ」と訴えざるを得なかった学生の無念さが伝わってこよう。一方、そのような金子「異安心」問題が沈静化しつつあるのを見定めて、曾我は四名の教授と共に辞表を提出したが、その時は受理されなかった。翌一九二九（昭和四）年二月、金子は僧籍を返上した。

一方、曾我の「異安心」問題は、一九二六（大正一五）年秋の西本願寺の真宗教学研究所での講義録『如来表現の範疇としての三心観』[54]が発端であった。曾我への宗義違反の声の上がったのは、その講義よりかなり経過した一

九三〇（昭和五）年三月以降であり、当時教学部長であった下間空教は、金子の二の舞を避けて、曾我を本山に招致して辞職を直接勧告した。曾我はそれを受けて、三月二五日に二度目の辞表を学長に提出した。ところが、下間の曾我に対してとった一連の行動が、学長の稲葉を無視したものであったため、本山の横暴ぶりが表面化し、再び大学と本山との間に亀裂が生じることになった。すなわち、稲葉は本山に対して曾我の辞表の取り扱いを巡って手を尽くしたが実らず、また学生は、四月一八日に「曾我教授著書問題についての全学学生大会」を開いて決議文を発表したが、これも空しかった。ここに稲葉は、二五日、曾我の辞表をやむを得ず本山に提出し、それが三〇日に受理された。当時の曾我の心境を聞こう。

まあ三文芝居を見せられた様なものですネ。かうして斯うなるといふ事は始めからチャンと決つてゐるんですからネ。大学は学問の道場であるから、教授を中心としなければならないのですが、大谷大学はどうでせう。事務室中心といふ傾きはないでせうかなア。私が学校に容れられない事は久しい以前からの事ですが是から学校はもつと教授を大切にしなければならないと思ひますがネ。(55)

「異安心」問題の真相を見通している、曾我ならではの発言であった。

あわせて、金子の思いも見ておこう。

曾我氏は今日限り大谷大学の教職を退かれました。その事情は申しませぬが遺憾に堪へぬことであります。併し見えぬ大きな力は氏をして、これを機会に更らに広き法界に神通遊戯せしめらる、ことでありませう。(56)

このように金子に続いて曾我も、一九三〇（昭和五）年四月三〇日付で「依願免役務」となった。大学を事実上追放されたのである。これによって、大谷大学から清沢の精神主義の法灯が消え、大学は再び伝統教学の府にもどった。だが、これまでの一連の、大学学長を無視した本山の横暴なやり口は大学内に燻っており、それがやがて、「大谷大学における保守派の巻き返し」（以下「大谷大学クーデター」という）を引き起こすことになる。

なお、このような大谷大学の「異安心」問題勃発の数年前に、龍谷大学では野々村直太郎の「異安心」問題が勃発していたことも、付言しておかなければならない。野々村は『浄土教批判』を著して伝統教学を批判したため、一九二三（大正一二）年から翌年にかけて龍谷大学は大いに揺れた。また同じ頃、東京帝国大学助教授であった社会科学者森戸辰男の追放事件も起こっており、さらに「大学令」による多くの大学が誕生する（一九二一〔大正一一〕年には二六校、一九二八〔昭和三〕年には四〇校）、という状況も相俟って、大学の生命線とも言うべき「学問の自由」が積極的に論議される社会風潮にあった。金子の「学の自由」の主張は、そういう社会風潮を背景とするものであったことも容易に推測できる。野々村の事件を合わせて推測すれば、大谷派、本願寺派を問わず宗門大学では、教権が学問の自由に介入するという構図であり、これに明確に応答し得たのが、金子の『真宗学序説』であった。『龍谷大学三百五十年史』に次のように記されている。

大谷大学では大正十二年（一九二三）に金子大栄教授が『真宗学序説』を発表して、近代的な学問論的視点にもとづく個性的な方法論を展開し、真宗学に与えられた学としての普遍妥当性をめぐる課題に逸早く応答した。同時期、本学では同書のようなまとまった成果はまだ公にされていない[57]。

金子の学問論は、宗教的生命を学的に位置づける、刮目すべき歴史的大事業であったのである。

第三項　『仏座』より

時代を少し戻そう。『仏座』創刊は一九二六（大正一五）年であったが、その前後の曾我、金子の求道の歴程を、

『仏座』創刊号によって確認しておきたい。

『仏座』創刊号の内表紙に、次のような「宣言」が掲載されている。

我等の純真なる宗教生活は南無帰命の心の淳一相続である。それは一切衆生の現実意識をくまなく貫き流れて、而も現実の相応と対境とを超へて、しかもその無限なる久遠の真性を憶念して失はない。随てこの純真なる帰命の心は永遠に我等衆生の現実意識表象に来らぬであらう。それは永久に不生の真理であるからである。それは長しなへに如来の因位法蔵菩薩の願心であり、彼岸における如来の本願招喚の勅命であり、先験なる如来の回向表現の宗教的要求自体であるからである。『仏座』は正しくこの帰命の心の象徴である。蓮華は純粋清浄の徳相の象徴である。これは一切の宗教経験を純化し、それをして至誠に宗教的たらしめる自覚の原理である。この一如の仏座を畢竟依としてのみ阿弥陀仏の純粋大行は無碍に卑湿の泥地を離れて無限の空中に住立したもうのである。まことに敬虔なる帰命の仏座を先験することによりて、正に如来の正覚成満の大行の梵響を我等の大千は踊躍震動するのである。我等は自己を語らんとするものではない。たゞ広く同信の友と共に、この如来の語を聞かんと念願するのである。(58)

「仏座」という名称は、煩悩の泥地にのみ華開する蓮の華座、つまり、我々の如来の大行を感受できる畢竟依を意味するが、そのような如来の回向表現の象徴である「仏座」に立つことで、我々は一心に如来に帰命せしめられることを述べている。求道とは、「卑湿の泥地」である娑婆に、「因位法蔵菩薩の願心」あるいは「本願招喚の勅命」を、「南無帰命の心の淳一相続」として、つまり「如来の回向表現の宗教的要求」として明らかにすることであり、そのために『仏座』は創刊された。

創刊号「編輯後記」には、次のような金子の抱負が綴られている。

仏座が発刊せられ私がその編輯をすることになりました。それは私をして精細に同学の真摯なる思想に傾聴せしめ、さらに随喜の徳をも与へることであります。私は感謝と期待とを以つて、この事に従ひたいと願ふて居ります。本誌は大体毎号八十頁といふ規定であります。併し時には予定を超過することがあつても、成るべく減少することはないようにと念じて居ります。(59)

毎月八〇頁の雑誌を出版しようという金子の志願は、「精細に同学の真摯なる思想に傾聴」するところにあった。当初は、金子を主宰に、仏道を我が思想として世に提示しようとする金子の『仏座』に寄せる意気込みは大きかった。意欲的に求道し、同人には林五邦、梶浦真了、曾我量深、名畑応順、正親含英、安田亀治、木場了本、広瀬南雄、日野環城という名が連なっており、(60)特に金子の尊敬する同郷の曾我は、次のように、『仏座』創刊への慶びと期待を述べている。

私は大正十一年十一月金子氏の賛同を得東京に於て雑誌「見真」を刊行したが、自分の内生活の空虚の為、第十一号を以て廃刊の止むなきにいたり、私も亦重態の妻を具して郷里北越に没落するの運命となつた。愛護の力も足らずして妻は遂に逝き、私は寂しい心をいだき、満二十四年目にこの洛の地に来たが、こゝには孤独なる私の境遇に同情し、達成せられざる私の志願に同感する多くの友がある。その中なる数名の人達のくわたてられたる聖教読誦の会に参加するだけさへ光栄であるのに、今や純真なる宗教的要求に参入し、その行願を聞かんがためにこの『仏座』の発行せられ、その一眷属たるを得たことを、どうして喜ばずに居られませう。希くは徒なる学究と伝道とを超て我々の各々の宗教経験を通じて如来の超世の悲願に直入したいと思ふ。(61)

曾我にとって『仏座』とは、「純真なる宗教的要求に参入」することを促してくれるものであったのである。文中の『見真』とは、一九二二（大正一一）年一〇月から一九二三（大正一二）年八月にかけて全一一号の、曾我によって刊行された雑誌であるが、その『見真』創刊号に綴られている曾我の思いを聞こう。

ひさしい間のねがひも空しく過ぎずして、われらの雑誌もいよいよ創刊号の編輯を終ることになつた。報はれたものは内容形式共に貧しいものではあるが、それがたとひ不具の子であらうとも、産みの親たるわれらには一心に愛念せずに居られないものである。せめてはこのまだ見ぬ愛児に善い名を命じ、その将来を祝福せねばならぬ。われ等は先づ「本願」と命名しやうかと思つたが、その発行所が「本願社」では変に考へられるために止めにし、ついで「菩薩道」にしやうと思ひ、大略決定の運びに近づいたが、何か完成した「菩薩道」を鼓吹する機関のやうに見ゆるのは、如何にも傲慢のやうに考へられ、われらの現在の生活を表明するに相応しい名がないかと、いろいろ考へつくした後、忽然として「見真」の題目を感得したのである。(62)

本願に立脚する「現在の生活を表明する」場として『見真』を創刊する曾我の、真摯な意気込みが伝わってこよう。『見真』が、曾我の「生活を表明する」ものであったことに、注目しなければならない。仏道は、決して机上のもの、あるいは研究室のものではないのである。そして「見真」という名の由来について、

その本は「大経」下巻の浄土の菩薩の内生活をあらはす一段にある「慧眼見真態度彼岸」の文字によつたものであると聞ひて居る。祖聖親鸞は「教行信証」の総序にをいて、「円融至徳の嘉号は悪を転じ徳を成す正智、難信金剛の信楽は疑を除き証を獲しむるの真理なり」と云ふてをられるが、真の信念は絶対の智慧が自らを反省する作用である。信念と云ふ別の実体があるのではない、真の信には信仰箇条などあるものではないのである。信の体は智真であつて、それが真実を自証する所に疑惑を除去して自らの真を証するを獲る。信は智の本有の規範であるのである、此れ信が除疑獲証の真理といはるゝところであつて、その甚だ難き所以も、それが金剛の如く無漏清浄にして、疑蓋無雑にして、永久に不壊なる所以も、その本質が仏智であるからである。(63)

と、「見真」とは明治天皇から下賜された親鸞の諡号であり、「除疑獲証」の仏智を意味すると述べている。曾我は、信が「絶対の智慧が自らを反省する作用」、つまり自らの「除疑獲証」の真智であることをもって、雑誌名を「見真」としたと言うのである。そして、

凡夫虚仮の智識を所依の体とする所の通俗の信仰心は決して除疑自証の批判力はない、それは真理を示さない。それは個人的の感情にすぎない。これ彼等が特に信条（神や仏の存在に付ての）を必要とする所以であって、信それ自らに除疑自証の批判力なきがためである。(64)

と、親鸞の信が個人的感情を超えた「除疑自証の批判力」のあることを明らかにしている。

苦悩の曾我は、信の体が智であり、それが批判力として自らの証にはたらくことを念じていたが、それは金子にも共通するものであった。金子は『見真』に次のような一文を寄せている。

祖伝が伝統の被覆の下に久しく隠くされてあつたと同様に。その精神『教行信証』の真意も亦た永く伝統的解釈の被覆の下に隠くされて来たのである。而して夫の真実の開顕は、史実の闡明よりは一層困難である。何故なれば教法の真実は史学的方法では開顕さるべくもなく、直接に自己に体験せられねばならぬからである。即ち永遠に今なる親鸞のみが『教行信証』の真意を開顕するのである。私は読者と共に常に永遠に今なる親鸞が吾々の上に出現せんことを念願せざるを得ない。(65)

「伝統的解釈の被覆」から『教行信証』を解放する。つまり、教法を「直接に自己に体験」することで、「今なる親鸞」と値遇し、『教行信証』の真意を明らかにする、という金子の教学的視点は、同時期に発表された『真宗学序説』に通底するものであろう。実に、伝習的、固定的教学と信仰を脱し親鸞と直に対座する教学姿勢は、曾我、金子に共通するものであった。

しかし、このような曾我の「現在の生活を表現する場」であった『見真』も、経済的理由あるいは曾我の内面的苦悩によって永くは続かず、一九二三（大正一二）年八月に廃刊となった。

思えば、越後時代に「地上の救主」を感得した苦悩の曾我は、その後も一刻一刻身に押し寄せてくる苦悩を抱えつつ、親鸞に除疑獲証の仏道を尋ね求めた。その志願を曾我は『見真』に託したが、そのような求道心を懐いて、一九二五（大正一四）年、大谷大学の教授に就任したのではなかろうか。したがって、曾我にとってこの就任は、自己が「純真なる宗教的要求に参入」すること以外の何ものでもなかったに違いない。曾我の講義は多くの学生を惹き付けたというが、それは、曾我の学問関心が、「内生活の空虚」に迫る親鸞の懐に直入する求道的「実験」であったからであろう。どこまでも「実験」に立脚するところに、清沢を嚆矢とする近代教学の伝統があった。かくして翌一九二五（大正一五）年、曾我は「希くは徒なる学究と伝道とを超て我々の各々の宗教経験を通じて如来の超世の悲願に直入したいと思ふ」との決意を、金子の主宰する『仏座』創刊号に寄せたのである。曾我と金子は、共に清沢の仏道をもって如来本願を自証すべく、互いに激励し合っていたのである。

『仏座』同人の一人である安田理深は、創刊号に次のように述べている。

吾等は何よりも卑屈と傲慢より救はれたく思ふ。謙虚なる態度と、そして透徹せる自覚の何といふ願はしいものであらう。吾等が常に無意味なる卑屈に悲しみ空虚なる傲慢に堕するのは、要する自覚の智慧が無いが為に違いない。然しそれにもまして要求さるゝものは願ひに生くることである。（中略）「仏座」は誕生した。（中略）「仏座」はある特殊なる一グループの思想発表機関に非して吾等をして限りなく未知の世界へ送る発遣の声である。（中略）「仏座」の執筆者は悉く私の敬愛する先輩であり、特にその二教授について私は思想上の指導を受けつゝ、ある。然もそれが発遣の声たる点に於いて各人ひとりの雑誌であらねばならぬ。(66)

安田も真剣に、弥陀誓願の自証を念じていたのである。心から「救はれたく思」い、また「願ひに生くることである」との叫びに、若き安田の溌剌とした求道的息吹を感ずることができる。

なお、そのような自己の生活のありのままを表現することは、自然主義以来主流となっていた時代思想の中に身を置く者に共通する姿勢であった。たとえば、前章でも触れたが、夏目漱石は、一九一四（大正三）年に「私の個人主義」の中で、「事実私共は国家主義でもあり、世界主義でもあり、同時に又個人主義でもあるのであります」(67)と述べたが、そのように、当時は知識人を中心に、時代を超克すべき「主体」が意識され始めており、それが時代人の一つの胸に広がっていた時代であった。そのような時代を代表するものとして、たとえば久米正雄の個人の身近な生活を題材にした「私小説（心境小説）」や、「人間の生は個性的である他はない。鳥は鳥、私は私の声を出す」（白樺派スピリット）との人間の肯定と賛美を特徴とする白樺派の活動、また、平塚らいてふの『青踏』（一九一一（明治四四）年）、阿部次郎の『思潮』、与謝野晶子の『明星』（一九二一（大正一〇）年）、菊池寛の『文芸春秋』（一九二三（大正一二）年）、あるいは岩波書店の『思想』（一九二一（大正一〇）年）や、『週刊朝日』（一九二二（大正一一）年）や『サンデー毎日』（一九二二（大正一一）年）などの週刊誌の発行を挙げることができよう。いずれも、時代を生きんとする主体の表現であったのである。金子の『仏座』も、そのような時代思潮の中で創刊されたのであった。

『仏座』は当初、先に挙げた一〇人を同人とする雑誌であったが、一年後には、金子の個人誌へと変貌した。その経緯について、『仏座』一三号（改刊号）に次のように述べている。

大正十一年の秋、曾我氏は『見真』を発行せられ、私はそれに協同させて頂きました。それに依りて私は何れだけ啓発せられたかは申しつくすべくもありませぬ。然るにそれが僅か一ヶ年にも満たずして廃刊の止むなきに至りました。それは経済上の事情もあつたのですが、主として曾我氏の内面的な行き悩みに依つたのでありました。それだけ私は遺憾なきを得ませぬでしたが、しかしそれは私の個人感情だけでなく、心ある人々は非常に愛惜せられ、何とかしてその復活をと望まれてをりました。けれどもそれには第一に経済の安定を要するはいふまでもありませぬが、それよりはなほ一層重要なことは、もつと多くの同志が集まつて、執筆するといふことであります。この二の条件が容易に具はらぬために、何うすることも出来ぬのでした。

然るに大正十四年に至り、計らずもこの二の要求が満たさるゝことゝなつたのであります。それは曾我氏が大谷大学へ就職せらるゝことになつたので、こゝに同志相寄りて聖典の研究をし、その間に雑誌発行の話は次第に熟してまゐりました。幸に経済上の後援者も出来、かくして昨年一月『仏座』の名を以つて創刊することゝなつたのであります。(68)

このように、曾我の大谷大学就任を俟って誕生した『仏座』は、曾我の『見真』と同一の視点に立つものとなり、したがって、必然的に伝統教学批判を内包するものとなったのであった。『仏座』は創刊した時からすでに、「異安心」との指弾を受けることを孕んでいたのである。ともかく『仏座』は、この一三号を機に転換に迫られたのである。金子は次のように悲痛の思いを述べている。

然るに十二月中旬に至りて突然、大谷大学の少壮教授である過半の同人が、『仏座』から脱退したいと申込まれたのであります。その理由は、大谷大学の学事を思ひ、翻つて自分達の立場を思ふとき、何うしても仏座同人として執筆しがたいことになつて来たと申さるゝのであります。(69)

「異安心」問題によって過半の教授が脱会していく中、金子は曾我と木場に「仏座の会」の今後について相談し、取りあえずは三人の雑誌として『仏座』を続けることとした。しかし、曾我、木場の二人も「どうしても書くことができない」ことになったのである。その結果、『仏座』は金子の個人雑誌として発行することになったが、そのことについて、金子は次のように述べている。

私に取りては、始めから書けぬのではなく、書くことがあり、書かうと努力せられながら、何うしても書けないといふ人は、一の脅威であります。特に曾我氏の如く、常に新らしき道を開き、何所までも自覚の論理に随つて自己を偽らぬようにと精進せらるゝ人が、書けぬといはるゝときには、その書けぬ態度こそ真面目であると感ぜずにはをられませぬ。随つて両氏の書信を見たる私は、全く絶望的となり、全然廃刊するの外はなひと思ひ、約半日悩みつゞけた次第であります(70)。

曾我は、「始めから書けぬ」と言うのではなかった。「書くことがあり、書かうと努力せられながら、何うしても書けないといふ」のである。この「書けない」という「自覚の論理に随つて自己を偽らぬ」曾我の態度によって、逆に虚仮なる自己を照らし出された金子は、「脅威」と「絶望」を感じたとしている。金子は、曾我を善知識と尊敬していたのである。

当時、曾我の講義を聴講していた安田は、曾我が講義用のノートやメモを一切使わず講義し、そして、もし講義中に考えがまとまらなければ、しばらく聖典を前に黙想し、それでもまとまらなければ躊躇なく止めた、と回想している(71)。曾我は教学を説明しなかったのである。曾我は、知識の切り売りなどは一切行わなかった。したがって、『仏座』に書けないことがそのまま曾我の仏道であった。金子は、そのように仏道に直入する曾我を仰ぐと同時に、自らの虚偽性に脅威と絶望を感じざるを得なかった。しかし、そのように脅威と絶望を感じた金子も、まさに仏道への直参者であったのである。

金子は生涯、曾我の正直な仏道実験に、鍛え上げられたように思われる。当時金子は、『仏教概論』（岩波書店、一九一九（大正八）年）によって揺るぎない学者としての地位を得ていたが、そのような学者としての自分が、曽我の実直な実験を目の当たりにすることで、たちまち自らの虚偽性が照らし出されたに違いない。金子と曽我は相互に敬愛していたが、当然、それぞれ別個の業縁に即した仏道を歩むしかなかった。

金子は『仏座』に『教行信証』の講義を毎月連載することで、親鸞の願生心に聞思した。したがって、金子が「異安心」として糾弾されればされるほど、『仏座』の発行は金子をして、ますます求道へと駆り立てたと言ってよい。次のように述べている。

思へば過ぐる大正十五年程、私に取りて事件の多かつた年はありませぬ。これを近くしては身内の間にも様々の悩みが起りました。深い念願を以つて現はれし『仏座』が急変する。大谷大学に就いても心痛すべきことが生起する。本当に何といふ年であらうと思ふたことであります。(72)

したがって、悲痛な禍難においても、金子は『仏座』を刊行し続けた。さらに、金子を囲んでの聞法の会「仏座の会」も、郷里の越後と京都の二箇所で毎月開催されていた。金子の求道は、「異安心」との攻撃の渦中にあって、ますます盛んであったことが分かる。

『仏座』は、やがて岩波書店から発刊されたため、社会的に大きく認知される雑誌となった。しかし、時機至れば転変に迫られる。すなわち、一九三二（昭和七）年八月、『仏座』は廃刊とならざるを得なかった。次のように述べている。

長らく御愛読を願ひました『仏座』も、来る八月号を以て終刊とすることにいたしました。その事情は外でもありませぬ。「教行信証を読みて」の終結と共に、発行の最初の目的が達せられたからでありませう。尤も過去七年の間には、皆様との断ち難き親しみも生じ、また分に過ぎたる御期待に接しては、何とかして続刊したいといふ執着も相当に深かつたのでありますが、しかしそれと同時に書くことの倦うさも可成り強く感ずるやうになりました。その他に付髄の事情もありまして、此際、終刊とするが最も善いこと、決定した次第であります。(73)

文中の「付髄の事情」とは、金子自身の広島文理科大学（現広島大学教育学部）就任（一九二九〈昭和五〉年四月）にともなう広島転居（一九三三〈昭和八〉年四月）であろう。この金子の京都を去る動きが、興法学園に少なからぬ影響を与えたことは後述する。

『仏座』終刊の主なる事情については、金子が一九二六（大正一五）年一月以来、発表し続けてきた「教行信証を読みて」が終結したことと、「発行の最初の目的」が達成されたことの二つが挙げられている。その中、「発行の最初の目的」の達成が何を意味するのかについては、『仏座』に記されていないので知る由もないが、「教行信証を読みて」の終結については、それが金子に一貫する求道上の、ひとつの区切りを得たことを意味しているように思われる。

「教行信証を読みて」の評価は高かったため、単行本として出版する要望も強かった。だが金子は、意に満たないところが少なからずあるという理由で断り、「私は終生を期して、再作せるものを世に送らうとの願を立てました」と語っている。自己の内面に、出版の機の熟すのを静かに待ったのである。次のように述べている。

曾我氏は若し「教行信証を読みて」を出版すること、ならば、よろしく『内観教行信証』と題すべしと言つてをられます。それは内観といふことこそ、私の辿りて来、また辿るべき学の方法であるからとのことですが、何うでせうか。今日の仏教学といはれてゐるもの、方法は、殆んど総てが外観といふべきもの、やうでありますす。（中略）外から観たるものではないやうに、聖典の領解を純粋にすることだけは、念願に堪へませぬ。(74)

清沢伝統の「実験主義」に立つ金子は、一九三八（昭和一三）年六月、機熟して「教行信証を読みて」を『教行信証講義』として出版した。その「序」に次のように回顧している。

顧みれば大正十四年十一月より、昭和七年六月に至る私の思想と生活とは、悉くこれ〔『教行信証講義』〕に集注せしめられたことであつた。しかも宿業の催すところ、この八ヶ年に於て私の一身上に受けたる事変は如何に多かつたことであらう。私は今それを茲に記すに堪へない。併しそれらの事変は、私には悉くこの聖典の旨趣を領受せしむる機縁となつた。(75)

自らの入院や父との死別、また「異安心」問題による大学追放などの「一身上に受けたる事変」を機縁にして、『教行信証』を読み続けた金子であったが、そのような『教行信証』の内観は、金子の仏道を揺るぎないものとした。さらに、

吾々に取りて最も古くしてしかも常に新たなる問題は、現に当面しつゝある人生そのものである。それは経るに随つて苦難を加ふるとともに、益〻その意義を見失はしめる。げに一大事は生死の問題である。それはわが親鸞をして『教行信証』を書かしめたるものである。「竊かに以みれば、難思の弘誓は難度海を度する大船、無碍の光明は無明の闇を破する慧日なり」。かくして親鸞はこの難度海をわたる大船として難思の弘誓に乗じ、無碍の光明によりて生の意義を見出だせるのであつた。難思の弘誓は即ち如来の本願である。(76)

と述べている。金子はここに、親鸞をして『教行信証』を書かしめた同一の苦難を踏みしめながら、仏道に立つのである。

第四項　当時の大谷派教団の動き

曾我、金子「異安心」問題は、近代教学と伝統教学の対立を象徴するものであり、それは大正末から昭和初めにかけては、曾我、金子の教鞭をとる大谷大学と、伝統教学の牙城と言うべき大谷派当局との対立として表面化した。本章の副題をなす興法学園は、その対立によって大学を追われた曾我、金子を中心に誕生した、純粋に宗教的信念の確立を志願する求道者の集う「僧伽」であった。その興法学園の論述は次節に譲り、ここでは、大谷大学、そして興法学園と並行して歴史を刻んだ大谷派教団の教学観とその歩みを中心に確認しておきたい。

大谷大学が「異安心」問題で混迷していた一九二八（昭和三）年から一九三〇（昭和五）年にかけての『真宗』には、「異安心」問題に関する記事はほとんど見受けられない。金子問題については、「第三十回通常議制会議事概要」（『真宗』一九二八（昭和三）年七月）と翌年の「第三十一回通常議制会議事概要」（『真宗』一九二九（昭和四）年七月）に、また曾我に関しては、「第二回宗議会（通常）議事概要」（『真宗』一九三〇（昭和五）年七月）に報告されているだけで、問題の本質について、つまり「異安心」について教学的に論ずる、という記事は見受けられない。

たとえば、「第三十回通常議制会議事概要」によれば、石川了整賛衆が金子問題について、「一昨日総長よりの施政方針に関する演説を聞いたが、何等の経綸と抱負のなかつたを遺憾とす、第一金子教授問題は一派の内外に非常な刺戟を与へたにもかゝはらず、何等之に触れなんだ、我々は憂慮して上京した、上局の考如何によりては我々は大いに立たねばならぬ」との質問に対して、春日円城総長は、「重大問題であるが、未だ十分解決してゐないから申さなかつたので、成行は此席では申されぬから懇談会に譲る」と答弁するだけであった。稲葉学長以下一一名の大学幹部が辞表を提出するという大混乱を引き起こした金子問題を、真正面から取上げようとせず、ただ「懇談会」の議論に譲るところに、当時の教団の定見のなさを垣間見ることができる。教団として、確固たる「異安心」の理由がなかったのである。

また、金子「異安心」問題の経緯を、沼波政憲参務の答弁によって確認すれば、問題の発端は、一九二七（昭和二）年一一月に金子が会計評議員に対して行った講演か、名古屋での夏期大学での講義のいずれかにあった。「異安心」の対応は侍董寮に委ねられていたが、侍董寮からは「法主の諮詢」にせよとの要求であった。そこで教学部が仲介に入って金子を招き、住田智見・河野法雲との面談を設けたが不調に終わり、しかして最後に「法主諮詢」に付した、と述べるだけであった(77)。

また宗制議会で賛衆から、「金子氏、曾我氏の免職を常務員に約束した事実の有無」や「学校の経費削減」などを宗務当局に確認したことに対しては、「金子教授問題とは関係なきこと」と答弁している。つまり、教団としては、金子問題を不問に付すことで近代教学の影響を教団から払拭し、伝統教学の復権を目論んだと思われる。その目論見が、沼波政憲の「教権の所在並に解釈は十分研究せねばならぬ、今後何等かの機関を設けて研究したい、今度の問題は大学の研究に立至らなかつた、浄土の観念は講演である」との発言に見られるように、教団は大谷大学とは別の、宗義（伝統教学）の研究機関の設置を計画していたのである。そして議制会の八日目に、研究機関について次のような趣旨説明が行われた。

侍董寮の外に今一つ権威ある機関があつて、新しく発表された学説及出版物に就ては機を逸せず研究し批判して我々を指導してほしい、金子教授問題も新しい言葉を解せずに又著書を読まずに悪いときめて居る先進の学者があるを遺憾とする、また一般僧侶の発表に優秀なものあれば之を旌表することも講じてほしいこれは時事問題に関して至急実現ありたい(78)。

そして、「宗義研究重要機関設立に関する建議案」には、次のように記されている。

建議案

一、宗義研究ノ中枢トシテ左ノ諸項ノ事ヲ行フ重要機関ヲ設立セラレタシ

一、宗義ノ蘊奥ヲ研究スルト同時ニ研究員ヲ養成ス

但、研究員ハ之ヲ二部トシ、一ハ大谷大学研究科卒業者又ハ是ト同等以上の学力ヲ有スル者若干名、一ハ新進優秀ノ布教使若干名トス

一、宗義ニ関スル重ナル学説ノ検討及ビ批判

一、派内ノ者ノ宗学又ハ通仏教、或ハ宗教ニ関スル優秀ナル著述ニ対シ審査旌表ヲ為ス

理由

現今我カ派内ニ於テ、宗義研究ノ重要機関トシテハ大谷大学アリ、又安居ノ制アリト雖モ、各ソノ特徴ヲ有スルト共ニ、一長一短アリテ果シテ何レヲ以テ中枢ト為スベキカ甚ダ明確ヲ欠キ、不統一ノ嫌アルハ宗門ノ教育上一大欠陥ト云ハザルベカラズ、又侍董寮ノ如キハソノ規程ニ、宗意ヲ闡明シ学解ノ貫綜ヲ期スルフ目的トストアレドモ、要スルニ単ナル諮詢機関タルニ過ギズ（中略）今ヤ学術ノ研究法ハ月ニ進ミ日ニ精シク駸々平トシテ停止スル所ヲ知ラズ、此ノ時ニ方リ徒ラニ旧套ヲ墨守シテ世ノ落伍者タラントスルヲ警策シ、猥リニ新奇ヲ好ミテ根源ヲ遺忘シ、遂ニ宗規ニ背反スルガ如キ矯激ノ風ヲ蕩滌シ、克ク温古知新常ニ穏健中正ヲ保持シテ範ヲ内外ニ示シ、宗門教育ノ中枢タルベキ宗義研究ノ重要機関ノ設立ハ此ノ際最モ剴切緊急ナリト信ジ候（後略）[79]。

宗門の研究機関に大谷大学と伝統的な安居の制度があるが不統一であり、また侍董寮も機能しておらず、した

がって、学の日進月歩に対応し切れていないとしている。そして、旧套をまとう伝統教学を奮い起こし、また精神主義の流れを汲む大谷大学では正統な宗義研究は困難であるから、それらにかわる「穏健中正」な「宗門教育ノ中枢タルベキ宗義研究ノ重要機関」の設立が必要である、と記されている。そして、これを受けて、一九二八（昭和三）年九月には、宗意安心の諮問機関として「宗意審議会」[80]が発足し、さらに翌年七月には宗学研究機関として「真宗大学院」（一九三〇《昭和五》年から「宗学院」）が設置されたのである。「真宗大学院」の定員は、学院生三〇名、准学院生一〇〇名[81]であり、大谷大学予科の定員の一二〇名、専門部一〇〇名に比べれば、少人数制による効果的な教育を目指していたと思われる。

また「穏健中正」を謳った「真宗大学院」であったが、金子を輩出した大谷大学を「猥リニ新奇ヲ好ミテ根源ヲ遺忘シ、遂ニ宗規ニ背反スルガ如キ矯激ノ風ヲ蕩滌」するところと見なしている。さらに、一九二九（昭和四）年に総長に就任した大谷瑩誠は、施政方針として「一派更新」「同朋公儀」「宗基培養」の三大綱領を掲げ、その中の「宗基培養」において金子の問題を、

一昨年来の金子氏の問題は、事務としては、金子氏が自発的に宗団を去られた事により一段落を告げた事を此際報告しておきます。[82]

と陳述する。「事務としては」、あるいは「自発的に」という言葉に着目したい。加えて「第三十一回通常議制会議事概要」（『真宗』一九二九《昭和四》年七月）において、同年一月に教学部長となった下間空教が、金子が僧籍を返上したいという希望を聞き入れて手続き允裁を得たこと、また一旦僧籍がなくなれば『浄土の観念』や『如来及び浄土の観念』は肩書きのない一学者の批判となるため、したがって本山としては如何ともし難くなったので取り扱いを辞めるとしている。教団はこのように、「異安心」そのものの議論を避けて「事務」的に、そして可能な限り

中立的に振舞うことで決着を付けようとしていたのである。

また下間は、

一、私は自ら宗学を盛にせねばならぬと決心してゐる、宗団は宗学がなくては駄目である、宗学の衰へた時は宗団の衰へた時であるから、宗学者を養成して宗学の勃興をはかる決心を持つてゐる。

二、個人としては谷大廃止は三十年来の主張である、けれど教学部長としては個人の考を通すは我情である。大学の予算は教学賦課金と因果関係のバランスをとつて諸君の御意見をうかゞふのである、私は大谷龍谷の両大学の講義を受持つてゐるからこれを如何にするか大いに研究してゐる[83]

と、個人の見解としながらも、「宗学」の隆盛と大谷大学の廃止を表明している。そして、龍谷大学と同様に大谷大学でも学の自由を認めるか、という質問に対しては、次のように答えている。

一、研究は自由なり。但し大学令に定むる国家精神、真宗教育財団規程に定むる宗門精神にはづれてはならぬ。

二、宣伝は自由ならず。但し学術発表を含まず、一般に対しての宣伝は宗制寺法第三十一条に反す[84]

「研究は自由」であるが「国家精神」「宗門精神」が優先されるべきとの見解であり、七月には「真宗大学院規程」（『真宗』一九二九（昭和四）年八月）が発布された[85]。

このように、教団としては、金子「異安心」問題に教学的には踏み込まず、また周囲への影響力を抑えて金子を辞任させるか、あるいは、如何に伝統教学を守るか、そして宗学研究機関（真宗大学院）を発足させるか、という伝統教学の立場にたっての解決に腐心するだけであった。

当時の『真宗』の編集方針を概略すれば、巻頭には、たとえば圓乗院宣明や雲華院大含、また吉谷覚寿等の伝統教学を代表する大家の言葉がおかれ、その後に、講師、嗣講、擬講、学師、布教使、慰問使らによる国家精神を支える論文、たとえば「共産主義とは如何なる思想か?」、「済南事変慰問記」、「マルクス主義と真宗の教義」、「我国に於ける最近の社会運動の諸傾向」等の「社会善導」を柱とする論文が掲載されているが、このような編集姿勢は、たとえば、第六章で述べるような、戦後に『宗門白書』から同朋会運動期の『真宗』の、上山研修の参加者の仏道に出遇った感銘を掲載する等の求道に主眼を置いた編集姿勢と比べれば、極めて保守的、教条的と言わなければならない。

金子は、当時の未だ『御伝鈔』の伝統相承によって覆われていた親鸞像が、中沢見明の『史上の親鸞』によって史実としての親鸞像が明らかになったものの、『教行信証』の真意については伝統的解釈に準じているだけとして、次のように述べている。

真実の開顕は、史実の闡明よりは一層困難である。何故なれば教法の真実は史学的方法では開顕さるべくもなく、直接に自己に体験せられねばならぬからである。即ち永遠に今なる親鸞のみが『教行信証』の真意を開顕するのである。(86)

金子は、親鸞教学を自覚的に領解し主体的に実践する、つまり、親鸞の精神を喪失し停滞している伝統教学に、宗教的生命を吹き込むことのできる学を訴えている。それは、「史実」、つまり客観的な歴史学より、体験に基づく教法の真実性の開顕の学の提起であり、ここに近代教学に立つ金子の学問姿勢があった。

ともあれ、一九二八(昭和三)年六月一二日に金子の辞表は受理され、さらに翌年二月には下間教学部長に呼び出されて僧籍を返上したが、その時の心境を、自己の問題を教団が政治利用することでさらなる混乱を避けたため、と述べている。(87)だが、その一方で『仏座』は滞ることなく出版されており、辞表を提出した六月号には、自らの真宗学に対する見解を次のように開陳している。

「先輩の学解」は、現に私に振りかゝつてゐる問題が、『浄土の観念』や『如来及び浄土の観念』に（二書とも四五年前、京都に於て講演せるもの、記録）就てゞありますから、私の学解を証明する先輩の学解を思出のまゝに記したのであります。私は如来と浄土に就ての常識的実在観を批判して素撲なる信仰を純化しまた常識的非実在観を内面生活の反省なきものとして、教法に依る実在観を明かにしようと願ふてをるのであります。然るにその態度そのものが指方立相の教に反き自性唯心的であるといはるゝのであります。それは私の真宗学に就ての根本問題であります(88)（後略）

如来と浄土が現実に実在するという「常識的実在観」を批判し、また如来と浄土の実在を信じないという「常識的非実在観」を「内面生活の反省なきもの」として質し、自覚的信による浄土の実在を明確にするところに金子の教学的な課題があり、それに対する思索を『浄土の観念』や『如来及び浄土の観念』に著したのであったが、それが伝統教学の閉鎖的立場から批判されたのであった。しかし、金子は、そのような苦悶の中から、教法の自覚による如来と浄土の実在を明らかにするために、そして何よりも宗教的生命の滲む真宗学を回復するために、リアリティ溢れる教学論、学問論を『仏座』に発表し続けていた。

近代教学は、親鸞の仏道を近代人の自覚とする教学である。教義の伝統的解釈を重んずる伝統教学は、おのずと現実から乖離するものであるため、現実に根を張る近代教学に危惧を懐くしかないのである。浄土真宗が「十方衆生」に開かれた真実教であるためには、何としても親鸞の開顕した真如一実の宗教性を、時機相応の現実の教学として回復しなければならない。ここに、近代教学の歴史的使命があった。ところが、伝統教学は、そのような明確な仏道に対して、「異安心」として弾圧したのである。金子は、次のように述べている。

私の学に就ての問題の起りは、遠因近縁いろいろあるのですが、私の耳に入つたのは二月の始めでした。次来如何に、いろいろの煩悩も起し、いろいろの省察もいたしたことでありませう。私は悩ましい思の中にも、深く如来の思召を感謝してをります。唯だ問題がわが宗門に大きな渦きを生じ、私も当然、この渦中に引き入れられて、為に悠つくりした気分で原稿の書けなかつたことは残念であります。（中略）私は問題の真実の解決を、私のこれからの精進に依り、私の学を純にし、私の願を徹することに現はさうと念じてをります。(89)

「学を純」にし「願を徹する」という教学的営為は、近代人としての業を荷負する金子の生涯を一貫する求道姿勢であろう。金子の教学論が不滅の威光を放つ所以である。

註

（1）『中外日報』一九三〇（昭和五）年五月一日

（2）一九二二（大正一〇）年一月に「侍董寮規程」が発布された。それによると侍董寮の目的は「宗意ヲ闡明シ学解ノ貫綜ヲ期スルヲ以テ目的トス」とあり、講師と嗣講が出仕した。一九八一（昭和五六）年制定の『真宗大谷派宗憲』（『新宗憲』）において廃止された。

（3）「大谷大学樹立の精神」『佐々木月樵全集』六巻、八二四～八二五頁、国書刊行会

（4）「大谷大学樹立の精神」『佐々木月樵全集』六巻、八二七頁、国書刊行会

（5）「大谷大学樹立の精神」『佐々木月樵全集』六巻、八二八頁、国書刊行会。なお「真宗学」の名称については、一九二〇（大正九）年に制定された「真宗大谷大学学則」（『宗報』二三一号）に見受けられるだけで、佐々木の言う「大正七年」に使用した「新名目」が「真宗学」であるかどうかは定かでない。

（6）「大谷大学樹立の精神」『佐々木月樵全集』六巻、八二八～九頁、国書刊行会。なお文中の「本学第二の目的」とは、「仏教を教育からして国民に普及すること」である。

（7）『大谷大学百年史』資料編、二八三頁、大谷大学

（8）『大谷大学百年史』資料編、二六五頁、大谷大学
（9）『宗報』一九二四（大正一三）年一一月（『「宗報」等機関誌復刻版』二一巻、三四九頁）
（10）『清沢満之全集』八巻、四九三頁、法藏館
（11）『清沢満之全集』八巻、五四〇頁、法藏館
（12）当時、近代教学の勢いに向き合わざるを得なかった伝統教学者であり大谷大学教授の大須賀秀道の真宗学への見解は、次の通りである。

教行信証は、祖聖自らの立場から、一々その体験に訴へて、権実真仮を批判せられた記録であると見られ得るけれど、その行き方が其儘我々に用ひられて、それが果して学として世間から承認せられるであらうか。そこには宗教としての考へ方と、学としての考へ方と、同じ価値でも価値の世界が全く異ふのであるゆゑ、到底世間の学の意味では、学となり得ないのかも知れない。だからドグマと斥けられやうが、神学だと言はれやうが、真宗学は真宗学として、その独自の立場に立つて、その特殊な考へ方によつて、批判を徹底せしめる外に、行くべき道はないのであらうか。（「真宗学の悩み」『無尽燈』更刊号、一九三一（昭和六）年一月）

文中、『教行信証』を「体験に訴へて、権実真仮を批判せられた記録である」と見做すのは、近代教学に対する頷きであろうし、「到底世間の学の意味では、学となり得ないのかも知れない」と自らの真宗学の社会的閉鎖性を自認し、また「ドグマと斥けられやうが、神学だと言はれやうが、真宗学は真宗学として、その独自の立場に立つて、その特殊な考へ方によつて、批判を徹底せしめる外に、行くべき道はない」と訴えることは伝統教学者としての責任と苦悩の表明であろう。また、大須賀秀道は、曾我量深が「異安心」の責任を負うて大谷大学を辞したことに関して、次のように語っている。

私はこんな風に考へてゐる。宗門を中心とする思想と、その時代の国家社会を中心とする思想と、この二つの思想を見るのである。維新以来どうも外の社会に引づられ支へられ、あへぎつゝ進んで来た様であるが、何うしても社会の進歩に全て調子を合せなければ社会の上に取り残される外ない。学校を之を単科大学に昇した事も畢竟皆時代といふものと歩みを揃へんが為で真宗学そのものも進歩発達し行く思想界に対して適当の改善をなすは云ふまでもない。一方その様な考へ方に宗団中心といふ反動的思想が混がらがつて出る所に多くの悩みが生じるのだらう。それが思想として新旧の争ひとなり又その間多少の勢力と云つた様な事が衝突を来すのであるが、是は学校よりもむしろ宗門の高等政策に待つより仕方がなからう。（「真宗学の悩み」『大谷大学新聞』

一九三〇（昭和五）年五月一〇日）

大須賀には、近代教学が「社会に引づられ支へられ、あへぎつ、進んで来た」、あるいは「何うしても社会の進歩に全て調子を合せなければ社会の上に取り残される外ない」学として映っていた。また、伝統教学の立場からすれば、大谷大学がどこまでも社会と一線を画すところに、宗学としての真宗学の本義が保持される、との見解に立っていたと思われる。

(13)「寺務革新に関する建言書」は、『清沢満之全集』七巻（岩波書店）一七〇～一七二頁に収められている。

(14)『学校の歴史』四巻、八一頁、第一法規出版

(15)『宗報』一九二〇（大正九）年四月（『宗報』等機関紙復刻版一九巻）

(16)『宗報』一九一一（明治四四）年九月（『宗報』等機関紙復刻版一四巻）

(17)『宗報』一九二一（大正一〇）年一月（『宗報』等機関紙復刻版一九巻）

(18)「也風流庵自伝」『鈴木大拙全集』三二巻、四九二頁、岩波書店

(19) 西田幾多郎は京都学派のアイデンティティについて、次のように語っている。

四高の学生時代といふのは、私の生涯に於て最も愉快な時期であつた。青年の客気に任せて豪放不羈、何の顧慮する所もなく振舞うた。その結果、半途にして学校を退く様になつた。（『物語「京都学派」』四二頁、中央公論新社）

四高にその原形を求めているのである。四高とは金沢大学の前身であったように、そういう「豪放不羈」の風土が加賀の地にはあったのではなかろうか。したがって、西田幾多郎や鈴木大拙のみならず加賀の三羽烏の生き様の豪快さは、そういう風土の醸し出したものと推測できよう。

(20)「大庭米治郎遺稿集」『大谷大学百年史』二八四頁、大谷大学

(21)「『観照』第六号」『大谷大学百年史』三一一頁、大谷大学

(22)『見真』一九二三（大正一二）年二月参照

(23)『真宗学序説』一一頁、文栄堂

(24)『真宗学序説』三〇～三一頁、文栄堂

(25)『真宗学序説』三一頁、文栄堂

(26)「序（一九六六（昭和四一）年三月再版）」『真宗学序説』、一頁、文栄堂

（27）『清沢先生の世界—清沢満之の思想と信念について—』三九頁、文明堂
（28）『大谷大学学友会誌』一九二五（大正一四）年三月号
（29）『大谷大学のあゆみ』一九六四（昭和三九）年一二月、大谷大学
（30）『浄土の観念』一〇二頁、文栄堂
（31）『浄土の観念』一〇四～一〇五頁、文栄堂
（32）『安田理深集』（上）二二六～二二八頁、教学研究所・真宗大谷派宗務所出版部
（33）「付録時事問題」『歓喜』一九二八（昭和三）年七月
（34）金子大榮の「浄土の観念」に対して、多田は、「金子氏『浄土の観念』に対する考察」なる論文を、一九二八（昭和三）年六月の『中外日報』紙上に、八回に分けて発表し批判している。その多田の見解を見ておこう。たとえば、六月一九日付では、

金子氏が、その研究態度を説明せらるゝに当つて、「己証」と「伝承」とを一つに見られることは、正しい事である。併しながら、その一つに見るといふ処から、問題の殆んど全部が生することを忘れてはならぬ。（中略）此の「伝承」と一なる「己証」の外に、私共に自己の経験や思想に基づく所の「自解」があることを忘れてはならぬ。列祖の常に誡め来れる自力の心とは是である。「己証」とは此の「自解」を全く超えた境涯である。所謂教権主義は、この「自解」をば「伝承」を以て強いて抑へやうとする者である。所謂自由主義は、この「自解」を以て「伝承」をはねかへさうとする者である。而して宗祖の境涯は、この二者の何れでもなく、（中略）自分の解脱の大事について「自解」の権威が全く打ち消さるゝのである。この「自解」の価値の打ち消さるゝ時、即ち伝承の法が自分を全領する時であつて、氏の謂はゆる「伝承」と一なる「己証」は之でなければならぬ。然るに氏の思想を検討する時、そこに「自解」の声が聞こえぬであらうか。私は氏の思想を以て、「自解」と「伝承」とを対等にながめて、之を一致させやうとせらるゝ労作であると認めずにゐられぬ。

と批評している。金子の「己証」は「自解」である、つまり自分の経験や思想にもとづくものでしかない、というところに多田の金子批判があった。「己証」について多田は、

私は「己証」を重んずる者である。己証は宗祖の謂はゆる聞思である。たゞ「自解」を否む「己証」は自己に降れる「伝承」の法である。

と、「自解」を否定して「己証」をして「伝承」を「聞思」するものとし、さらに、

「自解」と「聞思」との別を否む者があるならば、そは余りに宗義に対する如実の研究や聴聞を怠る無法の者といはねばならぬ。

と結んでいる。多田の立場は「宗義」の尊重にあったのである。

また六月二一日付では、

氏は「如来及び浄土の観念」において、従来の分類を承けて、解学と行学とを分け、氏自らは行学の道に進みたいと陳べられてあるが、厳密にいへば、真正の行学は真正の解学に依らねばならぬものであつて、本当の聴聞は即ち本当の解学である。されば宗学の研究を完うせむと努めらるゝ氏は、先づ聖教の伝統に対して誠実であるべき筈であるのに、内観を唱へ自解を以て聖教を読まむとせらるゝは何故であらうか。

と述べ、『浄土論』の「一心」について、

教主世尊のみことを二心なく疑はぬことであつて、その「帰命」は本仏及び釈尊の教勅にしたがひ召にかなふことぞと、宗祖が明かに其の「銘文」に釈せらるゝのに、氏は之をば共に現実の自己に対する自覚であるやうに解せらるゝのは何故であるか。

と訴え、「私は『浄土の観念』の第一章から、既に氏の研究的誠実を疑はざるを得ぬを悲しむ者である」と結んでいる。金子の「自覚」を重んずる教学姿勢は、清沢の「実験主義」によっていることは明らかであろう。

(35)「鹿ケ谷より」『仏座』一九二八（昭和三）年七月、三二頁

(36) 指方立相については、善導の『観経疏定善義』に、「又今此の観門は、等しく唯方を指し相を立てて、心を住せしめて、境を取らしむ。総て無相離念を明かさざるなり。如来懸に末代罪濁の凡夫を知ろしめして、相を立て心を住すとも、尚得ること能わずと。何に況や相を離れて事を求めんは、似き術通無き人の空に居て舎を立てんが如きなり」（原文は漢文）（『真宗聖教全書』一巻、五一九頁、大八木興文堂）とある。

(37)「先輩の学解」『仏座』三一号、一九二八（昭和三）年七月、二九頁

(38)「先輩の学解」『仏座』三一号、一九二八（昭和三）年七月、二八頁

(39)「自覚の宗教―仏教思想に就て」『仏座』三一号一九二八（昭和三）年七月、二六頁

(40)「真宗学の概念―教行信証を読みて（二八）」『仏座』三一号、一九二八（昭和三）年七月、一頁

(41)「真宗学の概念―教行信証を読みて（二八）」『仏座』三一号、一九二八（昭和三）年七月、一頁

(42)「真宗学の概念―教行信証を読みて（二八）」『仏座』三一号、一九二八（昭和三）年七月、三頁

(43)「真宗学の概念―教行信証を読みて（二八）」『仏座』三一号、一九二八（昭和三）年七月、四頁
(44)「真宗学の概念―教行信証を読みて（二八）」『仏座』三一号、一九二八（昭和三）年七月、五～六頁
(45)「真宗学の概念―教行信証を読みて（二八）」『仏座』三一号、一九二八（昭和三）年七月、六～七頁
(46)「真宗学の概念―教行信証を読みて（二八）」『仏座』三一号、一九二八（昭和三）年七月、一〇頁
(47)「真宗学の概念―教行信証を読みて（二八）」の内容を箇条書きにまとめておく。

①真宗学は、先ず、真宗の教法が尊重せられなければならず、また学として自由でなければならない。その「教法の尊重」とは「教法全体を貫通する、その本質的精神を領受し、それに依りて教法の各部分を理解することである」と述べ、いたずらに各部分に固執すべきでないという。

②「学の自由」については、「真宗学の自由は、実に真宗の教法そのものが与ふるもの」であり、単なる研究する立場の自由ではなく、「教法を尊重するといふ内面に与へらるゝ自由である。立場の決定せるところの自由である」という。

③真宗学には必ず「内面的な因縁」がなければならないとし、その「内面的な因縁」について、善導の回向発願心に注目して、如来の教法は我の願生心に因縁があり、そのように、真宗の教法と願生心の因縁の内面的なつながりを強調することで、「願生心なきものは、真宗の教法を聴いても、それに有縁ではないのである。而してその願生心の純粋真実なるものを求むれば、遂に如来の本願を仰がざるを得ざるに至る。こゝに真実の教は大無量寿経であり、また斯経の宗致は如来の本願の外ないことが明かに領解せらるゝのである」という。

④この仰がざるを得ない「如来の本願」こそ、真宗学の原理であり、一切の教法は悉くこの本願を説くものでなければならず、『末燈鈔』にいう「学生沙汰」「文沙汰してさか〳〵しきひと」であってはならない。そして『歎異抄』に「他力真実のむねをあかせるもろ〳〵の聖教は、本願を信じ念仏をまおさば仏になる。そのほか何の学問かは往生の要なるべきや」、「まことにこの理に迷ひはんべらん人は、いかにも〳〵学問して本願の旨を知るべきなり。経釈をよみ学すといへども聖教の本意を心得ざる条、もとも不便のことなり」とあるように、「真宗学の正しき方法」、つまり「純粋真宗学」は、「決定して一切の聖教を本願を説き現はせるものとして見聞くことであらねばならぬ」と述べている。真宗の教法の「内面的な因縁」である「願生心」こそ、「純粋真宗学」の要であるという。

⑤願生心に立脚する「純粋真宗学」は、行学でなければならない。その行学は、願生心等流の世親の願生安楽国の

心行、善導の称名念仏、法然の唯念仏と展開されていると言い、「行学を伝承せる親鸞の『教行信証』が始終たゞ本願のこゝろを顕はす外ないことは明かである」と述べている。そして、「真宗学の正しき態度は行学である」と言い切り、解学は、行学を深めるものであるという。

⑥行学と信心の関係については、信心は行学によってますます明確になるものである。そのことは「行学の智識が進むに随て、信心の領域は益々広大なることが領解せらるゝのである」と記されている通りである。そして、その行学の実践について、「真実の信心は、連続的に学知を超越するものであつて、飛躍的に超越するものではない。飛躍的に学知を超越するものは、何所かで学知を無視するが故に、いづれは彼の『不合理なるが故に信ず』といふ主張とならざるを得ぬであらう。それは学知を妨ぐると共に、信心を以て孤城に止まらしむるものである。学知を辺地に置くことに依りて、信心を胎宮に入らしむるものである」と述べて行学としての教学（学知）によって正しい信心を獲ることができるという。

⑦最後に、我等学徒の使命は、「真宗の教法を学ばんとするものは、常にこの十方衆生の沈黙の声に耳を傾けねばならぬ。真宗の教法を学ぶといふは、十方衆生を代表してこれを聞くことである。随て真宗の教法を語ることは、十方衆生の切実なる要求を開眼する事である」という。（以上、『仏座』三一号、一～一八頁、取意）

(48)「お知らせ」『仏座』三一号、一九二八（昭和三）年七月、三三頁

(49)『大谷大学新聞』（一九三〇（昭和五））年六月二〇日）には、十五万五千円から十二万五千円に削減とある。

(50)『大谷大学新聞』一九二八（昭和三）年六月二二日

(51)『大谷大学新聞』一九二八（昭和三）年六月二二日

(52)『大谷大学新聞』一九二八（昭和三）年六月二二日

(53)『大谷大学新聞』一九二八（昭和三）年六月二二日

(54)『如来表現の範疇としての三心観』は、真宗学研究所から一九二七（昭和二）年に出版（「後記」『曾我量深選集』五巻、四七四頁、彌生書房）。『教行信証』「信巻」の三心釈と阿頼耶の三相を照らして論じたもので、法蔵菩薩と阿頼耶識の関係を自覚的に明らかにしている。「法蔵菩薩は阿頼耶識なり」の知見に通ずる論文である。

(55)『大谷大学新聞』一九三〇（昭和五）年五月一〇日

(56)「鹿ケ谷より」『仏座』五四号、一九三〇（昭和五）年六月、三八頁

(57)『龍谷大学三百五十年史』通史編上巻、六七四頁、龍谷大学

(58) 『仏座』創刊号、一九二六(大正一五)年一月、裏表紙
(59) 『仏座』創刊号、一九二六(大正一五)年一月、一〇八頁
(60) 創刊号の執筆者とその論文の題目を紹介する。
曾我量深「宗教原理としての弥陀の本願」
金子大榮「本願の表現とその素材としての人生」(「『教行信証』を読みて」)
木場了本「歴史的及宗教史的反省」
安田亀治「自証の論理」
日野環城「我を過ぎて」
正親含英「仏々相念」
広瀬南雄「求むる心と信ずる心」
梶浦真了「謙下の道」
林五邦「唯一つの心」
(61) 「雑華録」『仏座』創刊号、一九二六(大正一五)年一月、一〇七～一〇八頁
(62) 「編輯室にて」『見真』創刊号、一九二二(大正一一)年一〇月
(63) 「編輯室にて」『見真』創刊号、一九二二(大正一一)年一〇月
(64) 「編輯室にて」『見真』創刊号、一九二二(大正一一)年一〇月
(65) 「除雪」『見真』創刊号、一九二二(大正一一)年一〇月
(66) 「雑華録」『仏座』創刊号、一九二六(大正一五)年一月、一〇八頁
(67) 『漱石全集』一一巻、四五九頁、岩波書店
(68) 「改刊の辞」『仏座』一三号、一九二七(昭和二)年一月、一～二頁
(69) 「改刊の辞」『仏座』一三号、一九二七(昭和二)年一月、二頁
(70) 「改刊の辞」『仏座』一三号、一九二七(昭和二)年一月、三頁
(71) 『行信の道』第三輯 一九七二(昭和四七)年八月
(72) 「鹿ケ谷より」『仏座』一三号、一九二七(昭和二)年一月、三二頁
(73) 『仏座』七八号、一九三二(昭和七)年六月、三七頁

(74)「鹿ケ谷より」『仏座』八〇号、一九三二(昭和七)年八月、三二頁
(75)『教行信証講読』『金子大榮著作集』六巻、六頁、春秋社
(76)『教行信証講読』『金子大榮著作集』六巻、二九頁、春秋社
(77)「第三十回通常議制会議事概要」『真宗』一九二八(昭和三)年七月、九頁
(78)『真宗』一九二八(昭和三)年七月、一二頁
(79)『真宗』一九二八(昭和三)年七月、一二頁
(80)規程第一条に「宗意審議会ハ教学部長ノ諮問ニ応シ宗意ニ関シ言論並出版ヲ調査審議スルモノトス」とある。(『真宗』一九二八(昭和三)年一〇月、一頁)
(81)『真宗』一九二九(昭和四)年八月、二頁
(82)「施政の方針に就いて」『真宗』一九二九(昭和四)年七月、八頁
(83)「第三十一回通常議制会議事概要」『真宗』一九二九(昭和四)年七月、一五頁
(84)「第三十一回通常議制会議事概要」『真宗』一九二九(昭和四)年七月、一五頁
(85)「規程第一条」に「真宗大学院ハ伝灯相承ノ宗意ヲ讃仰シ並ニ宗学ノ蘊奥ヲ講究スルヲ以テ目的トス」とある。(『真宗』一九二九(昭和四)年八月、二頁)
(86)「余響」『見真』一九二二(大正一一)年五月
(87)『大谷大学新聞』一九二八(昭和三)年六月二一日
(88)「鹿ケ谷より」『仏座』三二号、一九二八(昭和三)年七月、三二頁
(89)「鹿ケ谷より」『仏座』三二号、一九二八(昭和三)年七月、三二頁

第二節　興法学園―戦争のはざまで

第一項　「僧伽」における求道実験

金子大榮が主宰する『仏座』に、興法学園について次のように記されている。

興法学園といふのは、主として大谷大学生の有志によりて組織せられたのであります。而してその趣意書に現はれてゐる意味に於て、私も参加いたしたのであります。それは指導といふことでありますが、指導と申しましても、その言葉に相当するだけの力があるとも思ふて居りませぬ。唯だ私としては私が今まで歩んで来た道を諸君に問ひ、諸君の純真なる魂がそれに何と応ふるかを聞くことに依りて、私のこれからの道を聞き度ひと願ふのみであります。（中略）協同生活は四人でありますが、同志は十人ばかりあるのであります。学園の学課としては、「相互に聖教を講究し」とあるのに私も参加し、それに曽我氏は毎週二回出席して、観経と唯識との講議をせられます。（中略）かういふ趣旨でありますから、誌友諸賢もその微志のあるところを御了解ありて、この学園を護念して下さい(1)。

一九三〇（昭和五）年九月、興法学園が発足、翌一九三一（昭和六）年三月には、機関誌『興法』が創刊された。『興法』と『仏座』は、その誕生の経緯こそ違え、「本願の自証」という志願は同一であった。『仏座』が曽我量深や金子大榮、安田理深らの教学研究の発表の場であったのに対して、『興法』は、その『仏座』を指針と仰ぎ、若き求道者の「協同生活」による「相互に聖教を講究」するという、ストイックな求道実践の場であった。

ところで、当時大谷大学の学生であり、曾我、金子「異安心」問題において、あくまで曾我、金子を擁護した「仏教科二回生」の一人訓覇信雄の告白を聞きたいと思う。

そのころ、寺に帰って住職というけれども、よく考えてみると「宗教といっても、経営的にやっているだけではないか」ということがいつも頭にありました。その反面ぼくらの仲間には「本当の仏教というものを知らなければならない」という空気がありました。そのころは曾我先生に会い、それで本当の仏教がはっきりすれば寺へ帰っていいというような考えでいました。（中略）〔高光大船の〕講題は「光明生活」でした。当時の大学は象牙の塔みたいなもんですから、その講演にはびっくりしました。仏法がそのまま生活の上に生きている。生活と一枚の仏教ということです。高光さんは言うている通りに実行しているのですから、「仏教のお話」ではなしに、自分の生活がそうなっているのである。頭の中で考えておったものが動いてはたらいておるんだ、ということでした。それで腹が決った。「唯物論・マルキシズムが本当かどうかということはともかく判断中止だ」。われわれが生まれてきた寺の住職として、ああいう生活を裸かで生きている人がいるというので決心したのです。(2)

訓覇は、「生活と一枚岩」の真宗を、すなわち、自らの生活の上に「動いてはたらいておる」仏教を「本当の仏教」と称したが、当時の大谷大学の学生ら若き求道者たちは、その「本当の仏教」に目指すべき仏教者像を思い描き、求道実践した。

当時の日本は、中国大陸への利権の拡張を目指す一方、世界経済恐慌の影響を受けて不況に陥り、失業者も急増していた。そのためマルクス主義が勢いを増し、治安維持法による取締りも次第に強化された。

マルクス主義は、ロシア革命を機に日本社会に急速に広まった。たとえば一九一六（大正五）年から『大阪朝日新聞』に連載された河上肇の『貧乏物語』や、一九二五（大正一四）年に細井和喜蔵が著した『女工哀史』は国民に広く読まれたし、また特に知識人にも広く浸透しており、西田幾多郎が「夜ふけまで　又マルクスを　論じたりマルクスゆゑに　いねがてにする」[3]（今日も又夜遅くまで学生たちとマルクスについて議論した。マルクスのせいで眠ることができない。）と詠んでいる。そして、自らの虚無感・閉塞感をマルクス主義によって満たそうとする学生を「マルクスボーイ」と呼称したが[4]、大谷大学の学生たちも、訓覇の言葉から分かるように、その例に漏れなかった。そのような中で、「異安心」問題が勃発したのであるが、しかし彼らは、最終的にマルクス主義を投げ棄て、「本当の仏教」を求めたのである。

　すなわち、訓覇信雄や松原祐善ら「仏教科二回生」は、曾我、金子「異安心」問題をマルクス主義によって打開しようとしたが、「生活と一枚の仏教」を生きる高光と出遇ったことによって、「唯物論・マルキシズムが本当かどうかということはともかく判断中止だ」と腹が決まったとは、訓覇の告白である。彼らは、「われわれが生まれてきた寺の住職として、ああいう生活を裸で生きている人がいる」という高光との値遇によって、「本当の仏教」に立つべきことを決断したのであった。純粋な求道心、すなわち「本当の仏教」の自己の生活における「実験」は、「仏教科二回生」の至盛の要求であり、さらに曾我、金子「異安心」問題は、訓覇や松原らを、強烈に「本当の仏教」の現場へと促したのである。まことに、当時の「仏教科二回生」の言う「本当の仏教」とは、清沢を嚆矢とする近代教学の伝承であろう。ここに興法学園発足の歴史的背景があった。すなわち、「仏教科二回生」が卒業することで創立された興法学園は、清沢を嚆矢とする近代教学を、そのまま「実験」する「僧伽」であったのである。

　ここで、興法学園発足に関する『中外日報』の記事を見ておこう。

未曾有の大学問題として宗門の内外に異常のセンセーションを捲き起した谷大問題も漸く終熄し、秋風と共に学生は続続と帰学して来るべき研学の秋を迎へたが、かねて同大学研究科にて秀才組を以て目せられて居た研究科学生安田亀治、北原繁麿、松原祐善、山崎俊英の四氏はこの程洛東鹿ケ谷浄土寺町に「興法学園」なるものを建設、真摯な宗教生活団体を形づくるとなり近く趣意書を発表することになつた。(5)

そして四氏の談として、次の記事を記している。

学園は私達四人のものではなく「見えざる集団」のものでこの四人は「見えざる集団」の委員のやうなものです。第一が飯を炊いて食べること、便所の蝿を駆除することですね、ハハヽヽ。(6)

このように安田亀治(理深)(当時三〇歳、一九三〇《昭和五》年大谷大学選科卒業)、松原祐善(当時二四歳、一九三〇《昭和五》年大谷大学学部卒業)、北原繁麿(当時二六歳、一九二八《昭和三》年大谷大学学部卒業)、山崎俊英(当時二三歳、一九三〇《昭和五》年大谷大学学部卒業)の四人の若き求道者によって、一九三〇(昭和五)年九月、京都鹿ヶ谷の疎水縁に、興法学園が創設された。

「興法学園趣意書」を見てみよう。

此度私達はさゝやかなる学園を組織し、協同生活を創めることになりました。それは唯だ偏へに伝統の教法に発遣せられ、仏道を生活に於て体解せんと願ふの外ありません。而してその志を遂ぐる為に、私達は広く先進の指導を求め、相互に聖教を講究し、特に生活を簡素にして僧伽の道に契はんと期して居る次第であります。それに就いては特に曾我、金子両先生が主として御指導下さることになりました。右様の次第ですから、幸に私達の微志を御了察の上、何分とも御指導下され御援助を賜らん事を偏へに御願ひいたします。(7)

興法学園は、「協同生活」による、曾我、金子を中心とした「僧伽の道に契はんと期」する「僧伽」であり、その志願に立って、彼ら四人は興法学園に集い、学仏道に励んだ。当時は、京都帝国大学の学生を中心とした「学生親鸞会」も結成されており、当時その一員で京都帝国大学の学生であった西元宗助は、次のように回想している。

わたしが最初に先生にお目にかかりましたのは、まだ安田亀治と申されたころで、それは昭和五年の一一月、鹿ヶ谷の疎水のほとりの興法学園においてでありました。当時、わたしは京都大学の文学部哲学科の学生であ りましたが、そのころ、わたしどもは――ここでわたしどもと申しますのは、いま京都大学の名誉教授の川畑愛義さん、当時医学部の学生。それから龍谷大学の仏教学の学生であった宮地廓慧さん、いまはお西の勧学で、現在、米国のサンタ・バーバラに駐在。それから長谷顕性さん、この方は大谷派なのですが、当時は龍大の学生。――その令息は只今、京大の宗教学の先生――そして私の四名が、昭和五年の晩秋に、法然院に近い鹿ヶ谷に一軒の家を借り、学道舎と名づけて学生生活をしていたのでございます(8)。

そして、

わたしどもは当時、「学生親鸞会」という名で、一部に知られていました信仰運動の仲間でありました。学生親鸞会といいますのは、最初は、熱烈な布教家として知られた、お西の横田慶哉という方を中心とした信仰団体でしたが、自然のおもむくところ、昭和四年四月に大谷大学に赴任されました池山栄吉先生を中心に仰ぐようになっていったのであります(9)

と述べている。学生親鸞会は、興法学園の近くに居を構えていたこともあって、両者は自ずと交流を持つことになった。興法学園が、曽我、金子を中核とする教学に立脚する仏道を主張していたのに対して、学生親鸞会は仏道体験を主張するところに特徴があった(10)。そして、両者とも、曽我、金子の講義を聴聞することで「本当の仏教」を求めていたのである。西元は次のように当時を回顧している。

講義が一応すみましたとき、何か質問は、とのことでしたので、わたし、そのご講義の中にありました「無縁の大慈悲」という言葉の意味について、なんの気なしに、おたずねしたんです。すると〔金子〕先生は、この質問を非常に真面目にお受けとめくださいまして、あれこれと、じゅんじゅんとしてお説きくださる。しかし、そのために却って、一層、むつかしくなっていった。わたしは恐縮し困惑いたしました。「わかりました」と頭をさげて、肯かなければならないのに、それが出来ない。しまいには先生ご自身も困りはてられた。そのときです。金子先生の隣りに坐っておられた曾我先生が、やおら坐りなおされて、「無縁の大慈悲とは、無縁の大慈悲とは、なんまんだぶつ、なんまんだぶつ、ということでございます」と、それこそ、大地のまさに感動するような音声——お声でありました。そのとき、金子先生が、ふかふかと頭をさげられました。その尊いお姿を忘れられません。そしてそのとき、このわたしをも包んで、興法学園全体が、南無阿弥陀仏になっていたのでありました(11)。

このような求道の緊張感と曾我の獅子吼との共感こそ、「僧伽」の風光であろう。「僧伽」という「場」の発揮する教化力が、若き求道者をして仏道に向かわせたのである。西元は、曾我の叫びを「大地のまさに感動するような音声」と讃えているが、興法学園にはそのように、一切の言説を超えた念仏が響流していた。

大谷大学を追われた曾我、金子を中心に創設された興法学園が、教団、大学の外における学仏の場であったことは、それは金子の訴える「学の自由」を具現化したものと言えよう。清沢、佐々木月樵と伝承された近代教学は、そこで実践された。それに対して、曾我、金子の去った大谷大学は、再び伝統教学の府に戻ったが、そのような動きは、龍谷大学での、「自由研究こそ教権を顕彰する正しい途」(12)と述べる梅原真隆が大学を去り「顕真学苑」(一九二九《昭和四》年)を創設した後の大学に、「学の自由」が終息したことに相通ずるものであった。

第二項 『興法』創刊号より

一 山崎俊英「誕生の前後」

興法学園を論ずるにあたり、初めに『興法』創刊号に収められている山崎俊英の「誕生の前後」によって、学園発足までの経緯と思想的立場を確認しておきたい。

学園の生れるまで、そこには種々の形で学園の前身がありました。まづ安田兄を中心とする大乗学園は、北原・平泉・岡田其他の諸兄が集り、各々パートを分つて、或は大乗仏教を、或は浄土教を研究し、仏教の世界観の体系を確立することを目標に努力してをられました。その他、それと重複し関連しつゝ、曾我金子両先生を指導に種々の研究会もありました。而してその間に吾等の痛感せることは、世界観の建設は同じ生活の基調に於てのみなしうるといふことであります。しかも学生の生活は個々別々な六畳の貧弱狭小な生活でありま す。従つて、やゝもすれば問題は単なる理論的解決の域に止り、研究は一遍の理論的興味に終始することにな ります。互に導き互に教へあふて行く、同一基調に立つ力強い生活、そこでこそ初めて新しい世界観も建設されます。かくして同志の間に共同生活が熱心に計画されることになりました(13)。

興法学園創設に至るまでの大まかな経緯は、以上の通りである。山崎は訓覇や松原と同期であり、彼らの中で最も早く逝ったストイックな求道者であった。山崎は、興法学園の事務一切と『興法』編集の責任を引き受ける等、学園を一身に担い苦悩した。しかし、それは、そのまま山崎の仏道直入の苦悩でもあった。

山崎は、興法学園の設立以前に、安田を中心とした「大乗学園」や、「曾我金子両先生を指導に種々の研究会」――この研究会には金子主宰の「仏座の会」も含まれると思われる――が開かれており、その会に参加した。そして単に「会」に参加し聞くだけでは「世界観の建設」が不可能であり、むしろ互いに導き教え議論し合うという「同一基調に立つ力強い生活」、すなわち共同生活においてこそ可能となる、ということを実感した。したがって、興法学園は、互いに導き教えあう共同生活を基盤とする思想形成の場となったのである。当時の若き求道者は、マルクス主義の影響下、ひたすら仏道の実験を求めつつ、「仏教の世界観」、「新しい世界観」の建設を急いでいた。

だが、「世界観建設」とは、当時の世界恐慌下での人々の生活を救済するためのものであったとしても、あくまで親鸞思想を「外」に向けて発信する営みでしかなかった。ところが、そのような「外」に向けられた眼を、強烈に「内」へと方向転換させる事件が勃発した。それが、前述した一九三〇（昭和五）年六月の、曾我、金子「異安心」問題に起因する、「大谷大学クーデター」であった。山崎は、次のように述べている。

> 而してこの計画（世界観建設）の実現を根底から破壊したものは、昨年の大谷大学の動乱でした。同志諸兄は問題の解決のために身命を賭して努力しました。しかも奮闘三ヶ月、そこに見出したものは世間虚仮の認識と法滅の悲歎とでありました。近年仏教の研究は頓に勃興いたしました。或は思想史的立場から、或は哲学的立場から、尊敬すべき数多の研究と尊敬すべき数多の学者を出してをります。我等自身また西洋の学問体系に対し、東洋のそれとして仏教の学的体系の建設を目論見、その根拠や権利をも考へておりました。併しいま、法滅の悲しみに遇ふて痛感せしめられたことは、真に仏道に於て生きる者の少いことであります[14]。

山崎は「仏教科二回生」が卒業した直後に起こった「大谷大学クーデター」に、「世間虚仮」を痛感し、「法滅の悲しみ」のどん底に堕落したとしている。すなわち、「大谷大学クーデター」を惹起した母校への悲痛な思いが、山崎の「思想史的立場」や「哲学的立場」、また「仏教の学的体系の建設」という「外」に向けられた眼を「内」に向けさせたのである。マルクス主義にも充たされず、また思想史や哲学などの学的営みにも方途を見出せなかった山崎は、自己の内面に「本当の仏教」を求めるという人生の方向性を、ここに決定した。「真に仏道に於て生きる者の少いこと」とは、山崎の仏道に対する純粋な驚きではなかったか。

文中に「近年仏教の研究は頓に勃興いたしました」とあるが、その代表的なものに、たとえば村上専精の『仏教統一論』（一九二七（昭和二）年）や赤沼智善の『漢巴四部四阿含互照録』（一九二八（昭和三）年）等を挙げることができようが、山崎にとっては、それらが如何に優れた学的業績と評価されていようとも、決して「真に仏道に於て生きる」道になり得るものではなかった、と述べている。したがって、

仏教には確かに、或は認識論とも思はれ、或は現象学とも思はれるものがあります。併しそれらが仏教である所以は唯だそれが涅槃への道の教である点に存じます。而して涅槃に対向する道、それは世間を諦観する以外にはありません。哲学的研究も言語学的研究もあらゆる仏教に関する学問は所詮、仏道に何等加減するものではありません。法滅の悲しみは、はからずも吾等に真に仏道を知るの道を教へてくれました。(15)

として、仏道は「涅槃への道の教である」と明言し、同時に学問は所詮「仏道に何等加減するものではありません」と言い切っている。あの「大谷大学クーデター」という「法滅の悲しみ」が、山崎の眼を「内」に向けさせ、「涅槃道」に立たせたのである。すなわち、

かくして仏教の学的体系の建設を目的としての共同生活は、一転して、求道に生きんとする者の「僧伽」として計画されることになりました。(16)

と言うのは当然であった。「涅槃道」とは「見えざる集団」、すなわち「僧伽」への仏道であろう。したがって、興法学園の若き求道者は、混迷する時代社会において、純粋に求道しようとしたのである。

ところで、興法学園の名の由来について、山崎は、

新しい求道団体は、曾我先生に興法の名を頂いて誕生致しました。（中略）〔一九三〇（昭和五）年九月〕二十一日には開園式の意味で曾我先生が「興法利生」に就てお話し下さいました。興法と利生は、求道と伝道に於けるが如く、相互分離せるものでなく、本願に於ける自利々他の二面である。自利とは本願自体の自覚であり、しかも本願自体の自覚の外に利他はない。従って、興法とは利生することの外になく、利生されることは、とりもなほさず法の興隆することである。而して、この興法と利生とを貫ぬいて統一するものこそ願生心である。[17]

と述べている。すなわち、興法学園とは、『御伝鈔』の「興法の因うちに萌し、利生の縁ほかに催いしによりて」[18]に因んだ名前であり、したがって、親鸞出家の志願をもって誕生したと言える。そして学園の講堂には、曾我の筆による「興法因内萌」という題字が掲げられてあったとされている。

当時山崎は、学園において頻々議論されていた課題について、次のように述べている。

学園が生れてから我等の二つの問題が与へられました。一つはマルキシズムの問題であり、他は回心の問題であります。[19]

「仏教科二回生」がそうであったように、興法学園には、マルクス主義とどのように向き合うかということと、回心、つまり「本当の仏教」の体解、という二つの課題が与えられていたのであり、そして、

我等がマルキシズムに注目したことは今度が初めてゞはありません。併し今までの注目は、たゞ単に理論的関心からでありました。今度また、而も特に問題となつた所以は、それが立脚し証拠とする現実の経済恐慌への関心によるものであります。この動乱恐慌の時代苦に対し仏者の態度如何、これが吾等の問題でした。[20]

と、かつては理論的関心からマルクス主義に注目していたが、今はそれを超えて「動乱恐慌の時代苦に対し仏者の

態度如何」との「僧伽」における時代苦を担う姿勢の必要性を訴え、さらに、

遂にかゝる問ひ〔「仏者の態度如何」〕は、既に問ひ自体に誤りがあることを知りました。我等はそこで動乱に抗して動かぬ立場を求め、あはよくば、それを以て時代に立たんとする英雄主義の夢を見つゝ、あつたのでした。仏教はそんな所にはありません。退一歩あらゆる既定概念を捨て、本来の面目に還るとき、却つて動乱の世相の上に聞ゆるものは本願の名告であります。(21)

と、「仏者の態度如何」という問いそのものが、すでに誤りであったとしている。すなわち、マルクス主義と訣別して「動乱恐慌」の時代を責任をもって担おうとする思念には、必ず英雄主義という煩悩が潜在しており、そういう英雄主義を「退一歩」して乗り越えることで、「本願の名告」を我が身に聞こう、と訴えている。「理想」から「現実」へ、「外」から「内」へと方向転換に迫られつつある若き求道者の純粋な魂を、ここに見ることができる。

山崎は次のように続けている。

回心の問題といふのは、我等の先輩たる真摯な求道者の一団から与へられたものでした。念仏者は、唯だ如来の思召しにまかせて、無碍自然なるべき筈である。然るに本願の教に生くる者の僧伽たる学園は、生死の一大事を前にしつゝ、社会を語り聖教を読み分別をこととしてゐる。求道を心がける限り、まづ回心せねばならぬといふのでした。これは、いまだやゝもすると空理に走る我等には、身にこたへる痛棒でした。(22)

生死の一大事を前にして、社会を語り「聖教」を読んだとしても、それは「分別」でしかないのであって、その分別心を拭い去り、「回心」を求めるところに、興法学園に共同生活する若き求道者の具体的課題があることを訴えている。「まづ回心」、これこそ「僧伽」興法学園の本質でなければならない。次のように告白する。

回心とは、初めて、理想主義を捨て、本願の道に帰することのやうであります。(23)

理想主義を投げ棄てて回心を志願するということは、娑婆にしっかりと立つことであり、一切衆生をつつんで離さない本願の道に帰することであろう。

「動乱恐慌」の世は、やがて十五年戦争に突入することになるが、興法学園は、そういう時代において、曽我、金子を仰いで精神主義を継承し、内に「本当の仏教」、すなわち「本願の道」を明らかにする「僧伽」であった。ここに興法学園の、現実的に果たした仕事は「小さい」存在であったかもしれないが、混迷する時代に光明を掲げるという存在は、間違いなく大きかった。

二　安田理深「発刊の言葉」

一九三〇（昭和五）年九月に興法学園が発足、翌一九三一（昭和六）年三月一〇日には学園に共同生活する若き求道者の待望する機関誌『興法』が創刊されたが、その学園の歴史的使命は、巻頭に掲げられた安田理深による「発刊の言葉」に宣揚されている。激動の社会的時代的業苦と真正面から向き合う若き求道者たちの仏道姿勢に注目したい。

世界的苦悶・時代的不安は、今や既に学説以前の現実的事実である。如何なる個人も歴史的社会と遊離して存し得ざる限り、この日夜に尖鋭化しつゝ、ある現実的情勢に無関心でありうるを得ぬ。如何なる自由主義的・英雄主義的思想も、この歴史的必然に抗し得るものでない。確実に世界はいま危機に立つてゐる！(24)

『興法』が創刊された一九三一（昭和六）年には、満州事変が勃発している。その翌年には五・一五事件が起こり、さらに翌々年には、日本は国際連盟を脱退している。政党政治の崩壊や失業者の増加、また治安維持法の強化による言論思想統制も相俟って、国民は次第に、「学説以前の現実的事実」である戦時体制へと呑み込まれていった。

治安維持法によるマルクス主義者への弾圧は、強烈であった。その弾圧は、やがて宗教団体にも波及した。たとえば、一九三六（昭和一一）年には、法華行者妹尾義郎の「新興仏教青年同盟」（一九三一（昭和六）年発足）が弾圧を受けたし、大本も、大正時代に続いて一九三五（昭和一〇）年に再び弾圧を受け（第二次大本事件[25]）、大きな被害を被った。「発刊の言葉」の「確実に世界は今危機に立つてゐる」との訴えの背景には、そのような厳しい「学説以前の現実的事実」があった。

続けて「発刊の言葉」を見よう。

されぱこそ、寂滅の境地をこそ、なくてはならぬものとせざるを得ぬのである。されぱこそ、回光返照の退歩をこそ、行学せざるを得ぬのである。寂滅に住せずして動乱に入るは、徒らに動乱されるものにして断じて動乱に入るのではない。以前に退歩するを得ずして、如何にして以後に進歩することを得ようか。寂滅こそ如実に動乱をあらしむるものなるが故である。今こそ脚下照顧すべき時である[26]！

「学説以前の現実的事実」を受容するには、先ず以て「回光返照の退歩」をもって自己を顧み、そして『寂滅』に住さなければならないとしている。そして、次のような興法学園出現の意義をもって「発刊の言葉」を結んでいる。

何を為すべきか？　如何に生くべきか？　何処に安んずべきか？　而して最後の課題こそ、吾等の切々たる問ひであり願ひである。吾等が学園の誕生は、この世界の安んずべき世界観の要求の外にあり得ぬ。吾等は吾等に近く、かゝる帰依処に住せる生活者の、見えざる僧伽の存するを感ずる。吾等の心は限りなく見えざる生活者を求めてゐる。『興法』の発刊さるゝ所以もこゝにある。今こそ正法の興るべき時である[27]！

「世界的苦悩・時代的矛盾」と言うべき「学説以前の現実的事実」に、つまり歴史的危機に瀕する中、「世界の安んずべき世界観」を明らかにし、世界人類の帰依処である「僧伽」の誕生のために、興法学園が世に出現したことを述べている。すなわち、「学説以前の現実的事実」を「僧伽」において担おうとするところに、換言すれば昭和初期の動乱混迷の世に親鸞思想をもって応えようとするところに、興法学園の志願があった。

晩年の安田は、当時を振り返って、次のように述べている。

時はちょうどマルキシズムの学生を風靡しておった時代である。僕らもどうしてそれに応えるかというようなことに非常に苦しんでおった時代です。曾我さんの講義を聞いておったんですが、何か落着いて講義を聞いとれんのですよ。（中略）あの頃社会的背景というものは非常に大事で、マルキシズムの学生読書会というものが東大でも京大でも出来て一時本屋の棚がみんな赤うなった時代がありました。（中略）そういうことがやっぱり背景だろうと思うのですが、一つは西元宗助とか信国（淳）さんなどによって学生親鸞会というものが興った。リバイバルですね。大学の学生が念仏称えるというので非常にそれが目立ったんです。初めは岡山の高校を出た花田正夫、あの学生が主でした。それがずうっと広がって谷大龍大京大の学生を風靡しておった。やっぱりああいう時代だからああいうものも興るのじゃないですかね。(28)

当時の時代社会に苦悩する学生は、マルクス主義が世に浸透しつつある時代思潮と共に活動的であった。その思想的エネルギーが「学生親鸞会」や「興法学園」を結成し、親鸞リバイバルの風潮を引き起こしたのである。興法学園は、当時の歴史的思想的エネルギーが生み出した真宗史上の、若き真宗者のコミュニティであったのである。

マルクス主義は大きな力をもって、当時の時代思想を席巻していた。そのマルクス主義者の一人に、一九二九（昭和四）年から大谷大学で教鞭を取った戸坂潤がいた。戸坂は三木清とともに京都学派左派の代表的思想家で、一九三二（昭和七）年に「現実的な諸問題より遊離することなく、自然科学及び哲学に於ける唯物論を研究し、且つ啓蒙に資するを目的」（規約第一条）とする「唯物論研究会」を設立したが、それは、興法学園が「学説以前の現実的事実」によって誕生したのと同様、「現実的な諸問題」に対応するものであった。そして、興法学園が「回光返照の退歩」をもって自らを顧み、現実の危機を「興法の因」として受容し、動乱の現実に仏法開顕を志願したことに対して、「唯物論研究会」は、マルクス主義をもって徹底したファシズム批判を展開した。前者は、現実を受容し、それを機縁として内面化し聞法することで「時代苦の底に徹して全人生を救ふの法」の開顕を目指したのに対し、後者は弁証法的唯物論によって時代苦を生み出す不条理を徹底的に解明しようとしたのである。戸坂は一九三五（昭和一〇）年に発表した『日本イデオロギー論』の中で次のように述べている。[29]

この書物で私は、現代日本の日本主義と自由主義とを、様々の視角から、併し終局に於て唯物論の観点から、検討しようと企てた。この論述に『日本イデオロギー論』という名をつけたのは、マルクスが、みずからを真理と主張し又は社会の困難を解決すると自称するドイツに於ける諸思想を批判するに際して、之を『ドイツ・イデオロギー』と呼んだのに倣ったのだが、それだけ云えば私がこの書物に就いて云いたいと思うことは一遍に判ると思う。無論私は自分の力の足りない点を充分に知っていると考えるので、敢えてマルクスの書名を僭する心算ではないのである。[30]

言うまでもなく「日本主義」とはファシズムであり「自由主義」とは「大正デモクラシー」のことで、そのいずれをも戸坂はマルクス主義的世界観をもって批判している。そして、一九三八（昭和一三）年二月に検挙され、日本降伏の六日前の一九四五（昭和二〇）年八月九日、服役中の長野刑務所で命終した。

一方、強靭な哲学的思索力をもって安田は、次のような世界観を述べている。

世界構造の基底を為すところの、そしてまた実践に方向を与へてゐるところのものは、仏教で一般に涅槃、即ち寂滅と言はれてゐる。即ちそれ自体無根拠にして、然も世界根拠となる法は、世界の滅として表はされる。仏教的実践はこれに対向し、これに依つて方向づけられ、これに依つて統一される。[31]

安田は、戸坂のように、客観主義的立場に立って社会批判を行わなかった。そうではなく、世界構造の基底に「寂滅・涅槃」を見定めたのである。

当時、多くの民衆が時代に押し流されている中で、戸坂も安田も、そういう時代社会を超克すべき「主体」のあり方を模索した。すなわち、どこまでも徹底的に自らの「内」に問い、人間としての実存的充実を求めようとした安田と、ファシズムという不条理に向かって論理的批判を確立する戸坂との、そういう彼らに象徴される「主体」のあり方の二面性に、興法学園の若き求道者は直面していた。

三　北原繁麿「雪の北越より」

『興法』創刊号には、「発刊の言葉」の他に、同じく安田の「実践を可能ならしむるもの」、曾我の「大寂三昧について」、金子の「時機相応の法」、北原の「雪の北越より」、松原の「去く友を念ふて」、そして山崎の「誕生の前後」が収められている。ここでは、特に大谷大学の曾我、金子「異安心」問題に身命を擲った、北原と松原の論文に注目したい。

まず北原は、「雪の北越より」で、次のような心境を告白している。

私は昨年の冬、雪の下にゐて、対象のない憤りをまゝ感ぜられました。今年もまたそれに悩まされてゐます変な表現ですが、相手なしの幅広い憤りの心です。大衆と一緒に事をした後に必ず押し寄せる、あの底のない憤りに似た、それよりも、もつと陰性な虚無感ともいへませう。これが雪の中の孤独生活の感情なのです。この感情をもつ自分を今更ながら恥かしく思ひます。

一面、この根源をたどつて見ますと、何かを頼る心の現はれのやうです。何かを求めてゐる心でせう、要求してはならぬものを求めようとする心でせう。（中略）実際、私達は自分の生活の変更が直ぐ出来ると思つてゐます。しかしそれが到底できない、捨てたと思ひ込みながら事実は心の奥底に、しつかり隠してそれに一生懸命にすがつてゐるのです。この秘密が自分に暴露されることは怖ろしい[32]。

「底のない憤り」とは、北原卒業後に勃発した曾我、金子「異安心」問題に端を発する、「大谷大学クーデター」を指していると思われる。そのような大谷大学への「虚無感」や「孤独感」、またその中から露わになる至深至細な、自らの心の奥底に潜む弱き自己の「秘密」を抱えて、北原は一人、苦悩の大海に投げ出されているのである。そのような自己を、郷里越後に配流となった親鸞に重ね合わせて、次のように聞思している。

私は雪の下の孤独にあつて、こうした抑へきれない憤りの心に苦しめられながら、いつも祖聖を思ふのです。（中略）聖人は越後へ来ることによつて過去の凡べてを捨てねばなりませんでした。（中略）私は聖人の三願転入は越後時代と聞いてゐます。恐らく聖人には雪の越後にしてはじめて今まであはれたことのない本当の南無阿弥陀仏に触れられたことでせう。ほんとうに冷たい越後の雪もたちまち解けて、一如の願海に流れ込んだことでせう。信仰の黎明、ことに雪の越後で、そのことが今日の私には此の上なく慕はれます[33]。

承元の法難に遭遇し、越後に流罪となった親鸞は、越後の大地に生きる群萠と生活を共にする日々の中に、真如一実の願海に生きたが、北原も今、一如の願海を求めて親鸞を慕い聴聞するのである。次のように続けている。

師法然上人から示されたときの南無阿弥陀仏は、聖人にとつて或ははなやかな色に飾られてゐたものだつたでせう。しかしそれは世を越ゆる本当の力とはならなかつたでせう。その南無阿弥陀仏を失くしてしまはれたとき、はからずも本当の南無阿弥陀仏に遇はれたのでせう。世を越ゆる、それは外に世を越えるのではなく、内に、本当の念仏に帰つて、自ら世を越えしめられるのです。(34)

親鸞の、吉水で明らかにした知的な香りのする念仏は、越後配流に遭遇するや、「十方衆生」のための念仏となった。すなわち、越後流罪によって、親鸞は初めて「三願転入」の感得、特に第二十願を実験した、とは、曾我の越後時代の論文「三願より発足して十重の一体に到着す」等で明らかにされた知見であったが、そのように北原も今、雪の越後にあって、まことに「世を越ゆる本当の力」、つまり「三願転入」、「難思議往生」（大経往生）を遂げることを強く欲していたのである。「大経往生」とは「現生に正定聚のくらいに住して、（中略）無上涅槃のさとりをひらく」(35)ことであった。北原は、親鸞がそのように現生正定聚に住することを、つまり一如願海への転入を、「遂げんと欲う」(36)と念じたように、曾我に導かれてその「欲遂」を念ずるのである。

そこで、北原の仏道を明らかにするために、今一度、越後時代の曾我の求道を確認しておきたい。苦悩を懐いて帰郷し親鸞に魂の救済を求めて聞法した曾我を、北原は、心から尊敬し慕い憧れていた。

思えば、曾我は、興法学園誕生より二〇年ほど前、真宗大学の京都移転（一九一一〈明治四四〉年九月）による失望感と虚無感を懐いて郷里越後に帰り（一〇月）、群萌の一人となって、親鸞と対座し聞法した。そして、衷心より第二十願を「遂げんと欲う」との求道実験を思念した。そのような曾我を、北原は自らの仏道の先駆者として仰ぎ、歩もうとしているのである。

曾我は越後での自分自身を、次のように金子に告白していた。

雪の中に旧き生活を営める流人には新年の感なし　今や賀状を受けて忽然春光を拝す　感謝何ぞ堪へん　小弟

は大兄の清高なる行動に対して深く自ら慚愧するものに候(37)

曾我は、自らを親鸞と同様に「流人」と見なし、そして、

此頃は特に業報と云ふことを味はうて居る　自分は漸く久遠の田舎者なるを知るを得た　誠に人生は業報である　而して業報の根原である　何人も此人生の大海に来りては執着を免るゝことが出来ぬ　而も自己の執着力の強きに醒むる時現実の悲哀茲に起る　而して解脱を求む　而して解脱の無効を観ず　此時に起る悶が大悲の勅命に候也(38)

と、永劫に救済されぬ業報の身を抱えて「解脱を求む」る思いを、金子に訴えている。まことに、北越の大地に棲む「田舎僧」親鸞に聴聞するところに、曾我の「研究生活」の基盤があった。その心境を次のように述べている。

我真宗は少数の都の方に依りて維持せられて居るのでなく、彼等に侮られ、又自ら棄てゝ居る所の、無名の田僧に依りて維持せられて居るのである。（中略）自力諸教に於て常に水平線下に置かれたる十方衆生は、誠に浄土真宗に依りて初めて地上に湧出して久遠の光輝を放ちて自力諸教の大士をして顔色なからしめ、土塊の如く卑しめられたる田僧も我祖聖の御出世に依つて舎利弗目連と光を争ふの地位を得たことに驚かねばならぬ。げにわが祖聖は田舎僧の第一人者にておはします(39)。

真宗は、大地に生きる「十方衆生」を基盤する、「田舎僧」による「田園宗」なる仏道であり、そしてそのような「田舎僧」親鸞に、曾我は「舎利弗目連」と同等の地位を与えて讃え、さらに、

私は我祖聖の出世の唯一の使命は『教行信証』製作にありと信ずる。而して此『教行信証』の御製作の根柢は正しく北越御配処の深き御内観であると信ずる。真実の祖聖の研究生活は北越以後である。（中略）此れ特に祖聖が親しく田舎僧となつて田園の宗教を建立し給ひし所以である。浄土真宗は在家宗なると共に田園宗であ

る。我々田舎僧は特に祖聖内観の表明なる御聖教に向て、常に自己の実相を観ぜねばならぬ。[40]

と、流罪に遇い、『教行信証』を製作した「田舎僧」親鸞に同座している。

すなわち曾我は、どこまでも群萌のひとりとして、また大地に平伏する「田舎僧」として、越後の大地に立ち、そこに始めて十方衆生に開かれた真実世界を感得する。そして、『教行信証』をして、決して南都北嶺の教理的な学問の書ではなく、間違いのない「田園宗」の宣言書と見定めている。このような、『教行信証』が「田舎僧」の内観によって製作されたとは、曾我の知見であったが、ここに北原の曾我に、さらに曾我を通して親鸞に、尋ね入る所以があった。北原は、『教行信証』製作の原点とも言うべき、「第二十・至心回向の願」の実験を求めたのである。

曾我は、その第二十願の根底に横たわる仏智疑惑について、次のように述べている。

比叡山上に於て「自己行力」「行の自力」の弱小に泣いた祖聖は今や反対に「自己心力」「執心の自力」の云何に強烈なるやに驚き泣き給ひた。則ち今更に自己の信念の貧弱にあきれ給ひた。彼は茲に赤裸々の人、霊界の破産者となつて新しく如来の勅命に聞き給ひた。而して祖聖の御生活の至大の激変は北越御配流である。（中略）主上臣下や南北の僧徒を怨む声はないか、罪なくして罪人の名を得たるの想はないか、恩師や同門の方々の取りし方針に対して恨む所はないか、（中略）汝に師教を感謝する心はあるか、妄念は種々に起り給ひたであらう。彼は自己の信生活に就て根本的疑問を提起し給ひたであらう。北越配流には根本的に今まで夢の如く描き給へる一切の空念は一時に破壊せられた。[41]

越後の親鸞は、「良に傷嗟すべし、深く悲嘆すべし」と心境を明かし、また「報土に入ることなき」と告白せざるを得ない「垢障の凡愚」であり、その自覚によって、仏道が群萌に公開されたのである。まことに群萌の仏道の根底にあるのは、菩提心ならぬ仏智疑惑の悲歎すべき「霊界の破産者」である。ここに、雄々しく「田園宗」が成立するのである。曾我は、そのような悲歎述懐の親鸞を、「常に自己の実相を観」ずる仏道の実践者と仰いでいる。すなわち、大谷大学に悲歎し、絶望的な北原は、自己の救済される唯一の仏道を、親鸞や曾我と同様、「田園宗」に求めていたのである。ここに、曾我を経て北原を始めとする興法学園の求道者へと伝承される近代教学を見ることができよう。

後に曾我は、『親鸞の仏教史観』の中で次のように語っている。

我が親鸞の求められました所の仏道、即ち吾等の先祖、所謂二千五百年乃至三千年の仏教歴史と云ふものはそんなものではない。これは吾等迷へる衆生が生命を賭けて仏を求め求めて、さうして遂に求め得た所の歴史的事証でありります。吾等の祖先が一心にそれを求めて、一向にそれの上に歩み来つた所の仏道々場の歴史でありま す。(42)

まことに、「衆生が生命を賭けて仏を求め求めて、さうして遂に求め得た所の歴史的事証」が、親鸞の求めた仏教の歴史であり、ここに、北原の求めて止まない群萌の仏道の正体があった。「田園宗」こそ、親鸞以来北原にまで伝統されている真宗であったのである。

北原は今、曾我に聞思している。すなわち、曾我と同様に、「田舎僧」である親鸞と対座し、群萌と共なる生活者となることを念じている。越後出身の北原や、そして山崎にとっても、同郷の曾我の存在は、極めて身近な求道者の見本であり、励みでもあった。

四　松原祐善「去く友を念ふて」

北原のこのような至純に道を求める心は、松原にも共通していた。松原の「去く友を念ふて」は、松原自身の求道の全貌と共に、松原と高光の出遇いも分かるので、長文をいとわず引用したい。

昨年の例の騒動事件の後、僕は胸に底なしの空洞を抱いて、淋しく逃げるやうに帰国したのだつた。だがどこまでも執拗に躊躇としかも躁急、そして怖ろしい懐疑の渦巻が僕を追ひかけるのだ。慰めてくれるであらう田舎さへとても落ちつけてくれない。ときに北間の高光先生の夏期講習会を思ひだしたのだつた。たしかに何か落ちてゐるに違ひない、真珠の玉が。早速放たれた矢のやうに飛びだした。果してそこには真の求道者の集ひがあつたよ。最初の日の昼食後だと記憶する、僕は先生にこう質問したのだ。「宗教はあくまで時代文化の光となり援助者たるべきでせうか」と。思へばいかにも曖昧な、そして今からすればあまりにも呑気な質問だつた。しかし君はそこに、何が当時僕を支配し苦しめてゐたかを知つてくれるであらう。たちどころに「捨てたがよい、宗教は一文にもならぬ」その声だ、鋭く僕の心臓をグンと衝いたのは。胸は高鳴る、全身の血は煮えくり返つた。頭で思想し物的化された僕の宗教は、忽ち木ッ端微塵にへし飛んだのだ。と同時に驚くべし、所謂インテリの苦悶は、全く僕から消え失せた。本来、真一文字に身を捨て切るべき大道が、今や厳然として眼前に展べられてあるを見た。顚倒されたその眼は、遂には翻がへされねばならぬ。仏道は常に生きいきと活きてをる。多くの人達はそれに生き切ることを欲せないのだ。だが人間はそこへ帰ることなくしては、永劫に闇黒なる死の限界に憂怖しつゝ、業道自然の鉄鎖につながれ、無始無終動乱の生死海に沈迷流転せねばならぬのだ。その後だ、ちやうど、山崎兄からよろこばしき音信が田舎に飛び込んだのは。安田・北原両兄を中心にした興法学園の誕生だ。しかも曾我先生、金子先生の御指導のもとにといふ。歓喜踊躍、僕は死を誓つて賛同

した。(43)

文中の「昨年の例の騒動事件」とは、北原と同様に、大谷大学の曽我、金子「異安心」問題を発端とする「大谷大学クーデター」を指している。その激震の中から、自らの空虚感を埋めるべく求道する松原の姿を、ここに見ることができる。

当時、曽我、金子の大谷大学追放に対する反対運動を展開していた北原や訓覇、松原、山崎らの「仏教科二回生」は、曽我、金子「異安心」問題に対する反対運動の総括として、清沢門下であり「加賀の三羽烏」として知られていた高光を招き、記念講演会を開催したが、その講演会で高光は、挫折感に沈んでいる学生に向かって痛棒を振るったことは先述した。高光の叫ぶ仏教とは、生活と一枚の生きた仏教であり、したがって、仏教を学問的に修めようとする彼らのインテリ意識を、真っ向から否定した。ここに、若き求道者と高光との衝撃的な出遇いがあったのである。そして、大学を卒業した一九三〇（昭和五）年のその夏に、高光の自坊専称寺での夏期講習会、いわゆる「北間の講習会」に、「本当の仏教」を求めて転がり込んだのである。彼らは、高光の眼光によって、自らの挫折感と絶望感、そしてその心底に潜む業報と執着力という「秘密」が照破され、ここに真の仏道に立つことができた。上に引いた松原の文章は、その踊躍歓喜の告白であった。

すなわち、曽我、金子「異安心」問題に対する反対運動の頓挫による松原の絶望感、虚無感、さらには「秘密」は、高光に向かっての「宗教はあくまで時代文化の光となり援助者たるべきでせうか」という質問を促した。それは、宗教は時代社会の助けとなるかという質問、つまり、宗教の社会的使命を質したものであったが、それに対して高光は、一刀両断、「捨てたがよい、宗教は一文にもならぬ」と答えたのである。宗教は社会的には無力である。したがって仏道とは、自己の業道自然に領くことでしかない。その領きにおいて、業道は自然に閉ずるではないか。高光にとって仏道とは、自らの業道生活が、そのまま自然法爾の生活であるところに開かれる。すなわち、松原の「外」への眼は厳しく「内」に向けさせられたのである。ここに業道に苦悩する自己との遭遇が促された松原は、自らの「インテリの苦悶」、つまり自分自身の「秘密」は、余すところなく照破され、親鸞や曽我、高光と同様の一凡愚としての田舎僧となって群萌の大地に立ち、大悲の勅命に生きる身となったのである。

高光は、このような松原の心境を綴った書簡を、自らの機関誌『直道』に、次のように披露している。

今回はいろ〳〵と御厄介になりました。くれ〴〵も御礼申します。家の都合であと二日間先生の御話を承はらずに帰国せねばならなかつたのは残念でした。でも私はこれ迄全く聞こえなかつたものまた触れ得なかつたものを今先生によつてはじめて捉へさして貰つたのを喜んでゐます。そうです私は今日迄自分に真面目にと喚びかけつゝいつもふるへながら自分を薄幕で覆はんとして来ました。自分を見つめることが最後まで問ひつめることが此の上もなく怖ろしかつたのです。で私は自分を外からでき得る限り堅い鎧で包まうとあせりました。この努力は――私は限りなきこの努力のうちに救ひがあると信じて来ました。――畢竟私を本当のものから遠ざけてしまつたのです。そして嵐が吹き荒ぶと人間的存在とはと、如何にも言訳的に平気で人間解釈をはじめます。あるひは昨日迄それですませたのかもしれません、だがいかに外から理論や知識で自分を包んでも永久に癒えることない魂の傷口は段々大きくそして深く鋭くなつてゆきます。今日はこの傷口をそつとほつて置く訳にゆかなくなつたのです。一時私はこれに驚かされてマルキシズムの所謂社会化された個人それに自分を逃避せしめて唯物史観の学徒たらんとしたのです。でも相変わらず自分の姿が目前に沈澱されて横たはつてゐます。これを如何ともすることができない。理論を以て追ひのけることはできなくなつたのです。私はこゝ数年と云ふものは曾我先生の側で含蓄多い講義を聞きました。そして私の態度はいつも先生の講義によつて今までの自分を修正し教養してゆかうとつとめました。その点曾我先生に対して本当に素直になれなかつたのです。聞くことよりも分別が先に走りました。先生の言葉を単に自分の頭に移植さして、それで先生の教を受けつゝある自分がいつもその教へをよそにしかも足は地につかず翼を折られた鳥のやうに戦場の嵐に転がつてゐました。今更ら先生にすまなく思ひその罪を悔いてゐます。

先生、今度の講習会には沢山の真珠が落ちてゐたことでせう。私の拾つた一つはたゞ自分が自分自身に本当にあいそうがついたことです。自分を大地にぶつゝけて泣くことしか何もできなかつたのです。その涙の底に未だ見なかつた光が感ぜられました。では先生御身大切に。(44)

松原は、「北間の講習会」において、自覚という「真珠」を拾い、真実世界を発見することができたのであり、それに対して高光は、自分と同じ「一如の願海」に生きる仲間となった松原の告白を『直道』に披露することで、心から松原を祝福した。

北原や松原の信の純粋性は、『興法』の全体に漲るものである。純粋に求道的に生きることは、清沢の精神主義を継承するものであろう。精神主義は常に躍動的であり、我の中にある観念の世界を打破してやまないものである。自分自身を自己の「秘密」から解放するところに、徹底して自己を問う近代教学の伝統があった。当時の興法学園の様子を知るために、『興法』創刊号の「編輯後記」を紹介しておきたい。

現在、学園の毎週の日課は、曾我金子両先生の日曜講話、月曜日には金子先生を中心に親鸞聖人の仮名聖教の演習、火曜日曾我先生の観経講義、同じく曾我先生の水曜日の成唯識論講読、金曜日には安田兄を中心にした如来蔵縁起説の研究会、その他安楽集の輪読会等開かれて居ります。(45)

親鸞が、「論主の解義を仰ぎ、宗師の勧化」に依って難思議往生を果たしたように、興法学園の求道者も常に教学に自己を照らし、そして親鸞に聞思し念仏の伝統に立ち上がろうとした。ここに興法学園の「僧伽」としての存在意義があったと言えよう。

第三項　「大谷大学のクーデター」

ここで、興法学園と並行して歴史を織り成す、曾我追放後の大谷大学と教団について確認しておかなければならない。

一九三〇（昭和五）年三月、曾我の薫陶を受けた「仏教科二回生」が卒業することを待っていたかのように、教学部長であった下間空教は曾我を本山に招致して辞職を迫り、それを受けて曾我は、二五日に辞表を稲葉学長に提出した。そして、四月三〇日付で曾我の「依願退職」をもって、正式に辞職が決定した。

当時の模様を『中外日報』は次のように報じている。

大谷大学の曾我量深教授は先般稲葉学長まで辞表を提出してゐたが教授任免に関しては教授会に諮るべき事なので大学に於ていかに処置するであらうかゞ注目の的になつてゐた。曾我教授の辞表は突如として起つた事件の様であるが其処には明治以来の大谷派内の思想の流れの対立にまで遡りうる一面もあり、又一昨年大騒ぎをした金子大榮教授の問題とも一脈の連繋がある。（中略）金子教授の問題の時にも侍董寮は有力なる一中心であつたが金子氏の思想は多分に曾我教授の影響をうけてゐると見られ当時に於て何故に曾我教授を問題とせぬかと云つてゐた者もあつた。(46)

曾我、金子を「異安心」として攻撃する背景には、近代教学と伝統教学の対立があった。清沢の建てた真宗大学の京都移転を強行した高倉学寮からすれば、学生に対して金子以上に大きな教化力、影響力を発揮する曾我を追放することは、伝統教学を護持しようとする大学や本山にとって、是非とも断行しなければならない出来事であった。

以来、伝統教学の拠点ともいうべき宗意安心の調理機関である侍董寮事業部が大谷大学に移管され、そこを拠点に近代教学の台頭を阻止するための活動が展開された。さらに、借財に苦しむ大学や本山を財政的に支える実業家田代重右衛門や投機家岩田惣三郎ら会計常務員の絶大な財力を背景にして、斉藤唯信や河野法雲ら伝統教学の重鎮は、自らの存在感を発揮した。だが、「異安心」問題への対応は、相変わらず教学的に論ずるまでには高められることはなかった。教団の狙いは、如何に速やかに、曾我、金子の事件を処理するかに注がれていたのである。

ここに大きな問題があった。曾我追放以来の一連の動きが、大谷大学学長の稲葉昌丸の頭を越えて行われていたのである。『中外日報』の記事に、「教授会に諮るべき事」とあるのは、そのことを意味していた。そこで教団は、教授会での議論や、侍董寮と教授会の話し合いを持ったが、下間の曾我に対してとった実際の行動が、大学の自治と学問の自由を踏みにじるものであったことがさらに表面化し、そこで再び、大学と本山との間に大きな亀裂が生じたのである。

大学は、「異安心」問題を、あくまで「純理」として、つまり純粋に教学問題として受け止める姿勢を貫き、また、卒業した「仏教科二回生」の意志を受け継いだ在学生は、曾我辞職を機に、「大学将来の禍根を絶滅すべし」(47)というスローガンを掲げて、大学の自治と学問の自由を守る「宣言」をもって、斉藤、河野両教授の排斥勧告を決議、さらに、全国同窓に檄文を送るなどの抗議運動を展開した。しかし、稲葉は学生に、大学の本来の使命である学問の自由を政治権力から守るためには、合法的に対処すべきであることを訴え、学生の不穏当な檄文配布などの抗議行動を全力で戒めたため、六月二日、学生は自主的に学生の会を解散した。ここに、「異安心」問題に端を発する大学の混乱は鎮静化するかに思われた。ところが、直後に本山の大学に対する本音とも言うべき横暴が表面化したのである。

下間の大学に対する本音は、大谷大学から清沢の精神主義の系譜を一掃するところにあった。具体的に言えば、佐々木月樵の『大谷大学樹立の精神』に依って立つ、また「大学令」に則って開設された「近代的」な大学を解散して、大谷大学を旧来の高倉学寮の伝統を守る大学に戻そうというものであった。

たとえば「お前達はたゞの教授だ、本山の禄で養はれてゐる単なる雇用人である」(48)という発言や、「学の絶対独立は認めない。これは現在の宗憲上、学校条例上、教育財団寄付行為上、又学則から見ても自由でない」(49)という宗議会答弁、さらには「大谷大学の設立者は本山であつて、佐々木氏は其管理者にすぎなかつた」(50)という言辞に、下間を始めとする当時の本山当局や伝統教学を保守する立場を窺うことができよう。本山からすれば、大谷大学は、たとえ社会から遊離しても、本山の御用学問の大学であるべきであったのである。ここに、保守派の巻き返しの背景があった。

すなわち、本山は、学生運動が鎮静化した直後の六月四日、大学回付金の大幅削減や、人文学、哲学の二学科を仏教学科一学科に統廃合することを表明したが、そのねらいは、仏教学科一学科とすることで予算を削減するところにあった。当然、稲葉学長や大学当局は激しく反発し、稲葉ら大学当局は、全員一致での辞表提出を論議するも、八五〇名の学生やその父兄のことを慮って、思いとどまらざるを得なかった。

ところが六月九日、下間は学長を突然招致し「訓示要領」の配布と「悔悟状文」の提出を大学当局に要求、さらに同日の夜、学生運動の扇動者として藤岡了淳主事、赤沼智善図書館長、瀧舎雄教授に対して帰休命令を発したのである。困惑した大学は、六月一〇日に緊急教授会を開くや、たちまち教授陣の激昂は極に達し、一一日、「全滅の学園、谷大専任教授職員全部、即時総辞職を敢行す。大学樹立の根本精神の蹂躙[51]」との新聞報道に見られるような、教職員総辞職が決行されたのである。そして六月一二日、「大学の自治を完全に奪はれ隠忍自重も遂に破れて此処に全教授団総辞職を敢行す。学の自由を失へる学徒一千涙を振ひ累々たる恩師の屍を越えて総退学を決行。狂人的暴圧を振ふ本山当局」、「落着せる学生運動を楯に悪辣極まる腹案を秘して予算大削減を敢行し先づ大学を窮地に陥る[52]」、あるいは「故佐々木学長の肖像に最後の別離。学生総退学敢行。名残の寮歌も絶えぐに[53]」と報道されているような、涙と怒号の中、佐々木月樵の肖像に頭を下げて学生は総退学するという、壮絶な解散式が挙行されたのである。全教職員と全学生の辞職・退学という、前代未聞の最悪の事態に大谷大学は陥った。世間では、このような事態を招いた本山に対して、「本山当局としては予定の幕?[54]」という噂さが飛び交うほどの、世間から見ても明らかな策略的暴挙であった。まさに新聞の言う「狂人的暴圧」こそ、下間を始めとする本山当局の大谷大学に対しての態度であった。しかし、このような混迷も、まもなく文部省や京都府の真相調査や各地の同窓会の奮起、そして宗議会議員や保護者の本山に対する抗議行動によって、六月二二日、調停が成立した。以下は、その調停声明書である。

(前略)宗務当局に於いては大谷大学は従来の通り大学令に依る大学としての其性質を変更する意志なく従て大谷大学は正しき伝統の宗義を宣明する為の研究学府にして又其運用上学長の管理権を尊重することは宗務総長より宗議会に於て言明せられ大学の宗門に於ける位置を更めて明確にすることを得、宗議会は大谷大学の改善を認め従来の各条件を円満に解決したり

昭和五年六月二十二日　　宗議会議員[55]

学生も二八日に復学し、ここに「大谷大学クーデター」は一旦幕を降ろしたのである。

ところが、翌年（一九三一（昭和六）年）三月二一日、下間の三月二一日付で発布された「大谷大学職制」を端緒に、再び「大谷大学クーデター」が勃発した。その「大谷大学職制」を抜粋すれば、

大谷大学職制

第一条　（教授ハ）職員ト相兼ヌルコトヲ得ス

第二条　学長ハ講師ノ中ニ就キ之ヲ任ス

第十三条　学部予科及専門部ニ各教授ヲ設ケ各教授会ヲ以テ之ヲ組織シ各部科ノ研究並指導ニ関スル事項ヲ審議セシム

第十六条　本職制ノ改廃ニハ予メ真宗教育財団理事会ノ議ヲ経ルコトヲ要ス(56)

であり、『無尽燈』ではつぎのように要約している。

（1）学長は講師より選任し、

（2）教授と職員との兼務を許さず、

（3）教授会の審議事項は研究及び指導に限れること、

（4）職制の改正に教育財団理事の承認を要すること(57)

下間はこれをもって、大学の自治と学問の自由を守るために本山と対立する稲葉学長を辞職に追い込み、その後任に伝統教学の大家斉藤唯信を推すことを目論んだが、これに対抗する大谷大学は、この職制について次のような声明書を発表した。

去る三月廿一日付の告達を以て発布せられし新職制は大谷大学の精神を蹂躙し教授の位地を不安ならしめ学長

の更迭毎に大学を宗門の政党化するものと認め我等は阿部学長事務取扱に対してその修正を要求せしが阿部学長事務取扱は之を容れしに拘らず宗務当局の一蹴する所となり却りて同僚稲葉円成、梶浦真了、瀧含雄の三氏は自決の止むなきに至るが如き状勢を醸し従て教授団の要求せし所は事実を以て拒否せられたりよりて我等はこゝに連袂辞職せり

昭和六年四月十七日　大谷大学派内教授二十三名連名(58)

『無尽燈』はこの「職制」を、「谷大打ち壊しの為の鉄槌である」と訴えたが、そのように、下間はこれをもって、大学の人事干渉という実力行使に出た。

だが文部省は、この突然の暴挙とも言うべき学長人事を容易に認めず、稲葉学長はそれを盾に、学長職を譲らず大学を死守した。本山は阿部恵水を中心に文部省と重ねて交渉したが、ついに斉藤の学長の認可が下りなかった。さらに文部省は、入学式を直前に控えた四月六日、阿部を学長事務取扱として任命したため、一九三一（昭和六）年度の新学年は阿部学長事務取扱のもとで執行しなければならなかった。その上、「新職制」に反対する教授が連名辞職するなどの混乱が続いたため、四月六日の予定であった入学宣誓式も大幅に遅れ、五月一日に至って漸く行われたのである。目に余る異常事態であった。

そして六月九日からの宗議会では、当然の如く大谷大学の問題が議論されたが、一七日、下間教学部長が突然に逝去した。そのため、阿部参務が教学部長を兼任することになったが、本山の弱体化は否めず、ここに諸問題解決のための機関として、「三機関（宗務顧問・宗議会議員・会計常務員）聯合協議会」の設置を議決し（第四回宗議会第九日）、ここにようやく大谷大学の問題も解決の方向に向かうことになった。その議決案提出の理由は、次の通りである。

理由

一　従来限定問題に就ては学派一致の結束により進み来りしに近時内外に異論あるが如し　此際更に慎重審議宗団の方針を確立すべし

一　大学問題は昨年来の紛擾は未だ終熄せず　尚改善委員会の決議は頗る重大なる事項を含むと聞く宜敷宗団の総意に鑑み其方針を確立すべし(59)

「改善委員会」の議決を尊重しようというのである。

「改善委員会」とは、一九三一（昭和六）年一月の臨時学制審議会において大谷大学の問題を解決するために設けられたもので、二月三、四日の二日間にわたって開催、議決された。だが、その議決内容については、「各機関にも図られて具体化せらるる筈であります(60)」とあるだけで公表されていない。さらに稲葉円成が『無尽燈』に「大学改善の正体は何か」という一文を草しているが、その中で一応は「大谷大学改善委員会」について触れているものの、「思想と制度と経済の各々に就いて改善せねばならぬといふことであった」という程度であり、「この案の内容は厳秘にするといふ約束ゆゑ口外を憚る」と述べられているだけで、議決内容は何故か公表されなかった(61)。いずれにしても、大谷大学の問題が宗議会で論じられることで次第に改善の方向性が示され、ついに、次のような「大谷大学に関する建議案」が議決された。

建議案

現下大谷大学混乱の救済は焦眉の念なりと信ず依て左の二項を根本として学内を整理し学生をして安んじて勉学せしむるやう努力せらるべし

根本条件

一　学生中より犠牲者を出さゞること

二　学校職制は旧制度を根本とし之れを改正し学則内に組み入るゝこと

右宗議会条例第三十二条により建議候也

昭和六年六月二十日[62]

このように、本山の大学への人事介入を容認する「職制」が改正されたことにより[63]、事態は着実に終息へと向かっていった。下間の急逝によって、事態は大きく動いたのである。

そして、「三機関聯合協議会」は、八月五日に二日間の日程で開催、特に大学問題については、次のような決議が行われた。

一　真宗教育財団理事の増員につき、それを希望する説と現状の儘に存置する説との二種あり、その採否は当局に一任す。

二　大谷大学改善委員会の成案に基き速かに改善をなすこと、特に宗学院を大谷大学内に移すこと。

三　宗門学校の学生として宗教的信念を涵養すべき特別の施設をなすこと[64]。

ここに、金子「異安心」問題に端を発する混乱は、一応の決着を見ることになった。

当時の本山人事を確認すれば、七月二二日には阿部が宗務総長に就任し、下間の後任には一柳知成が就任した。そして八月二六日、大谷大学学長に上杉文秀が就任したことで、大学は漸く機能を回復することになった。だが、大谷大学学長に伝統教学の宗学者が就任したためか、これまでの一連の混乱の発端であった「異安心」問題については、そのまま放置された。

このような「異安心」問題に端を発する本山の動きについて、曾我は至って平静に、自らが大学を去る数日前

に、

私が宗門から容れられないと云ふ事は久しい以前からの事でした。安心だとか異安心だとか云ふが、私自身から云へばそう云ふ事を云ふ事それ自体が冒瀆だと思ふのです。安心と云ふことそれ自体がどう云ふものであるかそれから吟味してかゝらねばならぬ。（中略）唯古い聖経を読んで覚え込むことが安心なんだらうか？　侍董寮に集つて居られる人で宗門の元老と云はれるやんごとなき方々が上申するとか、せぬとか騒いで居られると云ふがもつと冷静になつて戴けないだらうか？(65)

と述べていた。「古い聖経を読んで覚え込むことが安心なんだらうか？」という言葉に、曾我の視線が十方衆生に注がれていたことを確認できよう。大学を去った曾我は、意欲的に在野への布教へと足を運んだのである。

第四項　『興法』第三号より

『興法』を読みつつ思うことは、曾我・金子「異安心」問題で闘った北原、松原、山崎を率いて興法学園を創立した安田の存在感である。安田の緻密な求道的思索で開顕された信世界は、全身を擲って仏道を実行、実践する三人の求道の方向を示すものであったし、一方安田にとっても、三人との共同生活は、自らの精緻な教学を机上から解放し、仏法を生活に具現化させる得難き場であった。安田は当時三〇歳であり学園の最年長であり、そのような若き求道者たちにとって、教理学と化した親鸞教学を、生きた教学として自己の生活において再生するための「実験」の場が興法学園であったのである。

さて、親鸞が『観無量寿経』の真意を、「顕彰隠密」の義をもって了解したように、我々は、我々に施与される

苦悩の真意も、そのように了解しなければならないと思われる。すなわち、『教行信証』「化身土巻」の、

達多・闍世の悪逆に縁って、釈迦微笑の素懐を彰す。韋提別選の正意に因って、弥陀大悲の本願を開闡す。これすなわちこの経の隠彰の義なり。(66)

との述懐は、苦悩の大地を生きる群萌の、聞法の実際であろう。苦悩の「顕彰隠密」の義を明らかにすることによって、仏道は群萌に明示されるのである。すなわち興法学園の四人にとって、大谷大学の危機とは、「王舎城の悲劇」に通ずるが如きの出来事であり、「如来の弘願」を明示し、「韋提別選の正意」を明らかにするための方便であった。『興法』にはそのような彼らの求道的論文が掲載されているのである。したがってここでは、彼らの「韋提別選の正意」の実験を、『興法』第三号（一九三一〈昭和六〉年五月一〇日）に尋ねたいと思う。

興法学園の中核であった安田は、「無の鏡」と題する論文の中で、次のように述べている。

衆生が真実に衆生たることを得るのは、自己を超越しつゝ、然もそれが同時に自己をして自己たらしむるものに、自己を基礎づけることによつてゞある。然しながら超越者に自己を基礎づけるとは、超越者と衆生とを結合することではないであらう。超越者が衆生に対して存在する限り、如何にしても両者の結合は不可能であるからである。随つてその基礎づけとは、超越者に於ける自己の発見、超越者の自己限定としての衆生の発見でなければならない。さればその超越者とは、自己に於ける衆生構造の統一者である。(67)

ここには、如来と衆生との関係、つまり「現前の境遇に落在する」自己に対する安田の徹底した思索を見ることができる。苦悩の魂は、絶えず自己の存在意義を問うものである。自己の存在意義とは、「超越者の自己限定としての衆生の発見」であろう。つまり大谷大学の危機を「浄邦の縁」として、また我が身を「浄業の機」として領受することであり、それは同時に、その「機」に「自己限定」する、つまり成就する、如来の発見でもあった。その

意味で、若き求道者は、どこまでも求道者であったのである。この安田の明晰な知見は、間違いなく、北原や松原、山崎の仏道の指標となったに違いない。

さて、最初に北原の悲痛な告白を聞こう。『興法』三号には、「偶像を葬る」を発表しているが、その書き出しが「我等が熱愛の子、大谷大学は滅びてしまつた」とあるように、それは、清沢が創立した大谷大学が蹂躙されていることに対する悲痛の叫びであった。北原は、母校に寄せる思いを、カピラ城の滅亡の前に立つ釈尊を偲びつつ、次のように述べている。

私はいま、故郷カピラヴァストの滅亡を見て、憂愁に鎖された仏陀を想ふ。大谷大学は無始よりの大生命を此の世に発現させる唯一の源泉であつた。建立常然の伝統の大業は、大谷大学に依つてのみ可能であることを我等は確く信じてゐた。この大生命を宿した殿堂を我等は愛した。この存在を寧ろ誇りさへもした。しかるにそれは全く壊滅に帰した。この殿堂が今地上から消え去つたのだ。拭ひ去ることの出来ぬ憂鬱を覚えるものは私一人であるまい。(68)

北原は、大谷大学に「無始よりの大生命を此の世に発現させる唯一の源泉」と、万感の思いを寄せているが、そのかけがえのない大谷大学の壊滅の前に佇んでいる自己の存在意義を厳粛な思いで尋ね、そして次のように、安田のいう「超越者の自己限定」する「機」を自らに問うのである。

この廃墟の現実に佇んで我々は三思せねばならない。果して我々は此の殿堂を愛して来たか、その使命に不惜身であつたかと。私は怖れる、我々はどこかに谷大を偶像視した点はなかつたか。(69)

当時の大谷大学は、もはや再建を期待できる状況にはなかった。「廃墟の殿堂」であれば、むしろ壊れた方がよい。また自分は、そのような大谷大学を「偶像視」し、対象的に眺めてきただけであった。このように北原は自己の思いを明らかにし、そして、次のように訴えている。

この偶像〔大谷大学〕がいま音もなく仆れた。といつて勿論、谷大はその残骸をなほも止めるであらう。ちやうど、夏の白日に曝されてゆく葬式の行列のやうに不健康に、だが谷大は滅びたのだ。誰が滅ぼした、私は知らない。たゞこの偶像を弄ぶ心が、かゝはりなしと誰が断言できるか。かくの如く我等は偶像を葬つた。我々の前には新しい世界が展げられた。だが此の道を見てひとは愕然とする。それだからこそ、飽くまでこれを否定せんとする。同志よ、そして谷大の学生諸君よ再び偶像を造る暇仕事をやめよう。(70)

「無始よりの大生命を此の世に発現させる唯一の源泉」として、大谷大学に誇りを持っていた北原にとって、大谷大学の壊滅という事実は、「拭ひ去ることの出来ぬ憂鬱」な出来事であった。しかし、それは同時に、北原の大谷大学を「偶像」として「弄ぶ心」を葬り去り、そして自らを仏道に立たしめる出来事でもあったのである。「偶像を造る暇仕事」をやめて仏道に立つ、つまり「浄業の機」である自己に徹しようと、北原は同志のみならず、自分自身に呼びかけるのである。

このような、母校に対する絶望感は、松原にも共通していた。松原は「綻びゆく革袋」と題する論文の中で、絶望より絶望へと展開する大谷大学を前に、親鸞に聞き、清沢に問い、大谷大学の再興を念じている。しかし、ついに、「古き革袋は捨てられなければならぬ」と悲痛の声を挙げざるを得なかった。松原の声を聞こう。

生ける教法それ自身が見えざる僧伽を要めてゐる！　行け、大胆に思ひ切つて。信仰の道こそ、本来我等の背後に横はつてあつたのだ、そこに我等の全身を捨て切るべく。而して、新たなる革袋は信仰それ自身が産んでくれるのだ！　最後に一言、谷大を産んだ清沢満之先生はかう言はれた。「大谷大学は他力安心を獲得する唯一の生ける道場である」と。徒づらに他の宝を数へる暇仕事を止めよ、我等の真実の宝を掘り出さうぢやないか。信仰に於ける真理の築造、それだけだ。これに精進努力しよう。[71]

北原と同様に、松原も「綻びゆく革袋」、「古い革袋」である大谷大学を取り繕うという「暇仕事」を止めようと叫び、そして清沢の精神に帰って、「信仰の道」を歩むことを訴えるのである。「新たなる革袋は信仰それ自身が産んでくれるのだ！」との獅子吼や、「信仰に於ける真理の築造」という熱意に、興法学園の若き求道者の志願が結集しているように思われる。

まことに、一九二八（昭和三）年から始まった、曾我、金子「異安心」問題で激震する大谷大学と、その大谷大学と命運を共にする北原や松原の苦悩は、母校を「偶像」や「綻びゆく革袋」と見なさざるを得ないほどに絶望的であった。だが、絶望の深さが逆縁と化したかの如く、彼らの求道も熾烈であった。すなわち、大谷大学を再建するという、一見母校愛にも似た大学を弄ぶような「暇仕事」から手を引き、清沢の真宗大学に託した「自信教人信の誠を尽す」との至言を忠実に実践するところに、母校再建の道を見出すのである。

あらためて松原に聞こう。松原は、曾我に、「先生、僕は今日の宗門に脚を入れることすらが恐ろしいのです」と告白すると、曾我はすかさず、「君は脚を入れる、入れぬと今更らの如くいふが、君自身既に宗門の中に居るのぢやないか」と応答する。「そういはれ、ば、全くその通りです。だが……」「だからこそ宗門愛が足りないといふのだ！」。そして、「いつたい、諸君には宗門愛があるのか？……、して今日の諸君には、宗門愛が全く欠けて居るのぢやないか！」[72]と。いかに「廃墟」であろうとも、宗門は「礼拝、感謝の的である他、何物でもない」とは高光の言葉であった。宗門が混迷する中、その宗門を、たとえば「綻びゆく革袋」として対象化することで自己から切り離し、そして「偶像」を弄ぶかの如く虚仮なる宗門愛を振り回す松原への、曾我の痛棒であった。如何なる宗門であろうとも、それが腐敗し崩れ去るような宗門であっても、それは念仏の伝統の象徴であり、また「僧伽」であったのである。

このように、曾我から「宗門愛」について叱責を受けた松原は、さらに次のように思索を続けている。

最後の一人となつても、僕には宗門の現在乃至過去に於けるあらゆる罪悪、その歴史の一切を背負ふべきことが命ぜられてゐます。事実これを他にして僕の存在はないのです。負うべきものは負はねばならぬ、死すべきときには死なねばならんのです。かく僕に動く宗門愛そのまゝ――といふともうみなさんはお解りのことでせう。僕に於ける宗門愛は所謂宗門愛と質的に変更されてしまつて居るのだといふことを、僕が宗門の全体的否定に立つてゐるといふことを――この愛そのものが汝のもてると自負して来た、所謂その宗門愛を捨てよ！から強く鋭く僕に迫まるのです。(73)

松原にとって宗門愛とは、「廃墟」と化した宗門を再建し護持するという「所謂宗門愛」を「全体的否定」できる愛、つまり、宗門を全肯定できる愛でなければならなかった。それはまた、念仏の伝統から逸脱した宗門を全肯定できる力の漲る愛であり、「最後の一人となつても」、「宗門の現在乃至過去に於けるあらゆる罪悪、その歴史の一切を背負ふ」ことのできる愛であった。曾我は松原に向かって、そのような宗門愛に生きること、つまり念仏の伝統を象徴する「僧伽」に帰命すべきことを、「君自身既に宗門の中に居るのぢやないか」と質したように思われる。曾我は松原に、松原自身の宗門人であることの本質を、つまり「廃墟」からの再建が宗門愛ではなく、「廃墟」に聞思することで自らがすでに念仏の伝統に摂取されることを、換言すれば、すでに「僧伽」に摂取されてあることの自覚を、指摘したように思われる。

宗門とは、念仏を伝統する「僧伽」である。我々からすれば、仏道の真実義を発見する求道実践の場である。宗門を、そのような「僧伽」として受け止めようとする興法学園の志願は、その後、安田や訓覇、松原、そして曾我らによって、戦後の真人社や同朋会運動にも受け継がれることになる。

話を戻そう。松原はあらためて、「宗門人よ」と呼びかけ、次のように述べている。

魂の奥底から宗門の今日の姿に懺悔せずには居れぬぢやないですか。今まで自惚れてゐた三界の大導師とやらんその職能を、もうかなぐり捨てゝよいでせう。時代は、教義の論議でなくて生きた信仰を、お説教ぢやなくて活きた告白を求めてゐます。念仏がひとりばたらきしたまふ！　まづ脚下を、——吾我名利の当心を顧みよ！　もう人間の出る幕ではないのです。念仏が念仏者を喚ばふてやまぬ。今こそ、念仏それ自身が生きた僧伽を実現せんとしてゐるのです。[74]

いわゆる宗門再建という「三界の大導師」たらんとの自我をかなぐり捨てた松原は、純粋に「念仏がひとりばたらきしたまふ！」と叫び、そして、念仏は「僧伽」を実現しようとしているではないか、と訴えている。「時代は、教義の論議でなくて生きた信仰を、お説教ぢやなくて活きた告白を求めてゐます」との訴えに、松原の宗門人としての純粋な求道心を見ることができよう。

そして最後に、三人の中でも最もラジカルな求道者であった山崎の求道に耳を傾けなければならない。すなわち山崎は、

たゞ惜しまれるのは去られる人々の学問である。計らずも多くの学者を土深く埋めることになつた。併し一体、宗教にとつて学問はどれほど価値ある仕事だらう。それはたゞ本願の旨を明かにすることに於てのみ意味あることである。しかも宗教家にとつて学問はやゝともすれば恐ろしい阿片になる。本願を忘れて学問沙汰に走り、いはゆる学界のイドラーにとらはれて仏道の体解を忘れる。宗教家にとつて、ともすれば学校は胎宮であり、学界は懈慢界ではないだらうか。[75]

と述べている。純粋な山崎は、本願の実験のない「学問沙汰」を超えて、直に仏道に立つべきことを、つまり本願を自分自身に「実験」することを訴えている。本願を自己に「実験」することとは、興法学園の生命線であり、それは「諸寺の釈門」「洛都の儒林」に対して「竊以」として「雑行を棄てて本願に帰す」ことを闡明した親鸞や、「無用の論議」に陥り「有限粗造の思弁によりて大悲の実在を論定せんと企つる」という「無謀」な「迷妄」を反省し「論議を放擲」する清沢の「我信念」に、通底する仏道であった。自己実存に有効な仏道を、山崎は求めていたのである。

ここで、興法学園の歴史的使命を確認すれば、保守反動の府と化した目前の教団（本山と大谷大学）は、すでに念仏の伝統から逸脱したものであり、したがって、そのような教団は、改革すべきであろう。だが、ここに教団の「偶像化」が始まるのである。けだし、教団は、徹底して仏道体解の「僧伽」である。すなわち、興法学園の若き求道者にとっては、死滅した教団を「僧伽」にまで高めなければならなかった。「僧伽」は帰命を我々に要求する。また間違いなく、時機相応の器を生み出す源泉である。したがって、彼らにとっての教団再建とは、自分自身が「念仏の伝統」に生きることに他ならなかった。思えば、清沢の教団改革運動とは、「如来の大命」の実践であり、本来的に「僧伽」帰依の運動であったのである。ここに近代教学を伝承する興法学園の教団観がある。

すなわち、『興法』「編輯後記」に、自らの存在性を、次のように記している。

元来「興法」なる言葉は法を興すといふのではなく、聞法であり、自証であり、自利であります(76)。

「興法」とは「聞法」であり、念仏の伝統の「自証」である。その「自証」は、学園にとって「自利」である。「自利」は念仏の伝統によって摂取されることである。すなわち、興法学園の「僧伽」の回復である。

興法学園は、主に戦後において活躍する、安田理深、松原祐善、訓覇信雄らの仏道を形成したことは、銘記すべきである。すなわち興法学園は、親鸞の仏道を、昭和前期から敗戦後の再出発へかけての近・現代に蘇らせたのである。

第五項　求道的仏道観

一　興法学園の立場

山崎俊英が「誕生の前後」で語るように、興法学園の求道者たちは、一つは当時の社会思潮を形成していた「マルクス主義」と、もう一つは真宗の真髄ともいうべき信心獲得、すなわち「回心」とに課題を見出していたことは既述したとおりである。そして、学園創設のきっかけとなった一九二八（昭和三）年を端緒とする曾我、金子の「異安心」問題と対峙する「仏教科二回生」は、大谷大学の擾乱を機縁に自らの実存性を問うたが、その応答はマルクス主義には見いだし得ず、ここに彼らは「本当の仏教」を模索することになった。そして、そのような求道的営みから湧き出る、松原のいう「活きた告白」（「僕に動く宗門愛」）を、正直に、『興法』に発表したのである。すなわち、マルクス主義のイデオロギーを超克して信獲得に立つところに、学園に共同生活する若き求道者の基本的立場があった。

曾我は、興法学園創立一周年を迎えて、次のように語っている。

興法学園の持続発展といふことは、斯う自分等の生活、さういふ断片的な自分等の個々の生活といふものはそこに統一を得て、われわれが何か勉めて、是が興法学園の仕事である、是は興法学園に関係ないと云ふことでなしに、所謂自分の喫茶喫飯も学園の仕事である。自分の喫茶喫飯をするといふことは、何も興法学園と関係なく喫茶喫飯してをるやうであるけれども、例へば自分の家で昼寝をしてをつたにしても、それがやはり如来の不虚作住持本願力、住持功徳と云ふものに荘厳成就せられて、それがやはり、斯う興法学園といふ一つのさゝやかでありますけれども、興法学園の事業仕事として、此のたとひ昼寝をしたといふことそのことすらも単に斯う無意義なことではない。(77)

興法学園は、自らの日常生活における本願力体解の「場」であるとしている。したがって、たとえ〝昼寝〟でも、それは学園の「事業仕事」であり、不虚作住持功徳の象徴である。つまり、どのような生活も学園にとって無意味なものは何ひとつないとするところに、曾我の学園に対する視点があった。

ここで留意しなければならないことは、興法学園の若き求道者たちは、同年に勃発した満州事変と生身をもって向き合わざるを得なかった、という事実である。しかして、もし曾我のいう〝昼寝〟を満州事変、つまり〝戦争〟に置き換えてみれば、どうなるか、である。すなわち、〝戦争〟も不虚作住持功徳の象徴であり、学園の〝事業仕事〟であるのか、という問題である。このような課題性を内に秘めながら、若き求道者は、その後の戦争と向き合い、仏道に苦悩することになる。

曾我と共に、もう一人の学園の教学的支柱であった金子の論文「仏道の智慧」（『興法』第一年第五号巻頭）を見てみよう。

その中で金子は、自らの「異安心」との指弾が、浄土の「教法に依る実在観を明かにしようと願ふ」ところに、つまり、浄土が教法を「心証」（観念）するところに向けられた、と論じている。つまり、浄土は自覚するところに実在するという知見である。そして、

仏教の教義を一個の思想体系として理解しようとすることは、その出発点に於て既に誤ってをるものといふべ

きであらう。如実知見といひ、空観といひ、唯識といひ、念仏といふ。畢竟これ心を純真なる涅槃にあらしむる行法である。それらは仏道の智慧を心証すべき道である。それ故にその行法を思想化すれば、それはそのまゝ外道の法となり、その行法を行ずれば行法はそのまゝ仏道の智慧となる。されば念仏往生とは思想でないことはいふまでもなく、また思想的に固執された実行でもない。(78)

と、念仏往生は単なる「思想体系」ではなく、我の「純真なる涅槃」への「行法」であり、また「仏道の智慧」の「心証」であると述べている。そのような自覚を基盤とする仏道を主張する金子は、清沢と同様にかつて教団から「異安心」と見なされたが、しかし間違いなく近代社会に真宗を蘇らせた念仏者であったことは明らかであろう。

つまり金子は、自らに対する「異安心」との指弾を通して、自身の学問姿勢を、親鸞に照らして明らかにした。すなわち、親鸞教学の真実義を、自らの行法をもって確立したのである。言うまでもなく行法とは、近代教学の求道実験であり、山崎が「春の挽歌」で繰り広げた学問批判に通ずるものであろう。

続けて金子は、

智慧の道場は身辺にあり社会にある。されど身辺の問題を身辺の問題として解決せんとし、社会の問題を社会の問題として解決せんとするもの、必ずしも仏道ではない。身辺の問題に於て自己の道を見出し、社会の問題に自己を学ばんとするもの、これ即ち仏道の行修である。（中略）吾等は眼を社会に放つ時その解決すべき問題の多いことに驚くのである。されど眼を内にして自己を省みれば、更らに問題の無辺なるに自絶せざるを得ぬであらう。而してその眼を外にすれば、思想的に解決し得る道を見出し得る者も、その眼を内にする時には、唯だ偏へに仏道の智慧を念ぜざるを得ぬのである。(79)

と、社会の問題は社会の問題として解決するよりも、社会の問題に「自己の道を見出し」、社会の問題に「自己を学」ぶことを述べている。したがって、社会の問題は、自らの内に「仏道の智慧」を「実験」する「智慧の道場」であるというところに、先の曾我に相通ずる視点のあることが窺われる。

「されど眼を内にして自己を省みれば、更らに問題の無辺なるに自絶せざるを得ぬ」とは、求道者の直面する問題であり、その問題を放棄して、社会の問題を解決せんとすれば、それは仏道ではないはずである。ここに興法学園の社会に対する姿勢、とりわけ戦争に対する姿勢があった。興法学園は社会の問題を、「達多・闍世の悪逆に縁って、釈迦微笑の素懐を彰す。韋提別選の正意に因って、弥陀大悲の本願を開闡す[80]」との義をもって了解するのである。社会の問題を「信心を彰して能入とす[81]」る機縁と見定めるところに、つまり、獲信という営みに純化するところに、興法学園の求道姿勢があった。

二　信の純粋性

興法学園の同人に、山形県酒田市の出身の、一九二八（昭和三）年に大谷大学予科を修了した鈴木宣正がいた。鈴木が『興法』に寄稿したのは、第一年第五号（一九三一（昭和六））年七月一〇日）の「一道を仰ぎて」が最初であった。『興法』はその後一年足らずで頓挫するが、鈴木は、事実上最終号となる第二年第六号（一九三二（昭和七））年七月一〇日）まで寄稿した。鈴木は、揺れ動く興法学園を支えた求道者であった。

鈴木は「一道を仰ぎて」に、自分自身の苦悩を、次のように告白している。

　私の考へて居た真実の帰依処は理論でわからせて居たものでした。だが理論は何処まで行つても理論に過ぎません。（中略）結局本当の自己に当面してすくひを求めたのではなかつたのです。つまり真面目に悩ようとしなかつたのです。（中略）此の大道に、此の無碍の一道に共に参じたいものであります[82]。

理屈で仏道を模索していた自分に行き詰まったところに、鈴木の求道の第一歩があった。理屈と対峙する中で切々と至奥から湧き出る「すくひ」を求めるという求道姿勢は、興法学園のすべての求道者に共通するものであろう。実に宗教心の躍動の実感こそ興法学園の真髄である。興法学園は、曽我、金子を善知識とする求道聞法の「場」であり、その意味で「僧伽」であった。

鈴木はさまざま道を求めた。時には倉田百三に聞き、道元に学び、そして親鸞に尋ねた。また、眼光鋭く興法学園を見守っている「加賀の三羽烏」の夏期講習会にも参加した。そして、悩みにも徹しきれず、それ故道を求めるのも中途半端な自分自身の流転生活への悲しみを懐いて、「脚下に釈迦発遣の声をきゝ弥陀悲心の招喚したまふを聞」くことを願ったのである。そして時機到来、鈴木は次のように大慶喜心を語ることができた。[83]

先月加賀の高光先生の処で曽我先生の御話を聞くことが出来た時、自分は今迄の自分が先生から永年の間何をきいて来たのかと自分で自分の耳を疑はねばならなかつた。そして今真実に法を聞くことが出来た喜びと、同時に今迄の自分のありさまがあまりにも悲しむべき、愧づべき有様——自分は常に口を開けば、聞法の態度を問題にして語りながら、自ら聞法の態度を失つて居たものであつたことを気づかしていたゞくことが出来た。自分に今迄に真実に法を聴く気のなかつたことに、今更ながら驚いた。聞いた心算で居たのだつた。そして心算ぐらゐ恐ろしい罪業の深いことはないことを気づかしていたゞいたのである。それで今、自分一人こそ世界にたぐひなき果報者であることを、しみぐ〵と感ぜざるを得ないのである。[84]

鈴木は、ここに自らの暗黒の闇を照破されたのである。聞法者としての偽善性の自覚は、機の深信そのものであろう。仏法を聞いたつもりでいた自分の深い罪業に悲しみつつ、その闇でしかない自分を浮き彫りにする仏智の証知、ここに喜びに満ちた深い報恩感謝の生活が施与される。

助かつて居るつもりだから、手間ひまに法を聞かうとするのだ。だから法を聞くことが修養になり、教養になり、趣味になるのだ。命を賭けて聞かねばならぬ法を、命を賭けることなしに聞いて居るのが俺だつたのだ。（中略）上来自分は如来の本願に喚び覚されつゝ、歩まんとする思ひ上つた心を見る時、それは恩寵的なる──天から天降つてきた様に──即ち誤つて考へられたる平生業成であり、かゝる平生業成は諸善万行を廻らして臨終来迎をまつ心の外ではないことを知らされた。（中略）人生に残されたるたゞ一つのものは流転以外にないのだ。底知れない無気味な地獄への道だ。かく自分に気づかしめてくれたもの、それは「苦悩の有情を捨て」ざる如来の無縁の大悲心でなくて何だらう。(85)

無始以来の、底なしの救われがたき苦悩の我への無縁の大悲の気づきにおいて、一切を擲った真如一実の生活が鈴木の中に開かれているのである。仏道は、助かっているつもりの人には開かれない。

鈴木は北原に次のような書簡を送っている。少し長いが、当時の若き求道者の心の動き、また曾我や高光の様子も分かるので、長文をいとわず引用したいと思う。一九三二（昭和七）年九月一〇日、つまり興法学園瀕死の状態の中からの手紙である。

其後は絶えて御無沙汰して居りました。私は、今年は八月に加賀で過ごさせて戴きました。曾我さんの所へ行きましたら、今年は加賀の名所めぐりをして来た訳ですねと、云はれました。高光さんの講習会、三日間をおいて暁烏さん講習会、引続き藤原さんの所の講習会がありました。（中略）今年の殆んど一ヶ月近い加賀の滞在は、小生にとって兎に角エポクメーキングなものでありました。今後の生活が続くかぎり、それは記念すべき時であったことを思ひます。仏道生活者に目の当りに接していて、いつも見せられる事ですが、それは自由人であるといふことです。私は永年、この自由人即ち聞法者たることを求めて来ました。然しそれは今にして知らされるのです。自分は常に仏と背くらべをして居たものであることを。罪の自覚を云う様にして居た私は背くらべして居るものでなしに何だったでせう。不自由人の外何ものでもなかったことが知らされました。不自由人であることに気付かしてもらふことの出来た今は、誠に自由人であることに気付かしていただけました。兄もいはれました。学園の空気は重苦しいと。帰って来て第一に感ずることはそれでした。僕等は如何に重くとも軽く負ふことが出来るとがんばっていたにすぎません。仏恩生活とは不自由は不自由のままにそこに自由に生きてゆく日ぐらしであることが思はれます。(中略)高光先生が云はれました。何等かの形態で興法学園といふ様な団体は続けてほしいものだと。やはり形をかへることより他に続けてゆける道はない様に思ひます。(86)

間断なき自己洞察である。そして、間断なき自由境である。「加賀の三羽烏」の夏期講習会を、遍歴する様子が伝わってくる。それを曽我に報告しているのである。鈴木の学園続投の願いに、清沢門下の「生活派」として徹底して生きた高光も賛同していることからも、興法学園の本質的な志願を明確に知ることができよう。すなわち、どこまでも自らの生活において仏道を明らかにする。つまり、求道的・実践的であるところに、興法学園の真髄があった。

ところで、同じく一九三二(昭和七)年九月二一日付の手紙に、次のように当時の様子が綴られている。

先日高光先生が見えられました。その時次の事を申されました。安田君といふ人に近頃疑問を持つ。成程思想的には生きて居るかも知れない。然し肉体的にルンペンではないのか。君等は安田君をたてまつゝて置くから悪い。ああして置くのは安田君を生かすものではない。それは殺すものだ。安田君を生かす為に、学園は解散しなければならないのではないか。そして学園がゆきつまって居るといふことは(経済的)君等からも曽我先生からも聞いた。と、かく言はれました。この事は安田兄にも話しました。之に対して何ともかへすべき言葉はありませんでした。[87]

「肉体的にルンペンではないか」とは、高光の安田に対する鋭い叱責であった。叱責された安田は、ただ無言でいるより仕方がなかった。肺腑を抉られたのである。

先程の引用に続いて、西元宗助は、安田の次のような回想を語っている。

昭和五十七年の正月、安田さん宅を訪問いたしましたとき、そしてこれが、この世でのお別れとなってしまったのですが、その折、先生がしみじみと、「君とのつきあいも長いナ。あのころの仲間の多くは、この世を去っていくし、松原君も大野の自坊で静養しているし」と、おっしゃりながら、思いがけなく、「君が興法学園で、〝無縁の大悲〟について尋ねた、あれは有難かった」と。それから、いろんな話が出たのでございます。――たとえば当時、妙心寺にお住まいの久松真一先生や稲津紀三氏（当時、大谷大学講師）らと、そのころ親交のあられたことなど――最後に先生は、「たしか君だったと思うが、いや川畑（愛義）君だったか、このわたしに、信心あるかと、ズバリといったね」と。わたしはそう申した覚えはないのですけど、思いあたることがないわけではありません。あのころ、わたしどもは〝入信〟したといって有頂天になっていたころですから。ともかく先生は、あれは、こたえたよと、おっしゃって、「その後、そのためもあって、松原君らと北陸の高光大船さんのところ（寺）へころがりこみ、あそこでさんざん錬えられ、信心の〝皮むき〟をやられた。考えてみるとあれは君たちに刺激されたんだナ」と、これはまったくの初耳でありました。[88]

仏法は、滞れば必ず腐敗する。強靭な思索を積み重ね仏法の真髄を究明し、多くの信頼を得ていた安田であったが、西元の何気ない「信心あるか」との問いかけが、骨身に「こたえた」のである。仏法は、研究室のものではない。観念でも思想体系でもない。日々の生活において、この身に、つまり「肉体」に証し得るものこそ、釈尊や親鸞が開顕した仏道であった。「肉体的にルンペン」と叱責された安田は、松原らと共に高光の「北間の講習会」に転がり込み、そして鍛えられたと語っている。このような安田の信心を獲ようとする姿勢に、理屈を超えた仏法の本質と仏道の厳しさ、換言すれば度し難き自己について教えられる。仏法は、決して論理的整合性によっては明らかになるものではないのである。金子が『真宗学序説』において述べる「親鸞の学び方を学ぶ」という真宗学の学としての方法論は、このことであろう。身に仏法を体現するという、求道することを基本とした仏道観、すなわち「求道的仏道観」こそ、清沢以来連綿として興法学園に伝承されるものであった。

なお、高光の安田に対する思いを、長川一雄の一文より確かめておきたい。

安田先生にはじめて御目にかかったのは昭和十四年頃だったように記憶している。高光先生の寺で開かれていた夏期講習の帰途、高光先生より松原祐善先生へ用件を託された。松原先生の大谷大学就任を誰よりも高光先生は喜ばれていた。女婿ということよりも浩々洞の精神が大谷大学の真宗学に反影されることであったと思われる。せっかく京都に途中下車するのだから安田亀治さんの講義を聞いて帰ったらと親愛をこめた先生の御言葉だった。今どの附近であるか全く記憶に残っていないが谷大近くの家を探しあてた。家の玄関から部屋に入ると、今では見受けられないような机をしきりに列べている人がいた、今日親しくしている日野賢憬師であった。四、五人の学生が集まった頃、例の紺の着物に袴をつけた書生風の方がこられ、講義がはじまった。途中から松原先生がこられ聴講され、私は高光先生より託された用件を果した。(89)

高光がこの文の筆者長川一雄に、安田の講義を聞くように勧めている。高光は安田を「肉体的にルンペン」と叱責したが、それは若き求道者への「親愛をこめ」た言葉であったに違いない。

三　時と機と教

松原祐善は、「罪の歴史」という論文で、道綽の『安楽集』に依って、「教」の興る理由を説いている。すなわち、「機」と「時」が相応することで「教」が興るのであり、その「機」とは、「仏願力に帰しがたく、大信海に入りがたし」と言わざるを得ぬ「垢障の凡愚」であり、「時」とは「仏、世を去りたまいて後の第四の五百年に当る末法五濁の世のことである。そういう時機相応の現実に立って、次のように述べている。

浄土の教法は、時代を背負へる個人に、時代と同化せる個人に、しかもその個人は英雄ではなくして時代の凡人に聞こゆる教法である。時こそ、まさしく浄土教興起の本質的契機であるのだ。(90)

末法濁世の混迷の「時」に、凡愚の「機」に響きわたる仏道が、浄土教である。したがって松原は、この動乱恐慌の世を象徴する満州事変や自らが空虚感を骨身に味わった「大谷大学のクーデター」を「浄土教興起の本質的契機」と位置付け、そこに求道的意義を見出し、時代社会の業を背負って生きる「機」の救済を訴えるのである。さらに、

たゞ念仏して、時代の一切の苦悶を抱きしめねばならぬ。我々の信念は弱いに違ひない、だが人間の一切の苦悶を超克してくれる。(91)

と述べて、時代に苦悩する「機」が、念仏による時代の一切の苦悩の克服を訴えている。ここに金子の、時代社会を「智慧の道場」と見定めるのと同等の立場があるように思われる。時代社会の現実において、自己の眼を内に向ければ、たちまち自絶せざるを得ない苦悩を抱える「機」に出遇い、仏智を念じざるを得なくなる、とは、曽我や金子の知見に相通するものであろう。

繰り返すが、『興法』創刊時の日本は、世界経済恐慌（一九二九〈昭和四〉年）と満州事変（一九三一〈昭和六〉

年》を機に十五年戦争に突入する時期に差し掛かっていた。そして、満州国の建設（一九三二《昭和七》年）や「国体の本義」の発表（一九三七《昭和一二》年）等、国家挙げてのファッショ化する圧力に、国民は押し流されるしかなかった。興法学園の若き求道者は、そのような虚しい我を抱えて、ひしひしと迫りくる、不可避の現実と向き合うのである。そのような絶望的な時代業を「智慧の道場」、また「浄土教興起の本質的契機」として受け止め、必死に求道するのである。

金子の言うように、「眼を社会に放つ時その解決すべき問題の多い」ことに驚くのであるが、「眼を内にして自己を省みれば」自絶せざるを得ぬ、とは、求道者の実感であった。すなわち、改良、改善などの通用しない「外」と対峙し無力感を懐きつつ、「内」に凡愚と出遇わざるを得ない彼らには、「智慧の道場」において、歴史的現実を「浄土教興起の本質的契機」として受けとめることだけが許されていた。社会の混乱が深まれば深まるほど、彼らの仏道は、いよいよ盛んになるのである。

満州事変勃発直後の九月二六日、山崎は北原に次のような書簡を送っている。

僕には今更吾々の使命学園の意味がはつきり教へられたやうに思ふのです学園は時代の夢殿になることです積極的に仕事をしやうと焦つたり仏教学の始末に苦しんだりする必要はありません吾々はたゞ動乱を凝視して静かにそれを考へて行く場所夢殿として学園を育て、行けばよいのでないでせうか動乱を徹底的に考へぬいたところそこに仏教があるのでせう雑音を徹底的に聞き澄したところに念仏があるのでせう(92)

あえて興法学園を「夢殿」と言わざるを得ないほど、北原は、そして興法学園の求道者は、絶望と向き合っていたのではなかろうか。もちろん「夢殿」とは、興法学園の「僧伽」としての使命であろう。つまり、満州事変を機縁として、退一歩、脚下照顧する聞法の場であろう。このように、重き現実を聞法の機縁として求道するところに、つまり、現実の「雑音を徹底的に聞き澄」すことで念仏を発見するところに、のっぴきならぬ時代業を抱えつつある学園を、「夢殿」と仰ぐ求道者の真剣な仏道があった。

そして二か月後、『興法』はどこか焦燥感に煽られつつ、次のように訴えている。

国を挙げて難に当るべく皆あらゆる団体が立上つて騒ぎたてゝ居ます。現下の世界の情勢ではそうしなければ日本の国が立つてゆくことが出来ないのでせう。現在すべてがある所の形態を包んで押流して行つてるものはそれはフアツシズムでせう。こゝでどんなことを云ふて居ても、意識しやうと意識すまいと、それに役立を持たうと持つまいとに拘らず、すべてはフアツシズムで押流して行つて居るのではありませんか。兎に角すべてが反動的形態を取らなければ存在が許されないのです。反動といふと非常に嫌悪すべき意味を含んで居る言葉ですが、存在そのものは正邪善悪を超えて厳然としてある様に思はれます(93)。

これは、後に同人となった鈴木宣正の所感である。「非常に嫌悪すべき意味を含んで居る」というファシズムという大きな歴史の力に押し流されざるを得ない興法学園の求道者の、「兎に角すべてが反動的形態を取らなければ存在が許されない」という叫びに、憤りにも似た隠し切れない思いが伝わってくる。ファシズムと共に「反動的」でなければ存在が許されないという日本の十五年戦争下の現実を案じつつ、また人力では到底抗し切れない圧力に怒りを覚えつつ、つまり自らの無力を感じつつ、社会的な「正邪善悪を超えて厳然としてある」自己の尊厳性の発見を希求するのである。

四　浄土教興起の本質的契機

ところで山崎は、満州事変勃発当初、安田から「戦争論」を書くことを進められた。しかし、妻子ある若き門徒の戦死した遺骨に出遇うと、「それを書く元気が全くなくなりました」[94]と現実の悲しみを正直に告白している。もはや戦争は〝論〟ではなく〝身〟の事実となって学園に覆い被さっているのである。戦局は満州から上海に飛んで激化し、更なる拡大が懸念される状況において、山崎は次のように安田に告白するしかなかった。

事変の初め、まだ戦争論の盛んだつた頃、僕等も又戦争といふことを考へた。しかし今、北満に上海に兄弟や肉親を送り出した今日、最早僕等は頭で戦争を考へることは出来なくなつてしまつた。今や僕等は、直接、血で肉体でそれを考へざるをえなくなつた。戦争は最早はつきり理論の問題ではなくなつてしまつた。勿論僕等も戦争はきらひだ。出来ることなら避けたい。しかし今日の戦争は最早人間の力では如何ともしがたくなつてゐる。[95]

日本はすでに、形而上での戦争論の通用しない切羽詰まった、「血や肉体」で受け止めざるを得ない事態へと陥りつつあった。そのように、戦争が具体的に次第に我が身に迫りつつある中、山崎はついに、「戦争は最早はつきり理論の問題ではなくなつて」おり、また「戦争は最早人間の力では如何ともしがたくなつてゐる」と叫ばざるを得なかったのである。

今暫く山崎の文章をたどれば、人々の中にはこの不可避の戦争を、ファッショではないかと冷笑する人もいるが、「肉親の幸福を思ひ同胞の安寧を思ふ時、戦争は果して一辺の冷笑ですごせる問題」ではなく、「戦争の後に勝利が保証されるか何うか、それは人智の知る」ところでもなく、「ましてそこに真の平和が約束されてゐるか否かは猶更保証しえない」が、しかし、直面している現実は「戦はなければ僕等の今日が保てぬ。一日の逡巡は同胞の安寧の放棄を意味するのだ」というほどに緊迫していた。国内状況は、すでに「戦不戦がきめられるほどのんきなもの」ではなかったのである。すなわち、「戦争は大勢の赴くところ避けがたい。それは最早賛否以前の事実であると共に、人間歴史の有つ厭はしくも浅間しい運命である。人間同志武器を執つて争はねばならぬ運命を思ふ時、吾々は宿業の前にたゞ念仏するよりほかない」と諦観し、平和だの勝利だの、また賛成・反対だのという〝戦争論〟を超えて、戦争という大事実を、ただ念仏をもって受容するしかないことを、自らに言い聞かせるように述べている。戦争に対する「賛否以前の事実」こそ、当時の多くの日本人が直面した、厳粛で深刻な現実ではなかったか。しかし、敗戦の後に生を享けた者として、国家の指導者、そして国民大衆の中に、そのような現実に対する、どれ程の自覚の人がいたかを問う時、無自覚の声に満ちる現実を前に息を呑むばかりである。

ともかく、時代の重圧の下に身を置かざるを得ない山崎は、そういう現実にむかって「戦争はきらひだ」と叫びつつも、「浄土教興起の本質的契機」として受け取るしかなかったのである。

この現実において、山崎は「転換期だけを切り取」り「歴史を逆流さ」せるようにして、あたかも現実を遊離したかのような抽象的責任論をもって反戦・反ファッショを訴えるマルクス主義者について、次のように述べている。

「世の中安穏なれ」、それは確かに何ものも生まない。それは寧ろ生まうとする心の決断だらう。争つては傷つき、作つては悩んで行かねばならぬ流転の宿業に目覚める時、吾々は一切の計ひを捨て、宿業のもよほしにさしまかせるほかない。（中略）戦争来れば戦争の惨禍を出来る限り少なくし、フアツシヨ来ればフアツシヨの世界を及ぶ限り平和にして行く、それが念仏者の願ひである。(96)

戦争を、自らの流転の宿業として自覚しなければならない、と焦る山崎の姿がここにある。戦争を宿業として、そのまま受け取ろうと必死に仏道を尋ねているのである。宿業という言葉の陰に身を潜めて、時代社会への責任を安易に放棄する姿勢は、山崎には最早見えない。むしろ絶体絶命のファシズムの中で「平和にして行く」ためには、どうしても「宿業に目覚め」なければならないと訴える、責任荷負の思いに注目しなければならない。ここに時代業を全身で担って生きようとする山崎の、イデオロギーや反戦という〝偽善性〟を超えた、求道者としての積極的な生き様があるように思われる。現実は「学説以前の現実的事実」として、我にはたらきづめにはたらいているのである。

ある日、出征する兵士を見送る群衆の中に、静かに合掌している老婆の姿を目にした山崎は、次のような心境を告白している。

「仏教徒の戦争に対する態度如何」、こんなことが今日なほ問題にされてゐる。しかし今やこの難問に一介の老婆が身を以て答へてくれた。たゞ念仏すること、その外に何の態度があるだらう。それを忘れて何がなされよう。それなしになされる一切の善行は、たゞこれ虚仮雑毒の善にすぎぬではないか(97)。

「戦争論」や「平和論」などの思想的営為の遥か形而下の現実において、換言すれば、主権在君の国家権力に手も足も出ない現実において、背負いきれない宿業と向き合いながら生きざるを得ない衆生の一人である老婆の、合掌する厳粛な生き様を見て、山崎は「ただ念仏」の世界が目の前に開かれてくるのを実感し、純粋に老婆に生きてはたらく念仏の力に、正直に頷くのである。

このように、戦争という現実において必死に仏道に立とうとする生き様は、松原にも共通していた。すでに召集された弟が上海へ転地する報告を聞いて「熱いものが込み上げて来ました。僕は動揺しました。それは涙でした」と白状し、次のような手紙を、やがて戦死する弟に書き送っている。

弟よ今にして僕は解らして貰つた。君がでかける戦場も僕がかうして留つて居るこの場所も同じ地獄の釜だと解らして貰つた。人間の試みは凡べてが失敗だつた。弟よかく解らして貰つたとき、今更ら君も僕も一つの道であつたのだ。先きに君を出征軍人として郷里の駅頭に送つたとき、僕は君の手を握りながら「御国のために」とはどうしても喉につまつて言へなかつた。僕はそれが言ひたかつた。しかしでかける君を思ふと相済まなくてどうしても言へぬぢやないか。弟よ喜んでくれ今こそこの兄は何の理窟なしに君の出征を祝ふことができる。「御国のためだ、しつかりやつてくれ」ほがらかにこの口からでる。(98)

念仏によって、自らの中に込み上げる戦場の弟への安否を案ずる思いを押し殺すように、宿業に揺れる心を整理し、戦争を意義づけようとしている松原の、現実と向き合う姿が手に取るように伝わってくる。弟の出征を弟自身の宿業であると同時に自分自身の宿業でもあり、その宿業という「一つの道」に生きる者同士として兄弟が互いに了解し、そして「ほがらかに」、そして「御国のためだ、しつかりやつてくれ」と激励して、弟を最前線に送り込もうとする松原であった。

だが、このような松原の厳しい求道について、あるいは山崎の「フアッシヨ来ればフアッシヨの世界を及ぶ限り平和にして行く」という仏道について、後世の我々が論評するとすれば、あるいは彼らを〝戦争に加担した〟と指弾することになるのかも知れない。しかし、たとえそのように指弾したとしても、如何ともしがたい時代業のただ中において、ましてや「仏教徒の戦争に対する態度如何」との命題を掲げて苦悩する中で、「戦争論」「平和論」の無力さを実感した彼らの、時代社会を「智慧の道場」として領受することで、無碍の一道に立ち上がった事実は、動かせない。

北原は、次のように述べている。

急テムポな経済的逼迫と、公式的マルキストの現実敗北と、依りどころを失つた支配者の必然的フアッシヨ化と、世界は、日本は、総てを引つくるめて顚落の底に真向に堕ち込みながら、一九三一年は終り、新しき三二年が来た。全世界を不安と焦燥とに包むこの物凄いスピードで迫る破綻の騒音は、然しながら、そのまゝ偉大なる音楽でないか、この騒音をそのまゝ微妙なリズムと感じ、この焦燥を不思議な歓喜と享け得ることを有難く思ふのである。(99)

世界が次第にファッショ化していく状況に焦燥感を抱きながら佇む真摯な求道者の姿が、浮き彫りになっている。北原は、人間の力では如何ともし難い大きな歴史の推進力を、「不思議な歓喜」をもって受け取る自己に感謝しているが、その「歓喜」とは、言うまでもなく、仏道に立つことのできた歓喜であろう。そして、このような現実の圧力に対峙する興法学園の前途を見定めて、次のように述べている。

学園創設当時、我々はそこばくの計画を抱いてゐた、併しその計画は水面の泡の如く我々から消え去つてしまつた。あらゆる計画を失つた我々は今、得体の知れぬ大計画をしつかり感得した、この計画なき大計画に支配されてひた押しに進む、私共はこの大業に躍進する事の限りないよろこびを持つ。しかし、それにも拘らず、いやそれ故に、学園に対する世人の無理解を見るがいゝ。人々は学園は何かやると期待してゐたらしい。有難いことだ、我々はかゝる誤解を起させた我々の無力をはぢる。併しそれにしても学園に対し余りにも理解なきことに驚く、他の誰が真に学園を理解してくれてゐるだらうか。(中略)計画は破綻してゆく、あらゆるスローガンは、あらゆる計画は、結局、狂つた自然と共に流転する、うたかたの幻に過ぎない。我々は必然の道理を知らせてもらつた。乾燥し切つた空気の如き焦燥に駆りたてられて叫ばれ計画されることは一切そらごとである(中略)絶対沈黙の宣言、それこそ我等の掲げ得る唯一の大宣言である。顚落の騒音と共に流転する人間意欲の雑音は更に深化するであらう。と共に諸々の計画は拡大されるであらう。我々はこの中に在つて、この沈黙の声を聴き、あらゆる有作人為の計画の叢出の中に、この無作の計画に直進する。――我等が不変のプランである。[100]

文中の「学園創設当時」の「そこばくの計画」とは、創刊号に掲げられていた「新しい世界観」を確立しようという気高い志願のことであろう。また「得体の知れぬ大計画」、あるいは「大業」とは、満州事変あるいはファッショ化する「帝国」を、仏道によって克服しようとする願いと見られ得まいか。そして、それが今、「一切そらごと」であったと述べている。北原は、「世人」が興法学園に対して「何かやる」との期待、つまり戦争に対して何らかの反戦行動をとり、何らかのメッセージを発するとの期待を寄せていたかも知れないが、しかし、その期待は学園に対する「無理解」であると切り捨て、そして、「絶対沈黙の宣言」、あるいは「無作の計画」をもって、仏道の真義を主張するのである。

動かし難き現実に対して、「絶対沈黙」を宣言し、「沈黙の声」を聴くところに、清沢の自らの社会的スタンスを「現在安住」、あるいは「消極主義」と称する精神主義に通ずる、現実と対峙する興法学園の仏道姿勢があった。ともかく興法学園は、世に向かって意欲的に実行すること、たとえば「平和の連帯」を働きかけること等に対して、ほとんど意義を認めなかった。歴史的現実を自らの宿業として受け入れ、どのような動乱の只中にあっても仏道を開顕する、ここに興法学園は、自らの「僧伽」としての存在意義を見たのである。鈴木は、次のように述べている。

私達は見えざる僧伽即ち統一なき統一を有する仏者の集団を要望して居ります。現在の学園の目標がそこに置かれてあります。[101]

時代業を担うべき「見えざる僧伽」、そして如来の「沈黙の声」に耳を傾ける「僧伽」、それこそ興法学園の真髄であった。

興法学園創立について、山崎は、次のように振り返っている。のちに『開神』を発行する坂東環城からの質問に応答する、山崎の返信の一部である。

学園成立の外縁になつたものは谷大問題でしたそしてその成立の原因をなしたものは吾々の両恩師の思想でした従つて学園成立の因縁をいへば両先生とその思想とそれに追随する同窓の三者は不可分なものでした併し貴兄も御承知の通りこの三者を外縁とし動乱を事由として生れた学園は生れると共にそれ自身の生命の存在に気づいた筈でした学園は両先生の思想をしたふ者によつて生れました併し生れてみればその思想は既に両先生のものでもない天下の公道でしたその公道を歩む故に両先生も吾々に両先生であつたのでした従つてその先生は同窓のものではなく天下のものでしたかうして徐々にですが学園は真実道を求むる者の団体として育てられて来たやうに思ひます学園は両先生をめぐる谷大事件を外縁として生れました併し生れた学園は生れると共に最早や谷大同窓のものでも両先生のものでもなく道に於ける学園であることに気づかされた筈です(102)

曾我は精神主義を「浩々洞魂」として継承し、「法蔵菩薩誕生」として世に公開した。金子は『真宗学序説』をもって、我々の前に教学の本質を提示した。佐々木は『大谷大学の樹立の精神』を公開することで、大谷大学の学的礎を確立した。そして今、興法学園は「真実道を求むる者の団体」の真髄を、我々に提示しているのである。

興法学園の求道者は、戦争という時代の現実の中を、そしてその現実を生み出した体制を批判するということ自体、すでに成り立ち得ない厳しい現実を、全身で背負って仏道を生きた。つまり、あの「異安心」問題との遭遇を経てマルクス主義への限界を早々に察知した彼らにとって、その現実において、ひたすら信獲得に生きることだけが、間違いのない「平和」への道程であったのである。

五 群萌の仏道

今しばらく山崎の言葉を聞こう。

個人は決して単なる個人ではない。個人の背後には社会がある。個人の問題は必ずその根を社会に持つてゐる。(103)

このように、人間は本来社会的な存在であることを見定め、そしてそれは、社会の進行、時代の問題に徹底的に個人を解消し切るところに個人の生存の意味を見出し、それに依つて自己の生活全体を律し規定して行かうとする。(104)

ものでなければならないが、しかし、

近頃私には求道の旅は一人だといふことが痛感されるのです。(中略) 本願は確かに誰でもが救はるべき本願です。そして、この誰でもが救はるべき本願に私も救はれて行く、それでよいのでないでせうか。(105)

と述べている。興法学園の運営に、病躯を擲って専心する山崎の「求道の旅は一人」という言葉に、求道者としての実感が滲み出ているように思われる。「誰でもが救はるべき本願」に自己という「一人」が救われようとする、とは、素朴な求道心でなかろうか。十方衆生の救済を誓う弥陀の本願は、絶えず「一人」のためのものでなければならなかった。

山崎はさらに、次のように述べている。

近頃は勇しい宗教のみ聞かされます。それは時代苦の波を力強く乗り切る教であり、或は左右両翼に対して中道を示すものであります。かくて唯仏是真が強く主張されます。しかも誰一人世間虚仮をいふ者がありません。唯仏是真は世間虚仮を通してのみ言ひうる言葉でせう。人生はそのまゝに肯定しておいて、然もそれに役立つ教へとして仏教を持ち出すことは、果して仏教尊重でせうか、仏教利用でせうか。私はそこに一切を人間中心にしか考へえぬ人本主義者の醜き功利主義を感ぜずにをれません。あるものはたゞ苦悩の人生でせう。あの晩も会が終つてから「仏教は一体現下の諸問題を何うしようといふのか」との問ひが出ました。私は五濁の世と知れば、それでよいのです。私の仏教は五濁の人生に気づかしてもらうことに始まり、そしてそれで終るのです。五濁の世です。業道自然の理は明かではないでせうか。「如何にすべきか」の問ひなど何うして出るでせう。仏道は結局人生に何ものをも加へないでせう。(106)

「仏教は一体現下の諸問題を何うしようといふのか」という問いは、当時の興法学園の抱えていた厳しい課題であったはずである。それに対して山崎は、「五濁の人生に気づかしてもらう」と静かに述べ、「世間虚仮」の現実をそのまま受け取るところに、自己の仏道を確かめている。そして、「世間虚仮」との自覚の欠落した「唯仏是真」という「勇ましい」世界観を、「人本主義者の醜き功利主義」の空しい叫び声でしかないと訴えている。同様の仏道観を松原に尋ねれば、

僕は今まで本当の自分をさがし求めて、しかもその本当の自分に盲ひであつた。僕は多くの道を求めた。この道こそ自分の道だ、さう思つてそこへ飛んで行く。飛んで行つてはその道に躓き倒れた。(107)

と自己以外に道を求めた愚かさを告白し、さらに、

私は、自ら省みて自力疑心の罪深きを思ひます。この自力迷心の無明海に沈迷して出づることあたはず、本願を仰ぎ口に称名するとも、身は畢竟野狐に堕し、永遠に救はれざる闇黒の宮殿に閉ぢ込められてあるのです。(108)

と、「自力疑心」に迷い、永遠に絶対的無救済の自分を告白している。そして、その告白の場所に立つことで、次のような仏道讃嘆の道が開かれるのである。

> 古来仏者の信生活は終始懺悔と讃仰の生活でありました。つねに全生活をあげての懺悔であり讃仰でありました(109)。

そして、

> 僕はかうした浄土を近く感ずることなしには、一日が生きれぬのである。飯は食へるかもしれぬ、しかし生きさして貰へぬのである。僕は日々それほど相済まぬ情け無い生活を繰り返して居るのだ。この生活がそのま、もらさず浄土の光へ還へされる(110)。

松原の、「飯を食へるかもしれぬ」という娑婆を超えて、ひたすら自分の全生活をもって浄土に還らんとする求道者としての純潔さを、ここに見ることができる。懺悔と讃仰、これこそ仏者の生活そのものであろう。

ところで、興法学園がこのようにストイックに求道的であったのに対して、その彼らを支えていたのが、「加賀の三羽烏」であった。曾我や金子が「教学派」と称されたのに対して、暁烏、高光、藤原の三人は、自らの生活実験をそのまま告白する「生活派」と称され、また群萌と共に生活し、群萌一人ひとりの心を耕すべく教化実践を展開していた。興法学園の求道者は、あの「異安心」問題における記念講演会での出遇い以来、群萌の生活者高光の教化を求めていたのである。

ここにあらためて、曾我、金子の「異安心」問題や「大谷大学クーデター」、また満州事変という、自力では容易に打破できない強固な現実を前にして、マルクス主義で充たされないことを実感した興法学園の求道者が、「仏者の態度如何」との問いそのものの誤まりであったと内観することで、必死に信獲得を追求したことを想起しなければならない。親鸞が群萌の大地に立つことで、「十方衆生」に開かれる信世界を具現化したように、仏道をどこまでも群萌の現実世界での営みであることを明確に示したのが、「加賀の三羽烏」であった。真実信心は徹底して、虚仮なる娑婆世界の只中に根を下ろした求道的営為によって明らかになるのであって、決して知的論理的な営みではないのである。

高光は、京都での曾我、金子「異安心」問題の動向を加賀の片田舎で聞き、そして次のような感想を述べている。

今春京都の大谷大学に騒動があつて二、三の教授は職を失ひ生徒は同盟退学などして騒いだが、どうやら其儘で結末がついたと云ふことだ。が然し其教授であつた一人が私の先輩曾我先生を批評して人智の及ばざる境涯を人智で説明仕様とする処に大いなる誤謬があると云ふたと聞く。私は今それに就て曾我先生の弁護を仕様と思ふのでないが、それを機縁として超と云ふ字の仏典に使はれてある内容を研到して見度いと思ふ。勿論私は曾我先生が人智を以て仏身を説明する人でないことも知つてゐるし、某君がかゝる批評を敢てせねばならぬ心事を哀れに思ふのであるが、私の今云はんとする超と云ふ字の内容は與づかつて曾我先生の御指導によること の深いものであることも信じて居る(11)。

曾我が人智の及ばざる境涯を人智で説明したという批判について、高光は、曾我の真意を「超」という仏語をもって応えている。すなわち、仏智は人知のはるかに超えたものであり、だから人知をもって〝説明〟することは流転の業でしかなく、したがって曾我の説くところは、我々の迷道の横超、すなわち人知の絶望を超えた不退転の希望の声であるとしている。高光にとって大谷大学の出来事とは、何ら解説し論評する対象ではなく、むしろ群萌の仏道を確認する機縁に他ならなかった。まことに、娑婆の出来事の是非を論ずることを超過した仏道を、また群萌と共に濁世を超えて生きてはたらく仏道を、そのような仏道の真骨頂を、高光は曾我に見ているのである。

第六項 『親鸞の仏教史観』

興法学園を支えたのは、松浪長三郎の懇志であった。しかし、それが一年余りで途絶えたため、学園は忽ち困窮に陥った。『山崎俊英遺稿』に収められている「書翰」によれば、すでに一九三一（昭和六）年六月の段階で、『興法』廃刊が、囁かれるほどであった。

興法学園の事務は、山崎が一手に担っていた。それに、北原や松原の気鋭が関わり、また鈴木も手伝っていたが、事務一切を担う山崎の苦労は並々ならぬものであった。その山崎は学園の将来を案じて、次のように告白している。

「親鸞一人がため」は結論として学園は育て、行くべきものでなく僕一人のために在つたのだといふ歓びが書きたかつたのです 今後学園がどうならうと吾々の道は唯だ一つ新しい僧伽の確立でも大衆に本願の道の宣布でもなくたゞ大衆の中へ埋れること名を無くすること一切を投げ出すこと裸になることそれでないでせうか（中略）一切を投げ出すことそれを如実に高光さんが見せてくれました 寺を投げ出しても宗教に生きよう(112)

山崎は、「親鸞一人がため」という確信に立って、どこまでも徹底的に、「大衆の中へ埋れること」、「名を無くすこと」、「一切を投げ出すこと」、「裸になること」で仏法に生きる、つまり、名もなき民衆と共なる一味平等の世界に生きることに徹しようとの仏道を念じているように思われる。このように、興法学園の責任を荷負しつゝ自らの生き方を模索する山崎には、高光の人間的行為が有限であり絶望で終わることを味わい尽した、「大衆の中へ埋れる」実験生活から湧き出る、「一切を投げ出す」生き様は、大きな見本であったに違いない。

山崎の必死の尽力によって『興法』は毎月発刊されていた。だが、七月、その山崎を病魔が襲ったのである。当初は気管支カタルと診断されたが、実際は結核であった。山崎が病に倒れれば学園の運営は滞る。病気の山崎の後を安田理深が引き継ごうとしたが儘ならず、ついに山崎が最後に編集した第二年第六号をもって、『興法』は終刊となった。山崎は、自分の後を受けて学園を担う安田を、次のように労っている。

今度という今度は学園の将来を兄ひとりに負ふて頂かねばならぬことになつたわけ兄の御心痛みお察し致します（中略）この人を見よそれが兄の取らるべき道ではないでせうか　一挙手一投足が宗教生活として僧伽の精神にかなふならば懦夫をして立たしむるものがあると思ひます　園長の御迷惑を思ふと同時に園長の新たなる奮起を懇願すること切です　一応解散といふことになれば会計なども整理されることでせうが[113]……

興法学園に区切りを付ける時期が近づきつつあった。興法学園は、一九三〇（昭和五）年九月から一九三三（昭和八）年四月の、金子が広島文理科大学勤務のために広島へ転住する時まで続いた。その間の事情を『山崎俊英遺稿』によって尋ねて見れば、一九三一（昭和六）年三月に『興法』が創刊されたが、その三か月後の六月頃から財務が逼迫していた。そのため山崎は、興法学園の再建の話し合いを頻りに求めたが実現せず、ついに一九三二（昭和七）年一二月一一日に「解散式」を迎えたのである。安田は次のように語っている。

〔興法学園は〕続けて続けられんことはなかったんです。だけどそこは非常に潔癖でね、曾我さんは。ちょっとそういうことが出て来ると、何でも事は始めるよりも引上げる時が大事だと、立つ鳥は後を濁さぬということがあるからというので、すかっともう断わっちゃったんです[114]。

曾我の意見で、金子が広島に転住する四か月前に興法学園は正式に幕が引かれたのである。わずか二年三か月の興法学園ではあったが、大戦敗北の故に精神主義の伝承と「僧伽」の具現化、信の姿勢や方向を指示することになるのである。そして、後述する、敗戦後の真人社の現成を見るに至り、その意味で、大谷大学から曾我、金子の教学を引き継ぐ興法学園の歴史的意義は、近代教学によって再生された宗教的生命の相続と形成という観点から、極めて大きいものであったと言えよう。

一九三五（昭和一〇）年五月一〇日から三日間、曾我量深の還暦記念講演会が山口会館で行われた。参加者は全国から四〇〇名、講演会の題目は「親鸞の仏教史観」であった。周知の通り、その講演録が『親鸞の仏教史観』として刊行されている。祝賀会会場は京都ホテル、主催は「興法学園同人」であった。興法学園が少なくとも一九三五（昭和一〇）年までは、何らかの形で存続していたことは分かる。

ここで、少しく曾我量深の『親鸞の仏教史観』を尋ねてみたいと思う。はじめに、記念講演会における金子の挨拶を見てみよう。

今日までの先生の歩み方を見ますと一歩々々が時代を動かし、さうして時代を作つて来られたのであります。一体先生のやうに余り世に知られない、さうして社会大衆に歓迎されない人を捉へて時代を動かして来たと云ふやうなことを言ふのは或は異様に感ぜられるかも知れませんけれども、古往今来本当に時代を作り時代を動かした人と云ふものは、決して世に時めいた人でなかつた筈である。決して大衆を踊らした人でなかった筈である。(115)

浄土真宗が連綿と歴史を動かし時代を作ってきた群萌の宗教であることを、曾我は「仏教史観」として開顕した。金子は、そういう曾我と同時代を生きる歓びを次のように語っている。

私共が此世に生を受けまして、よい時代に生れ合せたと云ふ言葉を使ふことが出来るとしますれば、さう云ふ時代は必ずしも四海波静かにして、春は花秋は紅葉と享楽することの出来る時節に生れたと云ふことではありません。又教育が普及し交通機関が便利になりまして、所謂文化的の施設を思ふまゝに受け得ると云ふことでもありません。さう云ふことも私共がよい世の中に生れたと云ふことの中に数へることは出来るでありませうけれども、併しながら何れ五濁雑乱の世であり、悩みの多い此世界に於きましては、さう云ふことだけで心の底から本当によい時代に生れたと云ふことは出来ないのであります。唯私共が本当に心の底からよい時代に生れ合すことが出来たと云ふことが出来るとしますれば、それは本当に自分を教へて下さる所の明師に出遇うたと云ふこと以外にないのであります。此喜びは恐らく人間が経験し得る限りの最上の喜びであります[116]。

「本当に自分を教えて下さる所の明師に出遇うた」、そして「心の底からよい時代に生れ合すことが出来た」という歓びこそ、求道する者の至奥より出づる満足心であった。さらに次のように述べている。

若し先生がお出でにならなかつたならば、吾々は本当に仏教と云ふものを理解することが出来たかどうか、本当に浄土真宗と云ふものを自分の身に著けることが出来たかどうかと云ふことを思つてみますと云ふと、若し今日生れ合せなかつたならば、恐らく私共は此長い間の仏教の本当の伝統の精神を唯因襲のまゝで受け取つて居るか、或はどうしても受け取ることが出来なくて迷うて居るか、どちらかに終つたであらうと思ふのであります[117]。

仏法は人から人へと伝承される。仏法を体解した本師との値遇こそ、真宗にとって何よりも意義深い仏事である。金子は、曾我あればこそ真実の大地に立ち得たとの深甚の謝念を表しているのである。

さて曾我は、『親鸞の仏教史観』において、

一体浄土真宗を開くとはどう云ふことか、どうすることが浄土真宗を開くと云ふことか。それよりも一体浄土真宗と云ふは何事であるか、何をか浄土真宗といふぞ、其具体的内容如何[118]。

と問い、そして、

私は近年熟々『教行信証』を拝読して居りますうちに、此浄土真宗とは何ぞやと云ふ問題に当面しました。然るにふと感得したことは、浄土真宗と云ふのはこれは親鸞の体験せられた新しき仏教史観であつたのである。[119]と説いて、浄土真宗が親鸞の念仏の歴史に帰入することの実験に拠って立つ仏教史観であることを明らかにし、さらに、その仏教史観を、

始終悩みに悩んで居られまする自己の真実の生死出離の問題が、法然上人を通して、如来の本願念仏の教と云ふものに依つてそこに明かになつた。さうして更に法然上人を通して、其人格を通し流伝する仏道、即ち法然上人の教の伝統、其背景根源と云ふものに静かに遠く深く溯つて行かれました。[120]

そして、

其仏教発展の歴史、二千年の仏教展開の歴史、其仏教史の根幹となるものは何であるか。それが興法利生の久遠の因縁に依りて遂に親鸞をしてはつきりと其古来を一貫する歴史観、即ち仏教史の根幹精要を内観するの心眼を開かしめた。其史観こそ即ち浄土真宗といふものであつたのであります。[121]

と論ずるのである。「法然上人の教の伝統、其背景根源」に帰るところに、つまり「興法利生の久遠の因縁」を体とする「仏教史の根幹精要」に浄土真宗があるのであり、それは釈尊をして仏教の開祖とする「学究的仏教史」の立場を超えるものでなければならなかった。したがって、

親鸞の仏教は直に仏陀に成る教であり、仏陀を説く教である。仏をして真に仏たらしめ、同時に衆生をして仏たらしめんとする教である。（中略）仏教と云ふものは仏に成る教、仏を説く教なのだ。畢竟ずるに親鸞の仏教は仏自証の教、自説の教である。[122]

と、法然にまで突き抜ける「仏をして真に仏たらしめ、同時に衆生をして仏たらしめんとする教」、つまり、本願

念仏の伝統の「仏自証の教」が浄土真宗であると言うのである。したがって当時の「仏教研究」について、次のように述べている。

此頃はまあ仏教の大学、公私立の一般の大学で仏教研究の声は盛であるけれども、結局するに仏が何を説いたか、釈迦が何を説いたかと云ふ問題だけが問題になつて、本当に釈尊が何を如何に能く自ら証得したか、何を如何に教説せられたかと云ふ此実際問題と云ふことは等閑に附せられて居る。さう云ふ現象を見まして、今日の仏教学と云ふものに対して、多くの真摯なる求道者は大概失望の愁声を洩して居る。(123)

仏教とは、釈尊が何を説いたか、ではなく、何を自証したか、という実際問題であるとして、さらに次のように仏教史観について論じている。

我が親鸞の求められました所の仏道、即ち吾等の先祖、所謂二千五百年乃至三千年の仏教歴史と云ふものはそんなものでない。これは吾等迷へる衆生が生命を賭けて仏を求め求めて、さうして遂に求め得た所の歴史的事証であります。吾等の祖先が一心にそれを求めて、一向にそれの上に歩み来つた所の仏道々場の歴史でありまする。決して此頃の人が考へて居るやうに、根本仏教から小乗仏教に、小乗仏教から大乗仏教に、大乗仏教から一乗仏教に、又自力仏教から他力仏教にと云ふやうに、所謂進化発展したる歴史ではないのでありまして、さう云ふ歴史は仏教でないのである。真実の意義に於ては仏教否定の歴史であります。真実の仏教の歴史は正しく衆生が仏に成る歴史的道程、即ち仏道円成の歴程であります。所謂興法の因内に萌し利生の縁外に催して、斯くの如くして釈尊を初めとして三千年の間、諸仏菩薩が歩み来つた所の歴史であります。これは絶対に間違ない事業でありました。(124)

親鸞の自証が、衆生が命がけで仏になるために求め続けた「歴史的事証」であり、諸仏菩薩の「歴史的道程」であることを、曾我はこのように明らかにしている。

当時の大勢を占める仏教学は唯物史観によるものであり、それは原始仏教から小乗仏教、そして大乗仏教と展開する「進化発展したる歴史」観であって、決して「衆生が仏に成る」という「実践の事業[125]」に立った歴史観ではなかった。また単に、「仏が何を説いたか、釈迦が何を説いたか」を課題とするもので、それは「仏教の体験の事実のなき所に仏教の歴史を創造しよう[126]」という営みでしかなかった。それに対して浄土真宗とは、どこまでも衆生が仏に成るための歴史的事実であり、その自覚道である。換言すれば、本願念仏の伝統への帰入を内容とする歴史観こそ浄土真宗である。このように訴えた曾我は、その歴史的事実について次のように述べている。

> 仏教三千年の歴史は『大無量寿経』流伝の歴史である。『大無量寿経』流伝の歴史と云ふのは即ち念仏流転の歴史である[127]。

浄土真宗とは、『無量寿経』を「真実教」と仰ぐ教えであり、したがって『無量寿経』伝統の歴史とは、衆生が仏に成る歴史、つまり本願念仏の伝統の歴史である。このように論ずる曾我は、本願念仏の歴史的背景である第十七・諸仏称名の願の意義について、すなわち「行巻」と「信巻」の関係について、次のように述べている。

> 行巻の上に名号展開の歴史的事行、其歴史的事行と云ふものに於て、直に自分の信念の歴程、自分の御己証の安心の歴程と云ふものを示したのが即ち信巻と云ふものであると思ふのであります[128]。

因位法蔵菩薩の願心、如来選択の願心、つまり七高僧の伝統を明らかにする第十七願（行巻）と、その願心の伝統を信楽発起して尋ね自らの内面に自証する第十八願（信巻）との関係に、浄土真宗の真実義を見出しているのである。まさに浄土真宗は本願念仏の歴史の我への成就である。具体的に言えば、

> 本願が自ら展開した所の歴史、其本願展開の歴史の中に吾々が呱々の声を挙げ、そこに吾々は生き、そこに於

て呼吸し、そこに於て吾々は骨となつて本の土に還る、かう云ふ歴史であります。[129]

という本願自証の歴史である。このように曾我は、浄土真宗が衆生の本願念仏の大地に立ち続けてきた歴史の開顕であり、その歴史の自覚であることを明確にしたのである。松原は、次のように曾我の仏教史観の意義を説いている。

先生の六十歳の還暦を迎えられての大獅子吼の講演記録である本書を繙き、改めて、浄土真宗が世界の中の真宗であり、大乗仏教の至極である『大無量寿経』の教説こそ、人類救済の根本聖典であることを、仏道実践の歴史の歩みをもって、先生が証明なされていたことに、深い感動を覚えるのであります。[130]

親鸞が、「それ、真実の教を顕さば、すなわち『大無量寿経』これなり」[131]と表明する所以である。

ところで、曾我は、当時のことを次のように回想している。

還暦の祝いといたしまして、私は三日間何か講演せよということになったので、それで私は「親鸞の仏教史観」という題でもってお話することになっておった。はじめの二日間はどうにかこうにかお話しましたけれども、三日目の日には、出掛けようという一時間ばかり前に、高光大船先生が訪ねてみえまして色々とお話し合った。つかれておるのに高光先生とお話したものでありますから、大変身体も頭も疲れました。それで三日目のお話はもうしどろもどろになって、とにかく三日間の講演は終りました。[132]

一方、高光は、その感慨を次のように述べている。

先頃我が曾我先生は「親鸞の仏教史観」と題して、二千年の仏教が進歩を見たり、変化があつたりしたやうに考へる人間は、皮相の見解に堕落せる学者の寝言であつて、真実の仏教は普遍にして久遠の実在であることを叫ばれた。私の知人のある学僧は之を批評して、仏教は矢張り小乗より大乗にすゝみ、聖道門より浄土門に進歩したといはねばならぬと主張してやまなかつたから、私は言うた。仏教とは仏の教であらう。仏の教とは仏そのものであらう。痩せた人間が栄養食でもとつて肥えたのなら、あの人も見違へるほど肥えられたといふこともあるが、仏は元来慈悲円満智慧円満の実在である。すでに無始よりこのかたの円満者に進歩があつたり、変化があつたりするのでなく、円満者を受けいれる程寛大な生活を知らない人間が、仏教を自らの知識で自信したり、批判したり、乃至は仏教歴史の研究をしたりするからこそ、仏教に時間的歴史があつたり、進歩や変化があつたりするやうに見えるのである。(133)

「親鸞の仏教史観」に心底頷いた高光の絶妙な譬である。高光は、こころから曾我を慕い、甘えた。それを曾我は包んでしまう。そのような〝大きな〟曾我と〝無邪気〟な高光との、美しく温もりのある師弟関係が、ここにあった。なお、この高光が訪問することで疲労困憊、曾我は「しどろもどろ」になって講演を終えたが、その第五講の講演内容が「一番良かった」とも言われている。人間の思惑を超えた仏法不思議の世界ではなかろうか。

註

(1)「鹿ケ谷より」『仏座』六〇号、一九三〇（昭和五）年一〇月号、三八頁
(2)『人間性回復への道』一八～一九頁、法藏館
(3)『続思索と体験』『西田幾多郎全集』一二巻、一九三頁、岩波書店
(4)マルクス主義に関連する社会主義運動の出来事を列挙する。
一九一九（大正八）年…労働組合結成が急速に増加し翌年には第一回のメーデーが行われる。
一九二〇（大正九）年…日本社会主義同盟が結成される。また新婦人協会が結成される。（平塚明子、市川房枝ら）
一九二二（大正一一）年…日本共産党が結成される。

一九二五（大正一四）年…治安維持法が成立する。

一九二八（昭和三）年…第一次普通選挙が実施される。また3・15事件（共産党系活動家の大量検挙）起こる。

（5）『中外日報』一九三〇（昭和五）年九月一六日
（6）『中外日報』一九三〇（昭和五）年九月一六日
（7）「興法学園趣意書」（北原了義氏所蔵）
（8）「念仏―安田理深先生を憶う―」『真宗』一九八三（昭和五八）年六月、六頁
（9）「念仏―安田理深先生を憶う―」『真宗』一九八三（昭和五八）年六月、六頁
（10）『念仏の僧伽を求めて』一七五頁、法藏館
（11）「念仏―安田理深先生を憶う―」『真宗』一九八三（昭和五八）年六月、七頁
（12）『龍谷大学三百五十年史』通史編上巻、六七九頁、龍谷大学
（13）「誕生の前後」『興法』創刊号、一九三一（昭和六）年三月
（14）「誕生の前後」『興法』創刊号、一九三一（昭和六）年三月
（15）「誕生の前後」『興法』創刊号、一九三一（昭和六）年三月
（16）「誕生の前後」『興法』創刊号、一九三一（昭和六）年三月
（17）「誕生の前後」『興法』創刊号、一九三一（昭和六）年三月
（18）『御伝鈔』真宗聖典、七二四頁、真宗大谷派宗務所出版部
（19）「誕生の前後」『興法』創刊号、一九三一（昭和六）年三月
（20）「誕生の前後」『興法』創刊号、一九三一（昭和六）年三月
（21）「誕生の前後」『興法』創刊号、一九三一（昭和六）年三月
（22）「誕生の前後」『興法』創刊号、一九三一（昭和六）年三月
（23）「誕生の前後」『興法』創刊号、一九三一（昭和六）年三月
（24）「発刊の言葉」『興法』創刊号、一九三一（昭和六）年三月
（25）一九二一年には第一次大本事件が起こっている。その理由は大本が国家転覆を目論む危険思想であるという嫌疑によるものであった。

(26)『興法』創刊号、一九三一（昭和六）年三月
(27)『興法』創刊号、一九三一（昭和六）年三月
(28)『行信の道』（第三輯）四〇頁。同様のことは『曾我量深説教集』「月報三」に次のように記されている。
　昭和の始め頃、興法学園が生まれた頃のことが回想される。満州事変の前夜といった、ただならぬ時代であって、大学や大学予科の学生の間に、マルクス学説の研究熱が圧倒的であった頃である。またこうした背景もあって、京都に於ては、学生の間に親鸞信仰のいささか熱狂的な信仰運動というものがあった。われわれはこの間に在って、仏教学徒として、いかに之に対処すべきかに就て日夜苦悩をつづけていたのである。
(29)金子大榮「時機相応の法」『興法』創刊号。同論文中の金子大榮の次の言葉に、当時の興法学園の方向性を確認できると思われる。
　されば正しく今日の時機に相応して回向せらる丶如来の法は如何なるものであらうか。吾等は唯だ時代苦を負ふて切実に道を求め、その興法の因とならんと願ふものである。

時代苦を興法の因とすべきことが明確に説かれている。
(30)「序」『日本イデオロギー論』、岩波文庫
(31)「実践を可能ならしむるもの」『興法』創刊号、一九三一（昭和六）年三月
(32)「雪の北越より」『興法』創刊号、一九三一（昭和六）年三月
(33)「雪の北越より」『興法』創刊号、一九三一（昭和六）年三月
(34)「雪の北越より」『興法』創刊号、一九三一（昭和六）年三月
(35)『浄土三経往生文類』真宗聖典、三五六頁、真宗大谷派宗務所出版部
(36)『教行信証』「化身土巻」真宗聖典、四六八頁、真宗大谷派宗務所出版部
(37)「明治四五年一月三日付葉書」『両眼人』一五頁、春秋社
(38)「明治四五年三月七日付葉書」『両眼人』一九頁、春秋社
(39)「田舎寺の研究生活」『曾我量深選集』三巻、五五頁、彌生書房
(40)「田舎寺の研究生活」『曾我量深選集』三巻、五九～六一頁、彌生書房
(41)「田舎寺の研究生活」『曾我量深選集』三巻、五九頁、彌生書房
(42)『親鸞の仏教史観』『曾我量深選集』五巻、四〇一頁、彌生書房

(43)『興法』創刊号、一九三一（昭和六）年三月
(44)「生活日抄」『直道』一九三〇（昭和五）年九月
(45)「編輯後記」『興法』創刊号、一九三一（昭和六）年三月
(46)『中外日報』一九三〇（昭和五）年四月一五日
(47)『中外日報』一九三〇（昭和五）年五月一日
(48)「教授団総辞職の苦衷を父兄に訴ふ」『大谷大学新聞』一九三〇（昭和五）年六月二〇日
(49)「第二回宗議会（通常）議事概要」『真宗』一九三〇（昭和五）年七月、一二頁
(50)「宗門の教育制度の主脳」『無尽燈』（更刊号）一九三一（昭和六）年一月
(51)『中外日報』一九三〇（昭和五）年六月一三日
(52)『大谷大学新聞』一九三〇（昭和五）年六月二〇日
(53)『中外日報』一九三〇（昭和五）年六月一四日
(54)『中外日報』一九三〇（昭和五）年六月一三日
(55)「大学改善の正体は何か」『無尽燈』三号、一九三一（昭和六）年五月
(56)『真宗』一九三一（昭和六）年五月、一九頁
(57)『無尽燈』一九三一（昭和六）年五月
(58)『無尽燈』一九三一（昭和六）年五月
(59)「第四回宗議会（通常）議事概要」『真宗』一九三一（昭和六）年八月、一九頁
(60)『真宗』一九三一（昭和六）年三月、一一頁
(61)直後に発表された「大谷大学に関する建議案」によって推測すれば、「大谷大学改善委員会」の議決内容の一つが、おそらく「宗学院」を大谷大学に移すところにあったと思われる。
(62)「第四回宗議会（通常）議事概要」『真宗』一九三一（昭和六）年八月、一九頁
(63)従前は、学長には「講師」のみが任命されるとあったものが、「講師嗣講又ハ相当ノ学歴アル者」と緩和された。
(64)「本山彙報」『真宗』一九三一（昭和六）年九月、九頁。なお宗学院については一九三〇（昭和五）年四月一一日付で「宗学院条例」が発布されている。『真宗』（一九三〇《昭和五》年五月、一二〜一三頁）によれば、受験資格は擬講以上に与えられている。

(65)『中外日報』一九三〇（昭和五）年四月二四日
(66)『教行信証』「化身土巻」真宗聖典、三三一頁、真宗大谷派宗務所出版部
(67)「無の鏡」『興法』一九三一（昭和六）年五月
(68)「偶像を葬る」『興法』一九三一（昭和六）年五月
(69)「偶像を葬る」『興法』一九三一（昭和六）年五月
(70)「偶像を葬る」『興法』一九三一（昭和六）年五月
(71)「綻びゆく革袋」『興法』一九三一（昭和六）年五月
(72)「僕に動く宗門愛」『興法』一九三一（昭和六）年六月
(73)「僕に動く宗門愛」『興法』一九三一（昭和六）年六月
(74)「僕に動く宗門愛」『興法』一九三一（昭和六）年六月
(75)「春の挽歌」『興法』一九三一（昭和六）年五月
(76)「編輯後記」『興法』一九三一（昭和六）年八月
(77)「回顧一周年」『興法』一九三一（昭和六）年一〇月
(78)「仏道の智慧」『興法』一九三一（昭和六）年七月
(79)「仏道の智慧」『興法』一九三一（昭和六）年七月
(80)『教行信証』「化身土巻」真宗聖典、三三一頁、真宗大谷派宗務所出版部
(81)『教行信証』「化身土巻」真宗聖典、三四六頁、真宗大谷派宗務所出版部
(82)「一道を仰ぎて」『興法』一九三一（昭和六）年七月
(83)「底下の凡夫」『興法』一九三一（昭和六）年一一月
(84)「果報者」『興法』一九三二（昭和七）年二月
(85)「果報者」『興法』一九三二（昭和七）年二月
(86)「北原繁麿宛封書」一九三二（昭和七）年九月一〇日
(87)「北原繁麿宛封書」一九三二（昭和七）年九月二一日
(88)「念仏」『真宗』一九八三（昭和五八）年六月、七～八頁
(89)「安田先生の思い出（長川一雄）」「月報」『安田理深選集』一五巻上、文栄堂

(90)「罪の歴史」『興法』一九三一（昭和六）年八月
(91)「罪の歴史」『興法』一九三一（昭和六）年八月
(92)『山崎俊英遺稿』二三五頁、開神舎
(93)「編輯後記」『興法』一九三一（昭和六）年一二月
(94)「英霊を弔ふ」『興法』一九三二（昭和七）年一月
(95)「よしあしを超えて」『興法』一九三二（昭和七）年三月
(96)「よしあしを超えて」『興法』一九三二（昭和七）年三月
(97)「よしあしを超えて」『興法』一九三二（昭和七）年三月
(98)「業さらし」『興法』一九三二（昭和七）年三月
(99)「無作の計画」『興法』一九三二（昭和七）年一月
(100)「無作の計画」『興法』一九三二（昭和七）年一月
(101)「年頭の感」『興法』一九三二（昭和七）年一月
(102)『山崎俊英遺稿』三三四〜三三五頁、開神舎
(103)「無礙道」『興法』一九三一（昭和六）年一〇月
(104)「無礙道」『興法』一九三一（昭和六）年一〇月
(105)「親鸞一人がため」『興法』一九三二（昭和七）年二月
(106)「門余の道」『興法』一九三二（昭和七）年七月
(107)「悪が喜ばれる」『興法』一九三一（昭和六）年九月
(108)「過去をかへる」『興法』一九三一（昭和六）年一一月
(109)「讃嘆と弁護」『興法』一九三二（昭和七）年七月
(110)「欣求浄土」『興法』一九三二（昭和七）年二月
(111)「超といふこと」『直道』一九三〇（昭和五）年九月
(112)「昭和七年三月一五日北原繁麿宛書翰」『山崎俊英遺稿』二五四〜二五五頁、開神舎
(113)「昭和七年一二月一二日安田亀治宛書翰」『山崎俊英遺稿』二七一頁、開神舎
(114)『行信の道』（第三輯）四一頁

(115)「後記」『曾我量深選集』五巻、四七八頁、彌生書房
(116)「後記」『曾我量深選集』五巻、四七六頁、彌生書房
(117)「後記」『曾我量深選集』五巻、四七六～四七七頁、彌生書房
(118)『親鸞の仏教史観』『曾我量深選集』五巻、三九二頁、彌生書房
(119)『親鸞の仏教史観』『曾我量深選集』五巻、三九二頁、彌生書房
(120)『親鸞の仏教史観』『曾我量深選集』五巻、三九三頁、彌生書房
(121)『親鸞の仏教史観』『曾我量深選集』五巻、三九三頁、彌生書房
(122)『親鸞の仏教史観』『曾我量深選集』五巻、三九六～三九七頁、彌生書房
(123)『親鸞の仏教史観』『曾我量深選集』五巻、三九八頁、彌生書房
(124)『親鸞の仏教史観』『曾我量深選集』五巻、四〇一頁、彌生書房
(125)『親鸞の仏教史観』『曾我量深選集』五巻、三九七頁、彌生書房
(126)『親鸞の仏教史観』『曾我量深選集』五巻、四〇一頁、彌生書房
(127)『親鸞の仏教史観』『曾我量深選集』五巻、四四九頁、彌生書房
(128)『親鸞の仏教史観』『曾我量深選集』五巻、四七〇頁、彌生書房
(129)『親鸞の仏教史観』『曾我量深選集』五巻、四五〇頁、彌生書房
(130)『親鸞の仏教史観』四頁、真宗大谷派宗務所出版部
(131)『教行信証』「教巻」真宗聖典、一五二頁、真宗大谷派宗務所出版部
(132)「遠慶宿縁」『法隆治教師還暦記念講演集』九頁、法隆治教師還暦記念出版刊行会
(133)「信仰は人間の発起に非ず」『直道』一九三五（昭和一〇）年七月

第三節　興法学園のその後

第一項　相応学舎へ

興法学園のその後の足跡については、次の三つの方向が見えてくる。一つは、一九三五（昭和一〇）年七月に東京の坂東環城や渡辺浩雄が発起人となって始められた「開神舎」、そこからは雑誌『開神』が発行される。二つ目は、一九三五（昭和一〇）年九月に始められた安田理深の「相応学舎」、そして三つ目が、曾我量深の京都東山の自宅を拠点にした講義と全国布教の拠点「鸞音舎」であった。

「開神舎」では、一九三六（昭和一一）年四月から曾我量深を中心とした講義が行われており、また、曾我量深、金子大榮、高光大船、そして松原祐善らが執筆する機関誌『開神』が毎月発行された。『開神』に寄せられた曾我の文章は、一九五八（昭和三三）年に『神を開く』として出版され、さらに高光大船の文章も一九四九（昭和二四）年一〇月に大阪謄写館（助田茂三氏）から『道限りなし』として出版された。また松原祐善の文章も、一九三九（昭和一四）年に丁字屋書店から『群萌の心』として出版された。

開神舎の立ち上げについて、坂東環城は、『真人』に次のように述べている。

『開神』は京都の鹿ケ谷にあった、曾我、金子両先生を師と仰ぐ同門の、聞法の道場であった興法学園が解散になつて、その機関紙であつた『興法』が終刊になつた後を受けて、戦後『真人』の発刊を見ることになつた、その間の約十年間の間隙を埋めて来たわけである。正確に申上げると、昭和十年七月に創刊して、昭和十九年の一月、第九十七号を出して終刊となつたのである。『開神』を発刊した私どもの気持は『興法』に代るものをと云つた大それた考えではなかつた。元々、興法学園が解散したのも学園を構成して居つたメンバーがいつまでも一つところに居て研究を続けると云うことが出来難くなつた為であつた。このような学園があつてこそ『興法』のような研究の成果も発表することが出来たのであるが、同人がそれぞれに地方へ散つてしまうと、到底それは望みうべきことではなかつた。それで地方に居る同人のお互の連絡の機関と云つたようなものを出そうではないかと云うのがねらいであつたのである。(1)

「開神舎」は、清沢伝統の精神主義の「興法学園」から「真人社」への橋渡し的な位置にあり、また地方に散在する興法学園同人の連絡拠点という役割をも担うものでもあった。「興法学園」は、若き求道者の共同生活を基盤にする「僧伽」であったが、その「僧伽」は必ず、それぞれの時代社会の要請に応答する「器」を必要とする。したがって、「興法学園」の時代社会的役割を直観する曾我は、「興法学園」の存続を躊躇なく「すかっともう断っ」てしまったのである。曾我は絶えず「僧伽」を思念しつつ、時代社会に相応して生きたと言えよう。「開神舎」は時代相応の「僧伽」であったのである。

「開神」とは曾我の命名であり、同人は、在京の高坂善見、訓覇信雄、渡辺浩雄と坂東であった。また曾我は、あたかも手紙を書くかのように自在に、便箋に執筆し、『開神』に寄稿した。当時でも曾我が執筆するということは、極めて稀であった。

坂東は『開神』を創刊するにあたって、『興法』発刊の仕事に就いていた山崎に相談し、山崎はそれに誠実に応えた。すなわち、前掲の山崎の手紙によれば、山崎は曾我、金子の「存在」と「思想」と、曾我、金子を尊敬する「同窓」の三者が密接に関係することで、『興法』が誕生したのであり、特に曾我、金子の「思想」であっても、いったん公開されれば、すでに「天下の公道」となる、したがって興法学園誕生の歴史的使命が、「天下の公道」を世に捧げるところにあった、としている。すなわち、『開神』も『興法』と同様に、「天下の公道」を開顕するという歴史的意義を担うものでなければならず、したがって山崎は、次のような期待を『開神』に寄せている。

彼等〔『開神』に集う人々〕は求道団体のレポート求道生活にいそしむ者の生活報告散りぐ〵の同人が互に啓発し合ふ機関形を変へた「興法」の再刊が求められてゐるのではないでせうか(2)

と、『開神』発行が、『興法』再刊の歴史的意味を継承することを同窓も期待する旨を表明し、さらに、

この気持あれば両先生も気持よく書けるでせう　同人も次々と書いてくれるでせう　同人名簿は安田兄が残務の片づき次第写してくれる筈です　しつかりした人々には又吾々もそれぐ〵執筆を依頼します　筆は重くとも安田兄も何か書いてくれるでせう　小生も気分のよい折をねらつて出来るだけ書きます　北原・松原両兄は既に発刊の気持さへ調へば「興法」再刊のつもりで努力するといふてゐます　上記の理由は小生が京都で祝賀会の折痛感したことでもあり又安田・北原・松原三兄の気持も大体それに一致するやうです(3)

として、安田、松原、北原、山崎らの「同窓」あげて、『開神』発行に尽力することを述べている。すなわち、「器」とそこから発刊される雑誌名は代っても、明治の浩々洞以来一貫する「僧伽」は、絶えることなく時機に応じて、現実に姿を顕わすのである。

坂東は、次のように『興法』について述べている。

曾我、金子両先生が例の安心問題で相次いで大谷大学を去られることになり、両先生の学風をしたう同人たちの願いで開かれたのが興法学園であつた。それも先に記したような訳で解散されることになつて見ると、些やかな存在ではあつたが、『開神』だけが僅かに同人たちの渇を医やす場所であつたわけである。それで先生方

の御執筆のもののほかに、先生の御講話の筆記を掲載することにした。これは地方に居ってはなかなか先生のお話を聴聞することなど思いもよらぬ同人たちの切なる要望を満たす為であった。(4)

戦時下において精神的に枯渇する人々は、念仏を伝統する「僧伽」を心から求めていたのである。そしてこの「開神舎」も、その要求に応える「僧伽」の一つであった。

次に「相応学舎」についてまとめておきたい。相応学舎は安田理深を中心とした、いわば「学塾」、「学仏道場」というべきものであった。寺川俊昭は次のように、相応学舎について述べている。

相応学舎といいましても、家もなければ何もないのです。ただ学生の下宿を会場として、その部屋に先生がお出でになり、数人の学生がその講義を聞いていた。ただそれだけの形です。しかし蓮如上人は、「本尊はかけ破れ、聖教は読み破れ」といっておられるでしょう。必ずしも立派な施設、お寺を必要としない。どこへでもご本尊をかけ、そのご本尊のもとでお聖教を学んでいく。どこへでもいける。まあ、安田先生のお言葉を借りれば「移動教室」。これがわれわれの聞法の場所なのです。(5)

その「移動教室」の最初に開かれたのが、京都市下鴨松ノ木町の学生の借家であった。その経緯について、臼富文成は、

あれは学部三回生の始めの頃だった様に思うのだが、岡山君（旧姓本多）が奔走して家を一軒借りることになった。場所は下鴨の松ノ木町とかいう所だった。塀で囲まれた二階建、玄関、応接間、風呂付の立派な家だった。二階は八畳と六畳位の部屋があった。応接間も風呂も一度も使ったことはなかったが、先生に下宿を巡回して頂かなくても、ここに集まれば受講できるというための借家であった。常住人は岡山、江尻、長谷川と私の四人であった。先生は袴と下駄でおいで下さった。その家に名札を掲げねばならぬことになった。先生

は曾我量深先生にお願いして相応学舎という名を頂かれた。岡山君が三cm位の厚さ、縦二十cm、横十cm位の木製名札を用意して、先生に揮毫して頂き、早速門柱に打ちつけた[6]。

と回想する。「相応学舎」とは曾我の命名であった。すなわち「相応」とは、天親菩薩の『浄土論』に説かれる「かの如来の光明智相のごとく、かの名義の如く、実のごとく修行し相応せんと欲うがゆえなり[7]」に由来するものであり、その「相応」について、曇鸞は、「如実修行」である南無阿弥陀仏に相応する、としている。つまり、「相応」とは「かの無碍光如来の名号よく衆生の一切の無明を破す、よく衆生の一切の志願を満てたまう[8]」という実感を内容とする念仏そのものであった。また「不如実修行相応」については、「しかるに称名憶念あれども、無明なお存して所願を満てざるはいかんとならば、実のごとく修行せざると、名義と相応せざるに由るがゆえなり[9]」としている。「不如実修行相応」こそ我々の実相であり、そのように決定するところに、始めて「相応」の真義が発揮される。わが身の「闇」であるとの自覚、あるいは「不如実修行相応」との自覚こそ、実は「如実修行相応」の基盤であった。このように、「機の深信」に相応学舎の真髄があるのであり、したがって「相応学舎」では、『唯識三十頌』や『成唯識論』、『十地経』などの唯識教学を中心とする学仏道が実践されたのである。まさしく、清沢以来の近代教学の伝統が「機の深信」の実践であったことは、銘記すべきである。

「鸞音舎」については、ほとんど資料が手元にないため不明である。そこで寺川の次の言葉を紹介しておくにとどめたい。

京都での興法学園という教室は消えましたが、曾我先生の場合、京都では異安心として追放された先生のお話を聞こうという人はありませんが、真宗大学で先生に触れ、地方に帰っている方々を縁として、その招待によって曾我量深先生が地方に出講なさる機会が作られてまいりました。このことが、非常に大きな意味をもったのですね。一方では曾我先生が大衆、群萌というものに肌で触れていかれる。一方では田舎で生活をしている方々が、曾我先生のお話しを通して、清沢先生によって改めて取り戻されてきた親鸞聖人のご精神に触れていく。この両者の感応ですね。曾我先生によって宗祖のご精神に触れていった地方の求道者の方々が、やがて敗戦を機縁として真宗再興という願いに立ち上がっていったのであります。このように、いわゆる大地に一粒の麦がまかれるという形で、浩々洞の再現である興法学園は散っていったのでありました。(10)

このように、浩々洞の精神は興法学園に継承され、それが今、「開神舎」、「相応学舎」、「鸞音舎」として伝承されたのである。

第二項　その後の大谷大学

ここで、一九三〇（昭和五）年に曾我が辞職し、一九四一（昭和一六）年に関根仁応が学長に就任するまでの大谷大学の歩みを確認しておきたい。一九三一（昭和六）年の「大谷大学のクーデター」によって、赤沼智善、加藤智学、名畑応順、安井広度、山口益、大須賀秀道、寺本婉雅、末広愛邦、正親含英、橋川正ら二三名の教授が退職したため、その後の人事は難航を極めた。稲葉昌丸の後任である阿部恵水学長事務取扱は、寺本婉雅、大須賀秀道、加藤智学らの他に派外から鈴木弘を復帰させたが充足されず、新たに一三名の教授を「カキ集め」るという形で補充したため、まるで「田舎の説教師みたいな」、「ノドを鳴らして〝講義〟する光景は、まさにさむざむとして、滑稽で悲惨な盛観だったろう」（山田亮賢の回想）と語らざるを得ないような教授や、あるいは漢訳一本での仏教学しか教えられない教授が教鞭を執るという低落した有り様であった。学長には上杉文秀、河野法雲、住田智見、本多主馬、大須賀秀道という伝統教学の実力ある教学者が相次いで就任し、さらに鈴木大拙や大庭米治郎のような著名な学者も教授として在籍したものの、大学の学の質的低下と空洞化は否めず、そのため学生の不満も大きかった。

大谷大学の同窓会機関誌『無尽燈』に、当時の大学の模様が次のように伝えられている。

先づ学生間の雰囲気と云ふものに筆の矢を向けると、実に個人主義的城郭に大人しく鎮座ましましてゐると云ふより表現の辞をもたない。と云ふのは皆が現在の学園の空気に満腹してゐるのかと云ふと、どうして〳〵一人〳〵当れば異口同音義奮満々として学園の沈滞、学生の意気不振、当局に対する不満を喋々と弁じて慨嘆するのを聞く、しかし、その改善となると誰かやればいゝのに〳〵と云つて自分が? とは一人も云はない、そして、蔭で愚痴をこぼしてゐる丈けであると云つた風である。中にはそんな事云つたつて云ふ丈あほらしい、こんな大学なんてどうせ駄目だし、よくならないんだし、そんな事に頭や手を出すよりも自分勝手に好きな事をやつてゐた方がよいのだ、と云ふ徹底してゐる分子もある。(11)

このような大谷大学の体たらくは、たとえば河野法雲が学長に就任した時に、その就任の挨拶の場すら設けられなかったため、学生が学長の顔を知らなかった、ということからも頷けよう。事態は深刻であった。また、授業についても、

K教授の大無量寿経講座は酣。自分の前に坐つてゐた某君、面白くない有難いお説教の故か、完全に眠つてしまつてゐる。先生どうも先刻から気付いていたものらしい。盛に此方を気にし乍ら説教を続けて居られたが、遂に何と思はれたか僕の方を向ひて「おい君、君、その人をちよつと起してくれないか、多分疲れて眠つてゐるのだらうから起してあげてくれ、有難い講座に眠つて貰つてゐては勿体ない。」と親切なやうな皮肉な様な

云ひ方に一同爆笑。(12)

という有様であった。

このような大学の状況は、何としても克服されなければならなかった。そこで本山は、一九三六（昭和一一）年、「教学刷新」を訴え、清沢の創立した真宗大学時代の主幹であった関根仁応を内局に迎え、さらに翌年に宮谷法含を学監に任命し、実力のない教授を徹底的に解雇した。いわゆる「首切り宮谷」という名が付けられるほどの、人事の刷新が断行されたのである。

ここで確認すべきことは、清沢満之の白川党に対峙していた上杉文秀や河野法雲らが、南条文雄によって学問として確立された原典研究に基づく仏教研究という学の伝統を、この間も継承していたことである。『中外日報』の記事を見ておこう。

ところで、河野・上杉の二人は、同大学の仏教学研究史においても、大きな足跡を残している。同大学初期の仏教学をリードし指導した人としては、華厳の中島覚亮・河野法雲、天台の石川了因、上杉文秀、性相の豊満春洞らがあげられるが、これらの人たちは、同大学草創期から大正末期、さらには昭和初期にかけて後輩の育成にはげみ、彼らの門下からは数多くの逸材を出している。

華厳畑からは、佐々木月樵（明治三十八年研究院卒）金子大榮（明治三十七年本科卒）さらには現在東本願寺宗務総長の要職にある宮谷法含（明治三十九年本科卒）参議院議員大谷瑩潤（大正四年本科卒）らが出ており、天台畑からは、稲葉円成（明治三十七年本科卒）柏原祐義（明治四十一年本科卒）金村憲三（大正二年本科卒＝現東本願寺宗議会議長）らが生まれている。

そして倶舎・唯識を学ぶ性相畑からは、曾我量深（明治三十七年研究院卒）舟橋水哉（明治三十八年研究院卒）小島恵見（同年本科卒）泉芳璟・安井広度（ともに明治四十年本科卒）山辺習学・赤沼智善（ともに明治四十一年本科卒）らが育っている。

これらの後進たちは、いずれも大正中期から昭和初期にかけての第一期黄金時代を中島・河野・上杉・豊満といった師とともに、築きあげた重要メンバーであり、第二期黄金時代を形成しつつある現代の仏教学研究室の面々を育てあげた人たちである。(13)

これは一九五九（昭和三四）年に『中外日報』に連載された「研究室」という連載記事である。「研究室」には、東洋大学、龍谷大学、大谷大学の三大学の近代仏教学研究史を、独自の視点にたって報道されており、その中、大谷大学について、次のように記されている。

清沢を軸とした白川党の運動は、こうやって伝統の研究姿勢をくつがえすことに成功した。しかし、それは長続きしなかった。明治三十五年（一九〇二）には、早くも十ケ条の要求をかざした学生が、清沢学監らに迫り、とうとう清沢は大学を退かねばならなくなった。これも、表面的には〝有名教授を招き、文部省認可の大学にしてほしい〟といった要求などとなっているが、ここにも研究姿勢の再転をはかる意図が、全然なかったとは言い切れない。清沢の去った翌年に、華厳・天台・性相の三科とは別に設けられていた宗乗科を廃止し、第一部（華厳科）第二部（天台科）第三部（性相科）の三部制としたあたり、この辺の消息を物語って余りあるものだ。(14)

昭和初期の、曾我、金子が「異安心」との指摘で大谷大学を追放された事件を、清沢の近代教学に対する伝統教学の根強い研究姿勢の対立、という構図で読み取っている。確かに南条によって確立された原典研究の方法論は、佐々木の掲げた『大谷大学樹立の精神』を尊重する現在の大谷大学においても、学問の伝統として誇るべきものであろう。しかし、もしそれが清沢の掲げた学問姿勢と相容れないものだとすれば、それこそ大谷大学が、清沢以前に逆行することになるのではなかろうか。そうであるならば、今日こそ、原典研究という学問研究の伝統を尊重する中にあって、今一度、清沢が主張し、佐々木が受け継ぎ、そして大学を追放された曾我、金子が身命を擲って確立した学問のあり方を、尋ねなければならないのではなかろうか。

ところで、安田理深は、当時の仏教学について、次のように述べている。

私は田舎にいて、金子先生の『仏教概論』を見て非常なショックを受けたんです。それまで仏教概論に相当する書物は色々ありましたが、まあちょっと表現できませんけれど、文章がいいということですね。文体が。つまり思想があるということです。仏教の教理を述べた本はたくさんあるんですけれども、思想の香りというものがそこに表現されている文章というものにはほとんどあわなかったんです。それで、こういう人が仏教学の中にいるということに非常におどろいたのです。まあ、その感動だけは何年たっても忘れることのできない、そのような感銘を受けました(15)。

金子の『仏教概論』には感動があるが、従来の学問は、「仏教の教理」を述べているものの「思想の香り」はしない、と振り返っている。その『仏教概論』で、金子は次のように記している。

古来真理の宗教と言はれて居る仏教が教界の専門家にのみ学究せらるゝ結果、動もすれば其普遍性を失はんとするは悲しむべきことである。仏教の宝庫は決して特殊の教徒の専有物でない。私は今この宝庫の一部を開いた。之に依りて私は断著を縁として、更により深く無尽の法蔵を探らんとする真菩薩の現はれんことを、衷心から期待せざるを得ぬ(16)。

仏教を「特殊の教徒の専有物」から解放するところに、金子の学問論の真髄があったのであり、それに安田が感動したのである。そして、その安田の感動は、間違いなく佐々木の『大谷大学樹立の精神』で明かされる「仏教を学界に解放」すると同時に「国民に普及」し、また「宗教的人格の陶冶」を目的とする学問姿勢にも通ずるものであろう。すなわち、今日の大谷大学の原典研究を柱とする学問研究のその根底に、安田のいう「思想の香り」が漂い、そして金子のいう「真菩薩」の誕生を促がすということがなければ、大谷大学の学問にはならないのではなかろうか。大谷大学の学問は、必ず「人」の誕生を使命とするものだからである。

ところで、日本は、一九三七（昭和一二）年七月七日の盧溝橋事件を端緒に日中戦争に突入することになったが、それに合わせて大谷大学も一気に戦時体制へと呑みこまれていった。

それを具体的に見れば、まず一九三九（昭和一四）年に軍事教練が必修科目となることで行われた「勅語奉戴式」を口火に、一九四一（昭和一六）年二月には「大谷大学報国会」が結成された。またその直後に、本山では「真宗教学懇談会」が開催され、大学や教団挙げて戦時翼賛体制に適う時代相応の真宗教学、つまり戦時教学の確立が急がれた。ここに曾我、金子の大学復帰を促す背景があった。

すなわち、一九四一（昭和一六）年八月三一日、大須賀秀道の更迭を受けて、関根仁応が大谷大学学長に就任し、さらに一一月には曾我量深と金子大榮は大谷大学に招聘されたのである。学長人事について、『真宗』は次のように記載している。

教学機構の全面的改革を計つて立ち上つた当局は鋭意その内面工作を進捗しつゝあつたが遂に去る八月卅日午後三時より真宗教育財団理事会を本山宮御殿に招集、学長並に学監更迭に関する件に就き承認を求むる所あつたが、大須賀学長の辞任に伴ふ後任学長として元宗務総長現宗務顧問嗣講関根仁応氏が就任すること、なつた。(17)

また学長に就任した関根は、自らの心境を次のように述べている。

大学というものは教授すること、研究すること、而して人間完成に向かうのである。（中略）宗門の学校においては、宗祖があり、宗祖の教義がある。したがってこれを明らかにせねばならぬ研究の必要がある。（中略）宗祖の浄土真宗の真理はどこまでも研究しなければならぬ。（中略）時局下だからといって、なすべき学事に異なることはない筈だ。我々はむしろ、時局下益々信念を固くするとともに報恩行に精進していくのみである。(18)

関根は、戦時下における親鸞思想の研究の必要性を、このように訴えている。そのような関根の「報恩行に精進していく」との学的姿勢は、戦時体制に応答できる「時代相応教学」の確立に注がれていたように思われる。宗門は、「教学の興隆」を、かつて清沢を支えた関根を始めとする近代教学者に期待を寄せたのである。

一九四一（昭和一六）年一一月、曾我、金子は機が熟して、再び大谷大学教授に就任することになった。曾我はその就任について、次のように語っている。

大谷大学の佐々木月樵学長より招聘を受けまして上洛し、同大学教授に就任することになりましたが、図らずも大庭教授は私より先に同大学の教壇に立っておられ、その奇しき再会に驚き、且つ心より懐かしく想ったことであります。しかし私は長くこの大学におることはできなかったのであります。思想安心の問題に関して本山当局の忌諱に触れ、先ず金子教授、さらに翌年私も去らねばならなくなったのであります。その間わずか五ヶ年でありました。

以来十数年の間、私は京都の自宅にあって学生に話をしたり、時には地方へ出掛けるというような生活をしているうちに、だんだん日本が戦争に突入する事態になりました。そのため本山の方でも内外思想の動乱に、従来の一派教学では対処できなくなり、私は再び迎えられて大学へ入るに至ったのであります。それは昭和十六年のことで、本山には右翼の思想家が押しかけて、阿弥陀仏と天照大神との関係について質問したり、聖徳太子を何処に掛けるかに会議を開いたりするような時勢であり、大学の方でもまだ下付されていない教育勅語を急遽奉安したり、配属将校の室を学長室の隣りに移すというような慌しい空気に包まれた時期で、学生の多くは戦争協力に動員され、全く非常時でありました。しかし戦争が無条件降伏という形で終結すると、私は今度は再び戦争に協力した超国家思想の鼓吹者として教職不適格に該当すると判定されてまた追放の身とならねばならなかったのであります。(19)

日本が戦争に突入する中、「本山の方でも内外思想の動乱に、従来の一派教学では対処できなくな」ったため、曾我は大学に呼び戻されたと見てよい。

ここで曾我の大谷大学教授就任前後の教団の歩みを確認すれば、一九四一(昭和一六)年三月、安田力宗務総長によって『真宗大谷派宗制』が制定されている。そして六月には安田の後を受けて宗務総長に就任した大谷瑩潤は、新『宗制』のもとで五つの目標を掲げて教団の再整備にとりかかった。その五つの目標とは、一「理念の時代的表現の確立」、二「教学の興隆」、三「興亜事業の拡充」、四「宗務の刷新」、五「財政の確立」(20)であり、その中の「理念の時代的表現」とは、「戦時教学」(「時代相応教学」)の確立を意味していた。そして、その「戦時教学」の確立こそ、当時の教団に課せられた大きな課題であった。

教団の課題は、このように戦時体制に如何に応答するかにあった。そのため、すでに述べたように、二月には「戦時教学」を論ずる「真宗教学懇談会」が、曾我、金子ら三〇名を招いて開催されており、そこで当時の時流に沿うべく高度国防国家体制を維持するため教学が議論された。また六月には、金子に教学商議会の委員に、七月には曾我に侍董寮出仕が命じられ、そして一一月には両者が大学に復帰したのも、同様の目的からであった。

今少し戦時下の教団の動きを追えば、一九四二（昭和一七）年四月には、真宗学科に加えて専門部に、「東亜における新たなる文化建設に寄与せしむべき人材育成の機関」である興亜学科が設置、翌一九四三（昭和一八）年には「学徒戦時動員体制確立要綱」や「在学徴収延期臨時特例」の発布に基づいて、学徒出陣や戦時勤労動員が実施された。さらに一九四四（昭和一九）年六月には「大谷教学研究所」(21)が設置、そこで戦時教学確立が議論された。研究所所長には大谷瑩誠、主事に北原繁麿、所員に金子大榮、曾我量深、鈴木大拙、鈴木弘、名畑応順、安井広度、山口益らが就任した。

戦後になると、一九四八（昭和二三）年には、「大谷教学研究所」は解散、そして翌年には「新制大谷大学」が誕生した。さらに、同昭和二四年には、「大谷大学教職適格審査委員会」で戦争責任が審査され、その結果、教学研究所所員であった曾我量深、金子大榮、安井広度らが不適格の判定を受けるも、一九五一（昭和二六）年一〇月には解除された。ここに曾我、金子は名誉教授として大学に復帰、その翌年に、「清沢満之五十回忌記念講演会」が、大谷大学と高倉会館で開催された。

以上、曾我を中心に戦時下から戦後混乱期に至るまでの教団や大学の歩みを見てきたが、その中で、特に注目すべきことは、一九四三（昭和一八）年九月に訓覇信雄が大谷大学学監に就任したことである。訓覇と言えば一九六二（昭和三七）年より同朋会運動を起こし教団の大革命を断行した人物であったが、その訓覇は既に、戦時下に動き出していたのであり、その第一着歩が、曾我量深の「講師」としての本山復活であった(22)。

この項を結ぶにあたって、戦時中の出版事情を示す出来事を紹介しておこう。先ほどの坂東の文である。

戦争も漸く終末に近づいた頃であつたが、郵便局員が私をつかまえて寺からどうして神さまの雑誌を出すのかと云う質問である。私ははじめ何のことかと一寸返事に戸惑ったが、直ぐにははあと思つた。『開神』と云う雑誌の題名から時節柄何かを連想しての質問であつたので大笑いしたことがあつた。そう云えば十八年頃からぼつぼつ出版物の統廃令が行われはじめたがいつまでも『開神』にはその指令がやつて来ないのである。不思議なことがあるものだと思つて居たが、とうとう十九年の一月になつて警視庁から『開神』のことで話したいから来てほしいとの書状が舞い込んだ。行つて見るとこの際発行を止めてもらえぬかとの極めて穏やかな勧告であつたので驚いた。その上発行停止に伴う損害の保償までしてくれると云うことでこちらはいよいよおどろき且ついぶかしく思つた次第だつた。後から考えてみると、これも郵便局員が勘違いしたように、『開神』と云う題号がかもし出した一種の幻覚がなさしめた業であつたのかも知れぬ。内容をよく読んでもらえば分るように、決して超国家思想にあやかつたものではなくて、どんなものも拒まない極めて自由な発表機関に過ぎなかつたのである。(23)

このように、検閲は厳しかった。

第三項　戦時下の大谷大学と敗戦

日中戦争が勃発した一九三七(昭和一二)年以降の大谷大学や教団の戦時関係の事項を、『大谷大学百年史　資料編別冊　戦時体験集　―「学徒出陣」・「勤労動員」の記録―』巻末の年表によってまとめておく。

一九三七(昭和一二)年四月　　「同朋箴規」発表。

一九三八(昭和一三)年四月　　大谷大学、学部に必須科目として「日本精神史」設置

九月　四月に公布された「国家総動員法」により大谷大学学生の「勤労勤行」という名の下での集団勤労作業が行われる。
一九三九（昭和一四）年三月　大谷大学で軍事教練が必須科目となり、配属将校のもとで興亜会が結成される。
六月　大谷大学講堂にて全学参加のもとに「勅語奉戴式」が挙行され、学長謹話
七月　「興亜青年勤労報国学生隊」（「興亜学生勤労隊」）を編成して「満州・北支蒙疆」派遣行う。
一九四〇（昭和一五）年五月　紀元二六〇〇年奉賛法要実施。
六月　金子大榮、僧籍復帰。
一〇月　大政翼賛運動推進のため、本末時局懇談会を開催。
一九四一（昭和一六）年二月　真宗教学懇談会が東本願寺宮御殿にて開催。
四月　大谷大学で「大谷大学報国会」発足、会長に大須賀秀道学長就任。これ以降大学は戦時協力体制をとる。
八月　曾我量深「講師」になる。
一一月　曾我量深、金子大榮ら、大谷大学教授復帰。
「国民勤労報国協力令」公布により勤労協力が義務化される。
一二月　大谷大学専門部・真宗専門学校卒業生に対し、「真宗大谷派僧侶として愈々挺身愛国の決意を固め、刻下の国難打開の宗務戦士としての健全なる心身の

一九四二（昭和一七）年四月　錬成を行なう」目的の修練道場開設。
　　　　　　　　　　　　　大谷大学専門部の真宗学科に加えて「東亜に於ける新たなる文化建設に寄与せしむべき人材養成の機関」として興亜学科の二学科編成とする。
　　　　　　　　九月　大谷大学、「満州国承認十周年」記念として、国旗を掲揚し、靖国神社に参拝。
一九四三（昭和一八）年一月　「大学令」が改正され、予科の年限が一年短縮される。
　　　　　　　　六月　「学徒戦時動員体制確立要綱」が公布され、「学徒動員」体制の確立によって「有事即応の態勢」をとることが定められ、本土防衛に備える。
　　　　　　　　一〇月　「昭和十八年度臨時徴兵検査規則に関する陸軍省例」が公布され、学徒出陣はじまる。
　　　　　　　　一一月　高倉会館にて決戦意識昂揚の皇民護国講座開催。
　　　　　　　　　　　　宗門出陣学徒壮行式を東本願寺と大谷大学にて挙行。
一九四四（昭和一九）年一月　宗教報国の実践を目的として大谷戦時教化委員会規定を制定。
　　　　　　　　三月　宗議会で、宗門の総力を結集して国に殉ずることを確認。
　　　　　　　　八月　「学徒勤労令」が公布されたことを受けて、大谷大学も「二十名の防空要員を残して全部工場に出勤」させる。
　　　　　　　　一一月　大谷教学研究所設立。
一九四五（昭和二〇）年一月　宮谷法含内局成立。

五月　　東本願寺本堂にて必勝報国法要を厳修。

二〇〇一（平成一三）年、大谷大学は、近代化一〇〇年を記念して『大谷大学百年史』を編纂した。そして資料編として、「『学徒出陣』および『勤労報国』に関するアンケート」を同窓生に実施し、それが『大谷大学百年史　資料編別冊　戦時体験集　―「学徒出陣」・「勤労動員」の記録―』としてまとめられ刊行された。アンケートは、約二〇〇名の同窓生の、まさに「血で塗られた」と言っても過言ではない記録であり、また否応なしに戦時体制に組み込まれて行った大谷大学学徒の精神的葛藤をリアルに伝える叫びでもあろう。その「アンケート資料」に基づいて、ここに戦時下の親鸞学徒の求道精神を尋ねてみたい。

戦時下の学生にとって、一九四三（昭和一八）年は、「国家存亡のとき、学生もペンを捨てて入隊せよ」とのスローガンの下で「徴収延期停止」などの「特権」が剥奪された苛烈な年であった。前年から次第に軍事教練の厳しさが増し、学業年限も短縮され、そして「学徒出陣」も始まった。

挙国一致体制を象徴する「学徒出陣」には、日本全体で概数として一〇万人の学生が徴用された。壮行会は、それぞれの会場において挙行されたが、特に文部省主催の明治神宮外苑の陸上競技場を会場に行われた壮行会は、東條英機首相兼陸相ら六万五千人が見守る中、関東地方七七校の学徒が雨の中を行進するという、極めて大規模で盛大なものであった。

大谷大学では、一九四三（昭和一八）年一一月二〇日、卒業式、仮卒業式と合わせて「学徒出陣式」が行われたが、その内容は以下の通りである。(24)

出陣学徒壮行会　於大谷大学講堂　昭和十八年十一月二〇日

記念講演

・学長山辺習学教授

「風蕭々兮易水寒壮士一去兮復不還」と荊軻の詩を引用して、学生に送別の辞を述べた。続いて、

・徳重浅吉教授「聖勇国に殉ず」

・鈴木弘教授「大学の理念」

・曾我量深教授「大慈悲心」(25)

当時の授業題目にまで配属将校検閲の入る中、緊迫した状況で行われたのであるが、その模様は次のようなものであった。

昭和十八年になり戦況は厳しくなり、軍事教練の時間が多くなりました。八月末でしたか、学生の「徴兵猶予」の特権がなくなり、十二月一日入営と決まり、慌しくなりました。

学校の授業、講義をさいて本山前で分列行進をするので、私と谷沢君（故人。大谷高校の校長をしていた）と「私達はかならず死ぬのです。それで勉強をしたいのです。軍事教練はやめて下さい。」と教務に抗議に行きました。職員の困惑の様子はありありでした。十一月になって出征学生の激励会が講堂でありました。その時の学長は山辺習学先生でした。山辺学長の言葉の中で次の言葉は記憶している。中国の故事をとり、「風蕭々として易水寒し、壮士一度去りて復還らず」の言葉で結びました。

また鈴木大拙先生は教授を代表して次のように申されました。配属将校の大佐も列席していました。「無駄死はしないように。どうしても死ぬべきときはある。しかし諸士の帰還を願っている。また忠臣蔵になるな。」と、含蓄のある言葉でした。先生は敗戦必至のお考えはありました。両先生のお言葉は忘れません。(26)

死と向き合わざるを得ないという極限状況において、恩師からの「無駄死にはしないように」との言葉を全身で

聞き取った学徒の魂の発露を、ここに見ることができる。以下、その学徒の声を聞こう。

・昭和十八年十一月末頃、大学で壮行会があり、鈴木大拙先生が「瞑想の時を持て」と話されたのが、今でも印象に残っています。(27)

・出征には学長、教授の壮行の辞があった。一命を国に捧げることが当時の常識であったが、某教授は「死んぢゃ駄目だよ。生きて還れ！」と訣れの言葉を告げられたことが忘れられない。(28)

・授業は曾我量深、金子大榮、鈴木大拙、山口益、西谷啓治、有賀鉄太郎、鈴木弘、安田理深、松原祐善、名畑応順、稲葉秀賢、舟橋一哉、横超慧日師等々、素晴らしいものでした。その後鈴木大拙師を学長にという学生運動がおこりましたが、一度御本人が受託されたものの実現しませんでした。また、この時代には仏教学・真宗学を学びに、京大の学生が何人も聴講に来ました（後の京大教授の人達等）。また鈴木大拙先生の特別講義で、駐留アメリカ人の前で、堂々と西欧の征服思想の欠点を指摘された姿に感動を受けました（当時はアメリカ等の批判はできないことでした）。(29)

・いよいよ出征することで、生死の問題に悩んだ。当時、大学の恩師にいとまごいに行き、日の丸や色紙にはなむけの言葉を書いてもらうことがはやり、私も学長（山辺習学師）や鈴木大拙師等に書いてもらったが、学長には航空兵ということで色紙に「菩薩清涼月、遊於畢竟空」。大拙師には日の丸に「不欺之力」、色紙に「平常心」と書いていただいた。（この「不欺之力」には、師の戦争への批判が込められていたように思う）。(30)

・精神的拠りどころをはげしい訓練がすんで夜、つり床の中で、もっていた『歎異抄』や『横川法語』など短い聖語をひらいて何度も何度も読むことを求めていたことを思い出す。(31)

このように「学徒出陣」する学徒の中に、『若き求道者の日記』（一九七〇（昭和四五）年、彌生書房）の筆者である広瀬明がいた。広瀬は一九一九（大正八）年に誕生し、一九三九（昭和一四）年には大谷大学文学部に入学した。一九三九（昭和一四）年といえば、配属将校のもとで軍事教練が始められた年であり、そういう戦時色強まる中で大谷大学に入学した広瀬の純粋な求道記録が、『若き求道者の日記』である。

広瀬の求道の原点は、元大谷大学教授であった父広瀬南雄にあった。戦時下において自らの精神的立脚地を求め続けていた広瀬は、父の「日記」と出遇うことで父の志願に触れ、そして「いのちの声に誠実」であり「いのちのままなる、法爾の生活」の希求する父の魂を、自分自身の中に脈打つ生命として確かめた[32]。のっぴきならぬ戦況に追い込まれつつある現実のただ中において、一心に求道した広瀬の純粋な魂を列挙しておく。

・現在、自分は仏教を学んでいる。しかし、学問と生活とは離れてよいものであろうか。特に仏教を学ばんとするものにあっては、そして、真に学問せんとするものにあっては、学問がそのまま生活なのではないであろうか[33]。

・内面より溢れ出る言葉でなくて、何の権威があろう。生命の根源に根ざせる言葉にして、始めて権威あるものといえる。宗祖の言葉をつぎはぎに列べたてて語ることほど、宗祖を冒瀆することはない[34]。

・大胆に生活を受け取れ、そして、それを根本的に改造せよ。真実に生きる道は、現在より逃避することではなく、その根底に飛び込むことである。現在の日本は、まだまだ余裕がある。いま日本を風靡している思想は、夢想家の空論に過ぎない[35]。

・宗教的象徴が廻りくどい哲学的説明や、現代的解釈を必要とするようになったということは、その生命を失うことである[36]。

・僕は生きている。この現下に躍動する生命を離れて、なにを求めようとするのか。徒らに抽象的信仰を求める愚劣を止めよ。この生命をおいてなにがある。一切は生命の躍動だ。[37]

このように自らの精神的本源を語る広瀬に、清沢を嚆矢とする近代教学の伝統が確実に脈打っていることが頷けよう。自己の生活に即すべき学問を求め、わが身に本願を「実験」しようとするところに、清沢の精神主義の伝統があった。したがって広瀬も、自らの生活において、抽象的了解を超えて願生道に直入するという、いわゆる「実験主義」を特徴とする清沢伝統の近代教学に立って求道したのである。「生命の躍動」を、「哲学的説明」や「現代的解釈」を超えて、自己に「実験」することを、広瀬は念じていた。

既述したように、一九四一（昭和一六）年二月、本山では曽我量深、金子大榮、暁烏敏らが出席して、「真宗教学懇談会」が開催された。それは宗門として、戦時教学を解明するという、きわめて重要な会議であったが、学生であった広瀬は、その会議を「どうせ凡俗の主唱による凡俗の集りだ、ろくな話はでなかったのだろう」[38]と吐き捨て、そして、

親鸞は七祖の残骸によって、あの信仰を見出したのではない。彼のひたむきな生命が七祖の伝統を呼び起したのだ。親鸞の仏教史観は、生命の流れの方向に於て、その精神、真生命を把まれたのだ。抽象的に観念的に史実をよせ集めはしなかった。それゆえに、親鸞に学ぶ者は、なにを以て第一義となすべきか。理はおのずから明らかではないか。生命発展の流れの方向にこそ、われわれの汲むべき多くのものがある。それは、釈尊以来たえざる大乗運動として、受け継がれていたものである。それは、人類の自由獲得の一人戦史である。[39]

と曽我の仏教史観の領解を述べている。親鸞が七祖の伝統を呼び覚ましたように、自分も「生命発展の流れ」に帰入することを志願する。ここに広瀬の求道実践があった。

広瀬はさらに、鈴木弘の「認識論」に啓発され、

勉強だ！ 勉強だ！ 開拓すべき土地が益益広くなるのを感ずる。思索ももっともっと深まらねば駄目だ。未だだ！ 未だだ！[40]

と自らを励ましているが、ここに戦時下における若き学徒の純粋な求道心を見ることができる。

一九四一（昭和一六）年の広瀬は、精神的充足を求めて意欲的に読書した。たとえば『日記』に散見できるものを拾い上げれば、『ニーチェ全集』をはじめ、西田幾多郎の『思索と体験』、島崎藤村の『夜明け前』、イプセンの『ブランド』、和辻哲郎の『倫理学』、ダンテの『新曲』、シェリングの『自由意志論』、モリエールの『ドン・ジョアン』、フィヒテの『学徒の使命』、また曾我、金子の著書などである。

その広瀬に一大転換がやってきたのである。それは、彼が生涯の師と仰ぐ金子大榮の大谷大学復帰であった。その喜びを次のように告白している。

感激の日、魂の喜びふるえる日、永遠に記念さるべき日、今日こそは、まさに「この日の為に」生きて来たことに感謝さるる日である。全学の若き魂の与望を荷って、わが金子大榮先生が再び学園に帰って来られた。今日をよき日と呼ばないで、いずれの日をかその日といい得ようか。午後三時より先生の「教行信証・証巻」の講読が開講された。その第一声、若々しい声、若々しい言葉。[41]

また三日後の金子の講義においても、

始めの一言から終りの一言まで感激なしに聞くことは難しい。[42]

と恩師の大谷大学復帰の何ものにも替えがたい喜びを、このように告白している。

一二月八日「真珠湾攻撃」によって太平洋戦争が始まった。それを知った広瀬は、

本日未明、ついに日米陸海軍、西太平洋において戦端を開いたことを知る。来るべきものがついに来た。昼過

ぎ宣戦布告の詔勅が、ラジオを通して放送された。放送に一々耳をすます。心の底から国民的感情がこみ上げてくる。しかし、一時の興奮に酔っている時ではない。私は、いまこそ全精力を注いで勉学にいそしまねばならぬ。事情の許すかぎり、自己の本分に専注し、つねに自己を見失わぬようにしなければならぬ。(43)

と、こみ上げてくる「国民的感情」、すなわち愛国心を抑えつつ、仏道に立つべきことを自らに課し、そして、一二月一五日の大谷大学での臨時徴兵検査で第一乙種に合格した感想を、次のように淡々と綴っている。

第一乙種に合格、なんとなく気が楽になった。別にこれという覚悟ができたのでもなく、また特に感激したと言うのでもない。(44)

さらに出陣を覚悟したかのように、また自らの自覚を質すようにして、

仏教とは、自覚の宗教である。自覚を除いたら後に残るものは単なる言葉に過ぎぬ。(中略)仏教を立派な学説と見る者は多いが、それが、自覚の宗教であることを知る者は、あまりにも少いと言わねばならぬのではあるまいか。(45)

と述べ、その二日後には、

〝死ぬ覚悟を決める〟という。しかし、かく言い得るほどに、人は〝生〟というものを知っているのであろうか。いまの私にとって〝死〟ということは、それほど問題となって来ない。私にとってはただ一つ〝生きる〟ということが問題である。〝死〟ということを考えるだけの余裕すらないのが〝生〟の現実ではないだろうか。この〝生〟という大きな問題を解決しようとせずに〝死〟について考えることは、あまりに僭越ではあるまいか。(46)

と、死との対峙を生の問題として捉え、つまり「生死の問題」として求道し、次のように述べている。

私にとって、この一ヵ年は最も意味あるものであった。この日のために、生まれ来たことを祝福したい。それまでの二十年間は、ただその日を産まんがためにあったのだ。この一年がなかったならば、私の生涯は無に等しい。これからさき、どれほど生きることが許されているか知れないが、たとえ、長かろうと、短かろうと、大した問題ではない。これからさきは、ただ〝今〟に得ることのできたこの自覚を、いよいよ明らかにし、いよいよ深めること以外には、なにもない。ただこの自覚、生きる喜びの体験あることによりてのみ、私の〝生〟はある。私の〝生〟は、はじめてそこにおいて意味をもつ。(47)

出征を目前にした逼迫感は否めないものの、これまでの全生涯を肯定し得る「生命」の自覚を告白している広瀬に、求道者としての真髄を確認できよう。そして、

今日午後三時より曾我先生の『成唯識論』の講義を以て、私の学生時代の聴講のすべては終った。感無量である。(48)

と学生時代の終結を迎えたのである。

広瀬には、自らの内に愛国心の動きを感じつつ、戦争という業縁のただ中で、ひたすら仏道を、自身にそして己が生活において「実験」することを念じつつ生きた。そのような広瀬の、戦争の是非論を超えて一心に仏道に立とうとする鮮烈な宗教心の躍動に、心が動かされる。それは、興法学園においてもそうであったように、精神主義の伝統に自らのいのちの伝統を感じ取り、さらに曾我、金子の教学や、さらには安田、松原の仏道を自らの求道の見本として信を確かめる広瀬の、純粋さに対してである。

註

（1）『真人』一一二号、一九五八（昭和三三）年五月、七〜八頁
（2）『山崎俊英遺稿集』三二五〜三二六頁、開神舎
（3）『山崎俊英遺稿集』三二六頁、開神舎
（4）『真人』一一二号、一九五八（昭和三三）年五月、八〜九頁
（5）『念仏の僧伽を求めて』一八〇〜一八一頁、法藏館
（6）「思い出―相応学者の始まり」（臼富文成）「月報」『安田理深選集』一五巻下、文栄堂
（7）『浄土論』真宗聖典、一三八頁、真宗大谷派宗務所出版部
（8）『教行信証』「信巻」真宗聖典、二一三頁、真宗大谷派宗務所出版部
（9）『教行信証』「信巻」真宗聖典、二一三〜二一四頁、真宗大谷派宗務所出版部
（10）『念仏の僧伽を求めて』一七八頁、法藏館
（11）「谷大雑記」『無尽燈』昭和一〇年一二月
（12）「谷大雑記」『無尽燈』昭和一〇年一二月
（13）「研究室」『中外日報』一九五九（昭和三四）年一一月一四日
（14）「研究室」『中外日報』一九五九（昭和三四）年一一月一三日
（15）『安田理深集』（上）二〇四〜二〇五頁、東本願寺出版部
（16）「序」『仏教概論』『金子大榮著作集』一巻五〜六頁、春秋社
（17）『真宗』一九四一（昭和一六）年九月、三八頁
（18）「報国会と谷大について」『大谷大学百年史（通史編）』、三九〇頁、大谷大学
（19）「序」『大庭米治郎遺稿集』大庭米治郎遺稿集刊行会
（20）『真宗』一九四一（昭和一六）年七月、二一〜三頁
（21）詳細は『大谷大学百年史』四一九〜四三六頁、大谷大学参照。
（22）その経緯を田原由紀雄の『傑僧訓覇信雄』によって概観すれば、一九四一（昭和一六）年の金子の還暦記念の時、当時本山の教学録事という任にあった武田香龍が、訓覇と松原に、一九三〇（昭和五）年以来「異安心」疑惑で大学を追放されていた曾我を「講師」として宗門に戻すことを相談した。当時の大谷大学学長が、清沢の真宗大

学での主幹であった関根であったことも好条件であった。大谷派学階の最高位であり、また教学の最高権威でもある「講師」を、これまで「異安心」と排斥されていた曾我に付与することは、清沢教学を大谷派の中核に据えようという意図であった。訓覇は、清沢を嚆矢とする近代教学に、揺るがぬ確信があったのである。次のように述べている。

曾我先生を講師にしたおかげで後に暁烏内局ができ、宮谷内局ができた。だから曾我先生の講師就任は大事だったんだ。僕が死ぬと『歎異抄聴記』はどうして生まれたかがわからなくなる。「ああ『歎異抄聴記』か、あれはええ本やなあ」ということですんでしまう。そんな簡単なものじゃないんだ。清沢先生の宗門改革が完全に失敗した。その悲愴な十字架を背負うような、その歴史が逆に浩々洞の伝統として花開いた。こう言っていいだろうと思う。

我々はそれからいえば、孫弟子のほうだけれども、そういった歴史的な経過があって『歎異抄聴記』が生まれた。御開山の浄土真宗の教えが、徳川時代の幕府の政策で単なる救済教学に転落しておった、単なる救済教になっておった。それを自証救済の自証という自覚を通した救済であって、単なる救済でないと清沢先生が初めにいわれた。それがずっと浩々洞の伝統できた。そうするとやっぱり、単なる救済教という徳川時代からの伝統教学の人達はおもしろくないから反発する。浄土真宗と浄土宗の区別がない。どこで区別するのか明らかな区別はない。（田原由紀雄『傑僧訓覇信雄』二三五～二三六頁、白馬社）

親鸞教学とは、「自覚教」であり、それが清沢満之によって再生されたのである。

(23)『真人』一一二号、一九五八（昭和和三三）年五月、一〇頁

(24)一一月一三日には大谷大学、真宗専門学校、大谷中学の出陣学徒ならびに谷大生・大谷専修・谷中・光華・大谷実女生ら一般学徒あわせて二千九百名が参加、大師堂前白砂にて開催された。法主の垂示、宗務総長の訓示の後、軍人名号と数珠が授与された。（「戦時体験集―『学徒出陣』・『勤労動員』の記録―」『大谷大学百年史』資料編別冊、四四七～四四八頁、大谷大学参照）

(25)『大谷大学百年史』「資料編別冊」（堂宮賢瑞）、一七四～一七五頁、大谷大学

(26)『大谷大学百年史』「資料編別冊」（大神順）、五二頁、大谷大学

(27)『大谷大学百年史』「資料編別冊」（匿名）、三五九頁、大谷大学

(28)『大谷大学百年史』「資料編別冊」（宮部幸麿）、三〇七頁、大谷大学

(29)『大谷大学百年史』「資料編別冊」(藤原一章)、二四九頁、大谷大学
(30)『大谷大学百年史』「資料編別冊」(秃信雄)、三八頁、大谷大学
(31)『大谷大学百年史』「資料編別冊」(古塚恵秀)、二五一頁、大谷大学
(32)『親鸞思想―戦時下の諸相―』二三〇頁、法藏館
(33)「昭和一四年一二月一三日」『若き求道者の日記』九頁、彌生書房
(34)「昭和一四年一二月一七日」『若き求道者の日記』一〇頁、彌生書房
(35)「昭和一五年一月二九日」『若き求道者の日記』一二頁、彌生書房
(36)「昭和一五年七月二六日」『若き求道者の日記』一五頁、彌生書房
(37)「昭和一五年八月一三日」『若き求道者の日記』一五頁、彌生書房
(38)「昭和一六年四月二二日」『若き求道者の日記』四〇頁、彌生書房
(39)「昭和一六年四月二八日」『若き求道者の日記』四三頁、彌生書房
(40)「昭和一六年五月七日」『若き求道者の日記』四六頁、彌生書房
(41)「昭和一六年一一月七日」『若き求道者の日記』一〇一頁、彌生書房
(42)「昭和一六年一一月一〇日」『若き求道者の日記』一〇一頁、彌生書房
(43)「昭和一六年一二月八日」『若き求道者の日記』一〇四頁、彌生書房
(44)「昭和一六年一二月一五日」『若き求道者の日記』一〇六頁、彌生書房
(45)「昭和一六年一二月一五日」『若き求道者の日記』一〇六頁、彌生書房
(46)「昭和一六年一二月一七日」『若き求道者の日記』一〇六頁、彌生書房
(47)「昭和一六年一二月一七日」『若き求道者の日記』一〇七頁、彌生書房
(48)「昭和一六年一二月一七日」『若き求道者の日記』一〇八頁、彌生書房

第四章　大戦敗北直後の革新運動

第一節　敗戦と大谷派教団

第一項　敗戦直後の大谷派教団

本山では十六日朝礼後宮谷総長より全宗務役員に対し大詔を拝しての訓示がなされた、上局も緊張裡に鳩首凝議を続けてゐる、戦後宗門再建への道こそ一宗最大の関心事でなければならぬ。宗団は国家と共に在り。大詔かしこみ遠く遥かなる荊の道に皇国護持の一念たゆまず往き往かんのみ。（中略）宮谷総長も東上のたびに別院のドラム缶風呂に汗を流し境内自作農園の菜ッ葉に舌鼓を打つてゐる。宗務所はあくまで落ち着いて執務してゐる、法城は厳たれ、断じて国民の前に取乱してはならぬ。(1)

これは敗戦直後の宮谷法含宗務総長の覚悟を報じた『中外日報』の記事である。戦後の教団再建を唱えているものの、「大詔」を拝する姿勢に変わりはなく、悲愴感の中にも絶望感は、特に認められない。しかし、「[教団人は]法城は厳たれ、断じて国民の前に取乱してはならぬ」と公言し、戦後復興に向けて鼓舞しているように、教団責任者としての気概と自負が伝わってこよう。

ところで、同様の戦後復興の自負は、たとえば、八月二八日の閣議で東久邇宮首相が唱えた「一億総懺悔」というスローガンを受けて書かれた、と思われる『中外日報』の社説「大懺悔運動を」においても、窺うことができる。

反省と懺悔は、君子菩薩の道である日に三度反省し、しかもその身を持するに、薄氷を履むの謙虚なる態度でなした古聖の訓へは東洋に輝いて伝へられてゐる。けだし、この「心」こそまことに新日本建設に処する国民の最大緊要事である。(中略)この大戦中誰れか、はたして吾れ真に臣道を実践し得たりと断言し得るもの幾人かある。真に天地に恥ぢぬ正しい生活態度を何人か堅持し得たか?(2)

「反省と懺悔」によって「新日本」を建設しようというのである。ただし、ここでの懺悔は、「戦争責任」に根差すものというよりも、天皇への懺悔、あるいは臣民としてひたすら国の再興を願う心からの懺悔となっている。

また、同日の『中外日報』に、金子大榮の「懺悔の時、正に到れり」という一文が掲載されているが、その執筆を終えた日付が、敗戦の日よりわずか五日後の八月二〇日であったことから、この一文は、敗戦後の混迷深める日本国民に向けて放たれた大谷派からの最初のメッセージであると言ってよい。その金子の言葉に耳を傾けよう。

我等国民は、今や懺悔の情に沈ましめられてゐる。如何にお詫び申上ぐべきかは、会ふ人毎の言葉であり、何とも申訳はありませぬとは、互の通信に見る文字である。洵にこれこそは、詔を拝して感泣せる涙に洗はれ出でし純真なる思ひであらう。されば我等の新たなる道は、正さに此の懺悔の心より出発せねばならぬ。(3)

金子の言う「懺悔」とは、「戦争責任」に対するというよりも、天皇に対する「お詫び」であることは明らかであろう。そして、

大詔を拝して感知せらるることは、常に国民の安泰を念じ、世界の平和を願ひ給ふことである。その平和を願ふ御心に於て宣戦し給ひ、その安泰を念じ給ふ聖意に於て苦難に耐へよと仰せらるるその止むを得ざるの大御

心より渙発し給ふ、詔こそ、我等の道となり力となるものであらねばならぬ。(4)

と言うが、そこには再び、天皇の詔勅さえあれば直ちにまた戦争も辞さず、という気勢さえ感じられるようにも思われる。

第二項　敗戦の受容

一　金子大榮『宗教的覚醒』

今少し金子の「懺悔の時、正に到れり」を窺えば、

されば我等は、此の懺悔の情を以て、幾百万の戦死、災死の心霊に合掌させて頂かう。（中略）思ふに広義の懺悔は、独り敗者にのみあるべきではないであらう。世界各国、いづれも平和を願はぬものが無いにも拘らず何故に戦はねばならぬのであらうか。それは向後に来るべき世界各国の真剣なる問題であらねばならぬ。原子爆弾が平和の基本となると思ふは、人智に依りて戦争を無くし得るといふ立場にあるものである。併し人間の知識は果して戦を世界に絶たしめ得るであらうか。我等は人間生活に於ける深き宿業の懺悔なしには平和はあり得ないことを思はざるを得ぬものである。（中略）一切の事態を柔順に受容し消化する心である。虚心坦懐なれ。一点も恨みを残してはならぬ。(5)

とある。ここに見られるように、金子は人間の「深き宿業の懺悔」に立脚して、戦後世界の平和を願っているが、このような視点は、二年後の一九四七（昭和二二）年五月に出版された『宗教的覚醒』において、より明確に論じられている。それは、後に金子自身が、

中においても『宗教的覚醒』は終戦の記念であり、当時の感激はいつまでもつくることがない[6]と語るように、敗戦という現実において露わになった、悲痛な業縁の身の自覚を通して、あらためて仏道に立ち得た、という自己の求道の記録であったからであろう。そういう金子の心境を尋ねてみよう。

たゞ教法を聞思するより外なき身にありても、世を憂ひ時を悲しむ心はとどめ難い。その心は現下の国状を見て黙してをれぬものあるを感ぜしむる。その感じが私を駆りて此著を作らしめた。その間、私の感情は、わが同胞に対して或いは語らんとし、また訴へんともせることであるが、結局は偏へに「真心にさゝぐ」といふことに帰せることである。じつとしてをれぬといふ心も、わが同胞の真心に聞いていたゞきたいといふ願ひに外ならぬのである[7]。

寺田正勝が、『宗教的覚醒』を「真実の宗教的な覚醒を日本民族に迫った論著[8]」と評したように、そこから我々は、敗戦直後から戦後復興を念ずる金子の仏者としての意欲と責任感を、知り得よう。金子は、戦後復興のために、「教法を聞思するより外なき身にありても、世を憂ひ時を悲しむ心はとどめ難い」と告白し、そして、一心に国民に対して、「真心にさゝぐ」ことを、「宗教的覚醒」に立って念じたのである。

したがって『宗教的覚醒』の冒頭に、

今やわれら日本国民は宗教に依りての覚醒を要求せられてゐる。収拾すべからざる事態は其の外に救はれる道なしとせられてゐるのである。併しそこには強い激励の声もなく、また熱烈なる運動も起つてゐない。それ程までに国民は宗教の真義に無知であつたのである。随つて、今日要求せられてある宗教的覚醒といふも、畢竟は「無宗教より宗教へ」といふことに帰するやうである[9]。

と述べているが、そのように、戦後復興を「宗教的覚醒」によって果たそうとする金子は、敗戦を喫した今こそ、宗教的に無知な日本国民の真に「宗教的覚醒」の時であり、同時に「無宗教より宗教へ」の転換期である、と訴えずにおられなかったのである。国民の宗教的無知、無自覚なる実態とは、

青年は自家所属の宗派を知らず、識者は無宗教を以て誇とせるのであつた。それが敗戦を機縁として漸く恥づべきことであることに気付かしめられたのである。[10]

あるいは、

我等は縷〻相当学識ある人々の口から墓相や怨霊やについて聞かされしことがあつた。それ程までに識者の学問は其の人の精神生活に無関係であるのである。信仰は低級なる幸福維持のため、学問は当面の生活用具のためであることに、何等の反省をも加へなかつたのである。[11]

と、言わざるを得ないような有様のことである。しかして、そのような「無宗教より宗教へ」という転換には、必ず「虚仮の宗教より真実の宗教へ」[12]という方向性をともなうものであり、したがって、

我等は先づ以て敗戦の現実は、神仏に向つて幸福を要求することを不能ならしめたことに想ひ到らねばならぬ[13]と言うように、敗戦という事実は、宗教的に無知な日本人を、「神仏に向つて幸福を要求する」という「虚仮の宗教」を打破し、「真実の宗教」へ向かわしめるきっかけになり得る可能性を有する、というところに金子の揺るがぬ確信があった。

そして、金子自身、敗戦という事実に立って、無知なる自己を愧じつつ、次のように叫んでいる。

我等は良心に支持を失へるのである。戦時に於て学徒は感激を以て出陣し、青年は死を覚悟して戦場の勤労もした。国民の総べては忠誠の情に興奮してゐたのである。そこには悲痛の感もあつたとはいへ、内部の誇は能くそれに堪へ得たのである。然るに敗戦と共に一切の事態は明瞭となつた。我等は無知であり徒労せるのであ

る。国家に対しての道徳であると思うてゐたことが、徒らに世界を撹乱せしことに終つたのみならず、結局、国家をも禍することとなつたのである。尤も戦時と雖も、一部軍官の横暴や財閥の利欲やを知つて憂慮もし、憤慨をもせぬではなかつた。されど今日発かれつゝある程に罪状の甚だしきものであつたとは思ひも寄らなかつたことである。(14)

戦時下の自らの無明性、つまり、たとえば国家に対する道徳であると思って出陣した学徒の死が、戦後になってみれば、それは世界を撹乱し、ついには国家をも禍するものであった、という事実に対して、悔いても悔いてもただ無間に堕するしかない自己の罪業性を、赤裸々に懺悔する金子の姿がここにある。

そして金子は、このような事実に、「斯くも罪業の深き国民であるか」(15)と悲痛の叫びをもって、戦争を「世紀の大悲劇」であると受け止め、次のように「宗教的覚醒」を主張している。

世紀の大悲劇は、われ一人を真実の道に入らしめんがためであると領解すべきではないか。それは言語に絶する領解である。併しかく領解する外に、この世紀の悲劇を徹底して解決し得るものはない。全体的覚醒を待つが如きは、畢竟永久に未解決のまゝ終ることとなるに過ぎぬ。さらに翻つてこれを見れば、個人的解決こそ全体的覚醒の道を成就するものであらう。世紀の悲劇がわれ一人を覚醒せしめんがためであつたと領解さるゝことは、如何にわれ一人の業障の深きかを思はしむると共に、その身に蒙むる如来の大悲の無限なるを感ぜしむるものである。(16)

金子は、「世紀の悲劇を徹底して解決」するためには、先ずは敗戦を機縁に、「業障の深き」に沈む自己の「如来の大悲の無限なる」ことの実感を内容とする「宗教的覚醒」をもって、戦後復興を果たそうと言うのである。そして、その「宗教的覚醒」について、今日要求されつゝある宗教的覚醒といふも、それに応答すべきは、唯だ心ある一人一人である。而して其の一人一人が、功労を用ひず意志を働かさずして、自然に世紀の暗を照らす光とならしめらるゝであらう。燭は小さくとも千載の暗室を照らし、瞬たく星の光にても暗夜の導きとはなるのである。時代の苦は我等をして果知れぬ動乱に陥らしめた。されど静かに耳を澄せば、この動乱の中に各自をして覚醒せしめんとする喚鐘は響き渡りてをるのである。(17)

と述べているように、一人一人の「宗教的覚醒」、つまり個人的解決が、たとえ小さくても「世紀の暗を照らす光」となって「千載の暗室」を照破し、敗戦後の「暗夜の導き」となる、と言うのである。この『宗教的覚醒』は、敗戦から二年後に書かれたものであるが、その主張は、「人間生活に於ける深き宿業の懺悔なしには平和はあり得ない」と訴えた、「懺悔の時、正に到れり」に相通ずる立場にあるものであろう。

だが、そこに果たして、どのように戦争を客観的に凝視し、戦争を罪悪として批判する視点が成立していたと言えるのであろうか。

信楽峻麿によれば、このような、敗戦を機縁とすることで「宗教的覚醒」を得るという金子の視点は、戦前から一貫するものであり、たとえば一九二七（昭和二）年に発表された論文「世間善と出世間善」や「真俗二諦に就て」に説かれる真俗二諦説についての「親鸞には俗諦の説は存在しなかった」との識見に、その特色があらわれている、と指摘している。(18)周知の通り、金子は清沢門下における「教学派」である。したがって清沢の、

真宗俗諦の教は其実行が出来ると云ふ方が主眼ではなくして、其実行の出来さることを感知せしむるが主要であるから、其事柄は決して具に之を列挙する必要もなければ、亦其事柄を一定する必要もない。何でも構わぬ、善と云はるゝものを行はんとして見るがよい。(19)

という真俗二諦説の影響下にあったのである。信楽は、そういう清沢の俗諦観に対する批判に立って、次のように、金子を始めとする清沢門下の教学者の社会性を指弾している。

それは「何でも構はぬ」というが、たとえそれが実践しがたいことへの感知の意味をもつのみであるとしても、はたして真宗行者の社会的実践については、「何でも構はぬ」のか。そこには信前、信後を含めて、何らの方向性も生まれてはこないのであろうか。そしてまた、この世俗における倫理道徳というものは、何時の時代でも如何なる場所においても、つねにそこに存立する政治権力により、またその社会体制にかかわって形成されてくるところの、すぐれて歴史的社会的な産物であるが、真宗者はそれに対して何らの批判的な視点をもたなくてもよいものか。[20]

信楽峻麿はこのように、我々の生きる現場である「歴史的社会的な産物」を批判する眼の欠落を、指摘するのである。また、『資料清沢満之』の編集者も、「刊行にあたって」において、

清沢満之の信仰形成における主題は「後生の安楽」獲得ではなく、自らの「煩悶憂苦」からの解放ということであったようであるが、彼が伝統的な教団教学への妥協を排し、血みどろのたたかいを通してそれを確立したとき、そこにもたらされたのは、帝国主義段階に入った近代天皇制下の諸状況の無条件受容ということではなかっただろうか。[21]

との見解を示しているが、信楽と同様、清沢やその門下の教学者の「歴史的社会的な産物」への批判眼の欠如を指弾するものであろう。

確かに金子の、敗戦を自らの宿業の自覚の機縁として受容する姿勢は、清沢門下に共通するものであったと思われる。たとえば、高光大船は、敗戦直後の一九四六（昭和二一）年一一月に『遇光』（小松大谷学場機関誌）に発表

した「衆生自覚に光あり」において、次のように述べている。

経に衆生というは、そこらの民衆の群衆のという多人数の総称ではなく、十方に飛び廻っても、雑多な仕事に身を投じても「よろずのこと皆もって空事たわごと誠なき」人間の空しさと浮動性と不安定で身心もって自覚した自分の他に、衆生も有情もあったものでないのである。この衆生自覚の痛感をこめて初めて人間を越えた存在へ希望が起こるといってよい。従って人間の迷いと苦悩の存続する限り、ただその裡にだけ仏はあり宗教は成立する。

宗教人は、世の中の誰よりも自分自身が苦悩者であるという自覚を忘れないものでなければならぬ。私はこれを衆生自覚と称する。[22]

高光は「戦争中といわず敗戦後といわず、世の中には他人を責める声と自分を主張する声とで充満しているではないか[23]」というような人間世界において、「人間の空しさと浮動性と不安定で身心もって自覚した自分」、つまり、「世の中の誰よりも自分自身が苦悩者であるという自覚を忘れないもの[24]」、すなわち金子の言う「如何にわれ一人の業障の深きかと思はしむる」自覚を「衆生自覚」と称し、その自覚を痛感することで「人間を越えた存在へ希望が起こる」と説いている。まさに高光も金子と同様に、千歳の闇室の中に自己を覚醒させせんとする如来の「喚鐘」を聞くことで、「個人的解決」としての「宗教的覚醒」を主張しているのである。

だが、その「個人的解決」には、信楽の指摘する「歴史的社会的な産物」に対する批判的な視点の欠落は否めないのではなかろうか。敗戦後の金子や高光には、「宗教的覚醒」に直結する機の自覚の視点は明確にある。しかし、戦争など俗諦そのものの実相を見極める視点を、認めることができないのである。そこで我々は、続いて彼らとともに戦時下を歩んだ教学者曾我量深の、敗戦後における言動の実際を確かめたいと思うのである。

二　敗戦後の曾我量深と鈴木大拙

次は、藤代聡麿による敗戦直後における曾我量深からの聞き取りである。

終戦の時の思想界、学界の混乱は今では遠い昔の話になってしまったが、当時はあげて右往左往した。その時「私〔曾我〕は看板を塗りかえる必要はない」と言われた。その言葉は今も私〔藤代〕の耳の底に残っている。「精神が物量に負けたというが、物量を物量と見る精神に抜きがたい敗因がある」とも洩された。食糧事情は悪く、さすがにあの引き締った顔に浮腫が見えた。それでも「民主主義に応ずる道」という講題を掲げて主体性は失われなかった。〔中略〕明治の天皇は十九願の天皇で、上の方から「〃臣民〃と呼びかけたが、今度の天皇は何時の間にやら我々の仲間に成り下って『我々国民は』と仰せられた。十方衆生は十九願も二十願も十八願も共通しているが、十九、二十願の十方衆生は『汝等十方衆生』である。十八願の十方衆生は『我々十方衆生』である」とも教えられた[25]。

曾我の「精神が物量に負けたというが、物量を物量と見る精神に抜きがたい敗因がある[26]」という、その「物量」を欧米の軍事力あるいは科学文明を指すものと解すれば、「精神」とは、戦前から戦時中、そして戦後へと激変する社会に呑みこまれてきた日本人の意識の無明性を、指しているように思われる。次のように述べている。

我々日本人は無宗教の世界、無宗教の政治社会の中に住んで明治四十五年大正十五年、すでに昭和に入つて恐ろしい戦争にぶつかつた、あゝいふ戦争をしてもそれを良い戦争であるか悪い戦争であるか批判力がない。唯お国のため漠然として東洋平和のためといふ名義の下に幾百万の人が命を捧げた。そして戦争はみじめな敗戦を以て幕を閉ぢた。此の戦争は誰か或る特種な指導者があつて指導されたのだとさういへばさういふことになると思ふけれど、結局各自々々の責任である。戦争を正しく批判する眼を失つてゐた、さういふ風に教育されてゐたと云へばそれまでであるが、結局こんな状態になつたのは各自々々の自覚の不足に帰着する。[27]

この「幾百万の人」が生命を捧げた戦争を鑑みて、「結局各自々々の責任」であり、「各自々々の自覚の不足に帰着する」とは、曾我自身の戦争責任の表明であろう。戦争責任が、「特種な指導者」である天皇を中心とした軍部や、戦時教育にあったとしても、あくまでも自身に戦争の善悪を見極める「批判力」を欠いたことを表明する曾我には、金子や高光と一線を画する視点があるように思われる。

曾我は「戦争を正しく批判する眼を失つてゐた」という「自覚の不足」の告白、つまり機の深信に立って、戦時下における自己の浮動性を慚愧している。また、「或る特種な指導者」や戦前の「教育」に、責任を転嫁するということはなかった。却って、「お国のため」、「東洋平和のため」という名義のもとで、「幾百万の人が命を捧げ」た「みじめな」戦争への批判力を失っていたことを、戦後ではあるが、人々と共に国民の一人として、衷心より慚愧しているのである。すなわち、曾我が、前に触れた敗戦よりおよそ三〇年後の信楽からの、清沢以来の歴史的社会的産物を真俗二諦に基づいて、「何でも構はぬ」と受け容れる姿勢に対する指弾や、『資料清沢満之』編集者の、戦争を無条件に受容するとの批判に出遇えば、おそらく曾我は、それを主体的に受け容れたに違いない。もちろん、「自覚の不足」との慚愧心に、「宗教的覚醒」に通ずる機の深信を窺うことができるし、その機の深信こそが、曾我の戦争責任を担う眼となっていることは言うまでもない。

すなわち、どのように繕おうとしても繕うことのできない、悪なる戦争に対する批判の欠如の事実を、そして自らの意識の浮動性を、曾我は敗戦後に自己批判している。「各自々々の自覚の不足」とは、悪なる戦争に付和雷同したことに対して無自覚であった、という自己への深き慚愧であろう。そういう罪悪深重としか言いようのない自身の凡愚性を、曾我は慚愧しているのである。

すなわち、金子や高光が、戦後において一心に「宗教的覚醒」を求めて〝内面化〟しているのに対して、曾我は同様の「宗教的覚醒」に立ちつつ戦争の事実と向き合っていたのである。しかし、金子や高光には、自分自身が戦争に加担したという自らの無明性への慚愧はあったが、曾我のような「戦争を正しく批判する眼を失つてゐた」ことに対する気付き、つまり自らの精神の戦時下における不明に対する自覚は、見受けられないのである。

ところで、鈴木大拙は、戦時下の一九四四（昭和一九）年に『日本的霊性』を発表しているが、その後の一九四五（昭和二〇）年一〇月の「第二刷に序す」に、日本の軍国主義下の国状について、

畢竟ずるに、日本人の世界観及人世観が深さと広さとを欠いて居たところから発するのである。まづ吾等は吾等自身の国の歴史を科学的に研究しなかつた。偏狭で固陋な国学者——科学も哲学も宗教も解し得ない国学者の歴史観を唯一のものと心得させられた。彼等以外の意見は各種の力を以て圧伏せられ窒息せられた。[28]

と述べ、続けて、

吾等日本人の宗教意識なるものが十分な発展をして居ないと云ふところに、国民の注意を向はせたい。[29]

と、戦時下にさ迷うてきた国民に宗教意識を喚起すべきことを訴えている。そして、仏教については、

仏教者は不思議に仏教の根本義に徹して、自らの使命に世界性を帯びさすことをしなかつたのである。[30]

と批判し、さらに、

近頃の軍国主義の流行につれては、又それと歩調を合せて、全体主義がどうの、神話中の存在がどうの、「皇道」仏道がどうのと、しきりに時の有力者の機嫌を損ぜざらんことを勉めた。それで仏教者は自分等に課せられた役割に民衆性・世界性を持たせることを忘れた。又兼ねて本来仏教に包含せられて居る哲学的・宗教的なもの、霊性的自覚と云ふものを、日本的宗教意識の中から呼び覚ますことを懈たつた。それで仏教は「日本

的」になつたかも知れぬが、日本的霊性的なるものは後退するやうになつた。[31]と仏教者の無明性を指弾するのである。そして、

日本崩潰の重大原因は、吾等の何れもが実に日本的霊性自覚に欠如して居ると云ふところにあるものと、自分は信ずる。[32]

と表明するのである。すなわち、鈴木は、戦時下の仏教者の浮き草の如き精神性を指弾しており、当然それは、曾我や金子、高光への批判にも連なるものである。

実際、鈴木は、戦後復興を「日本的霊性」、つまり「宗教的覚醒」によって実現することを願っており、戦時下には『日本的霊性』を発表し、敗戦直後の「第二刷に序す」に見られたように、戦争そのものに対する透徹した批判眼のあったことは明らかであろう。[33]その鈴木の見識に、金子や高光、また戦時下の自らの意識を批判する曾我をも照らし合わせれば、彼ら真宗者は、たとえ「宗教的覚醒」に立っていたとしても、鈴木の指摘する「国の歴史を科学的に研究しなかつた」という指摘や、「自らの使命に世界性を帯びさすことをしなかつた」、あるいは「自分等に課せられた役割に民衆性・世界性を持たせることを忘れた」、さらには「霊性的自覚と云ふものを、日本的宗教意識の中から呼び覚ますことを懈たつた」、という批判を、甘受しなければならないように思われるのである。

三　宗教的覚醒について

ここまでの論考をまとめれば、曾我や金子また高光には、戦争を機縁とする宿業の自覚による「宗教的覚醒」はあるが、同時に宗門の教学を担い苦渋のうちに戦争に協力している。また戦後には、同じ「宗教的覚醒」に立って、衷心より戦後復興を思念している。特に曾我は、戦争に協力した自分自身の不明を慚愧している。そして、彼

らのいずれもが、一刻一刻、自らの宿業に懺悔しつつ、真宗の再興を念じていたのである。

すなわち、曾我は、あの玉音放送を聞いて、機の深信に徹して「私は看板を塗りかえる必要はない」と言い切ったが、その曾我の言う「看板」とは、時代業の只中を生きる自己の罪業性の深信を内実とする「宗教的覚醒」のことであり、その「宗教的覚醒」は、金子の「われ一人の業障の深き」自己の自覚、あるいは高光の「人間の空しさと浮動性と不安定」の自覚である「衆生自覚」にも、共通するものであろう。

ここで私には、今村仁司の「目覚めの経験と宗教的『倫理』は『全責任』（対有限者）と『無責任』（対無限）を同時的に引き受けることである」(34)という視座が、思い合わされるのである。すなわち、今村の言う「無責任」とは、どこまでも時代業に動かされてきた自己の「宗教的覚醒」であり、その「宗教的覚醒」において即時に「十方衆生」と共なる一如の世界に立つことで、社会に対する「全責任」が果たされる、というところにあるのであり、ここに曾我のいう塗りかえる必要のない「看板」の本質に頷くことができよう。

つまり、敗戦後の曾我や金子、高光には、それぞれの「無責任」の自覚に立っての「全責任」の実践があったと考えられる。すなわち、彼らには、戦後の日本人の精神の復興を願う熱烈な意識は共通しており、さらにその意識の至奥には、親鸞以来脈々と伝統している、宿業の自覚を内実とする、「機の自覚」があった。「機の自覚」とは、親鸞の求道の基礎であり、それが近代において、清沢の求道主体による不惜身命の「仏道」実践として、明確に伝承されたのであり、さらに、その清沢の教えを受けた彼らが中心となって、戦後社会の荒廃の中からの信仰回復運動である真人社運動と同朋会運動を興したのである。ここに、「無責任」（宗教的覚醒）の躍動と「全責任」の実践を、見ることができるように思われる。だが、彼らには、「全責任」の基本とも言うべき歴史的社会的現象と現実に対する認識と批判が不十分であったことは、すでに述べた通りである。

すなわち、我々は、その後に展開した真人社運動から同朋会運動を指導し支えてきた人々による、社会的配慮を欠いた差別発言が繰り返されたという事実を、忘れてならないのである。(35)思うに、「全責任」の実践とは、我々の機の深信に基づく、十方衆生に開かれた休止することのない不断の営みを伴うものではなかろうか。

四　「全責任」実践の地平

ここで、敗戦後の思想界を苦悩を懐いて生きた思想家の一人田辺元の、戦争に対する見解を確認しておきたい。田辺は、「政府の忌諱に触」れるということから、政府に対して「直言」して「政府を反省せしむべき」という立場を貫けなかったことについて、

たゞ沈黙するのは国家に対する不忠実ではないか、といふ念慮と、他方に於ては、平時ならば当然なる斯かる行動も、戦時敵前に国内思想の分裂を暴露する恐ある以上は、許さるべきでないといふ自制との間に挟まれて、何れにも決することが出来ない苦しみであつた。(36)

と苦しい胸の内を明かしている。「国内思想の分裂を暴露する恐」のため、戦時下の発言を控えてやり過ごしたことへの田辺の懺悔である。そして、

此絶体絶命の境地に落込んで自らを放棄した私の懺悔は、意外にも私を向け変へ、今や他を導き他を止すなどといふ事は全く私にとつて問題とはならぬ、自己の正しき行動さへも自由に任せぬ私なのであるから、私は先づ飽くまで懺悔して素直に私自身を直視し、外一切に向ふ眼を内に転じて、自己の無力不自由を徹底的に見極めよう、これこそ今までの哲学に代る私の仕事ではないか、といふ新しき決意に達せしめたのである。(37)

と述べて、「外一切に向ふ眼を内に転じて」懺悔しようと訴え、終に次のように述べている。

私は此数年来軍部を始め支配階級が国民を愚にして理性を抑へ、道理を無視して極度に非合理なる政策を強行し、其極国際道義に背馳して国の信義を失墜せしめたことに対し、極度に憤慨を感ずること勿論であつたのではあるが、併しその責任は単にそれを敢てした特殊の部面にのみ帰属するのではなく、窮極に於ては之を抑へ得なかつた国民の全部が負ふべき連帯責任であり、就中政治と思想とに於ける指揮層が、直接当事者に次いで最も大なる責任を負ふべきものなることを痛感して居たのである。いはゆる知識人の傍観者的態度といふものが決して承認せらるべきものでない、我々は畢竟連帯的なのであるといふ信念は、強く私を支配した。此連帯観に立脚するならば、懺悔道は何人にとつても何時に於ても必然に要求せられるものなること疑問の余地はない筈である。(38)

「国民の全部が負ふべき連帯責任」という懺悔道の訴え、つまり個人責任における懺悔道を否定するかのような田辺の視点に、我々は苦慮せざるを得ない。金子や高光、そして曾我のような機の自覚にまで徹底する懺悔が田辺には窺えないのである。また、「全責任」への思念も不明のように思われる。

我々は、ここにあらためて、信楽の清沢門下に対する歴史的社会的現実を批判する視点の欠如という指弾に、耳を傾けなければならないように思われる。信楽の指摘は、清沢門下の機の深信に徹する宗教的信念に社会性が欠如している、というような大雑把なものではなく、むしろ清沢門下を中核とする大谷派教団の主張する信仰回復運動に即した社会倫理の実践、換言すれば、歴史的社会的現象への批判を通して、現実に有効な社会倫理体系の確立、鈴木で言えば「国の歴史を科学的に研究する」ような批判眼を有する教団の確立を期待していることと思われる。

すなわち、歴史的社会的現実への批判眼が欠落すれば、如何に機の自覚を訴えたとしても、それは、「全責任（対有限者）と無責任（対無限）を同時的に引き受ける」という、その「全責任」の部分を切り落とすことになり、如来本願の「十方衆生」への広がり、清沢の「万物一体」の世界観、あるいは曾我の「依正二報は一体不二」の知見、つまり「全責任」実践の地平が歪むのではなかろうか。

一九四二（昭和一七）年の安居の講義で、すでにその「全責任」遂行の地平について、曾我は次のように論じている。

我々がこの機の深信といふことに依て、そこに法蔵菩薩を感知する。法蔵菩薩の親様の心、親様そのものを感知する感である。本当に、大体この宿業の自覚、つまり「罪悪生死の凡夫、曠劫よりこのかた常に没し常に流転して出離の縁あることなし」とは、さういふ身であると思ひ知るといふのは、私は、親様が一切衆生の罪と悩みと、それをあなた一身に荷つて、そして現れて下さつた。それが法蔵菩薩である。これは我が罪、これは汝の罪と、罪を分担し責任を分担して、これは汝が責任、これは我が責任と分担して、何とかして自分の責任を軽くし重い方を他人に荷はせる。これは人間の我の心である。（中略）宿業とはやはり血の続きを感ずる。血が続いてゐるといふて外国人と自分とは血が続いてゐる訳ではない。又同じ民族でも血が続いてゐるといつても殆んど無に近いとも考へられる。併し血とは生きた人間ばかりに血が続いてゐるのではない。山河大地みなである。血のもとは山河大地、土であり国土である。(39)

「機の自覚」、つまり「無責任」の自覚とは、決して個人的な信獲得のためのものではなく、本質的に一切衆生のすべての罪とすべての責任を一身に担う、法蔵菩薩の自覚であったのであり、したがって、「機の自覚」には、有情のみならず山河大地の一切への「全責任」荷負の地平が開かれてあったのである。

また、「依正二報は一体不二」についても、

我々は民族とか何とかいつて人間だけが血が続いてゐると思ふが、仏法では依報正報といひ、国土を以て依報

といふ。有情を正報といひ山河大地を以て依報といふ。依報・正報は一つである。我々一人々々が正報とともに依報を感ずる。仏法では国土を産むといはず国土を感ずるといふ。我々は自分が生れるときに自己と共に山河大地全体を感ずる。業の世界では各人々々関係してゐて、自分だけ孤立するといふことはない。凡ゆる有情、有情のみならず世界全体が互いに感応してゐる。(40)

と述べて、宿業の自覚において、我々は有情のみならず、世界全体と感応することを訴えている。実に、宿業の自覚、機の深信とは、本質的に十方衆生の痛みを我が痛みとする「全責任」(41)の自覚、つまり歴史的社会的現実に対する共感と批判眼を有するものであることが、ここに明らかになってこよう。

ここで私は、次のような末木文美士の警告に、着目したい。

倫理道徳を説くがために、そもそもその倫理道徳でとらえきれない何かを忘れてしまうとしたら、かえって危険なことである。倫理が「人の間」のルールの問題であるとしたら、それに収まりきらないところにこそ、より大きな問題があるのでないか。われわれはそれをこそもっと深く追究していかなければならないのではないか。清沢が真向かった如来とは、まさにその次元で出会われる。われわれの理解を超えた他者であったのである。(42)

清沢出現の歴史的意義が、倫理道徳体系の確立にあったのではなく、「人の間」のルールにおさまりきらない如来との出遇いにあったことを、末木は訴えている。「人の間」に収まりきらないものとは、それは宿業に生きざるを得ない人間のみならず一切有情の存在のことではないか。そして、その人類のみならず万物万象を照らす如来の智慧でなかろうか。したがって、清沢のさまざまな発言は、「人の間」のルールにおさまりきらない業縁内存在である人間の、その人間の生きる現実社会の立脚地の開顕であった。このような如来の出遇いを見失えば、清沢出現の歴史的意義を見失うことになるだろう。もっと言えば、我々の「全責任」を実践する社会的現実的地平が不明確になる。

人間は本来的に、「人の間」のルールにはおさまりきらない存在である。この人間の社会倫理体系を確立しようと思えば、それは必ず、「われわれの理解を超えた他者」の次元に立たなければならない。すなわち、如来の次元での社会倫理体系の確立、つまり、人間と一切有情のルールを確立しなければならないのである。それを末木は、「もっと深く追究していかなければならない」と訴えているように思われる。

清沢を嚆矢とする近代教学は、「機の自覚」が基軸であった。「機の自覚」とは、我々の社会的責任を荷負する意識が、たとえば金子がそうであったように、如何に努力しても最終的に「無責任」に帰するという慚愧であり、そういう人間の根源的な「無責任」の自覚において金子の『宗教的覚醒』が著されたが、そのように、我々は「無責任」の自覚において始めて「全責任」実践の地平に立つことができるのである。娑婆において、罪悪深重の機が、「全責任」（歴史的社会的責任）を果たすことは、自力無効を説く仏教の教説からして、「人の間」のルールを超えた如来本願に乗托するところに、「全責任」の立場を明確にすることになるのでなかろうか。そういう「人の間」のルールにおさまりきらない我々の限界を、清沢は「無限大悲が吾人の精神上に現じて、介抱を命じたまはゞ、吾人は之を介抱し、通過を命じたまはゞ、吾人之を通過するなり(43)」、あるいは「国に事ある時は銃を肩にして戦争に出かけるもよい(44)」という、『人の間』のルール」に収まり切らない言葉で表現し、我々に「全責任」実践の地平である「宗教的覚醒」を訴えた、と了解するのである。

すなわち、「機の自覚」によって開かれる「宗教的覚醒」は、我々の本願力によって立ち上がる地平であり、それは本来的に批判眼を具する地平であり、その地平に立って、我々は「人の間」のルールを生きることができる。

親鸞はこの地平を、「浄土」と呼んだのである。「浄土」に立つ社会倫理体系の確立と実践こそ、今最も必要とされるのではなかろうか。

五　浄土に立つ

次の文章は、一九七〇（昭和四五）年に曾我によって引き起こされた『中道』誌差別事件に関する、曾我自身の「表白」の一節である。

私がそんな差別的言辞を使ったということは自分が機の深信を欠いていることを曝露したお恥しいことでありますす。そういうことは或る程度までは自分にわかっているのだが、口先だけの説法になっていて自分の生活になっていないことを曝露したのでありましてまことにお恥しいことである。これは私一人が全社会に負うべき責任であります。[45]

曾我のこのような機の深信の欠如を慚愧する姿勢は、まさに「宗教的覚醒」のはたらきそのものであろう。そして、機の深信を機軸とする近代教学は、曾我の「私一人が全社会に負うべき責任であります」との表白の通り、我々に歴史的社会的現実に対する「全責任」を担う場としての浄土を開顕するものでもあろう。そういう浄土への開けを有する機の深信の実践こそ、真宗者の歴史的社会的現実に対する批判の実行と責任荷負の姿勢ではなかろうか。したがって我々のなすべきことは、どこまでも「無責任」の自覚を内容とする機の深信の連続無窮の実践による浄土の開顕と、その浄土を依所とする「全責任」の意識をいただいての批判の実践である。

註

（1）「雑記帳」『中外日報』一九四五（昭和二〇）年八月一七日
（2）「大懺悔運動を」『中外日報』一九四五（昭和二〇）八月二八日
（3）「懺悔の時、正に到れり（上）」『中外日報』一九四五（昭和二〇）年八月二八日
（4）「懺悔の時、正に到れり（上）」『中外日報』一九四五（昭和二〇）年八月二八日
（5）「懺悔の時、正に到れり（下）」『中外日報』一九四五（昭和二〇）年八月二九日
（6）「解説」（寺田正勝）『金子大榮著作集』別巻、四六五頁、春秋社
（7）「解説」（寺田正勝）『金子大榮著作集』別巻、四六四頁、春秋社
（8）「解説」（寺田正勝）『金子大榮著作集』別巻、四六四頁、春秋社
（9）「宗教的覚醒」『金子大榮著作集』別巻、一一頁、春秋社（執筆は一九四七（昭和二二）年五月）
（10）「宗教的覚醒」『金子大榮著作集』別巻、一一頁、春秋社
（11）「宗教的覚醒」『金子大榮著作集』別巻、一一頁～一二頁、春秋社
（12）「宗教的覚醒」『金子大榮著作集』別巻、一二頁、春秋社
（13）「宗教的覚醒」『金子大榮著作集』別巻、一四頁、春秋社
（14）「宗教的覚醒」『金子大榮著作集』別巻、一五頁、春秋社
（15）「宗教的覚醒」『金子大榮著作集』別巻、一五頁、春秋社
（16）「宗教的覚醒」『金子大榮著作集』別巻、一九頁、春秋社
（17）「宗教的覚醒」『金子大榮著作集』別巻、一九～二〇頁、春秋社
（18）「近代真宗教学における真俗二諦論の諸説」『近代真宗思想史研究』二六～三二頁、法藏館（取意）
（19）「宗教的道徳（俗諦）と普通道徳との交渉」『清沢満之全集』六巻、一五五～一五六頁、岩波書店
（20）「近代真宗教学における真俗二諦論の諸説」『近代真宗思想史研究』八五頁、法藏館
（21）「刊行にあたって」『資料清沢満之（講演篇）』ii頁、同朋舎
（22）『高光大船の世界』一巻、二一〇頁、法藏館
（23）『高光大船の世界』一巻、二一二頁、法藏館
（24）『高光大船の世界』一巻、二一〇頁、法藏館

(25) 藤代聡麿「終戦の頃の先生」『教化研究』六六号、一九七一（昭和四六）年一一月、一一一〜一一二頁
(26) この一文について、筆者は「精神が物量に負けたというが、物量を物量と見ることのできない精神に抜きがたい敗因がある」と解釈した。
(27) 「蓮如教学の根本問題」「本願成就」『曾我量深講義集』一巻、一九六〜一九七頁、彌生書房
(28) 「第二刷に序す」『鈴木大拙全集』八巻、五頁、岩波書店
(29) 「第二刷に序す」『鈴木大拙全集』八巻、六頁、岩波書店
(30) 「第二刷に序す」『鈴木大拙全集』八巻、六頁、岩波書店
(31) 「第二刷に序す」『鈴木大拙全集』八巻、七頁、岩波書店
(32) 「第二刷に序す」『鈴木大拙全集』八巻、七頁、岩波書店
(33) 鈴木は「新版に序す」で次のように戦時下を振り返っている。
此書は昭和十九年の初めに書かれて、其夏出版せられたものである。その頃は戦争最中なので、何か云ふと、裏の岩穴に逃げ込んで、落ちるかも知れぬ爆弾や焼夷弾を避けたものである。（中略）それから其頃は軍閥の圧力でむやみに押へつけられて居たので、これではならぬ、日本の将来はそのやうなものであつてはならぬと考へた。それから軍閥の背後にあつた思想——即ち国家主義・全体主義・国家神道など云ふもの、これはわが国のこれからの依つて立つべきところのものでないとの感じも強く出た。それやこれやの考から、日本的霊性なるものを見つけて、それで世界における日本の真の姿を映し出すことの必要を痛感した。

（「第二刷に序す」『鈴木大拙全集』八巻、九頁、岩波書店）
(34) 『清沢満之と哲学』一三九頁、岩波書店、
(35) 一九六七年の訓覇内局時代には難波別院輪番差別事件、一九七〇年には曾我量深による『中道』誌差別事件、一九八四年の古賀内局時代には董理院董理差別発言事件や元教学担当参務差別発言事件、一九八九年には訓覇信雄による同朋会全国推進員全国大会における差別発言事件などがある。
(36) 「序」『懺悔道としての哲学』二頁、岩波書店
(37) 「序」『懺悔道としての哲学』二頁、岩波書店
(38) 「序」『懺悔道としての哲学』七頁、岩波書店
(39) 「宿業の自覚と機の深信」『歎異抄聴記』『曾我量深選集』六巻、一五六〜一五七頁、彌生書房

(40)「宿業の自覚と機の深信」『歎異抄聴記』『曾我量深選集』六巻、一五七頁、彌生書房

(41) 同様の視点について、福島和人は「真宗史に学ぶ―真宗同朋会運動を学ぶために―」（『教化研究』一四一号、二〇〇八（平成二〇）年四月）の中で、「依報正報」の教語に基づいて、「『機の深信』が、何故か自業のみに限定され、その『一人』の存在を成立させている環境を含めての自覚的表現を見ていない」（九五頁）と述べている。福島はこのように、機の深信と環境との一体性、つまり宿業の自覚の世界全体との感応性を説き、さらに今村仁司の「自分がどこにいるのかを知らないような人は仏教者ではないのです」（『近代に対する仏教的批判――平野修師の仕事とその意義――』）との指摘を踏まえて、「歴史的現実の中に在りつつ、自らを現実から乖離させての内省や思索の観念化・概念化を破り、現に自らが身を置く課題に充ちた現実の具体相と、そこへ至ったプロセスと因縁、つまり、諸条件に眼を開き耳を傾け、その根元にある要因を突きとめる営為への、促しと言えよう」（九九頁）と述べて、真宗を学ぶ者の姿勢を明かしている。

(42)『倫理vs仏教』一一六～一一七頁、ちくま新書、二〇〇六（平成一八）年二月

(43)「精神主義と他力」『清沢満之全集』六巻、七四～七五頁、岩波書店

(44)「宗教的信念の必須条件」『清沢満之全集』六巻、七九頁、岩波書店

(45)『部落問題学習資料集』九六頁、一九九二（平成四）年六月、真宗大谷派宗務所

第二節　大谷派教団の戦後復興

第一項　瀧含雄内局

大谷派教団の戦後復興の上で、最も注目しなければならない出来事に、一九四六（昭和二一）年九月一四日に制定された、〝民主的〟な新『宗憲』[1]の制定を挙げなければならない。新『宗憲』に則って、翌一九四七（昭和二二）

年一月、戦後の大谷派教団を最初に担った亀舎雄が宗務総長に就任したからである。

ところで、真宗大谷派の機関誌『真宗』は、一九四五（昭和二〇）年から一九四六（昭和二一）年五月までが散逸している。また、一九四六（昭和二一）年六月から翌年五月までの『真宗』も、「垂示」「教示」「親示」、また「達令」や「任免辞令」などが掲載されているだけで、敗戦直後の教団の動きはきわめて掌握しにくい状況にある。したがって、敗戦直後について確認できる資料としては、ほとんど『中外日報』によるしかないのである。

その『中外日報』によれば、新『宗憲』に基づいて行われた総長選挙で、亀は僅か二票差で末広愛邦を破って総長に就任しており、そのような亀と末広の選挙戦を取材して、「これからが大派宗政界の戦国時代となるように思える」(2)と報道している。事実、その報道の通り、戦後の大谷派教団には、法主を頂点に戴く伝統教学と清沢を嚆矢とする近代教学との確執が横たわっており、それが、一九六九（昭和四四）年の「開申」事件(3)を口火に、表面化することになった。

そもそも新『宗憲』には、制定時から曖昧さが残っていた。新『宗憲』の最大の課題は民主化にあり、その民主化のために、「三位一体」の解体を、具体的に言えば「法主」・「本願寺住職」と「管長」の別置を、明記しなければならず、そのため、新『宗憲』第一一条に「本派においては、浄土真宗の法統を伝承するものを師主とする。本派の師主は法主と称し、本山本願寺の住職がこれに当る」(4)と定めたが、実は、これは、法主が管長を兼ねることを盛り込まないことで、つまり、法主以外の者でも管長になり得るとして、「三位一体」の課題を克服した民主的『宗憲』としたが、この曖昧さが、後の「開申」事件の一因となった。

さて、敗戦後の大谷派教団の命運を握る総長となった亀は、二月に発表した「宗門各位に告ぐ」の中で、次のような宗政の方針を述べている。

第一は宗門本来の使命たる信仰運動の確立である。何時の時代でもこれが宗門の第一義であるは勿論であるが特に敗戦後の国家現状と平和国家の建設に当りて今後の教化運動に於いて次の点を強調し目標とし度い。イ、信仰の生活具現化である信仰が各自の生活から遊離したものでなく極めて強く実際生活に信仰の力が具現せねばならない。ロ、家庭の宗教から個人の信仰への徹底である、信仰の自由を叫ばれる今日に於て単に家庭の宗教に止る事なく個人々々の信念確立にも努めねばならぬ。寺庭から外教に走る婦女子のある実例を見て思い半ばに過ぎる。ハ、信仰運動は僧侶の深き反省と捨身的伝道に依りて初めて実現せらるゝ事を銘記し仏教々化の刷新を図らねばならぬ。

第二は真宗の世界性の顕揚である。イ、真宗が世界的宗教たるの本質を示し、凡ゆる機会と方法に依って世界に其の真価を発揮せねばならぬ、特に宗門の学事機関は一層強く此の観点よりも検討されねばならない。ロ、宗門は信仰より流露する同朋愛、社会愛から全力を民主運動に傾注し民族の運命を決す可き国家危機に対処して真宗の社会性を示すべきである。

第三は宗門一体の態勢の強化である。宗門は本山を中心とし末寺教会及び檀信徒を包括する宗教団体で、僧俗一体となりてその相互扶助的立場を確認しなければならぬ。イ、中央集権的傾向は速かに之を払拭し地方自治の実現を期して宗門の行政制度と財政の基礎を考究す可きである。ロ、同一念仏道を歩む宗門の中に、相容れぬ政策や政見のある筈なく、政権の□立観の如きは之を慎み真に和合僧の実を挙げねばならない(5)。

この「宗門各位に告ぐ」から、瀧の宗政に対する意欲と責任感が伝わってこよう。瀧は、戦後社会における宗政の基軸として、「信仰運動の確立」、「真宗の世界性の顕揚」、「宗門一体の態勢の強化」の三点を掲げ、特にその中の「信仰運動の確立」では、前年に公布された『日本国憲法』第十三条の「個人の尊重」、第二十条の「信教の自由」に応えるべく「家庭の宗教から個人の信仰への徹底」が示された。大谷派教団は、一九六二（昭和三七）年に始めた同朋会運動で、当時の農村共同体の解体という時代状況を背景に「家の宗教から個の自覚の宗教へ」をスローガンとしたが、その原点は『憲法』十三条に見定めなければならない。また、当時の国際連合を中心とした世界の戦後構想に対応するかのように、「真宗の世界性の顕揚」を謳っているが、それは戦後復興を果たそうとする日本人の意欲への応答であろう。ここに挙げられたいずれの施策も、現代においてもなお意義を持つものと思われる。

一九四七（昭和二二）年三月、﨟は、新『宗憲』のもとで開催された宗議会で施政方針演説を行い、「我宗門として今日一大反省のもとに是非考慮したい要点」として、「真宗信仰」、「宗門の公益性の発揮」、「人類福祉への寄与」、「中興蓮如上人の教化への欽慕」の四方針を提示したが、『中外日報』はそれらの方針を、①教団は「真宗信仰の昂揚」をもってポツダム宣言を受け止め日本再建が宗教的に実践されなければならない、②社会の混乱期にあって「真宗僧風の時代的刷新」を行い、身近なところに公益性を発揮することで国民の信頼を得る、③すなおに、真剣に厳正な社会的批判を受けて行く度量を持つことで、宗門が世界にはたすべき役割を明瞭にすることが出来る、とまとめている。[6] 実に、世界性や社会性を強く意識した施政方針演説であったと言えよう。

そして、全国の門末に向けては、『真宗』に次のような「新しい世界と真宗」を発表した。

新憲法において、国民の信教の自由は基本的人権であると定められました。これは正しい宗教的な信仰に対しては、いかなる権力をもつても手をいれることができず、あらゆる法律をも超えた自由であるという意味であつて、信仰の要求と、信仰の威力を認めたものであります。（中略）まことに金剛の真信は一心一向でなければなりません。水に流れず火に燃えず、身も命もあげて畏れないのが聞法者の法悦でありませう。本願念仏の真宗が、ありとあらゆる人間の法悦の源泉であります。それを信じてゆるがず、そこに入つて満されるのが真宗の行人であります。（中略）まことの平和と平等とは、帰依なきところには生れないものであります。それゆえに今後の世界理想は宗教的となつてゆくと信じます。ここにおいて私達は、謙敬なる念仏のもとに、御朋の文化、御同行の社会を願ひつゝ、すぐれた日本国家を再建してゆきたいと念ずるものであります。(7)

「国民の信教の自由は基本的人権であると定められました」と言い、「今後の世界理想は宗教的となつてゆく」と希望を掲げる瀧は、すでに二月には、改革断行のため訓覇信雄を教学部長に招聘していた。したがって、瀧が発表した「宗門各位に告ぐ」や「施政方針演説」に、訓覇が関わっていたことは、あながち否定できないように思われる。

戦前、訓覇は、大谷大学の学監時代に、関根仁応学長のもと、「訓覇という人間は恐い人間で、行くところには草も生えぬ」と恐れられた人物で、高倉学寮系に代わって清沢門下の教授陣を採用したその訓覇を、瀧は宗政の場に呼び戻したのである。

二月に教学部長となった訓覇は、早速精神主義に基づいた教団改革を企画し、全国の清沢門下による「教学会議」を開催した。そこで、

もう戦争に負けたんや、廃墟の中から立ち上がろうとしておる。この時機に応えることができるのは、浄土真宗しかない。今立つ時なんや。どう立ったらいいか。(8)

と表明し、教団の戦後復興を訴えた。具体的には、たとえば、総会所の人事刷新を断行し、これまで「異安心」として排斥されていた曾我や暁烏、高光ら清沢門下を講師として招聘したが、このような施策は、旧態依然とした当時の教団においては画期的であった。しかし、当然反対者も多く、後に訓覇が「血の小便したわ」と回顧せざるを

得ないような厳しい軋轢の中での改革であった。

今少し訓覇の施策をみると、(?)の「新しい世界と真宗」が掲載された『真宗』六月号の教務の欄に、「民主的同朋教団の確立と昂揚」というタイトルのもと、「信仰運動の昂揚」、「真宗の世界性、社会性の顕揚」、「宗門一体化の基礎としての教団改革運動の達成」という三つの根本方針を打ち出しており、また、学務の欄には、「全力あげて教学復興」として次のような方針が示されている。

一、学事三ヶ年計画

宗門の教学的再生の基礎は、真の真宗人の育成にあり、現下国家教育機構の変革を機とし、宗門学事の根本的刷新を企り、近々学事調査会に於て、三ヶ年計画の成案を急いでゐる。(9)

このように、人材育成が教団の生命線であり、そのためには、先ず学事の改革が必要であるとして、次の三項目を挙げている。

一、宗門関係各学校を吸収綜合して大谷学園(仮称)を設置する

二、大谷大学は充実拡大せしめて綜合大学とする

三、研究所、研究院、宗学院の三機関は発展的に解消して新たに一つの機関に綜合強化する

また、

二、本廟奉仕道場の再開

中絶中の本道場再開の趣旨は、同朋教団の主旨により、僧俗相共に、本廟御影前に於て、信心の溝をさらへ、蓮師御遠忌御待受と共に、宗門改新の基盤とする。

三、地方学場の強化充実

大谷学場を拠点として、地方の至純なる教学的雰囲気の昂揚は、最近特に顕著である。宗門の教学的再生の基礎は、かくの如き地方に於ける自発的な盛り上る力の外にはない。全力を挙げて、地方学場の教化進展に協力し援助を吝まない。

四、教師修練道場の開設[10]

と、改革案を挙げている。

「学事三ヶ年計画」一項の「大谷学園」構想は、当初の計画では全宗門関係学校が参画する予定であったが、今は形を変えて「真宗大谷学園」として実現している。大谷大学の総合大学構想は、実現されるには至らなかったが、三項の「研究所、研究院、宗学院の三機関は発展的に解消」云々は、やがて教化研究所から教学研究所として具現化したように思われるし、また一九八一（昭和五六）年に発足した大谷大学における真宗総合研究所は、その構想を受け継いだものと言えよう。このような「学事三ヶ年計画」は、「真宗人の育成」を基幹とする戦後復興のビジョンに立った体系的な学事更生プランであった。

訓覇には、教学部長に加えて厚生部長を兼務した時期があったが、その厚生部からは「同朋互助精神の振作と併せ、一派公益事業の開発助成を劃期的に促進強化せしめんとする[11]」ことを目的とする、「同朋共生運動」が打ち出されている。戦後の時代困苦に対応するため、芸術鑑賞や物品販売などによって浄財を得て、それによって引揚・復員者を救護しようというもので、やがて教団運営を支える外郭事業体にしようという計画であった。

このように大谷派教団は、訓覇を中心に戦後再興に向けて着実に歩を進めていた。特に訓覇は、清沢の教団改革運動の精神を継承するため、戦後復興への諸施策を担いうる念仏者の誕生を願い、八月一日から岡崎に「本廟奉仕道場」を開催したのである。それは、高光の薫陶を受けた訓覇らしい、念仏の道場の発現であったと言える。以下、その全容を紹介しておこう。

奉仕は念仏を体解することであり、念仏を生活の中に具現してゆくことである。宗門再興の志念は、この確固とした道念の下、凡ての人が道場に額いて、黙々と下座を行ずる御同朋の世界から発するのである。この意味によつて、本道場は、求道聞法が奉仕の根基でなければならない。

道場は、

一、岡崎別院を合宿所とし総会所を聞法、式務局を声明作法の道場とする。

二、開設機関は、一期間七日とし、（毎月一回自毎月一日至七日）とする。

三、奉仕者は従来は住職主管者又は寺族と限つてゐたが、今後は、門信徒をも加へ、僧俗共に奉仕者とする。[12]

「本廟奉仕道場」とは、「念仏を体解」して生活にそれを具現化するための、すべての人に開放された「求道聞法の道場」という位置付けであった。

日課は、五時半起床、七時より総会所で連日、清沢門下の藤原鉄乗から「絶対他力の大道」について聴聞することで「清沢先生の真精神」に触れる、八時から本山晨朝参拝、声明、両堂の清掃奉仕を行い、午後は岡崎にて「道念厚き講師から真宗の奥義」を聞き、夜は連日「信仰座談会」を開き、「深き反省から出づる意見」を吐露しあう、というものであった。[13]清沢の精神主義を中心に据えた、徹底したプログラムと言えよう。

宗門を荷はうとする烈々とした気魄は、常に自己にかへり、自己の内面に深く常在する危機の上に生きる「我とは何ぞや」の一点に、問題の中心が求められていつた。時代にのまれるか、時代を背負ふかの岐路に立ちつゝ、時代を担ふまことの魂にふれようとする苦悶は、常に時代の雰囲気を吸つて生きる気配そのものに敏感な奉仕者の当然逢着せねばならないところであつた。（中略）宗門の再建は、僧俗の一人々々がぢかに聖人の御精神に触れそこに、うるはしい同朋教団が、あたらしく組織しなほされてゆくところから出発するはかはない。明後年に迎へる蓮師の御遠忌をして、正しく教団興隆の良縁たらしめねばならぬといふ熱願は、宗門のすみずみにまで、たかまりつゝある。この志願に燃える僧俗が、全国から、本廟奉仕道場に馳せ参じて、宗門再建の出発点に立つ心がまえを、磨き合ふことの意義は、思へば思ふほど、重且大である。(14)

清沢の精神主義をもって、時代社会の課題に応えるための宗門の再建に寄せる熱い志願を、ここに見ることができる。清沢門下の中心的な存在であった「加賀の三羽烏」の一人藤原鉄乗から「絶対他力の大道」の講義を聞き、信仰座談会を行うことで「機の深信」を促すという求道形態は、訓覇が生涯を通して師事した高光の「北間の講習会」を念頭に置いたものと思われる。このように訓覇は、高光や暁烏、曾我など錚々たる清沢門下の「道念厚き講師」を基軸に、総会所や岡崎別院を会場にして、教団への宗教的生命の再生に尽力した。

しかし、改革には常に反動が伴うものである。柘植闡英は、次のように当時の雰囲気を陳述する。

あの頃の宗門の雰囲気では、とても本山には近づけないのです。訓覇先生が教学部長でやっておられるわけだから、一応、本山の公式の行事ですが、「異安心の連中が集まって、妙なことをやっておるな」というような空気です。「あんなことをやらしておいたのでは、本山がつぶされる」。そういう声がだんだんと宗議会などで高くなったのです。それで瀧さんは持ちきらなかったのでしょう。四回でやめてしまいました。(15)

本山の保守派の壁は高く、そのため「本廟奉仕道場」は四回をもって打ち切られたのである。また、蓮如上人四百五十回御遠忌を翌年に控えて、保守派の優勢な宗議会をまとめなければならなかった瀧は、改革を推進する訓覇らとの調整に苦慮したがまとまらず、ここに、一九四七（昭和二二）年一二月、訓覇信雄、竹内良恵、竹田淳照、岸融証、藤原正遠の「五部長」は総辞職した。そもそも、柘植が「普通ならちょっとあの旧体制の中に五人の部長を置くことはできません」[16]と語るように、a纏は、並々ならぬ意欲をもって改革に臨んだものの、保守派の壁は厚く、また清沢の宗教的信念に揺るがぬ信頼を寄せる訓覇は、一点の妥協も見せなかった。そのため保守派は、そのような訓覇の姿勢に、教団の崩壊を危惧したと思われる。

なお、岡崎別院には、第三回本廟奉仕道場の時の、曾我量深、暁烏敏、金子大榮、高光大船、藤原鉄乗、安田理深、そして訓覇と纏の寄せ書きが残されているという。精神主義の継承者が本廟奉仕道場に集まり、精神主義をもって教団を再興しようという志願の強さが伝わってくるようである。

第二項　教団の低迷

教団に対して総辞職を突きつけた訓覇ら「五部長」は、一九四八（昭和二三）年一月、清沢の宗教的信念による戦後復興という目標を掲げて真人社を設立したが、ここでは、その真人社運動と併行して動いた教団の動き、つまり一九四九（昭和二四）年に迎える蓮如上人四百五十回御遠忌に向けての教団の動きを中心に、まとめておきたい。

時代は少し戻る。一九四七（昭和二二）年七月二二日、纏は来るべき蓮如上人四百五十回御遠忌に向けて、「蓮如御遠忌準備事務局職制」を制定、さらに『真宗』七・八月合併号に「教団存亡の危機に迎へる―蓮師御遠忌―正に宗門革新の秋なり」との方針を発表した。そして自ら「この御遠忌は、真宗興隆の機縁となるか、一歩をあやまつて、教団崩壊の挽歌となるか、実にその岐路に立たされたものと思ふ」と言う教団の危機的状況を乗り切るために、宗門挙げての御遠忌厳修を念じて、次の五項目を挙げた。

一、愛山護法といふよりは、むしろ憂宗護法の危機観に立つ、真宗精神の確立と、信仰運動の強化
二、寺格堂班等、封建的制度からの、いさぎよき脱皮
三、宗門存立の基盤としての相続講の本旨顕揚と、その組織の一大刷新による、僧俗一体的同朋教団の樹立
四、それに伴ふ教化、学事、社会公益事業等に於ける新らしき教団活動体制の確立
五、そこからうまれる、浄財に依拠した、明朗健全なる宗門財政の実施(17)

さらに九月、新『宗憲』に基づく「門徒評議員会」が開催され、御遠忌に向けてのさまざまな意見が募られたが、その中で、特に「学事の体系と内容の整備充実、徹底的な教化活動の振興が先決要件であるから、そこに予算の全部を費してゆくほどの決意があつてほしい。又そうであるならば本予算に二倍三倍するものであつても、必ず責任をもつてお引受できると思ふ(18)」として、学事の充実を柱とする宗門再建を当局に要望していることに注目したい。学事の充実、つまり「人」の育成こそ、教団再建の中心軸であるからである。だが、財務の逼迫は、当時の宗門の喫緊の問題であった。岡崎の「本廟奉仕道場」が保守派の圧力によって廃止に追い込まれたが、その背景には、「予算の関係上十一月を以つて一時中止(19)」と公表されているように、逼迫した財務状況もあったようである。

また、御遠忌の準備のため、一九四七(昭和二二)年三月から「宗門よろん調査」が実施され、その結果集計が逐次『真宗』に報告された。調査内容は、一四種の「けさ」と「ころも」の合理化や「堂班」・「寺格」の賛否、また御遠忌に対する宗政への希望等であったが、結果としては、「堂班」・「寺格」を「廃止すべし」が七割であった(20)。宗政に対する希望の上位は、「教化活動の振興強化」、「社会事業」、「宗門改革」、「大学の拡充強化又は綜合大学建設(医科大学設置含む)」、「青少年教化を振興せよ」、「教学振興」「僧侶の再教育、信仰確立」「経典、御文、勤行の現代化」等であった(21)。そのような門末の意向を踏まえ、『真宗』には、「日本民主化のために宗門は何をなすべき

か」との見出しのもと、「信仰運動の昂揚」、「社会福祉への協力」、「学園の整備」、「宗門の民主化」、「適正な事務処理」、「御遠忌計画の調整」の六項が掲げられた。その中で、教団の中心的課題である「信仰運動の昂揚」では、

信仰運動の昂揚により、個人生活の基盤を宗教的信念の上に立脚せしめ、頽廃的非道義的な生活態度を矯正し、過激にして暴力的な社会風潮を克服して、日本及び世界の恒久平和の樹立を促進するため、派内全有教師者が、各自責任をもつて教化活動にあたりうるやう、（中略）適時の教化資料を提供すると共に、地方布教団の活発な研究と実動とをはかる(22)

と、「信仰運動の昂揚」による教化と布教に重きが置かれている。しかし、当時の教団にとって、信仰運動の再生こそが最緊要事でなかったか。

清沢の言うように(23)、信仰運動の昂揚が、教団人一人ひとりの宗教的精神に裏づけされたものでなければ、運動そのものが〝絵に描いた餅〟でしかない。その意味で、訓覇の改革は、たとえば「本廟奉仕道場」は、教団再生のための施策ではなく、信仰運動を昂揚させ得る宗教的信念に目覚めた「一人」の誕生に注がれるものであったのである。すなわち、昨年末に訓覇ら「五部長」が教団を去ったという事実は、教団から宗教的信念に目覚めた「一人」の誕生を願う精神が去り、それが真人社へ継承されたことを意味するように思われる。換言すれば、「真宗再興」のエネルギーが宗門から流出したのである。NAがそのような状況下で、御遠忌を迎えなければならなかった。

蓮如上人四百五十回御遠忌は、一九四九（昭和二四）年四月一八日から二六日まで厳修された。金子大榮の「蓮如上人に聞く」、吉川英治の「親鸞聖人を偲びて」、花山信勝の「真実を求めて」の講演を柱とする、戦後宗門の浮沈をかけた法要であったが、全体的には盛り上がりに欠けた空しいものであったことは、多くの語るところである。当時の大谷派教団は、財政面のみならず、信仰的にも苦境に立っていた。

この一大法要を終えた五月二〇日、宗議会での激しい議論の末、籠に代って藤津潔が新宗務総長に選出された。藤津は、自ら「何しろ総長になるなど夢にも考えず上洛したのに私としては呆然としている次第です」と言うように、「素人」総長であったかも知れないが、それにしても現実の財政難は重かった。したがって、藤津の第一声は、「御遠忌終了後の宗門財政を整備するため、経資の支出は極度にこれを切りつめる」と、財政再建を訴えるだけであった。さらに教団の危機を、次のように全国の門末に訴えている。

宗門はいま危機の関頭に逢着してゐる。そのことを率直に宗門各位に告げて、大谷派の新らしい出発の為に、教団人として最善の奮起をおねがひしたいと思ふ。宗門現下の危機は、どこにその原因があるのであろうか。一応内外両面から危機の原因が考へられると思ふ。

内部の危機とは、「宗門に対する宗門人の愛情の欠乏」であり、外部の危機とは「外部の厳しい動きに対して、宗門が適切にこたへうる何ものもない状態」のことであろう。そして、そのような危機を克服するには「緊迫した現代の、社会的課題に応へ得る真宗教学を、教団が樹立」すべきとして、宗門の危機は教学の危機である、と訴える。だが、

私は、去る五月、蓮師の御遠忌厳修のあとをうけて、浅学菲才をもかへりみず宗務担当の重責に就いた。一歩を誤れば宗門が崩壊の底に沈むといつても過言でない。（中略）宗門各位の全面的協力にまたなくては、私一個の微力のみをもつてしては如何ともしがたいことばかりである。さしあたつていへば、宗門一致の懇念によつて御遠忌は盛大に執修されたが、それにも拘らず、御遠忌志一千五百万円の不足を生じ、御遠忌後の整理も、緊要な宗務の運営も、心のみあせつて遂行し得ない障壁につきあたつてゐるのである。御遠忌をつとめさせて頂きながら、蓮師の御遠忌に対しまことに申訳なき次第といはねばならない。財務上の危機が、直ちに宗

門の危機ではないが、上述の如き宗門の危機が延いては財務上の危機をも招来したことにまちがひはない。畢竟するに、宗門人が宗門によせる愛慕と責任と良識とによつて打開の途を専心講ずるほかはないのである。[28]と、切々と宗門一致の懇志による財務難の打開を訴えざるを得ないところに、宗政の責任者としての苦渋があった。宗門を維持するためには、宗門人の「愛慕と責任と良識」にすがり、ひたすら募財を依頼するより仕方のないのが、現実であった。財政難という重い現実を担わざるを得ない藤津の、出口の見出せない悪戦苦闘をここに見るのである。なお、文中に懇志一五〇〇万円不足とあるが、暁烏内局の時には三〇〇〇万円にまで膨らんでいた。

ところで、加賀の三羽烏の一人で、やがて総長となる暁烏は、自坊で、蓮如上人四百五十回御遠忌法要を営んでいた。その暁烏の御遠忌に寄せる思いを聞きたいと思う。

先月の十八日から二十四日まで蓮如上人の御遠忌を営み、一仕事終へたやうな身軽さを感じてゐます。そして何をやつても結局は煩悩悪業にとり汚されて世を汚すことを感じて慚愧に堪へないのである。自分の至らぬことを感ずれば感ずるほど大悲摂護のお力の広大なることを感謝せずには居られない。[29]

このような暁烏の煩悩悪業の自分を「慚愧」し「大悲摂護」に感謝する心境に、あの藤津の探し求めた「出口」への示唆を窺えるのではなかろうか。

註

（1）戦後の大谷派『宗憲』と本願寺派『宗法』の比較検討については、拙論「敗戦後の真宗大谷派教団」『真宗研究』（真宗連合学会、二〇〇五〈平成一七〉年一月）第四九輯を参照。

（2）「学則改定」『中外日報』一九四七（昭和二二）年一月二一日

（3）三位一体（法主・本願寺住職・管長）のうち、管長職だけを長男光紹・新門に譲った事件。これに対して、当時の宗務総長であった訓覇は、「管長だけの譲位は前例がない」として反対した。だが、反対の根拠が「前例がない」というところに、新『宗憲』（一九四六《昭和二一》年制定）の曖昧さが見られる。なお、訓覇は「内局の同意を得ていない」と強く反発、宗門は大揺れに揺れた。

（4）『真宗』一九四六（昭和二一）年一一月、二頁

（5）『中外日報』一九四七（昭和二二）年二月二三日。なお引文中の「□」は中外日報社に確認しても判読不能の文字であった。

（6）「大派龍総長の施政方針要旨」『中外日報』一九四七（昭和二二）年三月八日、（取意）

（7）『真宗』一九四七（昭和二二）年六月、一頁

（8）『訓覇信雄論集』二巻、二五九頁、法藏館

（9）『真宗』一九四七（昭和二二）年六月、三頁

（10）『真宗』一九四七（昭和二二）年六月、三頁

（11）『真宗』一九四七（昭和二二）年六月、三頁

（12）『真宗』一九四七（昭和二二）年七・八月、六頁

（13）『真宗』一九四七（昭和二二）年七・八月、六頁、（取意）

（14）『真宗』一九四七（昭和二二）年七・八月、六頁

（15）『訓覇信雄論集』二巻、二六七頁、法藏館

（16）『訓覇信雄論集』二巻、二六〇頁、法藏館

（17）『真宗』一九四七（昭和二二）年七・八月、五頁

（18）『真宗』一九四七（昭和二二）年九月、二頁

（19）『真宗』一九四七（昭和二二）年一二月、六頁

（20）「宗門よろん調査第四次発表」『真宗』一九四八（昭和二三）年三月、二頁

（21）「宗門よろん調査第五次発表」『真宗』一九四八（昭和二三）年四月、二頁

（22）『真宗』一九四八（昭和二三）年一〇、一一月、一頁

（23）「仏教者盍自重乎」（『清沢満之全集』七巻、一四二頁、岩波書店）に「教と身と相隔て、法と心と相離れ、（中略）仏教をして画餅一般のものたらしむ」とある。

(24)『中外日報』一九四九(昭和二四)年五月二一日
(25)『真宗』一九四九(昭和二四)年六月、三頁
(26)『真宗』一九四九(昭和二四)年七月、一頁
(27)『真宗』一九四九(昭和二四)年七月、一頁
(28)『真宗』一九四九(昭和二四)年七月、一頁
(29)「平凡の味はひ」『暁烏敏全集』二五巻、一一九頁、涼風学舎

第三節　真宗再興を念じて

第一項　暁烏敏内局

一九五〇(昭和二五)年六月一二日、蓮如上人四百五十回御遠忌に身命を擲った藤津内局は総辞職し、後任に浅平宗成が就任した。浅平は自ら「野人」と称し、「宗門行政にタッチするものは、夫々の立場に於て公私を峻別して混淆しないようにこれは私の深い念願である」(1)と訴えたが、しかし、財務の苦しさは変わらず、そういう中、「八月末を以て多年本山のために献身的な勤務をして下さつた老境の方々十余名に勇退を願つたことは、情に於いて忍びがたいものがあつた」(2)との辛い舵取りが強いられた。また、疲弊した財務に追い討ちをかけるように、「ジェーン台風」による被害も甚大で、その修復費に人員整理の退職金が加わって、教団はまさに火の車であった。

そのような中、一二月、教団の危機的状況下で行われた宗議会議員総選挙で、訓覇ら真人社の面々が初当選したのである。初当選した訓覇の抱負を聞こう。

議会が更新された位のことで、宗門の重症はどうなる訳のものでもない。寧ろ絶望の様相濃厚と言う処でせう。夢や甘さをはく奪し尽した上で全力を挙げる事だと思います。全力を尽しても絶望かも知れません。それでも尽くすのです。絶望に向つて悔いなく。(3)

この選挙では、定員六〇名中新人議員が二九名を占め、特に九州や北陸では圧倒的であった。また、訓覇を筆頭とする真人社出身の議員も多くの議席を獲得し宗政に参画したため、ここに真人社が設立当初から掲げる、清沢の精神に立脚した「真宗再興」への礎が教団内に築かれた。そして、そのような勢いの中、翌一九五一（昭和二六）年一月、暁烏内局が誕生したのである。

ここで暁烏内局誕生までの経緯を述べれば、一月二六日の夜、突然当時総会所主事であった京都の鳥越頼有から暁烏に宗務総長就任への依頼の電話が入るが断る。就任依頼の背景は、暁烏が「わしに宗務総長になれちゅうとる。随分議会がもめとるらしい。稲葉と末広がとことん席を争つとるが、若い議員達は動かぬさうだ。この際白紙でなければ救へぬといふ人心の動きで、そこに思ひ出されたのが暁烏ぢやと、とんでもないことになるもんぢや(5)」と、言わざるを得ないような状況であった。「稲葉」とは稲葉道意、「末広」とは末広愛邦、「若い議員」とは訓覇信雄ら真人社出身の議員であろう。稲葉も末広も次期総長を目して多数派工作を行うも、新人議員が過半数近くを占めていたため叶わず、そのような中、新人議員の中から暁烏の名が上ったのである。七五歳の暁烏は目も不自由ということもあって終始拒否し続けたが、一方では宗議会の満場一致で推挙されており、加えて電報や電話攻勢に終に断りきれず、ついに「丸で引き出された罪人(6)」のようにして受けざるを得なかった。暁烏の心境は「聖人の七百回忌のこともわしが一番早く思ひ立つたし、聖人がお呼びになるのだらう(7)」と純粋であった。「自信なけれど断りかね、とにかくお受けいたします(8)」との電文を打って決断したのである。「非常な決意」をもって暁烏内局誕生を願う訓覇や佐々木近衛は、翌二九日、暁烏の応諾を知らず、明達寺を訪ねようとしている。[9] 真人社出身の訓覇を始めとする若き議員は、清沢の伝統を象徴する暁烏に「真宗再興」を託したのである。

暁烏内局誕生について、『中外日報』は次のように論評している。

東本願寺暁烏内局は成立した。挙派一致で推し、稲葉、末広両総長候補等を加へての大物異色の内局である。つとに、教界革新を叫びつゝ宗政にタッチせず、徹底的な自由主義者といはれつゝひたすら念仏した暁烏氏の政界登場は、教界の一嘱目たるを疑はぬ。(中略)この内局の出現こそ、ほとんど例外なく沈滞せる仏教政界への無言の一厳正批判たるは確かである。(中略)『歎異鈔』に閉口しをはつて生きぬいた清沢門下の逸足、暁烏新総長の歎異政治が完了したら、ひとり東本の革新のみではないといはねばならぬ。[10]

このように、教団を越えた期待を暁烏に寄せ、そして、

今度の暁烏内局を作つた根元は訓覇信雄氏等新人組の推進力によつてであつたが、この新人組が至極アッサリ新内局に割り込みなどを考えなかつたことに甚だ好感がもてる。[11]

と、訓覇らの清潔感に好意を寄せている。かつて「異安心者」扱いされた清沢門下が宗務総長を担当すること自体、革新的であった。まさに、

大谷派が宗門百八十度転回の暁烏内局を作つて革新への一歩を踏み出したと御自慢のスベリ出しを早くも実際に示され出した(中略)先ずこの内局の実現に深い因縁のある北陸の金沢を初め東海地区は名古屋教務所方面を中心に義務金懇志の上納が馳せつける様にあり、四国の某地の人からは大金の融通を云つてよこすやら念仏内局の裏付けは大したもので組局一週間そこいらで茲何年か続いて来た宗務役員の月給の遅配がサッサと解消して了い[12]……

との勢いが教団に回復し、さらに、

東本願寺の暁烏内局は教学を中心とする宗門改革の導火線をもつて任じてゐるが、それには先づ自分自身からとあつて本山で毎朝午前七時半からつとまる晨朝法要に必ず内局員は参拝する（暁烏氏はその参拝のため特に山内に起居するやうに取運んでゐる）ことを申し合はせ、かつ、この勤行終了に引きつゞき法話を内局員が当番を定めて行ふこととなつた。[13]

と、教学に立脚する盛り上がりを報じている。かねてより念仏者として全国に名を馳せていた暁烏であったことから、「念仏総長」と称されたが、まさに「念仏」のダイナミックな威力が宗門に戻ったと言えよう。

総長になって間もない暁烏を囲んで、次のようなやりとりが総長室で交わされていた。

何千万円の借財。この笠かぶりで本願寺宗務所の気分がよどんでゐる。総長室に上局が寄るとこの話ばかり。

総長「借金は払はねばならぬ。金がなければ払はれぬ。借金をどうして払はうかとばかり借金に首を突つ込んでゐるより、借金の思ひを捨てて信心の道に専念すればよい。借金の苦しみは念仏によって救はれます。念仏するものにとつては、借金は重荷とはなりません。念仏の本山に在つて借金など心配しなくてもよい。念仏の中に衣食住がある。念仏から湧いた金で借金を払へばよい。かへす〴〵宗門こぞつて念仏に燃えたつやうになりたい」

総長「借金の話はもうよしませう。これで打切り。借金があるから金を下さい、といっても誰もそんな人に金をくれる人はない。それよりも、かういふ仕事をやるから、と積極的にどん〴〵踏み出して行つたら、その仕事が立派で大いに感動したものは出す」

（中略）

総長「金を集める方法なんどきく様な人は信心がないのだ。信心がなくて教務所の所長がつとまりますか。あなたの念仏から金は湧いて来る。もしその確信がなかつたら、即刻所長は辞任するがよい。この四十間四面の大堂は念仏から湧き出たものです。念仏がなくなつたときは消えるのが当りまへです。念仏がなくて金が集まらない時は潰れたらよいでせう。心配はいりません。私達の胸の中には念仏が燃えてゐます。念仏の湧いてゐるところに必要なものは与はつて来ます(14)」

繰り返すが、一九四九(昭和二四)年の蓮如上人四百五十回御遠忌で、䶦内局を受け継いだ藤津内局は一五〇〇万円近くの大赤字を処理できず退陣、それを受けた浅平内局も赤字に翻弄されて短命に終わらざるを得ず、ここに赤字は三〇〇〇万円に膨らんだ。この困難な状況を打開したのが暁烏内局であった。募財などの方途を顧みず、ひたすら念仏に生きようとする暁烏の信念は、小賢しい世知をもって処世するには、あまりにも壮大な世界であった。まことに暁烏の、「大堂〔御影堂〕は念仏から湧き出たもの」という、念仏者としての生き様こそ、「真宗再興」の唯一の原点と言えるのではなかろうか。

さて、総長となった暁烏は、三月、就任の第一声として「宗門各位に告ぐ」を発表した。その中で、「宗門は宗祖聖人の真実信心の宣揚の機関」と位置づけ、そして、

私は宗祖聖人の御法事を申すには、聖人の最も喜ばれることをするのがよいと思います。聖人の最もお好きなことは、沢山の人をお浄土へ送り届けることであります。これまでは、宗門では一万の僧侶、百万の門徒というて来たが、私は十方衆生というてある如来の本願にたより、二十億の人を念仏の道に引き入れ、浄土に往生せしめることが聖人の何よりお好きなことと思います。(中略)この尊い聖人の御教を今日まで全世界に弘めなかつた私達真宗教徒の怠慢をはぢ悲しみます(15)

と、素直に「聖人の最も喜ばれることをす」べきことを唱え、さらに、

宗門の現状をみると、教学は振わず、財政は紊乱し、宗門の内外から危機を言われております。私の宗門の現状に関する研究はまだ浅いが、財政紊乱のことなどは大した事ではないと思います。根本の信念が燃えたつてくるならば、赤字経済も憂うるに足りません。今日の情勢では僧侶も信徒も互に疑い、よつてたかつて宗門破滅の道にいそしんでいるように思われます。宗門の破滅は世界平和の光を失います。如来は人類の苦悩救済のために、宗門興隆復活の道を私達に授けて下さつたように感じます(16)。

と、広大無辺なる宗教的信念の信世界を訴えた。まことに、「赤字経済も憂うるに足りません」との人生に対する絶対的信頼、また「よつてたかつて宗門破滅の道にいそしんでいる」との正確な批判眼こそ、念仏者の証でなかろうか。したがって、

一も信心、二も信心、三も信心、どこ迄も信心為本の骨折によつて、すべてが解決されてゆくものと精進をして下さい(17)。

とは、決して暁烏の誇張ではなかった。一〇年後の親鸞聖人七百回御遠忌を目安に、宗門に親鸞の開顕された信心を蘇らせる。ここに、暁烏の衷心からの願いがあった。

暁烏内局は一年間の短命であったが、その業績には刮目に値するものが多い。たとえば、何と言っても「念仏総長」との呼称のとおり、念仏一つで蓮如上人四百五十回御遠忌の赤字を克服し、また宗門を一気に黒字に大転換したことは、その最たるものであろう。さらには「世界に拡げよ念仏の声」というスローガンの下、「宗門各位に告ぐ」を発表して宗門を活性化し、清沢の掲げた「世界的統一的文化」を継承して、宗門という垣根を超えた真宗仏教の世界を主張するなど、開放的であった。もちろん、これらの施策は、自らも言うように、一九六一（昭和三

六）年に迎える親鸞聖人七百回御遠忌円成を視野に入れてのものであったのである。

ところで、一九五一（昭和二六）年六月、暁烏は、「宗祖七百回大遠忌準備一年議会」と称された第四四回定期宗議会を迎え、そこで、九月に締結されるサンフランシスコ講和条約を念頭においた、次のような所信表明を行っている。まず、

近い中に日本も世界列国の仲間入りが出来ることはお互いに喜ばしい事であります。(18)

と言い、続けて次のように訴える。

我が宗門人が親鸞聖人のみ教へを仰ぎ、堅固な信念のもとに、一団の火の魂となつて躍り出ることによつてのみ、世界二十億の人の救済があると確信致します。このことを思うときに仏教興隆の機縁熟して、宗門繁栄の秋は将にこの時だと確信致します。（中略）日本の世相も、世界の情勢も、五濁悪世の様相を示してゐます。この一切衆生の苦悩を救ひ、平和と自由の楽地を与へるのは、我が宗門人の愉快なる責任だといはねばなりません。(19)

このように、仏教興隆によって濁世に迷う世界人類の救済を表明し、そのためには教学を明確にしなければならないとしている。そして、その教学とは、

宗門が生命とする教学といふのは、この願作仏心度衆生心の活動の他にあるのではありません。我が真宗の教学は、宗務所員や宗議会議員の自力の心で出来るものではありません。本願他力の御回向による安心帰命の活動にまつより他はありません。(20)

と、本願力回向の「願作仏心度衆生心の活動」であることを主張するのである。したがって、募財についても、教学振起の為に金が要る。併し教学を曇らす様な金はいらない。この点に於いては武士は食はねど高楊枝の気

概が必要であります。親鸞聖人が御往生になつて七百年に近い今日でも、「他力真宗の興行は即ち今師の知識より起り、専修正行の繁昌は亦遺弟の念力より成ず」と信ずる外はありません。宗門内の二万の僧侶、一千万の同行が、真剣に本願を信じ、如来大悲の御恩を思ふ様になつたら、その信心のほとばしるところ、身を捧げ財を捧げて大悲伝普化の活動が出来るのだと信じます。(21)

と、「信心のほとばしるところ」に募財の道の開かれることを訴えている。真宗再興が「金」ではなく「信心」であることを、ためらいもなく堂々と所信表明するところに、暁烏の真骨頂を見るのである。

したがって、暁烏の宗門観も明確であった。宗議会を終えた七月、つまり宗門の年度初めにおいて、暁烏は、「新年度の初頭に当つて」として、次のような所信を表明する。

先ず冒頭部に、

日本仏教の中心はどこにあるかと云ふと、我が宗門にあります。(22)

と訴え、

世の人は仏教が衰えていると言います。宗門の中における人でも、宗門が亡びに瀕していると云うている者もいます。併し、私はそうは思いません。三世に亘つて亡びることのないのが仏教であります。親鸞聖人も「正像末の三時には弥陀の本願ひろまれり」と喝破せられました。この信念が私の中に躍りでているのであります。(23)

と、真宗に対する揺るがぬ確信と信念を吐露している。そして、続けて、

現世に宗門が活動して教学の隆昌をはかる為には、財力を要することは申すまでもありません。宗門の教学の運用に要する財力は、宗門内の各自の信心より報謝の心をもって捧げるものの外によるものは何もありません。教学を隆昌にする為に、財力を要し、その財力を得る為に非教学的な手段を弄するならば、それによつて

為される教学は、無意味なものと申さねばなりません。従来教学を隆昌にする為に、非教学的な募財手段を用いたことがないでもありません。それが今日の宗門の病気であると信じます。だから、私どもは宗門をして、益々その本来の傾向にそうて隆昌にする為には、従来の勧財の心持を一転して、信心相続の上より、本廟相続法義相続の懇志を運ばしめるという根本精神によらなければなりません。

教学振起の為に金が要る。併し教学を曇らす様な金はいらない。（中略）宗門のすべての根本は念仏の道であり、信心の活動であります。だから　我々宗門の局に当る者は、先づ第一に念仏の大道に順じて着々と仏教興隆の道に踏み出しているのであります。宗門内の僧侶の皆様に於ては、殊更自分の職責に鑑みて、自信教人信の用意を怠らない様にして頂きたいと思います。教学の振起は、宗務所の教学部の事業の上に来るべきものではなくて、二万の僧侶の念仏の活動こそが大切であります。宗門教学の基礎は、宗門内の僧侶、ひいては同行全体の信心の燃え立つところにあります。財力はこの信心によつて捧げられるものでなくてはなりません。宗門人の活動は、念仏をすゝめること、勧財とが一枚でなくてはなりません。(24)

と述べて、最後に「恩徳讃」をもって、

僧侶も同行も、この御和讃を、毎日の生活の指針としてゆく事によつて、親鸞聖人の御教へが全世界に輝き出るのであります。(25)

と結んでいる。念仏に生きる暁烏の、意欲的な所信であった。

暁烏は、僧侶同行共なる「信心の燃えたつ」ことが唯一の要であり、財力はそのために捧げなければならない。そして、その財力は宗門内の各自の信心による報謝の心によるべきである。「非教学的な手段」で財力を得るところに「宗門の病気」があるのであり、「従来の勧財の心持を一転して信心相続の上より、本廟相続、法義相続の懇志を運ばしめるといふ根本精神によらなければな」らない、と主張するのである。どこまでも信心相続に立つことを訴える暁烏の念仏者としての真骨頂を、ここに見ることができよう。暁烏の一切の施策は、「信心」から発信されるものであったのである。

そのような「信心」から発せられる施策を見れば、先ず注目すべきは「御本書聞思会」である。法主や運枝、準連枝、それに総長や各局長に曾我量深も加わって『教行信証』を輪読しようというもので、「教学内局」の面目躍如たるものであった。[26]

また「晨朝内局法話」は、「教学を中心とする宗門改革の導火線をもつて任じてゐる」[27]と『中外日報』に報ぜられたが、まさに念仏総長ならではであった。さらに五月には「教学委員会」が開かれた。議題は、

（一）　宗祖聖人七百回大遠忌「御まちうけ」十ケ年計画にもとづく一派教学の方途とその具体策について

（二）　十ヶ年計画第一年度としての昭和二十六年教学計画について[28]

であった。「教学委員会」について、『中外日報』は次のように論評している。

出席者の曾我、金子、暁烏総長等超論客が最初に、その他ヒッシと並んだ会議で初ッ鼻から「教学」とは何ぞやから出発したが、要は教学の根本を明らかにせねばならぬ。けだし「教」は布教の「教」ではなく教法の「教」で、宗祖の教行信証の意味の「教」だ。その教を自ら信ずるのが学問である。一派の学はこゝに立つ。その教を人にも教へ信ぜしめる事が「教化」となる。先づ其の根本の真実教を頂くことが、一派「教学」としての根本方針であらねばならぬ。従つて「人」を作り「育てる」のが教学の対策である。[29]

このように教学と布教を明確に区別し、「教」を『教行信証』、「学」はそれを信ずること、そしてその「信」において「教化」し「人」を育成するとの見解は、清沢の教団改革運動の精神であった。そして、その「教化」の具

体策として、次の六項目が示された。

1　教学施設の強化

2　地方学事、教師養成

3　教化研究所の新設

4　伝導の徹底

5　相続講は絶対に教化活動の裏付けにまつ――相続講を一ヶ月十円程度にしては――

6　海外布教[30]

これらの施策を受けて、稲葉道意教学局長から七百回御遠忌を視野に入れた、「教学施設の整備教化[31]」、「人材の養成[32]」、「伝道の徹底[33]」、「念仏に基く社会事業の促進[34]」の四本柱からなる「一派教学の構想」が発表され、その「教学の構想」を受けて、九月に「教化研究所が新設」された[35]。

さらには、「相続講規定の根本的改正」が行われ、「信心相続の上に僧俗が上納する真の同朋教団とする。七十年の歴史は門徒が出す相続講金であった。改正は先ず第一に住職が講金を上納する。そして寺族、坊守、檀家総代・門信徒……と。かくて教団全部一人残らず新講員となって本廟護持の実を揚げる」ことが確認された[36]。相続講は元来「法義相続」、つまり法に対する信仰を自らが持ち続ける「信心相続」を内容とするものであったが、実際は法主を中心とする教団維持の募財方法としてしか機能していなかった。

また、「御遠忌御待請の大綱の検討と共に宗憲並びに宗務一般に関して一大調査機関を設置[37]」を目的とした「宗務調査会」が発足された。調査は、「第一部宗憲及機構、第二部教学、第三部財務・内務」の三部会に分かれて実施され、調査項目は「七百回大遠忌大綱の検討」「宗憲の一部改正」等であった[38]。

そして、六月八日から第四四回定期宗議会が開催された。暁烏はその冒頭で、前掲した所信表明を行ったが、以下は、その所信表明に対して行われた質疑に対する暁烏の答弁である。

私はかねぐ〵念仏によつて全世界二十億の人が救はれる。今まで救はれなかつた人類が東洋の文化によつて救われるということを思うと何か身の躍る様な感激を覚えます。我々全体はこの大目的に向つて心は一つになつているものと思う。（中略）目下財政の不如意という点がある。しかし五ヶ月間きいている中に心配無用と思う様になつた。この大宗派が三〇〇〇万円位の借金なんぞ何でもないと思う。その理由はといへば、明治以来の当局がこの大谷派を運営する一助として営利事業に手を出してきている。しかし営利事業にしても何にしてもとにかく本願寺は信徒の信心に立つのであつて、本願寺を中心とするこの大谷派の宗団は元に帰つて信徒の懇志ということを再考し、そこから出直すべきだと思う。現在一派の僧侶が念仏の心にうすい、信心がはつきりしない。僧侶がよればこの寺をどうすればよいかと言つている。それが信心がうすい証拠である。経済的にどうのこうのと云うよりも、如来様のお力によつてやつて行くべきだと思う。どうも僧侶の間に裏をかいたりするものが多い。（中略）御遠忌をめざして一派のす丶むのは汽車が進むのと同じである。先づレールが肝心である。（中略）先づ私共からと思ひ、毎朝御真影の前で私達の御諒解を述べている。坊主自身御説教をきくことが少ないのはいけない。私共は六時から足をふみ自信教人信の一歩をふみ出している。御文の拝読のときも、御連枝の人々も御堂衆も共に聴聞して下さる。台下も聖人の御教えを弟子に下つてという相談を受けたので、その後集まつて教行信証聴聞の会を作つたのである。そうしたことが各方面に浸入しており、そこから偉大な力が出てくると思う。御本書の翻訳も痛切に思つています。そしてそれを以て米国、ドイツ、イタリヤ等へ行く人材を見つけてほしい。(39)

御遠忌を目指しての「レール」とは、教学であろう。冒頭の「念仏によつて全世界二十億の人が救はれる」と唱え、また教団が門徒の信心に立っていることを訴える暁烏の、たとえば、『教行信証』の外国語への単なる翻訳ではなく、遥か世界人類を念仏で救おうという、世界に開かれた視点に注目したい。

そして、七月には、次のような法主の「宗祖聖人御遠忌待受御教書」が発表された。

思うに、真の自由と平和を獲得する道は、我他彼此の対立観念を泯亡し、無我大愛の心に生かしめらるゝより外に絶対にあり得ないと信ずるものである。この意味に於いて、我等は十方衆生を斉しく悲憐する如来の作願に生き、四海の内みな兄弟とし御同朋御同行とかしづいて　明るく且力強く生き抜き給いし、我が親鸞聖人の来現を勧請するの念切なるものがある。その勧請の心をもつて、七百回忌待受けに身心を挺する事は、我等聖人の教化を受け、浄土真宗の教団に属するもの、最高の義務と確信する次第である。而して遠大の希望を達成せんには、まず脚下を掘り下げる事を忘れてはならない。すなわち、まず第一に我等の一人一人が金剛不壊の信心を確立し、その信念の発動するところ、自ら物心両面に渉る強固なる教団、結成となり、かくて無明長夜の一大灯炬として、人類救済の使命を完遂することも期せらるゝであろう。(40)

この「宗祖聖人御遠忌待受御教書」を受けて、暁烏総長は、信仰回復の志願を具現化するために「御遠忌御待受態勢の第一歩」である「同朋生活運動」を発表した。その概要は次の通りである。

運動の趣旨は、相続講が「金とり一点張り」で教化を忘れたかたちがあるのを是正して、本来の法義相続の面目を発揮し、法義と本山護持の同朋生活運動を展開しようといふのであり、いはば教財一如の運動とするのである。運動の要領は全国寺院に毎月一回以上の門徒集会を実施し、同朋生活の実践を協り、そのためにパンフレット等あらゆる文書機関を総動員して専注する。末寺の門徒集会に対して教化の主題や、それ〴〵の運動目的に確実性を期するために、中央において中央講習会を先般新設された教研を主体として開催する。この講習会に招集されるものは、教務所、学場長、駐布、仏青主事、教区の中堅僧、坊守といった僧侶関係の外に、相続講員、門徒評議員、仏青会員、婦人会員といった在俗者が招集される。[41]

教団の全国的布教は、敗戦後に一時中止されたままの状態であったが、暁烏内局によって一〇年ぶりに復活され、[42]稲葉道意の「複演」[43]をもって発表された。暁烏自身、布教の意義については、次のように述べている。

この頃本山で同朋生活運動を鼓吹しています。「我信心はいかがあるらん、人の信心はいかがあるらん」とお流を汲んでいる僧俗は専心誠意信心を相続して三宝奉事の生活を心構える外に何もないのであります。[44]

このように同朋生活運動が「法義相続」の運動であり、また信心相続の運動であることを明らかにし、そして、布教と同時に本廟奉仕も頻繁に行われるようになった。当時の本山は、障子も破れ背丈以上の草が生えているような荒廃した状態であったが、暁烏が総長就任直後から京都六条界隈の人々が集い、「障子張り奉仕」を行った。[45]そして、その「障子張り奉仕」がきっかけに「本廟奉仕隊」[46]が誕生し、それを当時訓覇と共に新人議員であった五辻実誠が本廟奉仕団へと発展させた。一九六〇（昭和三五）年のことであった。布教と本廟奉仕を一体化し今日まで維持されている、念仏に立つ大切な施策である。

暁烏は自らが総長として実行する一切を、一〇年後の親鸞聖人七百回御遠忌への土台作りと見做し、念仏の興隆と教学の再興を実現するための施策を実行した。そのため、秋に厳修された報恩講は、本堂から溢れ返る人々が集い、「念仏の声がウォーウォーといふ様に湧き立って来ます。お上はこういう事はもう久しくなかった事だと言って大変お喜びで御座居ます」[47]と言うほどの隆盛を極めたものであった。

なお暁烏内局によって、「宗教法人法」の改正による『宗憲』の一部改正が行われたことにも注目しなければならない。主な改正点は、一九四六（昭和二一）年の『新宗憲』で「第百七条　門徒評議員会は、宗務総長の提出した予算案を審議し、決算を審査する」とあったものを、「第二〇条　門徒評議員会は、宗議会に先立つて、宗憲及びこの規則中の財務及び条例並びに予算を議決し、決算を審査する」とした点である。条例の制定は宗議会の決議を必要とし、宗議会が可決すれば条例となるが、財務については門徒評議員会の議決が必要とすると改められた。門徒評議員会が、従来の審議機関から議決機関へと強化されたのである。

このように意欲的に教団の再興に取り組んだ暁烏であったが、翌年一月一二日、突如、第四五回臨時宗議会において、末広ら〝宗政通〟によって、辞表の提出を余儀なくされたのである。すなわち、宗議会で、暁烏に対する「感謝決議」が強行され、暁烏の辞表が受理されたのである。暁烏は総長演説で、

一年間見て下さいまして時勢の変遷につれて皆様の期待に沿う自信もなく、殊に新年迄はそうとも思いませんでしたが、新年を迎えてから早急に何か第六感の働きがありまして俄かに辞職すると云うことになりました。が然し私が勝手にやつたのではありません。(48)

と述べている。「第六感」の内容については、秘書の野本永久の記す次の上局会議の模様から推測できる。

曰く。長年の大借財の返済に加へて、本年は黒字財政となり、本願寺も戦後からの向きがこの一年間にすつかり転換させられた。そして内外に、念仏の声も起つて来た。本願寺の立て替りは地方の信用となつた。その現はれとして昨年の報恩講にはあの大群参となつた。宗門政治の中に、政治家ならざる人を総長に借りて来てこゝまで立て直しをしてもらつた。老総長に疵をつけてはいけない、何時引退してもらふべきかと、私達はその時期を非常に心配した。時期は丁度今、この美名の所をもつて、まどらかにお返し致し度い。不自由且つ老齢の総長をこの上わづらはす事は潔しとしない事だ。これからの難局は宗門政治の玄人が又やつて行くべきで

ある。[49]

暁烏には、二年目も総長職を果たそうとする意欲はあった。しかし、〝宗政通〟による、老齢の総長を「疵をつけてはいけない」「この上わづらはす事は潔しとしない」との案じが、事実上の引退勧奨であったのである。

暁烏は、その〝宗政通〟に対して、

政治の玄人といふその玄人が、今日の宗門をあやまりましたよ。うちに信心なく、あの手この手と手ばかり計らうてね。[50]

と、宗政の「あやまり」を信心の欠如にあることを指摘している。辞職願は目の不自由な暁烏に代って文書部長金倉儀一（後の参務）が書いたが、上の暁烏の感想はその時のものである。〝宗政通〟、つまり「政治の玄人」が宗門をあやまらせた、とは、宗門が娑婆において存続する根幹を言い当てた言葉ではなかろうか。すなわち、宗門は信心によってのみ存続する。実際、暁烏は信一つで宗門を再建した、その暁烏ならではの率直な感想であった。辞表の提出日は一四日であったが、暁烏は一月一二日に提出してしまった。

「辞表は今日直ちに出すやうにして下さい。止めると決めて人に接する事は、人を欺いてゐるやうで、すつきりしない」と。即ち総長室の外の戸を締めて、金倉参務、総長の辞表を代書す。野本秘書写しを取つて置く。先生問。「何と書いてある」「盲目老躯その職に堪へず云々」先生「今更でもない」と。[51]

この一連の動きについて、五辻は次のように回顧している。

上野さんとか稲葉さんとかが参務としていたのですが、人がいいものですから、末広にだまされてしまった。そのうえ金倉儀一（中略）という宗務官僚と末広が結託して、「判を押してください」と、書類を持ってきた。暁烏さんは目が見えないものですから、何のことやわからずに判を押してしまったのです。暁烏さんは本当はまだ宗務総長をやるつもりでしたが、それが辞表の判だったのです。だまし討ちです。[52]いわゆる「だまし討ち」によって、暁烏は辞職に追い込まれたのであった。暁烏は、宗務所員（宗務役員）を白書院に集めて、次のような謝辞を述べている。

この宗門は、他人事でも、預り物でもありません。私は、この度、止めると決めたが、よくなれと願ふ心の許に、後はどうなるのだらう、と一寸小暗い気持になりました。そしたら、わしの秘書が言ひました。「先生、お御堂に御開山様が、どつかと坐つていらつしやいますよ」と。わしはこの言葉を聞いてすかつとしました。お互に足許を大事にして下さい。さやうなら。一年間よう盲人のせわをして下さいました。ありがたう。[53]

なお、暁烏が蓮如上人四百五十回御遠忌の赤字を克服した背景の歴史的事実として、当時の日本が、朝鮮戦争による特需景気を機に、経済が次第に上向きになる途上にあったことも、確認しなければならない。[54]

いずれにしても、暁烏の志願は、親鸞聖人七百回御遠忌に向けての「真宗再興」であり、そのためには、教団は何としても信の回復を成し遂げなければならなかった。暁烏内局は一年しか続かなかった。だが、その果たした歴史的使命、つまり教団再興が清沢の伝統を受けての念仏にあることの実証は、大きかった。

第二項　末広内局から宮谷内局へ

暁烏内局の後、末広愛邦が総長に就いた。満場一致の推挙であった。末広内局は一九五六（昭和三一）年二月まで続いたが、最後は親鸞聖人七百回御遠忌の予算が宗会を通過せず、止むを得ず辞職した。

すでに述べたが、一九四九（昭和二四）年の蓮如上人四百五十回御遠忌で、朧内局は大赤字を抱えて倒れ、ついで藤津、浅平と内局を組織したが、いずれも赤字を解消できず短命であった。そして、その後を受けた暁烏は、『中外日報』が「末代の不思議」と題して、相続講金の締め切り日である一二月三一日に、一三〇〇万円の予想を遥かに超えて、二五〇〇万円集まったとしている。それは、

本山に残った「有名な赤字」が地方教区の廻付金といふ特殊なものをのぞいては一文もなくなつて（千万円程）、あとに現金が千五百万円程積み上げられ、係員の内務や財務の人々をして文字通り呆然たらしめた。(55)

とあるように、予想外の出来事であった。さらに、念仏による宗政を実践したのであったが、宗政的に無防備な〝素人総長〟であったため、政争の駆け引きに翻弄されて辞職せざるを得なかった。

末広内局は独自の施策を打ち出せず、基本的に暁烏を継承するしかなかった。そして、親鸞聖人七百回御遠忌の御遠忌特別予算を、当時の二十億円という厖大な特別予算を組み、現在の同朋会館の場所に千人収容のホテルの建設を計画した。言うまでもなくホテル事業は、およそ教学とは無縁である。そこで、一九五五（昭和三〇）年六月九日、御遠忌特別予算案を審議する第五二回定期宗議会で、訓覇らは、そのような記念事業に走る御遠忌特別予算に徹底的に反対した。

以下、その第五二回定期宗議会の模様を確認しておく。

先ず末広が御遠忌特別会計予算設置の内容について、（1）本廟奉仕会館の建設、（2）共済機関の設置、（3）「御本書」コロタイプ版出版、（4）大谷大学設備充実、を挙げているが、それに対して真人社系議員の調円理は、そのような御遠忌予算の実行は、宗門崩壊の第一歩であり、記念事業のイデオロギーは資本主義的唯物史観であって、御遠忌に向けては「教化伝道の戦士」を育成する必要性を強く主張している。また、佐々木近衛議員は奉仕会館建設の優先を非難、箕輪英章議員も記念事業費が御待受のほとんどを占める、教学軽視の施策を非難している。

これに対して、末広は、記念事業も教団本来の教化伝道を目的とした方法であると説明するが、真人社出身の訓覇は、御遠忌審議委員の人選について、宗議会議員中の一部の議員を除外したことを激しく攻めたてた。加えて上野馨議員は、御遠忌予算の記念事業の内容の更なる公開や募財の方法や御遠忌の理想を訴え、清水洪議員は宗門の封建性を弾じた。このような攻防の末、ついに改革的な宗議会は、全門末挙げての不惜身命の宗門復興への熱誠を訴えることで、御遠忌特別会計予算案を不十分であるとの「声明」を発したのである。それに対して当局は、「御遠忌という重大な案件ゆえに、相成るべくは全会一致の御賛成を得たく、本日一応原案を撤回することに致しました」として、ついに予算案を撤回せざるを得ず[56]、ここに御遠忌特別会計予算案は、不成立となった。

末広は次第に苦境に立たされた。追い込んだのは、真人社出身の議員たちであり、そのリーダーが訓覇や竹田らであった。歴史を顧みれば、このような新旧の対立は、明治時代に白川党の教団改革運動における清沢満之と渥美契縁の対立に端を発するものであろう。それが六〇年を経過して再び、清沢の精神主義を継承する訓覇ら真人社と、渥美の流れをくむ末広によって再燃したのである。このような近代教学と伝統教学の明確な対立は、清沢満之の出現を得た近代大谷派教団ならではのものであり、したがって、近代大谷派教団は、絶えず信仰の本来性に回帰する健全な歴史を形成してきたと思われる。

思えば真人社は、一九四八（昭和二三）年に発足し、以来一貫して清沢の精神を継承する信仰運動を展開した。真人社発足当初、七〇人の会員のほとんどが大谷派僧侶であったが、その主張する思想が教団を超越したものであったため、次第に教団を超えて、門徒の他に、西本願寺の僧侶や金光教の信者、また大学教授等が加わり、二〇〇〇人という会員を有する組織となった。真人社は真宗界を超えて広く社会に知られたのである。

真人社のスタンスは、宗政と一線を画すところにあった。しかし、真人社の掲げる理念が具現化しなければ、真人社そのものが空理空論で終わってしまう。したがって、真人社は、親鸞思想による「一人」の宗教的信念の確立をもって真宗の再興を念じ、そして、その「一人」の自覚を支える器である教団の改革を求めたのは、当然であった。教団の改革は、「僧伽」の具現化である。さらには、精神主義、つまり浩々洞魂、法蔵魂の復活である。ここに宗門人であり、同時に「真人」となることを志願する訓覇の、宗議会議員としての活動の源泉があった。訓覇ら真人社系議員は、末広内局の計画する記念事業一本やりの御遠忌計画に、教学的支柱を立てようとしたのである。

御遠忌予算の不成立で混迷深める末広内局は、二月八日、第五三回臨時宗議会を召集した。そして「逆縁を順縁とするため一日も速かに宗門百年の大計を立てる立派な御遠忌予算案を作ることが何よりと存じ」と演説し、「教学の振興を第一」を訴え、そしてそのための人材の養成、教材の整備、施設の充実を提唱した。その具体的な方法としては、「住職・教師・門徒の再研修をはかり、又出来るならば教育財団を持ち一派の人材を宗費をもつて養成したい」というもので、会期を二日間延期しての激論の末、二月一二日深夜、予算案は全会一致で承認、そしてその直後に末広は登壇して辞職を表明したのである。辞職の理由は「御待受の強力なる促進のために人心を一新すべく」というものであった。[57] ここに一九五六（昭和三一）年二月一四日、宮谷法含が総長に就任したのである。

註

（1）「就任に際して」『真宗』一九五〇（昭和二五）年七・八月、一頁
（2）「第四十二回臨時宗議会」『真宗』一九五〇（昭和二五）年一〇月、二頁
（3）『真宗』一九五〇（昭和二五）年一二月、四頁
（4）『暁烏敏伝』七〇二頁、大和書房
（5）「宗務総長」『暁烏敏全集』二五巻、二〇七頁、涼風学舎

(6)「宗務総長」『暁烏敏全集』二五巻、二〇八頁、涼風学舎
(7)「宗務総長」『暁烏敏全集』二五巻、二〇九頁、涼風学舎
(8)「宗務総長」『暁烏敏全集』二五巻、二〇九頁、涼風学舎
(9)「宗務総長」『暁烏敏全集』二五巻、二〇九頁、涼風学舎
(10)「宗務総長」『暁烏敏全集』二五巻、二一九頁、涼風学舎
(11)『中外日報』一九五一(昭和二六)年二月六日
(12)『中外日報』一九五一(昭和二六)年二月一〇日
(13)「宗務総長」『暁烏敏全集』二五巻、二二四頁、涼風学舎
(14)「宗務総長」『暁烏敏全集』二五巻、二二六頁、涼風学舎
(15)「宗門各位に告ぐ」『真宗』一九五一(昭和二六)年三月、八頁
(16)「宗門各位に告ぐ」『真宗』一九五一(昭和二六)年三月、九頁
(17)「宗門各位に告ぐ」『真宗』一九五一(昭和二六)年三月、九頁
(18)「宗務総長」『暁烏敏全集』二五巻、二五四頁、涼風学舎
(19)「宗務総長」『暁烏敏全集』二五巻、二五四〜二五五頁、涼風学舎
(20)「宗務総長」『暁烏敏全集』二五巻、二五五頁、涼風学舎
(21)「宗務総長」『暁烏敏全集』二五巻、二五五頁、涼風学舎
(22)「新年度の初頭に当つて」『真宗』一九五一(昭和二六)年七月、一頁
(23)「新年度の初頭に当つて」『真宗』一九五一(昭和二六)年七月、一頁
(24)「新年度の初頭に当つて」『真宗』一九五一(昭和二六)年七月、一頁
(25)「新年度の初頭に当つて」『真宗』一九五一(昭和二六)年七月、一頁
(26)『御本書聞思会規約』は三月に制定された。その第一項に「本会の目的は法主がその責務の重大なるを自覚し、宗祖七百回忌のお待受の為、自ら弟子位に下り一門の人々と宗務を補佐の重役と手をつないで、宗祖聖人の御教へを聞思する為の目的をもつて開かる」とある。(『暁烏敏全集』二五巻、二三三頁、涼風学舎)
(27)『中外日報』一九五一(昭和二六)年二月一三日
(28)「宗務総長」『暁烏敏全集』二五巻、二三九頁、涼風学舎

(29)「宗務総長」『暁烏敏全集』二五巻、二三九〜二四〇頁、涼風学舎

(30)『暁烏敏伝』七二六〜七二七頁、大和書房。なお、『中外日報』には、次のように報じられている。《一》教学施設の強化、地方学事、教師養成等に力をつくせ。教化研究所の新設置など内局の更迭に無関係で継続せよ。といった具体策と、更に《二》人材養成の面の話では《三》伝道の徹底のことで論ぜられ、相続講を会費制度にし一ヶ月十円程度にし、かつこの相続講は教化運動の裏付けを絶対に必要とする。

(31)東西本願寺で共同経営の学校、あるいは各宗派の学校を総合統一して一大仏教大学構想などが盛り込まれた。(『真宗』一九五一《昭和二六》年四月、二頁)

(32)人材育成のための修練を実行し、不明朗な因縁情実金銭等で教師を補任することを防止する「暁烏ライン」を守るというもの。(『真宗』一九五一《昭和二六》年四月、二頁)

(33)布教使総決起と仏教青年会やボーイスカウト運動の組織統合、また真宗会館の建設。(「念仏に基く社会事業の促進」『真宗』一九五一《昭和二六》年四月、三頁)

(34)保育事業の育成統一と刑務教誨従事者の育成。(「念仏に基く社会事業の促進」『真宗』　九五一《昭和二六》年四月、三頁)

(35)教化研究所の調査主題は次の通りである。「イ今秋から展開する同朋生活運動の企画と実動＝中央講習会、ロ大谷派開教史編纂、ハ聖典の翻訳＝先ず日本語から、ニ教化目標教化教材作製、ホ専修学院の充実、ヘ修練＝教師、住職、寺族、青少年対象、ト伝道講究院の事、チ文書伝道、リ青少年教化」(『暁烏敏伝』七五九頁、大和書房)

(36)『暁烏敏伝』七五八頁、大和書房

(37)『真宗』一九五一(昭和二六)年五月、四頁

(38)『暁烏敏伝』七二五頁、大和書房

(39)「第四十四回宗議会議事録」一九五一(昭和二六)年六月、一五〜一七頁

(40)『真宗』一九五一(昭和二六)年八月、一頁

(41)『暁烏敏全集』二五巻、二五八頁、涼風学舎

(42)『暁烏敏伝』七五九頁、大和書房

(43)『真宗』一九五一(昭和二六)年八月、一頁

(44)「報恩講を前にして」『真宗』一九五一(昭和二六)年一一月、一頁

(45)『暁烏敏伝』七一七頁、大和書房、参照

(46)『暁烏敏伝』によれば、

・全国各地の教務所が之を世話する。

・三十名単位の団体を組織して自治的に上洛する。

・本山側では、参拝部と厚生部が担当者となって受入れる。

・団員は一週間を原則として宗教的行事のもとに団体生活をする。行事は、勤行、清掃、総長其の他の講話。座談。

・宿舎は和敬堂か婦人会館。

・法主や上局と一緒に写真を写す。

と記されている。(『暁烏敏伝』七二七頁、大和書房)

(47)『暁烏敏伝』七七六頁、大和書房

(48)『真宗』一九五二(昭和二七)年二月、二頁

(49)「雲にのりて去る」「秘書日記」『暁烏敏全集』二五巻、二九〇頁、涼風学舎

(50)「雲にのりて去る」「秘書日記」『暁烏敏全集』二五巻、二九一頁、涼風学舎

(51)「雲にのりて去る」「秘書日記」『暁烏敏全集』二五巻、二九一頁、涼風学舎

(52)『訓覇信雄論集』三巻、一一三頁、法藏館

(53)「雲にのりて去る」「秘書日記」『暁烏敏全集』二五巻、二九三頁、涼風学舎

(54)たとえば、中村隆英著『昭和経済史』(岩波現代文庫)によれば、「昭和二五(一九五〇)年の六月に朝鮮戦争が勃発する。冷戦で緊張してきたアジアの一角に、とうとう火が吹いたのです。経済の面からみると、一九四九年以来の世界経済はむしろ不景気で沈滞していたが、この戦争とともに、戦略物資の買い漁りがはじまり、世界的に物価が上がりはじめた」(二二四頁)と述べ、そして、「アメリカ軍が日本から出動するために、多くの物資を準備しなければならないが、それを日本で買い付けることになった。この買い付けは、占領のための費用ではないから、日本が出している終戦処理費ではなくて、アメリカの軍事予算を用いて、ドルで払われることになった。これが特需といわれるものです」と「特需収入」が日本を潤したことを明かしている。たとえば、輸出総額で見れば、昭和二四年が五億ドルであったものが昭和二五年には一気に八億ドル、昭和二六年には一三億ドルに増えている。そし

て、「戦後の民主化とそのあとの復興過程はまことに波瀾に富んでいた。その歩みはジグザグで、逆コースとか、再軍備の話も公然化した。しかし一つだけいえることは、日本経済全体として、強烈な民主化政策によって、貧しかった社会層の地位が改善されたことです。労働者や農民の収入が増加した」（『昭和経済史』二一八頁、岩波現代文庫）として、真宗を支える地盤とも言うべき農村の収入増加を指摘している。

(55)「末代の不思議」『中外日報』一九五二（昭和二七）年一月一〇日

(56)『真宗』一九五五（昭和三〇）年七月、七頁

(57)『真宗』一九五六（昭和三一）年三月、七頁

第五章　戦後革新運動のあらたな展開――真人社を中心として――

第一節　真人社の発足

第一項　『真人』創刊

一　「宣言」

今や新しい日本が誕生しようとしている。思想の混迷が、その誕生を頑強にこばもうとしている。正しい思想の確立が、日本を、世界を憂慮する人々から切望されている。その焦点に、一切に先行するものとして、一切の根底たるべきものとして、宗教の真実性が厳粛に要請されているのである。

この歴史的要請に応えうるものは、今日に於て、まさしく親鸞によつて開顕された真宗仏教であることを確信する。われ〳〵はこの混乱の現実にあつて、本願を自己に行信し、その世界性と社会性とを再確認することによつて、あたらしい日本の誕生に、あやまりなき一道を開拓しなければならない。

真宗仏教の本姿を見失い、因習と堕気の中に安慰な逃避を求める限り、かゝる課題を解きうるものでないことはゆうまでもなく、民衆の同朋教団たる真生命を歪曲する形骸の衣をいさぎよくぬぎすてぬ限り、自滅の道を辿ることは歴史の必然である。われ〳〵はいまこそ痛烈な自己批判に立つて、真実の行信を自他に開顕すべく、ひたすらに奮起することが刻下の急務である。

こゝに真人社を設立して、ひろく同朋同行のよしみを結び、今日に生きるわれ〳〵の使命を悔いなく果したいと志願してやまない。(1)

これは、『真人』創刊号（一九四八《昭和二三》年五月）に掲載された、真人社誕生の「宣言」である。今、冒頭の「一切に先行するものとして、一切の根底たるべきものとして、宗教の真実性が厳粛に要請されている」という言葉に注目しなければならないように思われる。当時の思想混迷の状況が、戦後六〇余年を経た今日においてもなお、確たる方向性を見出せぬまま、我々の前途を覆っているからである。

すなわち、時代社会の要請に応えるために、本願を自己に明らかにすることは、今日においても必須の課題であるに違いない。そのためには、何としても、生命力ある真宗仏教を蘇らせ、教団の本来性である「民衆の同朋教団たる真生命」を回復しなければならないのである。

思えば親鸞は、出離生死という苦悩の魂を懐いて、比叡山で仏道修得に励んだ。しかし、その苦悩の魂は、ついに救われず、やがて比叡山を下りて法然の吉水教団に身を寄せ、ここに親鸞は、自分自身に与えられた課題が明らかになった。すなわち、末法濁世において、如来の本願を自己に行信することで、生涯かけて「民衆の同朋教団たる真生命」を明らかにするという、「あやまりなき一道」に立たなければならなかったのである。実に、「本題を自己に行信」すること、これこそが親鸞の生涯に一貫する志願であり、また今日の我々に相通ずる課題であろう。

顧みれば、明治期の清沢満之は、「因習と堕気」に沈む教団を目の当たりにして、「あやまりなき一道」を掲げて白川党を結成し、教団改革運動を断行した。そして一九〇〇（明治三三）年に「本願を自己に行信」するために「浩々洞」を創設し、精神主義を発表した。また、曾我量深や金子大榮は、清沢の言うような「因習と堕気」に埋没する大谷大学を追われたが、一九三〇（昭和五）年には彼らの「あやまりなき一道」への志願は、若き学徒による「興法学園」の誕生を促した。さらに戦後においては、その志願を継承して、真人社の発足を見るのである。実に、「浩々洞」や「興法学園」、そして「真人社」は、まさに「あやまりなき一道」を明らかにする一点に立脚していたのである。

さて、一九四七（昭和二二）年一二月九日、訓覇信雄は真人社結成のための相談会を開催した。そこで結社名を「真宗人社」と仮称することとし、岡山正、高原覚正、竹田淳照、瀧澤静希、柘植闡英、仲野良俊、菊地祐恭、岸融証の八名による世話人会を結成した。一九日には、第一回世話人会を開き、趣意書及び会則案を作成、二四日に曾我の指示を仰いだ。曾我は、真人社の願いが、「真個の人の確立」[2]、つまり、一宗一派にとらわれない「独尊子」の誕生であることを踏まえて、「真宗人」から「宗」の一字を取って「真人」とし、結社名を「真人社」とすることを告げた。ここに、一九四八（昭和二三）年一月二五日、京都六条道に「真人社結成準備会々場」なる一枚の表札が立ち、真人社は発足したのである。曾我は、そのような真人社への熱き思いを、「この人を見よ」なる一文に込めて、『真人』創刊号に発表した。

現今幾分でも世界的意義を持つてゐる日本の仏教において、親鸞の絶対他力の教がその根幹を示してゐると思はれる。その親鸞の教をひろめる根本道場は一体何処に在るのであらうか、誠に淋しい感じがするのである。実際今の敗戦日本の思想界は全く混乱状態である。五濁の時無仏の世といはざるを得ぬ。かくては自分等の力が弱いことを深く痛感するが、そんな自分の力など顧みるといふ様な悠長な余裕はない。我々は身を投じて立たねばならない。自力の力など考慮して居れぬ。傍観して居る訳に行かぬ。時代の濁流の中に身命を投じて結果の云何を考へてゐる時ではない[3]。

「この人を見よ」の「この人」とは、親鸞のことであろう。敗戦が直面する時代的課題を真正面から担うために、「親鸞の教をひろめる根本道場」を確立することを訴えているが、その「根本道場」とは、真人社であろう。曾我は真人社に、戦後復興を託して、また世界を視野に入れた大きな願いを寄せていたのである。

さらに曾我は、『歎異抄』に説かれる「弥陀の五劫思惟の願をよくよく案ずれば、ひとえに親鸞一人がためなりけり。さればそくばくの業をもちける身にてありけるを、たすけんとおぼしめしたちける本願のかたじけなさよ」（『歎異抄』）を、親鸞の「現実の肉体を通して生きてゐる言葉」として受け取り、次のように述べている。

こんな言葉は親鸞がかゝれたもの丶中に見る事が出来ない。かゝるつゝましくして調子の高い言葉は「教行信証」にも「御消息」の中にも何処にもない、単なる空虚の言葉でなく、歴史的表現である。肉体の生きた言葉である。誠に「この人を見よ」とでもいひ度い所である。真実に仏の本願を身に行証し自分の一身を投げ出して本願に死して本願に生きた、本願を死なして本願を活かしたのは「この人」であると疑ふ事は出来ぬ。こんな事のいへる人は昔から居ないのである。(4)

「親鸞一人がためなりけり」と述懐する『歎異抄』の親鸞に、曾我は直に聴聞している。常に信に死し願に生きる「この人」こそ親鸞であった。すなわち、

弥陀が五劫思惟の願を起された時、仏と自分とは約束をした、仏の本願は勝手に起されたのではなく、此の自己との御約束である。その約束を実行するため、今親鸞として生れて来たのである。そこに聖人が自ら如来の前に親鸞を名乗られた。(5)

と、五劫思惟の本願が、時機相応の「一人」として親鸞を生んだ、としている。その親鸞に聞思する曾我は、『歎異抄』の「親鸞一人がためなりけり」について、

聖人のあの言葉に誰人か感激しないものはない。自分でもいへるといふ言葉には感激しない。自分ではいへぬ、親鸞なればこその言葉であるが、自分を超へていつて下されたといふ所で世界中の誰もが共感同証せずには居れない。信心の同一の問題は始めから考へる訳には行かぬがあんな言葉を聞いて共感同証せざるを得ぬ所に信心同一といふ事が成り立つのではなからうか。すべて親鸞といふ人の実践を通して真宗教学の領解が可能になる、単なる理論や研究は末の末であらう。結局親鸞といふ人を通して仏の四十八願も法蔵菩薩も領解出来るのである。(6)

と、親鸞に感応を覚えずにおれない言葉であったことを明かしている。実に「この人」とは、五劫思惟の本願に死し、一人の信に生きた親鸞であったのであり、曾我はその親鸞に共感同証して、今、真人社を激励しているのである。感応こそ、真宗教学の基礎であったのである。

真宗教学は、必ず我が身に生きてはたらくものである。したがって、我が身に感応を呼び起こさなければ、その学は末学と言える。理論や研究は、不毛な状況に陥る危険性を孕むのである。真宗教学は、十方衆生と感応する親鸞の信世界自証の学と言うべきであろう。親鸞と共に生きる、ここに真人社の志願があった。

二　帰去来魔郷止まるべからず―暁烏敏

一九四六（昭和二一）年一一月三日、民主国家として再出発するための基本精神である『日本国憲法』が公布、翌年五月三日に施行された。その『憲法』第二五条に、人間の権利として「すべて国民は、健康で文化的な最低限度の生活を営む権利を有する」と「生存権」が謳われたが、暁烏敏はそのような戦後日本の民主化の動きを目の当たりにして、『真人』創刊号に七一歳の円熟した信念を込めて、次のような「一大事の後生」を発表した。

母が病気をしている時、或人が鯉の生血を飲むとい丶といつたので母に鯉の生血をあげるために私は鯉の頭を切つてその血を母に飲んでもろうたことがある。母の病気を直したいためにやつたことではあるが、ぴち〱はねている鯉の頭を切る場合はい丶気がしなかつた。今でもその姿が見えて気持がわるい。小の虫を殺して大の虫を生かすという言葉があるがその大小は自分の標準であつて一般的なものではないでなかろうか。母の命をたすけるために鯉の命をうばうことは小の虫を殺して大の虫を生かすことにもなろう。しかしこれは簡単に道徳的に是認出来ない。(7)

暁烏の矛盾を孕む人生や、にっちもさっちも行かない現実に、迷妄する業的存在である人間の本質を、透徹した眼で見透かし、そして、

こんなことを考えてくると対立的な人生には安住の地が見出されない。帰去来魔郷止まるべからずの嘆声を発しないで生きておられないのが人生ではあるまいか。善を求めて善を得ず悪をしりぞけて悪から離れられない人生に安住することの出来ないのが当然である。考えないで暮しておればともかく考えてみると人生を正当な権利として考えることが出来ないのである。人間には生存権もない生存の義務もない。権利や義務で生きているのではない。た丶生かされているばかりである。私共は人生を肯定して生きるのでもなく否定して生きるのでもない。人生の肯定と否定との彼岸を希求するところに人生の解脱の道が開かれている。これを後生の一大事といい、出離生死の大道といわれているのである。(8)

と続けている。たとえ『憲法』で「生存権」が保障されたとしても、人生を厳密に考察すれば、「小の虫を殺して大の虫を生かす」という矛盾を免れ得ないのが我々の実際であり、善導が「帰去来魔郷止まるべからず」と言わざるを得なかったように、宿業人生において浄土を念ずることだけが我々に許されている。それは、『憲法』に保障

する生存権を超えた、如来回向の厳粛な人生である。身動き一つ取れぬ絶体絶命の人生において、「たゞ生かされているばかり」という実感を味わうことができるのである。すなわち、真宗仏教とは、「人生の肯定と否定との彼岸を希求するところに」、つまり『憲法』で保障された権利や義務を超えたところに、「あやまりなき一道」を明らかにするものであった。そして、その一道を歩むことが、「人生の肯定と否定との彼岸」にある「後生の一大事」であったのである。

敗戦後の復興に向けて民主化を急ぐ日本社会にあって、宿業を免れ得ない罪悪深重の人間存在の本質を見抜く暁烏の視座は、復興に積極的たらんとする真人社に対する、足元を照顧せよとの警鐘であったように思われる。真人社は、歴史的要請に応えるために、「混迷の中に如来の誓願をきゝ、濁乱の世に仏国土の成就を願つて、真人社は、広く同侶と共に正しい信仰生活の確立に、一生を尽して進ませて頂きたいと念ずるもののあつまりであります(9)」と意欲的に宣言したが、暁烏はその意欲的な真人社の立脚地を、「帰去来魔郷止まるべからずの嘆声を発」せざるを得ないところと見定めた上で、願生浄土が真人社の本質であることを訴えたのである。

三　光明中の一人―松原祐善

真人社は、訓覇によって始められたが、その訓覇の法友である松原祐善も、真人社において「一道」を開顕するために身魂を投じた一人であった。その松原の志願を、創刊号に発表された「真人を語る」に尋ねよう。

もう日本には戦争の幕は下りたのである。我々は戦争を通じて幾多無量の尊き人命を捨て、その恐るべき罪悪と悲惨痛苦をよく〲思ひ知らされました。我々は永久に戦争の放棄を世界の人々に約束して決然とこゝに起ち上つたのです。いまや新しくこの国には人間解放の時節がつげられています。既に血の滲んだ焦十、その廃虚のなかにも緑の草は萌えいで太陽は光を増し、天地はその荘厳を新しくしてまいりました。まことに天地は生きています。然るにその間にあつて人間のみひとり逆謗の死骸として、又しても闘争をこと丶し、孤立独善の暗黒の牢獄に閉ぢ込められようといふのです。そこに人間の傲慢と懈怠があります。いまや我々はその長き無明の悪夢より醒めて、古き衣を捨て天地と共に久遠の生命を呼吸し、穢土のにごりをうつくしく拭つて、浄土の光を身一ぱいに浴びませう。こ丶に人間の魂の自由への解放、真に自在人としての新しき生活の真理に遇ふことが出来ます。(10)

松原に見られるこの溌剌さこそ、当時の真人社に漲る空気であったと思われる。二人の弟の戦死という厳粛な事実を懐いて敗戦を迎えた松原は、「浄土の光」、つまり宗教的生命を全身に浴び、そして、戦争の罪悪と悲惨を心から慚愧しつつ、活き活きと立ち上がろうとしている。実に、浄土は、人間再生の大地であった。また、戦争の全責任を荷負する大地でもあったのである。すなわち、

浄土の光を身に浴びて、はじめて我々は自由に無碍に現実の只中に起ち、大悲威力の主として真に歴史を荷負することが出来るのであります。(11)

と訴え、さらに次のように述べている。

永遠の浄土の光をこの世に映すと申しますか、かの彼岸の世界に円満成就せる二十九種の荘厳をさながらに、この世の秩序として、こ丶に同一念仏の仏国土を建立せんこそ、四海のうち皆兄弟てふ真宗同朋教団の本来の面目であり、その生命とするところでありますまいか。かくて真宗仏教の本来の面目に還るべく、仏教をひろく大衆に開放し、同一念仏無別道の教団社会を建設すべく、こ丶に新しく真人社運動の展開となつたのであります。而してあくまでも純一なる信仰の運動として、まさしく終戦後の五濁無仏のこの思想混迷の只中に、只

管人間の自由と光への解放を冀つてのものに外ならないのであります。いまや我々は漸くにして真人といふ最も具体的な生ける人格的真理の覚醒を外にして、人間の自由への解放、やがては社会も個人もないことに気附きました。(12)

真人社の運動は信仰運動である。それは、「宣言」に謳われた「民衆の同朋教団たる真生命」の復活運動であり、浄土の功徳の一つ「眷属功徳」による「同一念仏無別道の教団社会を建設」する運動である。すなわち、「真人」とは、敗戦後の混迷する社会に「僧伽」を建立する象徴的〝人格〟であった。

したがって、松原は、「真人」について、

こゝに真人といはれる。承ればそのはじめ真宗人と呼称されしとかきくのであるが、宗の一字を略していま真人といはれる。もとより法と人は不二であるが、いまは法を奪つて端的に人といふ、この人といふ最も具体的な生きた生活真理こそ、現下の光なき思想混迷の只中にありて、最も切実なる我々の要望であり、時代を照らす唯一の光ではあるまいか。一人が一人の本来の面目にたちかへり、人の人たる本分をあますなく発揮することを外に人間の自由への解放はあり得ない。この自在人所謂乾坤一人であります。この一人の発見なくして何処に生活あり、社会あり、世界ありといへませう。永遠の生命はこの一人の面接を外にしてないことであります。やゝともすれば宗教の問題を単に心の問題とし、意志とか感情と理性とかに限らんとするやうであるが、実は人間の全存在、心も身体も挙げての変革であり、まさに生死の課題は身心を挙して決断、応答さるべき生きた人格的真理であります。この真理をいま真人といふのである。(13)

と述べている。まことに、「真人」とは、「真宗人」から法を意味する「宗」を取り去った「愚」なる人格であり、また、「最も具体的な生きた生活真理」に生きる生活者の謂であった。そして、社会や世界と接点を持つ「一人」

であり、その「一人」こそ、永遠の生命を体解するのである。このように論ずる松原は、続けて次のように告白する。

されどこの一人〔真人〕に心引かるる私であるが、現実凡愚の私には如何んともすることが出来ない。すなはちこの一人との面接が容易でないのであります。やゝともすれば一時の心境、観念に止まるのです。こゝに私は真宗念仏の教法を仰ぐのです。(14)

「真人」は決して観念ではないのであり、さらにこの観念性を打破した「真人」となるには、真宗の教法を仰ぎ、そして、

本願の法はあくまでも極善最上の法と教へられる。機はあくまでも極悪底下の凡夫と知らされる。人間に誇るべき何ものもない。あくまでも罪業深重の機であり、無有出離之縁の我身である。この法と機の矛盾、対応がさながら今や念仏の行人に於て矛盾のまゝに不可思議に綜合一致して無碍であります。(15)

と、法に背く「現実凡愚の私」、あるいは「極悪底下の凡夫」と自覚するしかないとしている。つまり、罪業深重の機を深信することは、機法一体、「無碍」なる「真人」の誕生であったのである。かくして、

機法の深信を他力横超の金剛心といはれ、一乗無上の真実信海と称へられるのであります。この金剛心の行人を真の仏弟子といひ、念仏の人を妙好人、希有人、最勝人、広大勝解者と讃るのであります。まさに他力横超の金剛の信心がこの光明の一人を産むのです。(16)

と、「真人」が光明中の「真仏弟子」であることを主張するのである。

まことに真宗の安心は、二種深信によって、凡愚なる機の金剛心の行人であることの自覚である。ここに「極悪底下の凡夫」と自覚する親鸞の、「極善最上の法」によって「真仏弟子」として生きた九〇年の生涯を見るのであ

る。愚禿の自覚を基盤として、最も具体的な生きた生活真理を体解するのが「真人」である。また、宿業の大地に生活する凡夫こそが「真人」であったのである。凡夫なる「真人」が、浄土を生きる必然において戦後復興の責任を担うのである。我々は、宗教の問題を単に心の問題としがちであるが、そうではなく、共業・不共業の一切を背負う身であることの自覚にあったのである。

今少し、松原の知見に聞こう。松原は、「そくばくの業をもちける」と告白する「一人」と共に、「本願のかたじけなさよ」と如来讃仰する「一人」をもって、「真人」と見定めている。機の深信に立った「一人」が、法に生きる「自在人」であり、浄土に照破され、娑婆の責任を担うのである。ここに松原の、自らの「真人」としての自覚があった。

すなわち、松原は、『入出二門偈』の「凡愚遇うて空しく過ぐる者なし。一心に専念すれば速やかに、真実功徳の大宝海を満足せしむ」[17]に着目して、次のように、「不虚作住持功徳」をもって「真人」の意味を明らかにする。

思へば愚禿親鸞と名告る九十年の生涯は文字通りの悪戦苦闘でありました。人間の労苦の限りを尽して全く忘れたるが如く、身を大地の底に沈めて、万人にこの愚禿の一人を告知してやまないのであります。よく聖人の伝記作者は聖人は自己を語らない人といはれるが、しかしながら聖人の数多い著述のすべてはこの愚禿の一人の表白ならざるはない[18]。

このような九〇年の全生涯を通して、「愚禿」を「告知してやまない」仏道を歩んだ親鸞を仰ぎ、さらに、絶体絶命の地獄一定、この自己の生の絶望を肯ふところ、はからずも地獄の底は破れて、山も河も石ころも砂も、功徳円満、本具本然のいのちに輝き出づるのである。身にそふ宿業も光明を放つのであります。大に躍り地に踊るとありますが、愚禿の一人はこの久遠の生命に躍りあがるのであります。この一人まさしく如来の久遠の選択に召喚されたるものであります[19]。

と、「地獄一定」の絶望の淵に沈む「愚禿」において、一転、「はからずも」如来に救済されつつある歓喜の主体が「真人」であったことを明らかにしている。「身にそふ宿業」に立って光明世界を生きるのが、無碍なる「真人」であったのである。そして、

かつて本願の唯除の文に自己を肯ひ、自己の道を門余の大道に讃仰した聖人、除外例者として人間の一切より除かれたるこの愚禿の一人こそ、実は万人救済の道となりその光となつたのであります。（中略）まことにこの親鸞一人をまつて法蔵菩薩の選択本願といふ、大いなる久遠の歴史的事実がこの地上に証明され来つたのであります。（中略）かる〳〵と大地と寝起を共にし、謙虚に人間業道の歴史を荷負して、怖れなく悔ひなく現実の只中に起ち永遠に万人とその安危を共にしようといふのです[20]。

と述べている。仏より「唯除」された悲痛の自己において、「法蔵菩薩の選択本願」の歴史的事実を証知し、群萌と共に大地に寝起して、怖れず悔いず力強く生きるとは、松原の仏道実験そのものであった。

「真人」は、「唯除」の身一杯に、我を救済する如来出現の歴史的事実を実感する人格である。換言すれば、敗戦後の混乱期に生きる国民と安危を共にし、そして「万人救済の道」に生きる人格である。ここに、松原の明確な「真人」観と、「真宗仏教」を掲げての戦後復興への志願を見ることができよう。

『真人』創刊号には、曾我や暁烏の他に、陶芸家の山田喆や経済学者の石田興平の論文が掲載されている。また会員の近況を載せるコラム欄「仏子地」も設けられている。A５判三二頁に及ぶ、一般にも公開することで幅広い読者層を期待した、意欲的な雑誌であった。

なお「真人往還」（編集後記）には、「『真人社』の名称についての審議あり、念仏の信心の伝統、親鸞の求めた

所正しく真個の人の確立にある所以より出ずる名称であることより之を可決し」との報告、また伊勢、福井、石川、新潟、東京、谷大、龍大などの各地の真人社からの報告や、会員からのたよりも紹介されている。創刊時点で、会員は二十余名、会費は月額二十円であった。

本項の最後に「真人社」の会則をあげておこう。

一、本会は真人社と称する。
二、本会の事務所を京都市伏見区中之町専念寺内におく。
三、本会は真宗仏教を闡明し、その伝統に基く同朋教団の真生命を顕揚することを目的とする。
四、本会の目的に賛同する者を以て会員とする。
五、本会の目的を達成する為に左の事業を行う。
（1）講習会
（2）研究会
（3）機関誌の発行
（4）その他本会の目的に添う事業
六、本会を運営するため委員会を設ける。
委員は若干名とし、会員の互選による。
委員の中より常任委員若干名をえらび、事務を処理する。
七、委員会は主任副主任各一名を選出する。
主任は委員会の運営の責に任ずる。

副主任は主任をたすける。
八、常任委員は左の各部を分掌する。
（1）総務部
（2）事業部
（3）研究部
（4）出版部
（5）組織部
九、委員の任期は一ヶ年とし、再任を妨げない。
十、本会は年一回総会を、必要に応じて臨時総会を開く。
十一、会員は会費月額二十円を納める。
十二、本会則の変更は委員会の決議を経なければならない。(21)

第二項　高光大船「信に教学なし」

『真人』第二号に、仏法と一枚岩の生活者高光大船の信仰の真骨頂とも言うべき「信に教学なし」が掲載されている。それが教学否定と受け取られ、教団内に大きな反響を巻き起こしたのである。(22)

「信に教学なし」の書き出しは、次の通りである。

夜明けの前は闇にきまつて居る。闇に先立つ夜明はないことである。人生に迷はぬ限り人生の闇は知る限りで

なからう。況んや闇の晴れた喜びなど闇に逢着しない人のこれに参到する資格などあらう道理はないのである。(23)

清沢を嚆矢とする近代教学は、「自己を問う」学と言えよう。すなわち、凡愚なる「闇」の自己自覚を基盤とする教学と言える。「闇に先立つ夜明はない」とあるように、永劫に救われざる闇の自己の自覚者にのみ許される如来讃仰の夜明けの生活、ここに清沢門下である高光の掲げる仏道があった。

思えば親鸞教学は、「悲歎述懐」を基盤とする教学と言える。闇には闇を知り得る道理はなく、唯一、一条の光明が闇に差し込んだ時、はじめて闇は自らを闇と知ることができる。これこそ仏智による、闇なる我が身の「内観」であろう。まことに闇の自覚は、仏智の実験であり、光明の自覚でなければならない。すなわち、闇黒世裡の生活者の高光は、同時に、現に救済されつつある光明生活者であったのである。

高光は続けて、次のように述べている。

人生の初事たる無有出離之縁に迷はない連中ばかりが教学の陰にかくれて外道の眼を光らして居る(24)

人生の「初事」とは、「無有出離之縁」の自己の自覚である。つまり、救われない我の自覚とは、それは比叡山を下りざるを得なかった親鸞と同質の、苦悩の実験であろう。親鸞は、その実験において、雑行を棄てて本願一実の大道に立つことができた。それ故高光は、「無有出離之縁」の実験のない仏道を、「外道」と指弾するのである。

次の言葉を聞こう。

彼等には仏教の滅亡を恐れる保存欲と、仏教を盛大ならしめる功名欲とが口を開けば飛び出さずば居らぬではないか。親鸞はいつ仏教興隆に努力したか、親鸞は廿九歳に入信報恩の生活に入つてどんな出世功名をとげたか、彼の教団は彼の一子善鸞に由てすら撹乱されつくしたではないか。彼の晩年は菰に包んで鴨川へ流してくれと言はねばならぬほどあわれなものであつて而も、彼の生活は一段の法悦光輝を放つて止まないものであつたことを見ても親鸞ほど一度破闇に逢ふて満願不足を知らぬ生活者があつたであらうか[25]。

如来によって「闇」に逢着する自己とは、親鸞と同質の「破闇満願」の生活者である。その生活者なればこそ、「仏教の滅亡を恐れ」また「仏教を盛大ならしめ」んとする使命感や善意思の奥底に潜んでいる、自分自身の「保存欲」や「功名欲」を見逃さないのである。「外道」とは、自己の忘却者のことである。

今しばらく高光に聞こう。

宗教が教学であり教学なる限り教権であり、教権が信条である限り、そんな宗教は人を救ふには余りにいかめしい宗教である。智慧も要らず、才覚もいらぬ、たとへ必要でも、そんな約束にかなゐ得ぬ末代無智の在家止住人に、教学は宝か知らぬが愛楽仏法味でも禅三昧為食でもないのである[26]。

仏法は、「愛楽仏法味」「禅三昧為食」とあるように、必ずこの身に受用すべきものであろう。決して観念ではないのである。親鸞は、無条件に「破闇満願」されつつあることを、自己に実験したが、その実験は、決して教権や信条を生み出すものではないはずである。教権や信条は、「末代無智の、在家止住[27]」の人である高光には、全く以て無縁なものである。無救済の自己なればこそ、仏の救済の実感を許される。高光は、罪悪深重の自己を如来の前に投げ出して、広大無限の世界を生きたのである。したがって、高光は真人社に、次のように訴える。

何も今頃宗門の宗派の、団結の協力のと人間が束になる力で初めて力を得る必要はないのである[28]。

この高光の獅子吼は、戦後の混迷する社会に真宗仏教を掲げ、意欲的に「団結」し「協力」して「真宗再興」を実現しようとする真人社会員に、脚下照顧を強く促すものであったに違いない。仏道とは、先ずもって、罪悪深重の機における如来光明の実験以外の何ものでもないのである。このように高光は、真人社に問いかけたのではなかろうか。

視点を変えれば、既述したように、曾我は、親鸞の吉水時代について、「吉水門下諸師が早や新時代の人導師の名に酔ひつゝありし時に、我祖聖独り他力念仏の声の裡に甚だ強き久遠の自我妄執に驚き給ひたのである」と見定めたが、そのように高光は、真人社が、戦後復興の実践者という「新時代の大導師」としての自己に酔いしれ、社会改良などの「第二義生活」に生きがいを感ずることで、罪悪深重の凡愚としての九〇年の生涯を送った親鸞を忘れているのではないか、と警告しているように思われる。高光は、真人社が自我妄執の悲歎者であった親鸞に背くことを、案じていたのである。

今しばらく、高光の人生の初事に生きる生活を見ておきたい。

事仏教生活である限り人間の企てはいらないと云ふことを知つてほしいものである。（中略）仏に逢ふて人間的功果を挙げるのでない。仏に逢ふたら人間闇黒の無能を自覚し、其無能者に神力自在の躊躇なき光明生活を発見せしめられるこそ仏教生活である。夫れこそ「罪業深重もおもからず、仏智無辺にましませば、散乱放逸も捨てられ」ぬ生活なのである。彼の悲嘆述懐と名のつく和讃を読んでも、あさましなさけなしと云ふ悲嘆ではなく、人為を明け暮れ工風した悲しさと云ふ悲嘆に他ないことを思はねばならぬのである。(30)

「信に教学なし」の題目の通り、高光は、教学の名の裏に潜む、悲歎すべき罪悪深重の自己に立って、正直に本願を行証する生活に邁進した。罪悪深重、闇黒無能を知らしめられた我こそ、如来光明中の生活者であったのである。

ところで、真人社の「宣言」には、「痛烈な自己否定」が表明されていたが、それは、高光の生き様そのものではなかったか。そのような高光の生活から発せられる教化力は、高光に面授した人に「痛烈な自己否定」を迫り、凡愚に帰せしめずにはおかなかったのである。そして、そういう自己否定の生活者である高光の元から、訓覇や松原のみならず、若き仲野良俊、柘植闡英、高原覚正らが、「真人」として誕生したのである。そして、その彼らが真人社を根底から支えていたことに留意すべきであろう。

その仲野の言葉を聞こう。

ただ嬉しいことは三十一歳の時、高光大船先生に御縁を頂き、初めて仏法というものがあったことに目ざめさせてもらいました。以後、曾我先生にもお出あいし、特に安田先生からは永い間御教示を頂いていることであります。(31)

仲野の「三十一歳の時」とは一九四七（昭和二二）年であるが、それは、宗務総長の巖含雄によって教学部長に招聘された訓覇が、一九六二（昭和三七）年に発足する同朋会運動の礎となるべき諸改革を断行した年である。訓覇は、その改革の一つとして、教導に清沢門下の仏者である高光、暁烏、曾我、金子らを任命し、総会所を聞法道場とし開放したが、その総会所で、仲野は高光に値遇した。

また、仲野と共に、高光によって目覚めることのできた高原は、次のように述べている。

人間が生活するところには必ず宗教はあるのであつて宗教のない生活は考へられぬ。(32)

生活以外のどこに宗教があろうか、とは高光の持言であった。高光の教化力は、教学以前の赤裸々な人間生活から発揮せられる痛烈な自己否定から放たれるものであった。それは、老少善悪を超えて、十方衆生に門戸を開くものであろう。清沢は、そのような信世界を、「現に救済されつつある」（「他力の救済」）と述べている。

第三項　安田理深「浄土論註讃仰」―信仰主体について

このような真人社の信世界を、安田は、『真人』三号から七号にかけて掲載された「浄土論註讃仰」において論じている。以下、その安田の見解を、特に『真人』三号収載の論文によって概観しておく。

『教行信証』の背景に、『論註』と『観経疏』の解釈の二つがあり、難解な『教行信証』を解明するには、これら二つの註釈を根拠とする親鸞の意思を尋ねる必要がある。『教行信証』の難解な理由は、一つは『歎異抄』のように親鸞の体験が直接的に表現されておらず、親鸞の信仰体験が自覚的な論理的体系によって統一されているからであり、もう一つは二つの註釈をもって、親鸞が自らの信世界を明らかにしているからである。すなわち、親鸞の引文は傍証ではなく、引文した文類が本文を構成していると言い得るのであり、そういう意味で『教行信証』は歴史的であると言わなければならない。親鸞は、七高僧による本願の伝統によって一貫される歴史的な文類をもって、自己を語っているのである。だから、親鸞の文類の構成には、深い洞察をもって着眼すべきである。

このように、親鸞の信は、自覚的反省と歴史的媒介との二点によって、直覚性を超えて、客観性を有している。従来、信仰の客観性は、「回向」によって明らかにされるべきものであり、したがって、親鸞の信は、単なる主観的体験的信を超えて、「回向」による自覚的反省と、「回向」を成り立たせる歴史的媒介によって客観的であるから、現代的意義がある。ヨーロッパでは、近代体験主義者であるシュライエルマッハーがそうであり、清沢の「宗教は主観的事実なり」との宗教的信念も、同様に現代的意義を有するものである。かくの如く、親鸞の『教行信証』は、アカデミックな営みを超えた、自覚的反省と歴史的媒介によって製作されており、したがって、「現代世界性」、つまり現代の課題に根底から応え得るものであることを忘れてはならない。

法然は、それまでの仏教教学における一実践でしかなかった念仏を、専修念仏として独立させることで、念仏に絶対的な意義を見出した。そこに、吉水教団のプロテスタントとしての改革的意義がある。しかし、単に専修念仏の主張であったため、吉水教団は自己分裂に直面した。つまり、吉水教団は、その念仏が内在主義的傾向にあるのではないか、また個人的主観主義であるために客観真実性が欠如しているではないか、との批判を受けたが、その批判に応答するための改革宣言が『教行信証』であった。

法然、善導の教学は『観無量寿経』に立つものであり、『観経疏』は、一切の仏教学の組織化を行ったものである。それを親鸞は『無量寿経』によって再構築することで、『観無量寿経』による個人的主観主義を超えることができたのである。しかして、『無量寿経』による再構築の背景には『浄土論』(『無量寿経優婆提舎願生偈』)があり、そこに「世尊我一心」、あるいは「故我願生」と説かれる「我」の信仰告白がある。それは、単なるモノローグとしての告白ではなく、『無量寿経』の教主世尊に応える告白であった。個人的な信仰告白ではなく、『無量寿経』の担っている歴史的意義を明らかにする「我」の告白であった。すなわち、親鸞は、人生の問題・人類の問題を、『無量寿経』によって自覚的歴史的に解決したのであり、ここに『無量寿経』の教学の真義がある。その意味で、『教行信証』は新たな『優婆提舎願生偈』と言うべきものであり、それは、キリスト教における神学のように、『浄土論』を継承、且つ解決を与えるというものであった。そのような『教行信証』の大きな意味を、『論註』を通して明らかにしていきたい(33)。

以上のような安田の視点に、我々は次の二つの示唆を受ける。

一つは、「真宗の現代的意義」を、自覚的反省と歴史的媒介(『観経疏』と『論註』)の二点に見定め、そこに「現代精神」と「現代世界性」の根拠を認める、ということである。安田は、親鸞の信仰体験の教学的告白である

『教行信証』が、アカデミックなものではなく、自覚的反省と歴史的媒介を基軸とするものである。また、清沢の精神主義も、清沢自身の純粋な信仰体験による信念であると同時に、体験の有する自覚的反省と、本願念仏の伝統として一貫する歴史的媒介によって、現代人の精神に合致するまでに高めるものであった、と述べている。自覚的反省と歴史的媒介を有する真宗教学は、本質的に人類的・世界的であった。

もう一つは、「真宗の信仰主体」を『無量寿経』に求める安田の視座にも、示唆を受ける。すなわち、吉水の「個人的主観主義」という信仰体験に対する「内在主義的傾向」との批判、あるいは「客観真実性の確立」の必要性について、安田は『無量寿経』の教学をもって応答している。つまり、『観経』によって組織化された仏教学を、親鸞は『無量寿経』によって再構築した。すなわち、天親の「世尊我一心」の「我」が、『無量寿経』の教主釈尊に応答する「我」であって、したがって、その「我」は、『無量寿経』に説かれる本願念仏の伝統中の「我」である。そのように親鸞は、自己の実存的問題や人類の課題を、本願念仏の伝統中の「我」の自覚において解決したのであり、したがって、従来の『観無量寿経』の教学の「内在性」と「主観性」を、親鸞は『無量寿経』に説かれる本願念仏の伝統中の「我」の自覚、つまり主観的体験主義の信を超えた信仰主体の確立によって乗り超えた。

以上の二点を集約すれば、真宗の客観性が自覚的反省と歴史的媒介に依るということは、真宗が「本願念仏の伝統」中の「我」の自覚を基本とする、ということである。如来回向によって「我一心」と表白する「我」、すなわち信仰主体とは、本願念仏の伝統の中に存在する「我」である。その「世尊我一心」という釈尊に応答する「我」において、換言すれば「南無」する「我」において、仏道は人類的・世界的意義を発揮する。そして実存的な問題に応える広さと深さを有する。換言すれば、「大経の教学」によって「真人」が誕生するのであり、その「真人」とは、本願念仏の歴史を自覚的に了解することで現生正定聚に住し、そして、現代社会の抱えるさまざまな課題を荷負する信仰主体であった。真人社の歴史的意義は、現代的意義を有し、また人類的課題を担う信仰主体の誕生にあったのである。

安田は、次のように述べている。

仏教の神学というものは所謂伝統――凡て伝承というものは体験の伝承であるが――その流れ、大無量寿経の史観というものがあらうと思ふが、それが正しく七祖というもの、その七祖の流れの中に我々が見出されて本願念仏の歴史の中に立つ――基督教で云へば一つのオフエンバーレン（啓示）というものを意味するだらうが――本願念仏の歴史の中に我々が見出だされ、その歴史を形成するのが我々の宗教的実存である。救ひの背景を明かにする。それに於て召された拘束に於て仏教学は成立するのである。天親・曇鸞の親鸞の名こそ教行信証を製作する歴史的使命を有つ名である(34)。

親鸞の『教行信証』製作の背景も、安田はこのように本願念仏の伝統にあることを明らかにしている。本願念仏の伝統中に「我」を発見することは、それは同時に、その歴史を形成する主体の確立のことである。親鸞は、その主体をもって、『教行信証』を製作した。本願念仏の伝統の中に真実の自己を発見し得た歓びと、そこから溢れ出る歴史的使命が、『教行信証』の内容であった。

さらに言えば、親鸞は、法然教団の内在主義、個人主観主義への批判に応えるために、『教行信証』を製作したが、それは、本願念仏の歴史に立つ「真人」（真仏弟子）の誕生という大事業であった。「真人」誕生をもって、親鸞は、法然の吉水教団を群萌の教団へと高めたと言ってよい。救済は、単なる個人的なものではなく、どこまでも本願念仏の歴史を共に生きることのできる大地を群萌に開くものである。いわゆるエゴを本質とする「我」が、本願念仏の歴史に一心に帰命する純粋な「我」となった時、群萌の課題を担うことができるのである。すなわち、

「真人」とは、本願念仏の歴史に生きる、全人類の課題を荷負する、主体であったのである。

真人社創設の中心的指導者であった訓覇信雄は、真人社の第一回全国委員会（一九四八（昭和二三）年五月一六日）で、次のように挨拶している。

真人社は信仰運動の結社であります。そうして、これは人間が作つたものでなく、云ふならば、向ふから開けて来た、生れて来たものであります。即ち、歴史の必然によつて生まれ、我々も亦その一人として召されたのだと云ふのが我々の卒直な感情であります。（中略）親鸞によつて開顕された教は、人間の手元に何物も残さない。まことに冷厳に人間より一切を奪ひ尽す所に始めて宗教的人間が生まれ出るのであります。特に真人と標榜した所以は、宗教的人間こそ、歴史を作る人格であり、歴史の現実は、正にかゝる人格を切に要望してゐるからであります。一人々々が、真の宗教的人間として、今こゝに生れ出るといふ、只この一点に真人社の全生命がかけられてゐるのであります。(35)

訓覇が言うように、「歴史の必然によつて生まれ、我々も亦その一人として召された」とは、本願念仏の歴史に生きる主体の自覚的表現であろう。人間的思慮の一切を超越した「宗教的人間」とは、安田の言う自覚的反省と歴史的媒介によって、個人的な救済を超えた、人類的・世界的課題を担う「真人」である。すなわち、宗教的信念の確立者の誕生、ここに真人社の使命があった。

第四項　真人社の課題

真人社には、以上のような「真人」誕生の他に、当初からいくつかの課題があった。その一つは、目前の大谷派教団を具体的にどうするか、というものであった。たとえば、『真人』二号の「真人往還」に、「『宣言』に徹頭徹尾共鳴共感する」として、次のような意見が載せられた。

だがこゝに一つの疑問がある、それは現在の教団をどうするのか、といふ大問題である。凡そ組織と成立とに於て親鸞の心とかけ離れてゐる教団は、未練も惜気もなく、手の附けられぬものとして決然見棄てゝ行かうといふのか、それならそれに意義がある。それともまた現在の教団に反省と自覚とを促進して、徐ろに啓発して行かうといふのか、これは結局安価の妥協に終るかも知れないが、兎も角も一案である。たゞ宣言の如く痛烈な自己批判をどこまでも突き貫いて行けば、目に見へる教団の破滅を対岸の火災視することが出来ず、教団に革命を起すことになるだらう。(36)

真人社会員の多くが教団人であったため、真人社の教団との関係性は、発足当初からの課題であったと思われる。したがって、一九六二(昭和三七)年から始められた同朋会運動は、その課題を克服する運動でもあった。真人社は教団から訣別して誕生したものの、常に「真宗再興」の志願は底流していたのである。

もう一つの課題は、真人社の社会性に関するものである。小林勝次郎は、「真人往還」に、次のように述べている。

「この人を見よ」は曾我師のものが具体化した人格となるまでに大悲の讃仰になつてをらない、つめたい本願、哲学的本願だ、信はわかるが、大悲は具体的に人格化されて云ひ現はされてゐない。(中略)白い飯の喰へる者に仏の御慈悲なぞわかつてたまるものか。飯のくへる世界の仲間が、如何程集まつても、政治社会化の念仏は生れない。(37)

実際に本願が、現実社会において慈悲を発揮する「人格」として具現化されているか、つまり、本願が人間の衣食住にまで具体化されているか、換言すれば、社会的に無力で観念的な本願に堕しているのではないか、という指摘である。

このような教団や社会への課題と共に、日野賢憬の次のような意見もあった。

真人社は「真人」の雑誌社の様になつて来た様で本末顚倒と思ひます。真人を売る為に、真人発行の為に資金が要る結果――勢ひ会員の多数を必要とし、単に宗教的なといふ色で結ばれた不明確な会員となつてはゐませんか。真人社は真人の社が第一であつて、雑誌購読者の社ではない筈です。真人を売れる雑誌としなければならぬところから真人社の性格が不明確になつてゐます。要するに真人社の会員であることが何らの救ひにも喜びにもなつてゐません。又、真人の編輯方針について文化的なもの社会性をもつといふことも否定はしませんが、目下の急務は文化人、社会人をして真人とする第一義諦を明確に打ち出せばよいので、文化的社会的な面は夫々の真人が夫々の生活面に於て実現するにまかせたら如何です。（中略）色気はキンモツです。善巧方便は如来の法爾のお仕事で我々がやるとなれば便乗の域を出れません。(38)

真人社は、純粋に「真人」、つまり信仰主体を生み出すところに第一義の使命があり、文化的社会的な仕事はそれぞれの人の業縁に任すべきではないかという、真人社の本来性を質す意見である。

同様の意見は、第四号の同欄に掲載されている、一農家吉村新七の声からも確認できる。

私は一百姓でございます。今度真人社を結成下さいまして、私も一会員に入会させて頂き、この上なき喜びでございます。待ちかねた真人誌を開き「この人を見よ」「一大事の後生」本当にこの人を見よと叫びたい思いで繰返し読ませて頂きました。松原先生の「真人を語る」「仏子地」に至つては、この人ありと嬉しくくり返し頂いて居ります。「陶車軋」は何の事だか私には解らないでした。尚「日本農村経済の将来について」石田先生が何頁もとつて経済論をといて下さいますが、これが果して宣言にそふべき真人社の信仰運動の趣旨でせうか。具体的な現実に目覚める事の出来ぬ凡人が而も現実を忘れ勝な我等がそこに目をさまさずして、農村の将来を説かれることは、生きた真人の歩みなのでせうか。又真人社はどこ迄も純粋な真人運動である限りは、生きた真人の叫びを聞き、無限に真人を生み出して行くべきでなからうか。それには、単刀直入、仏の願心を無限に開顕し、快刀乱麻を断つ如き、生きた真人同朋の信仰批判が載せらるべきではなからうか。一体宗教は文化否定ではなく、文化を包む為のみであらうか。宗教は文化主義でない。（中略）唯願はくば真人社が真にその依つて立つべき趣旨に立ちかへり、最も具体的な現実の宿業の課題に身を投じて、本当に真人誌の編輯者が先づ真人に目醒めるべきである。誠に真人社の各位が真に真人になる時そこに念仏の同朋が自然に結ばれます(39)。

吉村の「宗教は文化主義でない」とは、真人社の明確なスタンスであり、また信仰批判の掲載を求める視点、つまり、純粋に信獲得の雑誌として生きるべしとの意見は、日野と同一視点であろう。

すなわち、『真人』第四号の裏表紙に真宗仏教の拡大を願うための「真人社会員倍加運動・会員一人が一人の新会員を」というスローガンが掲げられたが、日野や吉村の見解は、そのような、いたずらに新会員の増加を求めるかのような真人社に対する懸念と批判であった。真人社には、常に「真人」誕生という志願と、本願念仏の伝統に立つ信仰共同体、つまり「僧伽」としての健全性がはたらいていた。

このように、真人社は純粋であった。だが、たとえ純粋であっても、それが一たび世に存在すれば、たちまち社会との関係性が問われることになる。特に、戦後復興を果たさなければならない時期に誕生した真人社にとっては、それは避けて通れない課題であった。

註

（1）「宣言」『真人』創刊号、一九四八（昭和二三）年五月、三頁
（2）「真人往還」『真人』創刊号、一九四八（昭和二三）年五月、二六頁
（3）「この人を見よ」『真人』創刊号、一九四八（昭和二三）年五月、四頁
（4）「この人を見よ」『真人』創刊号、一九四八（昭和二三）年五月、四頁
（5）「この人を見よ」『真人』創刊号、一九四八（昭和二三）年五月、五頁
（6）「この人を見よ」『真人』創刊号、一九四八（昭和二三）年五月、六頁
（7）「一大事の後生」『真人』創刊号、一九四八（昭和二三）年五月、七頁
（8）「一大事の後生」『真人』創刊号、一九四八（昭和二三）年五月、七～八頁
（9）「おすすめ」『真人』創刊号、一九四八（昭和二三）年五月、八頁
（10）「真人を語る」『真人』創刊号、一九四八（昭和二三）年五月、九頁
（11）「真人を語る」『真人』創刊号、一九四八（昭和二三）年五月、九頁
（12）「真人を語る」『真人』創刊号、一九四八（昭和二三）年五月、九～一〇頁
（13）「真人を語る」『真人』創刊号、一九四八（昭和二三）年五月、一〇頁
（14）「真人を語る」『真人』創刊号、一九四八（昭和二三）年五月、一〇頁
（15）「真人を語る」『真人』創刊号、一九四八（昭和二三）年五月、一〇頁
（16）「真人を語る」『真人』創刊号、一九四八（昭和二三）年五月、一〇頁
（17）『入出二門偈』真宗聖典、四六一頁、真宗大谷派宗務所出版部
（18）「真人を語る」『真人』創刊号、一九四八（昭和二三）年五月、一〇～一一頁
（19）「真人を語る」『真人』創刊号、一九四八（昭和二三）年五月、一一頁
（20）「真人を語る」『真人』創刊号、一九四八（昭和二三）年五月、一一頁
（21）「真人社規約」『真人』創刊号、一九四八（昭和二三）年五月、二四頁
（22）高光の教学に対する姿勢は、拙著『近代真宗史論』（法藏館）で論じたところである。詳しくはそれを参照され

たい。

(23)「信に教学なし」『真人』二号、一九四八（昭和二三）年六月、八頁
(24)「信に教学なし」『真人』二号、一九四八（昭和二三）年六月、八頁
(25)「信に教学なし」『真人』二号、一九四八（昭和二三）年六月、八頁
(26)「信に教学なし」『真人』二号、一九四八（昭和二三）年六月、九頁
(27)『御文』真宗聖典、八三二頁、真宗大谷派宗務所出版部
(28)「信に教学なし」『真人』二号、一九四八（昭和二三）年六月、九頁
(29)「田舎寺の研究生活」『曾我量深選集』三巻、五六〜五七頁、彌生書房
(30)「信に教学なし」『真人』二号、一九四八（昭和二三）年六月、一〇頁
(31)「はしがき」仲野良俊『深層意識の解明』北海道教務所刊
(32)「妙好人与市のこと」『真人』二号、一九四八（昭和二三）年六月、一七頁
(33)「浄土論註讃仰」『真人』三号、一九四八（昭和二三）年七月、七頁（取意）
(34)「浄土論註讃仰」『真人』三号、一九四八（昭和二三）年七月、七頁
(35)「第一回全国委員会挨拶」『真人』二号、一九四八（昭和二三）年六月、二四頁
(36)「真人往還」『真人』二号、一九四八（昭和二三）年六月、二二頁
(37)「真人往還」『真人』二号、一九四八（昭和二三）年六月、二三〜二四頁
(38)「真人往還」『真人』三号、一九四八（昭和二三）年七月、二一頁
(39)「真人往還」『真人』四号、一九四八（昭和二三）年八月、二二頁

第二節　真人社の歴史的使命

第一項　「体験主義」からの脱却

一九四九（昭和二四）年に結成一周年を迎えた真人社を見てみよう。一周年の前月、つまり一九四八（昭和二三）年一二月に発行された『真人』第七号の「編輯後記」に、美濃部薫一は次のように述べている。

今迄の真人社の信仰運動に於ては教学の面がはつきりせぬ為に、信仰が教学まで客観化されずして何時の間にか主観的な体験主義に落ち入り、得た得たと云つてゐる安心が、得たといふ我執にしばられ、喜んだことに固執していつの間にか無内容になつてしまふ問題があつたのである。かゝる問題を孕んだ真人社は与へられた大信心のよつて来たる因源を遡り信心の歴史的背景を明らかにする従果向因の教学、即ち親鸞の歴史的教学を明かにすることが、そのまゝ真人社自体の歴史的立場を明かにすることであることに気附いたことである。かゝる意味から曾我先生の玉稿を頂きますことは、真人社の教学を生み出す母胎となることで、我々の喜びとする所。また松原先生より態々かゝる真人社の教学の必要性を明にせられた御稿を頂いたことは編輯の今後の方向を明らかにせられたことと思ふ。(1)

発足して一年を向かえた真人社が、主観的な体験主義的信、つまり個人的で無内容な信と直面している、との指摘である。

かつて清沢は、権威化形骸化し生命力を喪失した教学を再生するために、自らの仏道実験を通して、「我」における「主観的事実」としての宗教的信念を明確にした。それは、たとえば「現在に対する安住主義」（「精神主義と三世」）、あるいは「信念の幸福は、私の現世に於ける最大幸福である」（「我信念」）との仏道実験によって、これまでの伝習的、情緒的な信を近代化したのである。すなわち、信が「我」から遊離すれば、それはたちまち死物と化すのである。「我」の主観的事実として生きてはたらく信のみが、宗教的生命力を回復する。そして、その生命力漲る仏道によって、「真宗再興」は実現される。ここに清沢の宗教的信念の真髄があった。清沢は次のように述べている。

　吾人は吾人のみならす一切衆生か吾人と同く彼の光明の摂取中にあることを信するなり、故に吾人は一切衆生と共に彼の光明中の同朋なることを信するなり、吾人は同朋間の同情を大要義と信するなり[2]

清沢は、主観的な体験主義的信を超えて、「光明中の同朋」を生きる信仰主体の誕生を促す信、つまり主観的事実としての信を、このように訴えている。したがって、清沢の近代教学の伝統に立つ真人社は、本来的に「如来光明中の同朋」に生きる主体、つまり「真人」誕生を促す「僧伽」であらねばならない。そして、「真人」は主観的な体験主義的信を乗り超えた、信仰主体であったのである。

さらに安田の、「浄土論註讃仰」において、親鸞の信世界が「自覚的反省と歴史的媒介」による現代精神、現代世界性を内蔵する、との指摘も思い合わさなければならない。つまり、真人社の掲げる宗教的信念は、本来的に主観的な体験主義的信を超えた「光明中の同朋」を開くという人類的広がりと、さらに従果向因の教学による本願の歴史に帰する信である。ところが、その宗教的信念を明らかにする教学が不明瞭なため、結成一周年を迎える真人社の掲げる信念に対して、主観的な体験主義的信ではないか、との指摘を受けたのである。

まことに我々は、仏法を「我」において自覚自証するかどうか、あるいは、自覚自証すべく悪戦苦闘しているかどうかを、謙虚に省みる必要があるのではなかろうか。自覚自証の信とは、「我」への本願念仏の歴史の成就であり、そのような本願念仏の歴史を、「我」の立脚地として発見すれば、それは、間違いなく体験主義を超えた光明世界に生きる信仰主体である。そのような、本来的に人類的広がりと歴史的一貫性を持つ信の発見こそ、真人社の実践でなければならないのである。美濃部の、「大信心のよつて来たる因源を遡り信心の歴史的背景を明らかにする従果向因の教学」によって、主観的な体験主義的信を超えなければならないとの主張は、このような「信」の本来性を生み出す教学の確立を訴えるものであった。

同様のことを、美濃部が「真人社の教学の必然性を明にせられた御稿」と讃えている松原の論文「真宗教団の理念」に見てみよう。

曾我先生に『親鸞の仏教史観』といふ著がある。先生が還暦の年を迎へられ、そのお祝の記念講演会が京都で開かれたのであります。そのお話の速記がそのまゝこの著となつたのであります。こゝで自分のことを申していかにも憚りあるようであるが、当時私は学校を出まして郷里の田舎にありましたが、どちらかといへば宗教の道に体験主義を標榜して、寧ろ教学の伝統はこれを固陋と貶し、真の自由と創造を阻むものとして教学否定の道を辿りつゝ、直接直示に人間の宗教的真際への覚醒を冀つてゐたのでありました。然しひとり体験をのみ強調することは、いつしかその体験が自己中心に内在化されて主観的となり遂に無内容に堕し感激は失せて底知れない懐疑の泥沼に投げ入れられることでありました。こゝに教学への道が必至となり、教法の歴史、伝統の光を媒介することなしに少くとも自分にありては宗教生活の相続が期し得ないことに気附き、天地の間自分の如き無為無能、頭の上げようのない罪業の身は、己が全生涯を尽して教法を聞思する、このことの外に私の生活がないことに決着ついたのであります。（中略）信仰体験の自覚は一の深き歴史的自覚であり、このお話に於て私は信仰をして信仰たらしむる根源の歴史ともいふべき、まさに久遠の光の歴史的事実に覚醒せしめられ、信仰体験に附帯する個人的主観性を拭ひおほせて、漸く仏道の生活に平安を得るの感がいたしたのでありました。今日私は念仏の安心といひ信心といふもか丶る自覚自証にはじめて華開くものと考へられるのであります。(3)

曾我の『親鸞の仏教史観』に聴聞する松原は、主観的な体験主義的信を超えるためには、徹底的に自分自身が、本願念仏の伝統に覚醒すべきことを訴えている。すなわち、松原のいう「教法の歴史、伝統の光」によって、自らの信体験が照破されなければならないのであって、ここに教学の使命があった。松原にとって教学とは、本願念仏の歴史における自己発見の営みであったのである。

さらに、次のように続けている。

由来仏教徒には自らの教学に対し乃至教団に対して厳正なる責任ある批判検討がなされなかつたやうである。そのことが遂には信仰の生命を眠らしめる所以であつたと思はれます。宗門にありてもつねに教学第一主義を標榜することであるが、未だその教学それ自身に対する批判がなされなかつた。(中略)かくて〔曾我〕先生によりて提唱されし仏教史観の題目は、所謂仏教に依る歴史理論の構成でもなく、ときに私の言葉が妥当を欠く怖れがあるが、真に仏道をして仏道たらしむる内なる権威の所在を問ふたものと思はれるのであります。か丶る史観の課題を提げて聖人の教行信証に求め、聖人が仰がれし浄土真宗とは聖人の仏教史観であると答へられたのである。すなはち真宗仏教は三国仏教の生命の根幹であり、三千年仏教の歴史を今日あらしめし根源のものとして、更らにはそれが宗教的展開の頂点にあることを自証されしもの、まさに三国七高祖の歴史的伝統の事実そのものがそれを証して余りあることである。聖人の浄土真宗はこの七祖の歴史伝統の事実に開け来るものであり、聖人は「唯可信斯高僧説」（正信偈）と七祖伝統の法の歴史に絶対の信を捧げられたのである。この信仰を中心とし真宗仏教の法の歴史を仰いで今日の真宗教団なることを忘れられてはならないと思ふ。(4)

松原は、当時真人社には指導者意識、つまり「我れ独り得たり」との体験主義、独善主義が席巻している状況に対して、曾我の仏教史観が、仏道をして仏道にまで高める「内なる権威」であり、その仏教史観によっての、教学と教団に対する「厳正なる責任ある批判検討」の必要性を訴えるのである。もちろん、「内なる権威」とは「三国七高祖の歴史的伝統」であり、その本願の伝統に立って真宗仏教が成立するのであるから、したがって「今日の真宗教団」も、必ずその歴史的伝統によって批判されなければならない、というところに松原の知見があった。

また、美濃部のいう「曾我先生の玉稿」とは論文「師弟一味」のことであるが、それを見てみよう。

阿弥陀仏とは釈尊の悟りの内容である。釈尊の悟りの内容は結局我々の悟りの内容に外ならぬ。悟りの果から見るとき、それは自覚道である。従果向因して信の位に立てば阿弥陀如来を感得する。（中略）釈尊は既に長い間悟りの位に居られる訳であらうが大無量寿経の会座では阿難に共感して全く阿弥陀の中に身を投げて大無量寿経を説かれたのである。釈尊と阿弥陀仏とは全く二人であつて一人になつている。法華経では久遠実成本門開顕という。これ、証の立場に立つ所以である。大無量寿経は証から信に下つて証を包んで信の座で阿難が尋ねている。教主世尊は「善哉阿難――問斯慧義」と賞めてゐる。慧義とは師弟一味の悟りであらう。慧見とは差別の世界であらうが慧義とは大涅槃の悟りである。阿難は五体投地して始めて世尊を見ることが出来た。真実反逆者の自覚、真実罪悪深重と知れると山も河も浄土の光に輝くであらう。第三者が見るとき阿難も五徳現瑞の相であるに違いない。念ずる者も念ぜられる者も平等である。唯円が「しかるに仏かねて知ろしめして煩悩具足の凡夫と仰せられたることなれば他力の悲願は此の如きの我等がためなりけりと知られていよ〳〵頼しく覚ゆるなり」と大悲を開顕したのは全く大無量寿経の正意と符節を合している。唯円は長い間親鸞を一介の老比丘と思つていたのであらうが信の座を発見して始めて師匠の上に常住の仏を見た。仏は常に在れど仏に遇うことは猶霊瑞華時々乃出の難さである。(5)

『無量寿経』で説く阿難の真実反逆者の自覚を内容とする「信の座」が、『歎異抄』に説かれる唯円の「煩悩具足の凡夫」の自覚と同一であることを明かしている。すなわち、無蓋大悲が「真実反逆者」の阿難の問いを通すことで一切衆生に開顕されたが、そのように『歎異抄』では、「煩悩具足の凡夫」である唯円を通して、親鸞の他力信心が一切衆生に証明されたのであり、したがって、『無量寿経』のすべてが『歎異抄』第九章に収まるとは、曾我の求道実験による確信であった。『無量寿経』で説く、「常在の仏」にまみえる「信の座」とは、「師弟一味」の悟りの場である。「信の座」あればこそ、「真実反逆者」でも救済される。それを清沢に言わしめれば、「光明中の同朋」の「我」の発見であろう。

まことに「師弟一味」とは、「常在の仏」の世界、あるいは「過去七仏」や「七高僧」に一貫する本願念仏の伝統の中に見出される自己の「信の座」であり、本願自覚の座であろう。我が身の「真実反逆者」であることの自覚自証は、主観的な体験主義的信を突破して、我を浄土へ解放してやまないのである。元来、真実信心とは、個人的信念を超えた如来回向の自証であり、その客観性は、本願念仏の歴史に求めなければならないものである。その意味で、「真人」とは、主観的体験主義を超えた歴史的自覚者なのである。したがって、美濃部の訴える教学(「従果向因の教学」)とは、曾我の開顕せる「親鸞の仏教史観」に通底するものであった。

真人社には当初、高光が「北間の講習会」で実践した「ご示談」、つまり一対一で互いに膝を交えての対話を通して、自我妄執を打破すべく機の深信を促すという方法、いわゆる「ムク」ということが実践されていた。「ムカ」

れることで、この私がはじめて浄土自覚の仏道に躍り出ることができるのである。しかし、注意しなければならないことは、その喜びの信が、信の生み出す背景となる本願念仏の歴史による教学的検証を欠けば、個人的関心事でしかない主観的体験主義的な信に堕してしまう、ということである。真宗の要諦は「まず回心」であるが、「回心」に止まれば「回心」への執着が起こる。「回心」への執着は、主観的な体験主義に堕落した信である。「ムク」は、その危険性を孕むものである。たとえば、次のような記事がある。

被錬成者を指導者のH・S君が前に座らせて帯を解けと命ずる。衣類を脱げ、と命じとうとう真裸にし、しまいには神聖犯すべからざる唯一の布巾をも取れと命じ、素直にこれを外すを信ある者、可とし外さぬものを未信者（師の命を素直に聴き入れぬから？）として責めるといつたことから遂にはH・S君の皇軍式横ビンタを頂戴した被錬成者中にはそのために中耳炎を起したと告発する人が出て来る騒ぎまで起つた。（中略）こんなことで当時の奉仕道場は猛修練があつてか東六名物の総会所にも参詣者が寄りつかず、皆んな常連の聞法者は西本願寺の総会所へ集まるという有様で東六条総会所にはこんな猛教導使が昼寝（事実寝ころんでいた―某氏の実話）をしているという珍風景を現した(6)。

これは、真人社発足後一〇年以上経った時の記事であるが、真人社に広まる「ムク」、つまり「機責め」の実態を知ることができよう。「回心」の体験は、罪悪深重の機の感覚であるが、その感覚を他人に強要すれば、往々にして、その「機」に精神的負担を強い、さまざまな問題を引き起こす。これこそ主観的体験主義的な信の危機である。

そもそも高光の「機責め」は、確かに仏者を生み出す営為であった。だが高光を真似るだけの「機責め」では、たとえ目覚めたという一時的感触を与えることができても、それは単なる主観的感情の高ぶりに過ぎない。本願の歴史への共感同証を欠くからである。そのように、機の深信を振りかざせば、自我の押し付けである。教権による脅迫であり、主観的な体験主義の信への堕落である。ここに、一周年を迎えた真人社の、自己批判すべき内実があった。

信の生命力の回復、つまり体験主義的な信の克服や、信の人類的広がりと歴史的一貫性の尋求は、当時の真人社の課題であったと思われる。そしてそれを克服するには、安田のいう「自覚的反省と歴史的媒介」を有する信獲得の実験と信仰主体の確立、また、松原の七祖伝統の聞法の歴史への回帰、さらに曾我の「信の座」が明確でなければならないと思われる。総じて言えば、曾我の開顕する「親鸞の仏教史観」に拠って立つ教学の確立を、真人社は急がなければならなかったのである。

真人社は、さらに言えば仏道は、絶えず自己批判に迫られている。そこで、真人社は、一九四九（昭和二四）年七月一〇日、曾我を招いて「第一回夏期講習会」を開催した。そこで曾我は、真人社の課題に応えるために、「個人を超えよ」という題目で講演を行い、その講演録「個人を超えよ」が、『真人』一三号（一九四九〈昭和二四〉年一〇月）に掲載されたが、その「個人を超えよ」が、真人社の新たな方向性を示すことになる。

第二項　立教開宗の精神に立つ

さて、信の主観的体験主義の克服という課題を担って一周年を迎えた真人社は、一九四九（昭和二四）年一月二二日に開催された全国委員総会で役員改選を行い、主任に訓覇信雄、副主任に松原祐善、以下常任委員に、岸融証、竹田淳照、岡山正、仲野良俊、竹井一実、安田理深、藤島達朗、寺田正勝、美濃部薫一、藤原正遠、藤代聰磨、日野賢憬、高原覚正、柘植闡英という、戦後の真宗教界を担った人たちが就いた。さらに、帰三宝を「人」を図案化することで象徴的に表した「真人社バッヂ」を作製するなど、真人社は活気に満ちていたのである。そして、翌二三日には、曾我を招いて一周年記念講演会が開かれた。講題は「真人の道」であった。

「真人の道」で曾我は、江戸時代に一旦隠退した教如上人の、東本願寺を創立した真意が、親鸞の立教開宗の精神の開顕にあり、その精神を恵空、深励、宣明を通して清沢満之に継承された。そして、自ら三七歳の時に厳修された親鸞聖人六百五十回御遠忌では、教如上人の思念を継承する清沢の、親鸞立教開宗の精神を担わんとする志願に押されて、親鸞の教えを真実教として立ち上がった、と回想している。そして、その真実教を敷衍すべく、

今、世界全体を見ましても仏教とキリスト教という世界の二大宗教が対立している。又一方社会というものを見れば自ら善人を以て任じてゐるところの民主主義と、悪人視されてゐるところの共産主義とが相対立して最後の解決を求めてゐます。それに対して仏教徒は果してどうすれば良いか。この時我々は本当に奮起して正法を顕揚し、本当に自信教人信の道をすすめてゆかねばならぬと思います。[7]

と、戦後社会の業縁に促されつつ、自信教人信の道を歩むべきことを述べている。真人社については、

真人というものが――私は信仰運動というものも矢張り非常に高い意味での政治性を持つて居らねばならぬと思いますが――真人というものは宗門などに目をつけないで、宗門を背景にして宗門全体がもつと目覚めるように――外から批判するというのでなしに――自分も亦批判を受ける立場に身を置いて、大きな社会というものに対して自分を磨いて行くものでありたいと念願して止まない。[8]

と、浩々洞創立に通ずる志願によって、世界の二大宗教の一つの運動として自負すべきであり、また、宗門と共に社会に身をおいて批判を受けることで自らを磨き、宗門全体が仏道に目覚める雑誌にすべきであると激励してい

る。さらに雑誌が難しくて分からぬという声にも、
人に解るように平易に説くということは考える必要はないと思います。自分の信ずるところを率直に述べればよいと思います。程度を下げて云へば解るというのは傲慢です。率直に大胆に表明することが大事なことでないかと思います。要するに問題は自分にあるのですから、自分を正直に語つて自分を偽らぬことです。(9)

と応えている。曾我はどこまでも、十方衆生と「共感同証」の場に立つことで、『真人』が信仰の危機を脱する機関誌となることを、衷心より願っていたのである。「解らぬから捨てる」という雑誌ではなく、何遍でも読み返さずにおれない雑誌、すなわち「如是我聞」が『真人』の本姿であると主張するのである。

さらに次のように述べている。

「真人」を聖典の如く読む、そんな雑誌を出して戴きたい。雑誌そのものがものを云うようになると真人運動が本当に満足されるのではないかと思う。(10)

曾我は、真人社運動が、親鸞の立教開宗の精神の伝統に立脚するものであり、そのためには、『真人』も「雑誌そのものがものを云う」雑誌にすべきとの期待を寄せている。

そのような曾我の激励を受けながら、大きな転機を迎えつつあった真人社は、信に一貫する本願念仏の伝統を明らかにすることで体験主義的な信を脱し、人類の課題を担い得る「一人」の誕生を急がなければならなかった。すなわち、真人社は、全人類の課題に応える「真人」を発見するために、再出発を誓うのである。

『真人』一一号に掲載された、「真人社新展開に寄せる」を見よう。朝鮮戦争を目前にした、真人社の声を聞くことができる。

未曾有の敗戦に封建の化城から抛り出された我々は親鸞の旗の元に三々五々と集い寄つたのがこの真人社の発

足でありました。以来一年有半、今では全国に亘る一大信仰運動として展開されています。然るに国内の思想人心は全く我々の予期以上の深刻痛烈を極め同胞分れて互に血を流す危機は早や目前のことに迫つているかの如くです。その問いに答へねばならぬという歴史的使命に思い至る時、我々の足はハタと動かなくなりました。これは容易ならぬことです。逃避的感傷や阿片的陶酔などのよく耐へるところでありません。個人の信心の絶対は申すまでもありませんが、哀れ昭和は父を持たぬ闇の信心です。（中略）茲に新しく気付かしめられた事は私達のこの運動は単なる個人的安心の個人的結合によるものでは断じてないことです。祖先が幾千年、権威に屈せず名聞に迷はず黙々と耕し続けて止まなかつた信田の開発であつたことです。真人社はこゝに歴史を発見しその諸仏伝統の軌道に返へすことによつて新しい世界の問題に対決し得る力を感得致しました。その要請に応へて明かに諸先師をわが社の上にいたゞき、教学真人の別刊と共に、次号「真人」からは体裁を改め真面目に直截に大衆の一切の憂苦をになつて、発行することになりました。(11)

「一大信仰運動」として発足して一年半を経た真人社は、目前に迫っている朝鮮戦争に対しても、ただ傍観するしかなかったと告白する。したがって、本願念仏の歴史に立脚する信田を明らかにすることで、そのような激動の時代社会に応答できる力を得ることは急務であるとして、ここに『真人』は、装丁をA5判から新聞紙型二折四面に改め、「大衆の一切の憂苦」を担うべく再生を期すことになったのである。

そのように再生を願う真人社は、その一方で、次のような日常の一齣を、コラムの「真人社めぐり」で紹介している。

新緑の奈良に高光大船先生を迎へての真人社講習会が、奈良市上三条町の専念寺を会場にして開かれたのが五月十一・二・三の三日間である。事務所から先発として柘植、第一日に会場に乗り込む。（中略）病を押して遠隔の金沢から令息に附き添はれて御来講下さつた先生の相変らずの元気なお話に、もうそれだけに何も言ふ必要のない自分であつた事を知らされ、生かしめられる一つの命をひしと身に感じて、和やかな空気があたりを包んで行く。「先生今日は」と言ふか言はぬに机の上の菓子をつかむ連中、待てと止める者もあつて、やがて真人社名物のジャンケンが始まる。午後のお話が終ると、先生を先頭に七八人、猿沢の池畔を逍遥する。どんよりと曇つた空を映して池の水も薄暗い。竹田淳照、盛んに後から小型カメラを出してパチリ〳〵とやるが、フイルムが入つて居るか居ないか、それは請け合いかねる。六道の辻から興福寺の五重の塔へ――奈良はいつたづねても心の鎮まるところだ。(12)

新しい課題に応答しようとする真人社にあって、高光の醸し出す一味同心、和気藹々の「僧伽」の風光と、衆生に響きわたる仏法の鼓動を感じられよう。仏法大事の一生を送った高光は、「僧伽」を自らの生活に具現化することで、真人社の立脚地を照らしつつ、大事に見守っていたのである。

第三項　曾我量深「個人を超えよ」

装い新たな『真人』一三号の、その「再出発のことば」を見てみよう。

真人社の名の下に、形骸化された宗派教団を越え、親鸞に直結する自由な真宗信仰人（真人）の全国的な組織が、皆様の御協力をいただきつゝ、急速に展開され、新らしい信仰運動の地歩を今日に固め得たのでありますが、想像も及ばぬ社会的危機の切迫した現状の最中にあつて、たゞ私の世界といふものに閉ぢこもつて居れぬ自己の再認識が迫られて来ました。信仰といふものは純粋に個人でありますが、法は人類の課題といふものを背負つて居ります。信は私の安心に止まつて居るものでなく、その自己否定としての批判精神にまで己れを客観化するところに教学の問題があります。私は救はれたといふ所で一応問題の解決があるやうでありますが、実は教学的な問題はそこから出発するといふことであります。昨年秋頃からその様な方向に対する自己批判としての教学運動が呼び起されて参りました。信仰運動が個人的安心で事足りて、歴史的社会を背負ふ客観的使命を放棄してゐるならば、真人社自体が無用な存在であります。[13]

再出発した真人社は、人類の課題と歴史的社会を担い得る宗教的信念の回復を、このように高らかに宣言するのである。

ところで、仏道の本来性を確認するとき、我々は再び、高光の「信に教学なし」に注目しなければならないように思われる。高光は、「闇」なる自己の自覚、つまり「無有出離之縁」という自己の自覚において、はじめて宗教的生命の回復されることを訴えていた。すなわち、どこまでも「純粋に個人」的な営みである「闇」なる自己の自覚とは、「さるべき業縁のもよおせば、いかなるふるまいもすべし」（『歎異抄』）と言わざるを得ないような、のっぴきならぬ宿業の身の自覚であったが、その「闇」なる自己の自覚そのものが、如来本願力の実験であった。機の深信による永劫に「闇」なる自己との値遇とは、清沢のいう「如来光明中の同朋」の自己の発見でもあったのである。「闇」なる自己の自覚において、真人社が「僧伽」としての存在性を発揮する。ここに、機の自覚をもって「人生の初事」とする高光の、信の確かさがあった。

そして、その高光によって鍛えられたのが、真人社を支えんとする柘植闡英や仲野良俊、また高原覚正らであった。彼らは、真人社が創立一周年を迎えた今、人類の課題と歴史的社会の荷負という課題に直面する真人社の変革に、立ち向かおうとしているのである。曾我が、真人社第一回夏期講習会（一九四九（昭和二四）年七月一〇日）

で、「個人を超えよ―仏教を除いて日本の満足な将来は考へられない―」と題した講演を行ったが、その「超えよ」との叫びは、単に真人社に社会性を発揮せよ、ということを求めたのではなく、「如来光明中の同朋」なる自己を発見せよ、すなわち「僧伽」に生きよ、との獅子吼であったと思われる。

『真人』一三号には、この「個人を超えよ」と共に、安田の「僧伽論」とも言うべき「教団と教学の問題」が収録されているが、そのように、これら「僧伽」を見据えた二論文を掲載した『真人』一三号をもって、真人社は大きな転換期を迎えたのである。

さて、はじめに、曾我の「個人を超えよ」を見てみよう。

真人社の運動といふものが、今まで諸君の興法利生の願ひによつて始められ、さうして今日まで成長して来られましたところを、此際更に想ひを新にして再出発をして行かうといふお話でありますが、寔にそれは結構なことであり、また社会状勢から見ましても、我々が属して居りますところの浄土真宗といふ教団を見ましても時機を得たものと思はれます。私共には何といつても仏の本願といふものがあり、また仏の本願には念仏といふものがあります。重誓偈に於て名声十方に超えんと附加されてあるこのお念仏が私共にあることは、これは単に自分等個人の悩みといふ方面から見ても意義がありますが、この如来の本願にはまた社会的意義を持つてゐると思ふのであります。古来は個人の救ひといふ方面だけが考へられて来たやうでありますが、このやうな時代にありましては大いに如来の本願の道を社会の上に明かにして行かねばならぬと思ふのであります。(14)

曾我は、時代に生命力を発揮する真宗であるためには、これまでの個人的な救いを超えて、現実社会に本願の歴史を明らかにする必要がある。そもそも如来の本願は、「重誓偈」に「名声十方に超えん」とあるように、社会的意義を有するものであって、したがって、思想混迷の戦後日本における真人社の使命は、如来の本願を十方衆生に

開顕するところにある、と述べている。そして、そのような見解に立って、

真人社の運動は、そのやうな方面の問題を開いて、社会全体の救ひといふことに心をおいていたゞさ度いものであります。（中略）たとえ共産主義・共産党などでも対抗するのではなく、その中にさまよふ人々を皆仏の御同朋として、私共がよし微力であらうとも、怠らずにその微力を捧げつくして、如来の本願を開顕してゆくことであります。(15)

と、真人社が社会に如来の本願を明かすことで、社会全体の救済に力を捧げることを訴えるのである。また教団との関係性についても、

この真人社は、真宗教団に於ては微力な存在ではあらうけれども、この真人社がないなら、たゞいら〳〵するばかりで真宗教団といふものをどうすることも出来ないのであります。私共は不惜身命の心をもつて奮ひ立たねばなりません。大きな使命が微力なる私共にかゝつてゐることを今や切実に知るのであります。（中略）現在に於いては私共が〔教団を〕荷ふべきものであります。微力であるから奮起しなければならぬ、奮起する必要がある。そんなことを自覚的に言へば奮起出来ないといふのは無自覚な考へである。出来ないからいよ〳〵奮起しなければならなぬと、何処まで行つても最後に行けば奮起せずに居れないところに本当の自覚があり、そこにお念仏の精神があるのであります。(16)

と、真人社が現実の教団を担うために奮起すべきであり、そのためには、たとえ微力であっても、不惜身命、如来の本願を自覚しなければならないことを主張している。さらに曽我は、そのような真人社について、

清沢先生の浩々洞、精神主義運動が明治時代に起され、其の精神は死なずに今日真人社運動として更に新しく姿を現はして来たものであると思ひます。若し真人社が其の目的を充分に果すことが出来ないならば、更に新

しい団体が必ず近く頭を擡げて来ることは間違ひないことゝ思ひます。どうも真人社は真人社そのもので充分の目的を達成しなくとも、次に起つて来るものゝために準備するといふだけでも大きな意義があると思ひます。(17)

と、清沢が精神主義を展開したように、真人社も今、戦後社会に如来の本願の道を明らかにしていくための運動を展開すべきでないか、と訴え、さらに、もし真人社がその目的を達成できなくても、新たな団体への道が開かれる、と述べている。そもそも、如来の本願は、群萌の大地を基盤とするものであり、また、本来的に、衆生に開かれてある「僧伽」を支えるものであった。すなわち、浩々洞に育てられた曾我には、如来の本願が、自ずと「僧伽」、つまり信仰共同体を形成するという、揺るぎない確信があった。まことに、真人社に求められることは、真人社という団体維持のための方策ではなく、真人社会員一人ひとりの如来の本願そのものの信知に帰結するということであった。

このように、真人社は、一周年を機に、あらためて如来の本願に帰すことで、人類の課題と歴史的社会を背負う使命を現実的に担わなければならなかった。さもなくば、社会的危機の只中に埋没してしまう。ここに真人社は、曾我の「個人を超えよ」を指標として、再出発することになったのである。真宗の社会性とは、「よってたつ歴史的伝統への反省」(18)であり、同時に、自分自身に本願念仏の伝統を発見することである、とは曾我の主張するところであった。すなわち、機の自覚に、真人社の歴史的社会を担う道が開かれる。視点を変えれば、本願念仏の歴史に立つ自己を無視するところに、真宗の社会性は成り立つはずがないのである。

『真人』一二号の社説「再出発のことば」に、

真人社の生れる因縁として永い〳〵仏法の伝統があり、我々はこの伝統に呼び覚まされたものであることに深

く気づかしめられた[19]

と述べられており、さらに、同じく「聞々抄」で柘植が、

真人社は、我々のつくりあげたものでない。念仏の歴史的伝統としてましましたのである。[20]

と述べているが、そのように、本願念仏の歴史に帰するところに、社会との接点を求めて再生する真人社の立脚地があった。

実に、創立一周年を迎えて真人社は、曽我の「個人を超えよ」に導かれて本願の歴史に立ち、再生への方向性を明らかにすることができた。そして、その方向性を、真人社の全国委員会で確認している。その模様を、次のように報告している。

夏期講習会を機会に全国委員会を開き、九月二、三両日に常任委員会を開いて、ようやく真人社は一転開をなし、本来の面目を見つけました。その意味で、再出発のことば及び冠頭の曽我先生のお言葉を味はつて頂きたいのです。[21]

もちろん、「冠頭の曽我先生のお言葉」とは、「個人を超えよ」を指すものである。

また、一五号の『真人』には、

真人社が今回曽我先生を戴いて、この御念仏の宗教が真に世界的なものであつたといふ証拠を真人同志相寄つて高く顕示して行かうといふ目標が明瞭になり、再出発せられるといふ事を承り、心から悦んでゐる者の一人であります。[22]

と再出発の意気込みが綴られている。本願の歴史を背景とするところに、歴史的社会的課題の只中に生きんとする真人社の再出発の原理があったのである。

第四項　安田理深「教団と教学の問題」

主観主義に堕する信を克服するために、時代社会への応答という課題を担う真人社において、曾我は、「如来の本願を開顕」することで「社会全体の救ひ」に心を置くことを念じつつ、「個人を超えよ」を発表した。そしてそれに合わせるかのように、安田は『真人』一三号に論文「教団と教学の問題」を同じく発表し、「僧伽」論をもって「社会全体の救ひ」を解明した。

その「教団と教学の問題」の序に、真人社の課題が、次のように説かれている。

真人社が生れて一年になるが、このごろ真人社で言はれて居ることは、教学がないということである。[23]

と、教学の欠落にあることを指弾し、そして、

私は真人社は何か古い教団から離れて、一つの新しい教団をつくらうというもがきから出たものだと思う。(中略)真人社にしてもその出発は新しい僧伽をねらうたのであらうが現在の様な真人社なら、会にすぎない。[24]

と、その志願が、「僧伽」に根ざした「新しい教団」の創設に置かれていたが、ところが、現今の真人社は、「僧伽」を見失った単なる「会」(アソシエーション)に過ぎず、したがって、教学の欠落した時代の責任を担い得ない「宗教的団体」でしかない、と指摘する。そして、キリスト教においては、「教義学は教会の実践である」として、

我々も教を蒙つてゐる鈴木大拙先生について言えば、妙好人の研究は仏教学でない。仏教ではあるが仕事は仏教学ではない。非教会的である。又田辺博士の教行証の哲学も、哲学であつて仏教学でない。それは如何に大きくなつても、教会の実践とならぬ。非教会的学を支配するものは、エロスである。教会学はアガペであり、

エロスからは明瞭に区別せねばならぬ。(25)

と論じている。すなわち、エロスとは「真善美への努力」であり哲学的営みであり、そこからは、教団の実践を支える「教義学」は生れない。「教義学」はアガペの学であって、そのアガペとは「神への愛」であり、「教義学」を成り立たせる純粋な意欲である。つまり、「アガペ」は「南無」であり、「南無」によって成立する学が「教義学」である。したがって、「教義学」は必ず「帰敬序」―『浄土論』では「世尊我一心　帰命尽十方　無碍光如来　願生安楽国」―から始まり、その「帰敬序」を受けて、法を「伝授する衆生としての責任」を有する「発起序」―『浄土論』では「我依修多羅　真実功徳相　説願偈総持　与仏教相応」（本願にたすかった体験(26)）―が展開される。その「発起序」を親鸞に言わしめれば、「誠に仏恩の深重なるを念じて、人倫の哢言を恥じず。浄邦を欣う徒衆、穢域を厭う庶類、取捨を加うといえども、毀謗を生ずることなかれ(27)」という弛まぬ志願であり、この志願において、「時代を背負うた責任」を果たし得る、と論じている。

すなわち、教団が「僧伽」であることを喪失すれば、社会に対して無力と化す。また「僧伽」は、アガペによる教義学（教学）によって明らかになる。このような知見を顕開した安田は、

教団の使命は教学にある。（中略）念仏はいつまでもかはらぬ、正信念仏である。而し時代の課題に答えなければならない。時代の課題に答える時、たゞ念仏のみぞまことにおわしますことになる。こゝに初めて、念仏が時代に直結するのである。(28)

と説くのである。まことに、教団が念仏をもって時代社会に応える時、はじめて、親鸞が『歎異抄』第十八章で、迷える門弟に対して語った、「たゞ念仏のみぞまことにておわします」という教示となる。ここに、教学によって支えられる教団の実相がある。まさに「人倫の哢言」を恥じることのない、アガペ的志願、つまり南無阿弥陀仏

は、社会の課題を担う教団、つまり、「僧伽」を成り立たせる揺るがぬ精神である。すなわち、教団の社会的責任は、阿弥陀仏に南無する主体を生み出すところに成立する。

続けて安田に聞けば、「今日の我々の学問にはどうも時代の人がとつゝきにくい」という現状を踏まえて、次のように教学を論じている。

表現を平易にするという如きことですむものでない。（中略）問題はたゞ難解であるということに止まるものではなく、現代の問に答えて居らぬからである。昔の仏教学は、少くもその時代の問に答えたものであったが、現代は既に時代から遊離してゐるのである。斯く教学と教団とは内面的関係をもつて居るのでないかと思う。そして教学と教団とのむすびつきは、実存が媒介になるのである。(29)

このように安田は、教学と教団とが「内面的関係」を有する時、教学は現代の問いに答えることができると述べ、さらに、

元来宗教団体に於ては、直ちに政治的問題によつて解決しようとしてゐる。先般来宗門革新連盟の動きがあつたが、これは単なる政治によつて宗団を解決しようとしたのである。所謂教会は学者により、教団は政治家によればよい様に思ふ。而しそういうものは宗教団体の上のことで、僧伽の問題ではない。僧伽は政治の課題ではないのである。民主々義は僧伽の原理とはならない。（中略）法主はやめても、止めなくとも僧伽にはならぬ。宗門革新連盟が如何に民主的理想を画いて努力しても、少しも僧伽にならぬ。（中略）今日の人は、宗教団体や会を見て僧伽と思つて居はせぬだらうか。勿論本当の僧伽は見たことがないのだから無理もないのであるが、私は僧伽には身を粉にしても、骨をくだきても報ずべしというものがあると思う。宗教団体や会からは決して出て来ないところのものである。僧伽は我々の属してゐるものでありつゝ而もそれが我々に絶対の帰命

を要求するのである。換言すれば我々の属してゐるものに召されるのである。それは我々の浄土である。(30)

と論じている。文中の「宗門革新連盟」とは、真人社会員である日野賢憬によって始められた、「教団の生命力回復を目的とする新しい教団」を創造するための団体である。振り返れば、清沢は教団改革運動において、一八九七（明治三〇）年に「大谷派革新全国同盟会」を結成し、その「革新同盟会」によって、議制局の開会や賛衆の半数の互選制などの民主的理想を実現するに至った。しかし、教団は志した「僧伽」には成り得ず、ここに清沢は、門末の宗教心の欠如に直面したため、改革運動の方向転換を余儀なくされた。教団は「僧伽」であることをもって再生されなければならない。そして、その「僧伽」は、本願念仏の歴史を原理とする。したがって、政治的手法による教団改革はありえないのである。

すなわち、安田は、民主主義的理想の実現を思念する教団は、政治理論をもって運動原理とするが、それでは宗門の改革とはなり得ず、したがって宗門の改革は、「身を粉にしても、骨をくだきても報ずべし」という「南無」を原理とするものであり、「南無」によってはじめて「僧伽」が形成されることを主張するのである。さらに、

僧伽の我々は、又僧伽に属して居らぬ人と同一である。如何に念仏に助けられても、同じ人間であり、歴史を超えて居る一面流転の歴史である。（中略）僧伽には時代の堕落と同じ堕落がある。僧伽の堕落である。そして僧伽は僧伽自体の堕落を背負う。即ち教団において時代を背負うて居る。而も常に歴史的社会に直結して立つ教団の実践において教学がある。真人社は僧伽として初めて真人社であり、その実践としての教学でなければならぬ。こゝに教学と僧伽としての教団との関係もはっきりすると思う。(31)

と明言する。教団、あるいは真人社の基盤である「僧伽」は、時代の堕落と同一の堕落を内蔵するが、同時にその堕落を背負うための教学を実践するのも「僧伽」である。ここに安田は、教団や真人社に対して、歴史社会の課題

を担うための「実践としての教学」の必要性を訴えているのである。
この安田の教示を受けて、『真人』一四号の社説「教団の祈り」には、次のような教団と教学の関係性が述べられている。

今日われ〳〵の深い悲しみは教団の喪失である。（中略）教学としての教相こそ教団の存在根拠である。教学が生きて居るというところに教団の生命がある。生きた教学があるというところに教団の社会性がある。教学は教団が社会的存在として立ち得る場所であると共に、教団が社会的現実を荷負する場所である。教団が喪失したということは教学が凋死したということである。明治時代真宗が生きたといふことは清沢満之の精神主義があつたという事である。教学とは時代の苦悩を宗教的実存に於て荷負することである、時代の苦悩というところに教学の生命がある。（中略）今日の人類歴史の苦悩といふものを自己の責任に於て、自己否定的に荷負するところに教学の生命があり、生ける教団の展望があらう。(32)

教団の社会性は、本願念仏の歴史に立脚する教学によって成り立つものであり、その教学によって人類の苦悩と歴史社会の課題を荷負する「真人」となるのである。ここに教学の生命は回復し、真に教団の展望が成り立つ、としている。安田の「僧伽」論は、まさに南無に支えられた厳密な論理によって成り立っているのである。

第五項　教団と「僧伽」

真人社と大谷派教団は、本質的に密接な関係にあった。そのことについて、日野は、「真人社と教団」に、一九四九（昭和二四）年に厳修された蓮如上人四百五十回御遠忌の〝失敗〟によって低落する教団を案じ、次のような文章を寄せている。

今日、教団の教学は親鸞、蓮如の精神を観念化し抽象化した徳川時代そのまゝの学寮教学より一歩も出ては居らず、未来の救済、未来主義に流れて、現実の自覚といふ仏教本来の精神に全く反したものに堕してゐることは、時代人の等しく指摘される所です。そして現教団の姿が親鸞の願ひとは全く似もしない在り方になつてゐるといふ事も、教学の不明が然らしめてゐることでせう。併し古い教団を捨てると云つても現にこの身が其処に生活してゐるといふ最も具体的な自己矛盾から、真人社といふものを抽象化し組織化された宗教的な団体のようなものとして考へられやすいのです。(33)

一住職として教団を支えようとする日野は、たとえ旧態依然とした教団であっても、その教団に属する限り、教団を捨て去ることはできず、そのように苦悩する教団人の眼で真人社を見れば、真人社も抽象化し、組織化された宗教的な団体ではないか、と述べている。しかし、日野は次のような安田の言葉に出遇うのである。

君はいつも組織とか本部とかいうが、真人社はむしろ地方に生きているもので、その外に本部はいらない。本当の教団の在り方は世間の団体の組織とは全くちがつて、回向というところにあるものである。(34)

この安田の、教団が「組織とか本部とか」を超えた「回向というところにあるもの」という重い課題を受けて、日野は、

真人社が本当の意味の教団であるといふ事は組織なき組織であるといふことでせう。現在我々が所属するような形骸的教団ではなく、そこに人が生きて在る場所を意味するものです。真人社は地方が第一線であるといふことは近くは私が現在ある場所が本当に如法に真実に即して在るかどうか、それが私の地となつてゐるか否かといふ問題でせう。人間は常に歴史的社会的存在です。その私の社会的な現実の場が、私に於いては寺院住職

といふものが本当に私の全体を任せて更に後悔のない場となる所に真人社が在ります。真人社とはその帰命せられた場を象徴するものでせう。[35]

と、教団の成立根拠を、組織から人が生きてある場所へと、また仏法の道理に即しているかどうかへと、さらには私という存在の全体を任せても後悔のない場へと、見直すのである。そして、真人社を「回向された教団」、つまり「帰命の場の象徴」と受け取り、

単に「古い教団を捨てゝ新しい真人社へ」といふ事ではないでせう。現教団を古いと批判しそれへの妄執を絶つ事は勿論真人社の在り方です。併しその超絶に立つて而も現教団と苦悩を共にするといふ事も亦、私に於ける真人社の在り方だと思ひます。[36]

と、自らの教団観を、現実の教団と共に苦悩するところに見出し、そして、『真人』二二号の「私の遍歴」に、次のような慚愧を告白する。戦後の教団の歩みの概要も分かるので、長文を厭わず引用したい。

真人社が発足してから早や三年になる。所がその発足の縁となつたものに、昭和廿二年の問題がある。当時、我々は大谷派宗務所の役員として教学局にゐた。それは教学内局を標榜した当局に応じて、時代相応の教学を闡明せんと願つたためであつた。今日、本願寺教団の教学は親鸞、蓮如の精神を観念化し抽象化した徳川時代そのままの学寮教学より一歩も出てはをらず、未来の救済、未来主義に流れて、現実の自覚といふ仏教本来の精神に全く反したものに堕してゐることは、心ある人々の等しく憂慮する所である。(中略)そこで先づ教学を近く清沢先生の伝統に置き、教学施設の内容的改革から着手した。併し我々の理想は明らかではあつたが、それの具体化に於いて余りにも現教団の実態を知らなかつた。つまり自分自身に無知であつた為に、自分だけが現教団を超えたといふ立場に立つて他を見下し、〝愚昧なる教団人を啓蒙し指導するのだ〟と力んだのであ

る。この思ひ上つた我々の態度がその方策の凡てを失敗に終らしめた要因であつた。（中略）そこで次第に現教団を支配する抜き難い保守勢力と衝突し、遂には蓮如上人御遠忌計画をめぐつて、これを機として教団を親鸞の精神に還へそうといふ我々と、華々しくお祭り騒ぎをして世間をアツと云はせようといふ支配者との争ひとなり、我々は宗務所を追ひ払はれたことであつた。そこで我々は夫々の地方に在つて、教団を本来の在り方に改革する為に、更に新しい教団を建立する為に、全国の同志に呼びかけて教学運動・信仰運動を興そうと、真人社の結成を見るに至つたのである。茲に真人社は大谷派といふ一教団内の問題が縁となつて全真宗教団に、更に広く親鸞の教法を聞信する人々全体に呼びかける事となつた。この志願は全く与へられたものであつた。併しその根に教団との政治的葛藤が内燃してゐた為に、我々の中に現教団に対する割切れない心持がもがきとなり冷視となつて根強く残されてゐた為に、発足と同時に真人社はその方向を誤つてしまつたのである。そして私がその張本人である。即ちこのもがきがやがて宗門改革同盟の結成へと具体化して行つた。元来、真人社と宗革同盟とは組織上何らの関係もない。併しその人を同じくし会所を同じくしてゐた為に、世間から真人社は宗革同盟の代名であり教団に背く異教者の徒党であると見られた事も亦、否み得ないことであつた。そしてこれが真人社の在り方を大いに不純にし、その発展を阻害して来たことは洵に申訳のないことである。（中略）この宗革同盟もただの僧侶の間で咆哮されてゐただけで社会との連絡も裏付けもなく、政治的に全く無力であつた為に次第に行き詰まりを来してきた。それと共に真人社の一部に最初からあつた指導者意識――〝我れ独り悟り得たり〟とする独善主義が、これらの現実に逢ふことによつて自己批判されて来て、遂に昨年夏の真人社再出発となつたのである。(37)

日野の「真宗再興」への志願の足跡を、ここに明確に見ることができる。何としても教団を本来の姿に返そうとして、政治的に走ったことを慚愧しているのである。

すでに確認したように、「真人」とは最も具体的に生きる生活者であり、それは、本来の面目の立ち返った人間の姿である。また、永遠の生命を体解する一人でもあった。すなわち「真人」とは、どこまでも「愚」の自覚に立脚する生活者を意味しており、それは、訓覇の「第一回全国委員会」での挨拶のように、本願念仏の必然によって生まれた一人のことであった。真人社は、「独尊子」の誕生を志願して発足したのである。

しかし、日野のように、多くの寺院住職は、真人社を、教団の本来性を回復するために改革運動を興す団体として受け止めており、ここに「宗門改革同盟」が成立した。だが安田は、その「宗門改革同盟」を、「単なる政治によつて宗団を解決しようとした」もの、つまり宗政家に任せればよい宗団と見定め、決して「僧伽」の問題ではない、と指弾している。日野は、その安田の、徹底して真人社の存在を教学によって「僧伽」に還そうとする眼光に触れることで、真人社を、寺院住職である自己の全存在をまかせて帰命する「場」として、すなわち「僧伽」として、受領できたのである。

実に真人社は、本来的に如来より回向されたものである。したがって、自らの存在性を教学によって確認しなければならないのである。「教学」によって真人社は、自らの存在性の基盤が「僧伽」であることを明らかにするのである。そして、「真人」の誕生を促すのである。ここに真人社は、時代社会と一体の関係性を確立することができる。真人社は、決して単なる政治団体ではなく、娑婆世間の流転を超えて、人類と共に時代社会の苦悩を荷負せんとする「僧伽」であったのである。

第六項「僧伽」の発見—主観的体験主義的信の克服

ところで、当時の真人社の抱える課題を担った人物に柘植闡英がいた。彼は仲野良俊や高原覚正らと共に高光大船に師事することで仏道に立ち上がり、創立当初から真人社の運営に携わっていたが、やがて個人的安心に沈み、苦悩のどん底に陥った。柘植は、その悪戦苦闘の遍歴を、「師に遇う」という一文に草し、『真人』一三号に発表したが、それはまさに、当時の真人社の課題である主観的な体験主義の信の克服の見本となるべき体験であった。以下、その歩みを尋ねてみようと思う。

高光によって鍛えられ、歓喜地に踊り出ることができた柘植であったが、その歓喜は、やがて主観的な体験主義の淵に沈んでいったのである。はじめにその告白を聞こう。文中の「先生」とは、高光である。

先生。此度初めて師に遇う喜びを感ずる事が出来ました。（中略）先生。私は幼少より法水に沈没しながら、無明いよ〳〵長夜、遂には勝縁なきかと自ら投げ出しても見ましたが、返つて悩濁無辺でありました。はからずも先生の御縁により、人間的雲霧破れ、一時は神光の世界に遊ばせて頂きました。だがそれも須臾の間、毒火は循還去来して、生活は火宅であります。而もそれをつき抜けて既に知つた神光の世界に絶えず自己を回復せねばならぬ苦しさ。爾来先生の膝下に走せ参じ引導を蒙りつ、先生の歓喜に同調したいと。（中略）入信した筈の自己がこれでよいのか。「それはお前が本当に仏に遇うて居ない証拠だ。」さうに違いない。胸三寸を一人秘しつ、、絶対の位置にたえず身をおくための煩悶は、飢を食せずして癒さんとするにも等しいことでありました。(38)

「入信した筈の自己がこれでよいのか」と洩らさざるを得ない「七地沈空の難(39)」に沈んだ柘植は、「本当に仏に遇う」ために苦悶せざるを得なかった。次のように述べている。

先生。それは昨年の十月頃と存じます。真人社で「教学」が重用されました。（中略）先輩の懇念が身にひびいて来ます。「得た得たという一切が小主観的個人的信に非ずや。主我的美的感傷的陶酔。伝統のない安心。無師独悟。汝の信は。生活は。」ひし〳〵と身田に感応して参ります。(40)

一度は苦悩の雲霧の晴れた柘植であったが、その信は、未だ主観的体験主義の域を脱するものでなかった。回心すれば回心したという自我に囚われる。そのような自我の牙城に立て籠る信を、「小主観的個人的信」、「主我的美的感傷的陶酔」、「伝統のない安心」と自ら称し、未だ一時的な胸三寸の秘密の安心であったことを打ち明けている。柘植は再び苦悩に転落した。絶体絶命の境地に、ただ一人、立ち尽くすしかなかったのである。ところがその時、「二河譬」(41)の如く、柘植は「三定死」に直面して作念する行者に等しく、曾我の声となった東岸の釈迦発遣の声、すなわち、本願念仏の伝統に立てない個人的安心に沈没する自己に、「仁者ただ決定してこの道を尋ねて行け、必ず死の難なけん。もし住まらばすなわち死せん」との釈迦ならぬ曾我の声を聞いたのである。そしてそれと同時に、西岸にある弥陀の「汝一心に正念にして直ちに来れ、我よく汝を護らん。すべて水火の難に堕せんことを畏れざれ」の招喚の声をも聞くのである。ここに柘植は、本願念仏の大道に立ち上がることができた。

続けて柘植は、次のように述べている。

先生。時期が参りました。私はこの三月、大垣で曾我先生を御迎えした時、先づこの心中を請いました。而かも四日間の御講演は全く私一人のためでありました。遂に心奥の鬱気抗し得ずして噴散し、私は高い高い、それは高い、五十二段も高い、高揚の絶頂からまつさかさまに落ちて参りました。私は驚天動地であります。何故なら、光を持出さんと修する一切が観念ではありませんか。観念によつて現実を偽わらんとする倒見驕慢の私は、永劫に救われることなき煩悩の濁浪に投出された時、たゞ頭のあげ様のない懺悔の涙あるのみであります[42]。

全身、耳となって曾我に聞き入る柘植の求道姿勢を、ここに見ることができよう。柘植は、あらためて虚仮不実の我が身に、懺悔の涙を流さざるを得なかったのである。そのように、後悔の念の止むことのない愚痴一杯の逆悪の自己を、すなわち、高光の闊歩する光明世界を、ただ観念としてしか捉えられない、永劫に救済されざる底知れぬ迷妄に覆蔽せられたる自己を深信した柘植は、即時に、高光や曾我、さらには親鸞と同等の、広々した光明世界に躍り出ることができたのである。ここに懺悔の涙は、そのまま歓喜の涙となる。次のように述べている。

先生。私は初めて親鸞聖人が法然上人を「よき人」と仰せられた御心中にふれることが出来ました[43]。

このように高光を師と仰ぎ、さらに、

浄土真宗は、矛盾を打破して、光を求める勤苦精進の難行道ではない。又単にわかつた、信じたという時、その一切は意識にすぎない。疑うも意識なら、信ずるも意識。大行を頂礼して、恥ずべし痛むべしと、罪深きものとして無限の自己否定を媒介しつゝ、南無する相こそ本願を信じ念仏申す相であります[44]。

と、念仏のおこる心が、自己否定によるべきことを述べている。そして、

先生は大行の開顕にしてまします。身相は、久遠真実の「われ」の相である。われ等の願生を代表して常に願生まします代受苦の相好である。人でなく、個人でなく、我々をして自然に個人対立を徹底的に否定せしめずんば止まざる、現実地上の法蔵菩薩にまします[45]。

と高光に法蔵菩薩の御身労を仰ぎ、そして、

先生。今日思惟して始めて醒悟す。自覚という一切が我執の所為でありました。師を手づかみにする善知識だ

のみ。貪瞋の火は、法をも師をもほしいまゝにして、自障し他人を障す。浄土の門は堅くとざして入るを得ず。三宝を破して自ら永く無明海に没せんとする法謗の我執。痛み言うべからず[46]。

と、師を自我で汚す自分自身を深信し、さらに無明海に没する我が身を懺悔する柘植は、『教行信証』「信巻」信楽釈に親鸞の告白する、「法爾として真実の信楽なし。(中略)急作急修して頭燃を炙うがごとくすれども、すべて『雑毒・雑修の善』と名づく。また『虚仮・諂偽の行』と名づく。(中略)虚仮・雑毒の善をもって無量光明土に生まれんと欲する、これ必ず不可なり[47]」との悲歎述懐と同質の機を抱いて、次のように述べているのである。

親鸞聖人個人の悲しみでなく、その主体は人間を超えて居ります。一切群生海を代表する親鸞に顕れた大悲心の名告りであるとは驚きであります。称念によつてのみ、仏心身にみちて地獄増長の自己を悲しむ自覚となつて顕れ、自然に生死を超えしめられる。こゝに真実信心の相があり、その自覚は深いほど歓喜は広大であります。歓は身の喜び喜は心の喜び、共に一切衆生の悲しみをになうて初めて湧く[48]。

このように、悲歎述懐の機に「如来の大悲心[49]」を感じ取りつつも、その一方で次のようにも告白する。

先生。而しながら、こうして喜びを書いて居ると、我執はもうこのことが他の人より少しでもよくなつた様な錯覚を起すのです。南無すれば南無においてすぐ頭をあげる自力におちて居る。念仏称えつゝ知らず我がものにする。讃嘆顔して驕慢外道に堕ちる。直ちに概念化する巣屈。こゝに聖人が果遂の誓願を特に仰がれた御心中をこのごろ私の上にいたく感ずるのであります[50]。

これこそ見事な「如来の大悲心」の機上における実験ではなかろうか。間断なき恐るべき凡愚の自己を抱えて正直に親鸞に聴聞し、親鸞の求道の苦労を自らの仏道において領解する柘植の姿がここにある。「南無すれば南無においてすぐ頭をあげる自力」や「直ちに概念化する巣屈」の自己を、如来大悲の実験として信楽するのである。

まことに、自力迷妄に沈む自己において、自力迷妄を超えた「如来の大悲心」を自覚することは、それは、自力迷妄中の自己をまるごと超える道にほかならない。「雑毒・雑修の善」を捨てるのではなく、「雑毒・雑修の善」そのままに「如来の大悲心」を感じ取るのである。どこまでも、虚仮でしかない自己の受領、ここに柘植の求道者としての如来讃仰があった。

このような柘植の求道の歴程を親鸞に尋ねれば、それは、親鸞の「三願転入」に相応するように思われる。「三願転入」直前の親鸞の述懐を聞こう。

悲しきかな、垢障の凡愚、無際より已来、助・正間雑し、定散心雑するがゆえに、出離その期なし。自ら流転輪回を度るに、微塵劫を超過すれども、仏願力に帰しがたく、大信海に入りがたし。良に傷嗟すべし、深く悲歎すべし。おおよそ大小聖人・一切善人、本願の嘉号をもって己が善根とするがゆえに、信を生ずることあたわず、仏智を了らず。かの因を建立せることを了知することあたわざるがゆえに、報土に入ることなきなり。(51)

この悲歎述懐に通底する「二十願・至心回向の願」の了解こそ、柘植をして親鸞と同等の難思議往生に立たしめたのであるが、その歴程を、次の二点から見ておきたい。

一つは、親鸞が自らの「二十願・悲歎述懐」の証知の背景として引いた、「三願転入」の前段の「善知識釈」への視点である。それは如来大悲の実験は、善知識の勧信によるということである。たとえば、『涅槃経』「徳王品」の、

善男子、第一真実の善知識は、いわゆる菩薩、諸仏なり。世尊、何をもってのゆえに。常に三種の善調御をもってのゆえなり。何等をか三とする。一つには畢竟軟語、二つには畢竟呵責、三つには軟語呵責なり。この義をもってのゆえに、菩薩・諸仏はすなわちこれ真実の善知識なり。(52)

との教言は、柘植にとっては高光や曾我という「善知識」の「畢竟軟語」、「畢竟呵責」、「軟語呵責」であったに違いない。仏智疑惑に苛まれる絶望の柘植は、善知識の「摂受門」と「折伏門」の催促によって、如来の「果遂の誓」を実験できたのではなかろうか。次のように告白している通りである。

念仏しつゝ自力に堕ちて頭を上げる。あげれば直ちに自己否定的に諸仏の御催促に預る。だから苦しい。徹底した御催促によつて、真実界に転入せしめたまう。自力に堕して転入せしめる。一切が如来の果遂として、慚謝せざるを得ません。自力念仏に堕することによつて初めて諸仏称揚の世界を知らせていただきます。[53]

自力の苦悩の中から、如来の「徹底した御催促」によって破闇満願せられた柘植の仏道を、ここに確認することができるのである。破闇満願とは、諸仏の御催促、あるいは、如来の「果遂」によって小主観的安心の打破された実験であり、同時に如来の大行中における自己発見であった。ここにおいて柘植は、個人的安心を超えて、諸仏称揚の世界の確信、つまり本願の歴史を身いっぱいに証知することができたのである。

二点目は、「願心荘厳」である。柘植の悪戦苦闘は、真人社の課題であった主観的な体験主義的信を超克する実験であったが、銘記すべきは、柘植をして〝苦しい〟とまで告白させる虚仮・雑毒の善の自己の、浄土に生まれることの「不可」なることを知らしめる「如来の大悲心」が、「必ず報土の正定の因と成る[54]」ものであった、ということである。

すなわち、「真実の信楽をもって欲生の体とするなり」との欲生心釈における「如来、諸有の群生を招喚したまうの勅命[55]」、つまり衆生を仏道に立たしめる願心について、『論註』の、

「浄入願心」とは、『論』に曰わく、「また向に観察荘厳仏土功徳成就・荘厳仏功徳成就・荘厳菩薩功徳成就を説きつ。この三種の成就は、願心の荘厳したまえるなりと、知る応し」といえりと。「応知」とは、この三種

の荘厳成就は、本四十八願等の清浄の願心の荘厳したまうところなるに由って、因浄なるがゆえに果浄なり、因なくして他の因のあるにはあらざるなりと知る応しとなり、と。[56]

との「願心荘厳」の文を引いて、浄土と法蔵菩薩の願心、つまり如来願心との不可分を説くことからも頷けよう。さらに「真仏土巻」には『論註』の「性功徳」の、

安楽浄土はこの大悲より生ぜるがゆえなればなり。かるがゆえにこの大悲を謂いて浄土の根とす。[57]

を引いて、有限の機にはたらく「如来の大悲心」に浄土の根のあることを明かしている。すなわち、「如来の大悲心」は、依報正報一体の実験である機の深信を催促すると同時に、我々をして浄土の一員とならしめるものである。それは、浄土の功徳をもって娑婆に生きる機である。破闇満願の機の実験とは、如来大悲に催促されての、機の個人を超える実験であり、同時に浄土に根を下ろす「僧伽」の一員である目覚めである。

すなわち、「悲歎述懐」「仏智疑惑」の自覚である機の深信は、如来大悲をはたらきとする真実信心の実験であり、それは必ず真実報土を開顕する。したがって、機の深信が必然的に「四海の内みな兄弟とする」眷属無量の「同朋僧伽」の開けを有するのである。それを清沢の求道で言えば、それは「万物一体」の覚醒であろう。すなわち、これこそが本願の成就した機の具体的な生活と言えよう。

思えば、真人社が主観的な体験主義の信への堕落からの超克を課題とすることは、それは真人社を「僧伽」たらしめる法蔵菩薩の「願心荘厳」の開顕を明らかにすることでなかろうか。真人社の「宣言」に謳われる、本願を行信することで真宗仏教の世界性と社会性を提唱する根源は、「願心荘厳」にあると言える。それは、曾我に「個人を超えよ」と獅子吼せしめる内的必然性であり、安田が真人社に「時代の課題に答える時、たゞ念仏のみぞまことにおわしますことになる。こゝに初めて、念仏が時代に直結するのである」との知見の根拠であろう。また柘植の

「二十願・仏智疑惑」における悪戦苦闘において、初めて「僧伽」への道に通ずる諸仏称揚の世界の証知であり、さらに言えば、『歎異抄』第二章に述べられる東国の真宗教団維持のために、はるばる親鸞を訪ねてきた門弟に対して、親鸞が「地獄一定すみか」において「弥陀の本願まこと」と告げたことと、軌を一にすることのように思われる。

したがって、『真人』一六号「後記」に、

真人社の発足とその歩みは世界の歴史と共にあつて歴史にさからつていなかつたということです。近代を超へた現代における宗教の問題、個人の主観的信仰をこえた僧伽の問題、法蔵菩薩、願の問題、還相回向の問題など曾我先生を初め諸先生によつて今後の世界をになう真宗仏教の道をあきらかにして頂きました。教学の歴史的展開こそ真人社の大きな使命です。この面における歩みは大きなものでした。か丶る教学の基礎づけをもつて、徳川中期以来うしなはれてゐた生命ある仏教教団の育生こそ、われらに与へられたる任務であります。その芽は現に真人社として姿をみせてゐるのです。（中略）仏教語の現代化も真人社の大きな任務だと存じます。執筆下さる方々に切にお願ひします。(58)

とあるように、まさに時代社会と向き合う真人社の教学、端的に言えば「機の深信」こそが、親鸞教学をして江戸宗学の桎梏から解き放ち、時代に相応せしめたのである。真人社は、「願心荘厳」の実験による、自己実存に根ざした生命溢れる「僧伽」であったのである。

繰り返すが、真人社の歴史的使命は、主観的な体験主義的信を超えて、本願の行信を明らかにすることで「僧伽」を開顕し、そして、一人一人が宗教的人間、つまり「真人」として誕生することであり、同時に、如来の本願を時代社会に公開することであった。そして、時代社会に生命ある仏教教団を育生することにあったのである。ここに清沢の教団改革運動から真人社に一貫する、近代教学の伝承を見ることができよう。柘植に聞こう。

真人十三号に、「個人を超えよ」「教団と教学の問題」が論ぜられてから、真人社の意義がはっきりして来たようである。それは私一人極楽へ参ればよいという様な考えを止めて、大乗菩薩道をあらはにし、僧伽の建立に参加することによつて、自利利他円満して、浄土に往生することである。(59)

真人社は、曾我の「個人を超えよ」、安田の「教団と教学の問題」を収める『真人』一三号によって再生の方向性を明らかにできたが、それは戦後社会に「僧伽」を公開することでの、混迷する娑婆における大乗菩薩道の開顕を意味していた。「願心荘厳」を体とする機の深信が「僧伽」を開き、それが真宗の社会性の基盤となることが、真人社の仏道実験であったのである。そのような真人社のあり方を示す一文を紹介しておこう。

真人社が今回曾我先生を戴いて、この御念仏の宗教が真に世界的なものであつたといふ証拠を真人同志相寄つて高く顕示して行かうといふ目標が明瞭になり、再出発せられるといふ事を承り、心から悦んでゐる者の一人であります。既成教団も既成宗門も歴史的には必然な経過を辿つて自然に生れたものであつた事には異存はありませんが、それが一度化石し、動脈硬化して、観念的に只在るといふ処に陥ち込んでしまつて見ると、本来の生気ある教学は全く顧られなくなつて、若き真面目な学徒が幾ら宗門内に簇立して個々に叫んで見ても所詮無駄である事を、我々はこゝ数十年の内にイヤといふ程見て参りました。今日は親鸞に直結し、御念仏の横イトに強く結ばれ乍ら、障碍する事なく、強制さるゝ事なき「真人社」の淡々たる在り方こそ、時代を立派に荷負するものである事を信じて疑いません。(60)

真人社はどこまでも、親鸞に直結し、念仏によって結ばれる「僧伽」であったのである。現実の教団を、如来回向の「僧伽」として世に開顕する責務を、真人社は担っていたのである。

ところで、真人社が、このように「僧伽」を模索している間にも、高光は、あたかもその真人社に念を押すかの如く、「人は時代なり」と題して、次のように仏道の本質を信にありと断ずる一文を『真人』一九号に寄せている。

一口に世相の変異を云云するが、一体何が変り何が移ると云ふのだらう。独生独死独去独来的生物が人間なら、我意志で自由に動かせる何物も何事もないではないか。そんな存在の群衆意志で綜合的に形成して居る社会が世相を変へたり化かしたり動かしたり移したり出来るであらうか。(中略)何かと云ふと、改造改良と、机上の器具を手で置き代へる様に考へることが、既に時の支配に身動き出来ぬ自分を忘れた、否時の支配に其手を掴まれて感ずる不自由がもがきあせる初発心に迫られて居る所作でないだらうか。(61)

高光は、「世相の変異を云云」して「改造改良」を訴えるなど、ともすれば社会性を論議しがちな真人社の面々の覚束ない足元を照破しているのである。現代の真宗界に縁を持つ我々は、独生独死独去独来の宿業の身に徹する高光の、揺るぎない自在な信を忘れてはならないと思う。我々が高光によって教示されることは、徹底して一寺院を拠点に、そしてどこまでも、信が群萌の大地に根ざすことを自らの生活において明かした、ということである。思えば、それぞれの生活以外のどこに、我々の信の成立する場所があるのであろうか。

信は、如来回向であり、つまり活き活きとした「願心荘厳」のはたらきである。したがって高光は、その信によって、門徒衆と共なる「僧伽」の中に生活した。そして、真人社は、そのような「僧伽」を生み出す「僧伽」であった。何と言っても、先ずもって我々は、自己自身が「真人」として誕生しなければならないのである。

第七項　マルクス主義と真人社

一　社会との対峙

『真人』一三号によって再出発の方向性を確認した真人社は、さまざまな時代社会の課題に応答するために、先ずもって真人社自身が「僧伽」となり、同時に、会員一人ひとりが「真人」として誕生することが願われていた。その真人社の意気込みを聞こう。

真人社は発足以来、新しい時代を背おうべく微力をつくして、今日に至りました。最も偉大なる仕事は曾我先生をはじめ諸師によつて、今後の世界をになう教学をあきらかにして頂いたことです。今や、その歴史的な教学をいかに具体的に、万人の血となし、肉となして行くかという事こそ、真人社の任務だと存じます。そのために、研究部の充実、講習会開催、講師の派遣、社会施設等への本紙の寄贈、出版等に力をそゝぐべく努力していきます(62)。

世界を担う歴史的な教学を、如何に具体的に万人の血肉とするかが、再出発する真人社の課題であった。そしてそのために、「研究部の充実、講習会開催、講師の派遣、社会施設等への本紙の寄贈、出版等に力をそゝぐ」とあるように、組織的な活動を計画したことに、注目しなければならない。

当時の社会思潮として大きな力を持っていたのは、マルクス主義であった。マルクス主義との対峙は、社会との接点を求めて再出発する真人社にとって、避けて通れない課題であった。『真人』一四号を見よう。

教学とは時代の苦悩を宗教的実存に於て荷負することである。時代の苦悩というところに教学の生命がある。或る友が今日飯をまともにして食べれるところに仏法はないと云つてゐるが、独善的教学なり教団の急所を突くものであらう。マルクス主義の批判の前にその意図を自省すべきである。寧ろ自己の中に否定されねばならぬ最初のものを見出すところに教学の道がある。対抗し否定して来るものをも克く自己の内に入れ得るところに教団があり、大悲の生命がある。今日の人類歴史の苦悩といふものを自己の責任に於て、自己否定的に荷負するところに教学の生命があり、生ける教団の展望があらう。(63)

真人社は、教学による自己否定によって本願念仏の伝統に立ち、時代的苦悩を荷負するのであり、そこに「真人」の実践があるとしている。そして、よく共産主義との誤解を受けたのである。次のように述べている。

一切が、共産主義思想との、はげしい対決のうづまきのなかにあるといつてもいいほどの世のなかの情勢である。だからといつて、真人社が共産党であるなどと、とんでもないデマをとばされては、まことにめいわくしごくなことである。そんな見当ちがひの風説に、いちいちいひわけはしてをられないが、歴史の現実の前に、厳粛に襟をたゞして自己を確立すること、それが光明海中に世界をあらしめる、畢竟のみちであるといふあゆみだけは、ひとときもやすめるわけにはいかないのである。(64)

真人社と共産主義は、歴史観を重んじ、また共同体(コミュニティ・僧伽)の形成を思念する点においては類似しているようであるが、教学による自己否定を通して、経済を基盤とした共同体ならぬ信仰共同体を確立するところに、真人社の面目があったのであり、すなわち、「僧伽」に立ち、如何に社会思潮と対峙するかが、真人社の課題であったのである。

『真人』一八号「社説」を見よう。当時の社会思潮を知ることができる。

今日世界の悩みは民主々義と共産主義の激化する矛盾斗争である。この孰れを選ぶかが今日の日本の負う平和への緊迫した問題である。武力なく国家的自主性を喪失した日本はこの両者の択一を余儀なくせられているよりも、それすら自由ではないとも云える。（中略）今日民主々義と共産主義との世界矛盾は、欧洲の世界支配の危機を表わしている。[65]

この共産主義と民主主義の東西二極対立という世界的課題に対して、こゝに両者を往還二回向の本願力によつて統一する念仏は覚者としての仏の無心を根源としていることである。こゝに将来の真宗の世界性がある。[66]

と、本願による二極対立の超克を主張している。真人社は真摯に時代社会と向き合い、積極的に真宗の世界性、社会性を明らかにしようとしたのである。言うまでもなく、真人社の主張する世界性、社会性とは、基本的に本願の伝統、如来の大悲心を背景とすることは、これまで確認してきた通りである。

当時の世界情勢を尋ねれば、米ソの冷戦の激化や、中国での共産党の勝利、さらには朝鮮半島では戦争への緊張感が高まりつつあった。このような「二つの世界」の対立の中、真人社は、まさに時代相応の取り組みとして、龍谷大学元学長の星野元豊と東方（出版）編輯長小田恵を招いて「〝マルクスと真宗〟を聞く」という研究会を開催している。[67]また、翌一九五〇（昭和二五）年二月には、「仏教・教団・社会」のテーマのもとで、マルキストで日本政治経済研究所の佐野学を招いて座談会を開いている。ここでは、その座談会における、時代社会を教学をもって担おうとする真人社に対する、佐野学の示唆に富んだいくつかの発言を確認しておこう。

・真宗は非僧非俗と云う在家的な所から出発してゐるのだし、宗祖は今日の様な教団や本願寺をつくらうなどとは夢にも思はなかつた事だらう。然し今日の教団と云うものは実に尨大な組織であり、作らうとして簡単に出来る様なものではない。是を徒らに滅亡させる事なく、改革して現代に生きてゆけるものなら、何とか改革した方が良い。教団も今後は信仰本位でなければいけない。

・仏教は社会生活から遊離して山林に入つたり、法事をのみ事としてゐるのが能でないと思う。社会生活そのものの中に仏教本来のものを取り出して来なければならない。
・仏教々団は此の際内から改革の火の手が上らねばならぬ。教団改革に於ても必要なものはルネツサンスの精神である。一度根源に返り若返らねばならぬ。（中略）その改革は決して外からの圧迫や、時流に阿諛迎合するのではなく飽くまで、仏教本来の信仰に立脚し、そこから出発するのでなければならぬ。
・宗教も此の際、其の問題〔平和〕を背負う必要がある。今までの様にたゞ平和を説教したり、祈願を捧げたりしてゐたゞけでは駄目である。内に外に戦争的要素に対しては痛切な批判的精神に立脚して、安易な妥協を廃して徹底的にこれと戦わなければ真の平和は確立されない、
・マルキシズムは、十六世紀以後の合理主義的傾向が非常に機械的に集注して出来たものであり、資本主義が与える者の側に立つて、与えられるものを機械の奴隷にまで落してしまつたのに対して、被圧迫者の側に立ち被圧迫者に人間としての自覚を与え、権利を付与した事はマルクスの功績大いなるものがある。然しそれが、遂にヒューマニテイを踏みにぢる結果に陥つてはいないだらうか。
・真人社も時代の要求に応じて自然必然的に生れて来たのであるから、既成教団や時流にいたづらにとらわれる事なく、自主的に純粋に信仰中心で進むべきだと思う。生れ出づべきものはたゞ信仰からのみ生れるであらう(68)。

真人社について、このような、たとえば、「真人社も時代の要求に応じて自然必然的に生れて来た」という歴史観、あるいは、「被圧迫者」に立脚した改革を、マルクス主義でなく信仰に求めていること等、積極的に社会問題を荷負すべきことを訴える佐野の見解は、真人社にとってはまことに刺激的であったと思われる。

二　近代の超克

『真人』一七号及び一八号に、佐々木悠が「階級闘争と真宗」を発表し、「親鸞教徒としてマルクス主義に如何に対すべきであらうか」という命題を論じている。佐々木の積極的なマルクス主義論を見てみよう。

マルクス主義が労働者階級の解放理論としての党派を固持することは、その歴史的使命を労働者階級の歴史的社会的身体が自己のものとして承認さるに由るからであろう。これに対して念仏社会は、マルクス主義に於ける人類最高の階級として労働者階級より今一歩内に越えた凡夫と云う庶民性に於て人類終局の解放を自己の使命とする。(69)

先述したが、この佐々木の共産主義者を思わせるような解放的な表現はもとより、真人社が各地に「真人社」という結社を作って拡大していくやり方がコミュニティの拡大路線と類似していたためか、真人社は発足当初から、共産主義と誤解されることが多かった。

また仲野は、佐野の真人社に向けた「信仰中心で進むべきだ」との発言を受けて、次のように述べている。

人間が、人間の観念や心情の中に安住しようとするその事から偶像が出来上り、それが場所的に押へられて化土といわれる。マルキシズムの闘争は外にそういう社会事象に向つて戦われると共に、内に自らの偶像への絶えざる戦いが行われねばならず、寧ろその事の方が熾烈であろう。「汝自己のために何の偶像をも彫むべからず」（出エジプト記）とは人間の代表者モーゼに対するエホバの誡である。キリスト教もまた、偶像への内面的闘争が命ぜられる。浄土真宗は化土も又仏願の建立にかゝる事を明かにする。超えられざるを、超えよではなくて超ゆべきを超えられざると示される。全く不可思議にその時に超えている。浄土真宗の真宗たる所以がこゝにある。(70)

キリスト教が、偶像を超えよ、と訴えるのに対して、真宗では、超えるべきを超えられないと如実に知ることで、仏願の建立を明らかにする、としている。内に愚を証するところに本願の大地が開かれるのであり、そこに真宗の社会性も開かれる、というところに仲野の見解があった。

『真人』一二三号の社説「近代を救ふもの」には、マルクス主義の限界について、次のように述べている。

マルキシズムが近代の産物であり乍ら近代文化の浸透した西欧や日本に於ては、その目的が進展せずに寧ろ近代化が徹底しない中華、タイ、ビルマ、仏印等に比較的共鳴を得ているということは、何かを暗示するものがある。それはデカルトによつて正に近代の開始が宣言せられた「我思う故に我あり」という理性が、マルキシズムが若し成巧した時に必ず伴うであらう圧迫に対して何か知ら一種の脅威を感ずるからに違いない。そこにはマルキシズムが近代を救い得ないという限界が明示されていると共に、近代理性の根強さを思わせるものがある。近代を救うということに現代というもの、歴史的意義があるが、近代理性を救う、そこに現代宗教の面目がなければならぬ。而も我々は之を親鸞の教学に発見するのである。(71)

マルクス主義に代表される近代理性から近代人を救うところに、つまり、近代理性の有する〃エゴ〃から時代を解放することで、近代人をして真の自己存在の立脚地にたたしめるところに、親鸞教学をもって現代宗教を掲げんとする真人社の使命があることを述べ、さらに次のように親鸞の歴史的意義を明らかにしている。

親鸞は徹底的に理性的自己の現実を見極め批判し尽した。「唯可信斯高僧説」と伝統にかえした信を、更に信巻を開いて信が信を批判することによつて一層伝統の信を明らかにした程徹底的であつた。単なる理性批判などという生やさしいもので救はれるものでない。伝統の信を自らのものとしそれを個人完成の原理とする程の妄執を打ち破る原理として欲生の意義を明かにせずには居れなかつた程、親鸞自身が近代人であつたので

ある。(72)

親鸞は、「行巻」において本願の伝統を明らかにし、その中に自己救済の信を位置づけ、そして「信巻」でその信の「個人完成の原理」を批判することで、自らの救済の根拠を「欲生」に求めたのである。「欲生」とは、「如来、群生を招喚したまうの勅命」であり、個人完成の原理である理性を、徹底的に「不回向」と断ずる信である。そのような如来招喚の信を世に提示することで理性を超え、人類救済の道を開くのである。つまり「欲生」は、回向を首として成就された大悲心であり、その大悲心を敗戦直後の日本に実践するところに、親鸞教学の歴史的意義と真人社の歴史的使命があった。

そのような真人社の歴史的使命について、藤代聡麿は、

真人社を代表する人々が共産主義者と間違えられるのはその自性唯心的傾向がマルキシズムの思想的根拠である唯物史観と通ずるからであらう。若し真実願生の道を明らかにすることが出来るなら我々は世界の迷路を拓く光栄を担うことになる。(73)

と、「欲生」をもって理性を批判することで願生道を明らかにし、それによって世界の迷路を拓くとしている。

また高原は、真人社の世界的使命を次のように述べている。

真人社の発足とその歩みは世界の歴史と共にあつて歴史にさからつていなかつたということです。（中略）教学の歴史的展開こそ真人社の大きな使命です。（中略）か丶る教学の基礎づけをもつて、徳川中期以来うしなはれてゐた生命ある仏教教団の育生こそ、われらに与へられたる任務でありますす。その芽は現に真人社として姿をみせてゐるのです。(74)

真人社の掲げる親鸞教学は、本来的に世界的であったのである。

すなわち、真人社は、マルクス主義との出遇いによって、近代社会を形成する理性と対峙し、その近代理性を乗りこえる道としての願生道を開顕することができたと言える。すなわち、マルクス主義を媒介として、真人社は近代を超克する思想を明らかにすることができたのである。

以上、マルクス主義と対峙する真人社のあり方を確認してきたが、ここで忘れてならないことは、かつて暁烏が「後生の一大事」で、人間存在が宿業存在であることを強調したことや、また高光が「信に教学なし」によって、人間存在の闇なることを叫んだということである。暁烏も高光も、親鸞と同様、社会生活者である群萌にはたらく真宗を見極めていたのである。

さらに曾我は、

我々はもつと〳〵本能の声を聞かねばならぬ。わが胸に波うつところのこの脈の音を聞くべし。この血管の中に流れてゐる赤き血潮の叫びを聞くべし。現在一刹那の事実に接すべし。こゝに本当の南無阿弥陀仏がある。こゝに仏まします。(75)

と叫んでいたことも想起したい。「本能の声を聞」くことも「血潮の叫びを聞」くことも、「一刹那の事実に接」するということも、自己の内に願生道を明らかにすることであり、それは暁烏や高光の「群萌」への眼差しに通底するものであろう。真宗の真宗たる根拠、つまり真宗が群萌の宗教であることから遊離すれば、その教学が如何に精致であったとしても、単なるイデオロギーに堕するしかないのである。

最後に、安田の〝近代の超克論〟を見ておこう。

信仰の問題は、唯物論の立場からは、「私事」であるといわれるけれども、実は、信仰こそ最もふかい意味においていて、「私事」な生活から、すくわれるところにあると思う。(中略)十八願より言えば、未来往生であるが、その未来を現在に見出すところに、現生不退がある(76)。

マルクス主義は信仰を「私事」と指弾するが、信仰は我々を、その「私事」と指摘する理性の「私事」から根本的に救済し、そして「現生不退」に立たしめるものであろう。未来の根拠である現在に不動の立脚地を見出すのである。「私事」と指弾するマルクス主義に翻弄されて、群萌の大地から遊離しがちな真人社への、安田からの諫言であろう。

真人社は、「私」の内なる近代の〝エゴ〟的理性を、どこまでも批判するものでなければならない。そもそも真人社は、その「宣言」にもあるように、「本願の行信」と「自己批判」による「同朋同行」の世界を思念するものであった。すなわち、理性的な「我」を転じて願生道に立たしめ、現実の只中に「僧伽」を開顕する。ここに真人社の歴史的使命があったのである。

第八項　思想混迷と真人社

一　真人社の姿勢

ここで、当時の大谷家や大谷派教団に対する真人社の姿勢を、確認しておきたい。

『真人』一六号の「門」に、次のように記されている。

日本の仏教既成教団がこの急変の渦流のなかで去就に迷い右往左往と泳いでいるなかに東本願寺に大谷楽苑が組織されて新しい宗教音楽の基礎を建てようとしていられるのは闇夜に見つけた明星のような輝かしさである。（中略）旧家に芸術家が出るようになるとその家の破滅は近いと思つてい丶。親には勘当され、試験には落第し、仕方がなくなるといよく〳〵最後に取り出すものは尺八である。しかし尺八は家にも学校にも通用しないかも知れぬが少くとも一応世間には通用するもの。本願寺の封建性も教学も今では全く通用しなくなつたけれどその音楽だけはとにかく世間に通用するという事実を果して宗政の元老方は御存じであろうか[77]。

「大谷楽苑」とは、音楽に造詣の深かった法主大谷光暢とその裏方の智子によって、仏教聖歌を広める目的で創設された音楽サークルであるが、その大谷家の動きを、真人社は批判的に眺めている。そもそも大谷家や教団（宗政）の記事は、『真人』にはほとんど掲載されていない。そのことは、当時の教団が「信仰」から遠ざかっていたことを物語っているように思われる。少なくとも、真人社から見れば、末広愛邦らの「元老」を頂点とする教団は、親鸞聖人七百回御遠忌に対する確たる方向性も使命感なく、ただ彷徨っているだけで、そのような教団からの発信は、現実社会にほとんど通用しないものであり、ついには「旧家に芸術家が出るようになるとその家の破滅は近い」と皮肉られる程度のものでしかなかったようである。真人社は、何を措いても、時代社会の要請に応え得る信の回復を求めていたのである。

「門」の続きを見よう。

吉川英治や倉田百三と、芸術家が書く親鸞は全く個人的主観的なもので真実親鸞ではないという〔宗政の元老の〕御説は一応御尤もであるが、芸術家の親鸞は少くとも危機の直観において一点だけでも親鸞に触れているが、学者や政治家の親鸞と真実親鸞との間には鉄壁の隔絶がある[78]。

このように学者や政治家を批判し、さらに末広ら長老陣を徳川家光に対する大久保彦左衛門にたとえて、

気鋭若冠光紹新門主に我々は期待してはいけないであろうか。古い頭で御家大事と凝り固つた彦左級の諫言苦言は御無理御尤と聞き流されて、ゆめ、もちいたもうことなかれ[79]。

と、批判的であった。しかし、その一方で、教団の信回復を静かに思念していた真人社として、近代的素養のある大谷光紹新門に、少なからぬ期待を寄せていたのである。「真宗再興」を願う真人社は、清沢の近代教学を指標としており、したがって、法主を頂点とする教団保守勢力を本質的に批判して然るべき視点を有するのであるが、しかし新門に期待を寄せる真人社には、〝愛山護法〟〝宗門護持〟の精神も、空気として存在していたように思われる。

さて真人社は、その「宣言」にもあったように、昂然と真宗仏教を掲げ、戦後思想の精神的支柱になるべく発足した。たとえばマルクス主義やさまざまなヒューマニズム思想、また科学や新興宗教等によって激変する時代社会に応答するために、自己変革にも余念がなかった。そしてその指針が、『真人』一三号に掲載された曾我の「個人を超えよ」や安田の「教団と教学の問題」であり、以来、時代社会との関係性を論ずる文章が『真人』に多く掲載されるようになった。具体的には、「社説」はもとより、柘植闡英が執筆した「聞々抄」、仲野良俊の「風航」、長田恒雄の「ロバの耳」、また藤代聡麿の「門」、読者の声を収録する「真人往還」などの連載記事が異彩を放って積極的に社会と向き合い、真宗を明かしたのである。

そのような中で、暁烏の次のような意見が、「真人往還」に寄せらたことに注目したい。

この頃、親鸞、蓮如に関する著書が田辺元、亀井勝一郎、唐沢富太郎、佐野学などの教団外の人々によつて出されてゐるが、皆あやまつてゐる。何うかと云へば純粋宗教の立場からでなく、倫理的な立場から書かれてゐる様に思ふから、真人社の若い人が各々分担して、それを研究してほしい。私は老人だから若い人に望む。それを『真人』に発表してほしい――(80)。

これは、当時の京都学派に端を発する「親鸞ブーム」に対する、暁烏の真宗に対する危機感の表明であろう。暁烏の「皆あやまつてゐる」という視点に教えられることは、真人社の社会姿勢が、「倫理」的な立場を超えて「純粋宗教」の立場からでなければならない、ということである。倫理とは人間の理知、つまり世間分別智の範囲内の見解であり、理知的に〝分かりやすい〟のであるが、真宗の立場は分別を超えた無分別智にあるのであり、その無分別智は理知に自己否定を迫るものであるから、真宗は〝分かりにくい〟のである。すなわち、真宗を理知的に〝分かりやすい〟言葉で語られる危険性を見抜き、〝分かりにくい〟仏道の本質、つまり、我々に〝感応道交〟を迫る純粋宗教の真実義を究めよ、というところに、暁烏の真人社への警鐘があったように思われる。純粋宗教は、時代社会を突破する威神力を有しており、暁烏はその純粋宗教に絶対的な信頼を寄せていたのである。事実、暁烏は、その威神力を、一九五一（昭和二六）年に発足した念仏総長時代に発揮することになる。

　同様の純粋宗教の威神力への期待は、大正時代から戦中、戦後と、大谷大学で教鞭をとっていた鈴木大拙にも共通するように思われる。鈴木は、戦時中からすでに日本の敗戦を確信し、来るべき日本人の精神の混迷を見通して、「霊性」を主張していた。すなわち、一九四四（昭和一九）年に『日本的霊性』、一九四六（昭和二一）年に『霊性的日本の建設』、一九四七（昭和二二）年に『日本の霊性化』を著したが、そのことについてカント研究者の篠田英雄は、『日本的霊性』の解説で次のように述べている。

> 第二次大戦の勃発当初から、我が国の敗戦の必至を信じていた著者〔鈴木大拙〕は、そうなったときに日本が精神文化に貢献すべき大なる使命は、日本的霊性的自覚の世界的意義を宣揚するよりほかにないとして、この著述を企てたに違いない、先生のこれまでの著書には、「日本的霊性」なる語はまったく見出され得ないからである。すると戦争を機縁として書かれた本書は、戦争や敗戦を超えて永久に生き続ける日本的霊性的自覚の思想を確立したものとして、我々日本人にとって特異な意味をもつと思うのである。(81)

鈴木が「日本的霊性」[82]をもって、日本人の純粋な宗教心の回復を願い、それをもって戦後復興を念じたが、そのように真人社も「真宗仏教」を掲げて、敗戦後の思想混迷や空洞化した日本人の精神と真正面から対峙し、純粋宗教の心を回復することで、戦後復興を志願したのである。

以下、そのような志願を、戦後において多くの人々の心を捉えた「新興宗教」（金光教と生長の家）や社会を導く「科学」、また「キリスト教」との対話を通して確認しておきたい。

二　金光教

金光教は、以前から曾我の『歎異抄聴記』をテキストに研修会をもっており、また金光教の研修部員が真人社の第一回講習会に派遣されるなど、真人社と意欲的に交流していた。『真人』一八号には、その金光教学院の研究部員が、「歴史に応答するための教学の樹立」をテーマに曾我を訪問した記録が掲載されている。

最初に、先生の「金光教とはどんな宗教ですか」という質問があつて、佐藤氏（金光学園高等学校主事）から金光教のあらましについて説明があり、ただちに問答が主題にはいつた。ます高橋氏（金光教学院研究部長）の、こんにちの教学はどんな方向にむかつてゆかなければならないか、学問と信仰との関係はという質問に対して先生は歎異抄第十二章にとりあげられている学問の問題を説明され、真宗では「本願を信じ念仏を申さば仏になる」という以外に往生のための学問はない、その道理をあきらかにしてゆくのが学問である。布教をするような身分のひとは信仰的自覚をいろいろなひとにつたえなければならないから、いろいろのことについてよく心得ておくことは必要である。このごろのひとはすぐ理論とか論理とかいうが、論理と道理というものとはちがう。論理で証明してゆくものは仏教の学問ではない、むしろ道理によつて証明してもらうことが仏教の学問である。教学とは理論を考えることではなくて、一文不知の凡夫に下つて、ものの道理を教えていただくことである。それは信仰と矛盾するものではなく、かえつて信仰を証明していただくということである、と縷々所信を吐露して返答された。(83)

時代に応答する信仰を求める金光教の真面目な質疑に対して、曾我は「本願を信じて念仏をもうさば仏になる」との『歎異抄』の聖句を用いて述べ、また論理を超えた「道理によつて証明してもらうことが仏教の学問である」との、真宗の立場を丁寧に述べている。戦後社会の社会的地位の確立のために、信仰のもつ曖昧さや消極性を、教学理論をもって理知的に乗りこえようとする金光教にとって、曾我の「道理によつて証明してもらう」という、人間の理知分別を超えた本願力回向を道理とする立場の教示は、大いに示唆的であったに違いない。

また、金光教で説かれる、人間が尽くしても尽くしきれないところに生ずる神に対するおわび、つまり「実意丁寧」について、曾我は、

まこというものは通ずるものでありましよう。それで回向ということがいわれます。普通に、神仏にこちらからふりむけてゆくことを回向といい、特に、死者に功徳をふりむけることだけが回向のようにいわれておりますが、死者に回向ということでも、死んだのではなく、どこかに生きているから回向ということがあるのであります。生きている人間が、おたがいにふりむけあつてゆく、交際してゆくことが回向であります。それも通り一ぺんの交際ではなく、心から自分をすてて、社会人類のために助けつ、助けられつつしてゆくことが本当の回向という意味であります。（中略）回向とは要するに、天地一切が、如来のまことの現象であるということであります。往相は否定でありますが、還相はその否定の否定である、肯定であります。回向とはこちらから回向するのではなく、受けるものであるというところに親鸞の開顕があり、回向を知つてはじめて他力を

知り、如来の他力回向を知つたところに救いをいただくのであります[84]。

と、金光教の「神に対するおわび」が、こちらから神に対する回向であることに対して、如来回向の立場を明らかにしている。

また、信心の生活が「させていただく生活である」という教えに対して、曽我は、

仏法では、信心とは如来回向の真実、まことであつて、人間には信心というものはないといつております。人間の信心は、自力疑心であると強く批判しております。親鸞聖人には、ことばについての、非常に厳格な批判があつて、意味の混乱をゆるさないのであります。（中略）仏教の根本は、各自々々が眼をひらくことにあります。しかし、各自だけでは眼はひらけない。そこに回向という大きな世界があつて、無量無辺のものが、たがいに縁起するところに、自と他とが相縁るところに眼が開けるのであります。そこに歴史があります[85]。

と述べている。真宗で「させていただく」という信心の生活について、それが人間の良心によるのではなく、如来回向による生活であるべきことを述べている。曽我は、金光教のみならず、多くの新興宗教が〝人間の信心〟に力点を置くのに対して、真宗では〝如来の願心〟に立場を置くことを、一貫して説くのである。

このような金光教との対談に同席していた『真人』編集者の竹田淳照は、

いちがいに、俗信であるとみなしがちな金光教団の内部に、ひたすらに教学への真摯な関心がふかめられているのを知つて、わたくしはおしえのりつぱさを自負する真宗教団に、俗信にもおよばぬ非教学が横行している現状をおもい合せ、われしらず襟を正さしめられるものを感じた。懇切をきわめた先生の明快率直なお話に、一行の人々もつよい感動をうけられたようであるが、そこには、わたくしどもが、あらためて聞かしていただかねばならない貴重な数々のお話が盛られていたのである[86]。

と述べている。他の宗教と交流することで、真宗の怠慢さを反省し、襟を正さなければならない、としている。まことに真宗が金光教より勝っているのではなく、共に讃えるべきは、如来回向でなければならない。

三　生長の家

『真人』一四号には、「生長の家とは何んな宗教か」という見出しで、次のような報告が載せられている。
教祖を谷口雅春という。「彼も倉田百三氏と共に、我々の若い頃は兵庫県の御影にゐて、親鸞を信ずる人であつた。教団外より親鸞信仰を叫んだのだが、出版屋に利用されてあゝなつたんだナ。お念仏がなかつたんだヨ……」と吉田龍象氏はいう。「生長の家」では昭和五年から六年までを準備完了時代、又は御影時代といつてゐるのがこの頃のことであろう。（中略）全国的教義膨張時代を経て今は「世界主義時代」であると大きくいつてゐる。米国のハードマン博士とかと手を組んで「実用的精神主義」を世界にひろげようという。(87)

そして、次のような教義を紹介している。

時が来た、今すべての病人はたつことが出来るのである。もはや、あなたにとつて病気は存立しない時が来たのである。（中略）心に健康を思へば健康を生じ
心に病を思へば病を生ず　そのさま恰も
映画のスクリーンに
力士を映せば力士を生じ
病人を映せば病人を生ずれども
映画のフイルムそのものは無色透明にして　本来力士もなく

病人もなく……
それはたゞ無色のフイルムについた
印画液による
色々の模様である
印画液の作用によりて
生じたる影にして実在ならず(88)

このような分かりやすい譬えをもって説かれる教義に一応の評価を示しつつ、仏教については、次のように述べている。

これ〔「生長の家」の教義〕を読んで「仏教がむつかしい」といはれるのがわかる様な気がする程、明解である。たゞ最後に「生長の家」を聞いてゐた中村正義氏の告白を記しておこう。

「心を浄めよといはれたのですが、わが心を我れで何んとも出来ない事を知つたのでした、宿業がかへつてはつきりわかりました」と。(89)

仏智は無分別智を体とするから、人間の分別知、つまり人間にとって〝分かりやすい〟ということは、本来的には成り立たないのである。むしろ、「わが心を我れで何んとも出来ない」というような人間の分別知の有限性、つまり我が身の宿業を知らされるところに、如来回向に立つ仏教の、〝むずかしい〟所以がある、と説いている。

しかし、当時の真人社は、時代に対応するための〝分かりやすい〟言葉を求めていたのである。

四　キリスト教

『真人』一五号には、トマス学院長で京大講師であるカトリックのエグリ神父への訪問記「エグリ神父を訪ねて」が、掲載されている。その見出しの文は、次の通り、積極的であった。

安心とか信心とか云ふと、何か一つの世界観を極めて、それに坐り込んで了ふ事と誤解されるかも知れないけれども、現実に悲鳴を上げ足腰立たぬ人間が、立上つて一足一足を踏みしめて歩き得る様になる事でなければならぬ。刻下の現実を浄土荘厳として拝し得るならば、我も又その殿堂に黄金の釘一つ打たんの思ひも又当然である。鎮守のお祭りに地獄極楽の見せ物を懐手して見る様に、浄土の荘厳を見て回るだけなら見仏でなくて見物であらう。せい一ぱい、どんな事にでも教へられて歩ませて貰はう、キリスト教に聞く事から仏教が明らかになる。そんな思ひから私達はカトリックの聖トマス学院にエグリ神父をお訪ねした。(90)

そして対談は、次の問いから始められている。

現在日本は無信仰の状態で仏教も唯単に形骸のみが残つてゐる様ですが、これについて神父様の御意見をお伺ひしたいと思います。（中略）現在の寺院が民衆の信仰に答へない。これが大きな欠陥だと思ひますが。(91)

これに対して、エグリ神父は、

さうですね。私の方ではキリスト教が真の宗教だと信じてゐます。しかし仏教とキリスト教の似てゐる所がある様です。それは目に見える世界は本当でないといふ信仰、人間がこの世のものよりももつと高尚なものを追求すべきであるといふ事です。（中略）唯根本的な差は、仏教では仏と一致する為に自分の自我を完全に失はねばならぬ。（中略）キリスト教は無限なる神と一致する為に自分の人格を失ふ必要はなく、さうすれば一致する事も無くなると思ひます。(92)

と答えている。「自分」というもののあり方の、キリスト教と仏教との相違をこのように述べ、さらに、

今日は教理の問題よりも現実に宗教者がどういふ態度であるべきかそれについてカトリックの方ではどういふ態度を取つて行かれるかといふことをお伺いしたいのですが、今度ノーベル賞を貰つた、サージョン・ボイドオアの世界連邦政府運動に新教の方では全体的に参加して居られる様です。カトリックの方では参加して居られないと見受けますが……(93)

という問いに対しては、

教会は政治に直接のぞみません。政治家にまかすのみです。神を信ぜぬ人が世界連邦を作つても今よりひどい事になる。神の信仰がなければ如何に努力しても無駄だと思ひます。(94)

と新教との相違点を述べている。

また、真人社の直面している課題である社会性に関する、

カトリックでは宗教者として現実に対して如何にあるべきかと教へますか。この世の事は一応さて置いて唯「主なる汝の神」を拝するといふのか、それとも……(95)

との問いに対しては、

カトリックからはこの世の事は仕方がないのではなくて出来る丈、神の国を実現せねばならぬ。しかし完全にこの世では出来ぬといふ意識はあります。この世の終りの後に完全なる神の国の実現に至るが、それ迄は神の心にあう様に努力して……社会正義の実現などに努めます。(96)

と、出来る限りこの世における「神の国」の実現を信じて、社会正義実現に努めるとする、としている。キリスト教の社会性の背景が「神の国」の実現にあることが窺えよう。

真人社は、自ら民衆の信仰に答えていないことを認め、そして宗教者の態度を、真摯に課題としていた。真人社は、常に社会性を意識していたのである。宗教が現実に有効でなければ無意味、という姿勢は、キリスト教と同様であるが、しかし、キリスト教が社会正義を掲げ、また不完全と知りつつも、この世の「神の国」実現という明確な社会実践の立場を有しているのに対して、真人社は、人間の自我関心を超えた信と、その信の立脚地である「同朋僧伽」に社会実践の立場を求めている。真人社の訴える社会実践は、キリスト教に比べて、未だ観念的であったと言うべきであろうか。

五　科　学

真人社は、科学とも真剣に向き合った。『真人』一四号に掲載されている端達朗の「科学と宗教」が、その代表的な論文である。たとえば、次のように論じられている。

ソ連で原子爆弾が成功したといふニユースは世界の表情をかへた。原子爆弾の唯一の経験者である日本人は、曇天を仰ぐような、あきらめたような顔つきである。あらためて「科学と宗教」を身近かに、考へてみる時であらう。(97)

これは、一九四九（昭和二四）年に執筆された論文であるが、その年の八月には、ソ連による第一回原爆実験が行われている。まさに全世界が核の脅威に晒される出来事であった。すなわち、科学至上主義の危機が、真人社のみならず、世界中を襲ったのである。

この原爆実験について、端は、

人々は今、自らの知性の所産であるこの科学力を前にして、輝く文明の希望をも打忘れたかの様に、あまりの偉力に反つて自滅の恐怖を抱きつゝある。[98]

と、科学の根底にある人間の無知を訴え、そしてアインシュタインの「我々の時代は科学的知識によって得た進歩を誇る。だが、その知識を我々の神たらしめてはならない。それ〔知識〕は奉仕することは出来るが指導することは出来ない。科学はその指導者の撰択に就いては潔癖でない[99]」という言葉をもって、科学の立場が無記であり、したがって、科学は自らの目的と価値についていては責任はないはず、との見解を示しつつ、次のように述べている。

理性を理性として真に正しく生かし得る立場は矢張り宗教以外にはない。[100]

そして、

科学は冷厳であるが、多くの科学者は寛容と博愛と忍耐の精神を具有してゐる。科学と科学者とを混同してはならぬ。科学をして真に美しく地上に開花せしめ全人類の自覚と繁栄に於て仏の本願を成就せしむるは宗教家の尊き責任である。南無阿弥陀仏は自我を破摧する原子爆弾であると云ふ。科学と宗教！　それは子と親とのうれしさ悲しさに似る。[101]

と述べている。思えば、科学と宗教の関係については、すでに清沢が、

科学的知識の進歩は、実に近代の美名なり、又実に近代の大績なり、然れども吾人は決して其名の美なると其績の大なるとに眩惑すべからざるなり、抑ゝ科学的知識は、如何に進歩せりと雖とも、今日に於ては、尚其全能を唱導し得べきにあらざるなり、[102]

と、科学の有限性について開陳していたことを想起すべきである。

ともかく真人社は、「無記」である科学と科学者の関係、あるいは科学と宗教の関係などの多くの課題を抱えていた。真人社は、積極的に社会との関係性を模索していたのである。

『真人』一五号の社説「三宝章と平和について」を見てみよう。

今日われ〳〵は長き戦争の恐るべき迷夢よりさめて世界の人々に戦争放棄を約束し、それを国の憲法として全く新しく日本は生れ変つたのである。その宣言誓約に嘘があってはならない。平和日本は夢ではない。（中略）教団の組織はときに時代の法則の支配を免れず、数えれば多くの罪責もあることである。今や古き時代の残滓はこれをうつくしく払ひ去り、眼を開いて社会の現実を正しく受けとり、僧伽本来の面目がその伝統の生命が教団人の上に活発に動き出さねばならない。(103)

現実社会を直視して、「僧伽」によって宗教的生命を回復することで、平和社会を実現すべきことを主張している。

また『真人』一六号には、次のような見解が寄せられている。

湯川博士がノーベル賞を授与されたというので、科学という方面に一般的に関心の薄い日本人も急に最大の関心を呼びおこして、湯川博士の業績にこたえた。（中略）しかし、このような問題の取り扱ひで最も迷惑をうけたのは宗教ではなからうか。「接近した科学と宗教」このような言葉で一流の大新聞が、更に宗教新聞までが、否湯川博士までがのべておられるのには驚く。（中略）科学を哲学を否定してつゝむものが宗教である。科学から宗教へは絶対の断絶がある。科学に対して関心をもたぬ日本人は、また宗教に対しても余りにも無智であり過ぎる。(104)

科学至上主義に対して宗教の社会的使命を明確にする。つまり人類の拠って立つ一味平等の世界を明らかにするところに、真人社の基本的姿勢があった。科学に対して、毅然と宗教の真実性を社会に訴えなければならないことは、今日においても同様であろう。ここに、次の『浄土和讃』が思い合わされる。

たとい大千世界に　　みてらん火をもすぎゆきて
仏の御名をきくひとは　　ながく不退にかなうなり(105)

純粋な宗教心のみが、現実の課題を担うことができるのである。

以上のように、現代社会の諸思想と意欲的に対話し、そして宗教の真実義を社会に提示するところに、真人社の社会的使命を果たそうとする意欲を見て取ることができよう。

第九項　「純粋なる信仰運動」

長田恒雄の次のような言葉に留意したい。

曾我量深とか、金子大榮とかいう人を、こんにちの教学の代表者のように言うのは当然かも知れないが、人中心が行きすぎれば、救ひは狭いものになる。また、その人が死ねば厄介なことになる。そして、そういう特別の人がいなければ救われないようでは宗祖の御苦労もナンセンスだつたということになる。と言つて、法中心ということになると、うつかりすると御安心が観念になる。法則になる。（中略）真人社の中には、曾我とか安田とかいうとまるで偶像のようにしやちこばる人がある。偶像にされては両氏としてもたまらないだろう。真人社のことを、何か近よりにくい、きびしさと硬さとばかりのものに感じとつている人々もあるのは、こういう御神輿かつぎのせいだと言う人もある。(106)

「曾我」「安田」という名に迷い、彼らを偶像のように崇める人々の、真人社には多かったことが分かる。求道とは、決して師を偶像視することではないはずである。そうではなく、常に時代社会との業縁の中で、ひとえに本願力を体解すべく、師を通して聞思を積み重ねることであろう。偶像を担いで自己満足する心からは仏道は開かれない。無窮に宿業存在の自分を問い、自分自身の有限性を知らしめる仏智を、師の求道実験を通して、あらためて我が身に受領するところに、仏道は開かれる。師ましませば、こそ、リアリティある仏道の実験が可能となるのである。

さて、『真人』は、一二一号をもって三年目に突入した。真人社にとって仏道の停滞は、何としても避けなければならないことであった。仏法は、時機相応、一刻一刻、常に生きてはたらくものであろう。その意味から、苦悩と共に歩みを続けてきた真人社は、文字通り〝生きていた〟と言える。『真人』一二一号に、次のような記事がある。

柘植氏の聞々抄、小生〔仲野〕の風航、永らく誌上を独占しましたので、この辺で一度城明け渡しとした方がよかろうと柘植氏からの申出がありましたので、聞々抄は百姓の小壷に、風航は美濃部薫一氏に夫々交代して頂くことになりました[107]

そして、『真人』一二六号には、

今年一年「真人」の歩みは誠に遅々たるものでありましたがこの歩みなくしては此処へ出られなかつたという大きな意義もあつたやうです[108]。

と述べている。真人社は、生き生きとした宗教的生命を発揮するために、ここに再び変わり目を迎えつつあったのである。そして、

タブロイド版になつて丸一年、幾多の希望と期待をはらんで二十六号を迎えましたが、その実現は一進一退、更に新年を期し、新しく飛躍してタブロイド四つ折に体裁を改めます。雑誌型、タブロイド型、更にタブロイド四つ折型と目まぐるしい様な変化ではありますが、最良を目指しての苦悶であることを御諒承下さい[109]。

とあるように、体裁をタブロイド四つ折に改めて、一九五一（昭和二六）年一月号から再出発する予定であったが、実際には翌月号からとなった。その『真人』二七号、つまりタブロイド版最後の「後記」に、
真面目な新聞だということだけは判るが肩がこる、こんな御批判を頂いたりしますが、全くその通りで、愛情がないからだと安田先生からお叱りを受けて居ります。努力のみでは解消し切れない信の根本問題にふれさせて頂きます。私共の生活態度が反省させられます。(110)

と綴られている。停滞の許されない真人社は、曾我や安田、また高光や暁烏から激励され、さらには読者や、何と言っても社会から問われ続けることで、常に純粋宗教を追求した。ここに、真人社の健全性があった。柏植は次のように、当時を回顧する。

戦後の廃墟の中に浩々洞が信仰運動として興ったのが真人社でないか。その真人社がたまたま大谷派に同朋会運動として継承された。大谷派を拠点として真人社の持っていた僧伽形成の願いを実現することになった。私はそういうところに真人社の意味を感じます。(111)

やがて同朋会運動へと継承される、真人社設立の意義を、このように語っている。浩々洞は「僧伽」であったが、その「僧伽」の精神を継承するのが興法学園であり、そして真人社であった。同朋会運動が、「純粋なる信仰運動」と称される所以である。

曾我は、真人社の存在意義を、次のように述べている。

私共の願つてゐることは、今まで真宗において私の願ひが認められることを求めてゐるわけではありませんが、しかし今の時代、今後の思想界に対応して、浄土真宗を、深い覚悟をもつてこれを明らかにして行かなければならない。親鸞の『歎異抄』を見ると思ひ切つたことを仰言つてをられます。あの時代はあの位徹底して

ゆかなければ救はれなかつた。今日の時代には、われ〳〵仏教徒は、一方には唯物論を背景とした共産主義、一方にはキリスト教を指導原理とするアメリカ民主主義。一方は善人を標榜してゐるに対して、唯物論の方はむしろ自分は悪人であると標榜してゐるものと思はれます。その悪人を徹底して本願一定といふこと則ち南無阿弥陀仏の本願一定といふものを立てて、その本願を信ずるところにわれ〳〵は、一方には俗諦門、その俗諦門において民主主義の人の要望してゐる人間文化に応じて、世の中を本当に平和の世界、此世を明るく此世を文化を以て飾つて行くことが出来る。仏の荘厳浄土の精神がこゝにあるといたゞくのであります(112)。

まことに思想混乱の戦後世界を荘厳する仏道を明確に示すところに、真人社の社会的使命があった。曾我は、真人社が浄土の精神に立って、戦後社会の代表的思潮である共産主義と民主主義を生かしつつ世の中を平和にしていくことを主張するのである。

註

(1)「編輯後記」『真人』七号、一九四八(昭和二三)年一二月、一五頁
(2)「他力信仰の発得」『清沢満之全集』六巻、二一二頁、岩波書店
(3)「真宗教団の理念」『真人』七号、一九四八(昭和二三)年一二月、一一〜一二頁
(4)「真宗教団の理念」『真人』七号、一九四八(昭和二三)年一二月、一二頁
(5)「師弟一味」『真人』七号、一九四八(昭和二三)年一二月、二頁
(6)「私の見たままの大谷派」『真宗』一九五六(昭和三一)年一月、七頁
(7)「真人の道」『真人』一〇号、一九四九(昭和二四)年五月、一七頁
(8)「真人の道」『真人』一〇号、一九四九(昭和二四)年五月、一八頁
(9)「真人の道」『真人』一〇号、一九四九(昭和二四)年五月、一八頁

(10)「真人の道」『真人』一〇号、一九四九（昭和二四）年五月、一八頁
(11)「真人社新展開に寄せる」『真人』一二号、発刊年月日不明、二〇頁
(12)『真人』一一号、一九四九（昭和二四）年五月、四～五頁
(13)「再出発のことば」『真人』一三号、一九四九（昭和二四）年一〇月、一頁
(14)「個人を超えよ」『真人』一三号、一九四九（昭和二四）年一〇月、一頁
(15)「個人を超えよ」『真人』一三号、一九四九（昭和二四）年一〇月、一頁
(16)「個人を超えよ」『真人』一三号、一九四九（昭和二四）年一〇月、一頁
(17)「個人を超えよ」『真人』一三号、一九四九（昭和二四）年一〇月、一頁
(18)「個人を超えよ」『真人』一三号、一九四九（昭和二四）年一〇月、一頁
(19)「再出発のことば」『真人』一三号、一九四九（昭和二四）年一〇月、一頁
(20)「聞々抄」『真人』一三号、一九四九（昭和二四）年一〇月、二頁
(21)「事務所記」『真人』一三号、一九四九（昭和二四）年一〇月、四頁
(22)「真人社の再出発に際して」『真人』一五号、一九四九（昭和二四）年一二月、四頁
(23)「教団と教学の問題」『真人』一三号、一九四九（昭和二四）年一〇月、一頁
(24)「教団と教学の問題」『真人』一三号、一九四九（昭和二四）年一〇月、一頁
(25)「教団と教学の問題」『真人』一三号、一九四九（昭和二四）年一〇月、一頁
(26)『願生浄土―浄土論によりて―』四一頁、永田文昌堂
(27)『教行信証』「信巻（別序）」真宗聖典、二一〇頁、真宗大谷派宗務所出版部
(28)「教団と教学の問題」『真人』一三号、一九四九（昭和二四）年一〇月、一頁
(29)「教団と教学の問題」『真人』一三号、一九四九（昭和二四）年一〇月、一頁
(30)「教団と教学の問題」『真人』一三号、一九四九（昭和二四）年一〇月、一頁
(31)「教団と教学の問題」『真人』一三号、一九四九（昭和二四）年一〇月、二頁
(32)「教団の祈り」『真人』一四号、一九四九（昭和二四）年一一月、一頁
(33)「真人社と教団――松扉君に答える――」『真人』二一号、一九五〇（昭和二五）年六月、三頁
(34)「真人社と教団――松扉君に答える――」『真人』二一号、一九五〇（昭和二五）年六月、三頁

(35)「真人社と教団――松扉君に答える――」『真人』二二号、一九五〇(昭和二五)年六月、三頁
(36)「真人社と教団――松扉君に答える――」『真人』二一号、一九五〇(昭和二五)年六月、三頁
(37)「私の遍歴(上)」『真人』二二号、一九五〇(昭和二五)年八月、四頁
(38)「師に遇う」『真人』一三号、一九四九(昭和二四)年一〇月、二頁
(39)曾我は次のように述べている。

七地沈空の難という大難に、つまり自分の根底的な一大撞着にぶつかって来たのでしょう。それを乗り越えなければならぬ、その時に始めて十方無量の諸仏の証誠ということが出て来るのでありましょう。そういうものと第十七願というものとの間に大きな関係があるに違いない。(「浄土と本願」『曾我量深選集』一二巻、四八頁、彌生書房)

(40)「師に遇う」『真人』一三号、一九四九(昭和二四)年一〇月、二頁
(41)『教行信証』「信巻」真宗聖典、二一九～二二一頁、東本願寺出版部
(42)「師に遇う」『真人』一三号、一九四九(昭和二四)年一〇月、二頁
(43)「師に遇う」『真人』一三号、一九四九(昭和二四)年一〇月、二頁
(44)「師に遇う」『真人』一三号、一九四九(昭和二四)年一〇月、二頁
(45)「師に遇う」『真人』一三号、一九四九(昭和二四)年一〇月、二頁
(46)「師に遇う」『真人』一三号、一九四九(昭和二四)年一〇月、二頁
(47)『教行信証』「信巻」真宗聖典、二二八頁、真宗大谷派宗務所出版部
(48)「師に遇う」『真人』一三号、一九四九(昭和二四)年一〇月、二頁
(49)『教行信証』「信巻」、真宗聖典、二一八頁、真宗大谷派宗務所出版部
(50)「師に遇う」『真人』一三号、一九四九(昭和二四)年一〇月、二頁
(51)『教行信証』「化身土巻」真宗聖典、三五六頁、真宗大谷派宗務所出版部
(52)『教行信証』「化身土巻」真宗聖典、三五三～三五四頁、真宗大谷派宗務所出版部
(53)「師に遇う」『真人』一三号、一九四九(昭和二四)年一〇月、二頁
(54)『教行信証』「信巻」真宗聖典、二二八頁、真宗大谷派宗務所出版部
(55)『教行信証』「信巻」真宗聖典、二三二頁、真宗大谷派宗務所出版部

(56)『教行信証』「信巻」真宗聖典、二三三～二三四頁、真宗大谷派宗務所出版部

(57)『教行信証』「真仏土巻」真宗聖典、三一五頁、真宗大谷派宗務所出版部。あるいは、『論註』「性功徳」に、「長寝大夢莫知悕出、是故興大悲心。願我成仏、以無上正見道起清浄土出于三界。」(『真宗聖教全書』一巻、一八七頁、大八木興文堂)にも注目したい。柘植の「長寝大夢」からの目覚めが、すなわち「起清浄土出于三界」であるからである。

ここで、延塚知道の『論註』に浄土の因を法蔵菩薩に尋ねる考察を挙げておきたい。

曇鸞の仏道の立脚地は本願の成就、即ち不虚作住持功徳の自証である。曇鸞は、本願の成就に立って仏力としての果力を仰ぎ、本願力としての因力を内観しながら次のように言う。「爾の時の位を聖種性と名づく。是の性の中にして四十八の大願を発して此の土を修起せり。即ち安楽浄土と曰う。是れ彼の因の所得なり。果の中に因を説く、故に名づけて性となす」。このように仏力と願力との成就に立って曇鸞は浄土の因を法蔵菩薩に尋ね当てる。(『浄土論註』の思想究明―親鸞の視点から―』一五二頁、文栄堂)

浄土の因は本願成就、法蔵菩薩の「御身労」である。法蔵菩薩の「御身労」は必ず浄土を約束するものであり、そしてそれは三界を超えた「僧伽」となって我の生活中に現成する。すなわちそれは、延塚の「願生の外に浄土はなく、浄土といえば願生の仏道に立つ以外にあり得ないのである。換言すれば、われわれ凡夫の仏道は、法蔵菩薩が積習して成じた浄土に依って願生する以外に成り立たないのである」との述懐で明らかとなる。

(58)「後記」『真人』一六号、一九四九(昭和二四)年一一月、四頁

(59)「地涌の菩薩　佐々木清麿」『真人』一六号、一九四九(昭和二四)年一一月、二頁

(60)「真人社の再出発に際して」『真人』一五号、一九四九(昭和二四)年一二月、四頁

(61)「時代は人なり」『真人』一九号、一九五〇(昭和二五)年四月、一頁

(62)「お願ひ!」『真人』一七号、一九五〇(昭和二五)年二月、四頁

(63)「教団のいのり」『真人』一四号、一九四九(昭和二四)年一一月、一頁

(64)『真人』五号、一九四八(昭和二三)年一〇月、一〇頁

(65)「今日の課題」『真人』一八号、一九五〇(昭和二五)年三月、一頁

(66)「今日の課題」『真人』一八号、一九五〇(昭和二五)年三月、一頁

(67)『真人』一四号、一九四九(昭和二四)年一一月、四頁

(68)「仏教・教団・社会」『真人』一七号、一九五〇（昭和二五）年二月、三頁
(69)「階級闘争と真宗」『真人』一八号、一九五〇（昭和二五）年三月、一頁
(70)「風航」『真人』一八号、一九五〇（昭和二五）年三月、一頁
(71)「近代を救ふもの」『真人』二三号、一九五〇（昭和二五）年九月、一頁
(72)「近代を救ふもの」『真人』二三号、一九五〇（昭和二五）年九月、一頁
(73)「門」『真人』二三号、一九五〇（昭和二五）年九月、一頁
(74)「後記」『真人』一六号、一九四九（昭和二四）年一月、四頁
(75)「念持の大道」『真人』一五号、一九四九（昭和二四）年一二月、一頁
(76)「仏弟子の喜び」『真人』二六号、一九五〇（昭和二五）年一二月、一頁
(77)「門」『真人』一六号、一九五〇（昭和二五）年一月、一頁
(78)「門」『真人』一六号、一九五〇（昭和二五）年一月、一頁
(79)「門」『真人』一六号、一九五〇（昭和二五）年一月、一頁
(80)「真人往還」『真人』一四号、一九四九（昭和二四）年一一月、四頁
(81)「解説」『日本的霊性』二七四頁、岩波文庫
(82)鈴木大拙は、『日本的霊性』の「緒言」で「霊性を宗教意識と云つてよい」（『鈴木大拙全集』八巻、二二頁、岩波書店）と述べている。
(83)「眼をひらく」『真人』一八号、一九五〇（昭和二五）年三月、三頁
(84)「眼をひらく」『真人』一八号、一九五〇（昭和二五）年三月、三頁
(85)「眼をひらく」『真人』一八号、一九五〇（昭和二五）年三月、三頁
(86)「眼をひらく」『真人』一八号、一九五〇（昭和二五）年三月、三頁
(87)「生長の家とは何んな宗教か」『真人』一四号、一九四九（昭和二四）年一一月、三頁
(88)「生長の家とは何んな宗教か」『真人』一四号、一九四九（昭和二四）年一一月、三頁
(89)「生長の家とは何んな宗教か」『真人』一四号、一九四九（昭和二四）年一一月、三頁
(90)「エグリ神父を訪ねて」『真人』一五号、一九四九（昭和二四）年一二月、三頁
(91)「エグリ神父を訪ねて」『真人』一五号、一九四九（昭和二四）年一二月、三頁

(92)「エグリ神父を訪ねて」『真人』一五号、一九四九（昭和二四）年一二月、三頁
(93)「エグリ神父を訪ねて」『真人』一五号、一九四九（昭和二四）年一二月、三頁
(94)「エグリ神父を訪ねて」『真人』一五号、一九四九（昭和二四）年一二月、三頁
(95)「エグリ神父を訪ねて」『真人』一五号、一九四九（昭和二四）年一二月、三頁
(96)「エグリ神父を訪ねて」『真人』一五号、一九四九（昭和二四）年一二月、三頁
(97)「科学と宗教」『真人』一四号、一九四九（昭和二四）年一一月、三頁
(98)「科学と宗教」『真人』一四号、一九四九（昭和二四）年一一月、三頁
(99)「科学と宗教」『真人』一四号、一九四九（昭和二四）年一一月、三頁
(100)「科学と宗教」『真人』一四号、一九四九（昭和二四）年一一月、三頁
(101)「科学と宗教」『真人』一四号、一九四九（昭和二四）年一一月、三頁
(102)「宗教と文明」『清沢満之全集』二巻、三八九頁、岩波書店
(103)「三宝章と平和について」『真人』一五号、一九四九（昭和二四）年一二月、一頁
(104)「宗教に遠ざかるもの」『真人』一六号、一九四九（昭和二四）年一一月、三頁
(105)『浄土和讃』真宗聖典、四八一頁、真宗大谷派宗務所出版部
(106)「ロバの耳」『真人』二一号、一九五〇（昭和二五）年六月、三頁
(107)「後記」『真人』二三号、一九五〇（昭和二五）年八月、四頁
(108)「後記」『真人』二六号、一九五〇（昭和二五）年一二月、四頁
(109)「後記」『真人』二六号、一九五〇（昭和二五）年一二月、四頁
(110)「後記」『真人』二七号、一九五一（昭和二六）年一月、四頁
(111)『訓覇信雄論集』二巻、二九二～二九三頁、法藏館
(112)「感応の道理」『曾我量深選集』一一巻、一六九頁、彌生書房

第三節　真人社と現実社会

第一項　真人社の社会性

これまでの真人社を概観しよう。発足の時から真人社を支えたのは、おもに高光大船に師事した柘植闡英、仲野良俊、高原覚正らであった。高光のあの自在で豪放磊落な、仏者として揺るぎのない仏道は、昭和初期の安田理深や訓覇信雄や松原祐善がそうであったように、彼らの宗教心を大きく揺り動かしたのである。

高光は、「真人」誕生という仏事に、一生涯を捧げたと言ってよい。それは、自らが「真人」と成るために、曽我や暁烏に聞思する一生でもあったし、また自己に集う苦悩の人々が「真人」と成るために、自分自身の一切を投げ出す生涯でもあった。その対機説法、つまり「御示談」は、大きな教化力を発揮した。

高光は、口だけの仏法を嫌った。特に清沢の悪戦苦闘を忘却して、もっともらしく仏法を説く姿勢を、心から歎異した。ここに「信に教学なし」を訴える高光の信心の確かさと純粋さがあった。

清沢は、「自己とは何ぞや」という命題によって、仏道を自分自身に明らかにした。そして、その「実験主義」の伝統を、曽我は、自身に法蔵菩薩を「地上の救主」として深信することで継承し、また高光は、自己の生活の上に本願力を自証することで実践した。「実験主義」の内実は凡愚の自覚であり、また宿業の身にはたらく本願力への頷きである。真人社にとってそれは、世に真の仏道を公開するための求道的営み、つまり機の自覚を意味するものであった。

ところが、発足から二年近く経った真人社は、単なる機の自覚、つまり主観的で体験主義的な信からの脱却という課題が突きつけられたのである。そしてそれを受けて、一九四九（昭和二四）年一〇月発行の『真人』一三号の「再出発のことば」に、「信仰運動が個人的安心で事足りて、歴史的社会を背負ふ客観的使命を放棄してゐるならば、真人社自体が無用な存在であります」(1)として、単なる体験主義的信を脱して、戦後社会の課題に応えるための信仰運動の必要性が叫ばれたのであった。ここに真人社は再出発することになった。

ここで我々は再び、『真人』一三号に掲載された「個人を超えよ」の曾我の次の言葉に、学ばなければならない。

古来は個人の救ひといふ方面だけが考へられて来たやうでありますが、このやうな時代にありましては大いに如来の本願の道を社会の上に明かにして行かねばならぬと思ふのであります。(2)

それ以降、真人社は、主観的な体験主義的信を超えて、如来の本願を社会に開顕するという曾我の知見を指標として、社会との接点、つまり社会性を課題として、自らの存在意義を問い続けていくことになったのである。すなわち、社会との対峙の中で仏道を明らかにする。ここに戦後社会に誕生した真人社の歴史的使命があった。

そして、一九五一（昭和二六）年二月、『真人』は二八号をもって再び改訂されたが、曾我の「如来の本願の道を社会の上に明かに」する指標は、当然受け継がれた。たとえば、『真人』二八号に掲載された、安田の「自己に照らす」を見よう。

信仰の問題は個人的なものでなく、人類の問題を一人の問題として解決する処にある。さういう意義を明かにする為に優婆提舎といわれる。本当の人類の問題を自己一人に引受けた。そこに見出したのが四十八願、それに天親が自己一人に感動した。単なる天親だけの事でなく自づから人類を救う意義を持ってゐる。(3)

安田はこのように、天親の開顕した「我一心」においてのみ人類の問題を引き受けることができる、として真人社の社会性の基盤を明確にしたと言える。真宗の社会性は、本願海中における「我一心」の確立にあるのである。

さらに安田は、教団について、『真人』三一号の「生活をつくす」の中で、次のように述べている。

私が近年考えることは——教団というものに深い絶望をもつています。真人社もはつきりとした革新の一歩をまだ歩んでおらぬと思うが、教団にはもつとも深い絶望をもつています。御開山の教学を背負つて行くのは民衆であります。御開山の教学を教団から民衆に開放せねばならぬこと自体が今来ているのぢやないか。たゞ本当に御開山の教えによつて大道にたゝしめられた我々は、たゞ助けられたという個人的なものをこえて、仏法を背負つて立つて行かねばならぬ使命を与えられています。仏法に会うて助けられたものは、たゞ助けられただけでなく助けられた事を通して仏法を背負うて行く、つまり、教団からいえば、たゞ助けられただけでなく、仏法を本当に背負うて行かねばならない。(4)

「御開山の教学を教団から民衆に開放せねばならぬ」、あるいは「助けられたという個人的なものをこえて、仏法を背負うて行く」との叫びは、教団や真人社が、一方においては、個人的な安心に留まることを指摘しつつも、その一方では、民衆の大地を離れて、いたずらに社会運動に走ることへの安田の警鐘でなかったか。教団の使命は、単に親鸞教学を護持するのではなく、それを民衆に返すところにあるのであり、したがって、親鸞教学を担うのは民衆である。すなわち、民衆に直結する教学を明らかにするところに、教団や真人社の社会的使命があると言えよう。まことに我々は、如来の本願力によって個人的安心を超え、そして仏法を民衆に開放し、仏法を担って社会に立つのである。

したがって、安田は次のように述べている。

若し仏力を通さなかつたら単なる社会運動に終つてしまう。(中略)社会のためとい、ながら、理性の限界内の利他にすぎない。仏の本願を通さぬ限り自利も個人主義であり、利他というも限度をもつ。それは単なる倫理的義務としてなされるものにすぎない。仏の本願を通すとき初めて浄土にむすびつき、往相は穢土に対して浄土がある。（中略）然しながら還相においては、人生の中に夢を見ず。人間世界に夢をもたずに、人間世界をになうのである。（中略）元来、共産主義の世界は夢をもつ。（中略）どう意義づけようと、すべて人間の歴史の夢である。（中略）人間に期待せずして人間の中に命をすてる。夢のない世界に自分の命を捧げることが出来る。こゝに仏法の広い意味の倫理の基礎があり、社会的実践の原理が見出される。(5)

安田は、仏の本願力を通さない社会性、つまり「我一心」の確立しない社会運動、社会倫理は利己的理想的であり、「理性の限界内の利他」であって、それは「単なる倫理的義務」にすぎないと手厳しく指摘する。したがって、先ず仏の本願を通すことで、すなわち「我一心」との立場において、浄土に直結する社会運動となることを明かしている。また、浄土に結びつくことで、我は自ずと教化地に立つことができる、と訴えている。(6)すなわち、願生心において、我々は初めて、「夢のない」娑婆世界に自分の命を投げ出すことができるのである。「我一心」との願生心こそ、社会倫理、あるいは社会性の基盤であった。

このように真人社は、先学に足元を照らされながら、時代社会の課題に応答するために自己を問い続けたが、その真人社を担っていた一人に、『真人』創刊号以来の編集を担い、そして真人社の変遷と共に歩んできている仲野がいた。その仲野の見解を聞こう。

浄土真宗という教えに逢うにお互いの喜びを頒ち合うと共に、この教えが現代という時代にどんな発言権を持ち得るかという問ひを引さげて三十号を迎えます。それにしては余りに淋しい現状かも知れませんが、雑誌が新聞型に、更に現今のようなタブロイド型に変つても、この願いだけは変らず持ちつゞけて参りました。それどころか益々この願いを磨くことに努力せねばならぬ覚悟をして居ます。その為の浄土建立こそ還相と呼ばるべきものでせう。(7)

このように、仲野は、真人社が社会にどのような発言権を持ち得るかを課題に、歩んできたとしている。さらに『真人』三一号の「後記」に、次のように述べている。

真人社は徹底的に大衆に根をおろして、いよ〳〵求道心をふかめねばならぬということです。求道心のないところに、仏道に対する感激も尊敬も礼拝も、まして真人社も教学もないのでありませう。(8)

「大衆」という一点に、真人社は自らの存在性を確認するのである。

その「大衆」に立脚する仏道について、『真人』一三号で「個人を超えよ」を訴えた曾我が、『真人』一五号に発表した「念持の大道」の中で、次のように叫んでいたことを想起したい。

我々はもつともつと本能の声を聞かねばならぬ。わが胸に波うつところのこの脈の音を聞くべし。この血管の中に流れてゐる赤き血潮の叫びを聞くべし。現在一刹那の事実に接すべし。こゝに本当の南無阿弥陀仏がある。こゝに仏まします。(9)

「個人を超えよ」との根拠として、「赤き血潮の叫びを聞くべし」と訴えているが、その「赤き血潮」とは、すなわち、我にまで伝統される本願力でなかろうか。また、大衆に一貫する宗教的生命であろう。我が胸に波打つ本願力の「脈の音」を聞くべし、そして、人類のさまざまな問題を、我一人にはたらく本願力において受領すべし、このように曾我は訴えている。そして、次のような徹底した真宗観を明らかにしている。

南無阿弥陀仏の他に仏を求め、南無阿弥陀仏の他に浄土を求める。現生不退の他に仏性や、浄土があるように思ふ。それは浄土真宗の教ではない。正定聚に住するが故に必ず滅度に到る、故に臨終まつことない、来迎た

のむことなしである。(10)

「赤き血潮の叫び」は、南無阿弥陀仏の叫びであり、現生正定聚に立ち得た意欲心であろう。曽我は、社会との関係性を模索する真人社において、このように社会性の根拠を訴えているのである。「処世の完全なる立脚地」を求める精神主義が、換言すれば、現生正定聚が我々の社会を生きる立脚地であった。

それは、たとえば、暉峻康範の清沢と面授した時の追憶にも窺える。

東京帝大前の森川町の浩々洞に御訪ねした。毎日曜午前九時頃から講話が始まるので、一時間位前に刺を通ずると先生の室に案内される。六畳位の室の一隅に小さい机があり、その上に二、三の書籍が置かれ、その机に右の腕を倚せ、小さい竪蒲団に小さい体をのせられた先生の顔は、色の黒いのと銀縁の眼鏡の奥からすんだ眸で私をじつと見つめられる。左の膝頭の辺にたんつぼがある。

学校は何処か、何科にいるか、両親兄弟など尋ねられ、暫時沈黙が続いてから、

君は人がこの世に生れた目的について考えた事があるか、と問はれる。

実はそのことで参上しました、と云うと、先生は一寸膝を進められて、君の考をいつてみよ、と促されたが、胸が一杯に成つて言葉が出ないまゝ、先生の顔をじつと見つめていると、

それは結構なことだ、一番大切なことだから、それに引懸つて勉強をおろそかにしてはならぬ。どんな仕事しても、その仕事や勉強が我一大事を解決するものとしてこそ大きな興味がある。生涯考え続けるという事が仕合せであり、生きている証拠である。もしこれが解決のはじめを発見する者は仕合せ人であるが、途中でやめる人が多数である。もし完全に解決した者があれば、最も幸福な人である。(11)

清沢の人となりや、浩々洞の求道実験の場であったことが、手に取るように伝わってこよう。生きる意味を喪失

する暉峻に対する清沢の問いかけは、現実を生きる基盤である宗教的信念を確立せよ、つまり、完全なる立脚地を確立せよ、との忠告ではなかったか。清沢の、勉強せよとの勧めは、仏道に目覚めよ、との激励であったに違いない。

ともかく真人社は、『真人』一三号以降、「個人を超えよ」に導かれて、宗教的信念が如何に社会との関係性を持つことができるか、を尋求したが、本項の結びとして、仲野の「編集後記」に綴られた社会性に対する見解をまとめておきたい。

・さまざまな問題が人生に転がつているようです。しかしそれらの問題は結局自己実存の問題が明らかにならなければ宙に浮いて有るというだけに終ります。若しかすると自分の影かも知れません。(12)

・お教を頂く度に、感じますことは、真人社は徹底的に大衆に根をおろして、いよ〳〵求道心をふかめねばならぬということです。(13)

・聞き且つ学びたいと思います。それは決して自分の意見の装飾や満足でなくて、得てして陥り易い独断を、御聖人の思召を聞くことによつて打破り人類の問題を私一人の上に明かにして行かうと言うのです。(14)

・時代は教を生み、教は時代を救います。而もその教は南無阿弥陀仏の歴史から来つて、時代が生んだ形を取ることに於て深く時代の救いとなるのでありませう。誠に明治は「歎異抄」を見つけ、「歎異抄」は自分を見付けた明治を救い、その姿そのまゝが念仏の伝統の中に生きている事を思はしめられます。「歎異抄」は実に日本近代の為に用意されてあつたと言えませう。(15)

徹底的に聞法しようとする仲野の、そして真人社の姿を、ここに見ることができる。社会との関係性において、本願念仏の歴史を大衆の一人である我に見出し、そして人類の問題を担い、人類を救う「我」、すなわち「真人」

となるのである。ここに真人社の時代的社会的使命が集約される。

第二項　信と社会

一九五三（昭和二八）年、真人社は「（一）真人誌について」、「（二）現代思潮と仏教」との二項目のアンケートを読者に実施した。そして、その集計が『真人』五九号に報告されているので、ここではその中の、「（二）現代思潮と仏教」の要点をまとめておく。

田辺元…仏教は科学的合理性と矛盾する神話的要素を全然含まざる超合理的真理として、当来の宗教的原理を統一する任務に堪えるものと期待します。

西谷啓治…現代思潮に関する問題では、仏教徒は現代のキリスト教神学（西洋の）が対決に奮闘している業績を、何よりも、しかし、その信仰の前進性を、学ぶ必要があると考へています。

岩見護…現代思潮は事相と相待から一歩も出られぬところに、その没落性、悲劇性をはらんでいると思ひます。敢然としてそれを批判し超克してゆくところに仏教の任務があると信じます。

松永公英…近代的感覚に欠けているようです。清沢先生によつて近代化された教学を、再び中世的世界に引き戻した如くで、歴史は進歩か退歩か判らないが、いつまでも同じ時代に止まつてはいないので、そこに何らか方法に変化がなければならないことです。教行信証は聖典であり、清沢文集は古典ですが、現代は何事も、マス（大量、大衆）という言葉と結びついているので、精神的貴族のインテリゲンチヤならば古典を聖典として見てゆくことも可能でせうが、今日のマス、シヴィライゼーションの時代、マス、コンミユニケーションの文脈の中にあつては、従来の古典に対する無条件降伏の態度では直面する諸問題を素直に受け取ることはむつかしいことです。或はそうした歴史的現実を自覚せしめるのが仏教の役割でもありませうが、それなら猶のこと、それを表現するためにより以上の苦労をせねばならぬことです。言い過ぎを覚悟して言うなら、覇気のない奴隷的な聖典解釈で終つてはならないと思ひます。現実的な政治、経済の問題を、更に近代的な科学、芸術の世界を、宗教的に深めるものがなければならないと思ひます(16)。

読者の『真人』に寄せる期待の大きさを知り得よう。田辺の「神話的要素を全然含まざる超合理的真理」という言葉は、清沢の非神話化の営み、つまり近代的理性の批判に応え得る教学の確立に対する期待の表明であろうし、西谷の「キリスト教神学（西洋の）が対決に奮闘している業績」に学ぶべきとの指摘は、真人社の社会的活動の喚起のように思われる。また岩見や松永の指摘は、現実的に敢然と社会問題と対峙せよとの激励であろう。

一方、このような社会に対峙すべしとする意見に対して、次のような意見もあった。

佐々木蓮麿…仏教と云つても現代思潮と云つても私にとりましてはたゞ自己の道を明かにする以外に何の用もありません。随つてこの問題については道理や理窟を以て解釈しようなどとは毛頭考へておりません。

山下成一…総ての現代思潮は総て行きづまつてる様ですが、これは人間の歴史のある以来火宅無常でせう。今どきの現代思潮などを同談する要もないでせう。むしろかゝる行きつまりを契機としていよ〳〵大信海を顕現するため自からいよ〳〵求道の一路に勇躍せねばならぬ事と思はれます。歴史自ら作る事が自ら歴史を実現する事と存じます(17)。

これらは、社会の問題を求道の方便と見る立場であろう。アンケートに見られる、このような教法の社会化をめぐる議論は、今日でも同様に繰り返されているように思われる。

ところで曾我は、このようなアンケート報告のあった『真人』五九号、六〇号に、「如来の作願の因」[18]を発表している。その中で、次のように述べている。

今日は何と云ふてもキリスト教が世界の中心であるアメリカなり、ヨーロッパなりを支配してゐる。仏教は今日甚だ振はない。けれども仏法には仏の本願と云ふものがある。その仏の本願にお念仏と云ふものがあつて、お念仏によつて仏の本願が成就する。仏の本願によつて我らの信心と云ふものを発さしめて下さる。我らの信心と云ふものを発さしめて下さる力と云ふものがお念仏にあるから、仏法は必ず全世界に弘まるべき約束をもつてゐるに違ひない。[19]

現代社会は、キリスト教を中心とするヨーロッパ文明の影響下にあるが、しかし、「仏の本願」に根ざす念仏は本来的に世界的である、としている。曾我は、真宗の社会性を、「仏の本願」に収斂させているのである。

アンケートで田辺が、「仏教は科学的合理性と矛盾する神話的要素を全然含まざる超合理的真理として、当来の宗教的原理を統一する任務に堪えるものと期待します」と述べて、仏教の超合理的真理をもって、世界宗教を統一することに期待を寄せているが、そのように田辺も、宗教的原理を統一するには「仏の本願」に依らなければならないことを述べているように思われる。また西谷の、キリスト教の「信仰の前進性」を学ぶ必要性の指摘も、「仏の本願」を象徴する法蔵精神、換言すれば人類救済の原理というべき法蔵精神を明らかにせよ、との主張であろうと思われる。

ところで、仲野は『真人』六四号の「後記」で、次のように述べている。

この頃しきりに思いますことは、仏教が何か特殊な人の特殊な体験ということばかりでなしに、ごく普通の、一般の人々の深い教養として（単なる意味でなしに）理解され又生活の上に実践されるようにあるべきではなからうか、ということです。つまり歴史をもふくめた世界観というもの、それを普通一般言われるような単なる理性的なものでなしに、本当に実践を規定し、又実践を生み出して来るような世界観、そういうものを明かにして行くことに真人の大きな使命があるのではないかということなのです。例えば悪人とか煩悩具足とか、そういう言葉で何かおどかすのでなしに、万人が無理なく素直に肯くことの出来るような、そういう基盤を見つけることが現代の大きな課題でないかということなのです。

それは只単に一般に言われているように技術や表現だけの問題でもなかろうと思います。大事なことは広い人間世界の場での、大衆の場での仏法の体験ということであり、そこでの証明ということなのでせう。我々は得てして特別な安楽な場所があればそこへ逃避する傾向があります。信心は限りなくそれを打砕いて私自身を押し出すものではないでせうか。それが又真の意味の解放ということでないかと思います。大衆の意識は迷うているかも知れません。しかし大衆のいのちは限りなく真実を求めています。

大衆の声なき声に応じて我々は又限りなく仏法を明かにして行きたいと思うのです。(20)

仏教は往々にして、信心を獲た、という一人の体験に終始しがちであり、そして、その体験には、特殊で閉鎖的との問題が投げかけられるが、それは誰でも無理なく素直に肯くことのできる「大衆の場」での世界観を確立することで、乗り超えられるべきことを訴えている。言うまでもなく、その世界観は、群萌の大地であり、そして我々の社会的広がりをもった、生活の大地であろう。

また、曾我も次のように述べている。

歴史と云ふものは公平なものである。個人の考へは勝手であるが、(中略)歴史と云ふものはちやんと間違ひない。だから仏教の歴史の中に個人としてはどの様な主張があつても歴史と云ふものが承知しない。結局時代と云ふものを達観する者の考へが正しいに違いない。今でも個人としてはどの様な考へをもつてゐても差支へない。時代、歴史と云ふものの流れは間違ひない。だから本宗寓宗の形を何時までも維持してゐる訳にはゆかぬ。[21]

曾我の言う時代を達観する歴史とは本願の歴史であろうし、法蔵菩薩の五劫思惟の歴史であろう。[22]それは、個人的要素の介入の余地の許されないほど、公平な歴史とも言えよう。また、そのような本願の歴史に立脚する信は、おのずと閉鎖的な自我を打ち砕くものであろう。五劫思惟の法蔵菩薩が「国に地獄・餓鬼・畜生あらば、止覚を取らじ」と第一願に誓う所以である。

このような曾我の知見を踏まえて、仲野は次のように述べている。

真宗仏教の現在の混乱と無力は、信心という人間の根源に属する問題が概念化して了つてゐるということに一つの原因が考えられはしないでせうか。本願とか信心とかゞ更に宗教という特殊問題の特殊概念となつてゐる処に、人間との関係が益々希薄化して行くのでせう。

我々にとつて大事なことは、さういう特殊概念になつてゐるものを、新しい表現によつて一般概念に直して見るということでなしに、寧ろその言葉の生れた根源の人間体験の場所へ遡つて、生きた言葉の意義を明かにすることにあると思います。（中略）名号のいわれ、そこへ一切のものを引きもどすのです。[23]

信とは概念ではないのである。人間の生活における生命力そのものであり、したがって、その生命力の概念化や特殊化を克服するには、獲信の場所としての「大衆の場」、つまり我々の社会的広がりを有する生活現場である群萌の大地、すなわち、いわゆる〝仏語〟の「生れた根源の人間体験の場所」に立たなければならないのであり、その場所こそ、法蔵菩薩降誕の大地であったのである。

実に、法蔵菩薩によって建立された本願に根ざす信は、人間に生命力を施与し、そして人間の生活現場に生き生きとはたらくものである。さらに、人類の課題を担う主体となるのである。そのような法蔵精神こそ、真宗の社会性の要諦であろう。

再び曾我に聞こう。『真人』七三号「暁烏敏師追悼号」に寄せられた言葉である。

> 清沢満之先生の教は大体浄土真宗の教と何の関係も無いものと一般に了解されておる。例えば大谷大学の真宗学という学問は主に高倉学寮の講者達の研究を元として成立つている。龍大は他派であるから先生を眼中に置かぬという事も一理はあるが、我々大谷大学が清沢先生と全く関係のないものになつている。これは甚だ遺憾のことである。(24)

曾我はこのように、当時の大谷大学の真宗学が、清沢の仏道から遊離して閉鎖的であることを案じている。そして、清沢こそが、真宗の閉鎖性を打破した人であったとして、次のように述べている。

> 清沢先生は浄土真宗の歴史の上で、自ら信仰を求め、信心を求めて苦労された。そしてその苦しんだ揚句始めて信仰を確立された親鸞以来の人である。吾々は清沢先生をあがめるのはその一大事である。ところが今の宗学では一向にそれを考えて居らぬ。従来の宗学では法の問題は一応分つても機の問題は分らぬ。単なる教法のことだけである。そんな浄土真宗の教学の歴史の中に清沢先生だけは違う。先生は明治時代に出て来られた。そして本山を改革しようとして失敗に終つた。失敗に終つたのは自分の信仰が確立して居らぬ、第一に自分に真実に信仰があるかどうか。それで先ず以て自信教人信のところに立ち帰られたのである。それからの先生は真実に信仰を求めて悩まれた。先生はその間における御自分の世俗的の問題も深刻であつた。大浜の西方寺に入寺されたのであるが、寺の為には何にもして居られぬ、反対にその厄介者となり迷惑をかけて一生終つた。

寺の門徒には先生に帰依する人はほとんど居らぬ。(25)

曾我は、清沢の悪戦苦闘の求道の実験に全生涯を擲って宗教的信念を確立した、という一点を尊敬するとし、さらに、

清沢先生は宗祖に就ても、蓮如に就ても正しい浄土真宗の教を自身の上に実践して今日の真宗末徒たる我々に信心決定の道を明かにして下された唯一人の善知識である。(26)

と、清沢が我々「ごく普通の一般の人々」に、「信心決定の道」を明かした、間違いのない唯一の善知識であったことを述べている。

まことに清沢は、宗教的信念の確立に全生涯を擲ち、そして、人間平等の大地である群萠の大地に根差す如来回向の信を、自分自身に明らかにした。すなわち、真宗の社会性は、如来回向の信によってその土台が築かれなければならない。つまり、清沢がそうであったように、悪戦苦闘の求道的実践に社会性の基盤を求めなければならないのである。換言すれば、我々の求道実験こそ、真宗の社会性の根拠であるのである。

次いで、訓覇の知見を見てみよう。

「真人」について、色々の批判や又不満もありますが、表現の難易等は、最早や第二第三の問題であります。どこ迄人間把握が、冷厳に純粋になされて居るか、つまり信の自己批判の徹底であります。この一点に「真人」の歴史的全使命が懸つて居るのです。この点を外しては、「真人」の存在は無に等しいものと言はねばなりますまい。自己の存在を無にするものが、外ならぬ自己の根源的事実であります。この自己との格闘の場が「真人」に外ならぬとするならば、自己存在の安危は、直ちに、「真人」とその運命を一つにするものであります。(27)

『真人』は、自らの信の自己批判の場、また、自己を無にしてしまう自己との悪戦苦闘の場であるとし、その自己批判に、『真人』の歴史的使命があると論じている。訓覇は、『真人』に対する難・易という視点からの批判を第二義、第三義として退け、そして『真人』が徹底して清沢の求道精神に立つべきことを訴えている。

思えば、仲野のいう、〝仏語〟の「生れた根源の人間体験の場所」を離れて、つまり悪戦苦闘の生活から遊離した教法を掲げれば、その教法は、ドグマ化、権威化するしかないのである。まことに、ドグマと化し、権威となった教法は閉鎖的である。求道実験は、そのような教学の自己批判の営みであろう。

ところで、金子大榮は「時代は問い親鸞は答へる」の中で、真宗の社会性について次のように述べている。

真宗人の説くところは、余りに個人の安心に沈潜し過ぎる。それはいかに敬虔なものであつても時代から遊離するものといはねばならない。更に広く歴史社会を見て、その問題を解決せねばならぬのではないか。――これが現代の与論のやうになつてゐるのである。(28)

金子はこのように、当時の真宗の現状に対する批判を受け止め、続けて、

されど真宗人に取りては、これ程案外なことはない。何故なれば浄土教こそは正しく歴史社会を問題として興起したものであるからである。本願念仏は時機相応の法であるといふことは、今の時、今の世が問題となつたればこそ開顕せられたものではないであろうか。一切群生海の救はれる道を親鸞は求めたのである。「いそぎ仏となりて大慈大悲心をもて、おもふが如く衆生を利益」したいといふこともこれに依りてである。(29)

と、浄土教興起の本源に帰れば、真宗が時機相応の社会的課題を担っていることは明白であり、したがって本来的に歴史社会に応答するところに真宗興起の背景があったことを訴えている。本願の仏道には、親鸞が当時の停滞せる平安貴族仏教を批判したように、本来的に社会性は漲っていたのである。だから、

現代人の真宗に対する要求は、親鸞の真意を了解せぬものといはねばならぬであらう。而してその不了解の責を親鸞の教に転嫁してゐるのである。[30]

と、真宗の社会性の欠如を批判する現代の真宗人は、親鸞の教えから遊離しているのでないか、と手厳しく指弾し、さらに次のように述べている。

親鸞は果して現代人が問題とする程に痛切に時代に苦悩しなかつたのであらうか。親鸞は明らかに時代苦に当面してその解決を求めた。現代人は苦悩を避けてその捨離の法を尋ねてゐる。それはかへつて真に時代を問題としておらぬのではないであらうか。[31]

金子は、現代人が苦を避けるために仏道を求めているのに対して、親鸞は時代苦と向き合ったと述べている。すなわち、時代苦と向き合う真宗を批判する現代人は、かえって親鸞を貶めているのではないかとして、次のように述べている。

時代は問い親鸞は答へる。その問に身をおき、その答に耳を傾ける。そこに真宗人の道があるのである。[32]

このように、金子は、真宗の社会性が、我々の親鸞に聞思するところに開かれることを主張するのである。

ところで、『真人』は発刊以来七周年を迎えるのであるが、発足以来『真人』を支えてきた仲野は、これまでの歩みとその意義を次のように総括している。先ず、『真人』七七号の「後記」には、

昭和二十三年一月の発足以来、その間さまざまの変遷を繰り返して今ここに七周年を迎えます。設立の機縁には種々の人間的な理由も混入してゐたでせうが、ようやく今になつて根を大法の上におろすことが出来たように思えます。七年という永い歳月を費して真人社が得たものは、唯一歩のあゆみではありましたけれども、その一歩こそ流転の歴史を還滅の歴史に転じたという、何ものにも代え難い尊いものだつたと思います。[33]

と回顧している。

そして、五月一日、二日の両日にわたって開かれた七周年記念会を終えて、改めて、次のように振り返る。

人間に始まつたものが人間に止らず却つて人間を超えて行く処に、人間的なものは機となつて限りなく法が顕現するのでありましょう。真人社はかかる三願転入を内に孕み乍ら、七年の星霜を数えて参りました。(中略)救われるということは自分を超えた仕事が与えられるということでもありましょう。仏法の歴史に生れて仏法の歴史を荷う。そういう人間には全く有り得ぬことが念仏の徳として自然に与えられる、そこに本当の喜び、個人的な喜びを超えた大慶喜が与えられる筈です。皆様と共に何処までも法を明かにして行きたいと思います。(34)

敗戦後における真人社の七年間の歩みは、親鸞の衆生済度の教えを現代社会に提示する歩みであったし、またそれは、仲野の述懐するように、仏法を大地に根を張らせる歩みでもあった。ここに我々は、あたかも法蔵菩薩を偲ばせるような、つまり人間の努力を超えた法蔵菩薩の「仏法の歴史を荷う」という仕事に思いを馳せなければならない。実に、真人社の七年の歳月は、戦後復興を担うべく仏道に立たんとする意欲に満ちた、法蔵菩薩の「ご身労」を担う足跡であったと言えよう。そして、その精神に、個人的な喜びを超えた「大慶喜」が我々に与えられる。すなわち、真人社の社会性は、仏法荷負の「大慶喜」において具体的になると言えよう。

なお、一九五〇(昭和二五)年一二月に、当時真人社会員が宗議会議員として積極的に宗政に参加したことに言及しなければならない。『真人』三四号の「門」を引いておく。

真人社の同人のなかに一派宗政に関係している人があるからとて真人社が既成宗団を改革する結社であるかの如く誤解されるのは心外である。背恩自立と憎まれても既成宗団の興盛を心から祈つて、しかも一指も触れず

親しい分野に歴史的使命を担当しようとしているのが真人社本来の面目でなからうか。(35)

しかし、真人社の理念はともかく、教団のその後の実際の歴史は、次章で述べるが如く、真人社から巣立った教団人によって、一九六二（昭和三七）年から教団改革と「真宗再興」を念じて、同朋会運動となって発動するのである。

第三項　凡愚の自覚

一九五四年（昭和二九）年三月、アメリカは水爆実験を断行した。そして、日本の漁船「第五福竜丸」が被曝し、世界中が「死の灰」の脅威に晒されたことを受けて、一九五五（昭和三〇）年七月には「ラッセル―アインシュタイン宣言」が発表され、湯川秀樹ら一一人の世界的科学者が、核兵器禁止のアピールを世界に向けて発表した。そのように全世界が平和を希求する中、それに呼応するかのように、曾我が「仏教の統一」を訴えていることに注目したい。

仏教は統一せぬと世界的になれぬ、小さい島国にとじこもつていよいよ分裂しては仏教は滅亡する。今日の日本の状態はそのような状態、仏の思召しに背く、仏教を興隆するには仏法は統一せねばならぬ。（中略）今日世界の人類の悩みを救い、人類の迷を晴らすには仏教を統一せねばならぬ。本来仏法は一味である、（中略）仏教の根本問題は何処にあるか、「阿弥陀」は根本の「問」でない。今日仏教各宗の宗学、真宗学もそうであるが根本の「問」を明かにせずして「阿弥陀」を根本の問題にするので宗学が、段々と畏縮する。宗学の精神が畏縮する。真宗学といえど問題はただ一つ。「仏とは何ぞや」。（中略）今日こそ仏教は世界に弘まるべき時

が来たのである。その眼を開くことが出来たと我々が世の中に何の恐れもなく静かに行動することが信心決定である。(36)

国境を越えて科学者が世界平和のために団結したように、曾我も今、〃人類の救い〃のために「仏教の統一」を力強く訴えているのである。そして、それに感応した仲野は、『真人』八一号の「後記」に、次のように述べている。

本号所載の先生の論文「仏教の統一」には八十を越えられた先生が法を荷い教団を憂えて居られる御姿に触れて、襟を正す遑もない促しを受けます。と同時に「真人」の前途の明るさを法の中に見つけることが出来ました。個人に立つた企画や見通しが、何の力もないことに気付かせて頂いたことを喜びます。(37)

曾我はどこまでも、真人社の精神的思想的な支柱であった。

曾我の「仏教の統一」の志願は、『真人』八二号、八三号の二号にわたって発表された「仏法一味」においても展開されている。曾我の主張を聞こう。

この頃新興宗教というものが何処へ行つても盛んである。そして仏教が甚だ振わぬ。その仏教のふるわぬというのはそれはいろ〳〵訳があり、事情があるに違いないが、然し私は、一番振わない原因は、仏様がたくさんある。そしていろ〳〵分裂して一味を失つてしもうた。こういうことが仏教が衰えて、仏教が振わぬ一番大きな原因であると、この頃しみ〴〵と感じているのであります。(38)

当時、創価学会は、第二代会長戸田城聖のもとで、「折伏大行進」の全盛期であり、仏教はその勢いに押されていた。そのような状況において、曾我は、

此の頃は新興宗教が盛になり、仏法は日に日に衰へてゆくといふ人があるが、私はそうは思はぬ。仏法には、

お念仏があるから、必ず世界のすみずみ迄弘まつてゆくに違ひない、と安心してゐる。そして仏法が世界のすみずみまで弘まることによつて、世界が平和になる。(39)

と述べている。

一九五五（昭和三〇）年一一月二五日、曾我はアメリカ旅行に出かけた。その翌年には、高倉学寮の伝統を継承する末広愛邦内局に代って、宮谷法含が宗務総長に就任している。そして、宮谷が教学局長参務に訓覇を任命したことにより、教団の親鸞聖人七百回御遠忌を迎える体勢が整った。すなわち、曾我の本願念仏の歴史に立脚する仏教の統一という世界観、あるいは「真宗再興」への厚き志願と、宮谷、訓覇の明確な精神主義に立った具体的施策が、教団に宗教的生命を吹き込もうとしていたのである。これまで「異安心」と目されていた清沢の宗教的精神が、あらためて「清沢教学」として、ついに教団内の宗政の基盤にまでなったことに注目したい。

そして、その動きに呼応するかのように、『真人』の編集責任者が、八六号（一九五六（昭和三一）年一月）をもって、仲野から津曲淳三に交替し、編集方針は一新された。新たな『真人』には、これまでの曾我と安田に加えて、新たに金子大榮や、新進の寺川俊昭、幡谷明、寺田正勝、一楽典次、佐々木蓮麿、蓬茨祖運、長川一雄、松原祐善、広瀬杲、坂東環城、松扉兗らの論文が広く掲載される等、新時代に意欲的に呼応する『真人』に生まれかわった。

渡米中の曾我は、アメリカで体調を崩し入院したが、翌年一月二七日に無事帰国、そして二月一三日（翌一四日に宮谷が宗務総長に就任）に大谷専修学院で帰国後最初の講演会を行った。題目は「真宗第二の再興」、アメリカ旅行の体験を踏まえ、そして世界的展望をもった意欲的な講演であった。次のように述べている。

すでに宗祖聖人の七百回忌が五年の先にせまってきた。この七百回忌に応答する、最大の緊要事は、清沢先生の明治時代からつゞいている〈祖師に還れ〉〈親鸞聖人にかえる〉ということであると思う。つまり、我々は、真宗第二の再興をなしとげねばならない。ところでこの第二の再興は、蓮如上人の御再興とは違うものであろう。上人の場合は、日本の国内だけのこと、真宗教団内部だけのことであつたと大体いえる。しかし、いま第二の再興は、その範囲が世界的なひろさをもつものである。真宗統一ということより仏教統一の方向に眼目がある。(40)

当時八〇歳であった曾我の志願は、世界人類を救うために、真宗統一ならぬ仏教統一をはたそうと高らかに訴えている。親鸞聖人七百回御遠忌を五年後にひかえて、曾我はますます積極的に社会に、さらには世界に向かって、はたらきかけようとしていたのである。曾我の志願は溌剌としていた。

このような曾我の意欲的な志願は、宮谷法含によって発表された『宗門白書』にも見ることができよう。すなわち、

真宗の教学を、世界人類の教法として宣布することは刻下の急務である。(41)

と『宗門白書』に謳われているが、そのように、宮谷は曾我の「真宗第二の再興」の志願に呼応する世界的視野に立って、教団再生を宣言している。

そもそも親鸞の開顕した如来の本願とは、「十方衆生」を救済するものである。曾我や宮谷は、そのような如来本願を、つまり、世界人類の悩みを救う信世界を、高らかに世に掲げたのである。『宗門白書』は、清沢教学によって親鸞に帰すべきことを訴えており、また、世界的視野に立つ仏道の開顕を主張する、「真宗再興」の〝宣言書〟というべき生命力に漲るものであった。

今少し、曾我の「真宗再興」の志願を見てみよう。一九五六（昭和三一）年五月五、六日の両日にわたって、枳

穀邸を会場に、「曾我先生御帰国歓迎会」と「真人社創立八周年記念会」が併せて開催され、そこで曾我は挨拶している。そして、その内容は『真人』「後記」に、次のように報告されている。

曾我先生は、「アメリカに行つても、何もおみやげにするものもない。正宗分も流通分もない、序分だけで何も報告することはない。ただアメリカで病気したお蔭で、新たに清沢先生の教を見出した。おみやげといふたら唯この一つだけを得た」と言はれて、真宗第二の再興の指標として清沢先生の「我が信念」を再認識しなくてはならぬことを、重ねてお諭し下さいました。(42)

曾我は、「真宗再興」や御遠忌を、「我信念」によって迎えようと述べているのである。言うまでもなく、清沢の宗教的生命は、真宗の閉鎖性を打破するものであり、それは、『宗門白書』における、「真宗の教学を、世界人類の教法として宣布する」との主張に相通ずるものであろう。「真宗再興」は、先ずは真宗教学の閉鎖性を克服し、封建教学の桎梏を打破しなければならなかったのである。

ところが、教団内では、その『宗門白書』で謳われた清沢教学をめぐって、俄かに議論が沸騰した。いわゆる「教学論争(43)」がそれである。たとえば『宗門白書』の、江戸宗学を桎梏と断じて清沢教学を讃えた記述に対して、「徳川教学が桎梏とは怪しからぬ」、「清沢教学とは何事か」という伝統教学を擁護する立場からの論争であった。当時、その『宗門白書』に対する批判会に参加した柘植は、その会の模様を、次のように伝えている。

「我が信念」は、誕生せられた法蔵菩薩の自覚内容であり、裏をたゝけば、仏智によつて見出された人間本性の自覚に外ならぬ。我は凡夫である。凡夫を我として立上つた、法蔵の信念である。我が信念には必ず、実践的行が具せられる。（中略）真人社こそ、自己批判の場として与えられた浄土でなければならぬ。「真宗第二の再興は、清沢先生の我が信念である」と、身を以て指標下さる先生に遇い、今、自覚実践の仏道に遇うこと、

まことに、曠劫多生の浅からざる宿縁を慶喜せずに居れぬ所以である。(44)

柘植は、「真宗再興」の原理を、清沢の「我信念」に見定めている。すなわち、清沢の悪戦苦闘の求道による宗教的信念の確立は、凡愚なる我への法蔵菩薩降誕の実験そのものであり、したがって、この十方衆生、すなわち人類の救済を約束する弥陀回向の信念こそ、「真宗再興」の原理であった。そして、そのような原理に立ち得ぬ批判会を、柘植は、「盛大な淋しさ」の漂うものであったと述べている。実に、「盛大な淋しさ」にこそ、当時の宗門の現状を垣間見ることができよう。

親鸞七百回御遠忌を目前にして、曾我は、「真宗第二の再興は、清沢先生の我が信念である」と訴えている。曾我は、ここにあらためて、本師清沢満之に聴聞しているのである。

津曲の編集による『真人』は、九九号をもって終了した。そのため、『真人』は再び転機を迎えることになった。具体的には、体裁が再び雑誌型（Ａ３）となり、編集委員は安田理深を代表に、以下、松原祐善、訓覇信雄、高原覚正、柘植闡英、津曲淳三、岸融証、仲野良俊、伊東慧明、竹田淳照であったが、実際の編集は竹田が担当した。百号（一九五七《昭和三二》年四月）からであった。

第四項　浄土の問題

一九五七（昭和三二）年四月、『真人』は百号を迎えた。編集責任者は竹田淳照であった。頁数は三〇頁を超える大部のものとなり、金額も一部二〇円から三〇円に値上がった。巻頭論文は曾我のものであったが、掲載論文数は増えたため、法蔵館や西村為法館、永田文昌堂などの広告を掲載することになった。

『真人』百号の「余禄」（後記）に、これまでの真人社の歩みを、次のように振り返っている。

昭和二十二年の暮に真人社ができ、二十三年の春、真人第一号が発行されてから十年たちました。この十年間は、敗戦日本が新しく生れかわるための、はげしい変革期でした。その変革がすでに終ったわけではありません。むしろ、すべての問題の解決を将来の課題として、一応十年間を経過したというべきでありましょう。水爆という人間のつくつた世紀の魔物をもてあましながら、世界も激動をつづけています。そんな嵐のなかで真人も、もまれもまれてきているわけです。いろいろなことがありました。真人社はアカだという密告があつて、占領軍によばれていつたこともあります。（中略）密告者が宗門の或る地位をもつた人であることを知らされ、その名前にほつとして一場の笑いばなしになりました。（中略）仏教者自身による内部批判のない教団はむかしも今も、転落堕落の一途をたどつています。化身土巻の御指示をまつまでもなく、内がわのお批判こそ、教団の力となるものです。(45)

顧みれば、真人社は敗戦直後に誕生した。そして、それからの一〇年間は、激動する時代社会に揉まれながらの求道の歩みであった。

記念すべき『真人』百号の巻頭を、曾我の「大衆を統理して一切無碍ならん」が飾った。一九五六（昭和三一）年四月に宮谷法含の発表した『宗門白書』の中で、清沢教学を掲げて教団を自己批判したが、それが発端となって、先述した「教学論争」が起こった。曾我はその論争を念頭において、「大衆を統理して一切無碍ならん」を発表したと思われる。その書き出しは次の通りである。

教団が無かつたならば、信仰はその拠りどころを失うであろう。単なる個人的信仰は、現実との関係をもたぬものである。ところで教団には、教団の拠つてもつて立つ法が根本にあるわけであるが、その法はどうして成立するのか。また、どうしてその法を信ずることができるのか。法を信ずるということは、法の中に自分を見出すことでなければならぬが、法と自分とは、どういう因縁関係をもつているのか。（中略）このような問題をつきつめる時、遂に阿弥陀仏の本願というところに至るのである。そこに、教団と教学の問題がある。それは、教法を修学するところに道、教を実践する方法の問題である。(46)

と、本願に拠って立つ教団の重要性を唱え、そして、

教学は教相の学であると思う。安心は個人に属するが故に、すぐ学の対象とはならないが、自覚を一般化して教法が施設せられれば、その教の相というものは学の対象となる。それが教団の教学というものである。それは個人的信仰ではなくて、教団の意志となつて一般の大衆を統理し、統率してゆくものである。（中略）教法に依つて大衆を統理していく。教法を実践する。教法を実践することによつて、大衆の外にあってではなく、大衆の中にあつて、大衆の中に身を置き、大衆と共に、大衆を統理していく。(47)

と、個人的信仰が教団の教学として位置付けられることで教団の意志となり、大衆を統理する教学となると述べている。したがって、「真宗再興」の精神とは、

〔教学が〕むかしから概念的に固定化してしまつている定義を、実践的に、現に生きているものであることを自覚しなければならない。(48)

と、教学の生命力の回復を訴えている。生命力とは「個人的信仰」であろうから、阿弥陀の本願の個人的自覚をもってそれを教学にまで高め、教団に返し、教団はその教学を自らの意志として大衆に発信し、そして大衆を統理するのであり、ここに教団の実践の成立することを曾我は訴えるのである。視点を変えれば、教学には必ず本願を「個」において自覚することがなければならないのであり、その「個」の自覚の欠落し形骸化した教学が、当時の

教団を支配していたのである。そしてその教団を、曾我は個人的自覚を明確に教学の基盤に位置づけることで活性化し、親鸞聖人七百回御遠忌を迎えようと願っているのである。さらに次のように述べている。

教団に対して各自が全責任を自覚するのである。教団の存在も又破壊も、各自が全責任者であるという自覚を持つ。それが大衆を統理して一切無碍ならんということである。(49)

言うまでもなく、この「責任」とは、端的に、教団の生命である教学に対するものであろう。したがって、宗教的信念において教団を担うのである。宗教的信念の確立こそが、教団に対する全責任を荷負するのである。自己の全存在を弘誓の仏地に樹てることで、教団に対する責任を果たすのである。

一九五七（昭和三二）年五月四日、真人社創立十周年記念講演会が開催された。記念講演は曾我の「本願と浄土」であった。その講演に聞こう。

『真人』が第百号をむかえた。その間、いろいろなことはあつたが、百号をむかえるということに明るいものを感じて、この記念会が開かれたわけである。そこには、京都にいる編集者たちの努力と共に、この会には見えていないが、全国二千名の読者の厚い協力があつた。また、直接の読者以外にも、数多くの人々の深い関心に育てられて今日に至つたことである。更にさかのぼれば、明治時代の清沢先生の、つよいおみちびきというものが、より直接的にはあることを思わずにはおられない。そこには深重の願いがうごいている。その願いによつて、『真人』は今日の仏教界に於て、思想的にも最も高い水準を保つてきており、それ故にまた、田舎の、格別に学問をしたことのない人たちにも親しまれてきているものと思う。その願いは、相共に阿耨多羅三藐三菩提を成ずるということにあると思う。ねがわくば、今後共に、この志願の成就に向つて共々に進んでゆきたいものである。(50)

曾我は、衷心より『真人』に期待を寄せ、「志願の成就に向つて共々に進んでゆきたい」と実直に語っている。真人社は、清沢に導かれて高い思想性を確立できたし、また弛むことなく仏道を公開することで、多くの人々に親しまれたいとしている。

ところで、編集者竹田は、一〇一号の「余録」に、次のように述べている。

真宗の教えが日に日に観念化し、形骸化してゆくのは、全く浄土が明らかになつていないところにあることを知らされ、常に一歩先へ先へと道を先達して下る〔曾我〕先生の姿に、深く頭がさがるばかりでありました。(51)

竹田は、真宗衰退の原因を、教法の観念化と形骸化に見定めている。それは、真人社一〇周年記念講演での曾我の「本願と浄土」に触発されての、当時の真人社の危機を脱するための問題提起であろう。

思えば、『真人』創刊号に、「民衆の同朋教団たる真生命を歪曲する形骸の衣をいさぎよくぬぎすてぬ限り、自滅の道をたどることは歴史の必然である」とあったように、宗教的生命にとって、〝形骸〟という事態は何としても避けなければならなかった。『真人』百号までの歩みは、常に形骸化した信の更生の連続であったのである。

たとえば、曾我は、浄土は「西方十万億土」にあり、また「十万億土」の大きさとしての辺際があるのであり、したがって「十万億土」とは、愚者を導くための方便である、とする宗学の見解に対して、それでは「浄土の安心は決定しない。ごまかしとなる」と強く否定し、「十万億土」を実存的に了解するのである。その曾我の知見を聞こう。

十万億土とは、我らシャバ世界の限界をいうものである。諸仏の浄土は、われらの心行の及び得る世界である。それが十万億土である。十方諸仏の浄土は、われらの思量の及ぶ世界である。しかるに、弥陀の浄土のみが、われら自力の心行の及ばぬ世界である。（中略）いつの間にか、弥陀の浄土もまた、われらの思量の及ぶ

ところであると思いちがいをするようになつてきたところにまちがいがある。(52)

このように、弥陀の浄土は我々の思量の到底及ばない世界であることを強調し、さらに、

限界のあるのは我らの方である。清沢先生は、この点で我らの有限を知らねばならないといわれるのである。有限なわれらが、われらの限界を明らかにし、明らかにすることによつて、如来の絶対無限が明らかとなる。この一事が自身に明らかとならないために、真宗教学を学ぶものまでが、その了解を欠くばかりではなく、反つて聖道諸師の教学に惑わされている実状を反省しなくてはならない。（中略）親鸞の根本的立場であるところの、真仮分判が明らかになつておらず、混同してしまつているのである。教学が畢竟ごまかしとなる所以である。(53)

と、「十万億」とはむしろ我々の有限性をあらわす言葉であり、決して浄土の限界を意味するものではない。そうではなく、「十万億土」の有限の自覚の上に、つまり有限なる自己を「過」ぎることで、そこに弥陀の浄土が証される。まことに、我々に許されてあるのは、有限なる自己の自覚でしかない。その「一事」が不明なため、「真仮分判」、つまり真実と方便の区別も不明となり、聖道諸師の教学に堕することになる。このように曾我は論ずるのである。すなわち、それは観念の教学であり、その観念の教学のままでは、凡夫の浄土直入の道理は不明のままなのである。ここに当時の仏道の実際があろう。有限なる自己の自覚、つまり機の深信の道理が明確でなければ、仏道は観念化し、また自覚の欠落した神秘主義に堕するしかないのである。次のように述べている。

この神秘主義を断固として打破しない限り、真宗は真宗とならない。今日、神秘主義になつた似《え》而非《せ》真宗が、自分をごまかし、他をもごまかしているすがたは、まことに嘆かわしいことである。(54)

と神秘主義を歎じ、そして、

十万億土を過ぎて浄土ありということは、浄土に辺際があることを教えられるものではなくて、我らの自力の限界というものが、案外遠いところにあることを知らされたものであるにちがいない。自力の限界が、せまい範囲の中にあるのであれば、問題は簡単にすむ。ところが、十万億土といわれるほどに、その限界は遥か遠くにある。あたかも限界がないと思われるほどに遠い。そして反つて、浄土の方に限界があるが如くに考えてくる。これは全く の顚倒である。(55)

と、自力の限界を教示するものとしての、つまり「十万億土」の真意を実存的に理解すべきことを陳述するのである。

そのような曾我の見解を受けて、竹田は、浄土を喪失している現代社会について、

「浄土」が明らかにならないところから、すべての混迷がうまれます。仏法が無力だといわれるのも、世界が不安におののいていているのも、いかがわしい迷信が横行するのも、浄土が誤解され、夢物語となつているからです。一切衆生が帰趨すべき浄土を明確にすることは、いまや一刻もゆるがせにすることのできない、今日的課題であります。仏教が、浄土をもつて此の世に応えることができなければ、その存在意義は失われたといつていいのでありましよう。(56)

と、現代社会における浄土の明確化の必要性を訴え、そして、『真人』一〇五号で「浄土の問題」という特集を組んだのである。『真人』が一つのテーマのもとで編集されることは、これが最初の試みであった。まさに、竹田の時代的課題に応答し得る真宗教学を明らかにしようとする、極めて意欲的な編集であった。今少し、竹田の志願を聞きたいと思う。

主義やイズムではなくて、人間本来の大生命に眼をひらいた、教法社会の建設にとりかからねばならないとき

が、人類にはおとづれているようです。仏教徒は率先して、教法社会の実現に身を挺するものでなければなりません。（中略）教法社会をあきらかにするためには、われらの帰すべき浄土が、まづもつて、あきらかでなくてはなりません。この浄土が、ゆめものがたりや、おとぎばなしになつているのです。理想の世界だとして、観念化する傾向もあります。（中略）浄土は人間の足下にせまり、脚下にひらけ、その場所においてのみ、人間が真に人間たりうる世界です。本誌は本年もこの教法社会をあきらかにするために、浄土の問題にとりくんでゆきたいと予定しております。(57)

人類の帰命すべき浄土を明らかにすることで、教法社会が建設されることを述べている。真人社は意欲的に、浄土をもって社会にはたらきかけようとしていたのである。

『真人』一〇五号の「浄土の問題」には、曾我の「本願と浄土」（真人社創立十年記念講演録）の他に、目次の順に記せば、金子大榮「苦悩の群萌と逆謗の時代」、森信三「浄土の彼岸性」、星野元豊「現代人と浄土」、逢茨祖運「浄土の旋律」、川瀬和敬「浄土のある人・ない人」、西村見暁「精神主義と浄土」、仲野良俊「浄土の道標」、安田理深「本願成就の浄土」、寺田正勝「心の厚みということ」、京都大学教授西谷啓治「信仰といふこと」と興味深い論文が収められている。そして「後記」に、

ここに、人間が等しく帰すべきところとしての浄土の問題が、常に新しい課題として、人生の要所要所に、そのすがたをあらわす理由があるように思われます。本号はその意味で、浄土について特集を試みました。曾我先生からは、最近の御思索から浄土についての問題点を要約して、自身でお書きになつたものを頂きました。先々号から連載した「本願と浄土」も、これらの要点にもとづいて展開されたものとうかがいました。(58)

とあるが、その曾我の浄土についての問題点をまとめた「要点」は次の通りである。曾我の直筆のメモであったの

で、全文を引用する。

「本願と浄土　並びに是と対応する他方世界」

一、如来は本願に酬報して浄土を成就し給い、その一切の御行動は凡て全浄土を通してのみ御施行遊ばされる。浄土を離れて単独の御行動は決して遊ばさない。

二、如来の真実の報土は過去の一定時に本願酬報が終決を告げたのではなく、現在も将来も尽未来際まで連続して一刻も止まない。

三、随つてその本願酬報の事業を名づけて衆生摂取と云うのであり、此の衆生摂取を我等衆生の方より浄土往生と呼ばれるのである。

四、四十八願はその終極目的は衆生の生死勤苦の根本を抜き給うに在るが、それの唯一の方法が浄土の荘厳にあるを御感得なされ、四十八願を通じ、一貫して浄土を荘厳する一事に集注し給いた。

五、四十八願の発起の御本意を知らせんとせば先ず第一の本願を見るべきである。古来多くの先覚が此の一事を解過したる事は私の深く遺憾とする所である。

六、此の点に関して我が祖聖は真実証の問題から特に深く浄土と本願との関係を専念し給い、本願に真仮を体験すると共に仏土にも真実報土と方便化土とを感得し給い、この信念から浄土真実の教行証を建立し給いた。

祖師聖人が如何に深く浄土に深重なる関心をおもちであつたかを知るべきであろう。

七、則ち第一の願の「国」の文字は実に四十八願全体を貫通する所の総願である。是総願の意義を明かにするためにための後の四十七の別願でなかろうか。

八、第二以下に続いて国中人天の権利（果の功徳）を規定する十願（第二より第十一に至る）と対応して十方衆生が国中人天の権利を得るために如何なる義務を遂行すべきか、則ち如何なる因の行業を修行すべきかを明かにするのが第十七願以下の諸願である。
九、浄土は衆生の為めの建立なれば本願は如来が衆生との御約束である。如来は衆生の宿業に動かされて本願を生起し給い、衆生は如来の本願に動かされ自己の宿業を超越せしめられる。
十、かくの如くして四十八願はその何れの願も現在の我々衆生を招喚し給うものである。十方衆生の願のみが我々衆生を招喚し給うと限らない。国中人天の願も亦現在の我々衆生を呼び給うものでなくてはならぬ。十一願の国中人天の語はその成就には其有衆生生彼国者である。此の点については猶詳細に思考を要する。
十一、真実報土の広大無辺なることは大経は浄土論と等しい。但し去此西方十万億刹と云うは此れ果して浄土の辺際とすべきや、此を娑婆世界の限界を示し給うとすべきや、方便化土は元より有辺の世界なれば、十万億刹は娑婆と浄土との境界線とすべきは当然なれども、是十万億刹は我々人間の自力の心行の及ぶ限界を自覚せしむる大悲方便にして真実報土そのものの限界ではない。然るに此を以て徒らに浄土の限界と速断するは如何であろうか。我々は此の限界を以て我々人間の自力心行の有限なるを自覚せしむる大悲善行の仏意を仰ぐべきでないかと思うのである。猶深く考うべき事と思う[59]。

曾我は、「本願と浄土」（『真人』一〇三号）において、次のように述べている。

浄土を建てるということが、本願である。この本願の根本精神は、先づ四十八願を説かれる第一願をもつて知ることができる。この無三悪趣の願を軽々しく見てはならない[60]。

このように「第一願・無三悪趣の願」に浄土建立の法蔵菩薩の精神の原点のあることを明かし、原点についてさらに丁寧に、第一願に見るも、その無三悪趣の願いは、浄土にあるべきことではなくて、この人間世界に、地獄、餓鬼、畜生の三悪趣なからしめんという願いであることは間ちがいない。親鸞は、三悪道を超越してはじめて、今日の我らの生活が成り立つということを体験された方であるにちがいない。(61)

と続けている。我々の立脚地を「第一願」において、「第二願」から「第十一願」にかけて衆生を「国中人天」と呼ぶことで、三悪道をおそれない生活実現のための実践を説いている。すなわち、娑婆世界に生きる衆生を「国中人天」と呼び覚まし、迷いの三界を勝過する世界とその実際の生活を示すことで、衆生を必至滅度の世界に生かしめるのである。真宗の社会性は、衆生摂取を体とする如来の本願酬報の事業に集約される。すなわち、それは我々の浄土往生の仏道建立である。本願をもって真宗の社会性の原理とし、浄土をもって真宗の社会性とする所以である。

すなわち、曾我は、浄土は無限であるが、衆生は自己の限界を自覚できないために、自らを「国外」におき、そのため仏智疑惑に堕するのであり、そして、「十万億土」を浄土の限界とみなして、無限の浄土を分別して限界をつけてしまうが、それでは「しろうと学問」でしかないと論じ、清沢教学の真義を、次のように述べている。

ひとえに、自己の有限を自覚しないからである。自己の有限を自覚することによつて、如来の絶対無限にはじめて一致してゆくことができるのである。これが清沢教学といわれるものの根底をなすところのものである。しかるに、素人の常識をもとにして、寓宗時代からの考え方を、何の批判もなく受けつぎ、それがあたかも伝統を尊重し、真宗の教法を護ることででもあるかのように公言している宗門今日の現状は、まことに悲しみてなおあまりあることである。そこから教団の信仰は、親鸞の教法を遠く離れて、奇蹟を信ずる迷信に転落してしまつているのである。(62)

自己の有限性の自覚、つまり徹底した機の深信によって、浄土と娑婆の分限を明確にすることを訴えている。自己の有限性の自覚において、はじめて「国中人天」の如来の呼び声を聞くことができるのであり、したがって、もし自己の有限性の自覚を欠けば、「十万億土」を愚者を導く方便とみなすような、素人の常識をもとにして浄土を論ずる教学となってしまう。しかして、そこからは、如来の大悲心は感じ取れないのである。自己の有限の自覚によって始めて如来の絶対無限のはたらきが明確になるのである。

この「浄土の問題」特集号は、好評であったが、時には「むづかしすぎる」[63]という注意もあったという。そのような注意に対して、次のように述べている。

真人では、曾我先生のものが一番わかりやすいという話をよく聞く。むかしから先生の書かれたものは難解だという評判が高いのでこの間直接先生にそのことをおたずねしたら、自分はただ自分になんとかしてわかりたいと思つて話をしている、それで、ほんとうにわかろうとして読んでいるひとには、一番わかりやすいのでしようという御返事であつた。[64]

仏教の本義は、分かる分からぬを超えて、先ず有限なる自己が浄土に生きる身となるところにあるのである。

註

（1）「再出発のことば」『真人』一三号、一九四九（昭和二四）年一〇月、一頁
（2）「個人を超えよ」『真人』一三号、一九四九（昭和二四）年一〇月、一頁
（3）「自己に照らす」『真人』二八号、一九五一（昭和二六）年二月、二頁
（4）「生活をつくす」『真人』三一号、一九五一（昭和二六）年五月、三頁
（5）「歴史を照らす―往相と還相―」『真人』三〇号、一九五一（昭和二六）年四月、二頁

（6）『教行信証』「証巻」に、「仏の本願力」を通すことで、「もし人ひとたび安楽浄土に生ずれば、後の時に意『三界に生まれて衆生を教化せん』と願じて、浄土の命を捨て願に随いて生を得て、三界雑生の火の中に生まるといえども、無上菩提の種子畢竟じて朽ちず。」（真宗聖典、二八二頁、真宗大谷派宗務所出版部）とある。
（7）「後記」『真人』三〇号、一九五一（昭和二六）年四月、八頁
（8）「後記」『真人』三一号、一九五一（昭和二六）年五月、八頁
（9）「念持の大道」『真人』一五号、一九四九（昭和二四）年一二月、一頁
（10）「念持の大道」『真人』一五号、一九四九（昭和二四）年一二月、一頁
（11）「清沢先生の追憶」『真人』三三号、一九五一（昭和二六）年七月、五頁
（12）「後記」『真人』二九号、一九五一（昭和二六）年三月、八頁
（13）「後記」『真人』三一号、一九五一（昭和二六）年五月、八頁
（14）「後記」『真人』四二号、一九五二（昭和二七）年四月、八頁
（15）「後記」『真人』四六号、一九五二（昭和二七）年八月、八頁
（16）アンケート五「（一）真人誌について（二）現代思潮と仏教」『真人』五九号、一九五三（昭和二八）年九月、六頁
（17）アンケート五「（一）真人誌について（二）現代思潮と仏教」『真人』五九号、一九五三（昭和二八）年九月、六頁
（18）『真人』五九号、一九五三（昭和二八）年九月、一〜三頁、真人社、及び、『真人』六〇号、一九五三（昭和二八）年一〇月、一〜三頁
（19）「如来の作願の因（二）」『真人』六〇号、一九五三（昭和二八）年一〇月、二〜三頁
（20）「後記」『真人』六四号、一九五四（昭和二九）年二月、八頁
（21）「如来の作願の因（二）」『真人』六〇号、一九五三（昭和二八）年一〇月、二頁
（22）たとえば、曾我は、『正信偈聴記』において、「法蔵菩薩というのは、この世の歴史の根源であり、自然法爾の世界でありましょう。そのすがたを法蔵菩薩の発願と修行と正覚というかたちで、『大無量寿経』にくわしく書いてあるのであります」（『曾我量深選集』九巻、五頁、彌生書房）と述べている。
（23）「後記」『真人』六五号、一九五四（昭和二九）年三月、八頁

(24)「暁烏敏師追悼号」『真人』七三号、一九五四（昭和二九）年一一月、一頁
(25)「暁烏敏師追悼号」『真人』七三号、一九五四（昭和二九）年一一月、二頁
(26)「暁烏敏師追悼号」『真人』七三号、一九五四（昭和二九）年一一月、二頁
(27)「台風の旅」『真人』七三号、一九五四（昭和二九）年一一月、七頁
(28)「時代は問い親鸞は答へる」『真人』一〇〇号、一九五七（昭和三二）年四月、一三頁
(29)「時代は問い親鸞は答へる」『真人』一〇〇号、一九五七（昭和三二）年四月、一三頁
(30)「時代は問い親鸞は答へる」『真人』一〇〇号、一九五七（昭和三二）年四月、一三頁
(31)「時代は問い親鸞は答へる」『真人』一〇〇号、一九五七（昭和三二）年四月、一三頁
(32)「時代は問い親鸞は答へる」『真人』一〇〇号、一九五七（昭和三二）年四月、一三頁
(33)「後記」『真人』七七号、一九五五（昭和三〇）年三月、八頁
(34)「後記」『真人』八〇号、一九五五（昭和三〇）年六月、八頁
(35)「門」『真人』三四号、一九五一（昭和二六）年八月、三頁
(36)「仏教の統一」『真人』八一号、一九五五（昭和三〇）年七月、二～三頁
(37)「後記」『真人』八一号、一九五五（昭和三〇）年七月、八頁
(38)「仏法一味（一）」『真人』八二号、一九五五（昭和三〇）年八月、一頁
(39)「仏法一味（二）」『真人』八三号、一九五五（昭和三〇）年九月、二頁
(40)「真宗第二の再興（一）」『真人』八九号、一九五六（昭和三一）年四月、一頁
(41)「宗門各位に告ぐ（宗門白書）」『真宗』一九五六（昭和三一）年四月、六頁
(42)「後記」『真人』九一号、一九五六（昭和三一）年六月、一〇頁
(43)教学論争については『中外日報』の以下のところに記されている。一九五六（昭和三一）年六月一七日、一九日、二一日、二三日、二六日、二七日等。また『真宗』では、宮谷法含「教学について所信を語る―宗門白書の質疑に応えて―」（『真宗』一九五六《昭和三一》年七八合併号、三頁）や、訓覇信雄「僧伽形成への第一歩」（『真宗』一九五六《昭和三一》年九月号、三頁）において清沢教学の意義が述べられている。
(44)「このことひとつ」『真人』九三号、一九五六（昭和三一）年八月、八頁
(45)「余禄」『真人』一〇〇号、一九五七（昭和三二）年四月、三九頁

(46)「大衆を統理して一切無碍ならん」『真人』一〇〇号、一九五七（昭和三二）年四月、一頁
(47)「大衆を統理して一切無碍ならん」『真人』一〇〇号、一九五七（昭和三二）年四月、一～二頁
(48)「大衆を統理して一切無碍ならん」『真人』一〇〇号、一九五七（昭和三二）年四月、五頁
(49)「大衆を統理して一切無碍ならん」『真人』一〇〇号、一九五七（昭和三二）年四月、二頁
(50)「本願と浄土」『真人』一〇三号、一九五七（昭和三二）年七月、一～二頁
(51)「余録」『真人』一〇一号、一九五七（昭和三二）年五月、三三頁
(52)「本願と浄土―真人社創立十年記念講話―」『真人』一〇三号、一九五七（昭和三二）年七月、四頁
(53)「本願と浄土―真人社創立十年記念講話―」『真人』一〇三号、一九五七（昭和三二）年七月、四頁
(54)「本願と浄土―真人社創立十年記念講話―」『真人』一〇三号、一九五七（昭和三二）年七月、五頁
(55)「本願と浄土―真人社創立十年記念講話―」『真人』一〇三号、一九五七（昭和三二）年七月、五頁
(56)「後記」『真人』一〇四号、一九五七（昭和三二）年八月、三三頁
(57)「後記」『真人』一〇八号、一九五八（昭和三三）年一月、二九頁
(58)「後記」『真人』一〇五号、一九五七（昭和三二）年九月、五三頁
(59)「本願と浄土　並びに是と対応する他方世界」『真人』一〇五号、一九五七（昭和三二）年九月、一～三頁
(60)「本願と浄土―真人社創立十年記念講話―」『真人』一〇三号、一九五七（昭和三二）年七月、六頁
(61)「本願と浄土―真人社創立十年記念講話―」『真人』一〇三号、一九五七（昭和三二）年七月、七頁
(62)「本願と浄土Ⅱ」『真人』一〇四号、一九五七（昭和三二）年八月、一一頁
(63)「後記」『真人』一〇六号、一九五七（昭和三二）年一一月、三一頁
(64)「後記」『真人』一〇六号、一九五七（昭和三二）年一一月、三一頁

第四節　真人社第一世代から第二世代へ

第一項　原爆の問題を通して

真人社は時代の変遷と共に自己変革に迫られたが、以下、「社会」と「教団」の二点において確認しておきたい。先ず、社会との関係である。真人社の課題としなければならなかった社会的課題としては、何と言っても「原爆」があった。当時、アメリカ、ソ連、イギリスの相次ぐ核実験によって、世界中が人類破滅の危機に晒される中、『真人』誌上では、そのような時代を反映して、「原爆論争」が展開された。発端は、『同朋』八一号に発表された、仲野良俊の「浄土」という一文にあった。

仏教者として原爆に対してどう考えるか、よく問われることがあります。これはなかなか容易な問題ではないのでありまして、（中略）ただ云えることは、人間としてそういう不幸を招かぬように、どこの国の如何なる人も、これを防ぐために努力しなければならないことであり、これは人類が、国や考えを超えて力を合せて防がねばならぬことと思います。（中略）仏教者といえども人間である以上、与えられた力一ぱいこの切実な人類の願いを果さなければならないと思います。

しかし、問題はただそれだけにとどまるものかどうかということであります。人間の歴史には、人間の造つている娑婆には、えてして誰も願つていないことが起りがちであります。（中略）それだけは承認して置かねばならぬことではないでしようか。そう承認したからといつて何も努力をやめたり、へらせたりするというのではありません。努力のもう一つ底に本当の意味のさめた眼、それが用意されていなければならないというのであります。

更にいうならばもう一つ奥には、いつ破裂が起つてもいいという心、死んでもいいという、これがなければ話にならぬと思います。原爆の始末を力いっぱいなしとげる、その一つの底に、自分の始末がついて行くという、一つの流れに触れなければならぬと思います。これがつまり人間以上の世界であります。人間というものをどこまでも固めていこう、人間をととのえて行こうとするのが人間でありましょうが、しかし又人間を翻して人間以上の世界を求めようとするのも人間であります。そういう一筋の願い、そういうものが私共の深いところに流れているのであります。(1)

仲野の、原爆による不幸を防ぐための努力は惜しまないとする社会的立場と同時に、この原爆の問題によって、我々が如何にして「人間以上の世界」に触れ得るのかとの問題、つまり仏道の問題とすべきであるという立場について、高原は、「人間以上の世界」はどこか、如何にして触れるか、どこに見出すか、の三点から仲野に問うている。先ず、「人間以上の世界」が「どこにあるのか」ということについて、

原爆の果てに、人間の彼方にと了解していいのでしょうか。(2)

と問い、単なる「彼岸」にあると解釈される見解に疑義を呈している。また、

如何にして〔人間以上の世界に〕触れるかという第二の問題は今はさしおいて、その世界をどこに見出すのかという点をもう少し明瞭にして頂きたいものです。(3)

と、「人間以上の世界」をどこに見出すか、について明確にすべきことを訴えている。そして、

原爆というところに既に法性が首を出しているのではないでしょうか。(4)

という自見を述べ、さらに、

原爆という形で仏法がわれらに迫つて来ているのでありましよう。原爆の彼岸にでなくて、原爆において仏法は叫んでいるので、われらは原爆以外に如来音を聞くことは出来ないでありましよう。原爆から如米音を聞くとき、原爆を再認識し、原爆に大きな意義を発見することが出来るのでないでしようか。(5)

と、娑婆においてこそ、原爆の問題が仏道の問題となることを述べている。高原は「人間以上の世界」を彼方に見るのではなく、原爆の問題を抱える娑婆において「如来音」を聞くべきとの主張であった。

これに対して、仲野は次のように答えている。

歴史はいつでも現代に於て深刻に捉えられます。今まで曽て無かつたという形で原爆の問題が取り上げられるのは極めて当然すぎる程当然ではありますが、法によつて捉えるならば娑婆ということにつきるようにも思われます。しかしこの娑婆という言葉を従来得てして用いられたように呑気な気持で言つているのでは毛頭ありません。ぎりぎり一杯のところ、当面せざるを得ないものとして申しているのです。

私は決して浄土の彼岸性を、人間の現実を離れたところ、人間の果てにとは思つて居りません。（中略）「原爆に如来音を聞く」ということがそういうこと〔原爆という形で仏法がわれらに迫つて来ているということ〕を意味することばであるのなら、私にも充分判るような気がします。しかしそうでなくてもつと積極的な、原爆の真如を明かにするということなのだ、としたら、これは今の私の一番苦しんでいる問題で、答えが出て来ないのです。(6)

仲野は、原子爆弾の問題は、我々の娑婆において直面する極限の問題であり、そういう意味で、原爆の問題を決して彼岸の問題としていないと応えている。さらに原爆の問題を機縁にして、娑婆において「如来音を聞く」という視点は了解できるが、しかし、「原爆の真如」は自分にとって「苦しんでいる」課題である、と述べている。

この仲野の見解に対して、高原は「再び原子爆弾について1」の中で、

原爆という形で仏法がわれらに迫つて来て、われらの自覚を要求しているのであります。たしかに、原爆が一つの仏法の機縁となつているわけで、仏法は直接その頭角をあらわにするものではありません。原爆から如来音を聞くと申したのはこのことであります。しかし、本誌十二月号に「原爆から如来音を聞くとき、原爆を再認識し、原爆に大きな意義を発見することが出来るのでないでしょうか」と申しました。原爆から如来音を聞くとき、そこに如来はましましたことを知らしめられるのであります。(7)

と、仲野の苦しんでいるとした「原爆の真如」とは、原爆に〝如来はましました〟ということとしている。高原の願いは、「今日、原爆などという課題で迫つて来る社会問題、人間の問題に如何に仏教徒はこたえるか(8)」にあった。そして、さらに「再び原子爆弾について3」では、

流転の歴史は求めねばやまぬ深い祈りを、その底に秘めているのであつて、その祈りは、流転することによつてやがて消えさるものでなく、流転をつくすことによつて、かえつて強くなり、遂には、その流転をやぶつて頭角を出すものであります。(9)

と、流転の娑婆において、その象徴と言うべき原爆から〝如来はましました〟という流転を破る音を聞くべしと訴えている。そして、

今日、原子爆弾によつて集約されているところの、何うしてみようもない不安、絶望、怠惰、退屈という人間の問題は人間が方向をもたず、位置を与えられていぬところにあります。今日の人間はもう一度、自己の位置づけを再確認するところに、それぞれの場所にあつて、孤独に流れず、人類の歴史を荷負して立上る力を獲得

することを得ましょう。（中略）この意味で、現代教学が叫ばれているわけでありまして、（中略）教は私の上に樹立されて行かねばなりません。教が私の上に樹られて行くとき、ちっぽけな存在である私が、歴史に呼ばれ、歴史を荷負して行くという大きな私とならしめられて行くことになります。私の思いを超え、歴史の呼声、すなわち、教を聞き、教を私の上に頂いて行くことが、そのまま、人類の歴史の責任を果たして行くことになります。これこそ仏教徒に課せられた実践であります(10)。

と、どこまでも原爆の脅威が仏道の機縁であり、それ故に現代教学の確立の必要性を訴えている。そしてそれが「歴史の呼声」、おそらく原爆の中の〝如来はましました〞の声を、原爆を「教」として聞くことを主張する。

その他、「原爆論争」に参加した多和田一男は、

原爆が問題となるとは、原爆を縁として自分を知るということではあるまいか(11)。

あるいは、

原爆が問題とは、原爆に於て人間の生死巌頭が迫っているのである。人間生死巌頭に立っとき、青白い反対の悲鳴よりも各自各自の実に命がけの願、ひたすらな願、人間の本当の願というものが出てくるのだ(12)。

との見解を提示している。このような多和田の、原爆が我々に生死巌頭を迫るものであるから、原爆によって「人間の本当の願い」を聞くとの立場も、基本的には仲野や高原と同一であろう。それは、清沢の「俗諦の教は其実行の出来難きが為に愈無限大悲に対する感謝の念を深からしむるが目的である(13)」という近代教学の伝統的真俗二諦説に通ずる視点でもあろう。しかし、仲野の苦しんでいるという原爆の真如についての解明は、社会との関係を模索する真人社やその後の真宗者の担わなければならない課題ではなかろうか。

ところで、『真人』一一四号に、寺川俊昭は「原子爆弾をめぐって」を発表した。寺川は、仲野の課題とした

「原爆の真如」について、自らの被爆という体験を踏まえて、次のように応えている。

原子爆弾というものは一体何なのか。それを知る為には我々は例えば冒頭に掲げた一つの詩を読めばいい[14]。冒頭の「詩」とは、『原爆の子にこたえて』の中の、原爆の体験を綴った一編の詩のことである[15]。そして、シュヴァイツアーが核実験の即刻禁止を主張するのは、(中略)人類の良心の声として大きな意義をもつものである。脅かされているものが人間性であり、それに対して人間性を守り確保しようとする時、その仕事がどのような根源(例えば仏教的、キリスト教的若しくはヒューマニスティックな)から為されようと、それは必然的にヒューマニスティックな形をとつて来るのではないか[16]。

と述べて、人間の根源に、ヒューマニスティックな形を取り得る志願のあることを明かし、続けて、原爆を実際に体験した一人として、衷心から、

我々は禁止の願いの表明を止める訳にはいかない。端的にそれが我々の義務であり責任であるからである[17]。

と述べている。原爆と真正面から向き合おうとする、我々の〝至奥より出づる至盛の要求〟とも言うべき真生命からの心を、ここに窺うことができる。さらに、原爆に象徴される科学については、それは単なる物質であり〝非情〟なるもの、という一般的な見方について、

科学的認識の結晶である原子爆弾が、罪とか虚無という破局的な形を以て人間に迫つたということは、如何にも象徴的であり、科学的認識が未だ決して純粋ではなく、その根底にいわば根源的無知即ち無明を秘めていることを、はしなくも暴露したのであろう。(中略)我々は原子爆弾に悩むのであつて、同じ物質といつても例えば山に悩むのではない。そこに人間の意志によつて生産された物質と、単に与えられた物質との違いがあるのであつて、前者は特に何か人間の関心によつて染汚されているというか、関心を反映しているというか、独

特の微妙な性格をもつているのではあるまいか。ともかく、原子爆弾を必然した科学乃至技術が、根本的執着を根底にもつていることは明らかである。このことが、我々が原子爆弾に人類の宿業を感得する根拠である。業とは自覚的には業障の痛みであり、懺悔である。してみると、回心がなかつたら、何一つ本当の解決にはならないのだ、そういうことが教えられていると思う(18)。

と、人間の無明に根ざす意思によって作られた科学と、自然に与えられた〝自然〟との違いを述べている。まさに原爆は、山川などと違って、人間のエゴによって汚染されたものであり、そういう意味で〝非情〟とは言えない人類の宿業の産物であるから、人間は原爆に対しては懺悔しかない、としている。

つまり、寺川は、人間の原爆に対する、「人間の根源的志願」としてのヒューマニスティックな思念と、回心による自らの業障への懺悔を、原爆の問題の解決のために不可欠なことを述べている。回心懺悔において始めて原子爆弾が人間のエゴによって汚染された宿業として頷くことができるし、また痛みを感じることができるのであり、またヒューマニスティックな形をもって大悲を行じ得るのである。

思うに、そのような「人間の根源的志願」は、実は「国中人天」と称する如来本願が我々に成就する志願ではなかろうか。「無三悪趣」の浄土とは、原爆を製造した人類の業障を懺悔し、また共に生きる世界を支えるはたらきを持つものであるからである。

このような寺川の見解は、当時の真人社の、原爆を機縁として仏道を知るというような観点と一線を画さなければならないように思われる。まして、原爆から〝如来はましました〟の声を聞くということは、ありえないことのように思われる。戦争などの社会の出来事を仏道の手段とする、主に清沢門下によく見られる真俗二諦の仏道観に対して、寺川は原爆を、「無明」「執着」が「真如」であると見極めるのである。我々は、そのような無明、執着の産物によって、脅かされる存在なのである。

すなわち、原爆の真如は人間業の障りであり、人間はその障りに対しては懺悔するしかない。さらに懺悔する限り、それは如来のはたらきであるから、それは必ず、浄土からの批判である。寺川は、原爆を、浄土に帰する手段として見るのではなく、人間業の障りの当体として、浄土からの批判眼をもって見定めるべきことを訴えている。原爆は人間無明の産物でしかないのである。したがって、我々が、本願からの「国中人天」との呼びかけに応答すれば、人間の業障に対する懺悔が発起するのであり、その懺悔は我々に、原爆根絶を願うヒューマニスティックな願いを懐くことは、当然なことであろう。

原爆を論ずる時、つまり我々がさまざまな〝社会悪〟に対峙する時、必然的に、浄土をもって課題的に応答しなければならないのではなかろうか。〝社会悪〟に対して、浄土の批判をもって関われば、そこには、社会悪への懺悔と世間虚仮なる痛みとが生起するように思われる。それは、曽我の「本願と浄土」を講演する際の直筆メモに見られる、「国中人天の願も亦現在の我々衆生を呼び給うものでなくてはならぬ。十一願の国中人天の語はその成就には其有衆生生彼国者である」(19)との知見の通りであろう。さまざまな〝社会悪〟を、「国中人天」と呼ぶ本願によって照らせば、そこに浄土の批判眼が衆生に生まれてくるし、それによって〝社会悪〟を克服する、「無三悪趣」の意欲の湧くのは当然であろう。

したがって、我々には「原爆から如来音を聞く」ことは許されていないのである。そうではなく、〝原爆から人間業の障りに対する痛みの音〟を聞く、と言えないだろうか。もちろん、〝人間業の障りに対する痛み〟とは、浄土の批判眼による痛みの声を我々の身体中に聞くことであり、したがって衆生は本願に促され、時にはヒューマニズムの形をもって娑婆において浄土を思念し、娑婆に立ち上がるのではなかろうか。『無量寿経』下巻第十一願成就文「其有衆生、生彼国者、皆悉住於正定之聚。」（それ衆生ありて彼の国に生ずれば、みなことごとく正定の聚に住す。[20]）を、『一念多念文意』に「それ衆生あって、かのくににうまれんとするものは、みなことごとく正定の聚に住す[21]」と明確な主体性をもって読み取る親鸞の視点はここにあると思われる。「かのくににうまれんとするもの」、ここに〝社会悪〟の問題解決の道を歩む、換言すれば「無三悪趣」へと立ち上がる、正定聚に住する衆生の生き様があるように思われる。

高原の、原爆に法性の「首を出している」、あるいは、「原爆において仏法が叫んでいる」という、あたかも人間の痛みの感じられない原爆に対する見方は、原爆を体験した寺川には、到底理解できないものではなかったか。

竹田は『真人』一一二号の「後記」に、次のように記している。

原爆が教学の問題になつてはじめて、反対運動に血が通い、筋が通ることになると共に、教学も亦、新しい展開を見せることでありましよう[22]。

竹田は、第十一願成就文の「かのくににうまれんとするもの」との親鸞の願いを明確にすることで、原爆反対運動に血が通い筋が通る、としているのである。すなわち、原爆反対運動は、根本は衆生の回心懺悔の運動であり、また法蔵菩薩の志願に応答する浄土の運動となろう。

ともかく真人社は、時代社会との関係性において、時代相応の教学の必要性に迫られていたのである。曾我は次のように応えている。

近頃の思想は一般に、科学的実証主義であつて、極めて簡単にものごとを割り切ろうと考える。たとえば、死ねばなにもかもなくなつてしまうとするのが普通の考えである。果して、これでよいであろうか。もつと死を通して深く静かに考えてみる必要があるのではなかろうか。死を通してなにか深い意味を汲みとることが大切ではなかろうか。もちろん、それは現代の思想界をよく理解し、現代人をあらしめているものの深い底に、どんなものがあるかをよく見通して、仏の正しいおみのりをたててゆくことが、われわれ仏教徒の課題であろう。今までの真宗学や仏教学をむやみに振りまわしてみたところで、それはいたずらに逆効果を奏するにすぎぬ。かといつて、独りよがりにふけつていることも感心したことではない(23)。

科学的実証主義は、人間の生死を分断する。それは、死を忘却し生に執着する快楽文明であり、それは現代文明を形成する。曾我は我々に、そのような現代文明の根底をよく見極めるべきことを訴えるのである。

したがって、現代社会の根底には人間の根本無明が横たわっており、その無明を克服する道が浄土の仏道である。現代社会の課題に対応する「時代教学」は、ここに求められなければならないように思われる。換言すれば、濁世を生きざるを得ない人間の立脚地をなす浄土を明らかにする教学が、時代相応の教学ではなかろうか。『真人』一〇五号が「浄土の問題」をテーマに編集されたが、それは現代に対応する「時代教学」の模索からであった。

次に「教団」との関係である。真人社は発足当初から、教団との関係性を課題としていた。そのため、特に親鸞聖人七百回御遠忌を三年後に控えた当時、教団を課題的に論ずることは当然のことであった。さらには、一九五〇(昭和二五)年の宗議会議員選挙で、真人社会員が相当数当選しており、そのような状況を踏まえて、竹田は次のように述べている。

教団への批難はきびしいいし、事実宿痾は教団の更新を断念させるほどに、その根が深い。けれども真実の教団を形成してゆくことをおいてほかに、仏教徒のなすべきことはないし、したがつてそのほかに生活もない。独善的に傍観して仏教を語る者は、仏教徒でないことだけはたしかである(24)。

当初から「真宗再興」を念ずる真人社としては、教団の改革を思って宗議会議員となったことが、つまり「仏教徒」となったことは、当然であった。

ここに真人社は、「教団」をテーマに、安田理深、武生譲・松原祐善、蓬茨祖運による座談会を開催し、それを『真人』一一三号に「見える教団見えざる教団」として掲載している。座談会の司会は竹田であった。初めに竹田の問題提起である。

わたくしたちは、平素から教団とか、宗門とか、あるいはサンガというようなことをよく申します。殊に最近はそのことが、大きくクローズアップされてきているように思いますし、また或る意味で、それは仏教徒としての根本問題であろうと思われますが、一体真宗において、教団とはどういう意味をもっているのか(25)教団の存在意義を、「サンガ」をキーワードに明らかにしようというのである。以下、安田の主な発言を抜粋しておこう。

・見えざる教会というものは、もともとキリスト教のことばですが、見えない教団とは、これは浄土だろうと思う。それから、見える教会とは化土であろう。見えざる教会は真実報土である。見える教会、これは、穢土が浄土に照された方便化土だろうと思う。だから、教団とは、教団がなくなることを目的としているものだ。

・教団も教学の問題であるとともに、教学も教団の教学でなくてはならない。ただ学会の教学であつてはならない。仏教学は、学会の要求に応えるものでなしに、教団の実践に応えるものなのである。つまり教団の実践である。

・宗門という裏にサンガがなければならぬ。見えざるサンガに召されるということが大切である。それがなければ、勝手に生きておるということになる(26)。

教団は、基本的に、浄土によって支えられる「僧伽」である。「僧伽」である教団は、教学によって実践的となる。つまり、教団は教学の実践そのものであろう。「僧伽」は浄土を基盤としており、したがって浄土によって支えられる教団、つまり「僧伽」は、我々に帰命を迫るものである。教団への帰命は浄土への実践の象徴であり、教団のさまざまな社会実践は、帰命を内容とする「僧伽」の実践でなければならない。このような安田の教団論は、教団との関係性を尋ねる真人社にとって、大きな指針となったように思われる。

真人社は今、御遠忌を目前にして教団の再生を念じている。だが、それは、娑婆的因縁による再生を求めることではなく、必ず「僧伽」の回復でなければならない。「僧伽」の回復は、教学的営為である。すなわち、教団は教学によって自己批判するのであり、それによって教団は「僧伽」であることを回復する。つまり、浄土に生きる教団となることである。

また教団は、自らと縁を共にする現代社会の課題を担わなければならない。教学は現代社会に応答することで生命力を発揮する。その教学の生命力によって、教団は「僧伽」となり、大衆を統理する。統理は如来のはたらきであり、それが大衆にとっては救済である。社会にとっては「無三悪趣」の成就である。教学によって大衆を救済する実践が、「僧伽」の活動である。本願成就文で言えば、第一願から第十願までの「国中人天」を集約した第十一願の成就、つまり「かの仏国のうちには、もろもろの邪聚および不定聚は、なければなり」ということになろう。

先に曾我が、真人社の社会性を「仏の本願」において陳述していたが、そのように、教団の社会性は、「仏の本願」のはたらく「僧伽」であることを明らかにし、大衆を統理するところにあると言えよう。

繰り返すが、現実の教団の背景にある〝見えざる教団〟としての「僧伽」の発見、すなわち浄土の開顕、ここに御遠忌を直前にした真人社の教団に対する責任があった。

第二項　『神を開く』

一九五八（昭和三三）年八月、東京と京都を舞台に世界宗教者会議が開催された。その時の様子が、『真人』に次のように報告されている。

京都では親鸞の宗教思想について特に感心をもつている外国学者約三十名が、九月十日東本願寺の枳殻邸に於て、曾我、金子両先生に、真宗の教義を聞く会を開いた。約一時間半の会談であつたが、さすがに宗教学者であるだけに真宗の眼目にふれた問題が次々と質問されて、きわめて充実した内容の会合となつた。その後で或る学者が次のように語つたのを聞いた。「自分は宗教学者として親鸞の宗教思想が世界的にすぐれたものであることを知つている。だから、その教義が、いかに偉大であるかを聞いても、あらためて別におどろきはしない。しかし、日本に来てかくも満々たる自信をもつて親鸞の教えを語り得る人に、現に出会うことができたということは、わたくしの深いおどろきであつた。」[27]と。

自信をもって親鸞の教えを語ったのは、曾我・金子のことである。続けて、次のように述べている。

この人〔外国人宗教学者〕は日本にはすでに親鸞の教義のみがあつて、実際の宗教としては形骸だけが残つているものと予想していたのかも知れない。少くとも親鸞の教えは、七百年を経過してその純粋な生命を失つているだろうと考えていたのであろう。それが両先生の明快な解答に接して、その明快さが、単なる口先の答弁ではなく、――ことばだけでいえば一向に流暢ではなく、いわんや通訳を通しての答弁はむしろ難渋ですらあつたであろうが――両師の身にいただかれた信心の脈々たるほどばしりであることを、ひしひしと体感しての、深いおどろきであつたのであろう。「この人」の上に現に親鸞の教えが生きていることを知つたおどろきである。「この人」の上に生きているが故に、いたるところに今もなお、真宗の教法がまちがいもなく生きているると知ることができた驚きである。教法に於て一番大切なことは、常に自身をもつてその教法を語り得る人が、現にいるということであろう。[28]

研究対象としての親鸞思想ではなく、親鸞の思想がそのまま曾我、金子の上に生きていることに、外国の宗教学者は驚いたとしている。宗教的生命は「人」を通すことで、具体的な威神力を発揮する。教団が「人」の誕生を念ずる所以を、ここに見ることができる。「人」の誕生によって仏法が具体的なはたらきとなって、教化力を発揮するのである。

ところで、一九五八（昭和三三）年、真人社では創立一〇周年を迎え、それを記念して、曾我量深の『神を開く』が刊行された。『神を開く』は、一九三五（昭和一〇）年から、東京の坂東環城によって発刊された機関誌『開神』の巻頭論文を一冊にまとめたもので、[29]発刊と同時に反響が大きかった。そして『真人』一一九号に多くの書評が寄せられた。

まず、松原の書評を紹介したい。『神を開く』発刊の経緯も分かるので、長文をいとわず引用する。

こんど新しく刊行された曾我先生の『神を開く』を手にして私は喜びで一ぱいです。黄土色のその表紙はいかにも新鮮で、何より飾りのないすつきりした装丁が心よく、内容は章を分つこと六十一章、各々題目があり、全部で二百五十六頁からなつています。活字は四号で大きく、一頁の行数が十一行という充分のゆとりがとられています。もとより先生の文章は短文のなかに直覚的な表現を以つて極めて簡潔に、そして深い思索が僅かの文字に圧縮されて表明されていますので、読者のわれわれにはゆつくりと古典の文章に接する思いで繰り返えし味読することがもともと望ましいのであります。恰もその要求に答えてか編集者の親切がつくされたものと思われます。

ところで本書に集録された文章は雑誌『開神』の巻頭言として昭和十年七月の創刊号発行以来、大体毎号に執筆せられたもので、文字も平易にして簡明ならんことを期せられて、普通の原稿用紙を使用されずに、ことさらに通信用の便箋を用いられたと承つています。最後の六十一章の文は昭和十六年七月号に所載されたものですから、昭和十年七月より約七ヶ年に及ぶ先生の御執筆であつたわけであります。私の青年期は地方にあつて唯だこの『開神』の巻頭言のお言葉に導かれて歩ましめられていましたので、今回その全文が改めて本書にまとめられ、これを手にして拝読いたしますと、その一字一句が懐しく、また限りなく新しい感銘をよぶのでありります。そして当時は全く気づかれもしなかつた先生の御苦労が今となつてその文章の上にしみじみと玩味されて辱けない思いになるのです(30)。

さらに、『開神』発行の背景については、

そもそも『開神』誌刊行の話が生れたのは、昭和十年五月十日より三日間にわたり、先生の還暦記念講演会が京都の山口会館に開かれました。この講演会はまことにわれわれには感激そのもので、私ははじめて「教学」の何たるかを知らされました。毎日の参聴者が四百余名、遠くは北海道、九州より来会されたものでありました。当日先生の獅子吼された文字通りその獅子吼の講演記録は『親鸞の仏教史観』と題して出版されています。当時大谷大学を卒えて地方に散在していましたわれわれ同窓の同人達が、先生の記念講演を聴聞すべく京都に馳せ参じ、久しぶりに一堂に会することが出来たのでありました。偶々その機会に坂東環城兄の提案で、地方同人の通信機関ということで雑誌刊行のことがはかられ、みんなの賛同を得たので、その雑誌の題名をすぐに先生にお願いしましたところ、先生は直ちに『開神』と命名されたのです(31)。

と述べている。内容については、

それらの文字は先生が全身全霊を以つて悪戦苦闘して、まさしく戦いとられた真理の披攊であります。またそこには明治以来日本民族が学びとつた西欧思想との厳しい深刻な対決もあります。そして仏教を根幹とする東洋の思惟が最も端的に最も具体的に生きいきとどの文章にも露呈されています。しかもいかなる複雑をも不純のものをも包む単純にして純一無雑なる純粋の魂が躍動しています。いつの日でありましたか、先生が余暇が出来れば真宗の要義を簡明平易に叙述したいとの希望をもらされたことを私は記憶していますが、今となれば本書は清沢満之師の語をかりると、先生の筆になる真宗教義の「骸骨」であるということができると思います。骸骨というのはその皮を剥ぎ、その肉をそいでその骸骨、その骨髄を撮るということであります。本書はまさに真宗の骨髄とも骨目ともいえましょう。(32)

と、清沢の「骸骨」と同様に、『開神』が、簡明平易、かつ純粋な魂が躍動する真実の「骸骨」である、と評価している。

一方、曾我の知見、すなわち「曾我教学」によって自らの哲学的思弁を高めようとする田辺元は、

今日西洋思想が殆ど未曾有ともいふべき難関に逢着して、その打開の方策を東洋思想に求めんとする如き気運の動きつつある際、曾我先生に導かれて真宗の信仰と教理とに参することは、当来の哲学学徒の責務であるといふも過言ではあるまい。(33)

と西洋思想の難関を打開する道を「曾我教学」に求め、

浄土教一般の本願的立脚地に対し願成就の立場を真宗の独特なる立脚地とせられたことは、一般浄土教の平面的静観に対し真宗信仰の立体的動的二重性を明にせられたものとして、宗教哲学上貴重なる貢献といふべきも

のであろう[34]。

と「曾我教学」の思想背景である願成就の時代的意義を明らかにし、また、従来も真宗教義の特色と認められて居た悪人正機の問題を深く掘下げて、その内容的根拠を宿業の体験に見出だされ、宿業観をもつて仏教史観の基礎と宣言せられた。ところで先生は、独自の洞察に依つてこの宿業を本能であると解せられ、ふつうに甚だ浅薄なる意味しか与へられて居らないこの概念に、深き形而上学的意味を賦与せられ、之を以て歴史の母胎とせられたのである[35]。

と、人間の〝血肉〟を内実とする宿業観に形而上学的な意義を付与したことを評価している。そして、仏教の歴史が仏国土荘厳の象徴的展開となり得るためには、その開発の動機ともいふべき宿善が、宿業本能そのものの内に欣求浄土の機微として兆し動かなければならぬ。それが機法一体の自証に外ならない。これによつて現生正定の信心歓喜は穢土をそのまま浄土に転ずる。仏教史観は転換の過程の自覚といふべきものである[36]。

と宿業本能の身が、機法一体、浄土に転入する歩みこそが「仏教史観」の展開であることを明らかにするが、しかし、

その論理的帰結として、選択本願を従果向因の自覚的立場から、純一の信により如来の回向として開顕反省する行信の内的道程は、願成就の保証としての、法蔵菩薩所修の仏国土建立の常然と、対立矛盾することはないかといふ疑問が起こる。換言すれば、歴史の行的過程性と本願成就の法的永遠性との間に不一致がありはしないかといふ疑である[37]。

と論じて、救われざる機の従果向因の実践と、救われてある法の永遠性との論理的矛盾があるではないか、という

問題を提起するのである。そして、それが反響を呼んだのである。すなわち、永遠に我を救うという本願成就の保証的なはたらきがあるならば、救われざる我の欣求浄土の実践は、本願成就に抵触するのではないか、という田辺の疑問であった。

それに対して、たとえば、西山邦彦は、

哲学者はむくつけき問いを発するものである[38]

と皮肉り、

知を愛して愚に落ちる哲人の運命と、愚を自覚して、広大無辺の智慧にあづけしめらるる宗教的人間の宿業と、そこに根元的邂逅の現実が厳として存することを、我々は見出すのだ。[39]

と哲学と宗教の立場の相違を明らかにしている。宗教は論理ではなく、救われざる我と救われてある法との感応である、との見解であろう。

また立野義正は、

仏が仏になるということと、自己が自己になるということと同一である。自己が自己になるということが、自己に先立つて、仏に於てそれが語られてあるというのが南無阿弥陀仏の意義である。[40]

と述べて、田辺の指摘に「機法一体」の南無阿弥陀仏をもって応えている。

そして、松原は、田辺の批判に対して、曾我の『神を開く』に収められた言葉をもって応答している。『神を開く』十七章「正信念仏」の章に「如来を知らざる者は宿業を以て自己の自由を束縛する縄となし、如来を知る者は此宿業を以て反つて自己を解脱せしめ給わんが為の摂取引接の悲願となす」と宿業の体験を率直に述べられ、また「迷える人々は永久に覚める縁もあり得ない。一に人間の理知を以て貴とし、大自然の本能

> を以て陋とする。而して此自己の闇の影を通してのみ反つて本能の久遠遍照の光明を証知する唯一契機たることを反省しないのである」と傷まれています(41)。

宿業に束縛される我が、自らの闇の影を通して、久遠遍照の光明を証知する唯一の契機であるとの曾我の実験告白をもって、松原は田辺の批判に応えるのである。

そして、救われざる宿業の体験が自己を解脱せしめることについて、松原は、次のように述べている。

> 純粋未来はおのずから久遠の過去を包み、純粋過去はおのずから永遠の未来をもつ。久遠の過去と永遠の未来と無碍なるところに純粋現在の永遠の今があります(42)。

純粋未来の如来の光明は、久遠の闇なる我の過去を照らし無碍ならしめるところに、純粋現在の今があるのであり、永遠に我を救おうとする如来は、救われようとしていよいよ久遠の闇に埋没する我に念仏を施与することで、我を救済する、としている。

『真人』は一二三号から、ページ増もあって、誌代を四五円に値上げた。また一二五号から、編集者が竹田から再び仲野に戻った。仲野はその時の心境を、次のように述べている。

> いろいろと忙しい身ではありますが、まわりの人々に助けて頂くお約束で、本号から竹田兄に替つて編輯の責を負うことになりました。人間には出来ることと、出来ないことがあつて、どんな意義のあることでも、また止むを得ずしなければならぬことでも、どうにもならぬことがあります(43)。

仲野は、真人社や仏法に対する責任から、再登板を決意した。その仲野の言葉に耳を傾けよう。

> 考えてみるとこの真人も、永い間いろいろな移りかわりを通つてまいりました。雑誌型、新聞型、タブロイド版、更に今の雑誌型になつて、ようやく一応の体裁をととのえてきましたが、更に今度から皆様方の喜びを気

楽に書いて頂けるように、「雑華抄」という欄を設けることに、この間の編輯会議で決まりました(44)。

「雑華」とは『華厳経』の言葉で、「さまざまな形でいろいろの生き方をしている生存が、そのまま生々と明るく一つの世界に包まれ、そのはたらきとして生きる、そういう宗教的存在」のこととしている。真人社草創期から携わってきた仲野の宗教的生命は、この「雑華」という言葉に象徴されていると言える。「真人」とは、「雑華」のように、明るく一つの世界に包まれる人格であったのである。

そして、再任した仲野は、

特別な人の特別な心境、そういうものでなくて本願の念仏は、何時でも何処でももの、誰の上にも流れている人間の根源の祈りに答えているものであることを、そしてそれに呼びさまされた人々の眼に見えぬきづなを明かにして行くところに、ささやかなこの小冊子の、無限に大きい使命があることを感ぜずにはおれません(45)。

と仏道の真実義を述べつつも、同時に、時代の変化を実感せざるを得ず、したがって一年も経つ間もなく、真人社における自らの限界を、次のように告白するに至っている。

年令というものは致し方のないもので、時代というものをいくら理解しようとしても、歴史の流れに追付くわけにいかぬものだと、しみじみ考えさせられます。もっと生々としたものを、もっと真人が若返らなくてはならぬ。そんな声を耳にしながら、また自分でもそれを感じながら、どうにもならずに今日までひきづって来ました。(中略)

折角皆様の御期待を頂きながら、無為無策だらだらと習慣的な発行を繰返したようなことで誠に御迷惑をおかけしました。ただもうお許しをひたすらねがうばかりであります(46)。

これも仏道の真実義と言うべきであろうか。ともかく真人社は、一世代が終わろうとしていた。そして仲野は、

万感を込めて、

ものみなよみがえる春とともに、真人にも新たないぶきがありますよう、とひたすら念じながら、この欄から

お別れ致します。(47)

と惜別の辞を述べ、次世代への期待を寄せたのである。ここに真人社第一世代は、終焉を迎えることになった。

なお、『真人』一二二号に、本多顕彰（法政大学教授）は「仏教学者の怠慢」なる一文を寄せ、次のように仏教界を痛烈に批判している。

キリスト教が全世界にひろまりえたのは、ルテルを先駆とする、バイブルの翻訳家たちが、バイブルを教団の倉庫の中から引きずり出して、それを、それぞれの自国語に訳して、一般民衆の手に渡したからである。当然、仏教の宗教改革は、仏典の現代語訳、しかも専門語によらない現代語訳を民衆に手渡すことから始まらなければならない。それを、何を思いちがいしてか、お寺を託児所にしたり、境内に幼稚園を作ったり、花祭に大行列を作ったり、本堂にピアノを入れて、歌をうたったり——そんなことばかり流行している。これだったら、銀座のクリスマスを笑うわけにはいくまい。もっとも、根本を忘れ、枝葉末節にふけることは、デカダンスの現代の特色なんだが。(48)

これまで確認してきたような真人社の活動とは裏腹に、当時の真宗（仏教）界の現状は、惨憺たるものであったようである。

第三項　真人社第二世代

『真人』一三四号をもって、発足以来真人社を支えてきた仲野は編集から手を引いた。そして、一九六〇（昭和三五）年六月の一三五号からは、いわゆる第二世代によって運営されることになった。

一三五号以降の『真人』の編集を担当した三浦嵓は、第二世代としての『真人』の編集方針を模索せざるを得なかった。その様子が、『真人』一三四号に座談会「編集あれこれ」として掲載されているが、そこには、当時の『真人』の抱えている課題が浮き彫りになっているように思われる。その課題を箇条書きにすれば、次の通りである。

・曾我・安田の講義文は難解なので、随筆やお便りなどを入れて幅広いものにしたい。
・原稿が集まらない。
・『真人』の型が出来上がっているので、原稿を書きにくい。
・誰でも発言できる内容にしなければならない。等[49]

座談会からは、時代的課題を新たに担おうとする意欲と苦悩が、手に取るように伝わってくる。第二世代は、『真人』を意義あるものとするために、さまざまな編集を試みた。たとえば、「現代の偶像……神々は死んだか」というテーマを挙げて原稿を募集したが、結果的には「時代受け」を狙ったものと、自ら反省せざるを得なかった。

当時広島の地区編集委員[50]であった寺川は、

真人は根はあくまで田舎の人々におきながらも、現代の思想界に十分発言しうるもの、また発言する意欲と力とをもつたものでありたい[51]

と、自らの真人社によせる願いを、書簡にしたためている。また曾我も、

私のものはなるべく短かくして皆んなが書くよう(52)

と配慮を見せている。それぞれが、それぞれの立場で、真人社の再出発を強く念じていたのである。

ところで、『真人』が難解であるという批判は、以前からあった。たとえば、竹田が『真人』一一八号で、「本誌がどうも固すぎるという批評が多く、編集会議でもいつも問題になつてきたことです。新年号からすこしく趣向をかえて編集したいと思つています(53)」とその苦境を吐露し、そのため『真人』一一九号（一九五九〔昭和三四〕年一月）から、曾我の論文を巻頭から中段に移す（目次には曾我を筆頭におく）等の工夫を行ったこともあった。

ここで思い起こさなければならないことは、一年余り前の『真人』一〇六号の「後記」に、編集者の竹田の報告する、曾我の「ほんとうにわかろうとして読んでいるひとには、一番わかりやすい(54)」という言葉である。竹田の思いを推し量れば、難解な『真人』を、自らの信念となるまで読み込み、そして何と言っても思索すべきでないか。もし『真人』が、そのような求道的志願を満たすことができなければ、『真人』はただの読み物でしかない。『真人』は、真宗仏教を世に公開する一大思想の雑誌である、ということになろう。

したがって竹田は、曾我について、

いまなお親鸞教学の解明に、巨人の歩みを進めてやまぬ曾我先生との思想的邂逅には、末学たる我々が見落してはならぬ大きな歴史的意味があるようにおもわれます(55)。

と述べ、翌号では、

ほんとうに今日の思想界に応える『真人』誌でありたいものです。同時に、いつも、ほそぼそと、名もなき人々のあいだに、しみじみと読まれてゆく『真人』でありたいものです(56)。

と陳述する。『真人』の使命は、読者の聞法思索を促し、読者をして宗教的生命を体解せしめ、「真人」としての誕生を促すところにあった。再出発して一年後、『真人』の〝難解〟さだけが注視されつつあった。

そもそもその難解さとは何であろうか。『真人』一〇六号に記された竹田の見解のように、「ほんとうにわかろうとして読んでいるひと」の不在を意味しているのであろうか。あるいは、真人社の時代適応能力の低下が問題なのか。それとも、多くの人々の求める、いわゆる〝分かりやすい〟仏道への配慮――たとえば語句の説明や編集方法も含めて――の不足に帰因するのであろうとも思われる。しかし、一方で、〝分かりやすい〟仏道が、かえって仏道の生命力を損なうものではないか等にも思い合わせれば、熟慮を要する問題であったと言えよう。

ところで、『真人』一二五号の巻頭に、曾我の『神を開く』の中の一文「仏教史観を明かにすべし」が掲載されている。それを見てみよう。

> 私は数年前某新聞社主催の仏基両教の座談会に列したことがある。その際特に痛感したことは、基督教側の、確実なる歴史観を背景としてその主張が整然として一糸乱れざるに反して、仏教側はなんら明瞭なる歴史観の根拠なくいたずらに各自の雑然たる主観的意見の陳列に過ぎなかつたことである。これはきわめて遺憾のことである。今日種々の教難に対しても、その責に任ずべき者の権威ある言論に接し得ないのは甚だ悲しむべきことである。
>
> 現代の仏教徒はいわゆる時代思想に軽々しく追随して、一概に西洋思想を以て物質主義、個人主義、我利主義と論定せんとするようであるが、果して然るか。[57]

この曾我の、仏教徒に対する歴史観の欠落についての指摘は、一九三七（昭和一二）年のものであるが、その二年前の一九三五（昭和一〇）年の還暦記念講演会の中で『親鸞の仏教史観』を講演している。そこで次のように述べている。

此頃はまあ仏教の大学、公私立の一般の大学で仏教研究の声は盛であるけれども、結局するに仏が何を説いたか、釈迦が何を説いたかと云ふ問題だけが問題になつて、本当に釈尊が何を如何に能く白ら証得したか、何を如何に教説せられたかと云ふ此実際問題と云ふことは等閑に附せられて居る。(58)

仏教の本質が、何を説いたかではなく、何を証得したか、という実際問題にあるとし、さらに、

我が親鸞の求められました所の仏道、即ち吾等の先祖、所謂二千五百年乃至三千年の仏教歴史と云ふものはそんなものでない。これは吾等迷へる衆生が生命を賭けて仏を求め求めて、さうして遂に求め得た所の歴史的事証であります。吾等の祖先が一心にそれを求めて、一向にそれの上に歩み来つた所の仏道々場の歴史でありまず。(中略)決して此頃の人が考へて居るやうに、根本仏教から小乗仏教に、小乗仏教から大乗仏教に、大乗仏教から一乗仏教に、又自力仏教から他力仏教にと云ふやうに、所謂進化発展したる歴史ではないのでありまして、さう云ふ歴史は仏教ではないのである。真実の意義に於ては仏教否定の歴史であります。真実の仏教の歴史は正しく衆生が仏に成る歴史的道程、即ち仏道円成の歴程であります。所謂興法の因内に萠し利生の縁外に催して、斯くの如くして釈尊を初めとして三千年の間、諸仏菩薩が歩み来つた所の歴史であります。これは絶対に間違ない事業でありました。(中略)吾々仏教を知らんとすれば釈迦の背景を見よ。此釈尊をして本当に仏陀たらしめ、釈尊が単なる人間釈迦ではなうて、人間釈迦をして本当の仏陀釈尊たらしめ、(中略)此釈尊の前に無数の生霊をして南無と敬礼せしめずに置かなかつた其根拠は何処にある。此大切なる問題はそこにあるのでなからうか。(中略)仏教は仏教史以前に仏教の根源がある。源愈々遠くして流は愈々長いであらう。流を汲んで本源の遠きことを始めて知ることが出来るであらう。(59)

と述べている。仏教の歴史観とは、釈尊が仏になる歴史観であり、また衆生をして仏にならしめる本願の歴史観であって、端的に、衆生の仏道証得の歴史観と言い得るものであった。

このように、『真人』一三五号の巻頭に二十数年前の曾我の論文「仏教史観を明かにすべし」を掲載したというところに、当時の真人社の「仏に成る」という仏教史観を見失いつつあることへの危機意識を窺い得るのではなかろうか。真人社は、発足当初の「真人」誕生という願いが、時代に押し流され埋没しつつあったし、そのような危機が、真人社第二世代の両肩に重く圧し掛かっていたように思われる。何としても、衆生を仏に成らしめる「僧伽」を、時機相応に建設しなければならない。真人社の苦悩は深刻であった。

そのような苦悩を、真人社第二世代の一人宗正元は、次のように述べている。

私たちの先輩は終戦後の虚脱した状態の中で真宗仏教を明らかにする宣言を敢てして、そこに「真人」という名を立てられたと聞いている。もっともそれは「真宗人」という名であったらしいが、「宗」という字はとった方がよいとの曾我先生のご意見もあつて真人となつたとのことである。聞くところによると大経の五悪段に出てくる真人という名に応じられたものらしい。いずれにしても真人の名は、真人社運動によつて偶然生まれたものではない。今は亡き高光師や林山師が「真人はいいなあ!」と口を極めて称讃されたと聞いているが、真人称讃の歴史ほど深く遠いものはない。[60]

真人社のこれまでの歴史を前にして、その深さに佇み、その遠さを仰いでめげそうになる第二世代の業縁の重さが、ひしひしと伝わってこよう。

同じく第二世代の一人西山邦彦は、自らを「なまけもの」として、

こんななまけものが、真人の編集の一半をかついでいるのでは、真人も死ななくてはならないだろう。来年は

どうなるか、僕はしらない。(61)

と真人社の近い将来を予見し、同じく第二世代の宮城顗は、「演出家」と題して、

最近の編集における功罪ということは、読者の方の裁定を待つべきものであろうし、自分の感想はということになれば、もともと、茶菓子を頬張りながら集められた原稿に目を通していたにすぎない名ばかりの編集者であつてみれば、どうも無責任なことで、とあやまるしか術がないわけである。(62)

と述べている。第二世代は、自らの生きる時代社会に真人社を活性化しなければならない、という課題と、さらに本願の伝統を受け継いできた偉大なる先学の仏道を前に、ともすれば埋没しかねない自己と格闘せざるを得なかった。

振り返れば、曾我や金子、また暁烏や高光には、善知識としての清沢の存在があった。また安田や訓覇、松原の前には、曾我や金子、暁烏や高光が、清沢精神を具現化する善知識として存在していた。そして仲野や柏植や高原らの前には、曾我、金子、暁烏、高光の他にも、安田、訓覇、松原らが存在していたのである。真人社は、そのような善知識の伝統において宗教的生命を継承してきた「僧伽」であった。

ところが、その善知識の伝統が、一九五〇（昭和二五）年の宗議会議員選挙によって、その重心を真人社から教団へと移動してしまったかのように見えるのである。まさに、埋没の淵に立たされた第二世代の苦悩は深刻であった。

宗議会議員となった訓覇の所感を見ておこう。

議会が更新された位のことで、宗門の重症はどうなる訳のものでもない。寧ろ絶望の様相濃厚と言う処でせう。夢や甘さをはく奪し尽した上で全力を挙げる事だと思います。全力を尽しても絶望かも知れません。それ

でも尽くすのです。絶望に向つて悔いなく。(63)

訓覇は、宗議会議員に当選したことを機に、自らの業縁を果たすために、教団改革に立ち向かおうとしていた。このように、宗議会議員選挙を機に、清沢の求道精神の本流が真人社から教団へとシフトしたことにより、教団内に新風が吹き込んだことは間違いない。具体的には、翌年（一九五一（昭和二六）年）の暁烏内局の誕生を準備し、また、一九五六（昭和三一）年以降の、『宗門白書』、親鸞聖人七百回御遠忌、そして同朋会運動発足に向けての教団の方向性を明確にしたのである。清沢の精神主義が、いよいよ宗門の中核となって動きはじめたと言ってよい。

しかしその一方、第二世代は、そのような教団の動きを眺めつつ、自らの存在意義と役割を探るしかなかった。真人社の歩みを追えば、『真人』一四五号に「特集、編集をかえりみて」をテーマに、座談会「『真人』とその読者」の記録が掲載されている。そこでは、『真人』が宗派外の雑誌であり、他宗派からうらやまれつつも、教学に宗派という枠があるために広がりを持ち得ないこと、また、発足当初の純粋な信仰運動の理念が、時代と共に次第に薄れていること等の議論が載せられている。編集の責任を担った三浦は、次のように述べている。

『真人』が厳しく批評され、またそれを喜んで忍受してこそ、いよいよその出発点の純粋性が深まつてゆき、それこそがそのまま『真人』の発展であろうと思います。(64)

このように、発足当時の「純粋性」の回復を志願し、また、宗教が一宗派の単なる教義として固定化する限り、それは現実から厳しく批判され、ついには置き去りにされていくこと必定であることは、歴史の語る事実であります。仏教はそれ自身の挫折の苦汁を通して転回してきました。しかし、新らしく生まれたものは、ただ単に新らしいものではなくて、かえつて遠くして深い本来の

と、真人社が本願の伝統に立ち上がるべきことを訴えている。そして、

ものの自己開示であります(65)。

真人は幸いにも、単なる一宗一派のご用教学の雑誌でもなければ、また在家仏教のそれでもありません。現実的には必らずいずれかの仏教教団に属する人々による真の大乗仏教の純粋な信仰運動であります。したがって、それは人類と仏道に開放されたものでなければなりません。まことにその使命の重大さと責任の重さを痛感せずにはおれません。曾我先生は仏教統一の原理は選択本願であることを強調されています。（中略）真の実存はそういう具体的な普遍性をもつたものでなければなりません。この意味から執筆者も一宗一派に偏せず、広く仏道を求めてやまぬ人々に門戸を開放し、もつと広げなければならぬ時が到来しているものと思います(66)。

として、真人社が一宗一派を超えた大乗の信仰運動であり、同時に親鸞や釈尊が開顕した仏道も、一宗一派を超えた普遍性を有する純粋な信仰運動であり、したがって真人社は、教団を越えて仏道を広く人々に開放しなければならない、としている。

しかし、『真人』第二世代の前途は厳しかった。真人社の第一世代が胸を膨らませたような希望的な使命感を懐き得る余地はもはやなく、時代状況はすでに、左右のイデオロギーの対立の中で、個と社会の現在と未来が、そして、人間や教育への思想が熱く語られる時期は過ぎ、むしろ高度経済成長期に入った時代の中で、困惑していたかに思われる。だが、そういう時代状況から乖離して真人社を引き継いでいくという非生産的な歩みは、第二世代の望むところではなかったかに思われる。真人社を続ける使命感が薄れる中、しかし、経済成長へと激動を始めた現実と向き合いながら、発足当時の先学の崇高な志願を継承しようとした第二世代には、義務感と責任感だけが重荷

となって圧し掛かっていたように思われる。『真人』一四六号には、「教団の問題」が特集として組まれ、第二世代によるシビアな教団観が論じられた。たとえば、宗は、

法然・親鸞の御遠忌法要が、かなり盛大につとめられました。ここに同朋教団という名のものがまだ生きていると悦こばれた人も少なくありません。そしていよいよ時代の要求に応えうるような教団の再建を夢見られた人もおられると思います。しかしこういう態度は、郷愁のように私達を涙させる一瞬の感激であるとしか思えません。(中略)仏教教団がなくては為し遂げられない重要な仕事が、一つあることを見落してはならないと思います。それは教団の挫折という事業であります。つまり共同体の建設という仕事の中に、すでにその挫折があり、そのことを見落としているならば、建設しようと願つている共同体は単なる理想郷でしかなくなるという問題がひそんでおります。[67]

と、どこまでも教団という壁を打破して、時代の要請に応え得る信仰の必要性を訴え、西山は、

御遠忌法要が盛大に行われたことに対する一般からの批判の一つに、なぜあんなお祭り騒ぎをしなくてはならないのかという声があつた。これは決して不真面目な批判ではない。親鸞の教義のどこからあんなはなばしいお祭り騒ぎが出てくるのか、私は親鸞を心から尊敬している、しかしあんなものは親鸞を瀆るものではないか。こういうある意味では純真な心をもつた人々の憤懣が法要批判となり、ひいては教団批判となつているることに我々は虚心に耳を傾けなくてはなるまい。さらにこの批判には教団人として答えなくてはならぬ責任がある。[68]

と述べている。教団が親鸞聖人七百回御遠忌の盛行に湧き立っていることに対して、第二世代は、親鸞の求道に

帰って疑問を懐いたと見られよう。第二世代は、当時の教団と一定の距離を置くことで、自らの存在性を模索したように思われる。

ところで、当時の大谷派教団の責任を担っていたのは宮谷であり、それを支えていたのが訓覇であった。そして彼らは、親鸞聖人七百回御遠忌を機に、清沢教学による「真宗再興」を強く志願していた。換言すれば、彼らにとって親鸞聖人七百回御遠忌は、清沢精神をもって同朋会運動へと展開する勝縁と受けとめられていたと見てよいのである。

第一世代である仲野の教団再興の志願を聞こう。『真人』一四七号に寄せられたものである。

何が生きているのか。それは如来の本願、これだけが生きている。これだけが、我々をして堕落した教団にもなお絶望させることなくあらしめている力である。我々の今日が支えられているのは、如来の本願があるからである。如来の本願というものは真に人生に応えている。そういう確信に支えられて非常に鞭うたれる。社会から鞭うたれる万身創痍の教団を背負うて、はじめて我々は立ち上ることができるのである。人間の根元の問題に応えたのが本願である。その真に人間の根元の問題に応えているんだということを明らかにするには、我々は歴史的社会の問いに答えてゆかなければならない。そうすることによつて教団の生きている証を我々がすることが、大事でないかと思う(69)。

仲野は、教団が教団となるためには、如来の本願に拠って立たなければならず、この如来の本願という一点を喪失すれば、教団はただの政治的文化的集団でしかなく、したがって、教団は如来の本願に帰ることで真の教団となる、つまり「僧伽」となるとして、教団再生を誓うのである。「我々は歴史的社会の問いに答えてゆかなければならない」とする仲野は、これまで真人社の中心的存在であったが、世代交代と共に、その仲野の使命感や意欲は、教団に移りつつあったように思われる。

このように、御遠忌を目前にして、そして訓覇が参務として教団の中枢にいることも相俟って、第一世代が教団隆盛に力を注ごうとしていた間に、第二世代は、御遠忌で盛り上がる教団を横目に、真人社崩壊の危機と向き合っていたのである。

『真人』は一五五号をもって終刊となるが、第二世代は、それまでの間、自らの使命を果たすべく真剣に、御遠忌終了後の『真人』一五〇号(一九五一(昭和三六)年一〇月)に、「核実験の再開をめぐつて」という座談会を開き、冒頭で、
核実験の再開は、再び人類の行えに暗い影を投げかけている。平和のねがいはついに空しく消し去られていくのであろうか。原水爆の問題は、さらに深く、人間の問題として問われねばならない(70)。

と、核実験を機に人間の問題に向き合うことを述べている。先の仲野や高原ら第一世代の原爆観と違った視点、つまり原爆を人間の問題とする視点に、寺川に通ずる、第二世代の仏道姿勢を見ることができよう。

当時の『真人』の編集は、たとえば一四八号以降は、曾我の巻頭論文と安田の巻末論文の間に、蓬茨や仲野等の文章を置き、また編集者による座談や主張を掲載するなど、さまざまな工夫が凝らされた。だが、そのように編集された『真人』を第一世代のものと対比すれば、第一世代のような、溌剌とした意欲溢れる御同朋御同行の機関誌という勢いは、影を潜めてしまったように思われる。つまり、一九四八(昭和二三)年から始まった『真人』は、今大きな歴史的転換期に差し掛かっていたのである。編集責任者の護(旧姓三浦)は、「後記」に次のように述べている。

最近『真人』がマンネリ化しているという声をあちこちから耳にするのですが、何とか脱皮しなければと願い

ながら、いつももたもたしており、浅学非力のほど、慚愧に耐えません。考えてみますと『真人』も、はや十五年余りの歴史をもって今日に至りました。それは、仏道の志願において已に結ばれ、今結ばれ、当に結ばれんとする同朋の声によって荘厳されてまいりました。（中略）『真人』はいわゆるお説教の雑誌でも、また単にご了解を述べるというそれの類でもないことは申すまでもありません。どこまでも現実の問題を深め、宗教的な深さにまで問題を深めていくということが最も大切であり、そのことに怠惰なるとき単なる高貴性ばかりがぷん〳〵として、群萌の大地を離れていくのではなかろうかと痛感しております。広くして深い思想性をもつことによって、はじめて大衆性を確保することができ、一片の高貴性という乾燥した世界から救われるのだと思います。[71]

護が言うように、歴史的必然のマンネリの只中に、『真人』は堕しつつあった。したがって、

何か思い切って再出発、前念命終、後念即生しなければならない時節の到来を感じます。最近、編集員や先輩諸兄師と、「どうしても今一度死ななければ」と、こんなことを痛切に感じ、語り合っていることです。[72]

とあるように、まさに終刊を考えざるを得ない状況に追い込まれていたのである。

『真人』は、一五五号（一九六二〈昭和三七〉年四月）をもって最終号となった。興法学園と違って、真人社の正式な解散報告は見当たらない。後に護は、次のように述べている。

『真人』はその後、一五五号まで出版され、それ以後休刊になっています。決して明確な意志があって廃刊にしたわけではありません。経済的に困難な状況の中で、刊行を続けていくことが難しくなったというのが最大の理由なのです。[73]

『真人』一五五号には、曾我と安田の論文が収められているだけであった。そこからは、『真人』の廃刊止む無

し、と言わざるを得ない慌しさが伝わってくるように思われる。ここに『真人』は、一九四八（昭和二三）年以来の一四年に及ぶ歴史を閉じ、そして第二世代は、この終刊を機に、あらたな時機相応の「場」を求めて動き出した。

護の苦悩を聞こう。

真人の歴史は終つた、と、ある人々は言う。いや、それはおかしい、と一方の人は言う。しかしこういうことが云々されること自体、歴史の力ではないでしょうか。ともかく、何か大きな時節の到来しているのを感じます。（中略）真人も広く仏道ということにおいてセクトを越えた共通の場として誕生したのであり、その願いは今なお貫かれているはずです。しかし、そういう願いが流れておりながらも、現在それが「行」にならないきらいがあることから、いろいろと言われてくるのであろう、と慚愧のほかありません。

しかし、真人がこうした超セクトの立場において、教団を批判し、広く仏教教団の本来の在り方を指向するところに真人のもつ非常に大きな今日の課題があると思います。それがためには、具体的に起つてある問題をどこまでも深く問うていくことが尽されねばならないことであります。常に大きな問題意識をもつて経典に問うていくところにこそ真人の生命があるのでありましょう。(74)

「歴史の力」とは、実に重みのある言葉でなかろうか。まさに、真人社存続の是非を超えた、大きな歴史的転換の関頭に差し掛かっていることだけは、間違いなかった。そして、「常に大きな問題意識をもつて経典に問うていくところにこそ真人の生命があるのでありましょう」として、第二世代は、不変の「真人」の道を模索することになった。

当時の教団の動きを確認しておけば、『真人』の終刊となった一五五号は、一九六二（昭和三七）年四月の出版であり、その二か月後に、訓覇は同朋会運動を発足させている。訓覇は、真人社の精神を大谷派教団の信仰運動として再出発させたとも言えよう。

同朋会運動は、確かに宗門内の運動であるが、しかし実際は、宗門を超えた「僧伽」運動であったことは、銘記すべきである。訓覇は、真人社から宗門内に清沢の近代教学を継承する信仰運動を持ち込んだが、それは宗門を「僧伽」にまで高めることを意味していた。宗門内の運動は、必然的に宗門を維持する運動になりがちである。しかし、「僧伽」とは絶えず、そのような宗門に対して自己批判を迫る。時には宗門を否定し、宗門を親鸞に、そして如来に還すことを求め、同時に全世界への真宗公開を促す。『宗門白書』は、その具現化の先駆であった。

さらに言えば、宗門に自己批判を迫る「僧伽」は、それは同時に、根元的エゴを有する人類にも自己批判を要求する。同朋会運動は、宗門を「僧伽」をもって弥陀の本願に直結させる運動であったが、それは同時に、たとえば清沢のように、宗門内にありつつも宗門を超えた、「僧伽」に生きる「人」を誕生せしめたのである。もちろんその「人」とは、全人類の棲む普遍の世界に生き得る人格であろう。

事実、同朋会運動において誕生した「人」は、「僧伽」に帰命する「真人」である。そして、あたかも宗門に召されるが如く、実際は「僧伽」に召される「真人」である。宗門とは元来、「真人」によって帰命される「僧伽」であり、「如来所有の宗門」であった。

以上、真人社について確認してきたが、ここでもう一度、真人社の由縁を見ておきたい。松原の文を見よう。

〔曾我量深の「暴風駛雨」を読むことは〕明治の浩々洞精神に触れうることである。まことに本書は一面、青年曾我に生き、終始反復して師と照破してやまない清沢魂そのものである。思うに浩々洞同人の純一なる僧伽運動、それは一人の信を深く掘り下げることの外にはないが、その生活共同を離れて、すべて師の論著のなかつたことを知らしめられる。かくて浩々洞運動はながく鎖されてあつて親鸞聖人の教法を新しく現代人に解放して、現代人の苦悩に光を与えた。われわれが今日、日本民族の先達として親鸞を持つていることの深き感銘と喜びは、明治に於ける浩々洞運動の賜物といえないだろうか(75)。

「清沢魂」、あるいは浩々洞精神は、親鸞の教法を時代社会に開放し、時機相応に躍動せんとする。それは、曾我の求道実践と共に、戦前の興法学園を経て戦後の真人社へと伝統され、さらに近代教学を形成した。曾我はその信念を、清沢以来、明治、大正、昭和、そして戦後と亘って自己に明らかにしてきたが、そういう意味で、それは「法蔵魂」と言わなければならない。一九六二（昭和三七）年、訓覇が発起した同朋会運動は、まさに「法蔵魂」の躍動であった。

本章を終えるにあたり、また次章を論ずるに先立って、その「法蔵魂」として象徴される清沢の仏道についての曾我の知見を、『真人』より抜粋してまとめておきたい。

（1）如来は我等に自己の分限を教えて下さる。我等は如来を信ずることによつて自己の分限を知らしめて頂くと先生は短い生涯を信念の確立のために一切捧げられた訳である。先生の絶対他力の信念は我々第三者から見ると全くそれは戦いとられたのであると頂いている訳である。しかし先生御自身から見るとあの劇しい戦いも、あの生死の問題の解決も、あの倫理の厳しい対決も、全人生をあげての究明も決して先生御自身では戦いとつたとは了解しておられなかつたに違いない。無限大悲の回向したまうところで全く自分の力ではない。いさゝか戦つたとしてもその戦力はこれも又如来大悲の賦与したまうところであると、内外併せて一切を無限他力の賦与したうところと、自分の力のいさゝかもないという間違いない最後の安住を得られた訳である。（中略）大体清沢先生の出られる迄は他力の信念などは誰も問題にしておらなかつた。そこで若し清沢先生が出られなかつたなら我が親鸞などという方が今日のように日本の思想界の最高峰であるというようなこと、はならなかつたのである。偏えに清沢先生が身命を捧げて戦いとられたのである。（中略）先生の臨終に侍者の原子広宣氏が「何か遺言はありませんか」と尋ねるとたゞ一言「何もない」と言い切られたと聞いている。これは先生の極めて公明正大の精神である。先生の心をそれでありがたく頂く訳である。（中略）清沢先生は先程から考えておりますが大無量寿経の下巻の本願成就文から始り三毒五悪段と続くあの下巻に眼を開いていたに違いない。今の真宗の学問は折角清沢先生が身を以て頂かせられた下巻を忘れている。先生が臨終が近づいてから普通道徳と俗諦門の交渉が述べられているがあれは突然出て来たのではない。「エピクテタスの教訓」を読まれ、一方阿含経を読まれ、下巻を繰り返し綿密に読まれて後のことである。（「如来について」[76]一九五二（昭和二七）年）

（2）清沢満之先生の五十回忌の法要が京都で営まれた。この清沢先生の精神主義とは我々に自己の本位本分が与えられるということを知るということである。これが清沢先生の立場である。それまで私は「二つの世界」ということは明かにしていた。とにかく分限を明かにする為め阿弥陀の本願には「二つの世界」を立て、いるというだけは分つていたが先生の法要に於いてその分限分際ということを特に深く考えせしめられた。阿弥陀の本願というと浄土のみを建立するというがそうではない。阿弥陀の本願によつて一方は浄土が成立し、他の一方では娑婆世界が成立する。それがや、もすると従来の真宗学の学者は経の一面のみを説く、観経や阿弥陀経のみを読んで浄土のみを阿弥陀が立てるということを言う。これは大無量寿経をよく読んでおらぬからである。（中略）たま〳〵清沢先生の五十回忌に遇うて先生の教が畢竟ずるにその「現在」ということを知ることであると改めて知らしめられた。あの「自己とは他なし。絶対無限の妙用に乗托して、任運に法爾に此の現前の境遇に落在せるもの、即ち是なり」とは現前の自己を知らしめられた言葉であると、このことを特に新しく教えられた次第である。（中略）十一願について我が親鸞が真実証というものを感得されて現生不退、現生正定聚ということを始めてはつきりされたということが了解できるようになつた。（中略）清沢先生が出て来て「我々は相対有限である、それが絶対無限の象徴である」と明かにした。（中略）本願成就から始まる。これを浄土真宗という。[77]（「人間の分限」一九五三《昭和二八》年）

（3）清沢満之先生の教は大体浄土真宗の教と何の関係の無いものと一般に了解されておる。例えば大谷大学の真宗学という学問は主に高倉学寮の講者達の研究を元として成立つている。龍大は他派であるから先生を眼中に置かぬという事も一理はあるが、我々大谷大学が清沢先生と全く関係のないものになつている。これは甚だ遺憾のことである。（中略）清沢先生は浄土真宗の歴史の上で、自ら信仰を求め、信心を求めて苦労された。そしてその苦しんだ揚句始めて信仰を確立された親鸞以来の人である。吾々は清沢先生をあがめるのはその一大事である。ところが今の宗学では一向にそれを考えて居らぬ。従来の宗学では法の問題は一応分つても機の問題は分らぬ。単なる教法のことだけである。そんな浄土真宗の教学の歴史の中に清沢先生だけは違う。先生は明治時代に出て来られた。そして本山を改革しようとして失敗に終つた。失敗に終つたのは自分の信仰が確立して居らぬ、第一に自分に真実に信仰があるかどうか。それで先ず以て自信教人信のところに立ち皈られたのである。それからの先生は真実に信仰を求めて悩まれた。先生はその間における御自分の世俗的の問題も深刻であつた。大浜の西方寺に入寺されたのであるが、寺の為には何にもして居られぬ、反対にその厄介者となり迷惑をかけて一生終つた。寺の門徒には先生に帰依する人はほとんど居らぬ。（中略）清沢先生は宗祖に就ても、蓮如に就ても正しい浄土真宗の教を自身の上に実践して今日の真宗末徒たる我々に信心決定の道を明か

にして下された唯一人の善知識である。[78]（「臘扇堂に詣でて新たに清沢先生を憶う」一九五四（昭和二九）年）

（4）蓮如上人の真宗中興の事業は、徳川封建幕府の崩壊とともに、その役割は一応終つた。明治になつて、真宗第二の中興、再興が強く要望されたが、その目標となつたものは、親鸞聖人に還るということであつた。そして、その指導者が清沢満之先生であつた。この先生の御事業が、明治の末年に近く行われた宗祖聖人の六百五十回忌に応ずる、最も大切なことであつた。先生は先ず宗門改革運動というものをはじめられた。それは、宗門は信念をもつた人間をつくらねばならないということであつた。御開山が信心といわれたのは、人間というものについていわれたのである。法然上人は法について念仏をいわれたが、宗祖は、信心ということで人間のことをいわれたのである。人間とは、信心をもつ人間である。法だけではなく、その法が身につく、そこに信心がある。そこに信心為本ということがある。今日、信心為本というと人間のことではなく、法のことをいつているように思つている。信心というと、人間と法とが別になつてしまつている。そこで、信心でたすかるか、念仏でたすかるかというようなことになる。それが、真宗の教えの明瞭を欠くようになつた根元であると思う。さまざまな異義異安心もそこからでてくる。

信とは人である。清沢先生が〈親鸞に還れ〉といわれたことは、当時の青年、学徒の歩むべき方向を最も深く内観せられていたからである。先生は晩年に東京に出られて、『精神界』という雑誌を、青年の願いに応じて出され、学徒を指導された。その指導の象徴となつたことばが、精神主義であり、更にあとからは、絶対他力ということをいわれた。[79]（「真宗第二の再興」一九五六（昭和三一）年）

また、次の言葉も伝えられている。

（5）曾我先生は去る一月二七日、恙なく、北米巡講の旅より帰洛されました。御健康も追々快復され、既に過日は大谷専修学院にて御帰国後初めての御法話をなし下さいました。その法席で先生は、「浄土真宗第二の再興を我等はなし遂げねばならぬ。蓮如上人の真宗第一の再興は日本の国内のことだけである。第二の再興はもつと仕事が大きい。容易ならぬことである。その第二の真宗再興の指標となるのは、清沢先生の〝我が信念〟であることを、この頃切に感ずる。真宗の教を簡単単純にしてゐるのは〝我が信念〟であるといふことがはつきりして来た」と仰せられました。(80)

戦後復興を願って始められた真人社は、およそ一四年の長きにわたって活動した、近代教学を伝承する「僧伽」であった。それが今、機熟して、同朋会運動へと引き継がれようとしている。

註

(1)「原子爆弾について―仲野法兄に問う―」『真人』一〇七号、一九五七（昭和三二）年一二月、一二～一三頁
(2)「原子爆弾について―仲野法兄に問う―」『真人』一〇七号、一九五七（昭和三二）年一二月、一四頁
(3)「原子爆弾について―仲野法兄に問う―」『真人』一〇七号、一九五七（昭和三二）年一二月、一四頁
(4)「原子爆弾について―仲野法兄に問う―」『真人』一〇七号、一九五七（昭和三二）年一二月、一四頁
(5)「原子爆弾について―仲野法兄に問う―」『真人』一〇七号、一九五七（昭和三二）年一二月、一五頁
(6)「原子爆弾について―高原兄に聞く―」『真人』一〇九号、一九五八（昭和三三）年二月、三三～三四頁
(7)「再び原子爆弾について1」『真人』一一一号、一九五八（昭和三三）年四月、一四頁
(8)「再び原子爆弾について1」『真人』一一一号、一九五八（昭和三三）年四月、一二頁
(9)「再び原子爆弾について3」『真人』一一四号、一九五八（昭和三三）年七月、一〇頁
(10)「再び原子爆弾について3」『真人』一一四号、一九五八（昭和三三）年七月、一一頁
(11)「原爆と私」『真人』一一〇号、一九五八（昭和三三）年三月、一六頁
(12)「原爆と私」『真人』一一〇号、一九五八（昭和三三）年三月、一六頁

(13)「宗教的道徳（俗諦と普通道徳との交渉）」『清沢満之全集』六巻、一五三～一五四頁、岩波書店
(14)「原子爆弾をめぐつて」『真人』一一四号、一九五八（昭和三三）年七月、一三頁
(15)寺川は同論文の冒頭に、被爆した詩集『原爆の子にこたえて』（長田新編、一九五三〈昭和二八〉年刊、牧書店）からの次の詩を引用している。「うつむいて／一生懸命ノートしている授業中／いきなり／ポタリと鉛筆のさきへ鼻血がちつた／とめどもなく／ノートの字を染めつぶして／血はいつまでも止らなかつた／死／すきがあれば心のすみのどこからか／頭をもたげようとすることば／死／だが僕は死なない／あの原子爆弾のために／だまつて死んでしまえるものか／原子爆弾が地球上のいたるところに／光つて落ちて／地球上のいたるところに／僕のような運命を無理やりにせおわされた／悲しい人びとができていいものか／僕は死ねない／そつと胸をまくつてみる／まだ斑点は出てこない」（「原子爆弾をめぐつて」『真人』一一四号、一九五八〈昭和三三〉年七月、一二頁）
(16)「原子爆弾をめぐつて」『真人』一一四号、一九五八（昭和三三）年七月、一五頁
(17)「原子爆弾をめぐつて」『真人』一一四号、一九五八（昭和三三）年七月、一五頁
(18)「原子爆弾をめぐつて」『真人』一一四号、一九五八（昭和三三）年七月、一六頁
(19)「本願と浄土　並びに是と対応する他方世界」『真人』一〇五号、一九五七（昭和三二）年九月、二頁
(20)『仏説無量寿経』真宗聖典、四四頁、真宗大谷派宗務所出版部
(21)『一念多念文意』真宗聖典、五三六頁、真宗大谷派宗務所出版部
(22)「後記」『真人』一一二号、一九五八（昭和三三）年五月、三一頁
(23)「浄土の真証〈六〉」『真人』一一三号、一九五八（昭和三三）年六月、一頁
(24)「後記」『真人』一一三号、一九五八（昭和三三）年六月、三三頁
(25)「見える教団見えざる教団」『真人』一一三号、一九五八（昭和三三）年六月、八頁
(26)「見える教団見えざる教団」『真人』一一三号、一九五八（昭和三三）年六月、八～一〇頁
(27)「後記」『真人』一一七号、一九五八（昭和三三）年一〇月、二九頁
(28)「後記」『真人』一一七号、一九五八（昭和三三）年一〇月、二九頁
(29)『開神』とは『無量寿経』の「開神悦体（神を開き体を悦ばしむ）」（真宗聖典、三八頁、真宗大谷派宗務所出版部）に由来する。
(30)「『神を開く』を手にして」『真人』一一九号、一九五九（昭和三四）年一月、七頁

(31)「『神を開く』を手にして」『真人』一一九号、一九五九（昭和三四）年一月、七～八頁
(32)「『神を開く』を手にして」『真人』一一九号、一九五九（昭和三四）年一月、八頁
(33)「『神を開く』の頌」『真人』一一九号、一九五九（昭和三四）年一月、三頁
(34)「『神を開く』の頌」『真人』一一九号、一九五九（昭和三四）年一月、四頁
(35)「『神を開く』の頌」『真人』一一九号、一九五九（昭和三四）年一月、五頁
(36)「『神を開く』の頌」『真人』一一九号、一九五九（昭和三四）年一月、五頁
(37)「『神を開く』の頌」『真人』一一九号、一九五九（昭和三四）年一月、五頁
(38)「哲学者の運命」『真人』一二二号、一九五九（昭和三四）年四月、一三頁
(39)「哲学者の運命」『真人』一二二号、一九五九（昭和三四）年四月、一四頁
(40)「矛盾ということ」『真人』一二二号、一九五九（昭和三四）年四月、一八頁
(41)「浄土史観」『真人』一二二号、一九五九（昭和三四）年四月、一一頁
(42)「浄土史観」『真人』一二二号、一九五九（昭和三四）年四月、一三頁
(43)『真人』一二五号、一九五九（昭和三四）年七月、三七頁
(44)『真人』一二五号、一九五九（昭和三四）年七月、三七頁
(45)「後記」『真人』一二六号、一九五九（昭和三四）年八月、三五頁
(46)「後記」『真人』一三三号、一九六〇（昭和三五）年三月、三九頁
(47)「後記」『真人』一三三号、一九六〇（昭和三五）年三月、三九頁
(48)「仏教学者の怠慢」『真人』一二二号、一九五九（昭和三四）年四月、三六頁
(49)「編集あれこれ」『真人』一三四号、一九六〇（昭和三五）年五月、二四～二八頁
(50)『真人』一三五号、一九六〇（昭和三五）年六月、三六頁
(51)「東西南北」『真人』一三五号、一九六〇（昭和三五）年六月、二〇～二一頁
(52)「後記」『真人』一三五号、一九六〇（昭和三五）年六月、三七頁
(53)『真人』一一八号、一九五八（昭和三三）年一二月、四五頁
(54)「後記」『真人』一〇六号、一九五七（昭和三二）年一一月、三一頁
(55)「後記」『真人』一一九号　一九五九（昭和三四）年一月、三九頁

(56)「後記」『真人』一二〇号、一九五九（昭和三四）年二月、三三頁
(57)「仏教史観を明かにすべし」『真人』一三五号、一九六〇（昭和三五）年六月、一～二頁
(58)「親鸞の仏教史観」『曾我量深選集』五巻、三九八頁、彌生書房
(59)「親鸞の仏教史観」『曾我量深選集』五巻、四〇一～四〇四頁、彌生書房
(60)「編集にたずさわって」『真人』一四一号、一九六〇（昭和三五）年一二月、一三頁
(61)「編集にたずさわって」『真人』一四一号、一九六〇（昭和三五）年一二月、一六頁
(62)「編集にたずさわって」『真人』一四一号、一九六〇（昭和三五）年一二月、一六頁
(63)『真宗』一九五〇（昭和二五）年一二月、四頁
(64)「『真人』の使命」『真人』一四五号、一九六一（昭和三六）年四月、一八頁
(65)「『真人』の使命」『真人』一四五号、一九六一（昭和三六）年四月、一八頁
(66)「『真人』の使命」『真人』一四五号、一九六一（昭和三六）年四月、一九頁
(67)「教団の挫折」『真人』一四六号、一九六一（昭和三六）年六月、二九～三〇頁
(68)「七百一年――歴史における必然と自由――」『真人』一四六号、一九六一（昭和三六）年六月、三六頁
(69)「教学の実践――現代人と不安の意識――」『真人』一四七号、一九六一（昭和三六）年七月、三一頁
(70)「核実験の再開をめぐつて」『真人』一五〇号、一九六一（昭和三六）年一〇月、一八頁
(71)「後記」『真人』一五四号、一九六二（昭和三七）年三月、四三頁
(72)「後記」『真人』一五四号、一九六二（昭和三七）年三月、四三頁
(73)『訓覇信雄論集』二巻、三三二頁、法藏館
(74)「後記」『真人』一五五号、一九六二（昭和三七）年四月、四三頁
(75)「『暴風駛雨』を手にして」『真人』三〇号、一九五一（昭和二六）年四月、四頁
(76)「如来について　清沢満之先生五十回忌記念講演」『真人』四五号、一九五二（昭和二七）年七月、一～三頁
(77)「人間の分限」『真人』五四号、一九五三（昭和二八）年四月、一～三頁
(78)「臘扇堂に詣でて新たに清沢先生を憶う」『真人』七三号、一九五四（昭和二九）年一月、一～二頁
(79)「真宗第二の再興〈一〉」『真人』八九号、一九五六（昭和三一）年四月、一頁
(80)「後記」『真人』八八号、一九五六（昭和三一）年三月、八頁

第六章　初期同朋会運動の展開―真の民主主義の実践―

第一節　『宗門白書』―精神主義の復活

さて、一九五六（昭和三一）年二月一二日、末広愛邦が親鸞聖人七百回御遠忌特別会計予算の成立を機に、人心の一新を図るべく総辞職を行い、それを受けて、一四日、宗議会の全会一致をもって、宮谷法含が宗務総長に推挙された。その時の宮谷の心境は次の通りである。

この度、古希をも越し、人生への別離も、近きにある老輩が宗議会から宗務総長として推挙せられたのでありまます。特に末広前総長と菊地議長とが辺境嶺北の雪深い草庵までお迎へにあづかり、いろいろと宗門の事情を承りました。己が能力を思慮する時、悲しくも、お請けすべきで無い。新真の相当者によりてとの願望に迫られたのは事実でありました。だが一派周囲の事情から議会の要請に順応して宗務総長を拝命したとは申すものの自信と勝解とを把持して、祖聖七百回大遠忌遂行を決意したと申されません(1)。

そして、

老漢を顧みずして要職に就きましたが、祖師聖人の御恩徳を仰ぎ、報謝せんとの微衷をお含みとりいただき、個の死活は問題ではありません。宗門の意気を高からしめ、大遠忌をして大遠忌たらしむべく、常恒に監視と熱意を以て、大批判に大鞭撻を加えられ、一歩一歩と進捗するよう御協力の程、低頭以て懇嘱致す次第で御座います。[2]

との決意を明らかにしている。それは、親鸞聖人七百回御遠忌円成を見据えての、宮谷の、個人的な「死活」を超えた報恩謝徳の表明であった。『中外日報』は、

宗祖の大遠忌七百回忌の時期は実に真宗興隆か否かの重大な秋であるが、この時、潔白な宮谷氏が就任されたことは、何にもまして宗門のために慶ぶものである。（中略）これで故暁烏氏就任の時の明朗さを再び宗門が取りもどしたことはよろこばしいことである。（中略）法は人によつて顕現するので仏教の堕落も僧侶の堕落にあることは今更いうをまたないであろう。ここに宮谷氏を得て、真宗の否、仏法の僧団が反省の時機に入り、社会の暗黒がその一角から光が射して来ることにもなつてほしいものである。本当に仏教の社会的使命の奈辺にあるかを自覚し、清新な春風を吹かせていただきたいものである。[3]

と期待を寄せている。当時の教団に対して最も求められていたものは、文字通り「明朗」と「潔白」であったのである。

さて、総長に就任した宮谷は、四月三日、宗門の再建を深く志願する『宗門白書』（『宗門各位に告ぐ』）を発表した。そして、その中で、親鸞聖人七百回御遠忌を五年後にひかえて、危機に瀕する大谷派教団に対する「懺悔」と「歎異」を、切々と訴えている。『宗門白書』の冒頭を見てみよう。

いまの宗門は、五年後に宗祖聖人の七百回御遠忌を迎えようとしている。しかも、御遠忌を迎えて、われらは一体何を為すべきかの一途が明らかでない。宗門全体が足なみをそろえて進むべき態勢が整うているとはおもわれない。このままでは御遠忌が却って聖人の御恩徳を汚しはせぬかとの声をも聞き胸をも打たれる次第である。この憂うべき宗門の混迷は、どこに原因するのか。[4]

戦後の大谷派教団は、特に蓮如上人四百五十回御遠忌による赤字が、暁烏内局における個人的人気によって解消したものの、しかし、教学的には、暁烏を継承した末広内局においていよいよ振るわず、危機的状況にあったのである。では、その教団を如何にして再興するか。

思うに、かつて戦時下の混迷期に教団に招請された曾我量深が『歎異抄聴記』で、次のように「真宗再興」を念じていたことが念頭に浮んでくるのである。

「歎異先師口伝之真信」、この歎異精神、歎異感情といふものこそ、これは浄土真宗再興の精神なりと深く感じられる次第であります。これこそ浄土真宗再興の精神である。(5)

親鸞の真信に背くところに、教団の危機があるのであり、その「歎異精神」、「歎異感情」こそが「真宗再興」の精神であることを明らかにしている。そのように、親鸞聖人七百回御遠忌を五年後に控えた教団の重責を担う宮谷の中には、真信に背く教団に対する「歎異精神」、「歎異感情」が、「真宗再興」の精神となって湧出していたのではなかろうか。まことに、真信に背いているという「歎異」が、「自己批判」となって具現化したのが、『宗門白書』であったと言えよう。

ところで、『宗門白書』が発表されるや、『中外日報』は次のような大見出しを掲げている。

真宗大谷派〝宗門白書〟を発表　『教団の荒廃を認める』(6)

また、二日後の記事では、

さる一日発表された真宗大谷派の宗門白書は、大教団当局の発表する声明としては近来にない深刻な反省に立つものだけに各方面から好感をもつて迎えられたようである。(7)

と、「深刻な反省に立つ」ことへの期待を表明し、さらに四月一一日には、東本願寺が宗祖聖人七百回御遠忌準備にスタートを切つた新内局は、宗門白書を発表し宗門人に一大警醒を促したことは頗る快哉である。五項目にわたる要旨は畢竟ずるに、宗門人が自信と教人信の欠乏から教学を荒廃し、寺門の機能を失墜しつつある現状を卒直大胆に白状し、まさに来たらんとする御遠忌を期し、あるべき姿に復えさんとする熱意を表明したることを大いに歓迎するものである(8)。

と、真信喪失という「現状を率直大胆に白状」したことを評価している。また、二七日には、

真宗大谷派が『宗門白書』という自己批判を公にしてセンセーションを起している。宗祖七百回の遠忌を間近かに控えて同宗門の何らなすところなき現況に対する痛烈な自己批判である。毎日新聞は四月八日付宗教欄に右問題を取上げ〝宗門の偽らない姿を大胆に告白した勇猛心には百万の門信徒も世上一般も好感を持つが、この好感を仏教への道とするためには、美しい仏教慣用語の使用よりもまず宗政者が宗門混迷の責任の所在を明らかにすることが肝要であろう〟と批判している。宗門混迷の責任の所在を明らかにせよ、と毎日紙はいつているが、大谷派のこの白書ともいうべき『宗門に告ぐ』と題する檄文は明らかに宗門混迷の責任の所在を自ら追求したものと考える(9)。

と、『白書』が『毎日新聞』(10)のいう責任を荷負する姿勢にあるとしている。

また、一般紙である『京都新聞』には、

半ば神話的な家長制日本が崩れ、半ば民主的な従属国日本が生れたこと、青年と労農大衆の社会的な目ざめ、新興宗教のぼつ発などの事情を前にして、仏教は、これまでの教理や教団の在り方では立ちいかなくなり、仏教のルネッサンス、仏教の現代化といつたことが差し迫つた課題となつている。このようなとき、真宗大谷派当局が率直な自己批判「宗門各位に告ぐ――宗門白書」を公に表明された事はまことに立派な態度であり他の宗

門にとつても大きな反省の手引きとなるだらう。（中略）問題は白書が語る自己批判を事実の上にどのように具体化するかということであろう。真宗教団そのものの在り方を事実においてどのように改めるかということである。現代人の苦悩である戦争の不安と生活の不安、砂川基地に集約される日本民衆の苦悩、春の雨さえ自然現象であるよりも政治現象となつている世界の苦悩、このような生々しい課題を背負わされている国民大衆の悩みとどのように取組むか、こういうことを離れて教学の刷新も宗門の改革もあり得ないのではないか。白書の自己批判が五年後に控えた宗祖聖人の御遠忌の財源確立のための前奏曲に終ることのないよう心から祈るものである。(11)

という論説が掲載されている。『宗門白書』によって、混迷深める大谷派教団が、自分自身を率直に自己批判することで改革し、そして特に日本民衆の直面する危機的状況を荷負しようとする勇気と意欲に、大きな期待を寄せているのである。

さて宮谷は、『宗門白書』の冒頭で、「われらは一体何を為すべきかの一途」が不明なる宗門の現状を悲歎する。そして、それが「聖人の御恩徳を汚しはせぬか」と案じつつ、次のように内観する。

宗門が仏道を求める真剣さを失い、如来の教法を自他に明らかにする本務に、あまりにも怠慢であるからではないか。(12)

「憂うべき宗門の混迷」の原因が、「如来の教法を自他に明らかにする本務」を忘れ、「安易をむさぼる惰性」に流され、また「安逸をむさぼつて来た」ことを痛烈に「自己批判」(13)する宮谷の姿を、ここに見ることができる。教団の責任を荷負する宮谷の真摯な「歎異精神」、「歎異感情」が、今教団を動かしつつあるのである。

宮谷は学生時代、清沢が「自信教人信の誠を尽くすべき人物の養成」を叫ぶ真宗大学に学んだ。したがって、

「清沢先生の教えによって、真宗教学の近代性を知らされなかったら、その後の自分はどうなっていたかわからない」[14]と述懐するような、強烈な影響を受けたのである。その宮谷は、清沢の教えを懐いて、「仏道を求める真剣さ」を失い、「如来の教法を自他に明らかにする本務」に怠惰であり、また親鸞の精神に背いている現下の教団の危機を乗りこえようとするのである。

顧みれば、清沢は僧風の衰退に歎異し教団改革運動を展開した。しかし、ついに「宗門の伝統の壁」を前に、落胆せざるを得なかった。ここに清沢は、教団改革の方向性を宗教的信念の確立に見定め、「自信教人信の誠を尽くすべき人物の養成」を理念とする真宗大学を創立したのである。教団改革運動は、ここに結実した。まことに、「自信教人信の誠を尽くすべき人物の養成」こそが、清沢の教団改革の真髄であった。そしてそれによって、暁烏敏、佐々木月樵、多田鼎の「浩々洞の三羽烏」や曾我量深、金子大榮、高光大船、宮谷法含等に続く多くの有為の人物が排出されたのである。宮谷は、総長となるや、清沢の教えに導かれて「真宗再興」を念じ、『宗門白書』に次のように陳述するのは当然のことであった。

宗門は今や厳粛な懺悔に基づく自己批判から再出発すべき関頭にきている。懺悔の基礎となるものは仏道を求めてやまぬ菩提心である。[15]

このように宮谷は、「厳粛な懺悔に基づく自己批判からの再出発」こそが、五年後に迫る親鸞聖人七百回御遠忌のための宗門人の実践課題と位置づけ、そして、

明治のわが宗門に、清沢満之先生がおられたことは、何ものにもかえがたい幸せであつた。先生の日本思想史上における偉大な業蹟もさることながら、大谷派が徳川封建教学の桎梏から脱皮し、真宗の教学を、世界的視野に於て展開し得たことは、ひとえに、先生捨身の熱意によるものであつた。先生の薫陶を受けて幾多の人材

が輩出し、大谷派の教学は、今日に至るまで、ゆるぎなき伝統の光を放つている。これは正しく宗門が誇るに足る日本仏教界の偉観である。(16)

と、清沢出現の歴史的役割を述べている。さらに、

真宗の教学を、世界人類の教法として宣布することは刻下の急務である。その為には煩瑣な観念的学問となつて閉息している真宗教学を、純粋に宗祖の御心に還し、簡明にして生命に満ちた、本願念仏の教法を再現しなければならない。このとき如来と人間の分限を明らかにすることによつて、絶対他力の人道が衆生畢竟の道であることを、現代に明白にされた清沢先生の教学こそ、重大な意義をもつものであることを知るのである。(17)

と、「清沢教学」の意義を主張する。宮谷は、絶対他力の大道に立脚した「清沢教学」によって「煩瑣な観念的学問」を脱し、旧態依然とした危機的宗門に「本願念仏の教法」を蘇らせることを、強く志願するのである。

絶対他力の大道とは、清沢が『歎異抄』、『阿含経』、『エピクテタス氏教訓書』を味読することによって獲得できた宗教的信念である。特に、エピクテタスによって「如来と人間の分限を明らかにする」ことの知見を得た清沢は、如来と区別された「人間」に立つことで初めて如来を実験できる、つまり「求道主体」を明確にする中に如来を実験する、という仏道を近代社会に提示したことは、意義深いことであった。明確な「求道主体」による機の深信の実践、つまり「自己とは何ぞや」との問いが、如来を、つまり宗教的真理を、近代人の生きんとする現場において、実験可能なところにまで高めたのである。すなわち、「求道主体」なくしては、仏道は現実から乖離する。つまり、「求道主体」によってこそ、仏道は広く社会に開かれるのである。

視点を変えれば、清沢の宗教的信念は、二種深信、とりわけ機の深信の実験によるものであった。宮谷は、「日本思想史上における偉大な業蹟もさることながら、大谷派が徳川封建教学の桎梏から脱皮し、真宗の教学を世界的

視野に於て展開」した清沢の偉業を尊重する。清沢は、真宗教学を江戸宗学から解放し、近代人の苦悩を縁として人類的意義を有する親鸞思想を回復したのである。すなわち、機の深信を基軸とする「清沢教学」は、大谷派教団を越え、また時代を超え、そして世界的人類的視野に立つ普遍的思想を精神主義として世に公開したのである。

このような「清沢教学」、精神主義の超時代的、世界人類的意義については、最近ではマイケル・パイが「精神主義のより広い意味」の中で、

羽田信生はDecember Fan, The Buddhist Essays of Manshi Kiyozawaにおいてspiritual awarenessという適切な語を選んだ。この訳語によって「イズム」という近代主義的なものが入り込む余地が斥けられ、また清沢の概念が、たとえかれが疑いもなく近代の思想家であったとしても、「近代」という時代に制約され閉じ込められるものではないことが示唆されるようになった。(18)

と、超時代性を指摘し、さらに、

精神主義はまたより広い意味で精神の現前あるいは精神の深さの主張でもある。それは日常意識を超越しながらも、それに力を賦与するような経験の次元を一貫して自覚することを意味している。(中略)精神主義は対立や競争の対極にあって、本質的に、深い主体性と内的な自由のひとつの形である。(19)

と、「精神の現前性」、「深い主体性」また「内的な自由」を内包する普遍性(「広さ」)を有する思想であることを明らかにしている。つまり、「清沢教学」は、精神主義の表現する「深さ」と「広さ」をもった、普遍的な教学であることを述べているのである。

ところで、曾我が明治期の真宗事情を、

蓮如上人の真宗中興の事業は、徳川封建幕府の崩壊とともに、その役割は一応終わつた。明治になって、真宗

第二の中興、再興が強く要望されたが、その目標となつたものは、親鸞聖人に還るということであつた。そして、その指導者が清沢満之先生であつた。[20]

と言うように、清沢の求道的営為は、「真宗第二の再興」を目的とするものであった。そして、それが今宮谷に引き継がれ、親鸞聖人七百回御遠忌に向けての「真宗第二の再興」を思念するのである。次のように、『宗門白書』に述べられている。

宗祖に還れ。弘願真宗こそ如来出世の本懐である。親鸞教こそ四生の終帰であり、万国の極宗であり、人心の畢竟依である。[21]

「宗祖に還れ」との「真宗第二の再興」とは、「四生の終帰」、「万国の極宗」、「人心の畢竟依」を世に開顕することであり、さらに、次のように述べている。

自明当然のことながら、真宗第二の再興を志願することを以て、御遠忌お待受の唯一絶対の指標としなければならない。この志願に一路邁進することなくしては、宗門は御遠忌に際し、宗祖聖人の御影向を仰ぐことはできないであろう。願わくば、真宗をして真宗たらしめねばならぬという一点に宗門全体の意識を統一し、この指標の下に全身全霊を打ちこんで教団真個の力を培養して行きたいものである。[22]

「真宗第二の再興」を「真宗をして真宗たらしめねばならぬ」としている。すなわち、「真宗を真宗たらしめ」るということは、人類普遍の教学を社会に捧げることである。したがって宮谷は、「清沢教学」による「真宗再興」を表明することは当然のことであった。

まことに、曽我や宮谷は、単なる宗門護持、真宗教学の確立のための「真宗再興」を訴えたのではなかった。そうではなく、むしろ形骸化した教団を打破し、教学の生命力を回復し、真宗を広く社会に開放するところにその眼は注がれていたのである。

まことに「四生の終帰」「万国の極宗」「人心の畢竟依」と言われる普遍的志願は、あの戦後混乱期に清沢の宗教的信念を土台にする「真宗仏教」をもって、教団の再建や日本の復興を念じた真人社の精神に通底するものであろう。

当時参務であった訓覇は、次のように主張する。

絢爛たる近代文明は神の否定から開幕された。そして新らしき人間の発見の丘に展開されて来た。しかしながらその新らしき人間の発見者が、また外ならぬ人間であつたことに、近代人の悲劇と限界がある。すなわち、それは新らしき人間ではあつても、真の人間ではなかつた。何故ならば、それは実存的人間の上に、近代意識が把握し、解釈した限りの抽象的映像に外ならなかつたからである。（中略）人間から出発する方向には、最早や道は閉されている。人間とはそも何であるか。自明であつたはずのものが、改めて問い直されねばならぬところに現代の根本的性格がある。人間の教えは遂に人間の救いにはならなかつた。人間を超えて人間を明らかにする教え以外に現代の人類を救う教えはない。[23]

真人社を創設した訓覇の、「清沢教学」による近代批判を、ここに見ることができよう。

『宗門白書』は、清沢を嚆矢とする「近代教学」の精神を深く湛えている。だが、当時の宗門内では十分には理解されることはなく、そのため宮谷は、「宗門の壁」との対峙を余儀なくされることになる。

註

（1）「宗務総長を拝命して」『真宗』一九五六（昭和三一）年三月、三頁

(2)「宗務総長を拝命して」『真宗』一九五六（昭和三一）年三月、三頁
(3)「宮谷新内局に期待する」『中外日報』一九五六（昭和三一）年二月一九日
(4)「宗門各位に告ぐ」『真宗』一九五六（昭和三一）年四月、六頁
(5)「真宗再興の精神と『歎異抄』」『歎異抄聴記』『曾我量深選集』六巻、一九頁、彌生書房
(6)『中外日報』一九五六（昭和三一）年四月三日
(7)『中外日報』一九五六（昭和三一）年四月五日
(8)「宗門白書を読む」『中外日報』一九五六（昭和三一）年四月一一日
(9)「〝宗門白書〟に望む」『中外日報』一九五六（昭和三一）年四月二七日
(10)『毎日新聞』一九五六（昭和三一）年四月八日
(11)「率直な自己批判」『京都新聞』一九五六（昭和三一）年四月二日
(12)「宗門各位に告ぐ」『真宗』一九五六（昭和三一）年四月、六頁
(13)以上「宗門各位に告ぐ」『真宗』一九五六（昭和三一）年四月、六頁
(14)「同朋会運動の源流をたずねて（1）」『真宗』一九八一（昭和五六）年六月
(15)「宗門各位に告ぐ」『真宗』一九五六（昭和三一）年四月、六頁
(16)「宗門各位に告ぐ」『真宗』一九五六（昭和三一）年四月、六頁
(17)「宗門各位に告ぐ」『真宗』一九五六（昭和三一）年四月、六頁
(18)「精神主義のより広い意味（マイケル・パイ）」「月報七」『清沢満之全集』七巻、二頁下段、岩波書店
(19)「精神主義のより広い意味（マイケル・パイ）」「月報七」『清沢満之全集』七巻、三頁、岩波書店
(20)「真宗第二の再興〈一〉」『真人』八九号、一九五六（昭和三一）年四月、一頁
(21)「宗門各位に告ぐ」『真宗』八九号、一九五六（昭和三一）年四月、七頁、一頁
(22)「宗門各位に告ぐ」『真宗』一九五六（昭和三一）年四月、七頁
(23)「近代を超えて」『中外日報』一九五六（昭和三一）年四月六日

第二節　自己批判からの出発

第一項　時代教学

「宗門の壁」との対峙を余儀なくされた宮谷の戦いの場所は、第五十四回宗議会（一九五六《昭和三一年》六月）であった。ここでは、その宮谷と宗議会議員との『宗門白書』を巡る応酬を見ておこう。

はじめに多屋弘議員の質疑を箇条書きにすれば、次の通りである。

（1）『宗門白書』の第一項「宗門の実情」の中の、「われわれ宗門人は、七百年間、宗祖聖人の遺徳の上に安逸をむさぼつて来たのである」という文言の、特に「宗門人」が「安逸をむさぼつて来た」という言葉の意味をただす。果して、我々の尊敬すべき江戸宗学の講師方に対して、ひいては全宗門人に対して、安逸をむさぼつたと言えるのか。

（2）『宗門白書』第二項「教学について」の中に、「大谷派が徳川封建教学の桎梏から脱皮し、真宗の教学を、世界的視野に於て展開し得たことは、ひとえに、先生捨身の熱意によるものであつた」とあるが、その中の「徳川封建教学」「桎梏から脱皮し」「ひとえに」、また「煩瑣な観念的学問となつて閉息している真宗教学」という言葉の意味をただす。今日まで真宗教学を伝える江戸宗学が、何故「封建」であり「桎梏」であり、「煩瑣」で「閉息」しているのか。(1)

これらの質疑は、いずれも伝統教学を擁護する立場から発せられたものであろう。

先ず（1）「われわれ宗門人は、七百年間、親鸞聖人の遺徳の上に安逸をむさぼつて来たのである」という文言に対する質疑について、宮谷は、

私共は本当に、聖人の仰せを、七百年を迎えんとする聖人、本当に聖人の仰せとい丶ますか、聖人の教学とい丶ますか、聖人の教法とい丶ますか、その教法が日一日と盛んになるように私共はつとめたか。（中略）七百年の間、あらゆる人が眠つていたと、こういうように申そうとしたのではありません。私共、現在の私が本当につとめてきたか。こういうことを思う次第であります。(2)

と答えている。多屋は、たとえば、「われわれ宗門人は、七百年間、宗祖聖人の遺徳の上に安逸をむさぼつて来たのである」とある、その「宗門人」という言葉が、七百年間宗門に身命を擲った尊敬すべきすべての「宗門人」が貪ってきたかのような誤解を招くのではないか、という指摘であった。これに対して宮谷は、どこまでも親鸞の教法に立つべく自己批判するのである。そして、

私共が本気になつておらなんだならば、この宗門をして廃頽せしめたならば、そういう方がおられんのと同じような姿となつてゆく、形となりはせんか。その方々の光がみな消えるようなことになつてくるんじやないかと、こう思います時に、私共は七百年の光を無視するようなことになつたなれば大変なことではないかということも現わそうとしたのであります(3)

と、答弁する。宮谷は、親鸞の伝統に帰るためには「本気」にならなければならない、と訴えるのである。このように、宗門の現状に慚愧し「真宗再興」を念ずる宮谷の答弁は、単なる文言の訂正に終始する多屋とかみ合うものではなかった。

次に（2）「大谷派が徳川封建教学の桎梏から脱皮し、真宗の教学を、世界的視野に於て展開し得たことは、ひ

とえに、先生捨身の熱意によるものであつた」という中の、江戸宗学の全否定を意味するような「封建」、「桎梏」、「ひとえに」という文言への指摘についても、宮谷は、

清沢先生は本当に絶対的な立場に立つて、高く高く浄土真宗の仰せというものを熱心に人類的に、生命的に、世界的にハツキリと示されたということは、私は皆様も御同感下さるのではないかと存じます。先生があれだけの英才をもつて、あれだけの長い間——そういうことをいゝますと心がせまるのでありまして、血のタンツバをはく気がしますが——そして聖人の仰せの根底にふれつゝ静かに通された姿をいま思いましても、本当に偉大な方が大谷派の中から出て下されたということを、私は心から拝まずにはおれない、(4)

と、清沢が大谷派教団に出現した意義を、「高く高く浄土真宗の仰せというものを熱心に人類的に、生命的に、世界的にハツキリと示された」ところにあると主張する。親鸞聖人七百回御遠忌を機に、宗門頽廃という危機を「清沢教学」をもって乗り越えようとする宮谷と、伝統教学を護持する立場から『宗門白書』の文章表現を批判する多屋とは、平行線であった。

封建教学についても、宮谷は、

「煩瑣な観念的学問となつて閉息している真宗教学を」と、こういうことを申しましたら、それは侍董寮内の諸先生も多屋議員の質問の通りだというお考えをおもちになるかも知れんけれども（笑声）、どうも現在の宗学の取扱というものは、果して親鸞聖人の教に対し学に対して一致していられるのかどうかということについては、いさゝか私は疑義を抱く。(5)

と伝統教学の現状を指摘し、

〈封建教学が〉どうしても一つのワクの中にあつたように思われる。そうしたことから一つの展開をみられた

という、身をもつて展開をみられたという清沢先生は、私は尊ぶものであります(6)。

と、「清沢教学」に絶対的な信頼を寄せている。また、

いま御遠忌を迎えるわれわれが本当に反省をして、自個を顧みて、これでよいかということを私は考えて、こうした文章をあらわし、七百年の伝統をこわすのでないかと、高師高僧も出られたが、全体的に申したので、どうか小さいことに対してはお許しを願いたい(7)。

と訴えるが、多屋は、

私は宮谷総長の心の中にもつていらつしやるものには同感でありますが、この文章には同感することの出来ん面も多々あります。（中略）〔宮谷総長の言葉は〕僅かに誤解をまねくとか何とかと、軽々しいものではないと思います(8)。

と、誤解を招くような『宗門白書』を発表した宮谷の責任をただすことで伝統教学の立場の正当性を貫こうと、譲らない。

「煩瑣な観念的学問となつて閉息している真宗教学」との宮谷の文言に対しても、多屋は同様の観点から、宗門の歴史を否定しかねない、として指弾する。

〔宗門の多くの学者が〕人類的、生命的な教の内容を宣明しようとつとめたのに対して、宗務総長がこういうことを申しておられたということが後々までも残りますということは、これは宮谷総長御一人の問題であるのみならず、また今日のわれわれ議会人も総長と同じような考えであつたということになりましては、これは非常な問題であるとおもいます(9)

しかし、今日までの清沢満之の評価を見れば、「清沢教学」が「人類的、生命的な教」であったことは明らかで

あろう。『宗門白書』は、そのような普遍的な「清沢教学」をもって宗門再興の指標として自己批判し、「宗門の壁」を突破し、宗門を人類の畢竟依としようとする宣言であったのである。

次に調円理による質疑をまとめれば、次のようになる。

（1）「桎梏」という言葉について、それは、歴代講師の罪でなく為政者（宮谷）の罪であろう。歴代講師から多くの道心篤い僧侶や妙好人が育っているではないか。

（2）「煩瑣な観念論的学問である」に対しては、学問的意欲が否定されるから真宗学の衰退を招く。原典を読む人が次第に減少するため、『本典』（『教行信証』）を読まなければ「自信教人信」の「自信」が成り立たなくなるのではないか。

（3）「清沢先生の教学こそ重大な意味をもつ」に対して、「清沢教学」は蓮如教学と同様に「時代教学」に過ぎない。つまり、今日の御待受に対する時代教学の確立こそ重要であり、「清沢教学」は明治二〇～三〇年代の時代を反映した教学でしかないのではないか。

（4）「憂うべき宗門」と言いながら、その原因が明らかにされていない。懺悔と求道というその実践原理が明らかでない[10]。

そして調自身、自らの立場を次のように述べている。

わが宗門は宗祖の血脈である。法主を中心として、世襲制度によつて寺院によつて出来た世界に類例のない教団であります。これは私共が余程考えなければならない。こういう教団は世界に類例がないと私は思うのであります[11]。

調の立場は、「血縁」の法主の権威を讃えると共に、そのような宗門の世襲制を尊び、またそのような伝統精神に立って、「非俗」を軽んじ「非僧」的生活に埋没する僧侶の現状を指弾するところにあった[12]。

これに対して宮谷は次のように応えている。

丁度清沢先生が出られる前は、宗門自体が閉息的な空気があつたと存じます。しかしその中には偉い人がおられたということは、私は否定をしません。また私共青年がどうしても立つことのできない暗い蔭をもつていたことは事実であります。そして清沢先生が病気の中から立つて真宗大学の学長として、病気の中からわれわれ青年を指導されたあの姿、そしてあの清沢先生の呼び声が、この東京を中心として、如何に響いたかということを私は存じているのであります。この御遠忌を縁にして、どうかこの宗門内に、高く宗祖聖人の仰せを本当に高くかゝげてゆくところの道はないものか。丁度清沢先生が暗いところの精神界に立つて、あの強い声を日本全国に出されたようにということが、この「宗門白書」というもの、全体を現わそうとしたる空気でございます。従つて言葉の中に改訂しなければならない言葉を使つているということもいさゝか知るのでありますが、たゞいま調さんが強く仰せになつた「徳川封建教学の桎梏」というようなことは、伝統教学の否定にならんかということでございますが、そういうことではなく、教学の動きが、生命的教学の動きをみることが出来ないということを申したのであります。（中略）この真宗教学というものは動いているか、光らんかというところに土台があるのであります。（中略）御遠忌御待受に対して　どうかもつと生きてほしい、光つてほしい、人材養成に対しても、学問の上においても、布教の上においても、そういうこともこの暗い世界を照された清沢先生の姿を一つの縁としていたゞきたい[13]。

宮谷は、結核を抱えての求道実験によって、明治期の宗門に親鸞思想と生命力を回復した清沢の精神を具現化したのが『宗門白書』であることを切々と訴え、そして、その清沢の精神に立って、いたずらに「徳川封建教学」を否定するのではなく、むしろ時代の動きと共に、教学が生き生きと躍動すべきことを念じているのである。

また、調は「清沢教学」を、近代には不適な「時代教学」として指弾している。つまり、「時代教学」を「超時代教学」「時代教学」「反時代教学」の三つに分け、「超時代教学」は親鸞の教学であり、時代を超えた人間的苦をつきつめ、そして時代を導いた教学のことである一方、「時代教学」とは時代に随従する教学であり、その時代に真理であったとしても、時代が異なれば「反時代教学」となり得る、としている。そして、

清沢先生が前近代的教学を近代的教学に発展させられたことは大きな功績である。しかし時代教学は流動しなければならぬし、それを何時までも続けば反時代となる今日清沢精神を受け継ぐならば清沢先生を超えた教学でなければならぬ。(14)

と述べて、「清沢教学」が今や「反時代教学」に過ぎないのではないかと訴えている。これに対して、訓覇は次のように応えている。

清沢先生の教えが現代において重大な意味をもつていることを調先生が述べられたので重ねて述べるに及ばないが時代教学はバラバラにあるものではない、正法は如何なる時代も貫いている、にも拘らず時代教学があるのは封建時代の民衆の苦悩を如何に正法が救うかということできまるのである。しかしそれがそのまま今日にあてはめようとしたなら因襲の教学となる。そこで今日前近代的教学に対し近代的端緒を開いた清沢先生の教学は重大であるというのである。(15)

訓覇は、積極的に近代人を救済する「時代教学」である「清沢教学」が、「超時代教学」であることを、述べている。この場合、訓覇の言う「超時代性」とは、歴史を一貫する「正法」、つまり親鸞の教学をも突き抜ける弥陀の誓願であろう。

同様の視点について、宮谷は蓮池外進議員への答弁の中で、次のように述べている。

これは清沢一辺倒というような考えは持つていません。たゞ明治時代の情熱をこの仏教界といいますか、この真宗の教界の中といいますか、また叱られるかもわかりませんが、私は心の上におきましても、仏教に対し真宗に対しハツキリとしたものをもつておることもなく、またハツキリとしたものをみることもできなかつたその当時です。清沢先生は、私は教も受けたのでありますが、清沢先生はあの当時における日本の学生中清沢師に及ぶものが一人もなかつたということは断言して憚りません。あれはあの当時同じ級にいた方、また一年后の方でも「日本の哲学、世界の哲学を知るものは清沢以外にはないであろう」と評されたもので、その先生がヌノの衣にヌノの袈裟をかけていなさつた先生に、私は涙を流したものであります。「タトヒ大千世界ニ　ミテラン火ヲモスギユキテ」という、本当の求道の精動があつて、一切のハカライを捨てて本願念仏に帰した、日本思想界に投げられた大きな力というものは、日本仏教界の誇りといつても、また浄土真宗の誇りであるといつても、決して過言ではないと思います。あゝいう方が明治時代に出られたということは、われわれはこの点を考えなければならないということを申したのであります。「清沢先生のように」ということをあげまして、一辺倒ということは決して考えてはいません。清沢教学が必ず今の時代に合つているとは申しません。先生の苦心と情熱をもたねばならんということを申したのであります。[16]

これは、蓮池の宮谷内局を「清沢教学のノボリを立てて五人の侍で押しているような感じです」と清沢を錦の御旗のように掲げている、と皮肉り、『宗門白書』を「全面的に抹殺してもらいたい」[17]との要求に対する答弁であるが、そのように宮谷は、ひたすら、清沢の「苦心と情熱」の必要性を訴えるのである。

以上、『宗門白書』に関する宗議会での攻防を列挙したが、このような教学的攻防を『中外日報』は、次のように評価している。

まず教団内部における教学の真面目な自己批判に対して敬意を表したい。（中略）宮谷師の宗門白書によれば「徳川封建教学の桎梏」「煩瑣な観念的学問となつて閉息している真宗教学」が指摘されている。このことは親鸞聖人の信の立場の超時代性を認め、その現代及び将来における確立の可能を考えて、封建時代の教学における時代条件の反映とそれからの脱却を指摘するものであろう。それは、保守反動におちいりやすい宗政当局が、逆に教学に向つて警告を発するという珍らしい事態をひきおこしていることの意義はまず率直に認めなくてはなるまい。(18)

親鸞聖人七百回御遠忌を五年後に控えた教団は、清沢の「超時代性」を内実とする宗教的信念に立ち、親鸞思想を封建的束縛から解放することで、間違いなく時代の苦悩を救う「時代教学」の確立を急がなければならなかったのである。

第二項　真宗再興の志願

前章で述べたように、『宗門白書』に対する批判会に参加した柘植闡英の、次の言葉を想起したい。

「我が信念」は、誕生せられた法蔵菩薩の自覚内容であり、裏をたゝけば、仏智によつて見出された人間本性の自覚に外ならぬ。我は凡夫である。凡夫を我として立上つた、法蔵の信念である。我が信念には必ず、実践的行が具せられる。（中略）真人社こそ、自己批判の場として与えられた浄土でなければならぬ。「真宗第二の再興は、清沢先生の我が信念である」と、身を以て指標下さる先生に遇い、今、自覚実践の仏道に遇うこと、まことに、曠劫多生の浅からざる宿縁を慶喜せずに居れぬ所以である[19]。

柘植は、清沢の「我信念」が、すなわち「清沢教学」が、曾我のいうように、「真宗第二の再興」の指標としての、「法蔵の信念」であり、また「自覚実践の仏道」と述べているが、そこに「清沢教学」の「超時代性」の所以があった。

ところで、当時の日本は、朝鮮戦争による特需が続く中、サンフランシスコ講和条約による独立、そしてその後の池田勇人首相の所得倍増計画による、経済の急成長期を迎えていた。地方から多くの若者が集団就職したのもその頃で、彼らは人間的繋がりの強かった郷里を離れ、単身都会に出ての生活で自己喪失に苦悩する者が多かったが、その若者に教線を拡張したのが、創価学会、生長の家、立正佼成会、ＰＬ教団などの新興宗教であった[20]。そのため、既成教団は危機感を募らせていた。

真宗の伝統的地盤である農村の衰微しつつある中、宮谷は『宗門白書』において、その危機的状況の克服を「刻下の急務」と見定め、「真宗再興」を願い教団改革を訴えている。すなわち、宗門の果たすべきことは、「清沢教学」によって「世界人類の教法」を宣布し、「煩瑣な観念的学問となつて閉息している真宗教学を純粋に宗祖の御心に還」し、さらに「簡明にして生命に満ちた、本願念仏の教法を再現」することで、「真宗をして真宗たらしめねばならぬ」と提言している。

そして、その「清沢教学」の歴史的意義を、曾我は、

ほんとうに身と心全体を捧げて、自覚的に信念を身につけて、信仰が観念的でなしに、実践的に信仰に生きていく、こういうことは従来考えられておらなかった。清沢先生がはじめて信仰、実践の道というものを明らかにしていられたわけだと思うのであります。そうして明治四十四年に勤められたわが御開山聖人の六百五十回

忌のときまでに、日本のいわゆる知識階級が初めて他力信仰の意義をとにかく了解するようになったのであります。[21]

と述べている。曾我も宮谷も、清沢の「自覚実践の仏道」に揺るがぬ信頼を寄せている。顧みれば、清沢のみならず、釈尊も親鸞も、「自覚実践の仏道」を歩んだ先覚ではなかったか。

ところで、明治前半まで、知識階級に理解された仏教は、主に天台、華厳、あるいは禅宗であり、それに対して真宗は、仏教の方便に過ぎないと見なされていた。たとえば福沢諭吉が、

かの一向宗の輩は自から認めて凡夫と称し、他力に依頼して極楽往生を求め、一心一向に弥陀を念じて六字の名号を唱るの外、更に工夫あることなし。[22]

と言うように、当時真宗は、「愚夫愚婦の宗教」との見方が一般的であった。そのような状況下において、清沢は「自覚実践の仏道」をもって、真宗をして近代人の知的了解に応え得る思想であることを身をもって明らかにしたのである。ここに宮谷が、「清沢教学」の必要性を、力を込めて主張する背景があった。

『宗門白書』が発表されたことについて、佐々木蓮麿は次のように述べている。

このたび「真人」四月号に、曾我先生の帰朝最初の講演が「真宗第二の再興」と題して載せられてあつた中に「宗祖七百回忌に応答する最大の緊要事は、真宗第二の再興を成し遂げることである。（中略）今第二の再興はその範囲が世界的な広さをもち、仏教統一の方向に眼目がある。それだけに容易ならぬことであるが、やらない訳には行かない。この大事業たる真宗第二再興の指標となるものが清沢先生の「我信念」である云々」とのべられ、また時を同じうして宮谷総長が前述の如き宗門白書を発表し、清沢教学を高く評価し宗門教学の正しき在り方として肯定されたことは、正に伝統の鉄のカーテンが一挙に打ち破られた感じがして欣快に堪えなか

った。曾我先生は宗門の学頭であり、宮谷氏は現職の宗務総長であるところに重大な意味があると思う[23]。伝統教学の桎梏を打破し、生命力ある真宗を明らかにする教学者曾我と、『宗門白書』を作成した宗政家宮谷の二人が、同時に「真宗再興」を主張したことの近代真宗史上の意義は、強調してもし過ぎることはないように思われる。

以上、定期宗議会での答弁を、清沢との値遇という一点に立って乗り切った宮谷は、『真宗』八月号に、次のように自らの所信をまとめている。

まず、宗門人が安逸をむさぼってきたことに対する批判に応えて、宮谷は、

白書は、宗門七百年の歴史を無視しようとしたものでもなければ、又その間御出現の善知識や先人の遺徳を否定しようとしたものでも無論ない。（中略）五年後にせまる聖人の御遠忌を念い、日に荒廃してゆく教田と、形骸化してゆく宗門の現実を直視するならば、いやが上にも、深い自己反省と懺悔の念に迫られるものがあるはずである。それは、この憂うべき宗門の現実の中に、御遠忌を迎えようとする全宗門人の胸奥に、自ずと共通して、七百年間宗祖の遺徳の上に安逸をむさぼつてきたとの実感となつて去来するものがあるではないか。少くとも私は胸つぶれる思いである。過去を語つているのではない。（中略）いま宗門人としてある身の、仏祖に対する深重の責務を痛感せずにはおられない。（中略）宗祖は『教行信証化巻』に厳しく外道を批判しておられるが、それは単なる外道批判ではなくして、直ちに内なる仏教の教団批判を意味するものであつた。内を批判したからとて、仏祖を無視否定したことにはならない。いや、自己批判のない仏祖讃仰は、仏法にあつては、全く無意味であるばかりでなく、法を誤まるものとすらなるのである[24]。

と、親鸞聖人七百回御遠忌を目前にして自分自身の求道姿勢を厳しく批判し、さらに徳川封建教学を桎梏と見做し

たことについては、

徳川封建時代の教学が果たした役割と成果とは、誰しも否定はできないであろう。だが、それがそのままに、今日の教学として通用し得ると考えるならば、桎梏となることは明らかである。（中略）現代思潮のただ中で、真宗教学の真姿を顕揚し得るものかどうかは、実際にあたつて再思三考しなければならないものがある。[25]

と、「時代教学」の必要性を述べている。

そして、「清沢教学」については、

白書に於て、特に清沢先生の業績に学ぶべきことを述べたのは外でもない。真宗の教学は、机上の学問ではなく、直ちに生死解脱の一道につらなると共に、今日に於ては、それが、世界的視野をもつて広く人類社会に打ち出されなければならぬ、重大な使命をもつているからである。そのとき私達は、何としても、明治の先覚清沢先生を想起せずにはおられない。[26]

と、真宗が本来的に生死解脱に直結する実践的仏道であり、また、世界的人類的視野を有する仏道であることを明かしたものとしている。さらに、

〔清沢先生は〕身を以て、高く本願他力の大道を顕示して、激動期日本の思想界に、大きな指標を与えられたことは、当時の偉観であつたばかりではなく、まさしく近代に真宗教学の地歩を確立せしめんとする先達であつた。私は、この先生の姿をまのあたり見てきた。徳川教学に対立して清沢教学というような、けちなことを申しているのではない。身をもつて時代思潮と取組まれ、そこに真宗の法灯を掲げて捨身された、真の宗門人清沢先生の精神を、あらためて我々の心底に甦らせる必要に、いま宗門はせまられていると申したいのである。世界的に政治思想は激しく対立して、闘争の様相は深刻である。西洋の没落が叫ばれ、東洋の再評価が世

界思潮の主流になろうとしているといわれる。一方では、頽廃と、いかがわしい新宗教とが、世道人心を病菌の如く蝕んでゆく。この秋、真宗の教学の新しい展開の為に、身命を惜しむことなく実践の場に立たれ、宗門人材の育成に心魂をくだかれた、清沢先生の精神を、今日の我々の精神とすることができなければ、御遠忌を勝機とする真宗第二の再興は望まれないと信じて疑わないものである。(27)

と、清沢が常に時代社会と人間の課題をもって自らの仏道を開顕した宗門人であったことや、その宗門人である清沢の精神をもって、親鸞聖人七百回御遠忌を迎えなければならない、と力強く訴えるのである。

続けて、『教行信証』「総序」の「慶ばしいかな」から「ここをもって、聞くところを慶び、獲るところを嘆ずるなりと」(28)の教言に注目して、

聖人が、聖典、師釈に対して、「遇う」「聞く」「敬信」すると仰せられて、学問すると云われていないことは、特に注意されねばならないことである。ここに、真宗教学の根幹は極まる。一派の教学が、机上口頭のそれに終っては、煩瑣な観念的学問となって閉息することは論を俟たない。しかも、現にその傾向なしとせぬことが、一派教学の不振と、教田の荒廃を招いていることに眼をとじるわけにはいかないのである。（中略）教学信証でも、教行学証でもなくして、ひとすじに、教行信証であることの祖訓を我々は忘れてならないことを、繰返し強調して憚らないものである。(29)

と、学問を超えたところに親鸞の『教行信証』製作の精神のあったことを強調している。

さらに宮谷は、翌年の『真宗』における年頭所感「真宗興隆の時」で、（一）「聞法の教団」と（二）「立教開宗の精神」の二つの視点から「真宗興隆」を陳述する。

先ず（一）「聞法の教団」では、

〔『宗門白書』は〕われらが伝承する本願念仏の教法を、机上観念の殻に閉じこめることなく、現実社会に生活する我が身に行信しなければならないことを、求道の一路に身命をなげうたれた先師清沢先生の業績に省みながら申し述べた。他に語つたことではない。この当然すぎるほど当然のことが、いま宗門に於て明瞭を欠いているのである。幸いに白書の趣旨は、言葉の足らざるところから若干の批判を受けながらも、宗門内外にひろい賛同を頂いた。[30]

と、『宗門白書』が、「清沢教学」によって行信道の本来性を回復すべきことや、仏法を「机上」から解放すべきことを訴えるものであり、また宗議会の文言の不適切なることの指摘を超えて広く宗門内外の賛同を得たことを述べている。当時の新興宗教隆盛の状況において、既成教団が自ら自己批判することによる社会の閉塞感の打開への期待は、大きかったと思われる。

さらに宮谷は、「清沢教学」が、近代文明が怒涛の如く流れ込む明治時代における「時代相応の教学」であったことを受けて、

御遠忌お待受の一途は、宗門が挙げて求道聞法の精神に奮い起つほかにはない。宗門が成立つ原理は、求道というところにある。この一点を踏みはずすならば、宗門といってもそれは単なる烏合の団体にすぎない。求道心の欠除がもろもろの宗門悪の根源である。[31]

と、「真宗再興」を「求道」の一点に見定め、

実生活の上に仏法を明らかにしてゆく聞法の道こそが、御遠忌お待受のすべてである。[32]

と「聞法」を強調している。「求道」と「聞法」によって真宗の閉鎖性を徹底的に打破し、現実生活に生きてはたらく「自覚実践の仏道」が回復されることを、宮谷は思念するのである。

また、(二)「立教開宗の精神」では、教団が転落の方向にあるのは、

立教開宗の強靭な精神が見忘れられているからである。[33]

と指摘し、教学は、『教行信証』に一貫している「立教開宗」の精神を明確にするものであり、我々はその精神に、直に純粋に触れなければならないとして、次のように述べている。

今日仏教界不振の大きな原因の一つは、仏教の学問が一般的学問の世界に解消されてゆくところにある。対象は仏教であるが、研究の結果は仏教でなくなつているということは、仏教の悲劇であつて、この点は宗門の大学に於ても深くこころしなければならないことである。[34]

親鸞は、決して仏教を学問したのではなかった。そうではなく、一身に仏教に生きたのである。そのような逞しい生命力の枯渇が、仏教界の不振と連動する。すなわち、我々はどこまでも求道実践に立たなければ、来るべきは「仏教の悲劇」なのである。

註

(1) 「第五十四回宗議会議事録（通常会）」一九五六（昭和三一）年六月、九四～九五頁より要約
(2) 「第五十四回宗議会議事録（通常会）」一九五六（昭和三一）年六月、九七～九八頁
(3) 「第五十四回宗議会議事録（通常会）」一九五六（昭和三一）年六月、一〇三～一〇四頁
(4) 「第五十四回宗議会議事録（通常会）」一九五六（昭和三一）年六月、九九～一〇〇頁
(5) 「第五十四回宗議会議事録（通常会）」一九五六（昭和三一）年六月、一〇〇頁
(6) 「第五十四回宗議会議事録（通常会）」一九五六（昭和三一）年六月、一一六頁
(7) 「第五十四回宗議会議事録（通常会）」一九五六（昭和三一）年六月、一一八～一一九頁
(8) 「第五十四回宗議会議事録（通常会）」一九五六（昭和三一）年六月、一一九～一二〇頁

(9)「第五十四回宗議会議事録（通常会）」一九五六（昭和三一）年六月、一二一～一二二頁
(10)「第五十四回宗議会議事録（通常会）」一九五六（昭和三一）年六月、一三八～一四八頁より要約
(11)「第五十四回宗議会議事録（通常会）」一九五六（昭和三一）年六月、一四六頁
(12)なお清沢の「血縁」や「法主」に対する姿勢については、たとえば「師名論」（『教界時言』）に次のよう述べている。

若し夫れ予輩にして当路者と其位置を換へ、法主を擁立して師命を強請するか如きことあらば、革新或は早く其効を奏することあるべきも、師命の神霊を失ひ、師命の尊重を欠くに至りては一なり、是れ予輩の今日に於て軽挙妄動せざる所以なり、予輩は教家として又一派の末徒として師命の神霊ならんことを希望するものなり、師命の神霊を汚すは実に宗門の大罪人なるを信ず、一派の統一を妨くるものなるを信ず、法主を擁立し、師命を矯むるか如きは、予輩の根本的に排斥せんと欲する所なり、予輩の決意は実に此に在り、（「師命論」『清沢満之全集』七巻、四二頁、岩波書店）

清沢満之は法主制や世襲制を否定していないのである。
(13)「第五十四回宗議会議事録（通常会）」一九五六（昭和三一）年六月、二三八～二三九頁
(14)『中外日報』一九五六（昭和三一）年六月二二日
(15)『中外日報』一九五六（昭和三一）年六月二一日
(16)「第五十四回宗議会議事録（通常会）」一九五六（昭和三一）年六月
(17)「第五十四回宗議会議事録（通常会）」一九五六（昭和三一）年六月
(18)「教学の時代性」『中外日報』一九五六（昭和三一）年六月二一日
(19)「このことひとつ」『真人』九三号、一九五六（昭和三一）年八月、八頁
(20)当時、創価学会や立正佼成会の凄まじい教線拡張の動きのあったことは、訓覇の「第七十回宗議会」での発言、つまり、

戦后新興宗教が非常な勢いで興つておりますにつけてもですね、一向寺に関心をもつておらない。門徒の若い諸君すら、何かの意味において「これではうち等の寺も、よく解らんが、いかんのではないか」と、無関心な若い門徒の諸君ですら、何かこの不安な気持をもつて、本当の方向が見つかつたら、何とかわれわれのお寺なら御守りしなければならないのじやないかと感じておるところまで来ておるということは間違いのないことで

ございまして。(『教化研究』一一一、一一二号、四〇〇頁、真宗大谷派宗務所)

からも明らかである。また「東京真宗同朋の会」に永年取り組んでいる富岡秀善は、教学研究所のインタビュー
に、次のように述べている。

昭和三十七年、八、九年といいますのは、創価学会が非常な勢いでした。「東京を全戸折伏する」といわれて
いた時です。(中略)創価学会や立正佼成会など「新興宗教(新宗教)」が都民の心を揺さぶっているのに、本
願寺がいっこうに何の活動もしないことに、不安やじれったさを抱いておったんですね。(『教化研究』一二九
号、七五〜七六頁、真宗大谷派宗務所)

当時訓覇は東京宗務出張所の所長でもあったので、教団の置かれていた厳しい危機的状況を、身をもって感じてい
たに違いない。そのための具体的な施策に、「同朋会研修総合計画」がバックボーンとしてあった。

(21)「真宗再興の指標」『曾我量深講義集』一〇巻、一三八頁、彌生書房
(22)「智徳の弁」『文明論之概略』『福沢諭吉全集』四巻、一〇二頁、岩波書店
(23)『中外日報』一九五六(昭和三一)年五月九日
(24)「教学について所信を語る―宗門白書の質疑に応えて―」『真宗』一九五六(昭和三一)年七・八月号、三頁
(25)「教学について所信を語る―宗門白書の質疑に応えて―」『真宗』一九五六(昭和三一)年七・八月号、三頁
(26)「教学について所信を語る―宗門白書の質疑に応えて―」『真宗』一九五六(昭和三一)年七・八月号、三頁
(27)「教学について所信を語る―宗門白書の質疑に応えて―」『真宗』一九五六(昭和三一)年七・八月号、三〜四頁
(28)『教行信証』「総序」真宗聖典、一五〇頁、真宗大谷派宗務所出版部
(29)「教学について所信を語る―宗門白書の質疑に応えて―」『真宗』一九五六(昭和三一)年七・八月号、四頁
(30)「真宗興隆の時」『真宗』一九五七(昭和三二)年一月、四頁
(31)「真宗興隆の時」『真宗』一九五七(昭和三二)年一月、四頁
(32)「真宗興隆の時」『真宗』一九五七(昭和三二)年一月、四頁
(33)「真宗興隆の時」『真宗』一九五七(昭和三二)年一月、四頁
(34)「真宗興隆の時」『真宗』一九五七(昭和三二)年一月、四頁

第三節　『宗門白書』の具現化

第一項　革新の方針

『宗門白書』は、さまざまな議論を惹き起こした。たとえば、野尻信誓は『中外日報』に「宮谷法含氏に猛省を促す」を寄稿し、次のように述べている。

「精神主義」とはどんな内容を持つたものであるかというと、仏教は自覚の宗教である。との出発点をとくに見失つた天啓思想そのものに外ならぬのであり、およそ宗門の宗意安心とは似ても似つかぬものであること見極めねばならない。(中略)正に自覚仏教自覚真宗の信仰ではなく哲学的天啓的自由放縦の思想であることは一点疑いを容れないのである。(1)

精神主義を言い表す「自己とは他なし　絶対無限の妙用に乗托して」という告白が、「天啓思想」であるとの指摘である。これに対して曽我は、次のように答弁する。

先般来、清沢先生の信仰、思想は天啓思想であると中外日報などで批評している人があるようであります。一体天啓思想というものは、運命論的人生観といいますか、そこには、人生を救うところの神様を立てるが、その神様は運命の神に違いないと思うのであります。そういうのを天啓思想というのであると、こう思うのです。清沢先生がそのような運命論者であつたり、先生のいわれる如来は、運命論の神様だというように批評したり批難したりしているのであります。そのような批難をする人は、浄土真宗の教には、善知識のおしえによるという伝統があつて、その善知識のおしえのもとに一念帰命の信心をおこすのである、それが仏教の教であるというように考えて、清沢先生は、この善知識をいわないから天啓思想であると即断して批難しているのであろうと思うのであります。大体そういう人には、自覚というものが解らないのであろうと思います。(2)

精神主義が「乗托」する思想であるから天啓主義ではないか、との批判に対して、曾我は、精神主義と運命論と区別し、むしろそのように批判する人の「自覚」の不明を指摘する。そして清沢の「自覚」を、

難信というのは、機に問題があるからである。現在の自己をみて、自己というものはどれ程恐ろしいものであるか、また複雑怪奇なものであるか、殆ど端倪すべからざるものである。端倪すべからざる自分が本当に助かつたということの自覚、そういう自分をじつと見つめて、自分は本当に如来を信じておるか、そして如来はこの自分の一切をしろしめすものであるということを信ずることが、非常にむずかしいのであります。それが極難信といわれる所以である。如来は信ずべきお方であるに違いないけれども、自分は本当に如来を信じておるか、又本当に白分のようなものに如来を信ずる資格があるか、又実際に如来を信ずる信心などは、自分の様な者の上に於て可能であるか、このような疑惑は、仲々容易に消えないものであろうと思います。それを信ずるということは、本当に深い自覚というものによらねばならない。これが、二種深信というものを、善導大師が建言して下されたところの本当の思召しである。(3)

と、機の深信の「極難信」であることを強調している。清沢の「論理や研究」を超えての「一切の事を挙げて、ことごとくこれを如来に信頼する」(「我信念」)との表明は、徹底した機の深信によって明らかになる心境であろう。すなわち、相対有限な存在である自分自身の深信が、即時に如来回向成就の実験である、との証知こそ、つまり、二種深信こそが仏道の真髄であり、我々の体解すべき要なのである。

ところで、宮谷内局の参務・教学局長に就任し、『宗門白書』に少なからぬ影響力を発揮したと思われる訓覇は、曾我と高光を生涯の師と仰ぎ、清沢の近代教学を継承し、そして宮谷内局の一員として近代教学を宗門内外に敷衍するための施策を実施した。

その訓覇の改革方針は、次の通りである。

宗門教化の第一線にして且つその拠点となるものは寺院である。教法宣布の中心道場としての寺院が、その本来性を喪失し、教化の座から顚落しつつある処に、今日宗門の最大最要の問題が横たわつて居るのである。如何にして、寺院が、その本来性を回復するか、宗門施策の一切は、挙げてこの一点に集注されねばならぬ。若しこの焦点を見逃すならば、教学活動は、観念的空転に堕する外はないのである。(4)

「真宗再興」のためには、「教法宣布の中心道場」である「寺院」の本来性を回復することが急務である、と訴えている。宗門の施策の一切を、「寺院」に集中すべきとの指摘に、同朋会運動の原点を見ることができよう。実際に有効な教化の場としての「寺院」の本来性回復は、「真宗再興」の要諦であったのである。訓覇の改革は、「寺院」の改革に一切が収斂されると言ってよい。以下、そのような訓覇の施策を確認していこう。

第二項　青少年部

一九五六（昭和三一）年二月の臨時宗議会で、訓覇は教学局に教学部と社会部に加えて「青少年部」を新設した。その趣旨は次の通りである。

宗門として青少年幼年を見る時、昔から多くの先輩がこの道に専心されて、熱心に彼等の友となつて、お念仏の尊さを味わつて貰うと同時に、良い子を育ててきたのであるが、残念ながらそれが一貫した政策と方針を持たずに、次の人に受け継ぐということができず、美しい花を咲かせながら次の花を咲かすべくもなく終つてしまつているのである。そればかりでなく、信仰は家の観念から個人の信仰に移つてきたために、父母の信仰は即ち子の信仰とまで直結して行くことのできぬこととなり、（中略）青少年幼年に向く教化方策が樹立されて行かなければならない時代となつている。（中略）今回青少年部が新設されるに当り、時代に適応した教化活動の必要性と、その実現を期して、すなおに彼等の能力に応じ得る様な説き方、話し方、資料等の準備がなされなければならない。(5)

教団にとって青少（幼）年教化は、「個人」の尊重とともに「家」の崩壊が始まる時代にあって、また、創価学会の特に新都市生活者となった若者への教線拡張に押される状況下において、「教田の培養」には最も必要な施策であった。その一点に立って、教化の方法として、「説き方」、「話し方」や「資料等の準備」等の必要性が指摘されたのである。かくして、四月一二日から一六日までの四泊五日の日程で、「青少年問題は現代文明社会共通の問題である」(6)をテーマに、青少年指導者研修会が開かれたのである。その参加者の声を聞こう。

〔宗教を〕青年たちが封建性の遺産とみて親近感をもつて接してくれないとすれば、お寺と宗教とは離間されて考えられており、そこにも青少年教化の問題がまず横たわつているのだとみられる。新興宗教の活躍は教界の関心事とされているが、たしかに彼等の行動的な点は注目すべきところであり、お寺に老人が多いため古いという感じを受けるのを、打ち破らねばならず、このためどういう策を打ち樹ててゆくかということを考えねばならない。(7)

そして、このような課題に応えるためには、中央講習会もどしどしやつていただきたいが、地方でも開催されるよう望むわけで、中央へ出席する人はもう常連というようになつているのではないでしようか、地方で勢々開催されることによつて、各地の事情による具体的な活動の方向というものも定まつて来ることだと思われます。(8)

と、地方の活性化を期待している。もちろん、地方活性化の拠点は「寺院」でなければならない。

また、青少年部長であった藤原俊は、青少年部設置の意義を次のように述べている。

昭和三十六年に宗祖七百回御遠忌を迎える現在、一派の態勢は御遠忌に指向されていることは当然であるが、青少年教化の問題に関しては如何に対処すべきであろうか。(中略) 青少年教化は現在宗門が時代に生きる重要な課題であるが、それ故にこそ、自ら青少年の立場を充分認識しなければならないのである。(中略) 御遠忌を荘厳する青少年教化であつては断じてならず、寧ろ御遠忌を縁として青少年を荘厳する方向に我々は出向かなければならないのである。(9)

創価学会の影響力の増す中、親鸞聖人七百回御遠忌の〝荘厳〟のために青少年を行事に参加させる等の教化であってはならないのであり、そのためには、

今般復刊された「青少年と宗教」はそうした現代的視野に立場をおいて諸般の問題に応えんとするものである。(10)

と、時機相応の課題に効果的に応答できる教化のために『青少年と宗教』を発行した、としている。まさに「信ぜざる者への対策が現在の差し迫つた問題である」(11)というところに、「青少年部」設置の重要かつ必要性があったのである。

当時の教化研究所所長であった谷内正順は、大谷高校の校長という経歴もあって、青少年教化に意欲的であり、

その見識をもって、

今日に於ては青少年の教化ということが重大である。然るに、青少年自身は一般にそんなに自発的に宗教教化を受けるように進み入り得るものではない。（中略）正しき宗教の領解が人生の早い時期たる青少年時代に得られることは、その人自身にとりても最もよきことであるにちがいない。(12)

と、青少年教化の意義を述べて、

吾々にとりては教化ということは、吾々が他を教化するという意味があるけれども、それにまして自己自身が教化を受ける立場において味うべきである。（中略）吾々の一生は詮ずるところ、ひたすら教化を蒙るにあるのである。(13)

と、教化の真髄を強調している。教化は、手段を駆使することで効力を発揮するものではない。そうではなく、先ず教化する者が教化されることにおいて、教化が成り立つのであり、そのためには、青少年に対して真に人と成ることを内容とする正しい宗教観を提示すると同時に、教化する者自らが「ひたすら教化を蒙る」必要がある。すなわち、教化者が、先頭に立って求道するのである。ここに、教育教化の充実が求められる。

なお、昭和三〇年代の教育事情を見れば、いわゆるカミナリ族が発生し、生徒の非行が増加し出していた。また団塊の世代が学齢期に達し高校進学率が六〇%を超える中、文部省は、一九五七（昭和三二）年改定の学習指導要領に「道徳」を特設し、また「青少年の不良化防止について」の通知を全国の学校に向けて発信、さらには、一九六六（昭和四一）年には「期待される人間像」を掲げたのである。青少年への効果的な教育教化の改革は、教団のみならず、国家挙げての要求でもあった。

第三項　「僧伽形成の第一歩」

時代社会に適応した教化活動の展開は、訓覇の強く念ずるところであった。そのため、九月にはその具体策として、「教田の培養」と「人材養成」を二本柱とする「僧伽形成への第一歩」が発表された。以下その教化方針を列挙する。

①近代教学を時代社会に定着するための「時代教学」の樹立。
②「信仰戦線」にたちむかう武器としての「カリキュラム」の編集。
③法主の臨場を仰ぐことでの教師初補修練機関の整備。
④「家の宗教」から脱すべく、成年を機として、門徒としての自覚を個人の上に求める門徒成年式の設定。
⑤観光的な奉仕団を改め、御真影に奉仕する本廟奉仕団に更新。
⑥教田培養の推進力たらしむる篤信者の表彰。
⑦教化研究所東京分室の開設。
⑧教団人が改めて聖人の弟子としての責務と使命を身に体することを目的とした同朋研修会と婦人教化。
⑨『御本書』の全巻英訳[14]。

これらの教化方針を踏まえて、訓覇は次のように述べている。

真宗仏教が、現代社会のかかる深刻なる不安と苦悩の対立の世界、我執迷妄の人類、五濁疑謗の黒闇の地上に、唯一無二の光明であり、無碍の救済の道であることを、一人々々がシッカリと自身の上に明かして、この世界人類の上にまことの同朋教団を樹立することが、間近に迫りました宗祖聖人七百回御遠忌への私共の使命

と申すべきであります。(15)

かつて「真宗仏教」に、真人社の若き求道者は戦後復興への熱き志願を込めていたが、訓覇はその「真宗仏教」をもって、親鸞聖人七百回御遠忌に向けて同朋教団を樹立しようと訴えている。同朋教団は、聞法求道に拠って立つものであり、真実信心の自覚自証を体とする。『宗門白書』の教団観は、ここに集約されていると言って過言ではない。

以下、訓覇の訴える「教田の培養」「人材養成」について見ておこう。

第四項　「教田の培養」

「教田の培養」を論ずるにあたって、初めに『宗門白書』で表明された「時代教学」について確認しておきたい。『中外日報』は、「『宗門白書』に応えて、清沢教学の解明、東本教研が最高スタッフで」という見出しで、次のように、「時代教学協議会」の開催を報じている。

教化研究所が現在樹立したプランでは同十三日先ず東本願寺宮御殿において曾我量深、西谷啓治、金子大榮、安田理深、調円理、松原祐善、山田亮賢、佐々木蓮麿、西村見暁氏らを研究員とし時代教学協議会を開催する。また今日の真宗の時代教学は清沢満之氏の思想を出発点とするとの観点からきょう明日、十五日の三日間、同宮御殿において曾我量深氏を講師として清沢教学の連続講座を開催、この連続講座は来月一日、二日、五日の第二回に続いて明春三月まで継続する。(16)

『宗門白書』で、「徳川封建教学」が「桎梏」と見做されたことについてはすでに述べたが、当時、西本願寺の布教使の大沼法龍が、本願を我が身に頂いたという体験主義をもって宗団を形成したという理由で「異安心」と指弾されたが、その影響もあってか、本願の「実験」を主張する清沢教学を掲げる『宗門白書』についても、宗門内外に少なからぬ疑念が惹起した。そのような逆風下にあっても、訓覇は臆することなく、清沢教学を主張するのである。すなわち、訓覇のいう「時代教学」とは、清沢教学を指しており、したがって、清沢教学の時代的意味、つまり、桎梏と化した伝習的安心を打破すべく、本願によって照破された自己発見の仏道、つまり、「実験主義」に基づく「時代教学」の必要性を主張するのである。訓覇の志願は、教学の宗教的生命の回復にあった。

そして当時、教化研究所では、『宗門白書』の発表を契機とする教学論争を受けて、「現代に対応する教学の樹立」を目的とした「時代教学の解明」と、「従来一派の教化方法が計画性を欠き、その場しのぎの状態であることに鑑み」ての「教化課程の作成」とを、二本柱とする研究体制を敷いたのである[17]。

先ず、「時代教学の解明」について、

明治の激動期に、どうしても宗門自身が打開してゆかねばならない幾多の問題の渦中に直接身を置き、しかも道を求めてやむことのない菩提心の一途に、その生涯をつらぬかれた、清沢先生の精神と業績に、改めて触れてゆくことの必要を痛切に感ずる時機に際会している[18]。

と、一〇月一三日に開催された「清沢先生の綜合的研究をシムポジユウムの形式[19]」での「協議会」の趣旨を述べているが、その「協議会」とは『中外日報』の報道する「時代教学協議会」のことである。

さらに、研究所顧問であった曾我によって、「時代教学の解明」のための基本的学習会が、「新門様も毎回熱心に聴講され[20]」る中で開講された。題目は「清沢満之先生」であった。その中で曾我は、宮谷が『宗門白書』で清沢教学を顕揚した歴史的意義を、次のように陳述する。

清沢先生の御信仰、所謂絶対他力の御信仰のことは勿論大切でありますが、御信仰そのものよりも、寧ろ、先生が求道せられたこと、信仰のために生涯を捧げられたということが、特別に尊いのであろうかと思うのであります。(21)

先ず清沢教学の尊さが、清沢の生涯を擲っての求道にあるとしている。求道の「実験」とは機の自覚であり、それによって仏道の生命力が回復し、そしてリアリティ溢れる教学となる。ここに曾我の、「従来の宗学では法の問題は一応分つても機の問題は分らぬ(22)」との警鐘の発せられる所以があった。

さらに、教法を説く者の責任についても、曾我は次のように述べている。

我々は、自分の了解しないことでも、これはすでにわが浄土真宗の教えであるからそう言わなければならん、そういう責任があると、こういうように思うのであります。浄土真宗の教えと違つたことを言うのは、真宗の僧侶として責任をしらんのであると、こういうことも考えるのでありますけれども、いかに浄土真宗の教えであつても、自分が了解しないことを了解しておる如く粧うて、言つたり書いたりする、そのことにこそ、我々は深い責任を感ぜざるを得ないのであります。(23)

そして、清沢の仏道について、

先生は自分に開けて来た信境だけを述べておられるのであります。(24)

と述べている。

たとえば、因位の本願に酬報してできた「報身・報土」観に対して、曾我は次のように喚起する。

一切報いてしまつたという了解のもとに、講録は出来ているると、講録を読むたびに思うのであります。そういうことで、西方極楽浄土や、阿弥陀如来を考えて、果して本当に了解が出来るかどうか。(25)

さらに、

それでは阿弥陀如来や浄土と、現実に生きて苦しんでいる我々とは、因縁が切れてしまうではないか。どうして仏が解らなくなつたのかというと、つまりは、仏と我々が縁もゆかりもなくなつたからなのである。報身も報土も過去化してしまつたからである。(26)

と続けて、如来や浄土がどこまでも、「現実に生きて苦しんでいる我々」と直接的に関係すべきことを訴えている。その意味で、清沢の「我信念」は、苦悩の自己との関係における領解であり、したがって、

先生に於ては、信仰を得たか得ないかという事ではなしに、どこまでも求道の道程を歩いてゆくというところに問題があつた。道程を歩いて行く迄に、向うの方から、如来の方から、求めて行くすべてが如来の回向となる。すべてがお助けの道程である。お助けの方も道程、求めているのも勿論道程でありますが、仏の方も助けてしまつたということではなく、尽未来際までもお助けが続いてゆくと、先生は了解しておられたかの如く、自分は思うのであります。(27)

と、清沢の信念が、現実を生きる上での悪戦苦闘の求道的「実験」において、如来回向の「お助けの道程」であると了解し得たもの、としている。もちろん、これは曾我の「実験」的見解であるが、たとえ機は相違すれども、如来回向によって貫かれた信念は、機の相違を超えて同等なのである。

以上が、「時代教学の解明」に関する曾我の知見である。宮谷の「真宗再興」の志願が、清沢の「実験主義」の仏道に立脚するものであったことは明らかであろう。機の悪戦苦闘の仏道だけが、さらに言えば徹底した機の深信こそが、人類に「お助けの道程」を蘇らせる。親鸞や清沢、また曾我の信は、それぞれの機の「実験」を通して、そして機の個別性を超えて、一味平等の本願の世界の開顕であったのである。

一九五七（昭和三二）年一一月、「時代教学の解明」の成果として、論文集『清沢満之の研究』が教化研究所から発行された。その「あとがき」には、鈴木大拙の、

師〔清沢満之〕の本領は、仏教の学問的解明というよりも、その実践的体験にあつた。（中略）師の所謂「精神主義」はそこから生れた。精神主義といえば、何か観念論と誤解する向きもあるが、師の精神主義はそうではなく、霊性の自由と独立を宣言したものだ。今日と雖も世界に打ち出すに価する思想である。いや、今日こそ、打出さねばならぬ思想であると信ずる。(28)

との言葉を引いて、次のように記されている。

清沢先生の業績に対する評価は、右の一語で尽きているかもしれない。しかもなお、この偉大なる明治の先覚者についての認識が、一般のものとなつていないばかりではなく、多くの誤解も横行している。（中略）真宗の教法が、世界の思想となるために、先生の存在が如何に大きな契機となつているかを、正しく明らかにすることの方が、われわれにとつて、より一層重要な課題である。(29)

清沢教学を宗門の中核として、そして世界の思想とするためにも、「現代に対応する教学の樹立」、つまり「時代教学」の必要性を主張している。

次に「教化課程の作成」について、「従来一派の教化方法が計画性を欠き、その場しのぎの状態であることに鑑み」て、次のようにまとめられている。

幼少年、青年、婦人、一般に分けて夫々教化課程を作成してゆく予定であるが、さしあたつて、日校子ども会の基本的教案を作成すべく、先般結成を見た大谷派児童教化連盟の全幅的応援を得て目下その原稿の編集を急いでいるので、来春早々には青少年部から発刊されることになるであろう。なお、この教化課程を作成しゆく

上の一つの試みとして編集された、青年のための真宗入門書『自己と社会』が、〈同朋叢書Ⅰ〉として青少年部から出版されたが、青年に与える簡明な仏教書の必要が強く要望されている折柄、各方面に予想外の好評をもつてむかえられている。(30)

清沢教学を基盤にして、「教田の培養」を機能的にするために、訓覇の名において、次のような方策が発表されている。

一、壇上で物品の売買を行うこと
二、節談(ふしだん)の説教を行うことへの注意
三、壇上で芸能まがいの上演を行うことへの注意
四、他流の布教使には特に教務所の許可を得るようにすること
五、門徒に対する布教は必ず住職若しくは組長の選定、若しくは許可を要すること
六、人気を買うため人寄せのためにのみ布教を行うことへの注意
七、本山の誹謗をみだりに行うことへの注意(31)

なお、『教化研究』一六号には、「青年教化の理論と実際及び展望」という特集が組まれている。執筆者とそのタイトルを挙げておこう。

阿部現亮「中学生を対象として」
広小路亨「男子高校生を対象として」
寺本恵真「女子高校生を対象として」
川上清吉「大学生を対象として」

深草淳「仏教青年会を対象として」
渡辺灌水「職場青年を対象として」
仲野良俊「教化の中心課題」[32]

「教田の培養」の方策が、中等教育や、職場においても具体化を目指していることに注目したい。訓覇は、「教化課程」が住職、坊守、門徒を中心とするものであり、さらに門徒の中でも青年、壮年、婦人と分けるという、機能的で具体的な研修方法を検討していた。

第五項　「人材養成」

「人材養成」の方策は、「カリキュラム」と「教師初補者修練」に代表される。

初めに、教化の「武器」の一つである「カリキュラム」については、以下のように述べられている。

これは必須の要件であるに不拘、今日迄これ〔時代教学の樹立とカリキュラム〕を持たなかつたのは、宗団としては、武器なくして、信仰戦線に立向うに等しいのである。非常に困難な問題であるが、各対象別の教程も作製の予定である。この（1）〔時代教学の樹立〕と（2）〔カリキュラムの編集〕の課題が成就すれば、新興宗教、現代思想との対決を明らかにすることができるし、又現下我国の重大問題である青少年教化の対策にも、適切有効な道が開かれることになる。[33]

「時代教学の樹立」については、既に述べた通りである。「カリキュラム」については、激変する社会に対応する教化のために必要であり、蓬茨祖運を中心に作成された。蓬茨によれば、先ず『愚禿鈔』の「賢者の信を聞きて、愚禿が心を顕す。賢者の信は、内に賢にして外は愚なり。愚禿が心は、内に愚にして外は賢なり[34]」を基本にカリキュラムを考え、それによって、「いよいよ自分の愚かなことを知っていく」ことを学習内容とするものであり、もっと言えば、自分が「仏になれるか」ということが、カリキュラムの目的となる、としている[35]。

また、「教師初補者修練」について、次のように述べている。

従来ややもすると、単に形式にのみ流れ去る嫌いがあつたのを、仏法者としての自覚を明らかにし、その決意を固める様、主力を注がんとするものである。そして、その補任式は、御法主の臨場を仰いで、一人々々に授与して、生涯を教法に捧げる出発点を銘記せしめんとするものである。この点を無視して、住職再教育を云々することは、本末転倒である[36]。

これまで形式だけであった修練を、教法の自覚を促す場へと改革された。そのため、多くの修練生に感銘を与える修練に生まれ変わったのである。当時、その修練に参加した北原了義は、次のように回顧する。北原の修練に対する思いはもとより、当時の修練に懸けられた願いも示されているので、長文をいとわず引用する。

昭和三十二年（一九五七年）三月、卒業を前にした学生たちの、最後に残された課程は、教師資格取得のための修練であった。

大谷大学で所定の科目単位を取得すれば、無試験検定合格の制度によって、真宗大谷派の教師資格を取得することができる。しかし検定試験合格者も、無試験検定合格者も、共に科目単位の取得だけではなく、教師修練を終了しなければならない。

卒論面接も終わり、最後の期末試験も終わって、すべてが済んだ、解放された気持ちの学生にとって、教師修練は、うっとうしいものだった。

しかも修練でどんなことをするのか経験がないから、一抹の不安もあった。それで、先輩たちに、修練について尋ねるのだが、修練を終了したものは、すでに卒業して、大学にはいないから、しごく曖昧なことしかわからなかった。

教師修練の募集要項なども、いたって簡単なものだった。

教師修練

期間　九月一日から九月五日まで（五日間）

場所　中央修練道場（合宿）

資格　教師検定合格者

提出書類　願書、履歴書

願書締切　前日

詳細は　教学部へ

これは『真宗』昭和二十七年七月号に掲載された試験検定合格者の教師修練の募集要項であるが、内容についても大雑把なことしかわからなかった。

先輩の話も「詰所に合宿して、本山の掃除をしたり、写経なんかをしたりするんだ」くらいのことでしかなかった。だから修練に参加するときも、消極的な姿勢で、嫌だけれども通過儀礼で仕方がないと、願書を提出した。

昭和三十二年（一九五七年）三月、三十一年度の何回目かの教師修練が開講された。

場所は中央修練道場といっても、今は同朋会館が建っているあたりに、和敬堂という粗末な木造の建て物があって、そこで行われた。

日数も四泊五日が、六泊七日に変わっていた。指導は蓬茨祖運、指導補は一楽典次、幡谷明で実施された。事前に聞いていたように、写経、御影堂後堂の掃除、祖廟・知恩院・六角堂参詣等は確かにあったが、一週間の修練期間中、中心に据えられたものは、午前中の蓬茨祖運の講義、夜の指導、指導補と膝を交えての座談会であった。

講義は、真宗の学的知識ではなく、修練生自身の姿勢を問うものだった。大学で真宗・仏教を知識として学んできたものには、ちんぷんかんぷん、さっぱりわからなかった。座談会も、宗門のあり方や寺院の経営と、兼職せざるを得ない現状などを話し合うことと思っていたが、そんな話題を出しても、その現実を君はどう生きるのかと、問い返される。真宗の教えを、自らの上に聞いているか否かと突き付けられた。

いやいや入った修練道場、しかも慣れない共同生活の一週間が終わって、閉講式を迎えた時には、わからないながらも、聞法に開かれる自覚の道に立つほかないことを知らされ、道場を出る身は明るかった。(37)

「修練生自身の姿勢を問う」、あるいは「聞法に開かれる自覚の道に立つほかないことを知らされ」という言葉に、改革された教師修練の実態を知ることができよう。

当時の修練生の感想文を紹介しておこう。
・昭和二十三年に谷大専門部を卒業して、修練をしていなかつたので、簡単に思つて何の決意もなしにやつてきたが、一週間の修練をかえりみると、今までただ学問的に理論的にだけ、いじりまわしていたのを、はずかしく思うようになつた。(中略)この一週間の修練は生涯忘れられない意義があつたと思う。急に色々の問題を解決する事はできないにしても、何か一つの方向だけでも、つかめたような気がする。(増田昭)

・此の炎暑の中に、指導に当つて下された指導者の方々に心より厚くお礼申し上げます。特に仲野先生は、私が今迄遇うべくして遇う事のできなかつた、真の善知識であると感じます時、何か修練それ自体が如来のなさしめる所では、ないかとありがたく味わわれてなりません。（中略）私がつい最近迄、自己の大問題と考えつつあった、如来の実在の理性的証明という事が、本質を忘れた枝末的派生的問題にすぎないように感ぜられるのである。勿論、如来が実在するか否かという事は、現在の私自身にも、未だ未解決の問題である。然し私の云いたい事は、阿弥陀仏を自己の対象として、眺めている限り、阿弥陀仏は決して信知されないという事である。阿弥陀仏の本質は本願にある。本質とは何ぞや、私自身を救わんとする如来の切なる祈りである。さればその祈りに触れる為には、自己自身を知らなければならない。自己を離れた如来は神話にすぎない。私は自己の疑問を観念に依り、理性的に解決せんとつとめていた。しかしこれは明らかに間違つていた。（百々海怜[38]）

『真宗』には、この他に、九人の修練生の感想文が掲載されているが、そのいずれもが従来の形式的で通過儀礼的な修練には見られなかった感想、たとえば、講師である仲野との出遇いによって味わい得た自己変革の驚き等、生命力溢れるものであった。

一九五七（昭和三二）年四月の『真宗』に、教学部長であった菊地性善は、次のように、修練の意義を述べている。

今日教団について僧侶に対する一般社会からの批判はもとより、門信徒からの批判の声すら聞き、それらをも考えながら深く宗門の憂うべき現状の原因を顧みるならば、その全部を僧侶の責任と受けとり、自ら慚愧して立つの外ない。[39]

宗門の現状を顧みると、宗門挙げての住職再教育の必要性に迫られる。すなわち、「全部を僧侶の責任と受けとり」、そこから「慚愧して立つ」という一点に立って、教師修練は改革されたのである。『真宗』に「指導に当られる方には色々御無理を願つた」と語られるように、金子大榮、仲野良俊、佐々木蓮麿、蓬茨祖運、大橋暁、谷内正順、一楽典次、寺川俊昭、藤本時春、細川行信、幡谷明、平野顕正、大村昭、中野徴、下坂正生ら、当時の宗門を代表する人々が、修練に投入されたのである。

修練の日程は、次の通りである。

修練道場和敬堂に入ると先ずそれぞれ班に分けられ、室がきめられる。各班毎に指導の先生がつく。毎朝六時半起床、清掃、全員一同御内仏勤行、続いて修練生が順番に三・四名、位ずつ、それぞれ五分間位で感話をする。感話の終つたあと指導が批評する。それから晨朝参拝、朝食、九時より講話質疑応答、昼食を終つて一時より声明作法、四時から五時まで隔日毎に写経か山内の清掃五時から昏時勤行、終つて晨朝後と同様感話六時から夕食、六時半から座談会、九時に終つて入浴、十時就寝というのが一日の日課である。(40)

「感話」「座談」などの自己告白は、否応なしに修練生をして自己と対峙させる。そのような自覚を指標とする日課が一週間続けられた。そして、

「自身の安心」自己の主体へ問題の方向が転ぜられ、教師として立つべきところの本当の地盤を一人一人が驚嘆と歓喜と、感謝と使命感とを以て発見されてゆくのをまのあたりにして合掌を禁じ得なかつた。(41)

との感想のように、修練生の中には、「自信教人信の誠を尽くす人物」として誕生する者も生まれたのである。

訓覇自身、この修練について、

将来住職となるべき教師初補修練道場を、今年度から開催した。これの指導は、特に自坊を中心にして、教化の実績を挙げて居られる住職に依頼して、最も具体的現実的な足下からの実践に重点を置いて実施したとこ

ろ、予期以上の成果を挙げることが出来た。少くとも、自信を以つて、将来住職道に邁進し得る喜びを持つて、地方へ帰られたことは、その感想録等によつて、読み取ることが出来るのである。(42)と、修練の改革を評価している。特に留意しなければならないことは、訓覇の修練や研修に対する、次のような見解である。

特に、講師陣に最大の留意が払わるべきであつて、単なる学者と言うよりも、新しい感覚と、自信教人信の熱情の有無が、決定的要素と考えざるを得ない。(43)

「人その人を得るにあらずは出来がたい」との一事こそ、改革を急ぐ宗門にとって必須の条件であった。まさに「講師陣」こそ改革の要諦である。自信教人信の誠を尽くす「人」の誕生を願って、「教田の培養」と「人材養成」が実践されたが、そこには、改革者としての訓覇の強い志願と高い見識があったのである。

第六項　「伝道研修会」

「宗門白書」によって、清沢教学が戦後大谷派宗門の基軸に位置づけられ、その清沢教学に拠って立つさまざまな研修会が、新設あるいは改善された。その研修会の中で特に注目すべきものが、一九五六（昭和三一）年に始められた「伝道研修会」と「同朋壮年研修会」であった。

先ず「伝道研修会」については、不破仁と立野義正の、自らの体験を踏まえての報告(44)によって、まとめておきたい。

布教使の養成のための研修会である「伝道研修会」（「伝研」）は、一九五六（昭和三一）年一一月一〇日から二

○日までの日程で始められた。「伝研」以前は、「伝道講習会」（伝講）[45]が行われていた。「伝講」では、募集要項に「大谷派教師にして特に教化伝道を志す者」[46]とあるように、たとえば布教内容、声の出し方、立ち居振る舞い、目線の位置などの布教術を具体的に教えることが中心であった。しかし、『宗門白書』によって、宗門の立脚地が清沢教学に定められたことにより、布教使養成機関が「伝道研修会」（「伝研」）に移行し、それによって参加資格も、今までの「教化伝道を志す者」から「伝道に志す者」となった。[47]すなわち、「伝研」では、布教方法よりも、先ず以て自分自身が求道し、親鸞の教えに生きること、つまり親鸞の教えを「実験」し「自覚」するところに、基本方針が見定められたと見られまいか。布教とは、布教使が方法を駆使することではなく、むしろ自分自身が、「自信教人信」の誠を尽くす人物となることである。したがって、「自信教人信」の実践、もっと言えば、布教使の「自信」、つまり自己を知ることにおいて、はじめて「教人信」、つまり教化が成り立つ。すなわち、清沢教学に「伝研」の基本が置かれたと言ってよい。

この「伝研」について、『教化研究』一六号に次のように報告されている。

去る十一月十日から二十日まで本年度第一回伝道研修会を、従来の伝道講習会に代るものとして新しい構想のもとに開いた。テキストに去る六月宗務所発行の『真宗の要旨』を使用し、人間、本願、念仏、信心、生活の五項目を中心に、金子大榮、大河内了悟、蓬茨祖運の三師から講義を、武宮礼一、佐々木蓮磨、仲野良俊の三師から研修指導を受け、高倉会館、常盤会館に於ける連日の実習と相まつて、まことに感銘の深い研修会に終始することができた。[48]

第一回目の参加者は三六名、テキストは『真宗の要旨』であった。十日間の日程で、本廟晨朝参拝から始まり、九時から二一時まで講義、攻究、実習、座談という日課であった。「伝研」の修了者は、一九六二（昭和三七）年までおよそ五〇〇名であった。

「伝研」は、一九五七（昭和三二）年以降は年四回、それぞれ四〇名を募集して開催、さらに二年後の一九五九（昭和三四）年からは地方でも開かれた。一九五八（昭和三三）年には伝道講究所[49]が発足したが、伝研もそれと並行して行われ、一九七四（昭和四九）年まで続けられた。

留意しなければならないことは、「伝研」の参加者には、聞即信による「自覚」が求められたが、それは往々にして「体験主義」に陥る危険性がある、ということである。そして、その危険性を防ぐには、明確な教化システムが必要であり、その教化システムに身を投じたのが、後に教学研究所所長となる蓬茨であった。教化は、信心によるべきなのか、それとも技術なのか。そういう課題を担いつつ、蓬茨は、信獲得を教学に照らし仏道として明確にすべきことを、すなわち、「真宗カリキュラム」に基づく実践教学の必要性を訴えた。蓬茨の見解を見よう。

〔伝道研修会が〕一回開かれて、第二回、第三回と参るようになり、集った人びとが合宿しつつ、相互にいろいろと意見をたたかわすのですが、そこにはやはり教学という問題がございます。いわゆる信心と布教ということでございますね。信心がなければ布教などしてもどうにもならん。信心がなければ布教にならぬとなれば、いつになったら布教ができるのかというような、いろいろな議論があったもんですね。信心がなくても布教はせんならん。信心がなくては何の布教になるのかという議論がたたかわされたわけですね。それほど、布教ということは技術が主でございますね。ですから技術的にやればできるということがございます。しかし、それがまた批判を受けるわけですね。やはり信心というものが生命だから、これがない以上は布教という意味をなさんという議論がたえずありまして、それから一つの伝道研修会という名前のもとに一つの雰囲気が出てきたようでございます。（中略）伝研というものは、何か恐ろしいところだというウワサがたちまして、一種の空気というものが生まれてきました。そこへもってきて、同時に、宮谷内局に対する非難、訓覇局長についての批判ということがございましたね。同時に、真人社というのがございまして、「真人」という雑誌を発行しておったただけのことでしたけれども、これが政治的に波紋を加えましてね。そういうような空気で、いわゆる教化研究所というものの意味を少しかえたわけでございます[50]。

「信心というものが生命だから、これがない以上は布教という意味をなさん」という立場は、宮谷や訓覇、ひいては真人社の立場であり、それに対して、「何か恐ろしいところだというウワサ」がたったとしている。そういう状況において、蓬茨は、信心に基づく教化を教学的課題として、つまり『愚禿鈔』に親鸞のカリキュラムの原点を見定めたことは、すでに述べた。

そして、この「カリキュラム」の特徴としては、「教えるものと教えられるものとが別人でない[51]」ところにあり、したがって教化とは、住職も門徒も共に「愚」に帰る、つまり共に信に生きるというところに成り立つ、というのが蓬茨の見解であったと思われる。

ともかく、当時の信心大事を訴える宮谷や訓覇を危険視する「雰囲気」の中で「伝研」が発足し、また教化研究所も教学研究所に変更されたのである。

「伝研」に参加した人たちの感想を聞こう。

・今までの一切の全自己の問題がすつかり解消して、日々新らたに、日々脱皮して、念ぜしめる法がいよいよ明らかになつたことは、生きる喜び、楽しみをいただけ、自己を場所とする新らたな願いに勇気づけられた。（御笹万隆）

・やりきれない生活から逃れようと思つて参加しました。本当に来てよかつたという感慨のほかありません。

ぼくの周囲の先輩には立派に仏法が生きている、と感じました。そして教えられましたことは、もう一辺じっくりと聖教をよみ返してみようということでした。「俺には俺の人生があるんだ」と聖教よみつつ抵抗していた自分に、又一つの新しい眼差がさして来たように思われます。（竹石正）

・初めて会に参加して、諸講師の真の求道者に会い、解学のみに自己満足していたことに恥じ入りました。「辺地懈慢ニトドマリ、仏恩報ズルココロナキ」自己の実相を深く反省いたしました。（森田法光）[52]

「伝研」はこのように、受講者に自己変革を迫り、そして生命力溢れるものであった。

この項を終えるに当たって、訓覇の「伝研」に寄せる願いを確認しておく。

今年から教化研究所に委嘱して、三回実施の伝道研修会も、前途有為の青壮年諸氏に、宗門に対する絶望感を一変せしめ、地方において、独力で立上る程の気魄を醸し出し、却って当事者に感激と驚嘆とを与えられた。出来得れば、これに応えて、常設的に開催致し度い意欲に燃え立たしめられて居る実状である。これは、伝道研修会とは言うものの、先ず伝道の基盤となるべき聞法に重点を置いたことと、教師修練道場と同様、その指導者の人選に甚深の配慮をした結果でないかと思われる。近年、地方大学出身の宗門人が、急激に増加する傾向からも、これ等の諸君の宗門人教育の場としても、その意義の重大さを加えて来るものと思われる。[53]

訓覇が、「人材養成」機関として「伝研」に寄せていた期待の大きさを、知ることができよう。

なお、「伝研」の講師としては、たとえば第三回では、曾我量深、金子大榮、稲葉道意、岩見護、大河内了悟、蓬茨祖運、仲野良俊という顔ぶれであった。

第七項　「同朋壮年研修会」

「伝研」開催と同時期の一九五六（昭和三一）年一〇月から「同朋壮年研修会」が始められた。それについて、柘植闡英は、次のように述べている。

> 〔宮谷〕総長は、「あなた達は、色々の研修会をやるが、門徒総代の研修をなぜせぬのか。門徒総代と寺とが念仏でつながらなかったら、教団はたたぬ。御遠忌もつとまらん。総代の研修をしなさい」。この言葉によって生まれたのが、同朋壮年研修会である。己、今、当の総代を包んで、〝同朋壮年〟と称せられた。これを聞いた総長は、「お前さん達は、ハイカラなことを言う。門徒総代研修のどこが悪いか」と、ご機嫌ななめであったが、この時分から同朋壮年研修会が開かれるようになった。この研修を実施しながらわかったことは、門徒とは言いながら、聖人の教えに縁の遠い壮年が、聖人の教えを聞いて今更の如く感動して、教団の中核として背負う人が多々生れるという、意味のある研修で、同朋会発足と共に、推進員制度が出来る母胎にもなる研修であった[54]。

門徒と寺とが念仏でつながりを築くところに、同朋壮年研修会の目的があった。忘れてならないことは、そのような研修を受けた「同朋壮年」が、一九六二（昭和三七）年から始まる同朋会運動を担ったという事実である。

そして、親鸞聖人七百回御遠忌を目前にした一九六〇（昭和三五）年九月、同朋壮年会幹部研修会が開かれた。参加者は四四名、職業は住職、大学教授、医師、農商業などさまざまで、講師は仲野良俊、藤島達朗、両瀬正雄、蓬茨祖運であった。参加者の声を聞こう。

・在家の熱烈な信者に接して、僧侶間にあり勝ちな安易な自己満足を少しも許すことの出来ない厳粛な時を過したことを生涯を通じての尊い体験となった。自らを明らかにすることの一点に仏法のすべてがかかっている。この一点に聞法の酷しさが痛感された。(住職)
・今日まで自然科学の面にのみ専念し、宗教について考える機会を殆んどもたなかった自分には、法を聞きながら、静かに内省し、高遠な教理の一端にふれることが出来、法の世界に魅力を感じるに至ったことは大きな収穫であったと思う。只漠然ともっていた宗教についての疑問で明かにされた点も多いが、法話を通じて考えるべき問題を数多く与えられたことは貴重な土産であると思う。これが自分の将来の生活にどのように影響して来るかを眺めたいと思うと共に、立派に生活の中に生かして行きたいと念願する。話を承る毎に自分の無知無力を痛感する。物言えば唇寒し!!(大学教授)(55)
いずれの感想にも、参加者が仏道を求めるのに意欲的なことが分かる。当時の御遠忌に向けてのエネルギーが感じ取れよう。

そして、親鸞聖人七百回御遠忌が厳修される直前の一九六一(昭和三六)年三月八、九日の両日、「同朋壮年研修会」の集大成である「同朋壮年全国大会」が、同朋会館を会場に開かれた。テーマは「親鸞の教えと生活実践」、参加者は二〇〇名であった。

大会は、はじめに宮谷総長の熱のこもった四〇分に及ぶ挨拶、続いて米沢英雄による「現代を行く親鸞の道」を題目とする記念講演会が開催された。講演の要旨は、「念仏により仏から与えられる人間らしい位、それを菩薩といい、菩薩で作られた社会、これを教法社会という。そして教法社会の建設こそ同朋壮年の目標であります」というものであり、それに参加した柘植は、「満堂の壮年にはわきたつばかりの感動を与えた」と報告している。親鸞聖人七百回御遠忌に向けて、教団は大いに盛り上がった。

さらに、総合協議会では、「我々は壮年研修会において、親鸞聖人の教えられる浄土真宗をはじめて聞いた。我々は門徒と言いながら、聖人の教えに耳を傾けず、それでいて自分なりに間違って了解していた。こういう教えであることは知らなかった。今日壮年は悩んでいる。門徒でありながら、こういう教えに遇う御縁がないことは悲しいことと思う。幸い御遠忌の記念事業として、御遠忌の終わったところを始めとして、聖人の教えに御縁の結ばれる運動をおこすことが、御遠忌に参加した我々の責任であり使命でないか」との壮年の発言を受けて、次のような「宣言」と「決議」が発表された。

宣　言

時まさに親鸞聖人七百回大遠忌を目前にして、同朋壮年全国大会を挙行された事の意義の深さを痛感す。
今ここに我等壮年は混迷の時代、苦悩の中に親鸞の教えを実践し、以って人類課題の解明、百万門徒の推進力たらんことを期す。

昭和三十六年三月九日
同朋壮年全国大会参加者一同

決　議

今大会を通して同朋壮年の我等は、ここに全国一致して親鸞の教えを実践するため、全国的組織を結成することを決議す。

昭和三十六年三月九日
同朋壮年全国大会参加者一同(56)

この「宣言」と「決議」を受けて、宮谷総長は閉会式の場で、「皆さんの願いはよくわかった。こんなうれしいことはない。これは皆さんだけの発言でないと思う。ここまで浄土真宗を伝えて下さった伝統の発遣と私はうけとる。そういう重さと深さを感ずる。御遠忌をはじまりとして、この念願を実現することが、御遠忌に参加した私共の責任である。このことに全力を挙げたい。その時は皆さんの自主的な参加をお願いする」との決意表明が行われ、そのような熱誠の中、「全国大会」は大成功であった。その成功を受けて、栢植は、この全国大会をもって「同朋会運動を発足させずにおれぬはじめを開くような意味をもった大会になった」と述べている。

さらに栢植は、蓬茨の、

十年間にわたってなされた同朋生活運動、教師修練、住職研修、青少年研修、伝道研修、本廟奉仕にはじまった門徒研修、僧俗研修等、このような動きから、同朋会設立のひめやかな願いが次第に形をなしはじめ、明らかな声として要望されたのは御法要直前の全国同朋壮年大会の時でありました。こうした同朋の声には、言う人自身もはかり得ない深い願いがあったのであります。それは、敗戦にたたきつけられ世界最初の原爆をうけて、やっと気がついた「人類根元の願い」であります。人類根元の願いは、また人類共通の願いであります。島国の中の永い封建社会にとぢこめられて、そのことを思ってもみず、眠りこけていた私達が、原爆戦争という怪物の夢魔に夢驚ろかされている問題の世紀に、この度の勝縁を迎えたのでありました。何ぞしらん、その宗祖の教えこそ人類共通の願いを明らかにされたものであったとは、最も眠りこけていた私達が、夢より目ざめて立ち上がることは、誰人が立ち上がるよりも大きな出来事となるのであります。(57)

という言葉をもって、当時の信仰の盛り上がりを伝えている。

その他、同朋生活運動の中央講習会を改善して、三月には「派内教職者講習会」、四月には「婦人講習会」、五月には「坊守講習会」などが開かれている。すべてが親鸞聖人七百回御遠忌にと集中された講習会であった。

第八項　『宗門白書』と現実社会

『宗門白書』に対する軋轢を、清沢と出遇ったという一点で乗り切った宮谷は、一九五七（昭和三二）年一〇月の第五十七回臨時宗議会で、多数をしめる野党による不信任案を巧みに乗り切り、一一月の第五十八回臨時宗議会で解散を断行、その後の宗議会議員総選挙によって与党絶対多数を獲得した。そして一九五八（昭和三三）年二月に第三次内局が発足し、訓覇は参務教学局長に再任された。

宮谷は、同年六月の第六十回定期宗議会での一般施政方針の演説で、親鸞聖人七百回御遠忌を「真宗再興」の勝縁とするために宗門が一体となって大道に立つ必要性を、次のように訴えている。

どうしても、宗門人全体が、全精神をこめて、大奮起をするという姿にならなければ、聖人に対して本当に申訳のないことになる。何としても、宗門全体が奮い起つて、御遠忌の真義が、宗門のすみずみにまで徹底して、聖人の御考えが生きて動くようになつて、御遠忌が迎えられなくてはならない。御遠忌を迎える宗門の大勢はこの意味で、いよいよ最終的な実動期に入つた。来るべき昭和三十三年度の動きに、いささかでもゆるみがあつたならば、それこそ、御遠忌の態勢が崩壊するような、とりかえしのつかぬことになると覚悟しております。（中略）御遠忌をして真に宗門再興の勝縁たらしめるということでなければならないと思います。（中略）各位におかれても、当局がどうとかこうとかいうんでなしに、当局も裸になりますから、皆様がたにも本当に御遠忌のためには万全を期するというお考えで御協力を願いたい。(58)

このような熱を込めた願いをもって発表された所信表明をまとめると、以下のようになる。

（1）御巡化を中軸としての御遠忌趣旨の宣揚。

（2）各層、各階にわたる研修会の実施。
（3）本廟奉仕や各種研修の拡充のための同朋会館の建設。
（4）大谷大学図書館建設や大谷専修学院の充実による学事の振興。
（5）宗門子弟教育の充実を期した教育財団の設立。
（6）綜合的な研究調査を伴った実践教学樹立のための中枢機関としての教化研究所の改組拡充。つまり、教学研究所の設置。
（7）相続講精神の伝統を真に活かした財務の改新。
（8）不慮の災害や住職の疾病病死、その他の事由によって苦境に迫られた寺院教会に対する共済機関の設置。
（9）旧来の陋習を払拭するための宗門事務の刷新。

この宮谷の施政方針を受けて、宮地義亮は、「隘路」となっている宗門の現状の打開策について、特に、「現代社会によく適応性をもった教学」に対する総長姿勢を、次のような視点で質している。

（一）教団の社会性とそれを深めるための「教化」について。つまり蓮如四百五十回御遠忌時に教区に伝えられたテーマ「真宗と社会性」が、七百回御遠忌にどのように生かされているかという視点。
（二）教団の実体調査と現状分析。
（三）総長の責任について。
（四）時代相応の教学、あるいは現代社会に適応性を持った生産的教学の樹立。
（五）大都市周辺の小サラリーマン階級に、教学実践の手がうたれているか。
（六）教学のテーマについて[59]。

このような具体的な質問に、宮谷は、

この一切の隘路を打開するということは、申すまでもなく私は世界無比といいますか、「万斛の極宗」といいまた「至上の宗教」と仰せになつた親鸞聖人の仰せが、この教団のすみずみまで徹底すべく全力をこめるという以外私は道はない[60]

との熱意をもって答弁し、さらに、

一万の末寺住職、また百万の門徒の方々が、この教法に眼を開くという形にならんということには、いつまで経つても、やつては壊れやつては壊れるというような、つまり賽の河原の結果をみると思います[61]。

と、総長就任以来実施してきた教学に基づく研修、つまり住職の研修、青少年部の研修、坊守の研修、門徒の研修以外に別の道なきことを述べている。続けて、

「宗門の危機は社会性を欠いているからだ」と、この御質問も御尤もでその通りであります。（中略）個人の宗教というようなことのみにとどまるべきものでなくして、どうしても宗団というものは如来の本願の大きな御旨を体して、そして所謂如来の本願力の悉く現われるようにすべきが当然であるということは申すまでもありません。私はこの言葉よりほかありません[62]

と、宗門の社会性が、宗門人の如来の本願の体解するところに成り立つとしている。施策よりも「如来の本願」に立とうとする宮谷に、清沢教学をもって宗政を担おうとする責任者としての姿勢を窺うことができよう。

教学局長の訓覇も、

教学の貧困ということが生産性を欠いているという御質問はまことにその通りであります。それにはいろいろの原因があるんでありましょうが、私は一つだけ申し上げまして答弁に代えたいと思います。それは宗教概念

の大きな変革といいますか、そういうことが、いま明瞭にさせねばならん時が来ておるのであります[63]。

と、格調高く、近代日本における「宗教概念」の変革を掲げて答弁する。すなわち、

神と人間との関係が宗教であると、こういう西洋の伝統的な宗教の考え方、そういう宗教的の時代は終つたんだ。もしそういうものが宗教であるならば近代の始まつた時に人類の歴史から宗教の時代というものは永遠に終つたんだということが一つ明瞭になりまするならば、われわれ仏教は現代において果すべき役割が自然に明瞭に浮び上つてくると思うんであります[64]。

と、現代の時代的混迷を鑑みれば、我々が普通に懐いている宗教概念、つまり「神と人間の関係」に立つ宗教概念がすでに終焉を迎えており、それに対して、仏教の果たすべき役割は次第に明瞭になるとしている。すなわち訓覇は、現代社会では、人間存在や心の構造を根源的に解明する「仏教教学の生産的な面が力強く明瞭になつて[65]」きており、したがって、仏教こそが人類の苦悩に応え得るのであり、その仏教を「神と人間の関係」というヨーロッパの宗教概念と混同すれば、たちまち教団の社会的使命は低下すると指摘する。訓覇は、真宗が明確な自覚教であることをもって、現代社会の課題に積極的に関わることを訴えるのである。

また、大都市周辺のサラリーマンに対する教化について、

一番大事なわれわれの教団の拠点でありますす寺院を構成しておりますものでさえ、充分本当の僧伽を形成していない状態でありますので、私ども何よりもまず拠点としての寺院が本当に本来の教法中心の姿に、この本来性を回復するということに、目下教学といたしましては甚だ微力ではありますけれども、そういう方向に方策を進めておりますす時であります[66]。

と、教化の拠点である寺院が、先ずは「僧伽」を回復すべきことを主張する。そして、

まず寺院から一つ教団の自己否定に終つております寺院の今日の姿を改めて、もう一ぺん自己否定いたしまして、本当の教団の本来性に立返つていただくという一点に力を注いでおりまするし、またいこうとしおる実状でございます(67)

と、全国に散在する寺院の「自己否定」の徹底による「僧伽」の形成を、強く訴えるのである。

以上のような訓覇の主張を要約すれば、教団が「真宗再興」を実践するには、西洋的な「神と人間の関係」という宗教概念を脱し、徹底した「自己否定」に立脚する教法の開顕が必要である、ということになろう。「自己否定」の教法を実践することで、寺院は本願念仏の仏道に立ち、それによって「僧伽」としての使命を果たすことができる。寺院の使命とは「人」の誕生であることは、言うまでもなかろう。ここに寺院の社会的課題がある。寺院は元来、十方衆生に開かれた「僧伽」であったのである。

次いで、藤島良円は、「教育財団」(育英財団)の設立に関して、宗門の学事を担う大谷大学のあり方を問うているが(68)、それに対して、訓覇は、大谷大学を「宗門と安危を共にする」大学と位置づけ、次のように答弁する。

宗門というものは、それは法を中心にして動かなければならないけれども、宗門を運営しているものは人間でありますから、やはりそこには腐敗もあれば堕落もある。方向喪失もある。その宗門の方向喪失に対して厳正なる批判をし、それにその誤りに正しい方向を与えるという使命を大学がもつことである。そのために宗門は、乏しい予算を割いて自己の方向喪失を防ぐために、自己の中自己を否定するものとしての大学をもつているんだ。それが私は宗門大学としての大谷大学の使命でなければならん、かように考えております(69)

訓覇は、教学によって宗門を正しく導くところに大谷大学の使命と役割がある、と主張するのである。

第九項　教学研究所―精神主義の実践

一九五八（昭和三三）年七月、「教化研究所」に代わって「教学研究所」が設立された。この「教化」から「教学」への変化に注目しなければならない。

はじめに、「教化研究所」について確認しておく。

教化研究所の歴史は古く、一九三七（昭和一二）年一一月に関根仁応内局のもとで、次のような趣旨で発足した。

　宗門ノ教化ニ関シ須要ナル資料ノ調査研究ノ為(70)

その教化研究所の初代所長には稲葉道意が就任した。また、翌年の『真宗』には、

　現内局が企図する教学刷新の具体的顕現の一たる教化研究所開設(71)

とあるが、そのように、教化のための教学刷新を基本とするものであった。

その後、一九四〇（昭和一五）年一一月には、教化研究所は「教化研究院」と改められ、常設伝道者養成機関としての役目を担い、戦後に入り、一九五一（昭和二六）年七月、暁烏内局のもとで、再び「教化研究所」が設置された。当時を顧みれば、参務・教学局長の稲葉道意によって、先ず「一派教学の構想(72)」が発表され、それに基づいて七月に「教化研究所条例(73)」が制定された。その第一条を見てみよう。

　教化研究所は、教化伝道に関する須要な事項を調査し、研究し、若しくは実習して、浄土真宗の教法を顕揚するを目的とする。(74)

このように、教法の顕揚を目的として設置されたのが「教化研究所」であり、二年後の一九五三（昭和二八）年

には『教化研究』が創刊された。当時教化研究所所長の谷内正順は、その創刊号の巻頭に、次のように述べている。

信ずるは力なりと云ふ言葉がある。自分が真宗教徒として、最も自分にとつて欠くべからざる緊要のことは、自分が真宗の教法を本当に力強く、いきいきとはつきり信ずると云うことである。（中略）常にいきいきと、力強く自分の生活の上に此の信力がはたらいてこそ信ぜられたと云えるのである。[75]

「自分の生活の上」に「信力」を確かめて生きる、ここに清沢満之の伝統を見ることができよう。そして、一九五六（昭和三一）年四月、その伝統を深く湛えた『宗門白書』が発表されており、それ以来、宗政宗務の全体が、清沢教学によって貫かれることになったことは、すでに確認した通りである。

そして、このような経緯を経て、一九五八（昭和三三）年七月、宮谷内局によって、「教化研究所」が「教学研究所」として改められたのである。その「教学研究所条例」の第一条に、次のように記されている。

教学研究所は、真宗教学を研究し、必要な調査及び編纂を行い並びに人材の育成をはかり、もつて本派の教化活動に資することを目的とする。[76]

「教化研究所」から「教学研究所」に改められた趣旨を、それぞれの「条例」の第一条を比較して確認すれば、教化研究所の「条令」が「教化によって教学を顕揚する」とあるのに対して、教学研究所では「教学が教化に資する」となっている。すなわち、教学研究所では、教化によって教学を広めるのではなく、教学をもって教化の基盤と位置付けたのである。「教学研究所」設置に関する『真宗』の見解を見てみよう。

厳密に考えるならば宗教的に言つて、凡そ人間が人を教えるということは出来ないことである。言わば資格がない、悲しいことであるが無資格者である。同時に又人間が人間の言うことを聞くということは考えられぬ。

自分の考えに合せるか、都合がよいから聞くか、力によって屈服するか、妥協するかいづれかであって、本当に肯くということはない。人間を真に肯かしめるものは教えだけであろう。（中略）教えを頂けば頂いた教えが教えの用きとして他に伝わる。それを教化というのであろう。深く教えを頂いたものだけが、深く教法を伝え得る。こういう意味で教化は根本的には教学なのである。(77)

教化において「無資格者」であるとの自覚者のみが、教法を他に伝えることができる、としている。本願力に頷いた者のみが、その本願力を他に教化できるのである。教化とは自覚であり、その意味で教学は教化の基盤でなければならない。次のように続けている。

教化研究所が教学研究所と改称されたのは、決して一般大衆に通じない難しいことを研究しようというのではなくて、教化の根本にかえることであり、それによって従来教化といわれて来たものを生きたもの、本当の教化たらしめるという願いからに他ならぬ。言いかえれば教団全体を如来の教法の用かれる場所にしよう、こういう願いの実現なのである。(78)

教化は「如来の教法」に導かれたものでなければならない。このように教学研究所と名称を変更することで、教化の根本に帰る。すなわち、教団が、教学に立脚すべきことを訴えるのである。教団を如来に返す。ここに、教団は教化の場としての機能を果たすものとなると言えよう。

教学研究所の事業内容については、「教学研究所条例」第三条に、「一、研究」、「二、調査」、「三、編集」、「四、研修」の四部門の設置が制定されている。はじめに「一、研究」については、

教団の実践は教学にある。(79)

と位置づけ、

如来の教法がそこにおいて頂かれ深められて行く、それが取りも直さず教団の実践である。[80]
と述べている。そして、

現代の思想と対決し南無阿弥陀仏こそ真実であることを証明しなければならぬ。それによつて始めて教団は世の中が如何に動いていようとどんな形になろうと「滅度あり」ということを現代の社会に高く挙げてその使命を果し、人間の根源的要求に答え得るものになることが出来るであろう。[81]

と、「必至滅度」をもって、換言すれば、現生正定聚をもって、現代社会の課題に応えることが教団の使命であり、それはまた「人間の根源的要求」に応えるものであると主張する。

研究組織としては、「基礎研究」と「実践研究」の二部構成であり、その「基礎研究」は、「教法の研究」、「思想の研究」、「社会事象の研究」の三部門に、また「実践研究」は、「教程研究」、「組織運営の研究」の二部に分けられている。特に注目すべき研究としては、如何に教法を効果的に伝えるかという「教程研究」であろう。当時の教団が、如何に実践的であったかを窺えよう。そして、その「教程研究」をまとめたものが、『教化備要』であった。

「一、調査」については、

教団内部の、更には現実社会の正しい認識を得るため[82]

としている。教化を有効にするためには、教団内部や現代社会に対する正確な「調査」が必要とされたのである。

「三、編集」については、『教化研究』と『家庭通信』の二本柱があった。

先ず『教化研究』については、

現代生活者と接触点を見い出し、そこから教法を語ること、それはなかなか困難なことだ。何故なら、現代人の鋭い知性は決して仏教に対して同情的でないからである。それなら、もし現代人に教法を伝える一点があるとするなら……。

それは、現代社会に生きる人々が問題としていることを、教化者が自身の問題として、それに肉体をぶちあて話す以外にないのだろう。[83]

と述べられている。「現代社会に生きる人々が問題としていることを、教化者が自身の問題として、それに肉体をぶちあてて話す」とは、実に明確な教化法でなかろうか。

また『家庭通信』は、寺院と門信徒を毎月一回直接に結ぶことを目的として始められた。

その他、教化資料として、スライドや教化テープの作成、また、『自己と社会』、『仏教をめぐる対話』、『女人成仏』、『真宗同朋聖典』、『真宗生活読本』、『家庭法話集』、『児童教案集』、『同朋生活運動シリーズ』、『清沢満之の研究』等の多岐にわたって出版されたのである。

「四、研修」の柱は、前述した「伝研」であり、同時に「伝道講究所」も始められた。「伝研」は、大谷派有教師者の研修の場として、年四回各回四〇名を募集された。また「伝講」も、「各地の講習会の講師」となるべき人を養成する場として続けられ、当初は年一回、期間三か月、一期一〇名の募集であった。だが、一九六三（昭和三八）年から一九六六（昭和四一）年まで休止、一九六九（昭和四四）年まで八回開催された。

註

（1）「宮谷法含氏に猛省を促す(1)」『中外日報』一九五六（昭和三一）年六月一九日
（2）「清沢満之先生（三）」『教化研究』一八号、一九五七（昭和三二）年八月、七二頁
（3）「清沢満之先生（三）」『教化研究』一八号、一九五七（昭和三二）年八月、七〇〜七一頁
（4）「寺院―教化の拠点」『真宗』一九五七（昭和三二）年五月、三頁

(5) 訓覇信雄「青少年部新設さる」『真宗』一九五六(昭和三一)年三月、二五頁
(6)『真宗』一九五六(昭和三一)年五月、一五頁
(7)『真宗』一九五六(昭和三一)年五月、一五頁
(8)『真宗』一九五六(昭和三一)年五月、一七頁
(9)「青少年教化の回顧と展望」『真宗』一九五七(昭和三二)年二月、三六頁
(10)「青少年教化の回顧と展望」『真宗』一九五七(昭和三二)年二月、三六頁
(11)「青少年教化の回顧と展望」『真宗』一九五七(昭和三二)年二月、三六頁
(12)「青少年教化のこと」『教化研究』一六号、一九五六(昭和三一)年一二月、六四頁
(13)「青少年教化のこと」『教化研究』一六号、一九五六(昭和三一)年一二月、六四頁
(14)「僧伽形成への第一歩」『真宗』一九五六(昭和三一)年九月、三~四頁(取意)
(15)「御親教複演」『真宗』一九五六(昭和三一)年一〇月、四頁
(16)「『宗門白書』に応えて　清沢教学の解明　東本教研が最高スタッフで」『中外日報』一九五六(昭和三一)年一〇月一二日
(17)「研究所雑記」『教化研究』一六号、一九五六(昭和三一)年一二月、六七頁(取意)
(18)「研究所雑記」『教化研究』一六号、一九五六(昭和三一)年一二月、六七頁
(19)「研究所雑記」『教化研究』一六号、一九五六(昭和三一)年一二月、六七頁
(20)「研究所雑記」『教化研究』一六号、一九五六(昭和三一)年一二月、六七頁
(21)「清沢満之先生」(一)『教化研究』一六号、一九五六(昭和三一)年一二月、五四頁
(22)「臘扇堂に詣でて新たに清沢先生を憶う」『真人』七三号、一九五四(昭和二九)年一一月、二頁
(23)「清沢満之先生」(一)『教化研究』一六号、一九五六(昭和三一)年一二月、五九頁
(24)「清沢満之先生」(一)『教化研究』一六号、一九五六(昭和三一)年一二月、五七頁
(25)「清沢満之先生」(一)『教化研究』一六号、一九五六(昭和三一)年一二月、六二頁
(26)「清沢満之先生」(一)『教化研究』一六号、一九五六(昭和三一)年一二月、六二頁
(27)「清沢満之先生」(一)『教化研究』一六号、一九五六(昭和三一)年一二月、六二~六三頁
(28)『真宗』(四・五合併号)一九五五(昭和三〇)年五月、三〇頁

(29)「あとがき」『清沢満之の研究』、一～二頁、教化研究所
(30)「研究所雑記」『教化研究』一六号、一九五六（昭和三一）年一二月。文中の「青少年部から出版される」とは、『児童教案集』〈日校・子ども会のための〉宗教性三〇項目　倫理性三三項目　社会性一九項目　行事、仏教知識篇二八項目（『教化研究』一七号広告）のことである。
(31)『中外日報』一九五六（昭和三一）年一〇月七日
(32)『教化研究』一六号、一九五六（昭和三一）年一二月、目次
(33)「僧伽形成への第一歩」『真宗』一九五六（昭和三一）年九月、三頁
(34)『愚禿鈔』真宗聖典、四二三頁、真宗大谷派宗務所出版部
(35)「真宗カリキュラム―『基礎の原案』について―」『蓬茨祖運選集』一三巻、二三～二五頁、文栄堂
(36)「僧伽形成への第一歩」『真宗』一九五六（昭和三一）年九月
(37)「僧伽形成の人材養成」『訓覇信雄論集』三巻、二八七～二八九頁、法藏館
(38)「教師初補者修練感想」『真宗』一九五六（昭和三一）年九月、一三頁
(39)「卒業生教師初補の修練について」『真宗』一九五七（昭和三二）年四月、四頁
(40)「卒業生教師初補の修練について」『真宗』一九五七（昭和三二）年四月、四頁
(41)「卒業生教師初補の修練について」『真宗』一九五七（昭和三二）年四月、四頁
(42)「寺院」『真宗』一九五七（昭和三二）年五月、三頁
(43)「寺院」『真宗』一九五七（昭和三二）年五月、三頁
(44)『訓覇信雄論集』三巻、二六九～二八五頁、法藏館
(45)一九五二（昭和二七）年一〇月二七日に第一回が和敬堂で行われた。
(46)『真宗』一九五六（昭和三一）年四月、二五頁、一九五八（昭和三三）年三月、三七頁
(47)『真宗』一九五六（昭和三一）年四月、二五頁。一九五八（昭和三三）年三月、三七頁
(48)「研究所雑記」『教化研究』一六号、一九五六（昭和三一）年一二月、六八頁
(49)谷内正順所長…一九五八（昭和三三）年発足。一九六三（昭和三八）年～一九六六（昭和四一）年までの休止をはさんで一九六九（昭和四四）年合わせて八回開催される。その後再び休止するが昭和六一年に再々開される。
(50)「真宗カリキュラム―『基礎の原案』について―第一講」『蓬茨祖運選集』一三巻、五頁、文栄堂

(51)「『真宗カリキュラム』の精神」『蓬茨祖運選集』一三巻、四三七頁、文栄堂
(52)「伝道研修会に参加して」『真宗』一九五七（昭和三二）年四月、二八頁
(53)「寺院　教化の拠点」『真宗』一九五七（昭和三二）年五月、三頁
(54)「同朋会運動の源流をたずねて（1）」『真宗』一九八一（昭和五六）年六月、二二頁
(55)「同朋壮年会幹部研修会」『真宗』一九六〇（昭和三五）年一一月、二〇頁
(56)柘植闡英「同朋会運動の源流をたずねて」（2）『真宗』一九八一（昭和五六）年七月、五七頁
(57)柘植闡英「同朋会運動の源流をたずねて」（2）『真宗』一九八一（昭和五六）年七月、五七頁
(58)「第六十回定期宗議会議事録（抄）1」『真宗』一九五八（昭和三三）年七月、九〜一〇頁
(59)「第六十回定期宗議会議事録（抄）3」『真宗』一九五八（昭和三三）年一二月、一九〜二一頁
(60)「第六十回定期宗議会議事録（抄）3」『真宗』一九五八（昭和三三）年一二月、二一頁
(61)「第六十回定期宗議会議事録（抄）3」『真宗』一九五八（昭和三三）年一二月、二一頁
(62)「第六十回定期宗議会議事録（抄）3」『真宗』一九五八（昭和三三）年一二月、二一〜二二頁
(63)「第六十回定期宗議会議事録（抄）3」『真宗』一九五八（昭和三三）年一二月、二三頁
(64)「第六十回定期宗議会議事録（抄）3」『真宗』一九五八（昭和三三）年一二月、二三頁
(65)「第六十回定期宗議会議事録（抄）3」『真宗』一九五八（昭和三三）年一二月、二三頁
(66)「第六十回定期宗議会議事録（抄）3」『真宗』一九五八（昭和三三）年一二月、二三頁
(67)『真宗』一九五八（昭和三三）年一二月、二二〜二三頁
(68)『真宗』一九五八（昭和三三）年一二月、二三頁
(69)『真宗』一九五八（昭和三三）年一二月、二六頁
(70)『真宗』一九三七（昭和一二）年一二月、一一頁
(71)『真宗』一九三八（昭和一三）年一月、九頁
(72)『真宗』一九五一（昭和二六）年四月、二頁
(73)『真宗』一九五一（昭和二六）年七月、八頁
(74)『真宗』一九五一（昭和二六）年七月、八頁
(75)「教化時応」『教化研究』一号、一九五三（昭和二八）年八月、二頁

(76)『真宗』一九五八（昭和三三）年七月、三一頁
(77)「教学研究所とその仕事」『真宗』一九五八（昭和三三）年八月、一九頁
(78)「教学研究所とその仕事」『真宗』一九五八（昭和三三）年八月、一九頁
(79)「教学研究所とその仕事」『真宗』一九五八（昭和三三）年八月、一九頁
(80)「教学研究所とその仕事」『真宗』一九五八（昭和三三）年八月、一九頁
(81)「教学研究所とその仕事」『真宗』一九五八（昭和三三）年八月、一九頁
(82)「教学研究所とその仕事」『真宗』一九五八（昭和三三）年八月、二〇頁
(83)「教学研究所とその仕事」『真宗』一九五八（昭和三三）年八月、二一頁

第四節　親鸞聖人七百回御遠忌円成―革新への第一歩

一九五八（昭和三三）年七月、法主から次のような『御教書』が発布された。

聖人が涅槃の雲にかくれましましてから既に七百年の星霜を経ようとしているとき、宗門の現実をかえりみ、曠古の御遠忌を勝縁として現代社会の要請に応える諸般の計画を遂行し、正法の顕揚に万全を期することができなかつたならば、何の顔あつて聖人にまみえよう。(1)

この『御教書』を受けて、訓覇は「御遠忌完遂の御教書を拝して」を草し、次のように真宗のあり方を門末に訴えた。

縦には師と弟子との関係の歴史があり、横には僧伽としての大衆、すなわち御同行御同朋のつながりがある。縦の歴史と横の社会のまじわるところに、凡夫のままでたすかつている私を見出すのであります。(2)

先ず訓覇は、親鸞思想が、念仏本願の歴史（縦）と「御同行御同朋」のつながり（横）を本質とすることを述

べ、親鸞聖人七百回御遠忌については、

今日のこの世の中は、誰もかれもが、世界中の人が、行きつまつているのであります。みんな心がくらいのです。（中略）余程の宿縁が深厚でないと、凡夫直入の浄土真宗の教えというものは、なかなかにいただけないのであります。しかるに幸いにも、宿縁厚くして、このゆきつまつた利益中心の、お互いに食いあいをしているような、あさましい社会の真直中に、念仏一つで、煩悩具足の凡夫が、そのまま安楽に生きて行ける本願念仏のみ教えを頂いた以上は、この混迷した暗い、社会のなかに同朋互いに手をたずさえて、聖人のみ教えを、どこどこまでも弘めてゆかねばならぬ大きな責任と使命がある。このこと一つを明らかにしようではないか。それが出来なかつたならば、あいがたき七百回の御遠忌に遇うたといいながら、何の顔あつて聖人にまみえることが出来ようかと〔法主が〕仰せになつたのであります。(3)

と、行き詰りを見せている世界に向けて、凡夫直入の教法を宣布するところに、御遠忌を迎える意義のあることを開陳し、そして御遠忌を一年半後にひかえた一九五九（昭和三四）年一〇月二六日には、宮谷は第六十三回臨時宗議会において総辞職を決行し、次のように教団を引き締めている。

不足しているものとは何か。

それは、御遠忌懇志金の不足をいうものではない。記念事業の遅延を不足不満とするものでも断じてない。宗門が、念仏の大道に帰する姿に、憂うべき不足が見られるのである。御遠忌を勝縁として、宗門が大きく力強い動きを示してくるところにこそ、聖人七百回の御遠忌を迎える宗門の面目が存する。その力強い動きが、われひと共に、脈々として体感されないのは、どこにその原由があるのか。(4)

親鸞聖人七百回御遠忌に向けて今不足しているものは、「御遠忌懇志金」ではなく、「念仏の大道に帰する姿」で

あり、それは「憂うべき不足」であるとして、さらに、
宗門存立の根幹であり、濁浪滔々たる暗黒世裡に、光明安住の大路を開く本願念仏に、齊しく帰せよと教えたもう聖人の教法を、渇仰して聴聞する道に怠りがあるからに外ならない。この聴聞の道にあやまりがないならば、御遠忌完遂の意欲は正に宗門を尽し、世界をおうてあまりあるはづである。宗門は期せずして打って一丸となり、その総力を結集せずにはおられないであろう。(5)
と、親鸞の教法に聴聞する姿勢を糺すことで御遠忌を迎えるべきことを訴えている。そして、
総辞職の決意といい、新内局の成立といい、風水害対策といい、又、御遠忌完遂態勢の総仕上げというも、つづまるところ、宗門が、自他をとわず、ひとえに本願の直道を仰ぎ、無上最勝の称名念仏に帰して、心垢を洗除し、端身正行、勇猛精進、如来の教法聞信に身を投げ出すほかに、われらの為し得ることの一つもないことを切実におもう。いま私は、『行巻』に、聖人が、大きな信念を吐露して、「名を称するに、能く衆生一切の無明を破し、能く衆生一切の志願を満てたもう。」と仰せられた御言葉の尊さを仰ぐ者である。(6)
と、徹底して「本願の直道を仰ぎ、無上最勝の称名念仏に帰」すべきことを主張するのである。さまざまな施策が、本願の直道に立ち得なければ、それは虚仮でしかない。本願に立ってこそ世の宗門たる意味が明確になる。宮谷内局は、親鸞聖人七百回御遠忌をひたすら教学に拠って立つ仏道において迎えようとしているのである。そのような、明確な教学の大事が叫ばれる中、一一月二三日、待望の同朋会館が竣工、翌年二月から本廟奉仕が始まった。

さらに、翌一九六〇（昭和三五）年六月の親鸞聖人七百回御遠忌を翌年に控えた第六十四回定期宗議会で、宮谷は総長演説「御遠忌を奉修する年度を迎えて」において、大谷高校の校舎の建設、体育館の完成、中学校の増設、

また同朋会館の建設、大谷大学図書館第一期工事などの順調な進捗状況や、大谷専修学院校舎の建設も準備が整いつつあること、さらに、親鸞聖人七百回御遠忌お待受けの形態がほぼ整ったこと、しかし、御遠忌費に経常部費を組み入れるという御遠忌総合計画案の変更案提出の止むを得なかったこと等を、報告している。(7)

また、九月には再び法主の『御教書』が出され、それを受けた第六十五回臨時宗議会では、各教区が御遠忌に向かって意欲的であること等を、報告している。

そして、一九六〇(昭和三五)年度に発行された『真宗』を見れば、その編集が御遠忌に向けて計画的、意欲的であったことが分かる。たとえば、一月には、金子、蓬茨、仲野による「仏法僧」の「三宝リレー講話」と野間宏「原子力と仏教」、二月には法主の「〔三か条の〕御消息」(8)と西谷啓治の「現代人の悩み」を掲載することで真宗の真髄とその社会性世界性を明かし、また、三月には法主の「御消息」を受けての講演と座談を掲載することで、御遠忌の精神を明確にしている。そして四月以降には、御遠忌に向けてのさまざまな特集が組まれている。すなわち、四月「御遠忌の法要と儀式」、五月「寺と門徒」、六月「読経　法話」、七月「法嗣殿をかこんで」、八月「暗い谷間に灯を」、九月「御教書復縁」、そして「活溌になった坊守会」、一〇月「教える立場と聞く立場」、一一月「真宗と新興宗教」、一二月「現代日本の政治」(座談会)である。特集の視点が、宗門内から現代社会、政治にまでの多岐にわたっていることに、当時の御遠忌を迎える宗門の見識の高さや視野の広さを知り得よう。

宮谷は、一九六〇(昭和三五)年九月に発表された『御教書』を受けて、自らが敗戦直後の宗務総長の重任を担ったことを思い起こしつつ、そしてその自分が今再び総長として御遠忌を迎えようとしている喜びを噛み締めつつ、次のように述べている。はじめに敗戦直後を回想して、

大東亜戦争の敗戦の結果、国土は荒れ果てて経済の面においても、政治の面においても、どうなるかと国民あ

げて心配をいたしたことでありますが、全国民が協力一致して、巍然として立ち上り、経済面においても、教育面においても、交通面においても、産業面においても、凡ゆる面において復興の姿をあらわして、世界中をして驚異の目を見はらしたというような次第であります。わが教団もそのあふりをこうむって、紆余曲折、殊にいろいろな災害に遭遇してどうなるかと心配をいたしたのであったけれども、その心配の中にも聖人のみ教えを念じつつ、歩みをすすめることができたとお喜びになった次第であります。(9)

と述べ、続けて親鸞聖人七百回御遠忌について、

聖人は、念仏者は無碍の一道なり、とお示しになりましたように、お念仏をいただき、そうして如来本願の光りに照されて、無碍自在の身と相なってこそ、聖人のお思召しに従う由縁であろうと思う。この御遠忌こそ平和に自由を叫び乍ら、凡ゆる階層においては斗争をこととしてよる所がない、このよる所がない我々に対して、本当に畢竟依の大道を示されたのは親鸞聖人であらせられる。どうか聖人は七百年の昔にお浄土におかえりになったとはいうけれども、唯今目の当り御影向あって、還相の事実をお示し下され、これにつけても我々一人一人は如来の本願に目をさまし、耳をたて、大いなる心の大安心を示してこそ、この七百回忌の御遠忌にあいたてまつるところの所詮であるというものであろうとお示しをいただきました。(10)

と言うのである。敗戦後の混乱から立ち上がり、そして、親鸞聖人七百回御遠忌に出遇おうとする今、あらためて、人類の帰趨、すなわち如来の本願を、「畢竟依の大道」として世に提示した親鸞の御影向を仰ぎ、そして如来の本願に聴聞することで、自分自身が「無碍自在の身」となって親鸞の思召しに従うべきことを述べている。御遠忌を目前にして、宮谷は静かに親鸞に感謝しつつ対座しているのである。

さて、一九六一（昭和三六）年四月一四日から二八日の日程で、親鸞聖人七百回御遠忌法要が厳修された。それ

行された。

に先立って行われた主な行事を挙げれば、三月には、「親鸞の教えと生活実践」をテーマに「同朋壮年全国大会」が開催され、続いて「青少年全国大会」、「音楽法要」、「青年弁論大会」、「音楽会」などの諸行事も次々と盛大に執行された。

「青少年全国大会」について付言すれば、御遠忌の五年前の一九五六（昭和三一）年に大谷派全国仏青連盟や児童教化連盟の結成、また伝道研修会などの発足によって、毎年一〇〇名の若者の信心の人となるための養成講座が実施されており、また、四年前（一九五七（昭和三二）年）には、北海道を皮切りに全国仏青大会が開かれるなど、教化の照準を青少年に当てての御遠忌お待受けが着々と勤められた。そして一九六一（昭和三六）年には、「われらは現実を通して如何に親鸞を学んだか」をテーマに、仏青、スカウト、児連、保育並びに母の会の四部門三千名が一堂に会し、「青少年全国大会」が意欲的に開催された。

「音楽法要」では、入場から退場までの一切が、松下真一作曲の音楽によって進められ、また、大谷派合唱連盟の合唱団員五百名や関係学校の学生五千名がそれに参加した。ＮＨＫ第二ラジオで全国に放送された「音楽会」では、土岐善麿の作詞による交声曲「歎異抄」が演じられた。

記念大講演会は、鈴木大拙の「本願の根元」、曾我量深の「信に死し願に生きよ」、金子大榮の「浄土の機縁」であったが、そのような錚々たる思想家による講演会には、新築の京都会館第一ホールに収容し切れぬほどの多くの若者を中心とした聴衆が集った。(11) また、作家円地文子の「親鸞聖人とのご縁」、丹羽文雄の「文学と宗教」、吉川英治の「親鸞さんとは」など文芸講演会も盛大に行われた。そして、御遠忌法要を結ぶにあたって、『御親教』「人類の宗教たる真宗を世界に開顕する聖業に起ちあがる決意」(12) が発表され、ここに親鸞聖人七百回御遠忌は円成した。

そして、翌日の四月三〇日、次のような『御教書』が発表された。

宗祖聖人の七百回御遠忌法要が、厳かに滞りなく勤修せられましたことは、ひとえに聖人の御徳のしからしめるところ、内には教団あげての尽力と、外には広く幾多の人々の協力のお蔭であると、深く感謝する次第であります。

おもえば、この盛儀が営まれましたことは、現代の社会に大きい使命をもつ教団の一大転機として、極めて重大な意義をもつものであります。今日、広く国外、国内の情勢をみるにつけても、人類が今深刻な問題に当面していることは、まぎれもない事実であります。この事実は、人間の真の願いを明らかにせずしてうち立てられた文化の悲劇ともいうべきであります。

聖人は、教行信証のはじめに、大無量寿経、真実之教、浄土真宗、と明示せられました。ここに明らかにせられた本願の教えこそ、人類根元の願いに応え、自ら失いつつある人間に、自覚の道を示し、人おのおのを安立せしめると共に、親和の社会を形成する真理であります。聖人の御一生は、ひたすら、この顕真実の一事に終始せられたのであります。

この教えに、よびさまされた人間の深い自覚が七百年の歴史を通して、同朋教団を形づくってきたのであります。

今や、わが教団がその本質に立って果すべき使命は、現実の社会に原理と方向を明らかにし、健康な文化の形成に寄与することにあります。そのためには、まず厳しく内に省みて、改むべきは躊躇することなくこれを改め、自らが本願の教えにみちびかれる教団として、その体制を整えなければなりません。

ここに、御遠忌の勝縁をともどもに喜ぶとともに、新しい出発の第一歩を踏み出し、世界に応える同朋教団の形成を急ぎ、十年の後の宗祖聖人生誕八百年を迎えたいものと念願するものであります。

昭和三十六年四月三十日[13]

御遠忌後の第一歩として、「人類根元の願い」に応え、また、「世界に応える同朋教団」の形成を急ぐことを訴える、極めて壮大な『御教書』であった。そして、訓覇は、この『御教書』を、同朋会運動発足を宣言する第七十回宗議会において、「まことに格調の高い、民族と国家とをこえた人類的な宣言[14]」と位置づけている。

今少し、この『御教書』を窺えば、その主張するところが、曾我の記念講演である「信に死し願に生きよ」に符合しているかのように思われる。すなわち、「信に死し願に生きよ」とは、「真宗再興」の精神を開顕するものであったが、そのようにこの『御教書』も、たとえば、信に死すべく「まず厳しく内に省みて、改むべきは躊躇することなくこれを改め」、親鸞思想を人類の深刻な課題に応えるものとして世に公開し、そして願に生きるべく「本願の教えにみちびかれる教団」として再出発する、と了解できるのではなかろうか。そういう意味から、この『御教書』は、「真宗再興」の志願を明確に表明したものと言えよう。

だが、たとえ格調高い『御教書』であったとしても、世界はもとより、国内においても何一つ反響がなかったのである。それは、高度経済成長期の開始により、日本社会が豊かさと便利さと快適さを求め出して動き始める、経済の季節に移り始めていたからであり、したがって、本山からのメッセージは、一部知識人、思想家、文学者たちから、親鸞思想への共鳴が拡がることはあっても、国民大衆はもちろん、そして門徒大衆の生活意識と願いにまで、具体性をもって届くまでに至っていなかったのである。

まことに、宗門は、そのような危機的状況から、如何にして、旧態依然とした教団、末寺、僧侶、門徒の現状を打開できるのか。そして、そのような現実の教団を、如何にして念仏者の「僧伽」にまで熟成させることができるのか。また親鸞思想を、どのようにして教団の内外に発信できるのか。ここに親鸞聖人七百回御遠忌を機に明らかになった教団の課題があった。そして、それを克服するキーワードが「寺院」であった。

註

（1）「御教書」『真宗』一九五八（昭和三三）年七月、一頁

（2）「御遠忌完遂の御教書を拝して」『真宗』一九五八（昭和三三）年七月、三頁

（3）「御遠忌完遂の御教書を拝して」『真宗』一九五八（昭和三三）年七月、三頁

（4）「本願念仏の一道に帰して—宗務総長重任の所懐を述ぶ—」『真宗』一九五九（昭和三四）年一二月、四頁

（5）「本願念仏の一道に帰して—宗務総長重任の所懐を述ぶ—」『真宗』一九五九（昭和三四）年一二月、五頁

（6）「本願念仏の一道に帰して—宗務総長重任の所懐を述ぶ—」『真宗』一九五九（昭和三四）年一二月、六頁

（7）『真宗』一九六〇（昭和三五）年七月、二～三頁参照

（8）「三か条の御消息」とは「一、ともに念仏の手を相携えて、いよいよ同朋の契りを深むべきこと。二、正見に住して人生の禍福に惑わざること。三、我が身の偏執を捨てて、人の世の福祉に努むべきこと。」であり、その背景には、前年度の伊勢湾台風の災禍があった。

（9）『真宗』一九六〇（昭和三五）年九月、二頁

（10）『真宗』一九六〇（昭和三五）年九月、三頁

（11）座談会「大遠忌を終えて」『真宗』一九六一（昭和三六）年五、六月合併号、二九頁

（12）抜粋すれば次の通りである。

全国各地より　また遠く海外からも多数御同朋の参拝を迎えて　宗祖聖人七百回御遠忌法要を　厳かに勤修出来たことは生涯の大きな喜びであります。

これもひとえに　宗祖聖人の御遺徳と　御同朋の懇念のしからしむるところと　誠に有難く思うことであります。

今やこの法要の盛儀を結ぶにあたり　宗祖聖人の本願念仏の道がいかに時代の民衆から大きな期待をよせられているかを　まのあたりに感じこの念仏の御教を　いよいよ実生活の中に正しくきひらき　動乱止むことなき時代に人間の帰すべき道として明らかにしてゆくことがこの世紀の法筵に遇い得たわれわれの重い責務であ

ることを　あらためて知らされたことはまことに尊い極みであります。宿業のもよおすところ　混迷をかさね無常転変に苦悩するこの社会に時代の黒闇を破って世の光りとなる如来の教法を顕彰することこそひとり念仏の教団に課せられた重大な使命であります。宗祖聖人は「教行信証」文類のはじめに「大無量寿経　真実之教　浄土真宗」と標挙あらせられましたが大無量寿経に説き示された本願の名号こそ　一切衆生の平等に救われる往生浄土の大道であり聖人の御一生はひたすらにこの顕真実の一事に終始されたのであります（中略）これを勝縁として　いよいよ宗祖聖人の御教えによって信心を明らかにし人類の宗教たる真宗を世界に開顕する聖業に起ちあがる決意をわれひと共に新たにしたいことであります。ここに大遠忌の盛業に遇うことのできた深厚の宿縁をよろこびこの大いなる仏事に寄せられた姿を衷心より有難く思い　如来聖人の無量の恩徳をあおいで　素懐の一端を申しのべた次第であります

昭和三十六年四月二十九日　　（『真宗』一九六一（昭和三六）年五、六月合併号、二〇～二一頁）

(13)『真宗』一九六一（昭和三六）年五・六合併号、二七頁

(14)「第七十回宗義会（通常会）議事録」一九六二（昭和三七）年六月、一三頁

第五節　同朋会運動の発足――家の宗教から個の自覚の宗教へ

第一項　訓覇信雄の仏道に寄せる思い

はじめに、同朋会運動の創始者である訓覇信雄の、真人社時代の仏道に寄せる思いを確認しておきたい。

大船師が亡くなられてから四年目、初めての集まり〔追悼会〕でした。松原君坂木君日野君桑原氏、越後の法隆君東京の小林さん等賑かでありました。来会者一人々々壇上に立つて、感想を述べると言ふ高光式賑かさで

ありました。師に叱られた話、可愛がられた話等々、年来北間の地を踏んだことのある者にとつては、洵になつかしい賑かさでありました。御想像出来ると思ひます。併しこゝでも、賑やかさの淋しさとでも言ふのか、腹のふくれぬ感慨をどうする訳にも行きませんでした。私も壇に上つて、一言開陳に及んだことでしたが、何と言ふか、仏法の名に於て、語られて居るものは、結局人間の沙汰に過ぎないのではないか。人間把握の甘さが、無自覚の裡に、人間の内にあぐらをかいて仕舞つたと言ふのでせうか。好きだとか叱られたとか、それはそれとして、洵に懐しい思出に違いない、結構であるけれども、金魚のうんこの様に、いつ迄も人間高光にしがみついて居られては、師は成仏する時がないであらう。真に師を追悼する所以のものは何であらうか。「追放可なり、牢獄甘んずべし、誹謗、擯斥、許多の凌辱、豈意に介すべきものあらんや」と清沢先生の「絶対他力の大道」の懸記に応じて、世に出で、身を以て、これを貫き通された師の歴史的使命が明瞭にされねばなりません。念仏の歴史に於ける諸仏としての師を発見する迄、我々の無縁の信の自覚が純粋に錬磨されねばなりません。師に教へられることによつて、師を超へて、其教に立上る処にこそ、真に師の教を受けた者と言ひ得るのでありませう。教団とは何か。高光師が死を以つて、我々に示して居られるものに、改めて耳傾けるべき時であります。（中略）

「真人」について、色々の批判や又不満もありますが、表現の難易等は、最早第二第三の問題であります。どこ迄人間把握が、冷厳に純粋になされて居るか、つまり信の自己批判の徹底であります。この一点に「真人」の歴史的全使命が懸つて居るのです。この点を外しては、「真人」の存在は無に等しいものと言はねばなりますまい。自己の存在を無にするものが、外ならぬ自己の根源的事実であります。この自己との格闘の場が「真人」に外ならぬとするならば、自己存在の安危は、直ちに、「真人」とその運命を一つにするものであります。(1)

訓覇は高光大船によって、仏道に立つことができた。したがって、訓覇にとって高光とは、自己の救済のために還相した諸仏のひとりとして受領すべき人格であった。ここに訓覇の明確な仏道の源泉を見ることができる。本願の伝統を尊ぶ真宗では、師にとらわれることは、強く誡められなければならない。師を突き抜けて、師の立ち上がったのと同等の本願の大地に立ち上がるのである。真宗の救済の真実義はここにある。真宗者の信念の特徴とも言うべき、自他に対する厳格な真偽決判の眼は、そこから発揮される。

訓覇は、真偽決判の眼を高光によって叩き込まれた。そして、それは、訓覇の真宗再興の志願の原理となっている。訓覇はその眼をもって、暁烏内局の後を受けた宗務総長末広愛邦を鋭く指弾し、教学を基盤とする教団の再建を訴え、さらに宮谷内局を、清沢教学をもって支えたのである。

訓覇は一九〇六（明治三九）年に生まれた。そして一九二四（大正一三）年に一八歳で大谷大学予科に入学、学部一年時の母親の突然の死を機に、求道の一念に促がされた。学部二回生の時には、曾我、金子の「異安心」問題に遭遇、松原祐善や北原繁麿らと反対運動を展開するも、本山の伝統勢力の壁は厚く、挫折した。しかし、それが縁となって、生涯、師と仰ぐ高光と出遇い、以来自らも、師と同様の生活と一枚岩の仏道を歩んだのである。二三歳であった。一九三〇（昭和五）年には「興法学園」創立に尽力、翌年に東上して大東出版に勤務した。下宿先では、仏教社会主義者である妹尾義郎と出遇い、翌年には東京の仏眼協会主事に就く。訓覇は妹尾から少なからぬ影響を受けたが、すでに高光との値遇によって真の仏道を歩んでいたため、親鸞に対する眼差しは、妹尾を越えて明晰であったという。そして、一九三四（昭和九）年には金蔵寺住職となると共に名古屋で出版社勤務、一九三七（昭和一二）年に自坊に戻り、高光を招いて自坊を門徒に開放した。そして、それが機縁となって、訓覇の在所の信仰熱が高揚し、多くの仏者が誕生した。訓覇の在所が「僧伽」となったのである。ここに同朋会運動の原点を見ることができる。

訓覇は、清沢門下であるということから、伝統的安心を重んずる人々の多くの反発を買った。一九三九（昭和一四）年には流言飛語を流布したとの咎で、特高によって陸軍刑法違反として検挙されたが、思えば、師の高光も訓覇と同様に、二年後の一九四一（昭和一六）年に、高光に付きまとう特高によって流言飛語の罪で禁固三か月を余儀なくされている。一切をありのままに、単刀直入に言い放つ、この師弟への誤解は多かった。

一九四一（昭和一六）年、訓覇は、曾我量深の教団復帰の道を開き、「講師」の学階を贈呈した。さらに二年後の一九四三（昭和一八）年には、当時学長であった関根仁応から学監に任命され辣腕を振るい、徹底した清沢門下を重視する人事を断行したのである。同朋会運動はいよいよ動き始めたと言ってよい。

敗戦と同時に、訓覇はしばらく自坊に帰った。だが休む間もなく、一九四七（昭和二二）年二月に籠谷雄総長によって教学部長に任命される。四一歳の訓覇は、清沢教学を具現化する改革を意欲的に断行した。しかし、その改革は教団の伝統的な壁によって阻まれたため、訓覇は、共に宗務を担っていた「五部長」[2]と共に総辞職し、そして翌年一月には同志と「真人社」を結成した。

その後、一九五〇（昭和二五）年には、真人社を母体に宗議会議員に初当選、宮谷内局の時には参務、そして一九六一（昭和三六）年には宗務総長に就任した。そして、その翌年に「同朋会運動」を提唱したのである。

同朋会運動には、高光が自らの実験を通して明らかにした清沢教学が生きていた。顧みれば、清沢に始まる「近代教学」、つまり清沢教学は、白川党による教団改革運動や、曾我、金子「異安心」問題における反対運動がそうであったように、常に本願に立脚する真偽決判の眼と、教法帰依のエネルギーが内蔵されていた。文字通り、清沢教学には、教団改革の精神が満ち溢れていたのである。それ故、清沢教学を柱として主張する宮谷や訓覇は、つまり『宗門白書』や同朋会運動は、非教学的、非宗教的な教団に自己批判を迫り、教団をして「僧伽」にまで高めようとしたのである。

ところで、話を少し先に進めることになるが、同朋会運動が発足して三年目にあたる一九六五（昭和四〇）年六月、「教学論争」が再び勃発した。訓覇の提唱する同朋会運動が、清沢教学を基軸にした運動であったため、『宗門白書』発表時と同様の疑義が起こったのである。そしてその疑義への対応は、最高諮問機関である侍董寮（寮頭は曾我量深）に託されたが、そのような論争の背景には、清沢教学を親鸞教学と対等に重用する訓覇らに対する反発のあったことは、明らかであろう。

当時侍董寮出仕であった金子大榮は、その侍董寮での教学論争において、次のように述べている。

この問題は十年もまえに一度でたことがありまして、その時には、真宗において教学ということは、いいかえれば教釈と同じ意味で、大聖の真言、大祖の解釈ということであると。つまり大聖の真言の他に教えはない。学とはその解釈である。ですから厳密にいえば、親鸞教学はないはずである。親鸞教学とはすなわち真宗教学である。(3)

「十年もまえに一度でた」とあるのは、先に述べた一九五六（昭和三一）年の『宗門白書』を巡る「時代教学」の論争であろう。

金子の見解を要約すれば、「教」と「学」を明確に区別し、あくまでも「教」は大聖の真言、如来の本願であり、「学」はその解釈である。親鸞を宗祖と仰ぐ真宗においては、「親鸞の教えが全部教えである」という見方も可能であり、そこに「学」は成り立つ。そういう意味から、清沢は親鸞の「教」を「学」したのであり、その「学」をもって清沢教学と言えないこともないが、しかし清沢の「学」を「教」にしてしまうのは間違いである。このように「教」と「学」の関係性を明らかにした金子は、さらに清沢教学について、次のように述べている。

清沢先生式に本願の心を説かれたのであると、先生の立場において領解せられたのであるということですな。それがやはり、学が教に変化するということはおこりがちなことですが、卒直ないい方をしますと、そこには苦労はありませんね。清沢先生がそういわれたのだから、言おうじゃないか、そういう怠慢からおきる問題だと思います。清沢先生のほんとうの学風がわかれば、先生が苦労されたように、みんなも相当に苦労せねばならん。(4)

清沢の悪戦苦闘の求道実験をもって明らかになった如来の本願は、厳密には、あくまでも「学」した成果であり、その「学」を「教」と見做すところに、つまり安易に清沢教学を自己の見解とするところに、我々の仏道の怠慢がある、としている。我々は清沢教学を「教」と位置づけるのではなく、清沢が身をもって「学」したのと同様に「学」することで、清沢の明かした如来の本願を自覚体解するのであり、したがって、我々にとって清沢教学とは、どこまでも我々の求道実験の見本でなければならなかった。

さらに金子は、「時代教学」について、次のように述べている。

時代に応ずるということは、ほんとうの時代の深い要求の上に、ともに聖人の教えを聞いていこうということでなくてはならないと思うのです。（中略）教学というのは、学はすなわち人間の解釈で、それがほんとうの範を示しているようなもの……。もっと根本的にいえば、大聖の真言の根本は本願でありますから、如来の本願を明らかにすることの他に、われわれの学問というものはないはずである。(5)

「時代に応ずる」教学、すなわち「時代教学」とは、如来の本願を時代社会の課題に応え得るまでに了解せんとするために「学」することである、との見解である。つまり、清沢教学とは、教団再興のための「教」ではなく、時代社会における如来本願の「学」である。そのような如来の本願の「学」によって、教団は再興される。したがって宮谷が『宗門白書』において、如来の本願の「学」としての清沢教学をもって「真宗再興」を主張したことは、当然であった。

まことに、清沢教学とは、明治という時代の要求に応答した、如来の本願の「学」である。そして、その「学」が、如来の本願を時代社会に「時代教学」として蘇らせたのであり、したがって「時代教学」が、昭和初期では興法学園を、敗戦直後においては真人社を、そしてさらには、同朋会運動を発足せしめたと言える。「学」の対象は如来の本願であり、「学」の場は時代社会であった。

ところで、訓覇自身、自らの同朋会運動を始めるきっかけが、「二河譬」の「汝一心に正念にして直ちに来たれ」の「汝」という呼びかけへの応答であったと述べているが、[6] そのことは、訓覇が、当時の時代社会の課題を担うために、如来による「汝」との呼声に応答する「我」において、如来の本願を「学」することの表明ではなかったろうか。すなわち、同朋会運動とは、如来の本願に呼応する「時代教学」の運動であったと言い得よう。

ここで我々は、金子の次のような指摘に留意しておきたい。

清沢先生の学風とか精神とかいうものは大事だと思いますけれども、だからといって先生のおっしゃったことを、何もかもうのみにするということであってはなりません。それは大体無理なことでございましょう。ですから、清沢先生式に本願の心を説かれたのであると、先生の立場において領解せられたのであるということですな。[7]

「うのみにする」とは、清沢教学を、如来の本願と同一の「教」と見做す姿勢であろう。そのように、清沢教学をたてまつり我々の主張の代弁として利用することは、謹まなければならないことは既述した。清沢にとって、如来の本願に対する「学」とは求道実験であり、その意味から、我々に許されているのは、清沢の実験した如来の本願に対する「学」と同質の悪戦苦闘の「学」の実験、つまり求道実践なのであろう。

まことに、清沢教学を基盤とする同朋会運動とは、一九六〇年代の時代社会の人間の課題を担わんとする求道実践の運動であり、信心獲得の運動であった。以上のような視点を踏まえて、訓覇の宗務総長就任の演説「同朋会の形成促進」を確認していきたいと思う。

さて一九六一（昭和三六）年六月、御遠忌を終えるや宮谷内局は勇退、その後を訓覇が継承することで、いよいよ同朋会運動が動き始めた。そこで発表されたのが、「同朋教団運動の展開—七百一年への願いをこめて—」であった。次のように述べている。

本運動は、宗門が七百一年の新年度を迎えて、愈々聞法と教団護持の相続講精神に則って、同朋教団の確立を期するものである。(8)

そして、同年八月には、八七歳の曾我量深が大谷大学学長に就任している。その曾我の言葉を聞こう。

真宗の世界性を発揚したい。そのためには真宗学・仏教学・哲学というように並列的に分類されているが、これを有機的な体制に持ってゆきたいものと考えています。ともかく、大谷大学は学仏道の道場でなければなりません。(9)

曾我のいう「真宗の世界性」は、宮谷の「真宗の教法を、世界人類の教法として宣布」せんと訴える『宗門白書』や、翌年に発表される、訓覇の「世界にこたえる教団の形成」を主張する総長演説「同朋会の形成促進」と軌を一にするものであろう。さらには、清沢の「世界的文化的原造者」との視点にも通底するものでもあろう。真宗は本質的に世界性を有するのである。まことに、宗務総長に訓覇、大谷大学学長に曾我が就任したことは、清沢を嚆矢とする真宗教学が「時代教学」としての威力を十分に発揮し、そして清沢以来の世界的視野に立っての「真宗再興」の実現を期待させる出来事であった。

さて、訓覇内局の発足と同時に、同朋会運動の準備が進められた。その具体的な方針については、一九六一（昭和三六）年一二月の『真宗』に発表された「同朋のあゆみ」に、次のようにまとめられている。

同朋教団確立の御教書に則って、示された基本方針

（一）人類の問題にこたえる真実の教法の徹底

（二）教団の基礎である寺院が本来の機能を回復すること

（一）からとりあげられた方策として、

①壮年・婦人・青少年の各対象別の真宗入門のためのカリキュラムの作成

②研修会の重点を教区、組におき、講師を派遣すること

③真宗タイムスを教化紙として利用すること

（二）に対する方策として、

①特別伝道

②同朋壮年会の推進

③教団指定奉仕団

④会員制の確立(10)

これらは、翌年に発表される同朋会運動の骨子となるものである。そして、一九六二（昭和三七）年六月、訓覇は、第七十回定期宗議会において、「同朋会の形成促進」を発表した。

第二項　第七十回定期宗議会総長演説「同朋会の形成促進」

一　同朋会の生まれなければならない必然性について

訓覇は第七十回宗議会で、真宗同朋会運動について、「一．同朋会の生まれなければならない必然性について」、「二．教法社会の確立」、「三．教団内部構造からの必然性」、「四．同朋会研修総合計画」の視点から見解を述べている。以下それに沿って、宗務総長演説「同朋会の形成促進」を確認していきたい。

先ず「一．同朋会の生まれなければならない必然性について」を見てみよう。

第二次世界大戦を境に（中略）人間喪失によるヒューマニズム、あるいは倫理等の課題が表面に出てくるようになったところに、現代と名づけられる時代の方向があるのでありまして、今日こういうところから、われわれの教団は、必然的に教団の近代的脱皮をしなければならないのであります。（中略）ただ閉鎖的に、寺院の中に閉じこもってお念仏を称えるということではすまないのでありまして、現に現実の社会に大衆が如何に、何によって苦悶しておるかと、そういう問題ととりくみつつわれわれの教団が生きていく方途を考えねばならんのであります。（中略）近代的人間というものの構造が問われているということにほかならんのであります。ご承知のように中世の神の奴隷であった人間が、そのきずなから解放され、独立して、新らしい自由な人間性を回復したのが近代だといわれておるにもかかわらず、その独立したはずの個人は、実は本当の人間ではなかったのであります。実は人間の自我意識によってとらえられたものでありまして、意識の深層にねざす我執の上に立った個人、これが、近代的人間であります。そしてこの近代が限界にきたということは、かかる有我的人間の行詰りの暴露にほかならんのでありまして、しかもこの行詰まりを打開する道はもはや西欧には見い出すことができないのであります。（中略）この自我意識からの解放こそが、人間の根源的な願いであります。故に近代の行詰りを打開する道は、真の人間の解放でありまして、あれほど輝やかしい発足をした近代的人間も、所詮は中世の前近代の人間、神の奴隷であった人間に較べて単に新らしいというだけでありまして、真の人間の発見ではなかったといい得るのであります。真の人間の発見は、東洋の仏教をまたねば成就しないのであります。（中略）近代の西欧の精神は、個人の自覚に立つ民主主義の確立とはいいながら、その個人の自覚は、遂に自我意識のエゴイズムをこえることができず、主体的自覚による真の民主主義の確立は、未だ果されておらないのであります。このようにして近代ヨーロッパが果し得なかった真の人間の自覚を明らかにし、現代の人類の課題にこたえるべき使命を荷うておる仏教の、その使命を果すべき「場」が仏教の教団であります。(11)

訓覇の眼差しは、近代社会の病巣を鋭く抉り出すものであろう。西欧思想によって培われた個人とは実はエゴイズムの象徴であり、その根源的なエゴイズムから人類を解放することで、「真の人間」を生み出すことができる、としている。ここに同朋会運動の志願をみるのである。

すなわち、一八世紀に西欧において見出された〝人間は生まれながらにして自由と平等の権利を有する〟との「近代的人間」は、実は根源的なエゴイズムに縛られた人間でしかなく、そのエゴイズムを超えない限り、たとえ高らかに「自由と平等」を主張し、また民主主義を叫んだとしても、一切がエゴで汚染された不完全なものでしかないとの見解である。

このような訓覇の人間凝視は、高光の教え、さらには親鸞の求道実践である「機の深信」によることは明らかである。我々が正しいと信じて疑わない「近代的人間」を絶対否定するところに、訓覇の揺るがぬ人間洞察と歴史認識を通しての、すなわち仏道に立脚する真偽決判の眼を見ることができる。同朋会運動の課題とも言うべき、人間のエゴからの解放とは、人類の課題に応えることであった。

では、当時の教団の現状はどのようなものであったか。

日本における指導的な階級にある人々の間に、本当に親鸞の教えに心から帰命しつつ、現在の教団には入れない、（中略）自から進んで親鸞聖人の教法を聞思し喜んでおる人々をすら、その中に吸収することの出来ない状態に相成っておるのであります。(12)

親鸞に聞思する人々をも拒む閉鎖的教団となっていたのである。したがって、その閉鎖性は何としても打破しなければならなかった。

ところで、同朋会運動が発足した一九六〇年代の日本は、東京オリンピック、日本万国博覧会、新幹線の開通などによる「いざなぎ景気」と呼ばれる好景気を迎え、所得倍増、高度経済成長という掛け声と気運に乗って、国内は活気に満ちていた。日本は、「高度経済成長期」を迎えたのである。

しかし、この「高度経済成長期」の日本の社会は一方では、これまでの農村を基盤とした地域共同体の解体と共に人間のつながりが薄れ、同時に、都市部への人口流入による「核家族」化の急速な進行を伴いつつ、真宗の経済基盤はもとより、信仰形態も揺らぎつつあった。

また、当時は、創価学会が大躍進した時代でもあった。一九五一（昭和二六）年には五千世帯であった創価学会会員が、わずか七年後の一九五八（昭和三三）年には七五万世帯という驚異的な増加を見せたが、そのような会員数増加の背景には、社会から遊離する閉鎖的な既成教団に対して、たとえば大都市圏への〝集団就職〟で人間喪失に苦悩する若者の心を掌握する、まさに時代相応の教線拡張の実践があった。(13)高木宏夫は次のように述べている。

昭和三十年の地方選挙および参議院選挙では、創価学会が大衆への大きな影響力をもつことを実証し、昭和三十四年の参議院選挙では、共産党の全国得票数五十五万票に対し創価学会は二百五十万票を獲得した。すなわち新興宗教は、組織力と行動力とにおいて革新陣営を凌駕するものであることが、人びとの前に明らかになった。そこで人びとは、一体なにが新興宗教をこれほど強力ならしめたかについて強い関心をよせている(14)。

ここに、同朋会運動の発足を促す社会状況があった。

二　教法社会の確立

一体信仰の共同体、即ち教法社会の確立が、人類の真の共同体の原形でありまして、現実社会の原理となるわけであります。従って純粋な教法社会の確立は、たゞ教団内の問題に応えるばかりではなく、現代の世界人類に応えることであります。こゝに時代の転換に即して教団の転換がなされねばならない。即ち教団の革新をまって、初めて時代の革新が成就するということでありまして、仏法が正しく歴史的社会の上に生きて働く時が到来しておるのであります。そしてわれわれはこの確信をもつべきでありまして、同朋会の発足は、かゝる時代の要請に応え得る教団を確立するための第一歩にほかならんのであります(15)。

訓覇は、同朋会運動によって、人類の拠り所とも言うべき「教法社会」、「人類の真の共同体」を確立することで、「現代の世界人類」の願いに応えようと訴える。そして、後に「教団の改革をまって、初めて時代の革新が成就する」ことについて、次のように述べている。

どうしようもないドロドロした現実の中に、泥の真っ只中に念仏の僧伽を実現する、それしかない。その一番ドロドロした前近代的、封建的、あるいは思想的にも、政治的にも、経済的にも、そして情的にも、非常に複雑に絡み合ってどうしようもない教団を、自分自身の責任として受けて立って、その中でこそ念仏の共同体を実現することが、どうしようもないこの現代社会の中に生きる力、念仏の力を証明してゆくことになる。そこに実現する以外に、人類の救いというものも実は無いということで、同朋会運動が発足したんですわ(16)。

訓覇の志願は、エゴ中心の現実の只中において、もっと具体的に言えば、「どうしようもない教団を、自分自身の責任として受けて立って」本願力を明らかにすることで「僧伽」を実現し、人類を救わん、というものであった。さらに訓覇は、

釈尊は三千年前に、人間の根源のバイキン〔我執、エゴ〕を見つけている。そこにある問題を取り上げてこなければ、なんぼ社会と言っても、流転だけじゃあないか。これが末法ということでないですか。親鸞は末法の世の自覚を否定媒介として、本願史観に立っておられる。その本願の働く世界である浄土を、願生という生活の歩みを通して明らかにする。そこに、今日の我々の課題があると思う(17)。

と回顧する。同朋会運動が三千年前に人間の根源的エゴを見出した釈尊の自覚道に立つべき運動であることを述べている。エゴ克服の自覚道とは、本願の伝統に立脚する人類救済の道でもあった。

同様のことは、たとえば、親鸞聖人七百回御遠忌円成直後に発表された『御教書』が、現代社会の根源的課題を言い当てているにもかかわらず、ローマ法王の教書の社会的影響力の大きさに比べて影響力の皆無であることを例に出し、

教団のなすべきことが何であるかは、自明のことでありまして、これはもはや一内局の問題ではございません。まさに世界的人類的要求の上に立っての要請にほかならんのであります(18)。

と、現実の教団を、世界人類の課題に十分に応え得る「大聖の真言」を世界に公開できる教団にまで高め、「教法

社会」を確立しようと主張するところにも窺える。同朋会運動は、教団による小手先の手段を駆使する運動ではなかったのである。

三　教団内部構造からの必然性

訓覇は「同朋会の形成促進」の冒頭で、当時の教団をとりまく社会状況を、次のように指摘している。

われわれの教団は従来、ご承知のように農村を基盤とした、所謂「家の宗教」の形をとってきたのでありますが、近代工業化の急速なる進展に伴いまして、農村社会は急速に工業社会へと移行し、戦前の家族制度の法律的廃止から「家」は、最早崩壊の危機に立っておるのであります。ここに必然的にわれわれの教団は、否でも応でも再出発を要求されておるのであります。本質的には当然、宗教は個人の自覚の上に立つべきものでありまして、既にこのことは明治の初めから先覚者の叫んできたところであります[19]。

同朋会運動は、訓覇が「必然的にわれわれの教団は、否でも応でも再出発を要求されておるのであります」と言うように、それは、農村社会を基盤とする「大家族」が崩壊し、都市部を中心に「核家族」が進展することで、真宗の社会的経済的基盤が揺らぎ、また、これまでの「家」中心の信仰形態も崩れつつある、という社会状況を背景としていたのである。

したがって、訓覇の訴える「再出発」とは、「家の宗教」を脱し「個人の自覚の上に立つ」宗教の回復であり、また、そういう意味で、真宗の財政基盤を、寺檀制度によって覆い隠された相続講本来の精神である「法義相続[20]」を回復するために、「一人の自覚」に基づく「同朋会員志」(「会員制」)を中心とした募財によってたつ教団への方向転換を目指すものであった。訓覇は、明治時代に西本願寺の明如上人の掲げた「改革案」を、次のように高く評価する。

寺格堂班の全廃と同時に、末寺の統合を行い、檀家制度をやめて教会組織にするという改革案を提出しておられるのであります。これがもし実現しておりましたならば、今日の仏教教団は如何に素晴らしい面目を発揮しておったかと思うと、まことに感慨に堪えない次第であります。(21)

訓覇は、寺檀制度を廃止し、「会員制」によって門徒個人が主体的に集う教団の実現を念じていたのである。さらに続けて、

いわゆる「家」を基盤にして寺との結合を続けてきた門徒制は、いまや社会の単位が個人の上に規定され、その原則に従って、さまざまな制度や社会事情が目下改変されつつある時、本来の姿に還って、個の上に立った会員制の上に改むべき時が来ておるのであります。(22)

と述べている。同朋会運動のスローガンは「家の宗教から個の自覚の宗教へ」であったが、その「個の自覚」とは、たとえば、前述した、訓覇の「二河譬」における「汝一心」に応える「我」の自覚、あるいは金子の言う、如来の本願の「学」を通して明らかになった自己であり、そのような「一人の自覚」に基づく信仰が、高度経済成長期の中、強く求められたのである。訓覇が「会員制」を主張する背景を、ここに見るのである。

訓覇は後年、同朋会運動発足時を顧みて、次のように述べている。

この教団が汚いと言うて批判するだけなら、それは幻想だと思うんだ。世間とは本質的にそういうところであり、教団はそれを一番体現しているところであって、それ以外に何かすばらしいところがあるわけでないんだ。それが末法ということでしょう。

同朋会運動が求めようとしたのは、近代から現代に変わりつつある危機的な時代の行き詰まりを突破して、僧

伽を現成させようと。願生浄土という立脚地において成り立つ僧伽を現成したいということで始まった。それを教団でやろうとしたのは、まあ『維摩経』で言えば、淤泥ですわ。淤泥華以外に、現実というものはないと受け止めたからですわ。(23)

これまで述べてきたように、同朋会運動とは、戦後社会に明確な方向性を見出せず衰微の道をたどる大谷派教団を再興する運動であったと同時に、広く全人類を人間喪失という危機から救済することを内包する運動であった。訓覇は、そのような同朋会運動を末法世界における「願生浄土」の運動と位置づけ、スローガンを「家の宗教から個の自覚の宗教へ」と表現した。

訓覇は続けて、「同朋会の形成促進」において、次のように述べている。

いわゆる「家」を基盤にして寺との結合を続けてきた門徒制は、いまや社会の単位が個人の上に規定され、その原則に従って、さまざまな制度や社会事情が目下改変されつつある時、本来の姿に還って、個の上に立った会員制の上に改むべき時が来ておるのであります。従来永く宗門護持に大きな功績を果してきた相続講が、時代社会の制約のため、折角の近代的講員制度というものを、いわゆる「家の宗教」の中に埋没し去ったことは、時代的にやむをえないとはいいながら、まことに遺憾なことでありまして、同朋会はこの相続講の遺徳を継承して更に現代的に発足しようとするものであります。一面引続き相続講において、従来通り教団の護持を願いつつ、新らしい教団組織の形成に踏み出さんとするものであります。(24)

これまでの教団を支えてきた相続講の「遺徳」を継承するために「会員制」に改める、との見解である。実際、同朋会の基盤は、戦前における「同朋箴規三ヵ条」、また戦後では「同朋生活運動」や「和敬堂の奉仕団」、それから「同朋会館の奉仕研修」から「同朋壮年研修運動」へ、との着実な歩みにあり、そのような「家」から「個」へという歴史的変化を背景に同朋会運動が発足したのであり、したがって、訓覇の言う「会員制」とは、時代的必然性を有するものであったと言える。

ところで、訓覇の同朋会運動を提唱する根底には、次のような確信があった。

僕は住職になったばっかりのころ、まだ三十歳にならないころ、檀家返上ということをやった。そして高光さんなどの人に来てもらって、信仰の問題について話をしてもらった。そら門徒はびっくりするわ。そこらへんで、飴玉かなんか買うてきて、それをねぶりながら「ありがたや、なんまんだぶつ、死んだら極楽」。お説教というたらそうやった。それが高光さんなんかの話を聞いたら怒るわな、ビックリどころやない。怒って僕のところにやって来たから、「門徒の信仰の問題には住職に責任がある」と言ったんですわ。根っこのところでは、本当の真宗の門徒になる、本願の精神に触れてほしいということがあった。(25)

訓覇は学生時代に高光の謦咳に接した。それは生活と一枚岩となって自己に迫り来る、生き生きとした仏道との出遇いであった。高光は、その迫力ある教化力をもって、訓覇の自坊金蔵寺を中心とする在所を、たちまち「僧伽」に変えたのである。そのような高光による「僧伽」現成の事実を目の当たりにした訓覇は、その影響下で「本当の真宗の門徒になる、本願の精神に触れてほしい」と願い、それが同朋会運動として結実したのである。高光は、同朋会運動の原点であった。すなわち、訓覇の願う教団とは、「一人の自覚」に基づく「僧伽」であった。

ところが、当時の教団は、相変わらず、江戸時代の遺制ともいうべき門徒制に寄りかかり、旧態依然としていた。そのような状況を訓覇は、「親鸞を利用しとるだけ。まあ、教学というものはアクセサリーにしかなってない、募財のための」(26)と批判する。まことに、「親鸞を利用」するだけの教団であれば、門徒の信心獲得の道は閉ざされたままである。したがって、教団にとっては、寺檀制度によって維持される教団を「僧伽」にまで高めることは、火急的課題であった。

思うに訓覇は、この重要な課題を、徹底して獲信の本源に立って、「一人の自覚」が機能する教団とするための施策が必要であった。それが「会員制」であったように思われる。

四　同朋会研修総合計画

ここで、同朋会運動を推進するための方策を確かめておきたい。

同朋会運動実践のための総合計画は、「イ、教区指定奉仕団」、「ロ、特別伝道班」、「ハ、推進員認定研修会」、「ニ、第一次五ヵ年計画」の四項目に整理されている。その概要をまとめれば、次の通りである。

「イ、教区指定奉仕団」…昭和三七年に九教区、昭和三八年には一〇教区、昭和三九年には一一教区を指定し、その各教区内の一乃至二の組を対象に、「生きた教団の根を生やすところまで実施を続けていく」もので、期間は二年間、住職、坊守、壮年、婦人、青年の五種類の指定奉仕団の上山を集中的に行うというもの。

「ロ、特別伝道班」…教区指定奉仕団を頂点として、それを支える仕組み。組または地区で、同朋会運動の趣旨徹底のための推進員を見出し養成して、将来寺院の中心となる門徒らによる教区指定奉仕団に加わって上山することを「第一次特別伝道」といい、教区指定奉仕団を終えて自分の地区に帰って同朋会運動の組織拡充を目的とすることを「第二次特別伝道」という。第一次特別伝道班の参加者は、壮年、婦人、青年の中から将来寺院を支える門徒、第二次特別伝道班の参加者は、教区指定奉仕団参加者及び第一次特別伝道参加者。

「ハ、推進員認定研修会」…推進員とは、「在家のご門徒の中の、信心の篤い、特に壮年の人々を中心にいたしまして、同朋会を推進する中核体となる人々」のこと。推進員には「現代の聖典」で教学の基礎を学び、儀式・作法を教え、本廟奉仕を行い、そして帰敬式を行う。特に帰敬式は、自分から教団に入るという決意を重んじようというもので、今までの檀家制度での無自覚的な入団を脱皮するためには必要不可欠なものと位置づけている。また、住職や有教師は育成員となって「推進員を把握し育成する」。「真宗タイムス」に代わる「同朋新聞」はそのためのもの。

「二、第一次五ヵ年計画」…同朋会とは、「地下に根をはやすという、全く縁の下の力もちの仕事」であり、今こそそれを「せざるを得ない」ところに教団は立たされている。それ故、同朋会には末永い計画が必要であり、特に、教団内のみならず教団外に、たとえば「団地開教」「都市伝道」「職域教化」に、教団の新生面の開拓を託し得る新しい組織、つまり「同朋会推進本部」や「企画室」を設置する(27)。

この同朋会研修総合計画では、たとえば、「推進員認定研修会」の中で「帰敬式」が重んじられたように、我々一人ひとりが主体的な意志をもって入会すること、つまり明確な求道心が基本とされた。また、「第一次五ヵ年計画」での教団外への「団地開教」「都市伝道」「職域教化」の方針も、従来の門徒だけではなく、あらゆる社会層を教化対象とするものであった。すなわち、同朋会研修総合計画は、基本的に、十方衆生と共なる〝草の根〟運動と言うべきものであった。そして、その財務基盤が、衆生一人ひとりの目覚めに基づく「会員制」であったのである。

訓覇の言葉を聞こう。

この世間があるということは、これは流転の世界としてある。しかし、それを成り立たせている真実というものがちゃんと働いていて、それは法蔵菩薩ということになるんだと思う。にもかかわらず、衆生の私として迷い出ているわけだ。だから私自身も迷いの存在であると。その迷いが迷いとして見えてくるかどうか。迷いの

世界そのものとして自身が生きている。それは親鸞で言えば、やはり末法の自覚として、時機の自覚として
あったんでしょう。[28]

どこまでも、エゴに満ちた娑婆を生きる衆生を救済する法蔵菩薩の自覚、あるいは「末法の自覚」を、訓覇はこのように述べている。だが、この「法蔵菩薩の自覚」は、このような同朋会研修総合計画によって実現できるのであろうか。

そもそも同朋会運動は、かつて教団改革運動を断行した清沢がそうであったように、「宗門護持」を掲げる伝統的保守勢力との対立は、避けてとおれないように思われる。それは、「法蔵菩薩の自覚」という純粋な信仰運動——それは真の意味での「法義相続」である——が「相続講」によって維持される「宗門護持」[29]と矛盾するからであろう。具体的には、「法蔵菩薩の自覚」とは、「仏教の名において死んでもよい」という純粋な意欲を促し、「真宗再興」の志願であるが、それに対して「宗門護持」は、権威の象徴としての教団の維持を目指すからである。純粋な信仰運動は、同朋社会の顕現を掲げる限り、権威とは相容れない。したがって、同朋会運動は、基本的に「宗門護持」と対峙するのは当然であろう。

では、同朋会運動が、如何にして「宗門護持」の課題を克服するのか。それはおそらく、同朋会運動が、寺檀制度に替わる財務基盤をどのように保障するか、つまり、如何にして「会員制」を導入するか、という一点によると思われる。寺檀制度と「会員制」の矛盾は、寺檀制度の本質が「宗門護持」を目的とするのに対して、「会員制」は「一人の自覚」を目的とするところにあり、そのような「会員制」を導入することは、個を重んずる戦後社会においては、むしろ時代の趨勢に沿う施策であったように思われる。さらに言えば、「一人の自覚」とは、本願の伝統に立ち上がる「一人」の誕生であり、その意味から「会員制」は、本願の伝統に立脚する施策ではなかろうか。

訓覇に導かれながら同朋会運動を推進した柘植は、次のように述べている。

訓覇総長は特伝講師に、「一人をみつけるんだ。一人をみつけ一人を育てるのだ。一人もみつけられん講師じゃ駄目だ」と常に語っておられた。又、「特伝は一本釣りだ」とも、「こぼれたご飯を拾う時は、かき集めるより、一粒々々拾った方が早い」とも言われた。特伝の目標は、多くの人が集まって威勢がよいことではない。一人の信ある人が生れることである。(30)

「真人」は、「かき集める」ことはできない。「一粒々々」米を拾うようにしてしか「真人」は誕生しない。したがって、「法蔵菩薩」の自覚や「末法の自覚」、また「一人をみつけるんだ」と叫ぶ訓覇にとって、同朋会運動推進のための総合計画とは、基本的に「一人の目覚め」のためのものであり、また「真人」を生み出すものでなければならなかった。その意味で総合計画とは、基本的に「一人」の〝しのぎ〟の場の確立を目ざすものであり、したがって、総合計画とは、教団、寺院が聞法の場として機能的になるための施策でなければならなかった。

また訓覇は、「一人もみつけられん講師じゃ駄目だ」とも述べている。すなわち、信獲得には必ず得道の人がいなければならず、したがって、総合計画の根幹には、善知識の誕生、つまり住職の目覚めがなければならないのである。

訓覇にとっての教団とは、「門徒衆が血を流した教団」であり、それ故、「その生命を復活させるのは当然ですよ。門徒への責任ですよ(31)」と言わなければならない教団であった。同朋会運動で掲げる総合計画とは、教団、寺院の生命力の回復、また仏道に立つ「一人」の誕生のためのものであり、そういう意味で、同朋会運動は、間違いなく本願の伝統に根差す運動であった。

第三項　第七十回定期宗議会「質疑応答」

さて、「第七十回定期宗議会」における総長演説「同朋会の形成促進」に対する質疑応答を見ていこう。質疑については、概ね駒沢彰恵議員から発せられた次の六項目に集約できると思われる。

一、何故、同朋教団の実践の方法として、早急に同朋会を作らなければならないのか。

二、檀徒制度が混乱を起すのではないか。

三、推進員が現在の教化者の地位を侵害するのではないか。

四、第一線で教化活動をしている住職に、受け入れ体勢の上に混乱をきたさないか。

五、指定教区、指定組の集中されないところはどうなるのか。

六、新生都市にある立派な施設（別院）をもってどうやるか。(32)

以下、質疑とその応答の概要を見ていきたい。

「一」に関する駒沢の質疑は、次のようなものであった。

教団ということ自体が、これは教化活動の団体でありまして、門徒を基盤といたしますが、既に外に向つて働く教化の生命体であります。それであるのに教団自体の活動があるのに、その上に同朋会というものを、さらにつくられるということは、教団自体の自己否定ではなかろうかということは、このことは昨今までいわれておりました寺造りの、新たな寺造りと、こういうことをいわれておるのでありますが、その運動でよいのではないかと。また寺造りの運動が本当に浸透した時に、展開した時をまつて、これ〔同朋会運動〕を行われるのがよいのではなかろうかということであります。また申しますならば、教団自体と相続講ということ。それがその上に同朋会というものをつくられると、こういうことが屋上屋を重ねるものでなかろうかと。[33]
駒沢は、同朋会運動の必要性を質している。教団そのものがすでに教化団体であり、また教団も冥加金、賦課金、礼金、相続講金、懇志金などによって維持される限り、そこに「新たな寺造り」による教化のための「同朋会志」が加われば、「屋上屋を重ねる」ので、教団体制や『宗憲』に混乱を来たすのではないか、という質疑である。

これに対して訓覇は、

〔同朋会運動は〕いやが応でも宗門に課せられた歴史的な使命[34]

と前置きし、

教化が行われておれば、それは結構でありまして、その上に屋を重ねる必要はないのであります。教化が実際に十分でないところに、本当に寺院の本来のなすべき仕事である教化は、現代人の要求に即応しつゝ、有効適切に進められていくために、同朋会ということを申したのでありまして、若し、例えば、まあ駒沢さんのお寺で教化が十分に行き届いておるならば、それがそのまゝ同朋会でございます。[35]

と、「寺院」の教化を「有効適切に進め」るために、同朋会運動を始めた旨、述べている。

さらに、

今日の社会情勢の急激な変化によりまして、都市の人口に編入されたそういう人々を、どうして従来の教化の方策で進んでいけるかどうか。（中略）本当の教化の組織化をするということは、これは新しい構想から考えねばならんのではないか。まあそういつたことから、あの五ケ年計画の下の方にありますように、新しい都市における、新しい領域にも適用出来るという形におきまして、同朋会の発足を考えた次第でございます。[36]

と応えている。教化は現代人の苦悩に対応すべきであり、したがって、教団は時機相応でなければならず、そういう意味で、都市部における教化策は、まさに教団の最優先の課題であった。

「一二」についての駒沢の質疑は、次のようなものであった。

本来は外に向つて教化というものが動くべきものを、内側の方に動いて、そのために、かえつて現在ある教団の基盤というものが、何かそこに恐れがあるんじやなかろうかということであります。(37)

門徒の自覚を促すことは、寺檀制度の崩壊につながるのではないか、との危惧からの質疑であろう。これについて訓覇は、

私共の教団におきまして檀徒と申すのは、宗祖聖人のおあづかりの御門徒であるということで、(中略)それがいつかですね、住職一家の私有物に—といつては極端であるかも知れませんが、生活の基盤としての私有化ということになつておるんでないであろうか。それならばこれは重大なことでありまして、この自覚に立つた檀家制の推進ということが、地方の寺院に混乱を起さしめるというお尋ねでありますならば、それは一応よく解りますけれども、(中略)おあづかりの門徒を、自分の生活の手段に私有化していること自体の反省が、先づなさるべきでないかと考える次第であります。(38)

と、門徒が本来「宗祖聖人のおあづかりの御門徒」であることを確かめ、寺院と門徒の関係性を見出すべきことを述べている。そして、

ゆくゆくは私は別に同朋会という名前でなくても宜しゆうございますけれども、本当の意味の寺院を中心にした教化は、もつとこの再組織されていきました時にはですね、今のような、私有化しているような形になつておるものですから、門徒の人に対して公けに発言が出来ないということでございますが、こういう運動が推進されていけば、私は門徒の登録制と申しますか、はつきり責任というものを引き受けたという、そういう条件

による門徒の登録制ということが考えられねばならんのではないかと思うんであります。(39)

と、今日の教化の弊害となるものは、門徒を住職の私有物とするところにある、と寺檀制度を地盤とする住職の姿勢を批判する。そして、その弊害を乗り越えるには、門徒を教化目的の登録制（会員制）にすることで、寺院が積極的に教化に責任を持つ必要性を陳述する。すなわち、

寺が本当に苦悶している民衆が、信仰による解放の喜びの場としての、その世話人としての、喜びの場としての寺院、それを世話する住職一家というものに対しては、当然今日と違つて公明な、明るい十分な経済的援助が、自から教法の力によつて出来てくるものであり、そうしなければならんということをも併せ考えまして、本当の意味の同朋会による教化組織の推進ということを考えておる次第でございます。(40)

と、寺院が衆生救済の拠点となることで、そこに自ずと経済的援助が成立するような組織、つまり登録制（会員制）による組織が成り立つのであり、同朋会はそれに依るべきことを訴えるのである。教化を受ける門徒が寺院を支える組織作りをするのである。つまり、寺院の再編成を行い、門徒を寺院から解放して親鸞に返すのである。同朋会とは、基本的に獲信を目的とするものであり、そのような組織は、門徒によって支えられなければならず、したがって、同朋会運動とは、基本的に僧俗共学の運動であった。

「三」については、駒沢は次のように問うている。

推進員というものを置いて（中略）現在あります教化者の地位を侵害するものではなかろうかということであります。（中略）私達の住職というものが、しかもなお位置と機能とを認められているところでありますが、そういうことも一つ否定なさるのでなかろうかということであります。(41)

駒沢は、住職の危機を訴えているのである。これについて訓覇は、

住職を助けて、そういつたふうな教化の方向を誤まりなく、補助的に推進してもらう御門徒の方々は、今日沢山おられます。（中略）寺院が本来の機能を回復するために、お役に立つていたゞくということは、私は十分に考慮してよいことではないかと思うことでございます。（中略）一人前でないという御住職であつても、そういう、そこまで教法に目覚めた人達は、一生懸命に住職を護持してくれるはずであります。（中略）住職をおびやかすものではなくして、かえつて、むしろ本当に是非善悪をこえて、教法一つに入りみちて、助けてくれるものであるということは、事実が証明いたしております。(42)

と応えている。訓覇は、寺院が親鸞の「僧俗共に」という「僧伽」に立つべきことを主張する。思えば、浩々洞も興法学園も、また北間の講習会も、そして自坊金蔵寺での講習会も、すべて「僧俗共に」の「僧伽」であった。訓覇自身、教法に拠って立つ「僧伽」によって育てられたのであり、したがって、「僧伽」に絶対的な信頼を置いていたのである。

「四」に関する駒沢の質疑は、次の通りである。

幼児教化と青少年、或いは青少年連盟、或いは婦人会連盟、或いは門徒会、同朋壮年団、或いは同朋会と、こういうふうに申せば、矢つぎ早に当局は実施をされようとしておる。（中略）御住職には、受入れ体勢の上に混乱というものをきたさないか。(43)

これに対して訓覇は、

壮年会を中核とする同朋会の育成ということにしぼつて、御尽力をいただきたいとお願いを申し上げる次第でございます。(44)

と答弁する。親鸞聖人七百回御遠忌の際に盛大に行われた「同朋壮年全国大会」の成功は、訓覇の励みと自信になっていた。壮年が同朋会運動の原動力であったのである。

「五」について、駒沢は次のように問うている。

指定教区、指定組を設けて集中的に行うものであると。（中略）これは画一的ではないというところに、私は非常に、当局がここ十年以来、もっと先からもいろいろ実践を通して苦労をなさつて、データーによつて、この計画を立てられたと、こういうことが伺がわれるのであります。（中略）たゞここで集中されないところは、どういうふうになるのかと、こういう疑念をもつのであります。(45)

これに対して、訓覇は、

大風に灰をまいたようなですね、何でもかんでも全教区、全教区を相手にした、そして少ない予算をばらまいて、御焼香的にやつたということは、これはいくらやつても無駄でありますので、一応一つ御遠忌も済んだことでございますので、集中的な、ともかく本当の意味のサンガの根が生えるところまで、比較的可能性の多い、極めて小さい地区に、今日まあ当局の方に（中略）データーをもつております。そういう地区に限定してやりたいと思つておることでございますが、そのためにほかの地区はということでありますけれども、これはやはり従来通り奉仕団を、奉仕研修の方途をお勧め願いたく、(46)

と答弁している。指定教区、指定組に集中的に資金を注ぎ込んで、同朋会を実施し、教法に目覚めた人を生み出していく。そういうことを積み重ねて、「僧伽」の根を広げていく、としている。同朋会運動は、本質的に〝草の根運動〟を目指していたのである。「サンガの根」は、教区や組という教団の組織体や一寺院ではなく、一人一人の門徒に根付くものであろう。「一人の門徒」とは、草の根運動の真髄である。訓覇の視線は、常にその「一人」の獲信に注がれており、したがって寺院とは、「一人」の獲信のためのものであった。

なお、「データー」の裏付けに基づきつつ一人の獲信を促す施策を講ずるという、訓覇の宗政家としての姿勢にも、注目しなければならないと思う。

「六」について、駒沢は、次のように問うている。

新生都市に対する、日本の経済力の集中した、そういう都市に対する立派な施設をもつてどうやるか[47]この質疑に対して、訓覇は都市開教の必要性を十分に承知しながらも、データーが不十分なため、具体的方策の立っていない旨、答弁する。都市開教という課題は、それから四〇年経った今日、ようやく「親鸞仏教センター」が誕生したものの、教団としての具体的な方向性が、いまだ見出せていないのが現状ではないかと思われる。

以上、駒沢議員の質疑によって同朋会運動を尋ねてきた。

次は金村憲三議員の質疑である。金村議員は、同朋会の趣旨は十分に承知するとしつつも、次のように、『宗憲』をもって質問する。

宗憲の第八十条には、「本派の教義を信奉し、寺院に所属し、本派及び寺院を護持し、一家累代の儀式を委嘱する者を、寺院の檀徒とする」、また八十一条には、「本派の教義を信奉し、寺院又は教会に帰向してこれを援護する者を、寺院又は教会の信徒とする」と、宗憲の上には明らかにわが宗門の檀徒、門徒たる者は如何なるものであるということを、明らかにいたしているのであります。

ところがこのたびの御趣意を伺うてみるというと、宗門の長き伝灯の上に、先祖と家と固く結びついている寺檀関係は解体して、個人の宗教的信念が確立された同朋によつての教団造りに乗出そうとする教団再編成の意図が蔵せられていることが明らかなのであります。わが宗門は、わが教団の法人制は、寺院の世襲制とこの家につながる寺檀関係の強靭なるところに、わが教団の強力なる基盤があると思うのであります。（中略）私は先づ第一番に、宗憲の再検討をしてその趣意がよく徹底する頃を待つてこれを行いませんというと、あたかも戦後の農地改革と同じように、多数の檀家を有するところの寺院が、この檀信徒を解放せられて無檀の寺が今度は大坊に変つて檀信徒を所有する。(48)

金村の質疑は、『宗憲』にある「寺檀関係」、つまり寺檀制度の解体に対する危惧、つまり、「一家累代の儀式を委嘱する者を、寺院の檀徒とする」という関係を基盤にする「寺檀関係」が揺らぐのではないか、という危機感から発せられたものであろう。寺檀制度は本質的に、「僧俗共」なる「僧伽」と矛盾するものでなかろうか。

訓覇は、このような質疑に対して、次のように応えている。

家ぐるみの組織化ということは当然でございまして、たゞ宗教の本質から申しまして、家の宗教というものはないんでありますす。信仰は、あくまでも個人の上の自覚に立たねばならんという本来の姿へ、家は家としておいて変えねばならんということを申し上げた次第でございます。(49)

宗教は「個人の自覚」に立つべきとは、訓覇の揺るがぬ確信であった。

なお、金村の質疑に対しては、清谷得龍参務が、『真宗同朋会条例案』第四条の「本派の僧侶、坊守、寺族、檀徒及び信徒は、すべて同朋会の会員とする」、また第五条の「会員は、その属する寺院又は教会を中心として、同朋の会を結成しなければならない」をもって、条例的には「寺檀関係」の解体にはならないと答弁する。だが、金村が「寺檀関係」の存続を訴えるということ自体、農村共同体の解体が進む当時の社会状況においては、すでに時代に遅れを取っているかに思われる。

ともかく、同朋会運動によって信獲得を徹底すれば、「寺檀関係」を拠りどころに門徒を自らの生活の地盤とする寺院は、もっと言えば、教化を二の次にして門徒を「私物化」する寺院は、解体を免れることはできないと思われる。「真宗再興」とは、時代相応の教学によって如来の本願を自己に明らかにすることであり、それ故、教団は、時代に対応し社会に開かれていなければならないからである。時代相応の教学を確立し宗門を社会に、そして全人類に向けて開放する。ここに同朋会運動の志願が集約されよう。

教団改革と言えば、ややもすれば、教団組織の改革のことのように思われるかも知れない。しかし、それでは世俗の改革であったとしても、信獲得のための改革とはなり得ない。教団改革とは、たとえば清沢の教団改革が精神的改革を目指していたように、基本的に信仰運動でなければならず、訓覇はそれを思念した。

すなわち、訓覇は、大谷派教団をして明確な獲信を目的とする「僧伽」となることを強く念じており、そのために訓覇が、当時の歴史的社会的現実の中から、寺檀制度に代わる「会員制」を打ち出したことは、必然的であったと思われる。同朋会運動は、時代社会の課題を担う教団において、時代社会の課題を担い得る組織を方途として、本願の伝統を世に公開する運動であった。

この節を結ぶに当たって、同朋会運動を実践する立脚地を確かめておきたい。

先ずは、清沢満之の立脚地、つまり、

宗門腐らば腐るほど、我等は其の中に居て努めざるべからざるに非ずや。宗門亡びなば、末徒それと共に亡ぶ、何の不可なる処かあると。(50)

また、高光大船の、

私は教団の中に生まれ育てられての今日なのであるので、本山教団が如何に腐敗堕落だといっても決してそれを改良してやろうの刷新してやろうのというおこがましいことは思わない。唯私に於ての本山教団は礼拝、感謝の的である他の何物でもない。(51)

との言葉から窺われるように、宗門人として無条件に宗門を担わんとする姿勢こそ、仏道に立ち得た者としての必然的な有り様であった。宗門は帰依処であったのである。

そして、訓覇と共に同朋会運動に身を置いていた松原祐善は、同朋会運動実践の意義について、あの「東本願寺三十年紛争」と言われる宗門の混乱期の只中で、次のように述べている。

東本願寺が同朋会運動をやっておるのではない。同朋会運動のなかに教団における同朋僧伽のいのちが覚醒されていくという、言いかえれば同朋会運動というのは、同朋僧伽のいのちを覚醒する、よびさますところの信仰運動である。(52)

同朋会運動によって、東本願寺が本来的に「同朋僧伽」であり、その「同朋僧伽」を明らかにする運動が、信仰運動としての同朋会運動である、として、帰依処としての宗門の再興を念じ、続けて、

そういう方がたのなかには親鸞の教えは尊い、親鸞は日本の思想史上もっとも深い方だと、しかし一面、親鸞の教えを仰いでいる今の教団、両本願寺に対してはわれわれは不信をもっておる、とおっしゃっておられる方が多いのです。それらの方がたの親鸞に関する研究には、お礼を申さねばならないものがありますが、しかし大事な僧伽というものについての責任をもたれておらないのですね。亀井勝一郎さんの『親鸞』を読んでおりまして、どこから親鸞を学んでいるかといいますと、名をあげているのは、曾我先生や金子先生ですね。その著書をとおして、自分の思想を述べていかれるのでありまして、そういう知識人・思想家の語られる親鸞に、ときにはわれわれもおおいに教えられることもありますけれども、教団というものについてはまったく不信状態ですね。

僧伽をまず仰いでおるわれわれにとって、まったく無名のままに、御同朋と一緒に、この僧伽に安んじて身命

を託しうるという、こういう生死の帰依処をいただいている喜びがあるわけですね。(53)

と述べている。人類の帰依処とも言うべき「同朋僧伽」、また、これまで無数の御同朋が安んじて帰依し続けてきた「同朋僧伽」、そういう「同朋僧伽」を、今日の教団において見出していく。ここに同朋会運動の志願があったのであり、したがって、訓覇の訴える「会員制」も、時代社会の必然性を背景にした、「同朋僧伽」発見のための徹底した宗門再生の手段であった。決して、〝器〟の維持を目的としたものではなかったはずである。

宗門は、我々の帰依処である。そういう意味で、我々は、たとえ頽廃する宗門、それを、訓覇がそうであったように、自分自身の責任において受けて立つのである。同朋会運動五十周年を迎える今こそ、我々は自らの責任において、訓覇の打ち出した運動再生のための施策を、時代相応のものとするために、確かめなければならないのではなかろうか。

なお、この七十回定期宗議会において、手島圭二郎議員が宗門学事について質問し、それに対して宮地義亮教学局長が、大谷大学が仏道に立った教育を実践するための教育環境を整えることを表明している。さらに、

本派の学事関係に関する強力な調査機関といいますか、審議機関というものが必要だと思います。そのために学事振興会議というものを今年度はもつていきたい(54)

と応えている。また、宗門の関係学校に一貫する学事体系の成立についても研究すると応えている。だが、このような仏道に立った学事を体系的に構築するという課題は、それから四〇年経った今日においても解決を見たとは言い難く、積み残されたままになっているのではなかろうか。

註

（1）「颱風の旅」「暁烏敏師追悼号」『真人』七三号、一九五四（昭和二九）年一一月、六〜七頁
（2）「五部長」とは、訓覇信雄、竹内良恵、竹田淳照、岸融証、藤原正遠のことである。
（3）「侍董寮会議抜粋」『時機と教法』『真宗』一九六五（昭和四〇）年六月別冊、七頁
（4）「侍董寮会議抜粋」『時機と教法』『真宗』一九六五（昭和四〇）年六月別冊、八頁
（5）「侍董寮会議抜粋」『時機と教法』『真宗』一九六五（昭和四〇）年六月別冊、九頁
（6）『教化研究』一一一、一一二号、一九九四（平成六）年三月、三四七頁
（7）「侍董寮会議抜粋」『時機と教法』『真宗』一九六五（昭和四〇）年六月別冊、九頁
（8）「同朋教団運動の展開—七百一年への願いをこめて—」『真宗』一九六一（昭和三六）年八月、三頁
（9）『真宗』一九六一（昭和三六）年九月、四頁
（10）「同朋のあゆみ」『真宗』一九六一（昭和三六）年一二月、五頁
（11）「同朋会の形成促進」『真宗』一九六二（昭和三七）年七月、六頁
（12）「同朋会の形成促進」『真宗』一九六二（昭和三七）年七月、六頁
（13）『創価学会』「第一章なぜ創価学会は生れたのか」新潮社参照。
（14）『日本の新興宗教』六〇頁、岩波新書
（15）「第七十回定期宗議会（通常会）議事録」一九六二（昭和三七）年六月、一二三頁
（16）「僧伽の現成を願って」『教化研究』一一一・一一二号、一九九四（平成六）年三月、三五〇頁
（17）「僧伽の現成を願って」『教化研究』一一一・一一二号、一九九四（平成六）年三月、三五二頁
（18）「同朋会の形成促進」『真宗』一九六二（昭和三七）年七月、七頁
（19）「同朋会の形成促進」『真宗』一九六二（昭和三七）年七月、七頁
（20）柏原祐泉によれば、相続講発令の『御親諭書』に法義相続を目的とすることが謳われているものの、それは「つまるところ、法義相続とは善知識の教化に随順することであ」るとしている（『真宗史仏教史の研究Ⅲ近代篇』一五五〜一五六頁、法藏館）。ここでの「相続講の精神」とは法義相続のことである。
（21）「同朋会の形成促進」『真宗』一九六二（昭和三七）年七月、七頁
（22）「同朋会の形成促進」『真宗』一九六二（昭和三七）年七月、七頁

(23)「僧伽の現成を願って」『教化研究』一一一・一一二号、一九九四(平成六)年三月、三四九〜三五〇頁
(24)「同朋会の形成促進」『真宗』一九六二(昭和三七)年七月、七頁
(25)「僧伽の現成を願って」『教化研究』一一一・一一二号、一九九四(平成六)年三月、三四八〜三四九頁
(26)「僧伽の現成を願って」『教化研究』一一一・一一二号、一九九四(平成六)年三月、三四四頁
(27)「同朋会の形成促進」『真宗』一九六二(昭和三七)年七月、一七頁(取意)
(28)「僧伽の現成を願って」『教化研究』一一一、一一二号、一九九四(平成六)年三月、三四七頁
(29)柏原祐泉によれば、相続講は「法義相続」を目的に発令されたが、実際は、「法主のカリスマ的性格を強く前面におし出す」ことで、「全教団の統一的な募財体制を組織」するものであり、さらに言えば「法主制下に運営される相続講は、募財の有力手段となりえても、それが願いとして掲げた法義相続という真の目的を満たすことには無理があり、ひいてはこの構造による募財にも自ずから前近代的な限界があったといえるだろう」と述べている。(『真宗史仏教史の研究Ⅲ近代篇』一五六〜一五七頁、法藏館)
(30)「同朋会運動の源流をたずねて(3)」『真宗』一九八一(昭和五六)年八月、三五頁
(31)「僧伽の現成を願って」『教化研究』一一一・一一二号、一九九四(平成六)年三月、三五〇頁
(32)「第七十回宗議会(通常会)議事録」一九六二(昭和三七)年六月、一四一〜一四五頁から要約
(33)「第七十回宗議会(通常会)議事録」一九六二(昭和三七)年六月、一四一〜一四二頁
(34)「第七十回宗議会(通常会)議事録」一九六二(昭和三七)年六月、一四六頁
(35)「第七十回宗議会(通常会)議事録」一九六二(昭和三七)年六月、一四七頁
(36)「第七十回宗議会(通常会)議事録」一九六二(昭和三七)年六月、一四七〜一四八頁
(37)「第七十回宗議会(通常会)議事録」一九六二(昭和三七)年六月、一四二頁
(38)「第七十回宗議会(通常会)議事録」一九六二(昭和三七)年六月、一四八頁
(39)「第七十回宗議会(通常会)議事録」一九六二(昭和三七)年六月、一四八頁
(40)「第七十回宗議会(通常会)議事録」一九六二(昭和三七)年六月、一四九頁
(41)「第七十回宗議会(通常会)議事録」一九六二(昭和三七)年六月、一四二〜一四三頁
(42)「第七十回宗議会(通常会)議事録」一九六二(昭和三七)年六月、一四九〜一五〇頁
(43)「第七十回宗議会(通常会)議事録」一九六二(昭和三七)年六月、一四三頁

(44)「第七十回宗議会（通常会）議事録」一九六二（昭和三七）年六月、一五〇頁
(45)「第七十回宗議会（通常会）議事録」一九六二（昭和三七）年六月、一四三頁
(46)「第七十回宗議会（通常会）議事録」一九六二（昭和三七）年六月、一五〇～一五一頁
(47)「第七十回宗議会（通常会）議事録」一九六二（昭和三七）年六月、一四四頁
(48)「第七十回宗議会（通常会）議事録」一九六二（昭和三七）年六月、一五八頁
(49)「第七十回宗議会（通常会）議事録」一九六二（昭和三七）年六月、一六〇頁
(50)「追憶・資料　浩々洞」『清沢満之全集』八巻、二二八頁、法藏館
(51)「現前一念の生活者（桑原多瑛）」「月報二」『高光大船著作集』五巻、彌生書房
(52)「念仏僧伽論」『松原祐善講義集』二巻、二四九頁、文栄堂
(53)「念仏僧伽論」『松原祐善講義集』二巻、二五三頁、文栄堂
(54)「第七十回宗議会（通常会）議事録」一九六二（昭和三七）年六月、二三二頁

第六節　同朋会運動の展開

第一項　訓覇信雄の志願

次の文は、一九七五（昭和五〇）年九月一六日から翌年一二月二〇日までの、『毎日新聞』紙上に連載された「宗教を現代に問う」の記事である。同朋会運動の実像が分かると思うので、長文ではあるが引用する。

八女茶の産地で知られる福岡県八女市清水町、看板製作業、金川末弘さん（五十六歳）宅で毎月、開かれている「八女同朋会」は寺の住職や講師を中心に開かれている全国の同朋会の中で、講師なしの門徒だけの〝自主

講座〟というユニークな存在。同会の下地は同朋会運動が始められる以前の三十一年、金川さんが呼びかけて出来た聞法会「椰子の実会」から誕生して、三年前、檀家の垣根を越え、近隣の寺の門徒を会員に派生した。最初の二年間は講師を中心に続けられたが、五十年から講師が多忙になったことと、講師に頼りたがる〝甘え〟を乗り越えるため、あえて自立することに踏み切ったという。七人でスタートした同会も今ではメンバー二十人。

五十一年十月四日午後七時、金川さんの自宅奥八畳の仏間で開かれた月一回の定例会は十九人の「同行」で身動きできないほど。農業、製パン業、洋服仕立業、それに主婦と、仕事はさまざま。農繁期には野良着のままでもかけつけるという。参加者の男女のうち二組は夫婦。うち一組は車で四十分もかかる八女郡のはずれから欠かさず出席する。

「正信偈」の唱和でスタート。司会役の金川さんを囲み、テキストの『歎異抄』第一章の学習が始まった。「念仏とは自分にとって何か」がテーマになると、ある主婦（五十三歳）は「お年寄りが口ぐせのように言うナマンダブツというような念仏には抵抗があるし、まだ自然に念仏は出てこん」と正直だ。そこには宗教的告白といったような深刻さはない。信仰の姿勢を糾弾する発言もない。それぞれが自分の生活の中でとらえた親鸞の教えを体験的に語り、それが正しい理解であるかを各自持参の浄土真宗のバイブル『真宗聖典』を参考に確認し合うのだ。「しかし、ここは同好会ではなか。本当の信心に出あうために考えの違いは徹底的に議論する」と金川さんは言う。会員は三十七歳の仏壇職人から七十六歳のおばあさんまでだが「議論になれば対等だ」。テキストの『歎異抄』は半年前から始めた。まだ序文と第一章の一行目。椰子の実会以来の会員、元公務員の石橋慶三さん（七十四歳）は「教義そのものの勉強だったら家で本を読んだ方が早かばい。そういうもんでもなかもんがここにある。人間の心の素肌に触れられる。そいがこの会の魅力たい」。だから家庭にも言えぬ悩み、夫婦間の問題もこの会にぶちまけ、親鸞の教えに問うという。「人が集まれば自分をよく見せようという虚像を出すものだが、親鸞聖人の教えで、それがすっかり破られてしもうて、いくらりきんでもたかが知れる自分だとわかっているからなんでも言える」と言うのは元中学教諭の安徳義夫さん（六十三歳）。「ここに集まるのはなにも完全無欠な人間になろうとして来るんじゃありません。どうなりようもない自分に気づかせてもらうためです」と安徳さんの妻園子さん（五十三歳）が付け加えた[1]。

その金川末弘は、次のように当時を振り返っている。

> 私は推進員として関わりながらも、その願いはひとつ、それは訓覇先生のお言葉にあった。「同朋会運動とは、出発点（発起）に起ち上がること、すなわち念仏申さんと思い立つ心の起こるとき、すなわち、南無阿弥陀仏が出発点である。同朋会運動も、この出発点がないと立ち上がれない。出発点を与えるのが念仏である」。
> 切々と語られた訓覇先生の信念こそ、まさしく今日ただ今の現実を見通す視点として、長い間私の奥深いところに燻り続けていたお念仏の道理が私にとっては現に身を置く教団問題を生きた教材として学ぶご縁をいただきました[2]。

同朋会運動が南無阿弥陀仏に発起する運動とは、訓覇の揺るがぬ信念であった。訓覇は次のように述べている。

> 南無阿弥陀仏といえば絶対否定から始まる。絶対否定をくぐらなければ、仏教はわかるはずがない。絶対否定の南無によって、南無と頭が下がって、阿弥陀仏と立ち上がるわけです[3]。

その絶対否定について、

> 私たちの迷いの心を破って、向こうから呼び覚まされた。そのときを信の一念という。信の一念がなかった

ら、南無阿弥陀仏は間違いはないけれども、助かったのだという自覚はないでしょう。行の一念だけなら、助かったという証拠がない。信の一念といえば、それは回心です。その信の一念を、天親菩薩は一心と言われたのです。

この一心は、賜ったものです。他力回向の信心。つまり曠劫以来眠ってきた私に眠りから覚めた心をいただいた。よう眠っておるのじゃないかと叩かれて、目を覚まされた。これは覚めた心です。つまり如来が衆生となった心。衆生のうえに成就した如来が信心です。だから、覚めた心なのです。われわれが自分で覚めたのではないのです。永劫に覚めることのできない自分であると聞こえてきた。それを信心という。(4)

と、「我一心」の自覚を述べている。「我一心」とは、如来回向の一心であり、「信の一念」である。その「我」には、宗教的告白の深刻さや、信仰姿勢への糾弾の起こり得る余地はない。如来によって、無救済者の我が身が知らされる。つまり、「よう眠っておるのじゃないか」と覚まされるのである。ここに同朋の一人としての「私」が誕生するのである。これこそ、信心獲得の醍醐味であろう。

訓覇を支えた宮戸道雄は、同朋会運動推進のための三本柱を挙げている。

(一) 末端から本山への上山奉仕 (真宗本廟奉仕団)

(二) 「特伝」と呼ばれる本山から末端への特別伝道 (特別伝道)

(三) 運動の担い手作りともいえる推進員研修 (推進員教習)(5)

宮戸によれば、同朋会運動は、教区・一般寺院からの上山奉仕に始まる。具体的には、滋賀県びわ町 (現長浜市) の長浜教区二二組の組長が発案した「同朋会館奉仕団上山同窓会」という名称を簡略化して「同朋会」とした。すなわち「同朋会」は門徒が提案したのであり、そのような仏道の盛り上がりは、上山の方向性と逆の流れ、

つまり上山研修時に聴聞した講師が、逆に本山から教区や寺院に招かれる、という往復運動を引き起こした、としている。そして、

次第に渦巻きになり、うねりになってくる手応えが、はっきり見えてくるのです。立ち上がった門徒さんの知恵と、純粋な喜びが、原動力なんです。奉仕団に上山して、帰りには同朋会館がおみやげだったのです。おみやげというのは、法話の聞きっぱなしではない。座談会をするようになった。お寺へは、これまでお客さんで来ていたけれど、主体的に「私のお寺へ行く」ということになったという意味です。こういう動きが、うねりとなって出てきたのです。(6)

と回顧する。初期同朋会が、獲信の純粋な喜びが原動力となり、〝うねり〟となる。その熱き信仰のエネルギーを感じ取った訓覇が、同朋会運動を決意したとし、さらに、

事実がなければ、力は出ません。事実を押さえて、事実に立って進んでいく。それが訓覇さんのやり方でした。みんな訓覇さんという人のことをすごい知恵者のように言いますけれども、決してそうじゃないのです。ご門徒の純粋な声を素直に聞かれたのです。(7)

と述べている。忘れてならないことは、そういう訓覇のリーダーシップの背景に、門徒による〝うねり〟があったということである。そして、その〝うねり〟が「座談会」を生み出した、ということにも注目すべきであろう。

特別伝道についても、

奉仕上山という形でこちらへ来る、それを受けて、こちらからでかけて行く。特別伝道というのも、ご門徒が教えてくれたのです。(8)

と宮戸は述べている。そのように、門徒に根を張り盛り上がった運動は、親鸞在世時の教団そのものの有様を思わ

せまいか。そして、この盛り上がりについて、蓬茨は、

十年間にわたってなされた同朋生活運動、教師修練、住職研修、青少年研修、伝道研修、本廟奉仕にはじまった門徒研修、僧俗研修等、このような動きから、同朋会設立のひめやかな願いが次第に形をなしはじめ、明らかな声として要望されたのは御法要直前の全国同朋壮年大会の時でありました(9)。

と言うが、そのように、一九六一(昭和三六)年三月の「同朋壮年全国大会」が同朋会運動の原動力となったことは、既に述べたところである。そして、その〝うねり〟の中に、当時壮年であった亀井鑛や増田茂がいたのであり、訓覇はその二人を見て「これや」と思った、と伝えられている。すなわち、

お寺を燃えさすためには、ご門徒の中に聞法の中心になる人をまず養成して、それで、あちこちの寺に拠点を作っていこうと考えたわけです。本当のことをいうと、はじめ訓覇さんは特伝には反対だったのです。壮年研修会で人間を各地に作って、お寺に配置する。そして、各地にモデル寺院を作って、その点を線にしていこう。こういう発想だったのです(10)。

とあるように、門徒の中で仏道に生きる中心的な「人」を養成し、その「人」を拠点にモデル寺院を形成して、信仰の〝うねり〟を広げていく。「人」から「人」への広がり、これこそ同朋会運動の展開の実際のあり方であったのである。

宮戸はさらに続けて、

当時はひとくちに奉仕団といっても、指定奉仕団だとか、いろいろと分かれていて、その性格はさまざまでした。そういうものを全部行政的に統一していったのが五か年計画なんです。なぜ訓覇さんが五か年計画に反対したのか。親鸞聖人の御遠忌前後に本山特派布教というのがありました。有名講師を本山が地方へ派遣して、

不特定多数のご門徒を雲のように集めて、盛大な一日法座を開いていたのです。これでは大風に灰を撒くがごときもので、根づかないのです。訓覇さんはそれを「するな」というたのです。人を多く集めるな、一人でもよい。一人の人を大切に育てる。本物の人、回心の人を育てる。「回心なくして真宗なし」が訓覇さんの信念だったのです。(11)

と述べている。「一人」を大切に育てるのである。まさに、「回心なくして真宗なし」とは、訓覇の宗教的信念から湧き出る確信の言葉であろう。回心こそ、真宗をして真宗たらしめる要諦であり、親鸞の仏道の原点である。特別伝道は、このような訓覇の志願を具現化するためのものではなかったか。

特別伝道は、次の「五項目の原則」に基づいて運用された。

一　本山で企画し、講師、随員は本山が決める。随員は宗務役員の中から選ぶ。

二　対象地域を指定して三年間継続する。指定地域を四つから五つのブロックに分ける。期日は一日。参加者は一か寺について五、六人。絶対に三十人以上は集めない。六回とも同じ者が積み重ねて受講する。最後は奉仕団として本山に上山する。その修了者を推進員とする。

三　「現代の聖典」をテキストとして用いる。

四　必ず座談会を開いて、生の声をぶつけあう。

五　経費は全額本山が負担する。(12)

しかし、このようなシステム的な「五項目の原則」は、はたして「人」を生み出すことができるのであろうか。

宮戸自身、

問題は、念仏を伝えることの難しさです。説教をしていたら伝わるというようなものではありません。本当に

風邪をひいた人が風邪をうつせるのです。推進員とは、自分に念仏を推進するほかないのです。(13)

また、

条例や規則で推進員が動くわけではありません。いただいた信心の力が、いただいた人を立ち上がらせるものなのです。人間の力では腰が立ちません。(14)

と言っているが、そのように、信自体の有する教化力によって念仏が推進されるのであるならば、「修了者を推進員とする」というようなシステム化した「五項目の原則」は、現実的にどのように機能したのであろうか。特別伝道の修了者は、果たして信をいただいた人ばかりであったのであろうか。

「大風に灰を撒く」ことの無意味さは言うまでもないが、それを「参加者は一か寺について五、六人。絶対に三十人以上は集めない」という「原則」を立てても、回心の約束はできないと思われる。したがって、宮戸は、特別伝道の「原則」の一定の効能を認めつつも、

特伝は五年間で各教区を一応、ひと回りしました。全教区の一つか二つの組で、特伝が行われたのです。その時、訓覇さんは内々に「特伝はもうやめよう」と言い出されました。「特伝はやめて、やっぱりモデル寺院を指定する方式にしよう」と、そう考えられたのです。(15)

と、訓覇の胸中を伝え、さらにシステムの限界を、次のように述べている。

講師を出すにも、ふさわしい人がもういないのです。(中略)そう簡単に人間が育つわけではありません。それで息切れしたわけです。もう一つ、人材養成で会館教導、特伝教導を育てるために、どちらも「伝研修了者に限る」という採用条件を設けたのです。それまでの伝研は厳しいもので、回心というものを強く打ち出した修道的なものだったのです。ところが、そういう採用条件を設けたがために、修道的伝研がパスポートをとる

ための伝研になってしまったのです。[16]

同朋会運動の本質は信仰運動であったが、それをいくらシステム化しても、獲信はどこまでも「一人」のしのぎである。また講師の不足は致命的であったし、さらに講師は、伝道パスポート的な形で作られるものでもなかった。

当時、特別伝道の随員として教区を巡回していた高藤法雄は、

平成十年（一九九八年）七月二十八日、訓覇信雄師の通夜の席で、かつて特伝の講師を務められた東野弘師が、感話で同朋会運動発足時の思い出を語られました。その中で、当時盛んに言われていた言葉として「回心」「実践教学」の二つがあげられました。今宗門の中でこの言葉を耳にすることが大変少なくなったように思います。しかし、この言葉こそ、我々の学びのあり方や方向を闡明に言い当てていると、ノートを読み返しながら思い起こしています。[17]

と述べている。訓覇が教学部長のとき、小冊子『実践の教学』を出版したように、真宗の真髄は、念仏者を生み出す教学実践にあったのであり、したがって、先ず求めるべきは、自らの回心、つまりこの「私」が願生道に立つことであった。また、「同朋僧伽」の一員としての自覚であった。そして、その自覚から運動の〝うねり〟が、宗門全体に引き起こされるのである。まことに、訓覇のいう、自分の業を背負って立ち上がることのできる「人」の誕生、つまり求道の実践者の誕生によって、同朋会運動が推進されなければならないことは、間違いない。

特別伝道について、先に引用した『宗教を現代に問う』の中で、次のように報告されている。

運動に反発する住職がなぜ多いのか。研修部員の一人は分析する。「一つは自分の寺の門徒に、本山から派遣された講師が直接語りかけるという、いわゆる〝頭越し布教〟に対する本能的嫌悪感。もう一つは同朋会運動

が〝機の追究〟に厳しすぎるという不満でしょう」と。（中略）つまり、運動が、門徒に自己批判を強いることに力点を置くことへの不満があると言うのだ。（中略）「特伝の座談会で、ある母親が講師に〝最近七つの娘が念仏もとなえずに急死した。（極楽）往生しているでしょうか〟と尋ねた。講師は〝死んだ子供のことなど考えなくていい。親のあなたが救われるかどうかが問題だ〟と答えたんです。なんと非人間的な運動だろうと、鼻白む思いでした」。この種の同朋会アレルギー的な声は他にも多い。いずれも、運動へのアプローチである特伝にからむトラブルが原因になっている。[18]

人々に信心獲得を促すはずの特別伝道によって、人々の心が閉ざされた、という報告である。自己を問うことをドグマ化システム化して人々に回心を促そうとした結果が招いた一例であろう。

ところで、宗教社会学者であり、訓覇のブレーンでもあった高木宏夫は、次のような訓覇の苦悩を伝えている。信心の問題をはっきりさせるためには、むしろ教団の外に出て、あらゆるきずなを切ってやる方がやりやすいと考えたことがあった。しかしそれでは、宿業を果たすことにはならず、避けることになる。だから、苦悩したけれども、それはできなかった。教団で運動をすれば、政治の限界が出てくる。聞法・求道はあくまでも個人の問題であるが、行政が信仰運動をやれば限界がある。しかし、それを承知でやらざるをえない。[19]

生涯、教団を背負って生きなければならないところに、教団人としての生を享けた訓覇の宿業があった。訓覇の志願は全人類的であったが、実際に身を置くところは、娑婆と共に在る教団である。そして教団は、その娑婆のシステムによって動いている。しかし、娑婆のシステムからは信仰は生まれない。そのことを承知でやらざるをえないところに、同朋会運動を担う訓覇の業縁と、法蔵菩薩のご苦労に通ずるリアリティ漲る仏道実践があった。高木は次のように述べている。

よく同朋会運動を教団近代化の文脈で捉える人があるようですが、それは逆だと考えられます。近代化とは結果であって、原点は信仰の問題です。（中略）同朋会運動は、門首制を見直すことを目的としているわけではなく、まさに「自信教人信」に始まる個の自覚の宗教を、門徒・僧侶が信じるなかで、現代社会に親鸞の教えを開いていこうということです。後に、いろいろな問題が惹起されて見直されますが、訓覇さんが提唱したのはあくまでも「信仰運動」だったと思います[20]。

教団近代化の壁は、親鸞思想の原点である自信教人信によって打破されなければならないのである。それは本質的に現実の権力構造とは相容れないものであろう。権力構造のシンボルが「三位一体」とすれば、自信教人信を実践する同朋会運動は必然的に、「三位一体」という世襲的権威を否定する力を内蔵するものである。その意味から、高木は、同朋会運動の意義を次のようにまとめている。

（1）同朋会運動は、日本における唯一の組織的な「自らの天皇制否定」という思想史的に重要な問題を提起している。

（2）高倉教学から清沢教学へという、「既成教団現代化」の一つの典型が見られる[21]。

同朋会運動は、教団の枠内の改革運動であったが、それは日本の縮図とも言うべき改革でもあった。時代社会を担う信仰主体の確立という改革の背景には、「自らの天皇制否定」や「既成教団近代化」がある。すなわち、近代教学で明確にされた信仰主体の誕生は、天皇制によって閉じ込められた主体、あるいは既成教団のシステムによって自立を妨げられてきた主体、そのように抑圧された主体を、それらの呪縛、つまり権力構造から解放せしめるものであり、それは親鸞の、「聖道の諸教は行証久しく廃れ、浄土の真宗は証道いま盛なり」（『教行信証』「後序」）という叫びに通底するものであろう。したがって、自信教人信に立脚する同朋会運動とは、どこまでも時代社会の課題を、それも批判的に担う信仰主体確立の運動ではなかったか。

第二項　同朋会運動の原点

真宗同朋会とは、純粋なる信仰運動である。
それは従来単に門徒と称していただけのものが、心から親鸞聖人の教えによって信仰にめざめ、代々檀家と言っていただけのものが、全生活をあげて本願念仏の正信に立っていただくための運動である。
その時寺がほんとうの寺となり、寺の繁昌、一宗の繁昌となる。
然し単に一寺、一宗の繁栄のためのものでは決してない。それは「人類に捧げる教団」である。世界中の人間の真の幸福を開かんとする運動である(22)。

これは、同朋会運動の「宣言」である。我々は特に、この中の、「信仰運動」と「人類に捧げる教団」の二つの言葉に十分に留意しなければならないと思う。

同朋会運動が、単なる社会運動でなく信仰運動であるということは、清沢が教団改革運動の経緯から見て明らかであろう。

すなわち、清沢の教団改革は、「世界的統一的文化の暢発」を目的とし、「自己の安心を求め、拠て以て同胞の安心を求め、拠て以て世界人類の安心を求めんと期する所」にあったが、結果的には制度組織の民主的改革に止まったのである。教学刷新を念ずる清沢の苦悩は深くて重かった。そして、その苦悩をもって「予の三部経」を身読し求道したのである。清沢自身、その時の心境を次のように述べている。

此の一派――天下七千カ寺の末寺――のものが、以前の通りであつたら、折角の改革も何の役にもたゝぬ。初に此のことがわかつて居らなんだ。それでこれからは一切改革のことを放棄して、信念の確立に尽力しやうと思ふ。(23)

また、『当用日記』には、

回想す。明治廿七八年の養痾に、人生に関する思想を一変し略ぼ自力の迷情を翻転し得たりと雖ども、人事の興廃は、尚ほ心頭を動かして止まず。乃ち廿八九年に於ける我宗門時事は終に廿九卅年に及べる教界運動を惹起せしめたり。

而して卅年末より、卅一年始に亘りて、四阿含等を読誦し卅一年四月、教界時言の廃刊と共に此運動を一結し、自坊に投じて休養の機会を得るに至りては大に反観自省の幸を得たりと雖ども、修養の不足は尚ほ人情の煩累に対して平然たる能はざるものあり。(24)

と綴っている。清沢は、教団改革運動を終結した直後、宗教的精神の確立に身命を擲ったが、そのような清沢の姿勢の変化こそが、同朋会運動を信仰運動として位置づけたのである。

すなわち、清沢は教団改革運動によって、娑婆における近代化、つまり教団の民主化を達成せんとしたが、それを自ら求道に立つことで主体的に終結し、信仰運動を実践したと言える。そして、その実践として浩々洞や真宗大学を創立したのである。また、興法学園や戦後の真人社も、その信仰運動の伝統継承の結実と言うべきであろう。だが、ここで留意しなければならないことは、これら「僧伽」のすべてが、教団の外において具現されたということである。そして訓覇は、そのような教団の外の信仰運動を初めて教団内に導入し、同朋会運動として具現化したのである。

ここで曾我の言葉を聞こう。

私はですね、この自信教人信というものは、これは真諦門だと思う。真諦門。それからまあ真宗再興の運動は俗諦門であろうと私は思う。真俗二諦ということは、まあいろいろな意味に思っておるのであろうかと思いまするけれどもですね、あるいは仏法と王法ということをいうのでありまするが、やはり私は、この、つまり蓮如上人の真宗再興運動（中略）手段あり、目的あり、組織あり、団体あり。親鸞聖人には、自然にこの、同朋というものが、自然に生まれてきた。同朋なんか作ろうなんて思ってお作りになったものではない。同朋はおのずから出来上がってきた、（中略）それがその自信教人信の真諦門の御精神を失わないよう、それを傷つけないよう、そういうように、私どもは深く注意しなければならぬ。(25)

娑婆世界において、「自信教人信」の信仰運動が同朋会運動として展開することに期待を寄せる曾我の眼差しを、ここに窺うことができる。同朋会が真諦門としての自信教人信を実践するには、時代相応の組織や制度をもって娑婆俗諦の中で同朋会を整えなければならないとしている。ここに、信仰運動を実践する教団の実際的な課題があった。

思うに、たとえ同朋会運動が、その時代に相応した社会的なシステムを有していても、それは必ず無常の風にさらされるに違いない。したがって、娑婆にあって真諦門の自信教人信を実践するには、必ず時機相応の娑婆のシステムにおいて実践されなければならないことは当然である。時機相応の娑婆のシステムの構築によって、純粋な自信教人信の運動である同朋会運動が、娑婆の運動として成り立つのであろう。ここに初めて、法蔵精神が娑婆に具現化されるのではなかろうか。純粋な信は、本来的に一人ひとりの求道実践によって実現される。そして、その「一人」の求道実践を支えるのが同朋会であり、その同朋会は娑婆のシステムによって維持される。すなわち、同朋会運動とは、法蔵菩薩の実践としての「一人」の信確立の運動であると同時に、「一人」の信確立を支える時機相応の娑婆のシステムの実践でもある。そして、その娑婆のシステムも、実は法蔵精神のはたらきによって促されるのである。まさに教団の本来性をここに見ることができよう。そして、あらためて、曾我の同朋会運動に対する、「自信教人信の真諦門の御精神を失わないよう」との喚起を思い合わされるのである。

自信教人信とは、人類に対する「大悲弘普化」の仏道である。つまり、同朋会運動でいう人類に捧げる教団とは、「大悲、弘く普く化する」ことであろう。つまり、教団は「大悲」を深く湛えた人類の「僧伽」である。同朋会運動とは、人類に真の幸福の道を開くために、大悲を普く弘める運動であった。ここに同朋会運動の真実の相がある。

最後に、曾我の次の言葉を聞こう。

どうか、このことを……私はいつでもこの話をして、そうして聞いて頂きたいという願いをもっておるのでございます。も早や少し疲れましたものだから、未完成の話をいたしましてみなさまにたいへん済まぬと思います。これはみなさまよく御研究になり、そうして、今日は「同朋会運動」ということをわれらの宗門がしておるのでありまするが、やはり、同朋というのはつまり「往生人」――。

　敬まふて一切の往生人に曰さく、

というお言葉が『教行信証』の「行の巻」にございます。みな往生人、願往生人。願生すればすなわち往生を得る――こうあります。それなら、往生を得たら願生をやめるかというと、そうではありません。願生ということと得生ということとは、命あらん限りは並行しておるものである。（中略）われら浄土真宗では、願生によって得生する、得生するならば、いよいよ願生すると。得生という証拠があがったから、いよいよ願生の心が痛切である。で、かくの如くして自信教人信ということが成立するのである。[26]
すでにして曾我は、「自信教人信」は願生心のはたらきであり、その願生心こそが同朋会運動の原動力であることを明言しているのである。

註

（1）『宗教を現代に問う』（五）六四〜六六頁、毎日新聞社
（2）「私の聞法の道」『訓覇信雄論集』四巻、三一七〜三一八頁、法藏館
（3）「修道的人間」『訓覇信雄論集』四巻、八頁、法藏館
（4）「修道的人間」『訓覇信雄論集』四巻、一三頁、法藏館
（5）「同朋会運動にかけられた願い」『訓覇信雄論集』四巻、二一四〜二一五頁、法藏館
（6）「同朋会運動にかけられた願い」『訓覇信雄論集』四巻、二一七頁、法藏館
（7）「同朋会運動にかけられた願い」『訓覇信雄論集』四巻、二一七〜二一八頁、法藏館
（8）「同朋会運動にかけられた願い」『訓覇信雄論集』四巻、二一八頁、法藏館
（9）「同朋会運動の源流をたずねて(2)」『真宗』一九八一（昭和五六）年七月、五七頁
（10）「同朋会運動にかけられた願い」『訓覇信雄論集』四巻、二一八〜二一九頁、法藏館
（11）「同朋会運動にかけられた願い」『訓覇信雄論集』四巻、二一九頁、法藏館
（12）「同朋会運動にかけられた願い」『訓覇信雄論集』四巻、二一九〜二二〇頁、法藏館
（13）「同朋会運動にかけられた願い」『訓覇信雄論集』四巻、二二〇〜二二一頁、法藏館
（14）「同朋会運動にかけられた願い」『訓覇信雄論集』四巻、二二一頁、法藏館
（15）「同朋会運動にかけられた願い」『訓覇信雄論集』四巻、二二三〜二二四頁、法藏館
（16）「同朋会運動にかけられた願い」『訓覇信雄論集』四巻、二二四頁、法藏館
（17）「同朋会運動にかけられた願い」『訓覇信雄論集』四巻、二八六頁、法藏館
（18）『宗教を現代に問う』（五）七三〜七四頁、毎日新聞社

(19)『訓覇信雄論集』四巻、一九六頁、法藏館
(20)『訓覇信雄論集』四巻、二〇一～二〇二頁、法藏館
(21)『訓覇信雄論集』四巻、二〇一頁、法藏館（取意）
(22)『真宗』一九六二（昭和三七）年一二月、一二頁
(23)「追憶・資料　同盟会解散」『清沢満之全集』五巻、六二二頁、法藏館
(24)「当用日記」『清沢満之全集』八巻、四四一頁、岩波書店
(25)『法蔵菩薩と阿弥陀仏』一七頁～三一頁、中道社
(26)「往生と成仏」『曾我量深選集』一二巻、二一五～二一六頁、彌生書房

第七章　同朋会運動の再生を願って―結びにかえて―

第一節　訓覇信雄「本願共同体の実現を」

一九六二（昭和三七）年に同朋会運動を始めた訓覇信雄は、その四年後の「第八十回定期宗議会」での総長演説で、次のように述べている。

教団の近代化という問題は、同朋会運動の進展にともなって、着々と進められていることは事実でありますが、その反面、それをはばむ前近代的なものが、大きな壁となってあらわれておることも認めなければなりません。なぜならば教団の近代化ということを問題にする時、われわれの念頭に浮かんでくるものは、一つには時代相応の教学を確立し、現代の問題に充分応えうるような教化活動に取り組むということであり、もう一つは、本来の精神を失って因襲化している教団の前近代的制度を改革して今日の社会にふさわしい態勢をとるということであります。このような点から同朋会運動をふりかえってみますと、まことに遺憾な面が多いと申さねばなりません。(1)

同朋会運動が確実に進展している反面、一つは「時代相応の教学」を確立することで現代の問題に応え得る教化の必要性を、もう一つは、「因襲化している教団の前近代的制度」の改革すべきことを訴えている。そして同時に、「個人の尊重、信教の自由という近代社会の理念をわれわれの拠り所として、それに追従する」(2)ものではなく、また、「個人の理性的自覚を強調し、その自覚をもった個人個人を再組織して、新しい教団の制度を確立[3]」するという綺麗ごとではないことを主張することで、同朋会運動が信仰運動を本質とすることを喚起し、

個を超えて個を包むもの、それを如何に聞くかということは、現代社会の当面している大きな課題でありますが、それは宗教的生命の実現、すなわち本願を共同に生きる共同体の実現以外にはありません。言いかえればこのことは、僧伽の実現であり、これこそ現代人の課題であり深い願いなのであります。[4]

と、「僧伽」の実現こそ「教団の近代化」である、と述べている。

まことに、訓覇は、

〔もし僧伽が実現するとすれば、それは〕全人類の生命の源泉に帰って、そこから一切が答えられるような地平が開かれたことであり、そこにいわゆる封建的僧伽の根底にある真の僧伽が実現するはずであります。こういう僧伽が見い出されてこそ始めて、今現に行きづまりつつある近代の理性的個人を開き、全人類と共に生きるような、真の人間を確立することが出来るのでありましょう。従ってこのような意味の僧伽には個人がそれに召されるという意義を持つはずであります。今こそこのような本来の僧伽の要求に目覚め、それに応えるところに現実の教団に課せられた今日の使命があるというべきでありましょう。即ち同朋会は、この教団が真の僧伽に叶うか否かの問いに応えんとする実践運動に他ならないのであります。[5]

と、同朋会運動が近代を超克する「僧伽」形成の運動であることを確認することで、この四年間を総括するのである。

ところで、訓覇は同朋会運動を推進するに当たって、「前近代的なもの」が「大きな壁」となったとしているが、実際その「前近代的なもの」が、同朋会運動発足から七年経った一九六九（昭和四四）年には、その後の大谷派教

団を三〇年間にわたって揺り動かす発端となる「開申」事件[6]を引き起こしたのである。

思うに、「東本願寺三十年紛争」の勃発の背景には、やはり清沢満之を嚆矢とする「近代教学」が底流していたように思われる。「近代教学」には、清沢が教団改革運動で激しく対立したような、封建的教団を突破し得るエネルギーが内蔵されており、そのエネルギーが同朋会運動を引き起こしたと言えよう。したがって同朋会運動は、封建勢力からすれば、自らの立場を揺り動かす運動でもあったのである。

ところで、既述したように、敗戦直後の大谷派教団は、「宗教法人法」の改正にともない、封建的な教団観を象徴する「三位一体」[7]を維持しつつデモクラシーに立脚した〝民主的〟『宗憲』の制定のために奔走した。そして、そのようにして成立した〝民主的〟『宗憲』は、内容的には極めて〝曖昧〟[8]なものでしかなかった。そのような〝曖昧〟さを抱えたまま、大谷派教団は戦後社会を歩み始めたが、その〝曖昧〟さこそが、つまり前近代的な要素を孕んだ『宗憲』が、「開申」事件を誘引したのである。

まことに同朋会運動によって、封建制否定の原理が教団施策の中核となったため、「三位一体」によって支えられていた大谷家は、危機的状況に追い込まれることになった。「開申」事件とは、清沢の確立した「近代教学」が引き起こした出来事であったと言えるのである。

第二節　嶺藤亮「現状を踏え、さらに躍進を！」

「東本願寺三十年紛争」の最中の一九七四（昭和四九）年、嶺藤亮が宗務総長に就任した。「開申」事件によって総辞職して以来、四年ぶりの同朋会運動推進派の内局であった。そのため、嶺藤内局は発足当初より紛争の解決に忙殺されざるを得なかった。そういう中にあって嶺藤は、同朋会運動発足一五周年にあたる一九七七（昭和五二）年、教団の正常化を願って、「同朋会運動第四次五カ年計画」を発表した。その嶺藤の心境を聞きたいと思う。先ず「東本願寺三十年紛争」と同朋会運動の関係性について、次のように述べている。

そうした運動（同朋会運動）の展開が、宗門体質への自己批判の形をとると共に、それへの反動として、宗門感情論などが叫けばれるようになりました。このようにして、いまもなお残る賛否の声の中で、大きな振幅を示しつつ十五年を歩みつづけてきました。(9)

このように、「前近代的なもの」、つまり「宗門体質」や「宗門感情」と対峙してきた一五年間の歩みを顧み、いまにして深く回顧してみますとき、恐らく同朋会運動の推進がなかったならば、教団はすでにもぬけの殻になっていただろうということであります。

同朋会運動に託された教団形成の志が、今日なお教団を支えているエネルギーであります。そうしてみますと、この運動の中での振幅の示す教団紛争の現況は、一般にいわれる教団の末期症状どころか、むしろ、同朋会運動が愈々本格的に問われ、同時にその運動の積極的意義を証する一歩を踏み出すしるしとも見えるわけであります。（中略）

いま新たに運動の願いに立ち帰って出直しを計るべきであることを想わざるを得ぬのであります。(10)

決意新たに同朋会運動の「出直し」を訴えているのである。「同朋会運動の推進がなかったならば、教団はすでにもぬけの殻になっていた」との教団の現状に対する危機意識を、換言すれば信仰運動である同朋会運動に寄せる期待を、ここに見ることができよう。

この嶺藤の「出直し」プランの要点を、『真宗』に発表された「大会報告　同朋会運動十五周年全国大会を顧みて」としてまとめられた「討議資料―当面する諸問題と今後の課題」によって整理すれば、まず、同朋会運動によって「教法を聞思する機縁（特別伝道）とその場（本廟奉仕・同朋の会）」を開いたものの宗門内外の世俗化に十分に対応できなかった。特に「歴史の歩みの中で培われ、変質してきた根強い宗門体質と門徒感情」が同朋会運動の推進を一層困難にした。その象徴的な事件が「昭和四十四年以来の大谷家の異常事態」であった(11)。

と現状を総括し、そして一五年間の「成果といえるもの」については、

①「育成員・推進員の学習・実践をとおして、運動の担い手が生まれ、僧俗ともに聞法の座につくことができる」ようになった。
②テキスト『現代の聖典』、勤行式『同朋奉讃』が普及したことにより、「宗門人に聞法の姿勢と同朋感情を培う」ことができた。
③「寺族が宗門人として、次代をになう使命と連帯」意識を持ち始めた。
④「現代社会との接点を求めて、学習と実践がすすめられる中で、教学・教化のたちおくれや、時代状況とのズレ」が明確になった。
⑤宗務機関が「教化機能」をはたしうるような宗務組織の改善を行った。具体的には教区教化委員会、組織化委員会の設置や、教区駐在教導、同朋の会教導が配置された。
⑥宗門の内部矛盾（教団問題）の顕在化は、宗教的精神の欠落と悪しき世俗化の典型であり、教団問題を自覚的に受けとめようとする姿勢が大勢を占めるようになった(12)。

と六項目を挙げて、同朋会運動によって僧俗共に「聞法」の姿勢が高まったことを述べている。

また、「反省すべき問題点」としては、

①同朋会運動の精神が充分に理解されていない。

②「同朋の会が寺院の体質改善の中核とはなりえ」ていない。

③「青壮年（昭和世代）の生活と意識に対応しうる、適切な具体策をたてる」ことができない。

④定期刊行物が運動推進の役割を果たしていない。

⑤「兼務住職の結束とエネルギーの吸収」ができていない。

⑥「宗門の体質改善」目標と手段が明確でない。

⑦「宗門財政の基盤」改善に対する努力ができていない。[13]

と、「宗門の体質改善」を基本とした様々な反省点を具体的に挙げている。

そして今後の「基本課題」としては、

①古い宗門体質の克服。

②現代社会との接点を持つ。

③真宗門徒としての自覚と実践。[14]

の三項目を挙げている。

まことに嶺藤は、このような課題に応えるべく、「現状を踏え、さらに躍進を！」[15]とのスローガンのもと、「第四次五カ年計画」を発表したが、ここに教団は、あらためて訓覇のいう「前近代的なもの」、つまり「根強い宗門体質と門徒感情」[16]と向き合わざるを得なかったのである。なお、訓覇のいう「宗門体質」[17]とは、単に教団体制内のものではなく、むしろ宗門人一人ひとりの中に巣食う意識を指していたことは言うまでもない。

同朋会運動を推進してこそ「宗門の体質改善」を果たし得るのである。したがって、同朋会運動を推進する大谷派教団が、一九八〇（昭和五五）年に「即決和解」[18]を実現し、一九八一（昭和五六）年には「同朋社会の顕現」、「真宗本廟中心の宗門」（宗本一体）、「同朋の公議公論」を基軸とし、また「門首制」と門徒の宗政参加を実現する「二院制」を制度として具備する『新宗憲』を制定したことは当然であった。『新宗憲』制定は、「近代教学」によって立つ近代大谷派教団にとっては、必然的な出来事であった。

ここに大谷派教団の進むべき方向性は明確になった。したがって、一九八二（昭和五七）年に宗務総長に就任した五辻實誠は、「宗憲の精神に基づき宗門本来化への歩みを進める」[19]として、「宗門の異状事態は逐次整理」等を発表し、また、一九八七（昭和六二）年には、「宗本一体」を実現し、さらにその翌年に宗務総長に就いた古賀制二は、「同朋会運動の更なる推進」[20]を発表したのである。

古賀の決意を見てみよう。

今や、中央指導型とか、地方移譲とか言っている時代は過ぎたのであります。全宗門人が、おのおのの分限において、宗憲の宣言に基づく同朋会運動を推進すべく時・機が熟したと言わざるをえません。[21]

ここに「推進員養成講座の開設」等を盛り込んだ綜合研修計画が発表されたのである。

そして、一九九六（平成八）年、ついに大谷暢顕門首の継承式が執行され、ようやく教団は正常化するに至った。

第三節　「宗祖親鸞聖人に遇う」

二〇〇一（平成一三）年、「真宗同朋会運動四十周年」という節目の年を翌年に控えて、「今日、真宗同朋会運動がどのように受けとめられ、どのように確かめられているか」[22]との課題の下、「中央同朋会議」が開催された。以下、その内容を『真宗』に発表された「中央同朋会議協議資料」の中の「2真宗同朋会運動の受け止めと現状把握」によって整理しておきたい。

①寺院が、「聞法」の場ではなく「葬儀・法事」という「死者儀礼」の場となっている。

②「家制度」「家族」の崩壊と「家の宗教から個の自覚へ」というスローガンは、「農村共同体の崩壊」という現状に鑑みれば、今一度「家の宗教」を再認識すべきでないか。すなわち、あらたな「つながり」を模索しなければならない。

③特に、組や教区では、同朋会運動の「マンネリ化」「形骸化」「固定化」「高齢化」、さらには「建て前としての同朋会運動」ではなかったか。

④その他、運動の趣旨の不徹底、つまり「同朋会運動が分かったものになっていた」との自己批判や、育成員、寺族の危機意識の欠如、また「お講」と「同朋の会」の関係性の不明瞭性、さらには部落差別問題や靖国問題が信心の問題として確かめられていないことの指摘、つまり一人ひとりが如何に「差別教団」として現状を受け止められているのか。[23]

寺院の現状や、同朋会運動のスローガンである「家の宗教から個の自覚へ」の見直しの有無、また同朋会運動の停滞化と趣旨の不徹底といった課題がまとめられている。そして、そのような課題を受けて、「3報告に対する読み取りと『基本的課題』について」の中の「運動の趣旨（理念）について」において、

理念をあらためる必要があるとするのかということであるかのように見えるが、問題はそのように単純ではなく、不明確ということの持つ意味が、これほど左様に、「同朋会運動を分かったものになっていた」ということではなかったか。真実を分かったものとしているのではないかということである。

同朋会運動は「真宗門徒一人もなし」という慚愧から始まったと言われている。しかし、四十年を経た今日、あらためてその慚愧の確認が一人ひとりに求められているのではないだろうか。[24]

と述べることで、「分かったものとしている」という「慚愧」の欠落を自己批判している。

また「『寺院体質』という課題」では、

教団の危機的状況の中から「宗憲」を改正し、真宗本廟を宗門の「帰依処」とし、「同朋社会の顕現」と門徒の宗政参加を打ち出した。このことは「古い宗門体質の克服」への第一歩として大いに評価されなければならない。[25]

と同朋会運動を評価する一方で、

門徒会員や、二万人を越える推進員からは、寺院（住職）批判が相い次いでいる。そこにはいわゆる寺院に住まいするものの生活姿勢を含めて、一方的な「門徒」教化の傾向に対する警鐘があるのではないかと思う。それを裏づけるかのように報告されている、育成員・寺族の危機感の喪失との指摘が大半を占めていることをどう受け止めるべきであろうか。さらに加えて、寺院の社会的存在意義が改めて問われ、門徒の寺院離れ本山離れの状況が報告されるとき、宗門全体としては共学の精神を失って、かえって住職（育成員）の自信喪失と相

俟って、教化するものと教化されるものという構造を生み出し、宗門意識が薄れつつあること、すなわち寺院の体質変革が手詰まりの状況にあることが、まず第一に危惧される問題として共通認識されなければならないのではないだろうか。[26]

と、厳しく住職の仏道に対する危機意識の喪失を指摘する。同朋会運動の危機の要因は運動論にあるのではなく、共学の精神を失った住職の仏道姿勢にあるのであり、したがって、同朋会運動の衰退と寺院の体質改善の行き詰まりとは、本質的に同一である、と訴えるのである。

さらにその危機について、「時代社会から問われる教団」という見出しにおいて、次のように指摘する。

なぜ信仰運動として内在化しないのかという問題について、〔「(5) 部落差別問題・靖国神社問題等について」の中で〕「『差別教団』という受け止めに、あらためて一人ひとりがどう向き合うのかということが求められている」と述べたが、そのことは、まさに運動そのものが、人間の尊厳が奪われるということと徹底して向き合おうとする運動であることを、一人ひとりが常に確かめ取り組むこととして問われてくることである。[28]

特に部落差別問題や靖国の問題という教団の歴史的課題においては、教団は組織であるが、しかし教団である限り信心獲得の組織でもなければならず、そういう意味から、「一人ひとり」の求道意識の希薄さは、教団にとっては致命的であった。

したがって、「新たな人間のつながりへ」として、

同朋会運動は、いわゆる「門徒」づくりではなく、一人の念仏者の誕生を願いとしている信仰運動である。[29]

と同朋会運動の原点が信仰運動であることを再確認し、そして、

「家」や「共同体」の崩壊に見られる新たな人間のつながりへの模索に応答するような、「信心」の生活を回復

する運動として確認することが求められてくるのである。(30)

と『信心』の生活」を主張するのである。ここに、二〇〇一年度の「中央同朋会議」の運動の方向性として、「宗祖親鸞聖人に遇う」ということが掲げられた。もちろん「遇う」のは、我々「一人」である。その趣旨は次の通りである。

人間における「宗」「要」を人間の根本問題として取り上げてくださった親鸞聖人を、私たちは「宗祖」として仰いできた歴史を持っている。親鸞聖人を宗祖として出遇い続けてきた人々の歴史（真宗本廟）に参加すること（真宗本廟奉仕）によって、宗祖親鸞聖人が荷負われた課題を明らかにし、その課題を一人ひとりが荷負することをとおして、現代社会にどう表現していくかという問題として提言がなされたことである。（中略）そのように厳しく自己批判すると共に、私たちの宗門が直面する基本的課題を踏まえ、今後の同朋会運動推進の視点を、「宗祖親鸞聖人に遇う」という一点に見定め、宗祖七百五十回御遠忌に向けた歩みにまで展開できればと考える。(31)

第四節　同朋会運動の再生を念じて

以上、同朋会運動の変遷を、同朋会運動が発足して四年後の訓覇信雄の演説、また運動発足一五周年時に発表された嶺藤亮の「同朋会運動の新たなる出発のために」、そして発足四〇周年を目前にした二〇〇一年に発表された「中央同朋会議」の「協議資料」を中心に確かめてきたが、その中で明らかになった課題を整理すれば、以下の五点に絞られよう。

（i）宗門人の間に深く根ざしている「宗門体質」「宗門感情」の問題。
（ii）教団や寺院維持のための財政と直結する「講」制度と「同朋の会」との関係性の問題。
（iii）激変する社会との関わり方の問題。
（iv）育成員や推進員のあり方、特に育成員、つまり住職の求道姿勢の問題。
（v）同朋会運動の信仰運動としての確かめの問題。

これらは、明治期に教団改革運動を展開した清沢満之が向き合わざるを得なかった課題と軌を一にしているように思われるが、そのように、清沢も訓覇も、「宗門体質」を超克するための「教学刷新」を基軸にした信仰運動を提唱したのである。したがって、もし我々が今、同朋会運動の再生を念ずるならば、先ずは「近代教学」を確立した清沢満之の仏道に原形を求めることは当然であろうし、また、たとえば嶺藤がそうであったように、常に親鸞の仏道に自らを確認する営みでなければならないのである。

すなわち、清沢の提起した精神主義は、「自己とは何ぞや」という命題をもって、近代人の実存的要求を満たし得た思想であったのであり、さらには近代日本に宗教的生命の回復をもたらすものでもあった。精神主義は「真宗再興」の原点であったのである。

まことに、「真宗再興」は、「宗門体質」を超克しつつ常に親鸞に帰る信仰運動でなければならない。したがって、同朋会運動は、単なる教団改革のための運動ではなく、根底には親鸞の明かした念仏の伝統に立脚する「僧伽」形成の運動なのである。「目覚め」の伝統に立つ宗門、ここに同朋会運動の明確な目的があるのではなかろうか。

松原祐善の言葉を聞こう。

印度・支那・日本の三国の流伝せる仏教三千年の歴史、その長き歴史の根幹として、その歴史をして真に仏道実践の歴史たらしめしものとして念仏の伝燈（統）がいわれる。少くとも吾々は仏教の歴史をして現在あらしめし所以のものを正信念仏の伝統に於て之を見るのである。すなわち念仏の伝統を根幹として仏教三千年の歴史は邇《ちか》く現在し、仏道久遠の歴史はこの念仏伝統の道に於て易く保持され得てあるを思うのである。所謂浄土といい仏国土というも、この念仏伝統の歴史を離れて別に実在するものではない。念仏伝統の歴史のなかに浄土あり仏国土ありといえるであろう。否、浄土の歴史、仏国土の伝統、それが念仏であるといわねばならぬ。[32]「目覚め」の歴史、つまり正信念仏の伝統に帰命する。このことだけが、宗門に縁を有する我々に許されているのでなかろうか。無始無終の念仏の伝統には、久遠の仏道実践の歴史を創造するエネルギーが湛えられている。したがって、念仏の伝統に証された信だけが、「真宗再興」の原理となり得るのである。

曾我は次のように述べている。

　真宗再興の精神は信の一念に常にたちかへる、信の一念に自分の立場をおく、寝ても覚めても信一念の立場を離れぬのが真宗の正しい立場であり、御開山聖人の立場であります。これが御開山聖人真宗興業の御精神であり、又蓮如上人の真宗再興の御精神である。今日真宗学の立場は信の一念に立ち、本願三信といふことも信一念の立場にたつて正しく解釈せねばならぬと思ひます。[33]

正信念仏の伝統への帰命を体とする「信の一念」の確立、ここにおいて「真宗再興」の道は切り開かれる。しかして、もし教団が「信の一念」を見失えば、その教団はただの「もぬけの殻」でしかないのである。まことに獲信のみに、同朋会運動を再生せしめる創造力があり、だからこそ、同朋会運動は信仰運動と称されるのである。

そのような「信の一念」によって開示される世界を、清沢満之は次のように述べている。

吾人は彼の光明の指導に依信するの安泰を得つゝあり　吾人は吾人のみならす一切衆生か吾人と同く彼の光明の摂取中にあることを信するなり、故に吾人は一切衆生と共に彼の光明中の同朋なることを信するなり、吾人は同朋間の同情を大要義と信するなり、(34)

「信の一念」によってのみ、一切衆生と共なる「光明中の同朋」の中に、我々は自己を発見することができる。同朋会運動とは、僧伽現成の運動でなければならないのである。

まことに我々は、一心に正信念仏の伝統に帰命しなければならない。すなわち、信によって「僧伽」に帰依するのである。念仏の伝統中の我の発見、つまり信心獲得、ここに同朋会運動の歴史的使命があったのである。

註

(1)「教団の近代化をめざし　本願共同体の実現を」『真宗』一九六六（昭和四一）年七月、四頁

(2)「教団の近代化をめざし　本願共同体の実現を」『真宗』一九六六（昭和四一）年七月、四頁

(3)「教団の近代化をめざし　本願共同体の実現を」『真宗』一九六六（昭和四一）年七月、五頁

(4)「教団の近代化をめざし　本願共同体の実現を」『真宗』一九六六（昭和四一）年七月、五頁

(5)「教団の近代化をめざし　本願共同体の実現を」『真宗』一九六六（昭和四一）年七月、五頁

(6)法主である大谷光暢が、訓覇内局に事前承諾を得ることなく「管長職を光紹新門に譲る」と発表した出来事。それは、今までの「三位一体」の慣習を破ったものであり、また敗戦直後に制定された『宗憲』の矛盾を突いたものであった。

(7)親鸞と血脈のある大谷家が法統の後継者としての法主であると同時に、本山・東本願寺住職であり、また真宗大谷派の管長も兼ねるというシステム。

(8)当時の宗議会での発言を挙げておく。「総長は（中略）デモクラシーの宗政やつて行きたいと言ひ乍ら、（中略）歴史と伝統と美点を傷つける時は絶対に反対であると言はれたが矛盾してゐないか、美点とは三位一体を指すもの

と思ふがデモクラシーの宗政に於ては三位一体は成り立たぬ。」（『中外日報』一九四六（昭和二一）年三月一三日）
(9)「同朋会運動の新たなる出発のために」『真宗』一九七七（昭和五二）年四月、一一頁
(10)「同朋会運動の新たなる出発のために」『真宗』一九七七（昭和五二）年四月、一一頁
(11)「討議資料」『真宗』一九七七（昭和五二）年五月、二二頁（取意）
(12)「討議資料」『真宗』一九七七（昭和五二）年五月、二二～二三頁（取意）
(13)「討議資料」『真宗』一九七七（昭和五二）年五月、二三頁（取意）
(14)「討議資料」『真宗』一九七七（昭和五二）年五月、二三頁
(15)「同朋会運動第四次五カ年計画立案シリーズ」Ⅰ「現状を踏え、さらに躍進を！―第四次五カ年計画立案にあたって」（『真宗』一九七六（昭和五一）年一一月、一一頁）
(16)『討議資料』当面する諸問題と今後の課題」（『真宗』一九七七（昭和五二）年五月）、一二頁
(17)「開申」事件によって表面化してきた、大谷家を中心とする伝統的な本山を護持しようとする感情で、歴史的には、寺檀制度によって培われた封建的な「家」制度に根ざす「愛山護法」と称される因習的体質。同朋会運動は、そのような宗門体質が、親鸞の明らかにした「自覚」的な仏道を見失わせたとして発足した、真に社会に応答し得る人間の創造を願う革新運動である。
(18)五辻内局の申し立てによって、大谷光暢管長と宗派内局との対立抗争の和解が、京都簡易裁判所において成立したこと。
(19)「宗憲の精神に基づき宗門本来化への歩みを進める」『真宗』一九八二（昭和五七）年四月、一二頁
(20)「同朋会運動の更なる推進」『真宗』一九八八（昭和六三）年七月、一四頁
(21)「同朋会運動の更なる推進」『真宗』一九八八（昭和六三）年七月、一八頁
(22)「二〇〇一年度「中央同朋会議」協議資料」『真宗』二〇〇二（平成一四）年四月、一一頁
(23)「二〇〇一年度「中央同朋会議」協議資料」『真宗』二〇〇二（平成一四）年四月、一二～一三頁（取意）
(24)「二〇〇一年度「中央同朋会議」協議資料」『真宗』二〇〇二（平成一四）年四月、一五頁
(25)「二〇〇一年度「中央同朋会議」協議資料」『真宗』二〇〇二（平成一四）年四月、一五～一六頁
(26)「二〇〇一年度「中央同朋会議」協議資料」『真宗』二〇〇二（平成一四）年四月、一六頁
(27)「二〇〇一年度「中央同朋会議」協議資料」『真宗』二〇〇二（平成一四）年四月、一五頁

(28)「二〇〇一年度「中央同朋会議」協議資料」『真宗』二〇〇二（平成一四）年四月、一六頁
(29)「二〇〇一年度「中央同朋会議」協議資料」『真宗』二〇〇二（平成一四）年四月、一六頁
(30)「二〇〇一年度「中央同朋会議」協議資料」『真宗』二〇〇二（平成一四）年四月、一六頁
(31)「二〇〇一年度「中央同朋会議」協議資料」『真宗』二〇〇二（平成一四）年四月、一六～一七頁
(32)「念仏の伝統」『松原祐善講義集』一巻、三頁、文栄堂
(33)「真宗再興の精神としての信の一念」『歎異抄聴記』『曾我量深選集』六巻、一三九頁、彌生書房
(34)「他力信心の発得」『清沢満之全集』六巻、二一二頁、岩波書店

参考文献

序　説

『曾我量深選集』一二巻、彌生書房、一九七〇年
末木文美士編『現代と仏教』、佼成社出版、二〇〇六年
『真宗』、真宗大谷派宗務所、一九二五年～
金子大榮『清沢先生の世界―清沢満之の思想と信念について―』、文明堂、一九七五年

第一章

『清沢満之全集』一、六、七、八、九巻、岩波書店、二〇〇二年
『清沢満之全集』三、五、八巻、法藏館、一九五五年
『曾我量深選集』六、九巻、彌生書房、一九七〇年
『高光大船著作集』五巻、彌生書房、一九七四年
『松原祐善講義集』一、二巻、文栄堂、一九九一年
吉田久一『近現代仏教の歴史』、筑摩書房、一九九八年
寺川俊昭『往生浄土の自覚道』、法藏館、二〇〇四年
『直道』、直道社、一九二八～一九四四年
『真宗』、真宗大谷派宗務所、一九二五年～
『真宗聖典』、真宗大谷派宗務所出版部、一九七八年

第二章

『清沢満之全集』二、三、四、六、七、八、九巻、岩波書店、二〇〇二年
『清沢満之全集』三、八巻、法藏館、一九五五年
浩々洞編『清沢満之全集』三巻、有光社、一九三四年
『曾我量深選集』二、三、四、五、六、七、一二巻、彌生書房、一九七〇年
『曾我量深講義集』一四巻、彌生書房、一九八五年
『暁烏敏全集』一、六、八、一二、二一、二二、二五巻、凉風学舍、一九七七年（初版は一九五六年）
『鈴木大拙全集』八巻、岩波書店、一九六八年
『金子大榮著作集』七巻、春秋社、一九八〇年
『高光大船著作集』一、二、三、四、五巻、彌生書房、一九七四年
『高光大船の世界』一、二、三巻、法藏館、一九八八年
『松原祐善講義集』一、二、四巻、文栄堂、一九九一年
『安田理深選集』一巻、補巻、文栄堂、一九九四年
『訓覇信雄論集』二巻、法藏館、二〇〇一年
『漱石全集』一一巻、岩波書店、一九六六年
『沢柳政太郎全集』五巻、国土社、一九七五年
『西田幾多郎全集』一一巻、岩波書店、一九五〇年
山辺習学、赤沼智善『教行信証講義』、法藏館、一九七四年（初版は一九一三年）
西村見暁『清沢満之先生』、法藏館、一九五一年
曾我量深『絶対他力道』《清沢満之先生五十回忌記念講話集》、大谷出版社、一九五二年
正岡子規「墨汁一滴」『日本の文学』一五巻、中央公論社、一九六七年
野本永久『暁烏敏伝』、大和書房、一九七四年
高木宏夫『人間性回復への道』、法藏館、一九七七年
南条文雄『懐旧録』、大雄閣、一九七九年

寺川俊昭『親鸞のこころ』、有斐閣新書、一九八三年
寺川俊昭『清沢満之論』、文栄堂、一九七三年
安冨信哉『清沢満之と個の思想』、法藏館、一九九九年
藤吉慈海『浄土教思想の研究』、平楽寺書店、一九八三年
『恵谷隆戒古希記念論文集』、仏教大学、一九七二年
福島和人『大地の仏者』、能登印刷出版部、一九八三年
松原祐善『汝自身を知れ』、同朋舎出版、一九八八年
村上専精『六十一年一名赤裸裸』、大空社、一九九三年
寺川俊昭『教行信証の思想』、文栄堂、一九九〇年
寺川俊昭『往生浄土の自覚道』、法藏館、二〇〇四年
藤秀璻『歎異鈔講讃』、百華苑、一九九八年（初版は一九三三年）
末木文美士『明治思想家論』、トランスビュー、二〇〇四年
末木文美士『近代日本と仏教』、トランスビュー、二〇〇四年
延塚知道『浄土論註の思想究明―親鸞の視点から―』、文栄堂、二〇〇八年
『他力の大道』、小松教区同朋の会連絡協議会編、一九八八年
広瀬杲編『両眼人』春秋社、一九八二年
『大庭米治郎遺稿集』大庭米治郎遺稿集刊行会、一九六八年
『資料清沢満之〈論文篇〉』、同朋舎、一九九一年
『資料清沢満之〈資料篇〉』、同朋舎、一九九一年
『真宗大系』、二三巻（復刻版）、国書刊行会、一九七五年（初版は一九三〇年）
『精神界』、浩々洞、一九〇一～一九一九年
『新仏教』、仏教清徒同志会、一九〇〇～一九一五年
『直道』、直道社、一九二八～一九四四年
『興法』、興法学園、一九三一～一九三二年
『真人』、真人社、一九四八～一九六二年

『光焔』、聞光洞、一九四八～一九五一年
『中道』、中道社、一九六二～一九七一年
『教学報知』、教学報知社、一八九八～一九〇一年
『中外日報』、中外日報社、一九〇二年～
『西田哲学会年報』、西田哲学会、二〇〇四年
『ホトトギス』第五四巻第四号　ほととぎす社　一九五一年
『無尽燈』真宗大学、無尽燈社、一九八五～一九一九年
『汎濫』、一九一六～一九二二年
『崇信』、崇信学舎
『真宗聖典』、真宗大谷派宗務所出版部、一九七八年
『真宗聖教全書』、一巻、大八木興文堂、一九八七年（初版は一九四一年）

第三章

『清沢満之全集』七巻、岩波書店、二〇〇二年
『清沢満之全集』八巻、法藏館、一九五五年
『曾我量深選集』三、五巻、彌生書房、一九七〇年
『佐々木月樵全集』六巻、国書刊行会、一九七三年
『鈴木大拙全集』三二巻、岩波書店、一九六八年
『金子大榮著作集』一、六巻、春秋社、一九八〇年
『西田幾多郎全集』一二巻、岩波書店、一九五〇年
『安田理深選集』一五巻上、文栄堂
『漱石全集』一一巻、岩波書店
『真宗聖教全書』一巻、大八不興文堂、一九七四年（初版は一九四一年）
金子大栄『浄土の観念』、文栄堂、一九二五年

金子大榮『真宗学序説』、文栄堂、一九六六年（初版は一九二三年）
金子大榮『清沢先生の世界―清沢満之の思想と信念について―』、文明堂、一九七五年
広瀬明『若き求道者の日記』、彌生書房、一九七〇年
広瀬杲編『両眼人』、春秋社、一九八二年
寺川俊昭『念仏の僧伽を求めて』、法藏館、一九七六年
高木宏夫編『人間性回復への道』、法藏館、一九七七年
曾我量深、『親鸞の仏教史観』、東本願寺出版部、一九八三年
福島和人『近代日本の親鸞』法藏館、一九七三年
福島和人『親鸞思想―戦時下の諸相―』、法藏館、一九九四年
田原由紀雄、橋川惇『傑僧訓覇信雄』、白馬社、一九九九年
戸坂潤『日本イデオロギー論』、岩波文庫、一九七七年（初版は一九三五年）
竹田篤司『物語「京都学派」』、中央公論新社、二〇〇一年
「興法学園趣意書」（北原了義氏所蔵）
「北原繁麿宛封書」（北原了義氏所蔵）
『安田理深集』（上）真宗大谷派宗務所出版部、一九八三年
『大谷大学のあゆみ』、無尽燈社、一九六四年
『大谷大学百年史』、大谷大学、二〇〇一年
『龍谷大学三百五十年史』通史編上巻、龍谷大学、二〇〇〇年
『学校の歴史』四巻、第一法規出版、一九七九年
『山崎俊英遺稿』、開神舎、一九三八年
『法隆治教師還暦記念講演集』、法隆治教師還暦記念出版刊行会、一九七一年
『真人』、真人社、一九四八～一九六二年
『行信の道』、行信の道編集所、一九七一～一九七三年
『大谷大学学友会誌』、大谷大学学友会、一九二四～一九二五年
『宗報』、『宗報』等機関紙復刻版、一四、一九巻、一九九七年

『真宗』、真宗大谷派宗務所、一九二五年～
『歓喜』、歓喜社、一九二三～一九四四年
『見真』、本願社、一九二二～一九二三年
『大谷大学新聞』、大谷大学新聞社、一九二八～一九三〇年
『仏座』、仏座社、一九二六～一九三二年
『中外日報』、中外日報社、一九〇二年～
『興法』、興法学園、一九三一～一九三二年
『直道』、直道社、一九二八～一九四四年
『無尽燈』、真宗大学、無尽燈社、一九八五～一九一九年
『真宗聖典』、真宗大谷派宗務所出版部、一九七八年

第四章

『清沢満之全集』二、六、七巻、岩波書店、二〇〇二年
『曾我量深選集』六巻、彌生書房、一九七〇年
『暁烏敏全集』二五巻、涼風学舎、一九七七年（初版は一九五六年）
『曾我量深講義集』一巻、彌生書房、一九八五年
『鈴木大拙全集』八巻、岩波書店、一九六八年
『金子大榮著作集』別巻、春秋社、一九八〇年
『高光大船の世界』一巻、法藏館、一九八八年
『訓覇信雄論集』二、三巻、法藏館、二〇〇一年
田辺元『懺悔道としての哲学』、岩波書店、一九四六年
野本永久『暁烏敏伝』、大和書房、一九七四年
信楽峻麿『近代真宗思想史研究』、法藏館、一九八八年
今村仁司『清沢満之と哲学』、岩波書店、二〇〇四年

末木文美士『倫理vs仏教』、ちくま新書、二〇〇六年
中村隆英『昭和経済史』岩波現代文庫、二〇〇七年
『資料清沢満之〈講演篇〉』、同朋舎、一九九一年
『教化研究』、真宗大谷派宗務所、一九五三〜
『真宗研究』、真宗連合学会、一九五五年〜
『中外日報』、中外日報社、一九〇二年〜
『真宗』、真宗大谷派宗務所、一九二五年〜
『部落問題学習資料集』、真宗大谷派宗務所、一九九二年
『第四十四回宗議会議事録』、一九五一年
『真宗聖典』、真宗大谷派宗務所出版部、一九七八年

第五章

『清沢満之全集』二、六巻、岩波書店、二〇〇二年
『曽我量深選集』三、五、九、一一、一二巻、彌生書房、一九七〇年
『鈴木大拙全集』八巻、岩波書店、一九六八年
『訓覇信雄論集』二巻、法藏館、二〇〇一年
鈴木大拙『日本的霊性』岩波文庫、一九七九年
安田理深『願生浄土―浄土論によりて―』、永田文昌堂、一九六七年
仲野良俊『深層意識の解明』北海道教務所、一九七六年
延塚知道『『浄土論註』の思想究明―親鸞の視点から―』、文栄堂、二〇〇八年
『真宗聖教全書』一巻、大八不興文堂、一九七四年
『真人』、真人社、一九四八〜一九六二年
『真宗』、真宗大谷派宗務所、一九二五年〜
『真宗聖典』、真宗大谷派宗務所出版部、一九七八年

第六章

『清沢満之全集』七、八巻、岩波書店、二〇〇二年
『清沢満之全集』五巻、法藏館、一九五五年
『曾我量深選集』六巻、彌生書房、一九七〇年
『曾我量深講義集』一〇、一二巻、彌生書房、一九八五年
『高光大船著作集』五巻、彌生書房、一九七四年
『訓覇信雄論集』二、三、四巻、法藏館、二〇〇一年
『蓬茨祖運選集』一三巻、文栄堂、一九八八年
『福沢諭吉全集』四巻、岩波書店、一九六九年
『清沢満之の研究』教化研究所、一九五七年
『松原祐善講義集』二巻、文栄堂、一九九一年
柏原祐泉『真宗史仏教史の研究Ⅲ近代篇』、法藏館、二〇〇〇年
高木宏夫『日本の新興宗教』、岩波新書、一九五九年
曾我量深『法蔵菩薩と阿弥陀仏』、中道社、一九六三年
『宗教を現代に問う』(五)、毎日新聞社、一九七七年
島田裕巳『創価学会』、新潮社、二〇〇四年
『真人』、真人社、一九四八～一九六二年
『教化研究』、真宗大谷派宗務所、一九五三～
「第五十四回宗議会議事録(通常会)」一九五六年
「第七十回宗議会議事録(通常会)」一九六二年
『真宗』、真宗大谷派宗務所、一九二五年～
『中外日報』、中外日報社、一九〇二年～
『真宗聖典』、真宗大谷派宗務所出版部、一九七八年

第七章

『清沢満之全集』六巻、岩波書店、二〇〇二年
『曾我量深選集』六巻、彌生書房、一九七〇年
『松原祐善講義集』二巻、文栄堂、一九九一年
『中外日報』、中外日報社、一九〇二年～
『真宗』、真宗大谷派宗務所、一九二五年～
『真宗聖典』、真宗大谷派宗務所出版部、一九七八年

あとがき

真宗大谷派は、あと一年で、親鸞聖人の七百五十回御遠忌を迎える。そして、その翌年が、同朋会運動発足五十年の節目の年に当たるのである。我々は今、間違いなく「真宗再興」の時に直面しているのである。

「真宗再興」、それこそ正に、我々真宗人の衷心からの願いである。本書の基にある思想家清沢満之が、一九〇一（明治三四）年、ちょうど一〇年後に親鸞聖人六百五十回御遠忌を期して、「真宗再興」を念ずるが如くに、浩々洞から「精神主義」と題し真宗を世に公開した事実が、今、いよいよ私には念頭に浮かぶのである。我々は今こそ、清沢満之の次の言葉の前に立たなければならない。

巍々たる六条の両堂既に大谷派と為すに足らず、地方一万の堂宇既に大谷派と為すに足らず、三万の僧侶百万の門徒亦直に大谷派と為すに足らずとせば、大谷派なるものは抑も何の処に存するか、曰く大谷派なる宗門は大谷派なる宗教的精神の存する所に在り（「大谷派宗務革新の方針如何」『清沢満之全集』七巻、一〇三頁、岩波書店。傍点は筆者）

「真宗再興」とは、「大谷派なる宗教的精神」を他ならぬ自己自身に明らかにすること、との提示である。これは近代化へ向かう宗門に生を享けた清沢満之の悪戦苦闘の求道によって開示された、揺るがぬ信念であった。

さらに、清沢満之から大いなる薫陶を受けた、本書の中核をなすもう一人の思想家曽我量深も、近代から現代へとその九六年の生涯を一貫して、真宗大谷派を舞台として全身で「真宗再興」を叫び続けたのである。親鸞聖人七百回御遠忌を五年後にひかえた折の、その熱い意気込みを聞こう。

すでに宗祖聖人の七百回忌が五年の先にせまってきた。この七百回忌に応答する、最大の緊要事は、清沢先生の明治時代からつゞいている〈祖師に還れ〉〈親鸞聖人にかえる〉ということであると思う。つまり、我々は、真宗第二の再興をなしとげねばならない。ところでこの第二の再興は、蓮如上人の御再興とは違うものであろう。上人の場合は、日本の国内だけのこと、真宗教団内部だけのことであつたと大体いえる。しかし、いま第二の再興は、その範囲が世界的なひろさをもつものである。真宗統一ということより仏教統一の方向に眼目がある。（「真宗第二の再興（一）」『真人』八九号、一九五六〈昭和三一〉年四月、真人社）

曽我量深は、親鸞聖人七百回御遠忌を迎えんとする中で、「真宗第二の再興」を実現すべく「祖師に還れ」と獅子吼するのである。清沢満之が「世界的統一的文化」の形成を掲げたように、そして曽我量深がここに「仏教統一」を訴えているように、それは教団という枠を超え出た開放的で壮大な志願から発するものであった。この二人の先覚者たちは、共に活躍した舞台は小さく見えるかも知れないが、その志願は全人類的であったのである。

ところで、親鸞聖人七百五十回御遠忌を迎えんとしている我々は、今、清沢満之の主唱する「大谷派なる宗教的精神」をどのように継承し、何を現代の全人類に向けて提起できるのであろうか。

思えば曽我量深は、第二章に詳説したように、親鸞聖人六百五十回御遠忌の年（一九一一〈明治四四〉年）の秋、御遠忌の隆盛をよそ目に、真宗大学の京都移転に失望し、越後に帰り、どん底の苦悩に沈んでいた。だが、その越後での五年間の悪戦苦闘の求道沈潜生活は、法蔵菩薩をして自己を現に救済しつつある「地上の救主」として、すなわち「信仰主体」としての自覚を成り立たしめる営みであった。曽我量深の越後時代の求道は、『無量寿経』を「真実の教」と位置づける親鸞思想を、近代人の前に蘇らせたのである。

まことに、曽我量深が、親鸞聖人六百五十回御遠忌を機縁に求道に身を擲ち、清沢満之の掲げる「大谷派なる宗教的精神」を獲得すべく求道したその仏道が、五十年後の親鸞聖人七百回御遠忌を荘厳したという事実に、私は注目せしめられるのである。

ここにして、強く思わざるを得ないのである。親鸞聖人七百五十回御遠忌を目前にする我々は、今、静かに自己自身と向き合い、自己実存の根源を凝視し、求道しなければならないのではなかろうか、と。

あえて言えば、我々は、親鸞聖人七百五十回御遠忌を迎えるに当たって、あらためて珍しき法を説く必要はないのである。清沢満之がそうであったように、「自己とは何ぞや、これ人世の根本的問題なり」との至言を胸に懐いて、親鸞から蓮如、そして、清沢満之に続く曾我量深や暁烏敏、高光大船、金子大榮、さらに世代を継いで、安田理深、訓覇信雄、松原祐善、仲野良俊、柘植闡英、高原覚正、和田稠らの先学、そしてさらに続く諸先輩に導かれ、地球環境問題を初めとする現代と人類が直面するさまざまな課題に問われ聞思し求道・実践することこそが、求められているのではなかろうか。

さらに言えば、これらの先学のいずれもが「真宗再興」を念じて、浩々洞を始めとする信仰共同体、すなわち「僧伽」の中で求道した、という事実にも注目しなければならないと思う。それは、清沢満之が浩々洞を、佐々木月樵が大谷大学を、安田理深、松原祐善、北原繁麿、山崎俊英らが興法学園を尊んだように、そして訓覇信雄が真人社や同朋会を「僧伽」として帰命したように、親鸞聖人七百五十回御遠忌を迎えんとする我々もまた、一人一人の存在の場を「僧伽」にまで高め、帰命しなければならないのではなかろうか。

全人類の志願である「真宗再興」は、「この如来、微塵世界にみちみちたまえり。すなわち、一切群生海の心なり」（『唯信鈔文意』真宗聖典五五四頁）と親鸞の経言にあるように、求道の実践と「僧伽」への帰依より発するのである。

ところで、慚愧に耐えぬ不肖の私が、曲りなりにも仏道の緒に立たしめられているのは、それは偏に松原祐善先生のご指示によるものである。

顧みれば、私の仏道は、一九八七（昭和六二）年六月、先生からいただいた一通の書簡に始まっている。それは、私に、福島和人先生のもとで高光大船の文集を出版せよ、との内容であった。そしてそれが、松原祐善責任編集『高光大船の世界』（全四巻）として、一九八八（昭和六三）年に法藏館から出版を見ることになったのである。私にとっては、ただただ慶びに満ちた出来事ではあったが、当時は未だ、松原先生の深い気持ちには思いが及ばなかった。

私はその編集を通して、多くのことを学ぶことができた。特に高光大船の個人誌『直道』を収集し、それを読み通すことで、それまでほとんど明らかではなかった高光大船の生涯を、年譜作成という作業を通して尋ね得たことは、私にはかけがえのない聞法であったのである。まことに、今にして気づかされることは、松原先生からのその書簡が、私をして仏道に立たしめんとの催促であったということである。本書の根底には、松原先生の教恩が流れているのである。

編集は、福島先生と共に進められた。編集・執筆の合間の先生との懇談は、時には熱く時には深く、まことに意義深いものであった。話題は多岐にわたるが、最後は自ずと先生の仏道領解で終わるのであり、気がつけばいつのまにか、聞法の場を共にしていたのであった。そして、それは今も変わることなく続いている。

すでに福島先生には、次のような記述がある。

親鸞がこのように日本人の心をとらえ続けるのは何故か。その秘密を彼の思想の深遠さに見出し、それを彼の思想の展開から考えるのも有力な観点であろう。しかし、本書では、それを、近代の日本人が何故に親鸞に魅せられ続けるのかという、歴史的存在としての近代の人間自体に着目し、近代日本の思想動向にもまれつつ、人々は彼に何を求めたのか、又、現実が問いかけてくる課題に彼を通して如何に応えたのかという観点に立って考えようと思う。(「序言」『近代日本の親鸞』七〜八頁、法藏館)

このような近代日本の親鸞に傾倒した思想家に、自己実存に生きてはたらく親鸞を尋ねるという真宗に対する姿勢は、本書の研究方法の基本ともなっている。それは、実際に親鸞に生きる先学を通して、只今の「私」の上に親鸞思想との出遇いを求める営みとなった。そして、ここに求道そのものが学として成り立ち得る真宗学の、その一つの展開と可能性を窺い得たように思うのである。

ここで少しく、松原先生の求道を尋ねれば、先生は、一九五二(昭和二七)年から一九五三(昭和二八)年にかけて、富山県城端にある結核療養所に入所しておられた。城端には、蓮如上人ゆかりの善徳寺があり、また、はるかに、蓮如上人のお弟子、赤尾の道宗のいた五箇山がある。先生は、療養所の窓からはるか遠くに五箇山を仰ぎ、赤尾の道宗を憶念されていた。

赤尾の道宗は、常に四十八本の割木の上に臥し、その棘の刺す痛みに目が覚めるや、「後生の一大事いのちあらんかぎり、ゆだんあるまじき事」と、仏恩を念じておられたと伝えられる仏者であった。その道宗を仰ぎ、割木の棘ならぬ結核の病床において、道を求めていたのである。四十八本の割木は「四十八願」を意味するのであろうが、そのように先生にとっては、結核の病床は聴聞の場であった。次のような告白を、私は直にお聞きしている。

私が療養中の経験でありますが、高熱で安静が求められているときでしたが、寝汗に非常に悩まされたことがありました。肌着が汗にぬれますので、すぐ取り換えますと、また汗が流れるというわけで、いかにも生命の危機を覚えたのです。そのとき床の中にあって、いのちとは何ぞと問われてきたのです。思わず指が鼻のところにきました。

「一息追がざれば千戴に長く往く」という言葉もあります。今この一息が止まれば死である、そう思いつめたとき、私はその一息一息の呼吸を自分の思い・計らいをもって呼吸しているのであるかと問うたとき、私の一息一息は私の思い・計らいではなくして、私の思いとか私の意志をも超えて、大いなる無限のいのちの親からの一息一息を賜うているのだと気付かしめられます。如来に生かされて、一息一息を生きているのであります。(「清沢満之先生に導かれて」『松原祐善講義集』一巻、二七〜二八頁、文栄堂)

それは、時に、人差し指を静かに自分の鼻の下に当てての、謹厳な講演であった。

越前大野の圓徳寺に生を享けた松原先生は、曾我量深師の教えを継承する教学者ではあったが、しかしすでに教学者の位置にはおられなかった。どこまでも一群萌としてインテリを放棄し、「凡愚」松原祐善として、曾我量深師に師事されていたのである。

私は、今、そのような群萌の一人であった松原先生に導かれつつある。そして、曾我量深、高光大船の両師に値遇すると共に、さらに多くの先学・同学の御方々との出遇いにも恵まれるに至っている。さらには、清沢満之から発せられる宗教的生命への共感に浴しつつ、今幸いにも親鸞聖人の御前に跪く身をいただいているのである。

松原先生に、次のような言葉がある。

聴聞の道にもとより卒業はない。人生に卒業がないのである。事実は聞こえていよいよ聴かずに居れないのである。聴は聞に入り、聞は限りなく聴を深めてゆくのである。全身心をあげて聴聞である。一生を尽して聴聞であり、死していよいよ聴聞である。これが真宗仏法の聴聞道であると思われる。(『松原祐善講義集』四巻、一

○八頁、文栄堂）

今、本書の上梓にあたり、私はあらためてこの言葉を深く銘記し、群萌の大地に立ち上がり、念仏の伝統へと直入せんとする者である。そして、まことに、求道と、「僧伽」への帰命の実践こそが、これからの私の生涯に与えられた指標であると、いただくのである。

本著『近・現代真宗教学史研究序説―真宗大谷派における改革運動の軌跡―』は、おおむね書下ろしであるが、その中、第三章第二節「興法学園―戦争のはざまで」は、『親鸞教学』八十八号、八十九号（二〇〇七（平成一九）年三月）に発表した『昭和初期の仏者たち』（上、下）に、また、第四章第一節「敗戦と大谷派教団」は、『親鸞教学』九十三号（二〇〇九（平成二一）年三月）に発表した「金子大榮『宗教的覚醒』について―真宗と社会―」に、加筆し整文したものである。また第四章第二節「大谷派教団の戦後復興」と第三節「真宗再興を念じて」は、『親鸞教学』八十五号（二〇〇五（平成一七）年三月）に発表した『敗戦と真宗』を元に、大幅に加筆したものである。なお、第二章、第三章、第五章の概要については、『真宗総合研究所研究紀要』二十七号（二〇一〇（平成二二）年三月発刊予定）に、「精神主義の受容と展開―同朋会運動の精神―」として掲載される予定である。

本書の執筆ならびに出版に際しては、多くの方々から、多大なご尽力ご協力を賜った。特に北原了義氏からは、『興法』を初めとする貴重な資料の他に、戦時中から戦後にかけての曾我量深や安田理深、松原祐善らに関する聞き取りをさせていただいたのである。さらには、故柘植闡英氏からは、真人社から初期同朋会運動について、熱のこもったお話を承ったことである。また、宗門関係の資料に関しては、前札幌別院輪番故高藤法雄氏を初め、真宗大谷派宗務所企画室、教学研究所からご提供いただいた。併せて、ここに深く感謝申し上げる。

また、大谷大学から多大なご支援をいただいた。一つは、大谷大学真宗総合研究所からは「二〇〇八年度個人研究」による研究助成を、また出版にあたっての、「二〇〇九年度出版助成」がそれである。ここに謹んで謝意を表したい。

なお本書の出版に際して、教学研究所助手の義盛幸規氏、また大谷大学後期博士課程の山高秀介、安居宏淳、佐々木秀英の各氏からは、校正、資料整理等に骨身を惜しまぬご助力とお力添えをいただいた。そのご厚情に心から感謝申し上げる次第である。

最後になったが、和田企画の和田真雄氏、また法藏館からは、格別のご尽力をいただいた。謹んでお礼申し上げる次第である。

なお、本書で明らかにしたように、大谷派教団には、清沢満之を嚆矢とする宗教的精神が、近代から現代へと脈々と継承されている。そして、その伝統は、さらに未来へと展開すべきものをはらんでいるのである。そのような未来への展望と歩みのために、私は今、私に与えられた研究室を場として、若き学徒と共に二つの研究を行っている。その一つは、同朋会運動の近年の実態と今後の方向性を見出すための、御門徒衆や有縁の市民からの聞き取り調査研究であり、もう一つは、人間教育の礎となる宗教教育の再生を願って、その一生を親鸞の教えを自らの身に体して、生徒たちと向き合った、元大谷中・高等学校名誉校長故広小路亨の生涯と教育思想を尋ね、実践の道を学ぶことを目的とする共同研究である。それらの研究は、目下清沢満之の伝統に立脚せんと願う若き教師や学生たちによって進められている。ここにあらためて、私は、彼らの努力の成果を、切に期待しているところである。

二〇一〇年二月

水島見一

水島見一（みずしま　けんいち）

1950年富山県に生まれる。
1973年大谷大学文学部仏教学科卒業
1978年大谷大学大学院博士後期課程満期退学
現在、大谷大学教授

近・現代真宗教学史研究序説
――真宗大谷派における改革運動の軌跡――

二〇一〇年三月一〇日　初版第一刷発行

著　者　水島見一
発行者　西村明高
発行所　株式会社　法藏館
京都市下京区正面通烏丸東入
郵便番号　六〇〇-八一五三
電話　〇七五-三四三-〇〇三〇（編集）
〇七五-三四三-五六五六（営業）

印刷　亜細亜印刷株式会社・製本　新日本製本株式会社

ISBN 4-978-8318-7673-7 C3015

近代真宗史論　高光大船の生涯と思想　水島見一著　六、〇〇〇円

親鸞教学　曽我量深から安田理深へ　本多弘之著　三、八〇〇円

清沢満之　その人と思想　安富信哉ほか編　二、八〇〇円

清沢満之と個の思想　安富信哉著　八、八〇〇円

真宗教団の思想と行動〈増補新版〉　池田行信著　三、八〇〇円

死して生きる　仏教回復の使命　訓覇信雄著　柘植闡英監修　二、一九〇円

アジアの開教と教育　龍谷大学仏教文化研究叢書Ⅲ　小島　勝　木場明志編　六、六九九円

日中浄土教論争　小栗栖香頂『念佛圓通』と楊仁山　中村　薫著　八、六〇〇円

価格税別

法藏館